Buenos Aires, ciudad secreta

Diseño de tapa: María L. de Chimondeguy / Isabel Rodrigué

Fotos: Archivo General de la Nación, Gobierno de la Ciudad de
Buenos Aires, Carlos Vizzotto, Luis Remón, Aguas Argentinas y
Germinal Nogués.

Mapas: gentileza Editorial Filcar SRL

DECLÁRASE DE INTERÉS EDUCATIVO EL LIBRO
"BUENOS AIRES, CIUDAD SECRETA"

Buenos Aires, 1º de septiembre de 1994.

Artículo 1º — Declárase de interés educativo el libro "Buenos Aires,
ciudad secreta" del escritor y periodista Germinal Nogués.

Artículo 2º — La Secretaría de Educación y Cultura aprobará la
mencionada obra, en los términos del artículo 77 del Reglamento Escolar —resolución Nº 626-80 del citado organismo— y, asimismo, arbitrará
medidas tendientes a su inclusión como material de consulta en las bibliotecas escolares;

Art. 3º — Comuníquese, etcétera.

TRILLA
Roberto Luaces

ORDENANZA Nº 48.102

Buenos Aires, 30 de diciembre de 1996.

En uso de las facultades conferidas por la Cláusula Transitoria vigésimo
tercera de la Constitución de la Ciudad de Buenos Aires, promúlgase
automáticamente la Ordenanza Nº 48.102, sancionada por el Concejo
Deliberante en su sesión del día 1º de setiembre de 1994. Dese al Registro;
publíquese en el Boletín Oficial de la Ciudad de Buenos Aires; pase a la
Secretaría de Educación para la implementación; gírese copia a la Secretaría Legislativa del Concejo Deliberante y pase a la Dirección de Enlace
con el Concejo Deliberante a los fines de su competencia.

El presente decreto será refrendado por los señores secretarios de
Educación y de Hacienda y Finanzas.

DE LA RÚA
Horacio Sanguinetti
Adalberto Rodríguez Giavarini

DECRETO Nº 860

GERMINAL NOGUÉS

Buenos Aires, ciudad secreta

TERCERA EDICIÓN CORREGIDA
—2003—

EDITORIAL SUDAMERICANA
BUENOS AIRES

982   Noguès, Germinal
NOG   Buenos Aires, ciudad secreta.- 1ª. ed. - Buenos Aires :
       Sudamericana, 2003.
          992 p. ; 20x13 cm.

       ISBN 950-07-2415-4

       I. Título – 1. Barrios de Buenos Aires-Historia

IMPRESO EN LA ARGENTINA

*Queda hecho el depósito
que previene la ley 11.723.*
© *1993, Editorial Sudamericana S.A.®*
Humberto I 531, Buenos Aires.

www.edsudamericana.com.ar

ISBN 950-07-2415-4

*A mis padres, Susana Binayán y
Manuel Eugenio Nogués (†).
Y, como siempre,
a mi querida esposa, Irma María Socorro Campana,
y a mis hijos Mauricio Claudio (†), Mónica Silvia
y Hernán Martín.*

*Mi agradecimiento invariable
al doctor Eduardo Valdés.*

GUÍA DE USO

- Las direcciones y datos útiles de servicios (restaurantes, salas de espectáculos, negocios, museos, etc.) no revisten valor comercial.

- No asumimos responsabilidad por los números telefónicos dados. Debido a la dinámica de la ciudad podrán producirse eventualmente cambios en muchos de los datos aquí registrados.

- Para el tratamiento de los barrios se ha utilizado el criterio general de límites barriales establecidos por las ordenanzas municipales. Eso explicaría las diferencias que podría haber con los mapas. Si bien se han respetado dichos límites en casi todos los casos, existen hitos de la ciudad que exigieron ser tratados como unidades, tal el caso de la Avenida Rivadavia en la zona de Plaza de Mayo, que fue incluida en el barrio de Monserrat. Igual criterio utilizamos en la zona del Congreso, dado que ello permite una mejor comprensión del espacio en su conjunto.

- En los límites de cada barrio no se discriminó entre calles y avenidas.

PRÓLOGO

¿Cómo se imagina la gente que es la ciudad de Buenos Aires?
No hay una forma básica y simple de definirla.
A veces se la confunde con otra o genéricamente se la

11

denomina con el nombre de Sudamérica, cosa que irrita, secretamente, a los porteños.

Puede haber una visión de Buenos Aires caótica y gris. Pero puede haber otra visión tomada en el mismo momento de otro segmento de la ciudad ordenado y bello.

Podemos imaginar Buenos Aires desde la óptica que le dio el director Charles Vidor en la película *Gilda*, o también se puede imaginar una visión casi grotesca de la ciudad como aparece en la película *Down Argentina Way*.

Para muchos es la ciudad de Carlos Gardel, de Eva Perón, de Fangio o de Maradona. Los éxitos del viejo cine argentino de los años '40 se advierten hoy en la denominada "dirigencia de los países hispanoamericanos", que de niños leían la revista infantil *Billiken*, que se hacía en la Argentina, y de jóvenes veían el cine argentino y que hoy, gente madura, recuerda esos míticos nombres, sean Luis Sandrini o la Rubia Mireya.

La realidad nos habla de una Buenos Aires de 200 kilómetros cuadrados que integran 20.000 manzanas y que está dividida en 47 barrios.

Existe una profunda pertenencia a cada uno de esos barrios cuya vinculación se hace desde lo religioso y lo deportivo. Casi todos tienen sus iglesias y sus clubes de fútbol.

Los códigos secretos de esos clubes y de esos barrios se advierten en los graffiti que inundan la ciudad.

Uno de los puntos en los cuales todos los temas coinciden es la inmigración. Hay un chiste que dice que los mexicanos descienden de los aztecas, los peruanos de los incas y los argentinos de los barcos.

A principios del siglo XX América toda era una utopía y para los europeos hubo dos puertos mayoritarios para buscar mejores horizontes: Nueva York y Buenos Aires.

Por razones como ésta la ciudad ha registrado algunos inmigrantes célebres. La historia de uno de ellos nos lleva al barrio de *La Boca*: se trataba de un chico griego que con los años el mundo conocería como el "griego de oro": Aristóteles Onassis.

El barrio de *La Boca* y el vecino de *Barracas* fueron transitados por un norteamericano universal, quien aseguró que en aquellos años no hubo banco de plaza en la ciudad de Buenos Aires en el que él no hubiera dormido. Esto lo dijo el premio Nobel de Literatura Eugene O'Neill, cuyas obras de ambiente portuario están inspiradas en Buenos Aires.

La mezcla de razas hace que esta ciudad sea la segunda ciudad judía de América después de Nueva York y, por la mezcla o por lo que fuere, es uno de los lugares en los que el actor norteamericano Woody Allen es más admirado.

Estas preferencias y cierta obsesión de los habitantes de la ciudad, los porteños, por el psicoanálisis han hecho que una zona del barrio de *Palermo* fuera conocida como Villa Freud.

A fin del siglo XIX en una terrible guerra llamada de la Triple Alianza, Brasil, Uruguay y la Argentina lucharon contra Paraguay. A su finalización y con el comienzo masivo del ingreso de inmigrantes se dio lugar al más importante fenómeno cultural producido por la ciudad de Buenos Aires: el tango.

Quien quiera seguir la evolución de la ciudad tiene dos caminos: la historia académica y la historia del tango.

La forma más metódica de ver a la ciudad es a través de sus barrios.

La mayor parte de los que llegan a Buenos Aires residen en hoteles que están en la zona céntrica. Cuando decimos esto hablamos de los barrios de *Retiro, San Nicolás y Monserrat*. Estos visitantes recorren barrios como *San Telmo, Recoleta y La Boca*, que son sólo una parte del iceberg.

El descenso al subterráneo no sólo nos lleva a la más antigua línea del sistema en Hispanoamérica, sino que cada una de las líneas del subte abarca apasionantes temáticas donde en coloridas cerámicas se aprecian antiguas tradiciones indígenas de la Argentina (estación Bulnes) o imágenes de la Sagrada Familia de Barcelona del artista Antonio Gaudí (estación Moreno).

De lunes a viernes la ciudad de Buenos Aires suma, a sus estables tres millones de vecinos, otros diez millones que se nuclean para trabajar, estudiar, curarse y divertirse. Provienen por lo general de los alrededores de la ciudad, zona denominada Gran Buenos Aires o Área Metropolitana.

Muchos todavía llaman Municipalidad a la administración

de la ciudad, pero desde 1996 el nombre correcto es Gobierno de la Ciudad de Buenos Aires. Se trata de la institución que brinda más servicios a los vecinos: educación, salud pública, promoción social, cultura y otros tantos.

Desde aquel nacimiento de la ciudad en 1996 se generó un hecho histórico: los vecinos pudieron elegir democráticamente, sobre la base de una Constitución, al que hasta entonces era intendente y actualmente es jefe de Gobierno de la Ciudad Autónoma de Buenos Aires.

¿Cómo definir una Buenos Aires de aspectos tan variados, con una economía que está en boca de todos, sepan o no del tema? Un importante sector de la zona céntrica —"la city"— alberga bancos y los edificios de la Bolsa de Comercio. Este sector de la ciudad es un mundo paralelo con identidad propia como el de Jorge Luis Borges o el Abasto de Carlos Gardel.

Un par de recomendaciones le pueden ser útiles:

- El barrio Norte no existe, es un lugar común. Una parte es Palermo, otra Recoleta y la otra Retiro.
- Muchos locales usan en su correspondencia la abreviatura de Cap. Fed. que corresponde a Capital Federal, nombre administrativo de la ciudad de Buenos Aires.

Junto con la periodista Araceli Bellotta advierta estas circunstancias: "Buenos Aires, como todas las ciudades, tiene su código que suele desorientar al ajeno. Si no, que lo diga ese turista que se cansó de caminar, ida y vuelta varias veces, para encontrar la esquina donde Charcas se junta con Callao. Y eso que, para que no se perdiera, le aclararon que Charcas nace en Canning. ¡Pobre tipo! Cómo explicarle que Charcas después de Pueyrredón se llama Marcelo T. de Alvear, que Canning hace años cambió de nombre por Scalabrini Ortiz, y que insistimos en bautizarlas como se nos antoja, a pesar del ex presidente y del escritor que con su avenida está solo y espera.

"La siguiente odisea fue cuando lo mandaron a Corrientes y el Bajo con la referencia de que 'más allá está el río'. Miraba su mapa y leía: Leandro N. Alem, Madero, pero del Bajo ni noticias..."

Ni hablar de la calle Perón, a la que se persiste en llamar

Presidente Perón cuando en realidad se denomina *Teniente General Juan D. Perón* y su nombre anterior era *Cangallo*. La resistencia de algunos a los cambios también genera confusiones ya que insisten en llamarla *Cangallo*.

No sería realista entender que la crisis económica y política ocurrida en la Argentina a fines de diciembre de 2001 sorprendió al mundo que la miraba como uno de los países más ricos. En este contexto dramático pero siempre esperanzado la ciudad de Buenos Aires se convierte por la fuerza de su comercio y por su potencia cultural en una sorpresa para ese mismo mundo que se asombra por la creatividad de la ciudad, algo que ocurre a lo largo y a lo ancho de este país cautivante que es la Argentina.

www.buenosairessecreta.com.ar

15

FICHA TÉCNICA

Nombre oficial: Buenos Aires.

Denominación original: En 1536 don Pedro de Mendoza, su primer fundador, la llamó Puerto de Santa María del Buen Ayre. En 1580, don Juan de Garay, su segundo fundador, la denominó Ciudad de Trinidad, Puerto de Santa María de los Buenos Aires.

Nominación administrativa: Capital Federal de la República Argentina.

Apodo: La Reina del Plata.

Gentilicio de sus habitantes: Porteños. Alude a la condición de ciudad-puerto de Buenos Aires.

Idioma: Castellano. Como en todas las ciudades del mundo, en Buenos Aires también se habla con giros verbales propios y locuciones típicas que conforman el llamado lunfardo (equivale al argot, al furbesco, a la giria y al slang, entre otros).

Dónde encontrarla en el mapa: Latitud: 34° 36' 30" Sur. Longitud: 58° 22' 19" Oeste.

Superficie: 200 km^2 (equivale a 20.000 ha aproximadamente).

Extensión: 19,4 km de norte a sur y 17,9 km de este a oeste.

Perímetro: 60,5 km.

Límites: Norte: partido de Vicente López. Sur: partido de Lomas de Zamora y Lanús. Este: partido de Avellaneda. Oeste: partido de Tres de Febrero. Limita además al NO con el partido de General San Martín; al NE con el río de la Plata; al SO con el partido de La Matanza y al SE con el partido de Avellaneda y Este: el río de la Plata.

Todos los partidos que limitan con la ciudad de Buenos Aires pertenecen al área llamada Gran Buenos Aires, que ocupa 3.680 km², y forman parte del conurbano, que junto con la ciudad componen el Área Metropolitana de 3.879 km².

Los partidos son: Almirante Brown, Avellaneda, Berazategui, Esteban Echeverría, Ezeiza, Florencio Varela, General San Martín, Hurlingham, Ituzaingó, José C. Paz, La Matanza, Lanús, Lomas de Zamora, Malvinas Argentinas, Merlo, Moreno, Morón, Quilmes, San Fernando, San Isidro, San Miguel, Tigre, Tres de Febrero y Vicente López.

Conformación física

La ciudad de Buenos Aires forma parte de la pampa ondulada cuya barranca del Parque Lezama —Santa Lucía— es la terminación de la que se inicia en Rosario y que la bordea en un largo trecho. Es la misma barranca en la que don Pedro de Mendoza fundó por primera vez la ciudad de Buenos Aires. Consideramos su relieve actual como la consecuencia de una serie de procesos endógenos y exógenos. Actuando directamente en la zona, o como repercusión de otros más lejanos, cabe mencionar la fracturación del Escudo de Brasilia, el consiguiente hundimiento de bloques, los ciclos orogénicos del Paleozoico y Terciario; sobre estos últimos recae la mayor responsabilidad de las formas observadas en combinación con la acción erosiva pluvial y fluvial, acelerada en los períodos de levantamiento y con la acción biótica.

Resultado de la erosión activa en el principio del Cuaternario es el valle de Holmberg, así llamado por el Dr. Nágera, en la zona donde actualmente se levanta el Jardín Zoo-

lógico elaborado en el Pampeano y que fue rellenado posteriormente por sedimentos del Pospampeano.

Aspectos meteorológicos

Clima: Templado y húmedo.

Temperatura: Media anual 17°.

Curiosidad: En Buenos Aires nevó, por única vez en el siglo XX, en
el invierno de 1918.

Vientos: Predominan los siguientes: *Norte*: Caluroso y húmedo, es
presagio de tormenta. *Pampero*: Fresco, contrarresta los efectos del viento Norte. El Pampero se presenta húmedo con
nubarrones negros y tormenta; seco, diáfano y frío; sucio, si
levanta grandes polvaredas.

Sudestada: Fuertes ráfagas de viento frío y húmedo, acompañadas
de lluvias persistentes durante varios días. Ocurre entre los
meses de junio y octubre y suele ocasionar trastornos en la
ciudad como inundaciones en algunos barrios, inconvenientes en el suministro eléctrico y circulación del tránsito.

Lluvias: Promedio: 1.432 mm al año. *Récord del siglo*: 31 de
mayo de 1985 con 295,4 mm.

Estaciones del año:

Verano: Desde el 21 de diciembre hasta el 20 de marzo. Temperatura media: 23° C. Enero es el mes más caluroso.

Otoño: Desde el 21 de marzo hasta el 20 de junio. Temperatura
media: 14° C. Los primeros meses suelen ser lluviosos (120
mm).

Invierno: Desde el 21 de junio al 20 de septiembre. Temperatura media: 10° C. Mes más frío: julio. Curiosidad: Sobre la semana del Día de San Juan (24 de junio) ocurre el fenómeno de un clima templado y hasta caluroso. Se lo conoce como "el veranito de San Juan". Al final del invierno, cerca de la festividad de Santa Rosa (30 de agosto) suele producirse una gran tormenta conocida precisamente como "la tormenta de Santa Rosa".

Primavera: Transcurre desde el 21 de septiembre al 20 de diciembre. Es la época más lluviosa. Temperatura media: 18° C.

PARA OTRAS INFORMACIONES METEOROLÓGICAS,
CONSULTAR AL
SERVICIO METEOROLÓGICO NACIONAL:
25 de Mayo 658, Buenos Aires
Teléfonos: 4312-4480 al 89

PRONÓSTICO POR CONTESTADOR AUTOMÁTICO
LAS 24 HORAS AL DÍA
Teléfono: 0-600111-2424 (Servicio pago).

Cuántos somos, cómo somos

Población: 3.040.292 habitantes.

Densidad: 15.047,9 habitantes por km².

Hombres: 1.387.645.

Mujeres: 1.652.647.

Relación: 84 hombres por cada 100 mujeres.

Composición por edad: El 25% corresponde a la franja entre 0 y 19 años. El 30% al segmento entre 20 y 39 años. Un 33% al grupo que abarca de 40 a 69 años. El resto se completa con un 12% que va desde 70 años en adelante.

Tasa de natalidad: 73.238 nacimientos en 1998.

Tasa de mortalidad: 46.679 defunciones en 1998.

Tasa de nupcialidad: 16.395 casamientos en 1998.

La población de la ciudad experimentó muy pocas variaciones en los últimos cuarenta y cinco años. Incluso en 1947 tenía más habitantes que en años posteriores.

No es que Buenos Aires se estancó, sino que comenzó a extenderse más allá de su propio límite territorial, formando una región densamente poblada, la llamada Área Metropolitana o Gran Buenos Aires.

Si se consideran la ciudad y el Gran Buenos Aires como una sola unidad urbana, conforman la octava ciudad del mundo en cantidad de habitantes, con aproximadamente trece millones de personas, según informes de las Naciones Unidas.

Dentro de la ciudad, los barrios en los que se produjo un mayor aumento de habitantes fueron *Barracas, Constitución, Nueva Pompeya, Parque Patricios, Mataderos, Villa Lugano y Villa Soldati*, que, respecto del censo de 1980, en 1991 registran una suba del 51,8%. Otro sector de la ciudad de fuerte crecimiento es el comprendido por los barrios de *Belgrano, Núñez y Saavedra*, que aumentaron 7,8% desde 1980.

Barrios como *Recoleta y Retiro* sufrieron una reducción importante de habitantes. En 1980, estos dos barrios tenían una población de 296.850 personas. En la actualidad son 226.613, arrojando un crecimiento negativo de -23,7%.

En total, la ciudad registró un índice de crecimiento de 1,3% en el período comprendido entre 1980-1991, lo que da una tasa anual de 0,11%.

Las expectativas de vida, tanto a nivel municipal como nacional, alcanzan a 76,5 años en las mujeres y 69 en los hombres. El PAMI (Plan de Asistencia Médica Integral brindado por el Instituto Nacional de Servicios Sociales para Jubilados y Pensionados) se ha convertido por el uso idiomático en sinónimo de persona de edad. Según cifras elaboradas por esa institución el envejecimiento poblacional muestra una clara tendencia: en 1980, el

11,8% de la población estaba conformada por habitantes mayores de 60 años. En 1985 la cifra aumentó a un 12,8%. Según el último censo (1991), la población mayor de 60 años asciende al 13,2%. La proyección arrojaría un 20% para el año 2000.

Cómo y dónde vivimos

Desde 1946 la ciudad de Buenos Aires mantiene un déficit habitacional que, con ciertas oscilaciones, se mantiene en niveles críticos.

Propietarios: 75,2%.

Inquilinos: 24,8%.

150.000 personas aproximadamente se albergan en las llamadas villas de emergencia y más de 100.000 se registran como carentes de núcleo habitacional en el Fondo Nacional de la Vivienda de la Capital Federal, de acuerdo con datos de la Secretaría de Promoción Social del Gobierno de la Ciudad mencionados por el diario *La Nación* del 17-1-99.

Según el censo de 1997, existen en Buenos Aires 1.258.856 unidades habitacionales. Cifras del mismo año arrojan un total de 123.886.000 m² aproximadamente, edificados con un promedio de 41,5 m² por habitante y de 98 m² por vivienda.

Habitantes de la ciudad que molestan a la salud

Buenos Aires tiene una legislación sobre la tenencia de animales domésticos. Algunos reglamentos de copropiedad determinan reglas para los usuarios de los departamentos. Es común que las calles, plazas y veredas se vean permanentemente con excrementos de perros y gatos, a pesar de la ordenanza 41.381 sancionada en 1987, que obliga a dueños y paseadores a usar escobilla, palita y bolsa de residuos para juntar lo que dejan sus animalitos.

Pero los habitantes más molestos para la salud son los mosquitos (*Aedes albifasciatus*), que aparecen especialmente en verano o durante períodos cálidos y húmedos.

En el mundo existen 3.500 especies de cucarachas, de las cuales sólo tres se encuentran en Buenos Aires: la cucaracha rubia (*Blattela germánica*), que habita en casas y departamentos, especialmente entre hortalizas y verduras; la cucaracha negra (*Blattela orientalis*), que vive en los desagües cloacales, y la cucaracha marrón oscura o americana (*Blattela americana*), que se establece cerca de las viviendas y se alimenta de azúcar, miel y chocolate.

Uno de los mayores problemas de la ciudad es el alto número de roedores. Las variedades más comunes son la rata marrón (*Rattus norvegicus*), la rata negra (*Rattus*) y la laucha (*mus musculus*).

Los roedores porteños destruyen unas 4.000 toneladas de alimentos diarios. En la zona portuaria se estima que *hay una rata cada dos metros cuadrados*; promedio similar al del barrio de *San Telmo* y las zonas de *Congreso* y *Abasto*, en el barrio de *Balvanera*, al igual que a lo largo de las redes ferroviarias. En el resto de la ciudad la población es más heterogénea, hay un promedio de siete ratas por habitante. Es transmisora de más de cincuenta enfermedades, entre las que se cuentan: cólera, tifus murina y peste bubónica. El Gobierno de la Ciudad de Buenos Aires cuenta con la Dirección de Higiene, organismo que recibe las denuncias de existencia de ratas, Ortiz de Ocampo 2517.

Educación

Niveles

Primario: Obligatorio de 1° a 7° grado (de los 6 a los 12 años aproximadamente).

Medio o secundario: Optativo.

Terciario y Universitario.

Escuelas primarias: 932, de las cuales 461 dependen del Gobierno de la Ciudad de Buenos Aires y 471 son privadas.

Número de alumnos: 280.000 aproximadamente. *Número de docentes*: 24.000 estimativamente.

Escuelas medias: 505 establecimientos, de los cuales 134 dependen del Gobierno de la Ciudad de Buenos Aires y 371 son privados. Número de alumnos: 208.000 estimativamente. Número de docentes: 27.300 aproximadamente.

Terciarios —no universitarios—: 154 establecimientos, de los cuales 46 son públicos.

Universitarios: 18 universidades, de las cuales 2 son estatales y 16 privadas. *Número de alumnos*: 300.000 aproximadamente. Número de docentes: 19.500 estimativamente.

El 9% de los alumnos inscriptos en escuelas municipales registra domicilio en la provincia de Buenos Aires.

Religión

La Constitución de la Nación Argentina declara en su artículo 2°: "El Gobierno Federal sostiene el culto católico apostólico romano". La Constitución de la Ciudad Autónoma de Buenos Aires (1996), en cambio, sostiene el derecho de inviolabilidad de la libertad religiosa (artículo 12, apartado 14).

Predomina el credo católico, al cual pertenece el 84,8% de la población. El judaísmo es profesado por un 6,6% de ella y el resto se distribuye en otras religiones cristianas y otros cultos.

En los últimos años han surgido numerosas sectas religiosas que carecen de reconocimiento oficial. En la Argentina existe una legislación sobre cultos.

Economía

La Argentina es un país atípico, que no presenta en muchos aspectos las características de las naciones en vías de desarrollo.

De acuerdo con el último censo económico de 1985, la participación de la ciudad de Buenos Aires en el producto bruto interno nacional es de aproximadamente el 22%. Si tomamos en cuenta su participación en el valor de la producción industrial de la Nación nos encontramos con un 14%.

Los establecimientos industriales radicados en la ciudad ascienden a 16.099, y dan trabajo a 228.854 personas, que en su mayoría no habitan en la Capital.

Se registran 111.029 establecimientos comerciales que dan empleo a 523.828 personas.

Buenos Aires ha visto desaparecer gran parte de sus industrias tradicionales, decaer la actividad portuaria y crecer la actividad terciaria e informal con una hipertrofia de su sistema financiero que no compensa el retroceso global de su economía.

Este proceso impactó en el mercado de trabajo aumentando la desocupación, la subocupación, la informalización y el cuentapropismo, así como la proliferación de mecanismos que hicieron precaria la relación laboral.

Estos cambios en el mercado de trabajo y en los niveles de ingreso acentuaron las diferencias sociales entre los porteños, modificando sus formas de organización, sus pautas de consumo y sus hábitos.

Hoy proliferan por la ciudad quiosqueros y taxistas, es decir "cuentapropistas", que intentan hallar una salida laboral ante la falta de oportunidades.

Ocho de cada diez personas que tienen más de una ocupación pertenecen a la clase media. El multiempleo parece ser más común en mujeres que en hombres.

La Argentina, Paraguay, Brasil y Uruguay (y más tarde Chile) se comprometieron a coordinar políticas macroeconómicas, firmando para ello el tratado para el Mercosur. Éste entró en plena vigencia el 1° de enero de 1995. A partir de allí hablamos de una población de alrededor de 190 millones de habitantes y un intercambio comercial de 5.500 millones de dólares. Es una comunidad económica de América del Sur que brinda soluciones globales a problemas compartidos.

Moneda: En 1822 se emitió el primer papel moneda que se conoció en el país. Luego de diversas alternativas, el 29 de setiembre de 1875 fue creada la Casa de Moneda de Buenos Aires, que en la actualidad funciona en el barrio de *Retiro*. Allí está montada la fábrica de billetes de banco y la acuñación de moneda con las técnicas más avanzadas. Su tecnicismo y minuciosidad son abrumadores. A partir del 1º de enero de 1992 el austral desapareció como moneda, volviéndose a poner en vigencia el peso. En forma simultánea se dictó una ley que igualó su valor al dólar estadounidense, la que fue derogada en diciembre de 2001. Así como en 1992 Buenos Aires era más cara que París y Nueva York hoy sus precios bajos atraen a los viajeros internacionales.

PBI: La variación porcentual del producto bruto interno (PBI) y del número de establecimientos y personal ocupado por rama de actividad industrial fue negativa para todas ellas, según los censos económicos de 1974 y 1985; la única actividad dinámica que evolucionó positivamente fue la industria química, comparada con las ramas de alimentación, textil, madera, papel, metalúrgica, minerales no metálicos y maquinarias. En términos de producto se verificó una tendencia declinante entre 1975 y 1985; el producto bruto global de la ciudad cayó un 12,1%, mientras que a nivel nacional se estancó.

Entre 1980 y 1989 la desocupación aumentó un 141%, ascendiendo al 5,2% de la población económicamente activa (PEA), es decir, 1.300.000 personas. En 1989 los subocupados ascendían a un 7% de la PEA. En octubre de 1998 la población sin trabajo en todo el país era del 12,4% (1.700.000 personas) mientras que en la ciudad de Buenos Aires era del 8,6% (261.000 individuos). En el 2003 los índices de desocupación y pobreza alcanzan marcas impensables para un país como la Argentina. No obstante, los cambios producidos entre el año anterior y éste sorprenden favorablemente a los teóricos internacionales de la economía.

Energía eléctrica

El suministro de corriente eléctrica es de 220 voltios.

SEGBA (Servicios Eléctricos del Gran Buenos Aires) se privatizó y se dividió en dos empresas, EDENOR y EDESUR.

La energía eléctrica consumida en 1997 por la ciudad alcanzó a 8.247.473 millones de kW, con un promedio de 2.712 por habitante.

El Gobierno de la Ciudad

La ciudad está a cargo del Gobierno de la Ciudad de Buenos Aires, compuesto por tres poderes:

Ejecutivo, a cuyo frente está el jefe de Gobierno.

Legislativo, constituido por la Legislatura de la Ciudad Autónoma de Buenos Aires, con 60 diputados elegidos por voto directo de los vecinos.

Justicia. Si bien el Poder Judicial de la ciudad de Buenos Aires, conforme la ley 7, está integrado por los distintos jueces que componen la actual justicia nacional ordinaria de la Capital Federal, en virtud de lo dispuesto por el artículo 8 de la ley 24.588, la justicia local ha quedado acotada a los fueros Contencioso Administrativo y Tributario y Contravencional y de Faltas y Vecinal, no obstante los reclamos que viene efectuando el Gobierno de la Ciudad de Buenos Aires a efectos de que se produzca el respectivo traspaso de aquella justicia.

En virtud de ello, el Poder Judicial vigente hoy en la ciudad se integra por: 1) el Tribunal Superior de Justicia, 2) el Consejo de la Magistratura, 3) el Jury de Enjuiciamiento, y 4) el Ministerio Público.

Centros de Gestión y Participación. Son la base del Programa de Descentralización y Modernización, que tiene por objeto mejorar los servicios que brinda el Gobierno de la Ciudad. En cada uno de los dieciséis CGP los vecinos pueden resolver sus trámites referentes al Registro Civil, a Rentas o infracciones, contando además con el Servicio Social Zonal y servicios de información general y atención a otros temas.

La *Controladuría Comunal* (ombudsman) es el lugar que tienen los vecinos para canalizar inquietudes, realizar protestas y denuncias. Sus oficinas están en Venezuela 842 (C1095AAR), Buenos Aires. E-mail: defensoría_ciudad@buenosaires.gov.ar
El Gobierno recibe denuncias y reclamos y ofrece informes en el teléfono de línea gratuita 0800-88832466 y cuenta con una página en Internet: *www.buenosaires.gov.ar*

La hora

La hora oficial. Se la numera de 0 a 24 (es decir que las 13 equivalen a la 1 pm o las 18 a las 6 pm).

Servicio de la hora oficial. Puede obtenerse la hora oficial discando telefónicamente el 113, durante todo el día.

Horario comercial. En general se extiende de 9 a 20 horas de lunes a viernes, y los sábados de 9 a 13 horas. También hay comercios que funcionan los sábados por la tarde y los domingos, como galerías comerciales, shoppings, ciertos negocios barriales y otros.

Horario bancario. De 10 a 15, de lunes a viernes.

Fecha. Se utiliza la nomenclatura que indica el día delante del mes y finalmente el año. Ejemplo: 15/3/2000, es decir, 15 de marzo de 2000.

Hora Greenwich, hora Buenos Aires. De acuerdo con el sistema internacional que toma el meridiano de Greenwich como determinante, a la Argentina le corresponde el huso horario +4 al oeste de dicho meridiano.
En 1930 se adoptó por primera vez el horario de verano pasando al huso horario +3 (manteniendo en invierno el +4).

En 1946 se dispuso pasar al huso horario +3 para todo el transcurso del año.

En 1963 se volvió al huso horario original (+4). Posteriormente se retomaron los horarios de verano.

El 23 de enero de 1974, estando en vigencia el horario de verano (+3), se adelanta por primera vez 1 hora y se pasa a utilizar el huso horario +2. En abril de ese mismo año se atrasó 1 hora; por ello, desde ese momento en invierno se utiliza el huso horario +3.

Ciudades hermanas

La ciudad de Buenos Aires está unida a otras ciudades del mundo por lazos culturales, intercambio comercial, profesional, estudiantil y por vínculos de amistad. Existió una institución, la Fundación Ciudades Hermanas de Buenos Aires, que fue encargada de promover los acercamientos a partir de su programa de intercambio.

Algunas ciudades hermanas de Buenos Aires

Madrid	España	Bogotá	Colombia
Oviedo	España	Brasilia	Brasil
Sevilla	España	Montevideo	Uruguay
Cádiz	España	Génova	Italia
Guadix	España	Nápoles	Italia
Bilbao	España	Calabria	Italia
Tel Aviv	Israel	Santo Domingo	Rep. Dominicana
Damasco	Siria	Osaka	Japón
Miami	EE.UU.	Moscú	Rusia
Quito	Ecuador	Rotterdam	Países Bajos
Lima	Perú	Santiago	Chile
Atenas	Grecia	Tegucigalpa	Honduras
Asunción	Paraguay	Belgrado	ex Yugoslavia
Caracas	Venezuela	Pekín	China
Guatemala	Guatemala	Berlín	Alemania
La Paz	Bolivia	Praga	República Checa

Managua	Nicaragua	Seúl	Corea del Sur
Río de Janeiro	Brasil	El Cairo	Egipto
San José	Costa Rica	San Salvador	El Salvador

A partir de los '80 existen, también, convenios de cooperación mutua celebrados con distintas ciudades y regiones.

ALGUNOS CIUDADANOS ILUSTRES

Ernesto Baffa: *Músico, compositor y bandoneonista.* (1992)
Miguel Najdorf: *Ajedrecista.* (1990)
Joaquín Pérez Fernández: *Bailarín y coreógrafo.* (1987)
Luisa Vehil: *Actriz.* (1990)
Roberto Goyeneche: *Cantor de tangos.* (1990)
Tita Merello: *Cantante de tangos y actriz.* (1990)
Horacio Salgán: *Músico, compositor y pianista.* (1990)
Astor Piazzolla: *Músico, compositor y bandoneonista.* (1985)
Atahualpa Yupanqui: *Músico.* (1992)
Susana Rinaldi: *Cantante de tangos y actriz.* (1990)
Alberto Castillo: *Cantor de tangos.* (1990)
Mariano Mores: *Músico, compositor y pianista.* (1990)
Antonio Carrizo: *Locutor y animador.* (1990)
Héctor Larrea: *Locutor y animador.* (1990)
Alberto Mosquera Montaña: *Poeta.* (1989)
Tania: *Cantante de tangos.* (1990)
Libertad Lamarque: *Cantante de tangos.* (1990)
José María Rosa: *Historiador.* (1986)
Ezequiel Navarra: *Maestro de billar.* (1990)
Alicia Moreau de Justo: *Médica y dirigente política.* (1985)
Edmundo Guibourg: *Periodista y escritor.* (1985)
Ernesto Sabato: *Escritor.* (1985)
Osvaldo Pugliese: *Músico, director y pianista.* (1986)
Hugo del Carril: *Cantor de tangos.* (1986)
Silvina Ocampo: *Escritora.* (1988)
Florencio Escardó: *Médico, pediatra y escritor.* (1990)

Enrique Cadícamo: *Autor, compositor y poeta de tango.* (1987)
Teresa María Molina: *Pionera de la enfermería.* (1990)
Juan Manuel Fangio: *Piloto de autos de carrera.* (1973)
Jorge Luis Borges: *Escritor.* (1973)
Luis Federico Leloir: *Investigador y premio Nobel.* (1973)
Irineo Leguisamo: *Jockey.* (1984)
Benito Quinquela Martín: *Pintor.* (1974)
Cátulo Castillo: *Músico, compositor y pianista.* (1974)
María Elena Walsh: *Escritora.* (1985)
Raúl Soldi: *Pintor.* (1985)
Diego Armando Maradona: *Futbolista.* (1986)
Adolfo Bioy Casares: *Escritor.* (1986)
Julio César Strassera: *Jurista.* (1989)
Niní Marshall: *Actriz.* (1990)
Mercedes Sosa: *Cantante.* (1992)
Luis Saslavsky: *Director de cine.* (1992)
Eladia Blázquez: *Compositora y cantante.* (1992)
Iris Marga: *Actriz.* (1992)
Horacio Ferrer: *Historiador y poeta.* (1992)
Sebastián Piana: *Músico.* (1992)
Berta Singerman: *Actriz.* (1992)
Tato Bores: *Actor.* (1993)
Isidoro Caplán: *Científico.* (1991)
César Jaroslavsky: *Político.* (1993)
Leopoldo Díaz Vélez: *Poeta de tango.* (1990)
Félix Luna: *Historiador.* (1996)
Pompeyo Camps: *Músico.* (1992)
Martiniano Arce: *Fileteador.* (1996)
Alejandra Boero: *Actriz y directora teatral.* (1996)
Roberto Tálice: *Escritor.* (1990)
Ángel D'Agostino: *Músico, compositor y pianista.* (1989)
Carlos Gianantonio: *Médico.* (1986)
Eduardo de Robertis: *Científico.* (1986)
Mauricio Rosenbaum: *Científico.* (1986)
Osvaldo Piro: *Músico, compositor y bandoneonista.* (1996)
Osvaldo Miranda: *Actor.* (1996)
Eugenia Sacerdote de Lustig: *Científica.* (1996)
Norberto "Tucho" Méndez: *Futbolista.* (1990)

Oscar Alfredo Gálvez: *Piloto de autos de carrera*. (1989)

León Arslanian: *Abogado*. (1989)

Hermenegildo Sábat: *Artista plástico*. (1996)

Adolfo Pérez Esquivel: *Arquitecto, docente, premio Nobel de la Paz 1980*. (1996)

Marta Argerich: *Pianista*. (1999)

Cecilio Madanes: *Director teatral*. (1996)

Manolo Juárez: *Músico*. (1996)

Atilio Castelpoggi: *Poeta y escritor*. (1996)

Natalio Francisco Salvatori: *Empresario*. (1996)

Ángel Mazzei: *Escritor*. (1992)

Norma Aleandro: *Actriz*. (1996)

Ben Molar: *Productor artístico*. (1996)

Nelly Omar: *Cantante*. (1996)

Esmeralda Agoglia: *Bailarina del teatro Colón*. (2002)

Visitantes ilustres

Daisaku Ikeda: *Líder budista*.

Joan Manuel Serrat: *Cantante y compositor catalán*.

Anthony Quinn: *Actor*.

Sophia Loren: *Actriz italiana*.

Umberto Eco: *Semiólogo italiano*.

Paul McCartney: *Músico inglés*.

David Lee: *Premio Nobel de Física 1996, estadounidense*.

Lech Walesa: *Ex presidente de Polonia y fundador del Partido Solidaridad*.

Julián Marías: *Filósofo español*.

Cuauthemoc Cárdenas: *Jefe de gobierno México D. F.*

Dalai Lama: *Líder religioso budista*.

Plácido Domingo: *Tenor español*.

Leopold Sedar Senghor: *Ex presidente de Senegal*.

Chaim Herzog: *Presidente del Estado de Israel*.

Silvio Rodríguez: *Músico y cantante cubano*.

Jordi Pujol: *Presidente de Cataluña (España)*.

Lamberto Dini: *Ministro de Relaciones Exteriores de Italia.*
Jean Chrétien: *Primer ministro de Canadá.*
José Antonio Ardanza Garro: *Presidente del País Vasco (España).*
Roberto Curl: *Premio Nobel de Química 1996, estadounidense.*
Mario Benedetti: *Escritor uruguayo.*
Mario Vargas Llosa: *Escritor peruano.*
Chavela Vargas: *Cantante mexicana.*

Jorge Luis Borges fue un habitual caminante de la ciudad.

1

Historia

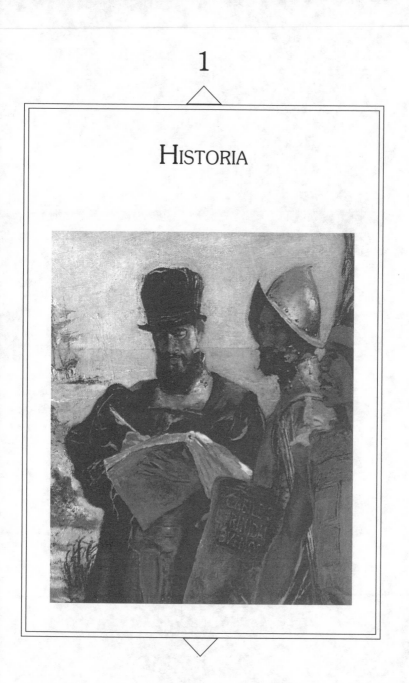

"Buenos Aires es la creación sobre la nada absoluta. No tuvo antecedentes americanos como México o Cuzco, que se levantaron sobre cimientos de viejas civilizaciones autóctonas. Nada había en el suelo ni en el subsuelo. Buenos Aires surgió de la nada absoluta y creció como un prodigio brotado en la soledad, sin tesoros y sin fantasmas. Funda su propia historia sin prehistoria, sin leyendas. No hereda una cultura indígena y tampoco un idioma. (...) Un trasplante europeo en la teluricidad americana. Síntesis y recreación de la cultura europea, y proyección de la civilización de Occidente. Nacida en soledad de tierra y agua, un milagro sobre la nada."

JOAQUÍN NEYRA
periodista argentino

Buenos Aires tuvo dos fundaciones. La primera, en 1536, por el adelantado don Pedro de Mendoza, a quien el rey Carlos I de España, emperador de Alemania y último príncipe de la línea masculina de los Habsburgo (1500-1580, reinó entre 1516 y 1556. Fue hijo del archiduque Felipe y de doña Juana la Loca), envió para dominar y poblar estas tierras. La segunda, en 1580, por don Juan de Garay, un hidalgo de España, también a las órdenes reales.

La primera ciudad, de apenas una manzana de extensión, fue sitiada por el hambre y en 1541 destruida por los indios del lugar.

Los primitivos habitantes de la zona que hoy es Buenos Aires, antes de la llegada de los españoles a dicha comarca, fueron tribus de indios llaneros, probablemente taluhet, grupos de guaraníes de las islas y otros grupos menores y nómadas de querandíes.

A decir del historiador Héctor Cordero, "los guaraníes, de carácter apacible, fueron los más explotados. De ellos, de sus mujeres, nacieron criollos, mestizos, gauchos, que tendrían en su ser las virtudes y defectos del español y portugués y de los naturales de la tierra".

Recién el 8 de mayo de 1776 —es decir 196 años después de la fundación definitiva— el rey Carlos III designa al primer virrey: don Pedro de Cevallos. Con ello Buenos Aires pasó a ser la capital del Virreinato del Río de la Plata.

Esta situación se mantuvo hasta el 25 de mayo de 1810 cuando, tras los sucesos que se venían gestando en esos días, el virrey es desplazado de su cargo por el grupo de hombres que había dado forma al movimiento de emancipación de la Corona, constituyéndose así la Primera Junta de Gobierno Nacional. Estos hechos revolucionarios en el Río de la Plata, que luego se extenderían hacia otros territorios, encuentran su culminación en la Declaración de la Independencia Argentina el 9 de julio de 1816, en Congreso General reunido para ese fin en la ciudad de San Miguel de Tucumán (provincia de Tucumán).

Unos años antes —en 1806 y 1807— la ciudad había sufrido dos invasiones de la flota inglesa, que buscaba conquistar estos territorios. En ambas ocasiones el pueblo de Buenos Aires repelió la agresión, derrotando definitivamente a los ingleses que capitularon en la actual zona de *Retiro* (en las inmediaciones de la actual *Avenida Leandro N. Alem y San Martín*). Las banderas y los estandartes de la capitulación se exhiben al público en la iglesia de Santo Domingo, en la actual *Avenida Belgrano* esquina *Defensa*.

El 3 de abril de 1856 se crea la Municipalidad de la Ciudad de Buenos Aires, cuyo primer censo arroja una población de 70.000 habitantes. Y el 21 de setiembre de 1880, el presidente de la República, Dr. Nicolás Avellaneda, promulga la ley que convierte a Buenos Aires en capital de la República Argentina.

Durante los años siguientes la ciudad sufre el ingreso masivo de inmigrantes, calculándose que arribaron al país 500.000 personas entre 1880 y 1886, y comienzan así las importantes transformaciones urbanas trazadas por el primer intendente municipal, Dr. Torcuato de Alvear.

Para la Segunda Guerra Mundial —1939-1945— Buenos Aires recibe la inmigración del interior del país, duplicando su cantidad de habitantes.

A partir de 1996 la ciudad vivió una transformación histórica. Hasta ese entonces el intendente era elegido por el presidente de la República, pero desde el 6 de agosto de 1996 la situación jurídica de la Capital Federal cambió. El cargo de intendente fue desplazado por el de jefe de Gobierno de la Ciudad de Buenos Aires, como lo marca la Constitución establecida por los constituyentes elegidos por voto popular, en las primeras elecciones realizadas en esta ciudad. Dentro de ese nuevo marco resultó elegido como primer jefe de Gobierno el Dr. Fernando de la Rúa.

Origen del nombre de Buenos Aires

La expedición de Pedro de Mendoza, el primer fundador, estaba integrada —entre otros— por dos sacerdotes mercedarios en cuyo convento de la ciudad de Sevilla (España) se veneraba a la Virgine di Bonaria (La Virgen del Buen Aire), culto originario de la ciudad de Cagliari, Italia.

Se cuenta que uno de estos sacerdotes, fray Justo de Zalazar, tuvo gran ascendiente espiritual sobre Mendoza, y ésa sería la razón por la cual la ciudad recibió el nombre de la virgen.

Origen del nombre "Argentina"

El nombre Argentina deriva del latín *argentum* (plata). Quien por primera vez utiliza esta palabra para referirse a estas tierras es el poeta Martín del Barco Centenera en su obra *La Argentina y conquista del Río de la Plata con otros acaecimientos de los reinos del Perú, Tucumán y Estados del Brasil.*

A partir de la leyenda que refiere a los primeros colonizadores la existencia de fabulosos tesoros de platería (*argentum)*, comenzaron estas tierras a recibir tal calificativo, que terminó por convertirse en sustantivo y dar su nombre al país.

Martín del Barco Centenera (1535-1602) nació en Extremadura (España). Participó activamente en la colonización de los territorios de América del Sur.

¿Estuvo Carlos de Austria en Buenos Aires?

En 1605 llegó a la ciudad un tal Bernardo Sánchez, quien se hacía llamar "el hermano pecador" y decía traer consigo la experiencia de haber participado de heroicas luchas como Cleves y Westfalia. Al año siguiente adquiere un gran solar en pleno centro y construye una lujosa mansión. Hace esporádicos viajes a España, donde mantiene contactos con el rey, y en 1609, de regreso a Europa, muere en alta mar y es enterrado en Lima con gran pompa. De este misterioso Sánchez se dice alternativamente que era un judío converso y contrabandista; que era Carlos de Austria, el hijo de Felipe II y María de Portugal, el hijo despreciado por el padre porque su esposa murió en el parto. Para algunos, el cuerpo de Carlos de Austria descansa en El Escorial; para otros, su tumba está en Lima y en vida permaneció muchos años en Buenos Aires. Una historia, por ahora, abierta.

¿Era don Francisco de Paula Sanz hijo natural de Carlos III?

Otro de los hombres importantes que vinieron a estas tierras fue don Francisco de Paula Sanz, director general de la Renta de Tabacos del Virreinato del Río de la Plata. Se dijo que era hijo natural de Carlos III con una princesa napolitana. Durante los sucesos de mayo de 1810 y los pronunciamientos criollos posteriores, se manifestó en favor de la causa española. Juan José Castelli, fogoso miembro de la Primera Junta de Gobierno, lo arrestó y ordenó su fusilamiento.

¿Era Miguel Hines hijo del Príncipe de Gales (Jorge IV)?

Miguel Hines era irlandés y fue criado hasta los 18 años por María Hines. En realidad era el hijo de quien se coronaría como Jorge IV. Se alistó en las fuerzas del general Beresford, que tenía como misión invadir Buenos Aires.

Fue herido en la lucha por la reconquista de Buenos Aires y socorrido por una familia criolla: los Terrada. En Buenos Aires, durante su convalecencia se encontró con otro irlandés al que se asoció para hacer negocios, y que era nada menos que el almirante Guillermo Brown, padre de la fuerza naval argentina.

¿Era Pierre Benoit el legítimo Luis XVII?

En 1789, el hijo de Luis XVI y María Antonieta pasó a ser el heredero del trono de Francia al morir su hermano. Pero en 1792 fue encerrado en prisión por los revolucionarios franceses. Al año siguiente se proclama rey su tío, el conde Provenza, con el nombre de Luis XVIII, ya que se afirmaba que el delfín había fallecido en la cárcel. Un primo de éste reclamó que se probara su muerte. Tal misión se confió al ministro Decaze. Así se supo de la existencia de un documento que revelaba que el delfín no había sido encarcelado, sino que mediante una maniobra el general Barrás lo había raptado llevándolo a Buenos Aires. Se dijo por aquel entonces —1840— que Luis XVII no era otro que Pierre Benoit, caballero francés de arraigo en la sociedad porteña. Un descendiente suyo, el doctor Federico Zapiola Benoit, escribió una obra donde sostiene tal tesis basándose no sólo en la tradición familiar oral, sino en algunos indicios tales como la caligrafía de Benoit, muy similar a la del delfín niño, y en una trenza de cabello rubio —el color de María Antonieta— que ella sólo les entregaba a sus íntimos. Pierre Benoit murió en 1852 en Buenos Aires, en circunstancias muy curiosas.

FRESCURA Y FANTASÍA

Tales cualidades poseen los textos de Ulrico Schmidl, editados en Alemania en 1567 y publicados con el título Derrotero y viaje a España y a las Indias. *El manuscrito original se halla en la Biblioteca Real de Stuttgart y fue traducido al latín en 1597 así como al inglés, francés y holandés. Para la edición castellana debieron pasar 134 años. La versión, aunque reducida, no pierde su atractivo. Ulrico Schmidl, notablemente, creó un sistema fonético para expresar en alemán voces y nombres castellanos e indios. El título en nuestro idioma es* Viaje al Río de la Plata. *Lo escribió bajo el seudónimo de Johannes Mondschein Utz. El viajero y escritor descendía de una distinguida familia de Straubing, aunque no se conocen datos sobre su fecha de nacimiento ni el porqué de su participación en la expedición de don Pedro de Mendoza.*

El arquitecto Vicente Nadal Mora documentó la arquitectura tradicional de Buenos Aires.

42

Es sutil. Pocos nos acordamos de Garay o Mendoza. Pero tanto el monumento a Mendoza en Parque Lezama, casi frente a la Catedral Ortodoxa Rusa, como el de Juan de Garay, realizado por un escultor alemán, a metros de la Casa Rosada y junto a un retoño del Árbol de Guernica, le dan un sentido vivo a la historia. Un periodista español que vivió en la Argentina, Braulio Díaz Sal, publicó en 1975, en Madrid, una Guía de los españoles en la Argentina. Es interesante destacar su óptica ya que dedica fotos y textos para enfatizar las calles que honran a los precursores españoles y llega incluso a mencionar su longitud. Así figuran —entre otras— la calle Isabel la Católica (2.400 metros) y la Avenida Juan de Garay (4.400 metros).

* * *

También es notable el cuadro que se encuentra en el Salón Blanco del Gobierno de Buenos Aires —Bolívar 1— realizado por José Moreno Carbonero, un español nacido en Málaga (1860). Fue donado por el rey Alfonso XIII en 1910 con motivo de los festejos del Centenario de la Revolución de Mayo.

Moreno Carbonero fue autor de otro cuadro, La conversión del duque de Gandía, pintado en 1884 y que se exhibe en el Museo de Arte Moderno de Madrid, obra que recibió premios en Munich (Alemania) y Viena (Austria) y cuyo boceto perteneció al papa León XIII.

Fue también el pintor de la Casa de los Borbones: Alfonso XII, María Cristina, Victoria Eugenia y, en tres ocasiones, Alfonso XIII. Este último, dada la admiración que sentía por Juan de Garay, hace colgar frente a su cama el boceto de su rostro con su reluciente yelmo. Así puede verse en el Palacio de Oriente, en los apartamentos reales que correspondieron al dormitorio del monarca.

Apremiado por el tiempo, cometió algunos errores que le fueron criticados, entre otros, por el historiador argentino

43

Martiniano Leguizamón (1858-1935). Éste objetó que el paisaje no correspondía al Río de la Plata, que el único nativo presente llevaba las boleadoras de modo inusual, que Garay parecía mucho más viejo, y que un sauce que aparecía en el cuadro estaba demasiado verde para el pleno mes de junio en que la fundación tuvo lugar. Lejos de ofenderse, Carbonero envió una segunda "Fundación" acompañada por un manuscrito donde se apuntaban todas las correcciones. Con la primera de las obras, el pintor había enviado al intendente Güiraldes una carta en la que agradecía al municipio que "me hizo el honor de encargar el cuadro que representa la fundación de la ciudad por Juan de Garay, como recuerdo y homenaje a aquel puñado de hombres que nunca soñaron que a los tres siglos y medio iba a resultar una de las más espléndidas del mundo".

EL SANTO PATRONO

Una de las reuniones iniciales del Cabildo fue destinada a la elección del patrono de la ciudad. Para esto, se extrajo a la suerte de un sombrero un nombre de entre varios santos. Cuenta la tradición que el agraciado fue San Martín de Tours (obispo de esa ciudad de La Turena, nacido en Pannonia, actual Hungría, y cuya vida se desarrolló en Francia). Al no tratarse de un santo español, fue resistido por los ediles, por lo que se volvió a extraer un nombre al azar por segunda y por tercera vez, saliendo siempre San Martín de Tours favorecido. El santo, cuya fiesta se celebra el día 11 de noviembre, es venerado con un altar en la Catedral Metropolitana y con la iglesia San Martín de Tours, ubicada en la calle del mismo nombre. Existe en Buenos Aires la Orden de San Martín de Tours, conformada por un grupo de ciudadanos que entregan una distinción: el diploma Águila de Honor.

En noviembre de cada año se celebra la semana de Buenos Aires, que culmina en el día de su Santo Patrono. Idéntico festejo se renueva año a año, pero con distintos aspectos, en Suecia. Según una publicación del Instituto Sueco: "Es tradición comer el Día de San Martín ('Mårten Gås') una sopa especial llamada 'svartsoppa' o 'sopa negra', preparada a base de trozos de ganso asado y de su sangre y menudos. Como quizá se sabrá, el Día de San Martín se celebra el 11 de noviembre, pero la fiesta gastronómica tiene lugar tradicionalmente en su víspera. Comer ganso el Día de San Martín era una costumbre muy bien guardada y conservada desde hacía varios siglos por la alta burguesía sueca, pero, debido a que los agricultores de Escania (sur de Suecia) solían celebrar sus asambleas en esta fecha, en la actualidad se considera esta costumbre como típicamente escanesa. De todas maneras, es indudable que, al menos durante el transcurso de los últimos 150 años, la costumbre de comer ganso en este día ha sido más común en esta región que en ninguna de las demás. Y hasta ha ocurrido que las escuelas han dado fiesta a sus alumnos para que puedan celebrar mejor el Día de San Martín.

"La mayoría de los suecos que saborean su ganso con tranquilidad y deleite desconocen la relación que, según ciertas leyendas, existe entre San Martín, obispo de Tours, en Francia, en el siglo IV, y los gansos en cuestión. El hecho es que San Martín es considerado como el patrono del arte culinario y quizá de aquí —aunque no lo afirmemos con certeza— brotó esta tradición sueca."

Patrona de Buenos Aires, junto a San Martín de Tours, es Nuestra Señora de las Nieves. Su festividad, menos popular que la anterior, se realiza el 5 de agosto de cada año. Son patrones secundarios de la ciudad San Sabino y San Bonifacio. Patrona menor es Santa Clara de Asís.

BUENOS AIRES CAPITAL

A los 107 años de que la ciudad de Buenos Aires fuese declarada Capital Federal de la República Argentina —1987— el Congreso de la Nación aprobaba un proyecto, impulsado por el entonces presidente Raúl Alfonsín, por el que la Capital debía trasladarse a la ciudad de Viedma, provincia de Río Negro, al sur del país. La vertiginosidad política que tomó la historia argentina terminó con el proyecto. Pasados ya algunos años desde que la ley fue sancionada, el tema parece haber sido sepultado por el tiempo.

JOSÉ DE SAN MARTÍN (1778-1850)

General y patriota argentino. Nació en Yapeyú, hoy provincia de Corrientes. Adquirió en España su formación militar. Fue el Libertador de Argentina, Chile y Perú. Su proeza militar del cruce de la cordillera de los Andes con su ejército lo inscribe, junto a Aníbal, Alejandro y Napoleón, en las páginas de la historia universal.

Falleció en Boulogne-sur-Mer (Francia). Sus restos fueron repatriados el 28 de mayo de 1880.

JUAN MANUEL DE ROSAS (1793-1877)

Perteneciente a una familia de estancieros. De joven se destacó por su relación con los gauchos de la campaña bonaerense. En 1829 accedió al gobierno de Buenos Aires y más tarde al de la Confederación Argentina, que ejerció durante dos décadas. Líder del Partido Federal, Rosas go-

bernó en uno de los momentos más conflictivos de la historia argentina, y su figura despertó polémicas aún hoy vigentes. Fue derrotado y desplazado de su cargo por Justo José de Urquiza en 1852, luego de la batalla de Caseros. Rosas murió en Inglaterra durante su exilio. Sus restos fueron repatriados en setiembre de 1989.

Bibliografía

"Antigua Guía de Buenos Aires". *Revista Lyra.* Diciembre de 1968.

"San Martín, Patrono del Mundo". *Clarín Revista.* 29 de abril de 1962.

Antología a cargo de Ángeles Masía. *Historiadores de Indias.* Barcelona, España, Editorial Bruguera, 1971.

Argentina, Ministerio de Cultura y Educación. *Cronistas de Indias. Los fundadores.* Buenos Aires, Ediciones Culturales Argentinas, 1970.

Nágera, Juan José. *Puntas de Santa María del Buen Aire.* Buenos Aires, Cuadernos de Buenos Aires, Municipalidad de la Ciudad de Buenos Aires, 1971.

Zabala, Rómulo, y de Gandía, Enrique. *Historia de la ciudad de Buenos Aires (I) 1536-1718,* Buenos Aires, Universidad de Buenos Aires, 1980.

Zabala, Rómulo, y de Gandía, Enrique. *Historia de la ciudad de Buenos Aires (II) 1719-1800,* Buenos Aires, Universidad de Buenos Aires, 1980.

Díaz Sal, Braulio. *Guía de los españoles en la Argentina.* Madrid, Ediciones Iberoamericanas S.A., 1975.

Automóvil Club Argentino. Argentina. *Guía de Viajes-Zona Centro.* Buenos Aires, 1943.

Botana, Helvio I. *San Martín de Tours, el amigo de Dios y Patrono de Buenos Aires,* Buenos Aires, Municipalidad de la Ciudad de Buenos Aires, 1980.

Gelly y Obes, Carlos María. *La fundación de la ciudad de*

Buenos Aires a través del pintor José Moreno Carbonero, Buenos Aires, Municipalidad de la Ciudad de Buenos Aires, 1980.

Brunet, F. José. *Santa María de los Buenos Aires, la Señora que dio nombre a la ciudad*, Buenos Aires, Municipalidad de la Ciudad de Buenos Aires, Cuadernos de Buenos Aires N° 56, 1980.

Peña, Enrique. *El escudo de armas de la ciudad de Buenos Aires*, Buenos Aires, Municipalidad de Buenos Aires, Cuadernos de Buenos Aires N° 40, 1972.

Revello, José Tomás. *El nombre de Buenos Aires y su Santo Patrono*, Buenos Aires, Municipalidad de Buenos Aires, Cuadernos de Buenos Aires N° 1, 1968.

Astrain, Miguel M. *Diez ciudades*, Barcelona, Editorial Bruguera, 1965.

Cicco, Juan. *La Argentina, origen de su nombre*, Buenos Aires, Fundación Banco de Boston, 1982.

de Lafuente Machain, R. *Buenos Aires en el siglo XVII*, Buenos Aires, Municipalidad de la Ciudad de Buenos Aires, 1980.

de Lafuente Machain, R. *Buenos Aires en el siglo XVIII*, Buenos Aires, Municipalidad de la Ciudad de Buenos Aires, 1980.

Manual informativo de la ciudad de Buenos Aires. Instituto Histórico de la Ciudad de Buenos Aires, República Argentina, 1981.

Buenos Aires Guía. Buenos Aires, Editorial Tres Editores, 1989.

Lanuza, José Luis. *Un inglés en San Lorenzo y otros relatos*, Buenos Aires, Colección Libros del Caminante, Eudeba, 1964.

Eduardo Cárdenas (recopilador). *20.000 biografías breves-Diccionario biográfico universal*, México, Libros de América, 1963.

Neyra, Joaquín. *Buenos Aires y nosotros*. Buenos Aires, Municipalidad de la Ciudad de Buenos Aires, 1980.

Cordero, Héctor Adolfo. *El primitivo Buenos Aires*, Buenos Aires, Ed. Plus Ultra, 1978.

Rehnberg, Mats. *Suecia hoy, fiestas religiosas y civiles del calendario sueco*, Instituto Sueco.

La Argentina-Suma de geografía, Buenos Aires, Ed. Peuser, 1963.

Furlong, Guillermo S. J. *Historia social y cultural del Río de la Plata. El trasplante cultural*, Buenos Aires, Arte Editorial, Tipográfica Editora Argentina, 1969, pág. 118.

López Alonso, Gerardo. *1930-1980. Cincuenta años de historia argentina*. Buenos Aires, Ed. de Belgrano, 1982.

Laiño, Félix M. *De Yrigoyen a Alfonsín*. Buenos Aires, Ed. Plus Ultra, 1985.

Diarios: *Clarín, La Opinión, La Razón:* años varios.

Revistas: *Autoclub:* junio de 1980; *Clarín*: 29 de abril de 1962; *What's on in Buenos Aires:* 1978; *Todo es Historia:* setiembre de 1974 y noviembre de 1970; *Siete Días:* 15 de mayo de 1975; *Noticias de Buenos Aires,* N° 12 (MCBA): 1° de marzo de 1985; *Lyra:* diciembre de 1968; Suplemento *La Opinión Cultural:* 29 de enero de 1978.

La Virgen de los Buenos Aires, que da nombre a la ciudad, se destaca en la Catedral.

2

CADA CUAL
ATIENDE SU JUEGO

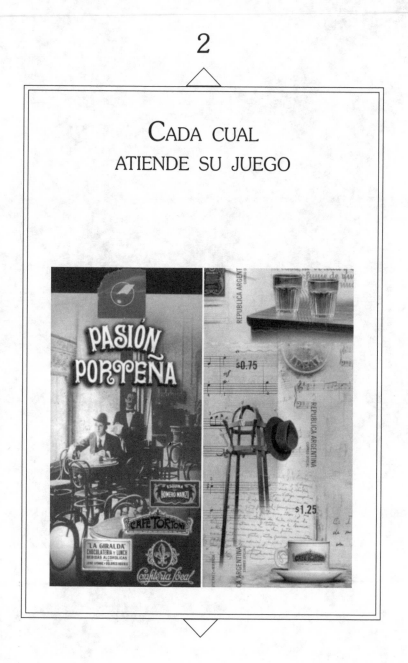

ARQUITECTURA

"Lo que Buenos Aires ofrece —y a nadie tratamos de convencer de lo contrario— no es 'lo mejor del mundo'. Es, simplemente, lo que tenemos."

LEÓN TENENBAUM
periodista y escritor argentino

Hacia 1900 Buenos Aires era una de las doce capitales del mundo con mejor arquitectura. También era la tercera ciudad —en cuanto a crecimiento— detrás de Hamburgo, Alemania, y Chicago, en Estados Unidos.

Si bien no hubo una norma sistemática, los arquitectos ni visitaban Buenos Aires. Sólo enviaban sus proyectos que se originaban en los deseos de sus propietarios argentinos.

El concepto de esa arquitectura era simbolizar prestigio y grandeza para el país.

Palacios particulares o públicos competían en grandeza y calidad, ya se tratara del Palacio Paz —hoy Círculo Militar— o del Correo Central, ideado por el mismo arquitecto francés que construyó el de Nueva York.

Algunos fueron copias de palacios europeos pero superados. Según expertos, estos edificios de Buenos Aires tienen características especiales, transgreden normas que en Europa eran más rígidas y también más austeras. Están más enjoyados que sus similares europeos y también tienen el deseo de los arquitectos de hacer cosas distintas de las que ellos mismos hacían en Europa. La utopía americana se proyectó desde Europa en dos puertos de América, que fueron escenarios centrales de ese momento histórico: Nueva York y Buenos Aires.

La *Avenida de Mayo*, las diagonales *Norte* y *Sur* y muchos de los monumentos que hoy tiene la ciudad se integran en este pasado cultural que aún perdura.

La arquitectura del 1900 es de un gran valor patrimonial.

Lo construido entre 1880 y 1930 transformó a Buenos Aires y la dotó de una suerte de gigantesca y única reserva arquitectónica que tuvo la osadía de ser una avanzada en su momento de creación y un caso único a nivel mundial de reproducción o creación de estilos que, provenientes de Europa toda, se hicieron en esta parte de América. Estos edificios son documentos que se constituyen en un recurso cultural, excepcional, único, cuyos valores acreditan su integración en la Lista de Patrimonio Mundial. Hablamos así de más de doscientos edificios, monumentos escultóricos y áreas de interés público.

Años después el *art nouveau* y luego el descubrimiento de la tumba de Tutankamón, allá por los años '20, dio lugar al *art déco*. Los rectángulos y las pirámides, los marcos dobles o triples y los motivos incaicos, egipcios u orientales se hacen presentes especialmente en las zonas de *Flores, Caballito y Balvanera*.

Paralelamente, y con el objeto de imponer modos culturales argentinos, surgió un movimiento nacionalista. Sin lograr demasiado éxito, dejó sus huellas.

Toda la Avenida de Mayo es un reservorio arquitectónico único en su tipo.

La fusión de estilos y la simplificación compositiva llegaron en 1915 de la mano del primer rascacielos: la Galería Güemes. Para 1936, la ciudad poseía varios de ellos.

El ritmo de los años 40 y las migraciones internas modificaron el destino social de la arquitectura. En zonas como *Saavedra, Chacabuco y Lugano*, aparecieron los barrios obreros, las unidades económicas y los monobloques de aspecto idéntico y espacios verdes comunes. Se sumaron así a los barrios anteriores, como los Caferatta.

La década del 60 incorporó el "organicismo". Este movimiento se propuso jugar con el cuerpo interno de las viviendas y mostrar sus materiales de construcción. Los ladrillos, las vigas, el cemento y los pilotes quedan a la vista. Agregó además el "funcionalismo" en un intento de dejar al descubierto la estructura edilicia y de comunicar el espacio exterior con el interior. El acero, el cristal, el espejo y el hormigón tuvieron su auge, por entonces, en las construcciones bancarias y en las hoteleras.

La historia continúa.

Casas chorizo y conventillos

La inmigración masiva y el refinamiento de los gustos burgueses dieron lugar a dos nuevas formas de vida: la casa chorizo y el conventillo. La primera estaba compuesta por tres patios. A diferencia de las romanas, las habitaciones se hallaban en hilera a un costado de ellos, mientras que el comedor atravesaba y encerraba el delantero. Poseían escaleras a la vista, balaustres, marcos y frontis triangulares o curvos, rejas de hierro adornadas y motivos florales.

Variante pobre de la casa chorizo, la llamada casa adventiza trata de imitarla sin poder completarla. Sin sala ni zaguán, poseía unas piezas, un baño y un jardín con sendero de entrada. El resto se iba agregando cuando los recursos sobraban.

El conventillo sirvió de alojamiento a quienes venían a

"hacer la América". En él se relacionaban (y hacinaban) polacos, españoles, cristianos, judíos, costumbres de diversas comunidades y algo de xenofobia. Convivían entre música y peleas en lugares precarios y sin comodidades o en las residencias de los barrios de San Telmo y Barracas abandonadas por sus dueños en 1871, al desatarse una epidemia de fiebre amarilla.

Lo moderno se contrapone con lo antiguo en este tramo de la Avenida de Mayo.

VIVIENDA

"Por el laberinto de tus corredores marca la intriga su kilome-
traje; y en el cuarto vacío del subsuelo se cambia la sábana el
fantasma que se bebe las botellas de leche, afloja las
lamparillas eléctricas y viola la correspondencia en portería."

JOAQUÍN GÓMEZ BAS
(1907-1984, poeta, novelista y pintor español
radicado en Buenos Aires)

Los edificios de planta única y tejas que reconocían ascendencia española comienzan a ser sustituidos por otros estilos europeos. En 1887 aparecen las primeras casas de tres
pisos.

En años sucesivos, creciendo hacia arriba, hubo edificios, ubicados en el casco céntrico, que alcanzaron los siete
pisos. En la primera década del siglo XX comenzó una etapa
de construcción de casas baratas. Contribuyó la entonces Municipalidad de Buenos Aires, y otros fondos provinieron de
impuestos a las carreras de caballos y de aportes de la Comisión Nacional de Casas Económicas. El auge de la construcción se tendió a los edificios públicos, y de la misma época
datan la Escuela de Medicina, el Palacio de Justicia, el Instituto de Agronomía y Veterinaria, el Congreso Nacional, el
Ministerio de Obras Públicas y la Escuela Industrial de la
Nación, entre otros.

En nuestros días, disimulados en un registro de hotel, los
inquilinatos precarios de la ciudad albergan, no siempre transitoriamente, a cerca de 200.000 personas que no pueden acceder a una vivienda propia ni a un contrato de locación.

Las nuevas estrategias de supervivencia ante la pauperi-
zación se completan con las "casas tomadas", que mantienen
un permanente riesgo de desalojo.

Lo que en España se denomina "chabola" en la Argentina

es villa de emergencia. Hechas de material, cartón, latas, nacen como asentamiento "provisorio" de población trabajadora y oriunda del interior y de países limítrofes. No siempre son marginales sino marginados. Ocupan un total de 280,5 ha y una población de alrededor de 150.000 personas (1999).

Desde su desafortunado nacimiento en Buenos Aires en los años 30 hasta la actualidad se vivieron distintas situaciones con relación al tema de las villas, desde procurar incorporarlas a la ciudad hasta intentar eliminarlas de forma definitiva.

El concepto de integración y la apertura de calles en su interior son parte de diversos trabajos que encara desde 1997 el Gobierno de la Ciudad de Buenos Aires, a través de distintas áreas de trabajo.

PORTEROS Y PORTERÍAS

En los edificios, un protagonista de importancia singular es el "portero", personaje que prefiere que se lo llame "encargado", y que en la mayor parte de los casos reina sobre los empleadores, es decir, los propios dueños del edificio. Los propietarios a su vez saludan y entregan propinas, sabedores de que el portero o su versión femenina son los amos de las reputaciones y del pequeño mundo que se moviliza en torno del edificio, incluyendo a quienes destapan cañerías, tienden cables o reparan los revoques en los espacios comunes de la construcción. En los barrios de clase alta, es frecuente que quienes ejercen las porterías terminen logrando una posición económica desahogada, ya que tienen techo y servicios gratuitos y todos sus ingresos, tanto los legales como los "negros", suelen ser íntegramente acumulados.

Los porteros están agrupados en el Sindicato Único de Trabajadores de Edificios de Renta y Horizontal —SUTERH—. La más reciente conquista gremial fue la inauguración de un centro cultural y deportivo. Para esto, fue adquirida la antigua usina y taller del matutino La Prensa, *en Venezuela 330. El edificio fue reciclado, aunque respetando el estilo francés que databa de su edificación en 1914.*

REUNIONES DE CONSORCIO

Son un reflejo de lo que pasa en la política argentina. Ésa es la opinión de sociólogos y psicólogos sobre la falta de participación de los copropietarios en el gobierno de su propiedad.

Abusos, injusticias, desaires, ciertas actitudes forman parte de la vida cotidiana de los porteños afortunados que pudieron adquirir una propiedad.

La Ley de Propiedad Horizontal N° 13.512 regula la vida de los departamentos, y el reglamento de copropiedad tiene el valor de la Constitución Nacional para la vida, derechos y obligaciones de los copropietarios.

La convivencia, los intereses cruzados, generan difíciles situaciones que se complican por la escasa participación de los mismos propietarios. Son pocos los que asisten a las reuniones de consorcio que, por otra parte, desencadenan tensiones propias de una cumbre de Naciones Unidas. Hubo una revista dedicada al tema en la que colaboraban psicólogos especializados. También hay programas de radio dedicados al tema. En una época un programa de televisión se ocupaba de la temática de los consorcios.

USOS Y COSTUMBRES: LOS OBSESIVOS CERRAMIENTOS

Una suerte de inconsciente colectivo —todo para adentro— hace pensar en un poeta porteño: Baldomero Fernández Moreno, que dedicó una inspirada creación a un edificio que tenía "setenta balcones y ninguna flor". Se preguntaba el poeta si sus habitantes odiaban la alegría y el color.

Los balcones "secos" son cada vez más numerosos, no sólo faltan plantas, también falta el sol, por un hábito relativamente reciente de cerrar e incluso techar los balcones. Es difícil comprender que quienes eligen como hábitat un departamento clausuren su único contacto con el exterior y con la posibilidad de tener vida verde en sus balcones. Techados con aluminio y defendidos por acrílicos en el frente, estos miradores gradualmente se convierten en otro pequeño ambiente del departamento. La obsesión: ganar espacio.

YO DECIDO A QUIÉN VENDO

Un subterfugio de los intermediarios en la compra-venta o alquiler de viviendas es la publicación de avisos de demanda enmascarada; ya casi toda la población advirtió este recurso comercialmente válido, dado que todos le escapan a la intermediación, pero que éticamente es bastardo. Recuadritos en los diarios que expresan: "Diplomático urgente compra", "Empresa japonesa necesita para sus técnicos departamentos", "Petrolera en EE.UU. adquiere para su personal", "Familia recién llegada de La Rioja compra" o "Señora que recién vendió su casa necesita otra con urgencia", suelen ser las apelaciones con que tratan de captar su mercadería los rematadores o martilleros.

En diversas zonas de la ciudad se han emplazado barrios de casitas económicas, destinados a empleados y obreros de modestos recursos. En Liniers, Villa del Parque, Flores Sur, Caballito, Floresta, Parque Chacabuco y *tantos otros sitios, se han edificado bloques de casas de agradable apariencia.*

Dentro del folclore de Buenos Aires se los conoce, por extensión, como "barrios Caferatta", en homenaje al diputado Juan F. Caferatta, que propició la creación del barrio ubicado entre las calles Asamblea, José María Moreno, Estrada y Riglos, *en el actual barrio de* Parque Chacabuco.

El barrio original comprendía 160 casas de tres y cuatro habitaciones, baño, cocina, patio, terraza y jardín. Fue concluido en 1921. Fue inmortalizado en la letra del tango Ventanita de arrabal *de Pascual Contursi, la cual pertenece al sainete* Caferatta *(1927), estrenado en el Teatro Cómico (hoy Lola Membrives) en la* Avenida Corrientes 1280.

Además, la denominación "Caferatta" puede ser confundida con la acepción lunfarda que nada tiene que ver con el ilustre precursor del barrio.

El estudioso José Gobello, en su Diccionario del lunfardo, *remite el término "caferatta" a la palabra "canfinflero", según el autor: "Rufián que sólo explota a una mujer" ("El canfinflero es peligroso si bien no tanto como el caften".* Gálvez, La trata de blancas, *Buenos Aires, 1905, pág. 44). Procede del ya perdido* cafifero *y éste de la expresión* tirar el cafife, *que parece corresponder al* tirar il calesse: hacer el rufián. *Circulan las variantes* canfinfle, canfle, canfli *y otras. Por interferencia del véneto* fiolo *y la forma vésrica* fioca. *Por juego paronomástico con el genovés* stocchefisce: pez palo, *produjo* cafisho: rufián. *Por alusión al acicalamiento de los proxenetas,* cafiolo *y cafisho asumieron valor de adjetivo con el significado* "elegante". *Cafishear: explotar a una mujer; medrar con el trabajo ajeno. Tirar la cafisha: cobrar el barato en una casa de juego. Por juego paronomástico con el apellido Caferatta dio caferata: rufián.*

Es a este sentido —de rufián— que se refiere otro tango de Pascual Contursi: "Caferata", grabado por Carlos Gardel en 1926.

Bibliografía

Sebreli, Juan José. *Buenos Aires, vida cotidiana y alienación*, Buenos Aires, Ediciones Siglo Veinte, 1965.

Autores varios. *La Argentina, suma de geografía*, 9 tomos, Ed. Peuser, *circa* 1960.

Gobello, José. *Diccionario del lunfardo*, Buenos Aires, coedición A. Peña Lillo Editor, 1978.

Gobello, José. *Tangos, letras y letristas 2*. Buenos Aires, Ed. Plus Ultra, 1991.

Romano, Eduardo. *Las letras del tango — Antología cronológica 1900-1980*, Rosario, Ed. Fund. Ross, 1991.

Baudizzone, Erbin; Lestard, Varas; Shalaen, Rita, y Cúneo, Dardo. *Buenos Aires: una estrategia urbana alternativa*, Buenos Aires, Ed. Fundación Plural, abril de 1988.

Matamoro, Blas. *La casa porteña*, Colección La Historia Popular/Vida y milagros de nuestro pueblo, Buenos Aires, Centro Editor de América Latina, enero de 1972.

Páez, Jorge. *El conventillo*, Buenos Aires, Centro Editor de América Latina, octubre de 1976.

Nadal Mora, Vicente. *La arquitectura tradicional de Buenos Aires (1536-1870)*, Ed. del autor, mayo de 1943.

Viero, María del Carmen M. de. *La arquitectura de la ciudad de Buenos Aires*, Buenos Aires, investigación realizada para el Curso de Guías de Turismo de la Dirección de Turismo de la Municipalidad de la Ciudad de Buenos Aires, 1980.

Arquitectura del estado de Buenos Aires (1853-1862), Buenos

Aires, Municipalidad de la Ciudad de Buenos Aires y Universidad Nacional de Buenos Aires, Instituto de Arte Americano, Facultad de Arquitectura y Urbanismo, 1965.

La ciudad de Buenos Aires (La arquitectura en Buenos Aires 1850-1880). Buenos Aires, Municipalidad de la Ciudad de Buenos Aires y Universidad Nacional de Buenos Aires. Instituto de Arte Americano, Facultad de Arquitectura y Urbanismo, 1965.

Arquitectura en Buenos Aires. Los Patios. Prólogo de Alberto Salas. Fotografías de Grete Stern. Buenos Aires, Ed. Buenos Aires, 1967.

Ortiz, Federico F.; Mantero, Juan C.; Gutiérrez, Ramón; Levaggi, Abelardo, y Parera, Ricardo G. *La arquitectura del liberalismo en la Argentina,* Buenos Aires, Ed. Sudamericana, 1968.

Revista *Argencard Internacional.* Buenos Aires, 1977.

Revista *Somos.* Buenos Aires, 5-8-77.

Revista *Noticias.* 14-10-90 y 26-5-91.

Revista de la Sociedad Central de Arquitectos, Nº 126. Buenos Aires, agosto de 1983.

Revista *Lyra.* Buenos Aires, diciembre de 1968 y setiembre de 1969.

Revista *Summa,* Nº 80/81, julio y setiembre de 1974.

Revista *Siete Días.* Buenos Aires, 11-4-1975.

Guía Cultural de Buenos Aires. Buenos Aires, Municipalidad de la Ciudad de Buenos Aires, noviembre de 1971.

Guía Cultural de Buenos Aires. Buenos Aires, Municipalidad de la Ciudad de Buenos Aires, octubre de 1979.

Revista Argentina. Buenos Aires, Presidencia de la Nación, julio de 1969.

Revista *Primera Plana.* Buenos Aires, 3-4-69.

Revista *Clarín:* 18-4-82, 25-5-75, 18-12-88, 30-8-81, 11-8-91.

Revista *La Nación:* 9-6-91.

Diarios: *El Mundo, La Opinión, La Prensa, El Cronista Comercial, Clarín, Página/12, La Nación:* años varios.

63

ARROYOS

En el río de la Plata, frente a la calle *Humberto Primero,* quizás un poco más al norte, existía la boca del Riachuelo, que se alargaba por correr entre la costa de tosca existente frente a esa parte de la meseta fundacional y una isla, De Marchi, que en realidad era un banco de barro cubierto de juncales y sauzales, y se prolongaba formando el delta del Riachuelo, existiendo otras islas en su cauce que se cubrían totalmente durante las crecientes.

El Riachuelo-Matanza recibió diferentes nombres: río Pequeño, río de Buenos Aires, río de la Trinidad y riachuelo de los Navíos. En el conocido mapa Latzina aparece por error como "río Achuelo".

Nace en la zona de Cañuelas (provincia de Buenos Aires) de numerosos riachos y arroyos que desaguan en él; su curso, meandroso, ha sido casi totalmente rectificado en los últimos cien años. Una de las primeras rectificaciones fue el dragado del lóbulo que formaba el meandro de la Vuelta de Rocha (barrio de *La Boca*) que originó el actual fondeadero.

El Río Matanza-Riachuelo tiene una cuenca de 2.240 km², con una forma irregular, más bien alargada, y un ancho de 40 km y un largo de 79 km. Su régimen es regular, alimentado por las precipitaciones pluviales que, de acuerdo con su intensidad, provocan serias inundaciones. Se consideran también el aporte de las aguas subterráneas, los desagües industriales y las originadas del uso de aguas corrientes.

Este sistema hídrico tiene sus nacientes formadas por los arroyos Cañuelas, Morales y Rodríguez. La estación de aforo Autopista arroja un caudal para este río de 5,3 m³ por segundo a la vez que controla el escurrimiento originando el 85% de la cuenca; aguas abajo de esta estación el caudal se incrementa con el aporte del 15% restante, el cual es mayor considerando el número de industrias que vuelcan sus líquidos al río. Dada la escasa pendiente de la cuenca, el drenaje es insuficiente e incompleto, por lo que se forman numerosos bañados y zonas anegadas dentro del valle de inundación.

El Riachuelo es considerado en la actualidad una gran cloaca a cielo abierto dado el estado de contaminación de sus aguas.

La *Avenida Juan B. Justo,* bajo la cual corre entubado el arroyo Maldonado, obra realizada entre 1929 y 1930, cruza los barrios de *Liniers, Villa Luro, Vélez Sarsfield,* bordea el de *Santa Rita* y partes de *Villa General Mitre, Villa Crespo* y *Palermo* hasta la *Avenida Santa Fe.* Luego prosigue a través de la *Avenida Bullrich* bordeando los terraplenes del Ferrocarril General San Martín para desembocar, tras pasar el Aeroparque Jorge Newbery, en el río de la Plata.

La Línea B del subterráneo que une las estaciones Leandro N. Alem con Federico Lacroze (*Chacarita*) cruza por debajo del arroyo Maldonado, entre las estaciones Dorrego y Malabia. El Maldonado llega al río de la Plata en tubos de 3,85 por 5,70 metros de alto y por cada uno de ellos podría correr un tren. Muchas veces, a causa de las fuertes lluvias, el arroyo se desborda provocando inundaciones.

El arroyo Cildáñez, hoy rectificado, atraviesa el barrio de *Mataderos.* Por eso se lo llamó el "arroyo de la sangre". Está entubado a lo largo de cuatro kilómetros. Permanece abierto en los últimos 800 metros. Recoge aguas pluviales y servidas provenientes de más de dos mil establecimientos industriales porteños. Recientemente se rehabilitó el lago Soldati, desagüe regulador del Cildáñez.

Los terrenos que recorre el arroyo son de relleno. La zona es, en general, baja con declive hacia el Riachuelo. El problema son las inundaciones, en ello reside la importancia del lago regulador.

Si se supone que el lago Soldati llega a contener (y no inundar) 320.000 m^3 de agua, el alivio de esas barriadas es evidente.

El arroyo Medrano corre entubado, atravesando los barrios de *Saavedra* y *Núñez,* y desemboca en el río de la Plata, en el sector costero ubicado entre la Ciudad Universitaria y el campo deportivo del Club Universitario de Buenos Aires. En 1990 se inició su dragado y saneamiento, con el objeto de mejorar la capacidad hídrica del acueducto. El desborde del Medrano causado por las lluvias afecta más de 280 hectáreas de la zona norte de Buenos Aires.

La "Meseta" era surcada por tres arroyos o zanjones a los que se llamó Primero, Segundo y Tercero, y por este último, el mayor de todos, se dio a los otros dos la denominación de Tercero. El Primero, llamado Tercero del Sud, empezaba en lo que conocemos ahora como la Plaza Constitución y en ligera curva casi diagonal, desembocaba en el río de la Plata por el Zanjón de Granados, o del Hospital o de Viera, que seguía el trazado de las primeras cuadras de la ahora transitada calle *Chile*, allí existía otro brazo de desagüe por la cortada *San Lorenzo* y todavía hoy se observa el antiguo cauce del Zanjón de Granados al atravesar la calle *Chile* por las transversales *Perú* y *Bolívar*.

El Segundo, llamado Tercero del Medio, se formaba en los alrededores de Plaza Congreso y después de varios zigzags enfilaba por lo que ahora conocemos como calle *Viamonte* (esquina *Suipacha*) exactamente el lugar donde hoy se levanta el Monumento al Coronel Dorrego, desembocando finalmente en el río de la Plata, siguiendo el trazado de la cortada *Tres Sargentos*.

El arroyo Tercero, el Manso, nacía en una laguna que estaba aproximadamente en las calles *Venezuela* y *Saavedra* y de

Es habitual escuchar que Buenos Aires vive de espaldas al río de la Plata.

otras lagunas situadas más hacia el oeste, unidas todas por un extenso bañado. Este arroyo, después de dar varias vueltas, corría por la actual calle *Saavedra* y su continuación, la calle *Paso;* puede aún detectarse netamente su antiguo cauce al cruzar *Saavedra* por *Avenida Belgrano;* el Manso desagua en el río de la Plata, a la altura de la calle *Austria.*

Muchos otros arroyitos y cañadas existían en el territorio de la ciudad de Buenos Aires. Se distingue en la calle *Centenera,* el cauce de un antiguo arroyo que desembocaba en el Riachuelo, lo mismo que una cañada en la actual calle *Río de Janeiro.*

LA MALDONADO

En la obra La Argentina, *de Ruy Díaz de Guzmán, se narra la historia de una mujer llamada "Maldonado" que acompañó a don Pedro de Mendoza. "La Maldonado" no resistió el asedio indígena, abandonando el caserío de aquel primer asentamiento. En plena llanura ayudó a una puma en el nacimiento de sus cachorros, luego fue tomada prisionera por los indios; un español intentó rescatarla poco tiempo después, pero "la Maldonado" prefirió vivir entre los indios. Quedando la mujer junto a la orilla de un arroyo, la puma que ella había ayudado la supo defender de los peligros que la acechaban. Cuando los soldados volvieron por ella, la encontraron exhausta pero viva y rodeada de la puma y su cría. Desde entonces, hace más de cuatro siglos que el arroyo se conoce con el nombre de Maldonado. Tal el punto donde historia y leyenda se encuentran en uno de los más antiguos relatos de los cronistas del Río de la Plata.*

BARRIOS

Barrio es una palabra de origen árabe (proviene de *barri*, que significa "afueras de la ciudad"), lo que explica de alguna manera que en todas las ciudades del mundo se distinga el "centro" (la *city*, el *down town*) y los barrios propiamente dichos que conforman todo el ejido urbano.

Buenos Aires, por supuesto, no escapa a estas características. Tiene un casco céntrico que coincide con el casco histórico de la ciudad y no con el centro geográfico de ésta. El llamado "Centro" de Buenos Aires es la zona donde, en un perímetro de veinte cuadras por lado, se ubican los edificios públicos (Casa de Gobierno, ministerios), las oficinas de las grandes empresas comerciales y financieras, los bancos y las instituciones de cultura (teatros, cines, complejos culturales, entre otros). En otra época se encontraban también los más tradicionales cafés de Buenos Aires donde el tango era parte del ritual porteño.

Si recorremos las letras de los tangos encontraremos la atracción que ejercía el Centro sobre los barrios, porque en los albores del siglo las barriadas coincidían mucho más con su significado etimológico que con la realidad urbana. Pero la ciudad fue creciendo, y el vértigo desplazó las viejas quintas solariegas de la periferia céntrica y comenzó a definir zonas características por la singularidad de sus tipos humanos, de su edificación, de sus actividades comerciales o industriales e incluso por sus formas expresivas.

Así nacieron los barrios de Buenos Aires, con timidez y humildad porque el magnetismo y el brillo de "las luces del Centro" opacaban el tesón, el trabajo y el esfuerzo de las barriadas humildes.

En síntesis, Buenos Aires es la suma de todas esas pequeñas geografías que son los barrios, divididos "por murallas invisibles e infranqueables", como decía la escritora Estela Canto, "contra las que es inútil lanzar dardos o golpear destrozándose las manos".

La última ordenanza municipal que determina los límites geográficos de cada barrio menciona 46. En 1998 se agregó el número 47: Puerto Madero.

Agronomía	Paternal
Almagro	Puerto Madero
Balvanera	Recoleta
Barracas	Retiro
Belgrano	Saavedra
La Boca	San Cristóbal
Boedo	San Nicolás
Caballito	San Telmo
Coghlan	Vélez Sarsfield
Colegiales	Versalles
Constitución	Villa Crespo
Chacarita	Villa del Parque
Flores	Villa Devoto
Floresta	Villa General Mitre
Liniers	Villa Lugano
Mataderos	Villa Luro
Monserrat	Villa Ortúzar
Monte Castro	Villa Pueyrredón
Nueva Pompeya	Villa Real
Núñez	Villa Riachuelo
Palermo	Villa Santa Rita
Parque Avellaneda	Villa Soldati
Parque Chacabuco	Villa Urquiza
Parque Patricios	

Estos nombres son sólo la oficialización de denominaciones que no siempre coinciden con lo que los habitantes de esos barrios sienten. Por eso un viejo vals de Rodolfo Sciammarella y Carlos A. Petit, que hizo popular el cantor Alberto Castillo, habla de los "cien barrios porteños", donde el numeral es indicativo de infinito. Para tomar un ejemplo, *Palermo* es además Villa Alvear —originaria denominación de una zona actualmente llamada Palermo Viejo— y los vecinos de esa barriada jamás dicen ser palermitanos. No se conoce a nadie que sea oriundo de *Villa*

Riachuelo y, aunque parezca una paradoja, hasta 1972 no existía oficialmente uno de los más tradicionales barrios de Buenos Aires: *Boedo*. Su territorio era parte de *Almagro* para las ordenanzas, pero tenía, para sus vecinos, la identidad cabal de una zona cuyos límites están más en el espíritu de sus calles que en la traza de los urbanistas.

Barrios y vecinos

CENTROS DE GESTIÓN Y PARTICIPACIÓN

CGP	Dirección y teléfono	Barrios a su cargo
ZONA 1	Uruguay 740. Tel.: 4373-1896	Retiro, San Telmo, Monserrat, Constitución, San Nicolás
ZONA 2 Norte y ZONA 14 Este	Av. Coronel Díaz 2120. Tel.: 4827-5957	Recoleta, Palermo y Villa Crespo
ZONA 2 Sur	Junín 521. Tel.: 4375-0644	Almagro, Balvanera
ZONA 3	Av. Martín García 427. Tel.: 4307-0774	La Boca, Barracas
ZONA 4	Sarandí 1273. Tel.: 4305-2878	Nueva Pompeya, Barracas, San Cristóbal, Parque Patricios
ZONA 5	Av. Del Barco Centenera 2906 Tel.: 4918-2243	Villa Soldati, Nueva Pompeya
ZONA 6	Av. Díaz Vélez 4558. Tel.: 4981-5291	Boedo, Almagro, Caballito
ZONA 7	Av. Rivadavia 7202. Tel.: 4613-1530	Floresta, Villa Luro, Vélez Sarsfield, Flores, Caballito, P. Avellaneda, Parque Chacabuco.

CGP	Dirección y teléfono	Barrios a su cargo
ZONA 8	Av. Roca 5252. Tel.: 4605-2631	Villa Lugano, Villa Riachuelo, Villa Soldati.
ZONA 9	Timoteo Gordillo 2212. Tel.: 4687-6251	Liniers, Mataderos.
ZONA 10	Francisco Beiró 4629. Tel.: 4501-5548	Versalles, Villa Real, Villa Devoto, Monte Castro, Villa Pueyrredón, Villa del Parque
ZONA 11	Alte. Fco. Seguí 2125. Tel.: 4582-3985	Villa General Mitre, Villa Santa Rita, Paternal, V. del Parque, Villa Ortúzar, Villa Crespo, Agronomía, Chacarita.
ZONA 12	Miller 2751. Tel.: 4522-9947	Coghlan, Saavedra, Villa Urquiza, Villa Pueyrredón
ZONA 13	Av. Cabildo 3067. Tel.: 4702-3748	Núñez, Belgrano
ZONA 14 Oeste	Av. Córdoba 5690. Tel.: 4771-7286	Palermo, Belgrano, Colegiales

El centro

Lo que se denomina "Centro" no corresponde al centro geográfico de la ciudad sino que forma parte de los barrios de *San Nicolás, Monserrat y Retiro*.

El centro geográfico y geométrico de Buenos Aires se encuentra frente a la casa situada en la calle *Avellaneda* 1023 en el barrio de *Caballito*. Una placa colocada por el Gobierno de la Ciudad de Buenos Aires (Dirección de Catastro) señala: "En esta parcela número 14 de la manzana 9, sección 45, circunscripción 7, se halla el centro geométrico de la ciudad".

"Barrio" y "arrabal" son palabras de origen árabe que suelen ser usadas como sinónimos pero poseen en realidad significados diferentes. Con la palabra barrio se designa a cada una de las partes en las que está dividido un pueblo grande. Arrabal alude, en cambio, a puntos extremos de las ciudades.

El habla popular, el barrio y el fútbol se hallan profundamente vinculados y se encuentran en cada metro cuadrado de la ciudad.

BARRIO, HABLA POPULAR Y FÚTBOL

"(...) La mayoría de los habitantes de la ciudad probablemente no sabrían recordar más de una docena. Pero el número y la variedad de barrios de Buenos Aires, en todo caso, confirman la rica trama urbana de la ciudad, su espesor humano.

"Un lingüista podría determinar las diferencias entre el habla de Nueva Pompeya *y el de la* Recoleta, *apenas 3 kilómetros más al norte. Cuando se vota, en las circunscripciones electorales —que coinciden con las más antiguas parroquias, núcleo originario de los barrios— se revelan químicas sociales distintas, y los domingos, al mejor estilo de la ciudad medieval italiana, los barrios se agrupan en torno a sus clubes de fútbol. Los de* Parque Patricios, *hinchas de* Huracán, *contra los de* Almagro, *hinchas de San Lorenzo; los de* Núñez *y la* Ribera Norte *del* River Plate *contra los de* Boca; *y así* Villa Crespo *y* Atlanta, Caballito *y* Ferrocarril Oeste, Liniers *y* Vélez Sarsfield, *y al otro lado del* Riachuelo Avellaneda e Independiente. *(...) Para explorarlos se puede tomar un colectivo casi en cualquier dirección o inventar un algoritmo y perderse en auto por el laberinto de las calles: antes o después se acabará llegando a esos sitios, esas calles confidenciales y livianas donde las casas huecas son como linternas en filo."* (Guía Pirelli)

Bibliografía

Revista *Buenos Aires es Gardel.* Buenos Aires, Municipalidad de la Ciudad de Buenos Aires, diciembre 1990.

Borges, Jorge L. y Clemente, J. E. *El lenguaje de Buenos Aires,* Buenos Aires, Ed. Emecé, 1963.

Salas, Alberto. *Relación parcial de Buenos Aires,* Buenos Aires, Ed. Sur, 1955.

Canto, Estela. *El retrato y la imagen,* Buenos Aires, Ed. Losada, 1950.

Sebreli, Juan José. *Buenos Aires, vida cotidiana y alienación,* Buenos Aires, Ed. Siglo XX, 1965.

Guía Pirelli. Buenos Aires, Pirelli Argentina S.A., 1990.

Buenos Aires, all about todo, Buenos Aires, Tres Editores, 1989.

Diarios: *Clarín, La Prensa, El Cronista Comercial:* años varios.

Revistas: *Lyra,* primer semestre 1970. *Buenos Aires, mi ciudad,* MCBA, diciembre de 1990.

Los barrios cuentan con distintas fuentes ornamentales que los jerarquizan.

BUENOS AIRES SUBTERRÁNEA

"La idea que ronda *Subterráneo Buenos Aires* es justamente ésta: el pulso de los pueblos. Los descensos y los ascensos, los momentos de luz y negrura, el dolor y la alegría, el esfuerzo y la esperanza. La ciudad de Buenos Aires, tratada aquí como una *polis* griega, no es meramente un espacio geográfico, un montón de piedra toda junta, sino un lugar a compartir que ahora es una brasa que quema, un espanto, y que debería ser oxígeno nuestro de cada día, una esperanza necesaria."

Opiniones sobre su obra de teatro *Subterráneo Buenos Aires*, de Jorge Huertas. Estrenada en el Teatro Municipal General San Martín en la temporada 1983/4.

Desde el nivel de la calle y en dirección opuesta al cielo, Buenos Aires cuenta con asombrosas instalaciones de servicios públicos y también con obras diversas, tales como confiterías y salas de baile o una cárcel en el Palacio de Tribunales. También habitan las entrañas de la ciudad más de un millón de personas, que diariamente se valen del transporte subterráneo. No todos conocen la existencia de las galerías coloniales que trazan una red en el centro y parte del barrio de *San Telmo*, ni los varios metros de cimientos superpuestos que incluyen más de cuatro siglos de construcciones en el sector Sur de la zona céntrica.

Por los ríos cloacales corren, para la estadística y la sorpresa, toneladas de desechos por hora, y su red con desembocadura en el río de la Plata tiene una extensión de 5.000 kilómetros.

Gran parte de las viviendas céntricas de Buenos Aires tuvieron instalaciones de teléfonos o telégrafos, o por lo menos los cableados pasaron por debajo de sus casas. A partir de 1875 la policía de seguridad empleó el telégrafo en sus comunicaciones urbanas, y también varias viviendas dispusieron de conexiones. En 1910 ya existían 40.000 km de cables tendidos bajo tierra. La invención del teléfono data de 1876, aquí se realizó la primera prueba dos años más tarde. En 1881 ya había 200 abonados utilizando el servicio, cuyos cableados eran mayormente subterráneos. Al año siguiente había 660 usuarios, y en 1896 alrededor de 6.000 hogares porteños estaban intercomunicados.

Las instalaciones que permitían el transporte por cañerías subterráneas de gas de hulla destinado a la iluminación pública se efectuaron en Washington en 1800, en 1807 en la ciudad de Londres y ocho años más tarde en París. En la vanguardista Buenos Aires el primer proyecto se conoció en 1853 y comenzó a implementarse dos años más tarde. En 1857 ya funcionaban más de un millar de faroles, y en ese mismo año comenzó a suministrarse el servicio a las viviendas. En 1901 los faroles llegaron a 13.000, pero pronto resultó más práctico el uso del querosén y la electricidad.

Debajo de la ciudad corren innumerables tipos de instalaciones. Las de mayor envergadura y más complejas son las cloacales y de suministro de agua. Las necesidades de la vida urbana produjeron un conjunto de túneles, tuberías y cámaras bajo tierra que se entrecruzan a distintos niveles, muchos de los cuales quedaron abandonados y vacíos. Poco después de la Revolución de 1810 ya hubo proyectos de instalar tuberías sanitarias, pero para encarar su realización fue determinante la epidemia de cólera de 1867. Dos años después se inauguró la primera toma de agua desde el río y el equipamiento de depósitos, filtros y bombas en el bajo de la Recoleta, sobre los que hoy se halla la Facultad de Derecho de la Universidad de Buenos Aires.

El sistema no alcanzaba a satisfacer la demanda y en 1891 se lo amplió considerablemente, con una proyección prevista para una urbe de 200.000 habitantes. En ese momento Buenos Aires se contaba entre las ciudades con mejores instalaciones en el mundo.

La deficiencia actual de los desagües pluviales motiva que diversas zonas de la ciudad se inunden durante las tormentas. Los desagües pluviales conducen las aguas que recogen de 23.000 bocas de tormenta, rumbo a los ríos subterráneos, ríos que han sido entubados a medida que la ciudad crecía: el Cildáñez, el Maldonado, el Medrano, el Teuco, el Vega y el White.

Por otra parte, en el Palacio de los Tribunales existe una

alcaldía, con entrada por *Lavalle* 1355. Está en el subsuelo y se utiliza para alojar transitoriamente a los detenidos que comparecerán ante los jueces por trámites procesales.

En las adyacencias de *Reconquista* y *Paraguay* hace más de un siglo había galerías subterráneas en desuso, frecuentadas por contrabandistas, maleantes e inmigrantes ilegales. En 1898 se construyó sobre ellas el edificio de la ya inexistente Compañía Alemana Transatlántica de Electricidad.

En el subsuelo del Teatro Colón hay una suerte de amplias catacumbas destinadas a ensayos y también a talleres de utilería y mantenimiento, que globalmente tienen una superficie de 50.000 metros cuadrados. Se estima que allí trabajan diariamente unas 700 personas.

Aproximadamente un millón de cajas de seguridad están alojadas en las entrañas subterráneas de los bancos, que cuentan con tesoros en esos emplazamientos. Monedas de oro, divisas, comprobantes bursátiles y alhajas diversas se hallan confiados a la seguridad inmutable del subsuelo.

Cada día alrededor de 30.000 automóviles se estacionan en las playas subterráneas de la urbe. En conjunto, cada jornada ingresan más de 860.000, que son dejados en la vía pública. La playa de estacionamiento más grande es la situada bajo el ex Hospital de Clínicas, en *Avda. Córdoba* y *Uriburu.*

Todos los días deberían funcionar cerca de 20.000 compactadoras, que dejaron obsoletas a las 25.000 calderas de incineración que se encuentran distribuidas en el subsuelo de la ciudad.

Una novela del escritor Ernesto Sabato, *Sobre héroes y tumbas*, hizo soñar con el suspirado mundo que el autor ubicó debajo de Buenos Aires, con su corte de ciegos, crímenes y conspiraciones. La obra, que mereció traducciones a diversos idiomas y ratificó las condiciones de narrador imaginativo de Sabato, resucitó en parte la fantasía de los túneles virreinales; los viejos subsuelos, que incluyeron cárceles y capillas, sirvieron para el contrabando, el tráfico de esclavos, las fugas románticas y las intrigas y conspiraciones políticas y castrenses. Años antes Leopoldo Marechal imaginó en su novela *Adán Buenosayres* una ciudad subterránea que llamó Cacodelfia.

Una vez que el observador haya descendido a las amplias galerías de la red de subterráneos de Buenos Aires se sorprenderá ante los murales que allí se encuentran.

La mayoría están realizados en cerámica, es decir, con tierra, agua, aire y fuego. Allí se conjugan diferentes elementos, técnicas y estilos artísticos para constituir un pequeño universo. Los frisos que decoran las galerías son en gran parte de carácter críptico, de iniciación esotérica, de culto secreto. Los dragones y los guardianes que custodian estas profundidades parecen salidos del infierno del Dante. "No hay más vencedor que Dios", reza un friso de caracteres árabes en la estación Moreno de la Línea C, como una última sentencia apocalíptica y triunfante.

En la estación Bulnes de la Línea D se halla el mural "Leyendas del país de la selva", donde se resumen los mitos y leyendas argentinos.

Sobre este mural, el historiador y poeta Bernardo Canal Feijóo reflexionó: "De algún modo, todos los residuos convocados en estos muros dicen de ritos ocultos de oficios de una fe demoníaca en antros nocturnos, de ceremonias iniciáticas o propiciatorias de las potencias primordiales de la Naturaleza. Desasistidos del interés culto, han ido quedando ahí, cada vez más sepultos en un virtual subsuelo del alma americana y argentina, tal vez prometidos a rebrotes futuros bajo quién sabe qué transfiguraciones del genio creador culto.

"Entretanto, ¿no resulta, teniendo algo de especialmente significativo, quizá simbólico, encontrarlos convocados en nuestros subterráneos, en cuyos ámbitos acaso los oídos sutiles los percibirían infundiendo, en el estrépito de los convoyes, vagos ecos de ese 'órgano de una catedral subterránea' entreoído por Lugones?..."

Bibliografía

Schavelzon, Daniel. *Arqueología histórica de Buenos Aires,* Buenos Aires, Ed. Corregidor, 1991.

Arte bajo la ciudad, Buenos Aires, Manrique Zago Ediciones, 1978.

Revista de Información Municipal, Buenos Aires, año VI, tomo IX, Nos 51/52, 1944.

Diarios: *El Cronista Comercial* y *Clarín:* fechas varias.

Imperdibles: los murales de los subterráneos de Buenos Aires.

CALLES

"Las calles de Buenos Aires tienen nombre tan gentil que dan ganas de bailar cuando se las nombra así: Sarandí, Maipú, Tacuarí, Guaminí, Gualeguay y Gualeguaychú."

ALFONSO REYES
(1889-1959, escritor y diplomático mexicano)

La ciudad de Buenos Aires es recorrida por alrededor de dos mil calles, muchas esquinas con historia y más de dos mil semáforos. Desde 1580 hasta hoy se fue modificando aquel primer trazado urbano de ciento cuarenta y cuatro manzanas iguales y cuadradas —tal como indicaban las disposiciones reales—. Ese tablero de ajedrez se dispersó entre diagonales y cortadas, calzadas empedradas o pavimentadas, unos cuantos pozos, 45.000 veredas e infinidad de baldosas rotas.

Aquellas calles porteñas de los días de la fundación medían once varas de ancho. Hoy tienen algo más de diecisiete metros. Fueron modificando su forma, su largo y su recorrido. Conforman las 20.000 manzanas que existen en la actualidad.

Con respecto a las veredas, ya no existen las antiguas de rústicos ladrillos. Por lo general llevan, aun cuando las únicas reglamentarias sean las losetas de cemento, baldosas de distintos tamaños y colores. Algunas pocas, con losa de piedra natural, son restos de los días de la Colonia. Tampoco las medidas dictaminadas un siglo atrás están vigentes. No obstante, la mayoría de las aceras sigue deteriorada.

Según informan en el Gobierno de la Ciudad, a ella o a los adjudicatarios les corresponde arreglar sólo aquellas veredas que fueron destruidas por los árboles. En cambio, si la culpa es del tiempo y del uso, los responsables son los propietarios frentistas, y si son demolidas por empresas de servicios públicos para alguna refacción, éstas son las que deben hacerse cargo.

A la hora de repartir los nombres de las calles, muchos han

sido olvidados, pero también es cierto que hay nombres para todos los gustos: árboles (*Ombú, Jacarandá*), animales (*Huemul, Cóndor*), plantas (*Madreselva, Achira*), etc. Una calle recuerda a un payaso inglés: *Frank Brown*; otra, a un periodista y caricaturista de la provincia de Entre Ríos (nordeste de la Argentina), *Taborda*. Hay, por supuesto, una calle *Carlos Gardel*.

Cuando se camina apurado por la ciudad hay algo que no se alcanza a percibir y es el espectáculo que ofrecen los nombres de las calles, perdiendo así la oportunidad de saborear esquinas y calles, avenidas y pasajes donde se encuentran en un solo conjuro: *Juan Sebastián Bach, Arturo Toscanini, Wolfgang A. Mozart, Alberto Einstein, Finlandia* o *Beata Sor María de la Paz y Figueroa*. La magia de los nombres de las calles permite que una cita tenga lugar en la cortada *Tres Sargentos*, o en la calle *Madrid*.

Según un informe del Gobierno de la Ciudad de Buenos Aires en 1999 no existían calles de tierra, salvo las de las villas de emergencia y las de *Corrales* entre *Matanza* y su cierre y *Avenida Castañares* en su cierre, ambas en el barrio de *Villa Lugano*. Las calles adoquinadas son estimadas en 4.200 cuadras, un 20% del total de la ciudad. En cuanto a las pavimentadas un 50% de las calles no ha sido reacondicionado desde 1969; sólo se las bachea parcialmente.

Buenos Aires posee además 190 avenidas y más de 500 pasajes. Entre las primeras se halla, dicen, la más larga y la más ancha del mundo: *Rivadavia* y *9 de Julio*, respectivamente.

Las autopistas 25 de Mayo y Perito Moreno cruzan la ciudad de Buenos Aires y comunican el puerto con el Acceso Oeste y el Aeroparque Ministro Pistarini (en Ezeiza) con el centro de la ciudad. A pesar de tener 16,5 kilómetros de extensión, 10 de rampa de entrada e igual cantidad de salida, y que permiten atravesar la ciudad en pocos minutos, estas autopistas, costoso peaje mediante, no fueron ni son demasiado concurridas. De saldo dejaron, por otra parte, expropiaciones mal retribuidas, deudas y demoliciones. Provocaron además la desvalorización de las propiedades aledañas y, como saldo de las obras viales, la aparición de estacionamientos, baldíos y canchas de tenis.

Excentricidades del modernismo hicieron que en torno del monumento al Cid Campeador, que separa los barrios de *Villa Crespo y Caballito*, convergieran once ochavas. O que el pasaje *Santos Discépolo* tuviera el contorno de una "S", recuerdo de la curva que trazaba el Ferrocarril del Oeste (ahora línea Sarmiento) y del recorrido realizado por la locomotora "La Porteña" en el viaje inaugural de la primera línea férrea del país, allá por 1857.

El porteño se ha rebelado en general contra las modificaciones en los nombres de las calles. Así, seguirá llamando *Canning* a la avenida que la ex Municipalidad, desde 1984, volvió a designar *Raúl Scalabrini Ortiz*. Otro tanto ocurre con la calle *Cangallo*, que en 1984 fue denominada *Teniente General Juan Domingo Perón*. Un nuevo *graffiti* aprovecha la circunstancia y, parafraseando aquello de "Volveré y seré millones" que dijo Eva Perón, sentencia: "Volveré y seré Cangallo" (Perón). De todas formas, los vecinos nombran a esta calle en forma errónea, restituyendo al teniente general Perón su investidura de presidente de la Nación ("Presidente Perón"). Algunos la llaman también "Presidente Cangallo".

"El porteño no es un caminador y no le interesa nuestra ciudad, tampoco se entera del significado del nombre de la calle en que vive y no le importa que lo cambien o no", escribió una vez el argentino Florencio Escardó.

Las calles de Buenos Aires tienen olores que uno sólo puede imaginar allí. En las zonas cercanas a las estaciones de tren, Constitución o Plaza Once, y aun en la calle de los cines, *Lavalle*, invade el olor a fritanga. También por esos lugares se hacen presentes las pizzerías. Barrios enteros regalan el olor de las flores de sus jardines y puede olfatearse de vez en cuando la tierra húmeda en los bosques de Palermo. También el aroma de la carne asada, en alguna obra en construcción, puebla el aire porteño.

El mapa de las calles de Buenos Aires incluye baches, deterioros, cuadrillas de trabajadores que intentan arreglar esas falencias; restos de vías de acero: paralelas y meridianos de lo que fueron el tranvía y su antigua red, como también vendedores, mendigos y músicos callejeros, configuran un tránsito variado. Los vecinos aportan su desordenada forma de colocar la basura.

Tras la guerra de Malvinas, en 1982, las calles comenzaron a poblarse con los llamados *graffiti*: frases, generalmente pintadas con aerosol en las paredes y, que hasta entonces, durante el gobierno militar, habían permanecido en los baños públicos como único territorio. Eran anuncios que indicaban que, tras la derrota bélica, los días del gobierno militar estaban contados. Además de los de obvia temática política, la característica de la mayoría de estas inscripciones fue la utilización del humor como arma contra los valores establecidos: "Una novia sin tetas más que novia es un amigo", sentenciaba alguno. Algunas firmas se hicieron legendarias. El grupo Los Vergara saltó de los *graffiti* al teatro y a la televisión; el grupo Los Pepe, por ejemplo, era parte de la estrategia de los publicistas del Partido Justicialista u otros pertenecientes a la Unión Cívica Radical. Otros quedaron también en la memoria del habitante de Buenos Aires, como Los Cretinos y El Bolo Alimenticio. Actualmente, el arte callejero del *graffiti* ha perdido inspiración, tanto humorística como política, dejando lugar al sin sentido de nombres aislados, palabras en inglés (*sickness, murder*, entre otras), desgastadas declaraciones de amor y nombres de bandas de rock o clubes de fútbol.

Durante años, cuando se quería localizar alguna calle, se recurrió a una publicación denominada *Guía Peuser*. En la actualidad son muchas las guías de calles: la *Guía Filcar* y otras similares se compran en quioscos y puestos de diarios y revistas.

Buenos Aires cuenta con más de 85.000 luminarias que se activan de dos formas. A través de relojes que las prenden a una hora fija o por intermedio de un censor fotoeléctrico que se pone en funcionamiento cuando la luz solar desciende de un determinado nivel.

Por otra parte, la colocación de luminarias está a cargo de empresas privadas que comparten la tarea de mantenimiento con el Gobierno de la Ciudad.

En 1972 se implementó la primera Subestación de Iluminación Telecomandada "Carlos Pellegrini", ubicada bajo la estación de subterráneo del mismo nombre y que está manejada por control remoto desde el salón-comando instalado en el segundo piso de la Central San José. Esta información la suministra la Secretaría de Estado de Energía-Administración de Servicios Eléctricos (ex Companía Ítalo Argentina de Electricidad), institución cuya Central Nuevo Puerto, ubicada en el Espigón VI del Puerto Nuevo de Buenos Aires, tiene una superficie cubierta de 24.000 m² y una superficie del terreno de 95.000 m². Sus torres son ahora visibles desde la *Avenida 9 de Julio* al aproximarse al barrio de *Retiro*.

LAS ESQUINAS

La revista brasileña O'Cruzeiro señalaba, hace muchos años, que en cada esquina de Buenos Aires no hay cantores de tango sino floristas:

"Las esquinas son los puntos polares de las cuadras, el lugar de la atracción y de la evidencia, del buzón y del mayor valor de la propiedad, el lugar del letrero con la nomenclatura, el sitio obligado de los encuentros y de las citas: Perú y Avenida de Mayo, Corrientes y Esmeralda, Rivadavia y Carabobo. Son el momento de las despedidas y de los adioses. Como lugar de reunión popular, sin tener los alcances de las plazas y de los parques, la esquina los sigue en importancia; es el lugar del requiebro, el lugar donde se aguarda con paciencia y se sufren los desencantos, donde se compra el diario." (Alberto Salas)

"En otras ciudades del mundo, la esquina solamente es el cruce de dos cuadras que convergen en un punto final. Pero para nosotros, que somos incansables buscadores de significados ocultos y esotéricos, la esquina es algo así como la representación simbólica de la filosofía de la vida.

"De allí se desprende que solamente a un hombre vivido, como quien dice... ¡de vuelta...!, se le conceda a manera de título honorífico el elogioso comentario de... ¡Fulano tiene esquina...!

"La esquina juega un papel preponderante en la vida del hombre de la ciudad, pero creo que la magia comienza a muy corta edad y en el barrio. Ir a jugar con otros chicos a la esquina es una fiesta de esas que no se empardan y acaso una de las imágenes que más se graban en el individuo, en una suerte de 'compinchería' que lo liga indisolublemente, para siempre, con la esquina.

"Después llega la edad del café, de los amigos, de la aventura prodigiosa de venir al centro. Y habrá otra esquina para el asombro y el después... Para el recuerdo. Porque un café que se precie de tal... ¿dónde puede estar... si no en una esquina?". (Eladia Blázquez, compositora argentina)

Calle, cuadra, manzana

La ciudad de Buenos Aires posee 2.186 calles y avenidas que determinan un total de 24.130 cuadras. Rivadavia, que nace en Plaza Colón con el número 201 y culmina al 11.800, es, con 18 kilómetros y medio de extensión, la calle más larga de la ciudad. Algunos dicen que del mundo.

Manzana y cuadra son los parámetros de esta ciudad, dirá Alberto Salas: "La manzana, cuadrilátero compacto, ceñido por cuatro calles, y la cuadra, el espacio comprendido entre dos calles paralelas, y según se supone, de una longitud fija de 120 metros, son las dos medidas del porteño, las dos medidas de la ciudad. Toda su vida parece medida con cuadras, reducida a cuadras, así como el metro es reducido a cinco baldosas".

Las calles de la ciudad de Buenos Aires, en muchos casos, delimitan verdaderas zonas comerciales donde domina un rubro casi con exclusividad. Así tenemos:

Agencias de detectives *en* Avenida de Mayo *del 600 al 700.*

Alquiler de ropa de fiesta *en* Hipólito Yrigoyen *del 600 al 700.*

Ropa de hombre *en* Maipú *entre el 800 y el 900.*

Libros usados *en la intersección de* Junín *y* Bartolomé Mitre.

Joyerías y relojerías *en la calle* Libertad *y en su cruce con* Corrientes.

Equipos de audio *en* Paraná *desde* Rivadavia *hasta* Avenida Corrientes.

Repuestos de autos *en* Paraná *desde* Corrientes *hasta* Córdoba *y en la calle* Warnes.

Librerías *en* Avenida Corrientes, *en la zona de* San Nicolás.

Artículos de la construcción *en* Avenida Corrientes, *en la zona de* Chacarita.

Cines *en la calle* Lavalle.

La zona textil *de la ciudad en la calle* Moreno *desde* Lima *hasta* Sarandí.

Sutorios, artículos para la danza *en* Avenida Córdoba *desde* Suipacha *hasta* Talcahuano.

Comercios de sanitarios, baños y cocinas *en* Avenida Córdoba *y* Avenida Callao.

Casas de alfombras *en* Viamonte, *desde* 9 de Julio *hasta* Maipú.

Mueblerías. Avenida Belgrano *desde* Avenida Jujuy *a* Avenida Entre Ríos, *en* Avenida Rivadavia *desde* Nazca *hasta* Campana *y en* Avenida Cabildo *en el barrio de* Saavedra.

La cortada

El porteño la llama "cortada", pero, considerada etimológicamente, no es más que un "pasaje", pues éste señala "un paso público entre dos calles". Famosa fue la "cortada" de Carabelas, por la concurrencia a sus bodegones de noctámbulos de prestigio. La "cortada" es como una gambeta urbana que estampa su recta o su línea oblicua en más de un barrio porteño: Sargento Cabral; Rauch (actual Enrique S. Discépolo); La Paz (actual Luis Dellepiane); del Carmen; Florencio Balcarce; Cinco de Julio; Gustavo Riccio; Bollini, etc. La vida de más de una de ellas se ha desarrollado entre el misterio y la leyenda, como es el caso de la ya desaparecida del Pecado, en sus últimos años llamada Aroma y que estaba en lo que es hoy la Avenida 9 de Julio.

De las 577 cortadas que integran el mapa de Buenos Aires, muchas no son más que simples calles que nacen y mueren en un centenar de metros.

La Avenida General Paz

La Avenida General Paz fija los límites de la ciudad de Buenos Aires desde 1887. Las obras para esta imponente arteria se inauguraron en 1941, a las órdenes del arquitecto Ernesto Vautier junto a un equipo de técnicos, ingenieros y paisajistas. Comienza en la intersección que forma con la Avenida del Libertador General San Martín, cercana al río de la Plata y, luego de un trayecto de más de 24 kilómetros, va a terminar en el Riachuelo, frente al puente de la Noria.

Esta autopista fue la primera que se construyó en la Argentina y posee una avanzada concepción que, con la

*mano única de sus calzadas y la eliminación de cruces a
nivel, permite una circulación rápida y segura.*

*El dicho "la Argentina no termina en la General Paz" es
la frase acuñada para aquellas veces en las que se quiere
desterrar la idea centralista de que los únicos acontecimientos de importancia del país ocurren en la ciudad de Buenos
Aires. Esta frase, aunque gastada y remanida, señala un
antiguo conflicto en vías de superación.*

LOS DUEÑOS DEL CENTRO

La céntrica calle Florida *atraviesa cuatro de las calles
más importantes de la ciudad:* Santa Fe, Lavalle, Corrientes *y luego, cambiando de nombre,* Perú *atraviesa la* Avenida de Mayo. *Pero su intersección con* Florida *no es lo único
que estas calles tienen en común. También comparten el
ser de las más antiguas de Buenos Aires y el haber conformado el núcleo del comercio porteño. Pero por sobre todas
las cosas tienen en común una particularidad: la existencia
de sus correspondientes asociaciones de amigos, integradas por dueños de comercios de la zona. Cada una de las
cuatro asociaciones tiene su presidente. Estos cuatro "dueños del Centro" se reúnen periódicamente con el propósito
de devolver a estas calles su viejo esplendor.*

LA CIUDAD DE LOS AUTOS ABANDONADOS

Pocas ciudades deben de compartir con Buenos Aires el extraño privilegio de ver sus calles pobladas de autos abandonados.

La Policía Federal recoge cada día (año 1997) entre 14 y 20 automóviles abandonados, todos van a parar a los depósitos de la ciudad, donde se estima que ya hay 45.000 vehículos convertidos en chatarra. En la ciudad, en el año 2000 había 6.000 autos abandonados. Una ley del año 2000 preveía sacarlos de la calle y compactarlos.

Además cada comisaría de Buenos Aires es un aparcamiento de autos robados, chocados, etc.

COLAS

Aunque no para enorgullecerse, las colas (largas filas de personas) son una particularidad difícil de hallar en las calles de otras ciudades, al menos en la magnitud de Buenos Aires. Los bancos de la ciudad encabezan la lista: colas para pagar impuestos o colas de jubilados para cobrar sus haberes mensuales. Larguísimas colas en los lugares en los que se ofrecen empleos, particularmente con la feroz desocupación registrada entre 1989 y 2003; colas para entrar al cine o para sacar sus boletos para cualquier espectáculo.

PASACALLES

Largas y amplias franjas de tela extendida de acera a acera entre dos árboles o dos postes de luz, los pasacalles conformaban también el particular paisaje de las calles de Buenos Aires. Expresiones artísticas, avisos políticos, y hasta mensajes personales como "Feliz cumpleaños, Fernando" hasta apelativos para lograr la ciudadanía española o italiana, aparecen escritos en estos carteles. En algunos casos obstruyen los semáforos o se desploman sobre los transeúntes llegando a arrastrar consigo cables eléctricos o de teléfono. Por estas razones desde 1996 el Gobierno de la Ciudad de Buenos Aires efectivizó la prohibición de esta modalidad de publicidad callejera limitándola sólo a la propaganda política durante períodos electorales. Norma que no siempre se cumple.

Bibliografía

Cutolo, Vicente Osvaldo. *Buenos Aires: Historias de las calles y sus nombres,* Buenos Aires, Ed. Ecche, 1988.

Instituto Histórico de la Ciudad de Buenos Aires. *Barrios, calles y plazas de la ciudad de Buenos Aires: origen y razón de sus nombres.* Buenos Aires, MCBA, 1983.

Salas, Alberto. *Relación parcial de Buenos Aires.* Buenos Aires, Ed. Sur, 1955.

Cánepa, Luis. *El Buenos Aires de antaño.* Buenos Aires, Taller Gráfico Linari, 1936.

Tenembaum, León. *Buenos Aires, un museo al aire libre,* Buenos Aires, Ed. Corregidor, 1989.

Autores varios. *Buenos Aires, de la fundación a la angustia,* Buenos Aires, Ediciones de La Flor, 1967.

Marzullo, Osvaldo. *Viva el graffiti.* Buenos Aires, Ed. Galerna, 1988.

Automóvil Club Argentino (ACA). *Avenida General Paz,* Buenos Aires, 1956.

Dirección Nacional de Vialidad. *Avenida General Paz,* Buenos Aires, 1938.

Municipalidad de la Ciudad de Buenos Aires. *Autopista 25 de Mayo-Autopista Perito Moreno (Red de autopistas urbanas).*

Autores varios. Fotografías Sameer Makarius. *Buenos Aires, mi ciudad,* Buenos Aires, Eudeba, noviembre de 1963.

Automóvil Club Argentino. *Guía del Automóvil Club Argentino,* Buenos Aires, 1956.

Blázquez, Eladia. *Buenos Aires cotidiana,* Buenos Aires, Ed. Fraterna, 1983.

Martínez Estrada, Ezequiel. *La cabeza de Goliat,* Buenos Aires, Centro Editor de América Latina, 1981.

Balbachán, Eduardo Luis. *Los ignorados pasajes de Buenos Aires,* Buenos Aires, Ed. Rodolfo Alonso, 1983.

Iusem, Miguel. *Diccionario de las calles de Buenos Aires,* Buenos Aires, Instituto Rioplatense de Letras y Artes, 1971.

Llanes, M. Ricardo. *La Avenida de Mayo,* Buenos Aires, Ed. Guillermo Kraft, 1955.

Ballester, Luis Alberto. *Revelación de Buenos Aires,* Buenos Aires, Torres Agüero Editor, 1988.

Diarios: *La Nación, La Prensa, Clarín, La Razón:* años varios.

Revistas: *Clarín:* 16-10-88, 18-4-82, 23-7-87, 23-9-88, 23-3-77, 6-12-80, 17-5-81, 23-4-88, 18-8-91; *Viviendo Buenos Aires:* noviembre de 1986; *La Nación:* 3-9-72; *Noticias:* 10-2-91; *Siete Días:* 11-4-75; *Mercado Publicitario:* 12-4-89; *Vivir en Buenos Aires:* noviembre de 1986; *Cabal:* abril de 1984.

CINES

Las filmaciones en la Argentina comenzaron en el año 1897. Según el crítico cinematográfico Domingo Di Núbila, "la Argentina era un país sin tradición cinematográfica. Contaba con excelentes actores teatrales y con un grupo de buenos escritores interesados en el cine".

"Los primeros filmes sonoros en la Argentina —continúa Di Núbila— reclutaron sus enormes masas de espectadores en el proletariado que aún soportaba las consecuencias de la crisis de 1929 y que pagaba escasos centavos por las entradas. Como los productores argentinos no eran buenos comerciantes, vendieron sus películas a distribuidores y exhibidores por un precio fijo que siempre estuvo por debajo de sus posibilidades de boletería. En los años iniciales los productores no se preocuparon de esto porque, pese a que recibían una reducida fracción de los ingresos, más de una vez obtuvieron un millón de pesos por películas que les habían costado cuarenta o cincuenta mil. Y eso, en una sola temporada."

En el año 1940 Argentina producía cincuenta películas, México veintinueve y España veinticuatro. Esto puede servir de indicio para apuntar, justamente, la importancia de la producción nacional en relación con otros países hispanoparlantes.

Los actuales estrenos contrastan notablemente con las cifras correspondientes a las décadas del '30, el '40 y el '50, donde la industria fílmica encontró su momento de esplendor y la circulación del material en el exterior avalaba la calidad de aquella floreciente industria.

De las 129 salas de cine repartidas en la ciudad de Buenos Aires en la década del '50, hoy sólo quedan treinta y tres. El cambio de las costumbres, la crisis económica y el auge del video son algunas de las causas que afectaron la concurrencia.

Hay que recordar la profunda relación que otras generaciones de argentinos o inmigrantes tenían con el cine nacional, que fue y es parte de un lazo afectivo y costumbrista muy singular.

El cine argentino, generalmente asentado en la ciudad de Buenos Aires, logró hasta los años '50 mucha presencia en Hispanoamérica. Generó grandes estudios, actrices, actores y músicos. Dio origen a un periodismo especializado, tanto en el culto a las estrellas como en el plano intelectual. Con el correr de los años el público se alejó de su cine, ya sea por falta de película virgen o por mala o nula distribución.

Actualmente, y aunque sea triste decirlo, las películas argentinas tienen éxito en el país cuando son reconocidas en el extranjero. Valga como ejemplo el caso de *Camila* —candidata al Oscar de la Academia de Hollywood— o *La historia oficial*, que sí ganó el Oscar a la mejor película extranjera.

Es común la inclusión de argentinos en el jurado de festivales internacionales de cine, donde se les reconoce capacidad y talento.

Datos prácticos

Los días jueves se renueva semanalmente la cartelera cinematográfica.

En la zona céntrica algunas funciones comienzan a las 12 del mediodía. Algunas salas brindan funciones de trasnoche que comienzan a la 1 de la mañana.

La mayor concentración de cines se encuentra en la calle *Lavalle* entre *Carlos Pellegrini y Florida,* y en la *Avenida Corrientes* entre *Uruguay y Avenida Callao.* También en los nuevos centros de compras y en el barrio de *Recoleta.*

Los argentinos están habituados a ver las películas en sus versiones originales con subtítulos en castellano. Desde 1983 no hay censura.

Las películas son clasificadas como apta para todo público, prohibida para menores de 13, 16, 18 años, apta con reserva, y condicionada.

Cada año la Asociación de Cronistas Cinematográficos de la Argentina otorga los premios a la producción cinematográfica. El premio es el Cóndor, una estatuilla que representa la citada ave de la cordillera de los Andes.

Desde 1959 a 1970 se realizó el Festival Internacional de Cine en la ciudad de Mar del Plata. Luego se empezó a alternarlo con la ciudad de Río de Janeiro, Brasil. La alternancia duró un año. Ambos festivales desaparecieron hasta que en 1996 volvió a ser organizado.

Buenos Aires en el cine internacional

Aunque incompleta, ésta es una lista de producciones internacionales que fueron ubicadas en Buenos Aires, en algunos casos sólo escenográficamente, en otros literariamente y en otros, con filmaciones realizadas en la misma ciudad.

Bailando nace el amor (You Were Never Lovelier), 1943. Producida por Columbia Pictures, Michael Fessier, Delmar Daves y Ernesto Pagano adaptaron el guión original. Fue dirigida por William Seiter, con la participación de Rita Hayworth, Fred Astaire, Adolphe Menjou, Xavier Cugat y su orquesta. Cuando se estrenó en Buenos Aires, en el cine Gran Rex, Mirtha Legrand recibió el vestido de Rita Hayworth. Estaba basada en el guión de la película argentina *Los martes orquídeas*, que escribieron Sixto Pondal Ríos y Carlos Olivari. La dirigió Francisco Mugica (1941) y la protagonizaron Mirtha Legrand y Juan Carlos Thorry.

Al compás de dos corazones (Down Argentine Way), 1941. Producida por la 20th Century Fox. Argumento de Rian James y Ralph Spence y guión de Darshell Wara y Karl Tunberg. La película, protagonizada por Don Ameche, Carmen Miranda y Betty Grable, fue dirigida por Irving Cummings, y la música y las canciones estuvieron a cargo de Mack Gordon y Harry Waren. Con motivo de su estreno el diario *La Nación* publicó: "Al fin se ha estrenado en Buenos Aires *Al compás de dos corazones,* también titulada en algunos países de habla castellana *Serenata argentina*, y en inglés *Down Argentine Way*. Llega hasta nosotros en versión modificada y resumida, e impresiona como un espectáculo frívolo-musical en brillante tecnicolor, sumamente vistoso, muy atrayente en su género, pero en forma parcial invalidado para nuestras salas por la ligereza con que se ha atendido, en particular en los detalles, a la reproducción de ambiente y tipos argentinos. Tiene en su descargo la constancia de su prioridad en el ciclo de producciones sobre motivos latinoamericanos con que Hollywood creyó oportuno colaborar en la política de 'la buena vecindad', lo que puede inducir a creer que no se persistirá en errores denunciados ya, y la evidencia de su escala material relativamente considerable, lo que aleja por principio cualquier suspicacia sobre el espíritu con que se encaró el rodaje por la 20th Century Fox".

A su vez el diario *La Prensa* comentó: "...Al iniciarse la cinta un locutor explica en nuestro idioma el propósito cordial que tuvo la empresa al rodar esta cinta de ambiente argentino. Ese propósito se advierte en distintos detalles, en el lujo con que se presentan ambientes locales y, también, en la mesura con que ha sido trazado el 'color local', más exacto y sin los exotismos de otras producciones norteamericanas. Deslízanse algunos motivos que promueven la hilaridad burlona del auditorio, pero cabe reconocer que no abundan y no pesan mucho en el conjunto. En particular resultan contraproducentes las palabras en español que se intercalan, y también una escena final, estampa gauchesca de carnaval que, con buen criterio, la Fox resolvió ayer mismo suprimirla de la cinta, pues en verdad no tiene conexión con el argumento...".

De Galicia a Buenos Aires (1944). Producción española dirigida por Richard Harlan. Interpretada por María F. Ladrón de Guevara, Pedro Terol, Raquel Rodrigo, Antonio Plana. Drama basado en la novela *Odio*, obra de Wenceslao Fernández Flores.

Gilda (1945). Norteamericana, producida por Columbia Pictures y dirigida por Charles Vidor, con Rita Hayworth y Glenn Ford. Drama de espionaje, basado en el argumento de Marion Parsomet, se desarrolla íntegramente en Buenos Aires, pero fue filmada en Estados Unidos.

La acción ocurre principalmente en un casino clandestino, donde cuenta las andanzas de una banda de espías presuntamente nazis y el drama de una actriz que descubre en el socio de su flamante marido al hombre que sigue queriendo.

De los Apeninos a los Andes (1960). Filmación ítalo-argentina, basada en un cuento de Edmundo D'Amicis. Dirigida por Folco Quilici, participan Eleonora Rossi Drago, Beto Gianola, Guillermo Bataglia, Élida Gay Palmer y Marco Paoletti.

Cuenta la odisea de un niño que sale de Génova hacia los Andes, en emotiva búsqueda de su madre, y desembarca en el viejo puerto de Buenos Aires.

Una americana en Buenos Aires (1961). Producción franco-norteamericana. Dirigida por George Cahan, con Mammie van Doren, Carlos Estrada, Catherine Zago, Jean Pierre Aumont y Juan Carlos Mareco, con la participación de Nathan Pinzón. Se trata de un enredo policial, con un misterioso asesinato. Fue filmada totalmente en escenarios argentinos, y tuvo poco éxito en su exhibición.

La actriz Mammie van Doren arribó a Buenos Aires con 24 horas de retraso porque su representante americano le compró un pasaje hasta la ciudad de Montevideo, al confundirla con Buenos Aires.

Los cuatro jinetes del Apocalipsis (1962). Dirigida por Vincent Minnelli, interpretada por Glenn Ford, Charles Boyer e Ingrid Tullin.

La película se inicia en nuestro país, relata la vida de un patriarca que vive en la Argentina, de sus hijas que se casan con un francés y un alemán, y llega luego hasta sus nietos europeos la discordia familiar a causa de la guerra.

Está basada en la novela de Vicente Blasco Ibáñez (1916), de la cual se hicieron 384 ediciones en Estados Unidos. La primera versión del filme fue protagonizada por Rodolfo Valentino (1920).

Un italiano en la Argentina (1965). Coproducción ítalo-argentina, que en Europa llevó el nombre de *El gaucho*, dirigida por Dino Risi. Fue escrita por Ruggero Maccori, Tulio Pinelli y Etore Scola, los guionistas de *Il sorpasso*.

Rodada parcialmente en Buenos Aires, fue protagonizada por Vittorio Gassman, Nino Manfredi, Amedeo Nazzari, Nelly Panizza y Guido Gorgatti. Es una comedia que describe las caprichosas aventuras de una delegación de cine italiano que viene al Festival de Mar del Plata, con un aprovechado jefe de relaciones públicas, sus *starlets* desconocidos y su estrella en decadencia.

La casa de la calle Garibaldi (*The House of Garibaldi's Street*), 1980, dirigida por Peter Collmson e interpretada por Topol, Nick Mancuso, Alberto de Mendoza, Martín Balsam y Alberto Berco.

Relata la captura y extradición del jerarca nazi Adolph Eichmann. Si bien el hecho ocurrió en Buenos Aires, la película fue rodada en España. Las críticas atacaron por un lado la ideología del film (muchos la veían como una apología del nazismo) y por el otro su ambientación. Nadie en esta ciudad —comentaban— dice "Gracias muchas" ni conoce un café llamado "María Cristina".

Evita Perón (1981). Fue una penosa realización hecha para la televisión en Estados Unidos. Dentro del formato de una miniserie, la dirigió Marvin Chomsky. Sus protagonistas fueron Faye Dunaway (Eva) y James Farentino (Perón).

Más allá de la coincidencia ideológica, el resultado fue grotesco por la ambientación tenaz y persistente que mostraba una Buenos Aires más parecida a la estética mexicana o centroamericana que a la del Río de la Plata. En algunos casos como éste la ignorancia es peor que la maldad. Fuera de su país de origen se distribuyó en versión cinematográfica normal.

Buenos Aires, la ciudad y sus habitantes (1984). Documental soviético de 50 minutos de duración realizado por Igor Fisurenko para la televisión de la URSS.

"El día de la independencia en la Plaza de Mayo es el apropiado para conocer Buenos Aires, una de las ciudades más grandes y bonitas en la Tierra", afirmó su productor.

El cónsul honorario (1984). Norteamericana, dirigida por John Mackenzie, con el guión de Christopher Hampton, basada en la novela original homónima de Graham Greene (1973) y la fotografía de Phil Mateux.

Intérpretes: Michael Caine, Richard Gere, Elpidia Carrillo, Bob Hoskins. Filmada en su mayor parte en la provincia de Corrientes, transcurre en pleno proceso militar. Triángulo amoroso entre un cónsul británico en Corrientes, un médico recién recibido (hijo de inglés y paraguaya) y una representante autóctona de la región.

Describe hechos fruto de la imaginación del autor, pero que coinciden con muchos de los episodios de la época.

Las veredas de Saturno (1985). Coproducción franco-argentina dirigida por el argentino Hugo Santiago. El guión fue escrito por José Saer y Jorge Semprún, y participaron Rodolfo Mederos, Andrea Aronovich, Berangère Bonvoisin, Edgardo Rosi, Philippe Clerenot.

Habla sobre el exilio, el tango y los argentinos. Narra la historia de un bandoneonista que vive en París y que busca, y cree encontrar, al mítico Eduardo Arolas (muerto en París en 1924) en la ciudad de Buenos Aires.

Sur (1988). Producción argentino-francesa dirigida por Fernando Solanas y con música de Astor Piazzolla.

Con temas cantados por Roberto Goyeneche, Alfredo Zitarrosa y Fito Páez y la participación de Susú Pecoraro, Miguel Ángel Solá, Lito Cruz, Philippe Leotard, Ulises Dumont, una parte fue filmada en Buenos Aires, en la zona del *Riachuelo* y del puerto. Es la historia de un preso político y traza la metáfora de una generación de los años de la muerte (proceso militar), y los años anteriores, tiempos de una libertad temeraria, ingenua y desordenada.

Departamento Cero (Apartment Zero), 1988. Dirigida por Martín Donovan, coautor del guión con David Koepp. Donovan es un argentino que desde los años '70 vive alternativamente en Londres y Roma. El elenco internacional incluyó los nombres de Colin Firth, Hart Bochner, Dora Bryan, Liz Smith, Fabrizio Bentivoglio y Mirella D'Angelo y los argentinos Cipe Lincovsky, Max Berliner, Miguel Ligero, Elvia Andreoli y Juan Vitale. La cantante Marikena Monti interpreta el tango *Cambalache*. El departamento que da título al filme está ubicado en la calle *Cabello* 3791 en el barrio de *Palermo*.

La amiga (1989). Producción argentino-alemana, dirigida por Jeannine Meerapfel, con guión de ella misma y de A. Chiesa, y la participación de Liv Ullmann, Cipe Lincovsky y Federico Luppi.

La trama gira alrededor de la desaparición del hijo del personaje que encarna Liv durante la dictadura militar, y la lucha que aquella ofrece al gobierno represor como miembro de las Madres de Plaza de Mayo. Hubo muchas escenas filmadas en este sitio.

Ojos azules (Blava 617), 1990. Coproducción alemana-argentina, dirigida por Reinhard Hauff, interpretada por Gotz George, Miguel Ángel Solá, Julio de Grazia, Emilia Mazer, Haydée Padilla y otros. Rodada íntegramente en Buenos Aires y ambientada entre 1978 y 1979. La película revive el autoritarismo militar, en la que el protagonista (Gotz George) es víctima en carne propia de la desaparición de su hija embarazada.

La peste (1991). El argentino Luis Puenzo dirigió esta película, basada en la novela del francés Albert Camus. Integraron el elenco Robert Duvall, William Hurt, Raúl Julia, Sandrine Bonnaire, China Zorrilla, Lautaro Murúa y Norman Brisky.

El film incluyó tomas documentales de una manifestación de las Madres de Plaza de Mayo y muchas escenas en un puente que atraviesa el ferrocarril en el barrio de *Barracas*. Se estrenó en Buenos Aires en 1993.

Highlander II – El Renacimiento (Highlander II – The Quickening), 1991. Dirigida por el australiano Russell Mulcahy e interpretada por Christopher Lambert, Sean Connery, Virginia Madsen y Michael Ironside. La película es una historia catastrófica que juega con el tema de la capa de ozono, de las radiaciones ultravioletas y de un escudo protector que se fabrica contra ellas. Se gastaron 31.000.000 de dólares en su rodaje, que fue hecho casi totalmente en la Argentina, pero sus escenarios resultan poco reconocibles, a excepción del Teatro Colón.

Tango desnudo (Naked Tango), 1991. No estrenada en la Argentina, fue pasada directamente al video.

Producción estadounidense dirigida por Leonard Schrader, basada en una idea del escritor argentino Manuel Puig. Es considerada una fantasía erótica con ritmo de música popular argentina. Fue filmada totalmente en Buenos Aires. Son sus intérpretes: Fernando Rey, Mathilde May, Vincent D'Onofrio y Cipe Lincovsky, entre otros.

Marina (1991). Producción italiana no estrenada. Dirigida por el realizador italiano Sergio Martino, participan la actriz italiana Débora Caproglio y el actor estadounidense Steve Bond.

Es un thriller erótico acerca de un asesino norteamericano que viene a matar a un capo de la mafia escondido en la Argentina. Fue filmado en distintas zonas de esta ciudad.

El próximo enemigo (1992). Coproducida por Jorge Estrada, Mora Producciones y Portman Entertainment. Dirigida por Robert Young, con Sam Neill, Talisa Soto, Art Malik, Cristina Higueras y James Fox. Fue rodada en octubre de 1991 en Buenos Aires; algunas escenas se filmaron en el Salón Dorado de la Legislatura de la Ciudad de Buenos Aires.

De amor y de sombra (1994). Coproducción de la Argentina, Venezuela y Estados Unidos. Basada en la novela de Isabel Allende, fue dirigida por Betty Kaplan. Su elenco estuvo integrado por Antonio Banderas, Jennifer Connelly, Patricio Contreras, Stefania Sandrelli y Jorge Rivera López.

Si bien fue filmada en Buenos Aires, evoca una relación amorosa ocurrida en Chile en 1973, luego del golpe de Estado de Augusto Pinochet. Éste fue encarnado por el actor germanoargentino Jacques Arndt. Se filmó en la *Avenida Roque Sáenz Peña y Esmeralda* (barrio de *San Nicolás*) y en una piscina art déco del *Parque Avellaneda*.

Las cosas del querer II (1995). Coproducción hispano-argentina que se vincula indirectamente con el artista español Miguel de Molina. La dirigió Jaime Chávarri, que en 1989 rodó la primera parte totalmente en España. El elenco incluye a Manuel Bandera y Ángela Molina, y a los argentinos Susú Pecoraro y Darío Grandinetti.

En algunas escenas aparece el Teatro Margarita Xirgu (barrio de *Monserrat*). Hay también una recatada presencia del personaje de Eva Perón.

El hombre que capturó a Eichmann (*The Man who Captured Eichmann*), 1996. Telefilm de la cadena TNT (Turner Network Television) que dirigió Billy Graham y protagonizó el actor Robert Duvall. Éste encarna al nazi Adolph Eichmann, que fue capturado en Buenos Aires por agentes del servicio de inteligencia de Israel (Mossad) en mayo de 1960.

Se ven secuencias filmadas en los ombúes de *Recoleta*, el monumento al general José de San Martín en *Retiro* y una botella de vino borgoña Bianchi. La esposa de Eichmann es encarnada por la argentina Erica Wallner.

Evita (1996). El 9 y 10 de marzo de 1996 (sábado y domingo), Madonna filmó en la Casa Rosada, en el famoso balcón, escenas que correspondían a un hecho histórico —su renunciamiento como candidata a vicepresidenta de la República el 22 de agosto de 1951—, que había ocurrido en la realidad en un escenario montado en *Avenida 9 de Julio y Moreno*.

El film se estrenó en el hemisferio norte en 1996 y en febrero de 1997 en la Argentina.

El elenco estuvo integrado, entre otros, por Madonna (Eva Perón), Jonathan Pryce (Perón) y Antonio Banderas (el Che), dirigidos por Alan Parker.

Así describe el crítico Diego Curubeto la película *Evita*: "Si se lo piensa bien, la historia de Eva Perón tiene cierto sentido simétrico. Una estrellita de cine va cobrando fuerza en el terreno político hasta convertirse en primera dama de la República y máximo símbolo de un partido, luego muere —como toda leyenda, antes de tiempo— y se transforma en semidiosa. Pasan los años y la figura mítica es recogida en una distorsionada ópera rock, de la que surgen varios subproductos aún más distorsionados. Pasan más años y todas las grandes estrellas del cine mundial quieren interpretarla, hasta que una diva pop devora el personaje en una superproducción que a la vez genera subproductos cinematográficos criollos que intentan dar una visión menos fantasiosa. Pero es inútil, porque si bien el desdibujado perfil de Eva Perón ahora es fácilmente reconocible en los lugares más apartados de la Tierra, la jefa máxima de los descamisados no es más que otro personaje de repertorio, una villana tan sexy, querible y carismática como Cleopatra, Mata Hari o incluso Gatúbela.

"El problema es que el personaje es tan fuerte que inevitablemente se termina devorando las películas que intentan retratarlo. Algo parecido a lo que sucede con el otro mito argentino reproducido en distintas películas destinadas al fracaso, el Che, cuya historia al menos tiene menos aristas eróticas, lo cual le evita así momentos embarazosos en la pantalla grande.

"En el caso de Eva Perón, tal vez una producción tan costosa y publicitada como la Evita con Madonna cumplió finalmente la función de la nitroglicerina en un incendio, extinguiendo para siempre las llamas con una gigantesca explosión. Por eso, si alguna vez el proyecto Evita era conocido como 'la película más famosa que nunca llegó a filmarse', Alan Parker quizá sea recordado como 'el director que terminó con todas las películas sobre Eva Perón'."

Evita (1997). En 1997 visitó la Argentina el equipo de rodaje del telefilme *Evita*.

La actriz Akiko Kuno no pudo filmar en la Casa Rosada las escenas que la tenían de protagonista. Se trató de una producción de la cadena estatal NHK que hizo un documental sobre el tema. Como expresó el coordinador del proyecto Atsushi Mizukawa: "La idea es aprovechar la ola de repercusiones generada por Alan Parker".

Felices juntos (Happy Together), 1996-1997. Dirigida por Wong Kar-Wai, quien vino desde Hong Kong (China) a filmar la historia de dos homosexuales, libremente inspirada o motivada por la novela *The Buenos Aires Affaire* del argentino Manuel Puig.

Según el influyente diario *Clarín* de Buenos Aires: "...incluye un partido Boca vs. River en la Bombonera, bares de tango, la *Avenida 9 de Julio*, bailantas, cervezas Quilmes, cigarrillos Le Mans, el colectivo 29, relatos radiales de Víctor Hugo Morales, música de Astor Piazzolla y hasta una publicidad de Hepatalgina...". Fue protagonizada por Tony Leung, Leslie Cheung y Chang Chen.

Invasores del espacio (Starship Troopers), 1997. Adaptación de la novela de ciencia ficción de Robert Heinlein, escrita en 1959. La dirigió el holandés Paul Verhoeven. Su protagonista fue el joven actor Casper van Dien, que encarna a Johnny Rico. Este personaje es oriundo de Buenos Aires y según el actor norteamericano: "El primer lugar donde atacan los insectos es Buenos Aires y matan a mi familia. Pero de la ciudad vemos muy poco, la mayoría son interiores...".

La lección de tango (The Tango Lesson), 1997. Coproducción de Inglaterra, Argentina y Francia, dirigida por Sally Potter, que también coprotagoniza el film con el bailarín argentino Pablo Verón. Contiene bellas imágenes de Buenos Aires y una excelente banda sonora con un variado repertorio de tangos.

Martín (Hache), 1997. Coproducción hispano-argentina. Dirigida por Adolfo Aristarain, con los argentinos Federico Luppi y Cecilia Roth y el español Eusebio Poncela, entre otros. Ambientada en España y en la Argentina. Tiene una fuerte carga emotiva la mención a los techos de Buenos Aires.

Tango (1998). Coproducción hispano-argentina dirigida por el prestigioso cineasta español Carlos Saura.
Participan, entre otros, los argentinos Miguel Ángel Solá, Mía Maestro, Juan Carlos Copes y Carlos Rivarola. La fotografía fue responsabilidad del italiano Vittorio Storaro. La banda musical estuvo a cargo del argentino Lalo Schiffrin.

Imaginando Argentina (*Imagining Argentina*), 2002. Fue dirigida por el inglés Christopher Hampton y protagonizada por la inglesa Emma Thompson, el español Antonio Banderas y el panameño Rubén Blades. Se rodaron escenas en Plaza de Mayo, Casa Rosada, la iglesia de la Santa Cruz y la calle Caminito. Trata sobre los desaparecidos durante la dictadura militar entre 1976 y 1983. Está basada en la novela homónima de Lawrence Thornton.

Assassination tango (2002). Con Robert Duvall, Rubén Blades y Luciana Pedraza. Dirigida por el propio Duvall, muestra distintos aspectos de Buenos Aires, en particular "milongas" y temas vinculados al baile del tango.

Jennifer's Shadow (*La sombra de Jennifer*), 2003. Inlcuye en su elenco a Faye Dunaway, dirigida por los argentinos Daniel de la Vega y Pablo Parés.

En muchas de las películas Buenos Aires está tomado como un lugar alejado, extraño y propicio para aventuras comerciales, policiales y amorosas. En otras se describen la ciudad y el país.

Bibliografía

Alsina Thevenet, Homero, y Rodríguez Monegal, Emir. *Ingmar Bergman. Un dramaturgo cinematográfico*, Montevideo, Uruguay, Ediciones Renacimiento, 1964.

López, D. *Catálogo del nuevo cine argentino*, Buenos Aires, Instituto Nacional de Cinematografía, 1987.

Guía Heraldo '78. Cine y cine publicitario argentino, Buenos Aires, 1978.

Libro de oro del espectáculo argentino, Buenos Aires, Fundación Konex, 1982.

España, Claudio. *Medio siglo de cine*, Buenos Aires, Ed. Abril, 1984.

Autores varios. *Reportaje al cine argentino. Los pioneros del sonoro*, Buenos Aires, Ed. Anesa (Crea S.A.), 1978.

Revista *Lyra*, 1962.

Diarios: *Clarín, La Nación, La Prensa, La Razón, Página/12, Tiempo Argentino, El Cronista Comercial*: años varios.

Simpática ignorancia en un filme antológico, *"Down Argentine Way"*.

MONUMENTOS

"Toda ciudad es semejante a un anciano, lleno de recuerdos y cicatrices. Cada una de sus calles tiene su historia, cada uno de sus monumentos merece un capítulo y cada una de sus piedras ha visto lo que no se sabrá nunca."

PEDRO B. PALACIOS, "ALMAFUERTE"
(1854-1917, poeta argentino)

La ciudad de Buenos Aires cuenta con 2.000 monumentos y estatuas que son, en general, ignorados por los porteños. Héroes propios y extraños, artistas de diversas latitudes, figuras mitológicas, personajes de leyenda, habitan en diferentes rincones de la ciudad.

El Obelisco es, sin duda, el más tradicional de los monumentos y punto de referencia obligado para cualquier visitante. (avenidas *Corrientes* y *9 de Julio*).

El primer monumento inaugurado en esta ciudad fue la Pirámide de Mayo (25 de mayo de 1811). Erigida en un sitio preferencial, en la Plaza de Mayo, fue testigo de los más importantes acontecimientos históricos del país.

La primera estatua realizada por un artista argentino fue la del negro Falucho, un esclavo liberto que participó como soldado en las guerras que la Argentina mantuvo por su independencia. La obra se halla en la plaza del mismo nombre y fue realizada por el escultor Lucio Correa Morales (*Palermo*).

Si bien la mayoría de las esculturas públicas de Buenos Aires honran a figuras argentinas, no faltan los recordatorios a George Washington (Parque Tres de Febrero) y Giuseppe Garibaldi (Plaza Italia).

No sorprende que la figura más homenajeada sea el general José de San Martín, principal héroe de la Independencia, a quien se le han levantado nueve monumentos en la ciudad de Buenos Aires. Le sigue la figura de "la madre", que cuenta con siete.

Los avatares de la historia política argentina han determinado los sucesivos traslados o la destrucción de diferentes estatuas, según los tiempos que corrieran.

Frente al sorprendente número de estatuas y esculturas, llama la atención el escaso número de fuentes que adornan la ciudad: solamente quince.

CIFRAS Y REFLEXIÓN

La Dirección de Espacios Verdes del Gobierno de la Ciudad de Buenos Aires es la encargada de las plazas y parques de la ciudad. El siguiente es el patrimonio urbano a su cargo: 2.090 obras de arte, entre las que se cuentan 437 monumentos, estatuas y bustos, 147 mástiles, 1.033 placas y monolitos, 70 fuentes, lagos y surtidores, 287 jarrones y 116 elementos adicionales (incluidos el Obelisco y la Torre de los Ingleses).

El escritor y pediatra argentino Dr. Florencio Escardó opinaba que "los demás monumentos de Buenos Aires constituyen una serie heterogénea hasta el disparate. La ciudad, con su mala memoria de adolescente, los ha construido en la medida de fabricarse un pasado honorable como quien se distribuye condecoraciones; y, cumplida la obligación protocolar, el monumento ha quedado ahí más como un mueble arrumbado que como presencia espiritual. Si un duende travieso cambiara un día las inscripciones, nadie se daría por aludido".

Escultores, nacionalidades y paradojas

El Monumento al Cid Campeador, en Honorio Pueyrredón y Avenida Gaona, *es obra de la escultora norteamericana Anna de Huntington. Otro extranjero, Gustav Heinrich Eberlein, un alemán nacido en Spierkerhausen, es el autor de dos obras destacadas: el Monumento a Juan de Garay, frente a la Casa Rosada, y las alegorías al Monumento al General José de San Martín, en la plaza del mismo nombre.*

En febrero de 1982 un viajero inglés comentó: "De tantos monumentos que tiene la ciudad el único práctico es la Torre de los Ingleses ya que tiene un reloj...".

El largo y ancho de la Avenida 9 de Julio causan impacto. En el cruce con la Avenida Corrientes se erige el Obelisco, que es uno de los monumentos que definen a la ciudad.

Sorpresas y opiniones

La pasión por las estatuas y monumentos tuvo su auge en la llamada Generación del 80, a fines del siglo pasado, llegando a su máximo esplendor con los festejos del centenario de la Revolución de Mayo, en 1910. Sumergidos en el aire europeísta de la época, todas las obras eran encargadas a artistas extranjeros, quienes, muchas veces, interpretaban de manera particular las celebridades argentinas. Al respecto, Florencio Escardó, en su libro Geografía de Buenos Aires, *comenta: "Los monumentos de personajes históricos se pueden clasificar en dos grupos: los realizados por artistas extranjeros y los realizados por escultores argentinos: los primeros suelen ser tan extranjeros como sus autores, y viven cada uno en su esfera la tragedia de exotismo del Artigas de Zanelli en Montevideo. El Rodríguez Peña de Eberlein es el ejemplo más notorio: hercúleo, enorme, furioso, es un tribuno escapado de Walhalla, sin pizca de elocuencia criolla, y semejante trance sufren casi todos los hombres de Mayo. Yo he imaginado siempre reunirlos a todos en una sala para reproducir el Cabildo Abierto y nuestra conmovedora gesta municipal se convertiría en un congreso de superhombres nietzscheanos de dos metros de altura".*

Escardó hace referencia al Monumento al General Bartolomé Mitre, ubicado en las barrancas de Plaza Francia y vecino a la Embajada de Gran Bretaña, obra de Calandra y Rubino, quienes "construyeron un Mitre ecuestre y lo rodearon de figuras itálicas y entre ellas la del propio Benito Mussolini".

Datos útiles

En el barrio de *Palermo*, en un predio que anteriormente ocuparan una caballeriza y más tarde una usina eléctrica, se encuentra ahora la Plaza Sicilia; allí funciona MOA (Monumentos y

Obras de Arte). Depende del Gobierno de la Ciudad de Buenos Aires (*Avenidas del Libertador, Berro, Figueroa Alcorta y Casares*).

Bibliografía

Baliari, Eduardo. *Los monumentos,* Buenos Aires, Almario de Buenos Aires, Ediciones Culturales Argentinas, 1972.

Haedo, Félix Oscar. *Lola Mora (vida y obra de la primera escultora argentina),* Buenos Aires, Eudeba, 1974.

Autores varios. *Buenos Aires y sus esculturas,* Buenos Aires, Manrique Zago Ediciones, 1981.

Escardó, Florencio. *Geografía de Buenos Aires.* Buenos Aires, Eudeba, 1966.

Martínez Estrada, Ezequiel. *La cabeza de Goliat,* Buenos Aires, Centro Editor de América Latina, 1981.

Revistas: *Noticias de Buenos Aires*, N° 22, julio de 1986 (Municipalidad de la Ciudad de Buenos Aires). *Guía Cultural* (MCBA), febrero de 1979. *Guía Cultural* (MCBA), junio de 1979. *Guía Cultural* (MCBA), octubre de 1979. *Guía Cultural* (MCBA), junio de 1980. *Gente,* 12-1-78. *First,* septiembre de 1988. *Todo es Historia,* Buenos Aires, julio de 1984. *Caras y Caretas,* Buenos Aires, octubre de 1953. *El Caballo,* Buenos Aires, mayo-junio de 1980. *Salimos,* Buenos Aires, noviembre de 1978. *Radiolandia 2000,* 8-12-78. *Seminario Faro de España,* 12-10-73.

Diarios: *Clarín, La Prensa, La Nación, El Cronista Comercial, Tiempo Argentino*: años varios.

PARQUES, PLAZAS, ESPACIOS VERDES, ÁRBOLES Y PÁJAROS

Los espacios verdes tienen que convivir con esta realidad. Y durante muchísimo tiempo las plazas y los parques eran como huecos desiertos en el contexto urbano. "Las plazas están ahí, aisladas por cuatro calles, aburridas de sus momentos...", escribió alguna vez el prestigioso médico y escritor Florencio Escardó. Pero algo ha cambiado. Los porteños se han aventurado hacia los espacios verdes en busca de esparcimiento y de sol en los veranos. El aerobismo pobló los bosques de Palermo de improvisados atletas que corren maratones.

En las plazas no sólo juegan los niños. En muchas existen espacios para el juego de los mayores. Dos son los tradicionales: el ajedrez y las bochas —una competencia de lanzamiento de bolas de madera—.

Algunas plazas de Buenos Aires suelen convertirse en primavera y en verano en albergue de espectáculos de música y teatro.

La edificación colonial, desordenada y sin planificación alguna, fue dejando terrenos incultos en distintas manzanas de la ciudad, que recibían el nombre de huecos, metafórica designación que permitió que con el tiempo alcanzaran la dignidad de plazas. Así, los famosos huecos de Zamudio, de Doña Engracia y de los Cabecitas, son las actuales plazas Lavalle, Libertad y Vicente López, respectivamente.

En claro contraste con las plazas antiguas están las más nuevas, construidas en las últimas dos décadas, donde la concepción urbanística ha hecho predominar el cemento en lugar del verde.

Según publicó el diario *Clarín*, las plazas porteñas están más cuidadas en la zona norte que en el sur. Ocurre que las plazas de *Palermo* y *Recoleta* tienen padrinos (empresas y personas que se ocupan de mantener estos espacios), mientras que es más difícil encontrar patrocinantes para la zona sur por la propia estructura económica de la ciudad.

Sobre las estaciones ferroviarias y las terminales de transportes colectivos de larga distancia, también se han construido espacios abiertos que poseen una idiosincrasia y un colorido singulares que los diferencian de los anteriores. En estas plazas se respira el traqueteo de la ciudad. Son lugares de paso, donde confluyen contingentes humanos provenientes del Gran Buenos Aires que acuden a sus trabajos. Son oficinistas, empleados de comercio, albañiles, mozos de restaurantes... caminan presurosos, siempre como si fuesen a llegar tarde a sus destinos. Ésta es la imagen de las plazas Once, Retiro, Constitución, Flores, Barrancas de Belgrano. Son zonas atestadas de vendedores ambulantes, puestos de comida, chicos que se ganan alguna moneda abriendo las puertas de los taxis a los pasajeros, vendedores de diarios y revistas y, en general, de todo tipo y condición humana.

Hay plazas que son desconocidas para la mayoría de los porteños: Ciudad de Banff, Noruega, República de Pakistán, Miguel de Unamuno, Armenia, Maimónides... y aquellas otras en las que el arte moderno forma parte de su entorno, como la Plaza Roberto Arlt en plena city porteña, *Rivadavia y Esmeralda*, enclavada en medio de altos edificios de oficinas.

Buenos Aires cuenta actualmente con 550 paseos públicos (entre parques, plazas, plazoletas, canteros y jardines) que cubren un total de 1.078 hectáreas.

Los conocedores sostienen que harían falta mil hectáreas de plazas —especialmente las llamadas "vecinales"— para satisfacer las necesidades de la población. Mientras que la Organización Mundial de la Salud recomienda la conservación de diez metros cuadrados de verde por habitante, en Buenos Aires hay actualmente poco más de dos metros cuadrados. Además, las plazas y los parques se hallan distribuidos en forma desigual en la superficie total de la ciudad, lo cual representa un problema adicional.

Árboles

Por su ubicación geográfica en la llanura pampeana, el área en que se levantó la ciudad poseía una vegetación arbórea natural de talas, espinillos, ombúes, sauces y ceibos, más bien diseminados o conformando pequeños grupos, ocupando áreas reducidas. La formación boscosa más cercana es la selva en galería, ubicada en las orillas de los ríos Paraná y Uruguay a lo largo de sus cursos.

En la actualidad existen aproximadamente 450.000 ejemplares, distribuidos en plazas, parques y cuadras.

Del total, más del 50% son paraísos (130.000 ejemplares) y plátanos (90.000 ejemplares), siendo ambas especies exóticas, al igual que el acer (80.000 ejemplares), los ailantos, árbol del cielo y sófora.

El fresno americano, la acacia blanca, la acacia negra y el visco están representados en el orden de 20.000 ejemplares por especie. Los siguen la tipa blanca y el jacarandá con 15.000 ejemplares en cada caso.

El resto de las especies existentes que se presentan en cantidades mucho menores son: álamo, tilo, sauce, pino, ciprés, araucaria, catalpa, olmo, roble, naranjo amargo, higuera, nogal, tala y palmera.

El día 11 de setiembre de cada año se celebra el Día del Árbol. Según el diario *La Nación* del 25 de agosto de 1991, se calcula que en Buenos Aires mueren 10.000 árboles anualmente.

Cómo atenta el vecino contra el arbolado público

Talando, erradicando o destruyendo árboles injustificadamente.

Fijándoles elementos extraños.

Pintándolos, cualquiera que sea la sustancia empleada.

Disminuyendo el cuadrado de tierra que rodea al árbol.

Destruyendo los elementos protectores.

No informándose acerca de sus necesidades.

Podando o cortando ramas y raíces.

Lesionándolos en su anatomía a través de heridas o por aplicación de cualquier sustancia perjudicial o por acción del fuego.

La reflexión indica que los árboles actúan como pantallas protectoras y estabilizadores emocionales.

El Departamento de Arbolado Urbano es el organismo que se encarga de la tala, la poda o la sustitución de árboles en las calles de la ciudad. Allí se atienden esta clase de necesidades para evitar la poda indiscriminada o el descuido de los árboles (*Venezuela* 3151).

Breve descripción de las especies que se encuentran en calles, parques, plazas y paseos de la ciudad

- *Tilo* (*Thilia cordata*). Flor blanco-verdosa. Se encuentra en la acera norte de la Plaza San Martín y en *Avenida Figueroa Alcorta* (bosques de *Palermo*), frente al Club Gimnasia y Esgrima de Buenos Aires. Árbol introducido.
- *Palo borracho* (*Chorisia speciosa e insignis*). Flores rosas o amarillas según la especie. Se lo encuentra sobre las *Avenidas 9 de Julio, General Paz* o en el barrio de *Saavedra*. Árbol autóctono.
- *Tipa* (*Tipuana tipu*). Flor amarillo-naranja. Madera valiosa. Se lo encuentra en la *Avenida Álvarez Thomas*, Plaza Libertad, Parque Lezama, Plaza Rodríguez Peña, etcétera. Árbol introducido.
- *Acacia* (Aromo). Flor en racimos de color amarillo. Se lo encuentra en Plaza Rodríguez Peña, *Avenida 9 de Julio,* etc. Árbol introducido.
- *Jacarandá* (*Jacarandá mimosifolia*). Tiene dos floraciones: primavera y otoño. Flor azul violácea. Se lo encuentra en las Barrancas de Belgrano, *Avenida 9 de Julio, Avenida Figueroa Alcorta*, Plaza San Martín, Plaza Colón, etc. Árbol introducido.
- *Lapacho* (*Tabebudia ipé, T. Avellaneda y Tecomo sp.*). Es de la familia de jacarandá. Flor rosa o amarilla según la

113

especie. Se lo encuentra en el Hospital Militar Central (*Avenida Luis María Campos y Maure*), Plaza San Martín, *Avenida del Libertador General San Martín y Pereyra Lucena* (frente al edificio del Automóvil Club Argentino), etc. Árbol introducido.

- *Casuarina* (*Casuarina cuningamiano*). Se lo encuentra en *Avenida Gral. Paz,* Parque Tres de Febrero. Árbol introducido.
- *Sauce* (*Salix babilonica*). Conocido como sauce llorón. Flor blanca. Se lo ve en los barrios de *Chacarita y Palermo.* Árbol introducido.
- *Plátano* (*Plátano aterifolio*). De buena sombra. Muy difundido por la ciudad. Se lo ve por la Plaza Miserere, *Avenida Callao* y otras zonas de Buenos Aires. Árbol introducido.
- *Eucalipto* (*Eucaliptus sp.*). Flor pequeña de color blanco verdoso. Se lo ve por la Plaza Rodríguez Peña, *Chacarita, Avenida General Paz,* bosques de *Palermo.* Árbol introducido.

Ecología

Buenos Aires, como todo nucleamiento urbano, sufre las consecuencias de la falta de árboles y de la contaminación atmosférica, y se protege de los embates de los tóxicos diversos a través de distintos canales paliativos.

El 70% de la contaminación atmosférica de Buenos Aires es producida por los autos, colectivos y camiones que la transitan. Si bien el nivel de contaminación está dentro de lo admisible, de acuerdo con los estándares internacionales, los habitantes de la zona céntrica padecen numerosos problemas derivados de los residuos contaminantes. Uno de ellos, el monóxido de carbono, se triplicó en los últimos cinco años.

En cuanto a la contaminación sonora, crece año a año, es más grave de lo que se cree y supera ampliamente los límites recomendables (70 a 74 decibeles). Está cerca de alcanzar el umbral del riesgo. La exposición prolongada a más de 85 decibeles afecta progresivamente la audición, la psiquis y la sociabilidad.

Fue un francés...

Carlos Thays vino a la Argentina convocado por la provincia de Córdoba —a 711 km de Buenos Aires— en 1890. Su tarea allí era hacer un gran parque. Thays y su colega André habían realizado en París la remodelación del Bois de Boulogne y una enorme plantación callejera de árboles. Buenos Aires era en 1891 una ciudad llena de pantanos y arquitectura chata; fue Thays el hacedor de parques y lagos, el gran urbanista de Buenos Aires. Cuando murió en 1934 había terminado el trazado de Barrio Parque (Palermo Chico) *aparte de la obra gigantesca que son los* Bosques de Palermo. *Diseñó la* Plaza del Congreso. *Transformó la* Plaza de Mayo, *el entorno de la* Casa de Gobierno *y parte de la* Recoleta.

"Como los ángeles sublunares, los pájaros de Buenos Aires transitan su extendido cielo, temblor de alas, que anidan en las viejas cornisas, las copas de los árboles, las malezas de los charcos y los sucios ríos suburbanos: gorriones, golondrinas, benteveos, pechos amarillos, chingolos, jilgueros, mixtos, zorzales, calandrias, pirinchos, torcazas, ratonas, carpinteros, palomas, leñateros...

"La polifonía de la ciudad tiene en el canto de los pájaros un escondido acento: sonidos separados de los rudos instrumentos urbanos, que tan sólo captan los vagabundos esotéricos de sus rumorosas calles, que buscan los misterios de esa melodía menor.

"En algunos atardeceres ese canto se torna melancólico y parece conducirnos por senderos extraños hacia una ciudad de Buenos Aires: perdida, sumergida en la pampa, donde se oculta cierta belleza perenne."

FERNANDO PAGÉS LARRAYA
(1923, médico psiquiatra, ensayista y escritor argentino)

PÁJAROS

A pesar de las condiciones adversas que cualquier ciudad les opone, numerosas especies de pájaros convirtieron a Buenos Aires en su gran nido. Horneros, benteveos, zorzales, chingolos, tordos, torcazas, tacuaritas, golondrinas, lechugas, gallaretas, colibríes y garzas son algunas de las cien especies que habitan la ciudad.

La mayoría de estas aves ha adoptado las especies vegetales exóticas que pueblan los parques y las plazas. Quedan todavía, sin embargo, algunos santuarios naturales como el predio ubicado detrás de la Ciudad Universitaria, en el barrio de Núñez, donde anidan garcitas azuladas, garzas brujas, gallaretas, gallinetas y siete colores o junqueros. Y en el Parque Almirante Brown es posible encontrar algunas perdices, gorriones y palomas; las aves más numerosas de la ciudad son especies introducidas.

Las golondrinas realizan todos los años, con puntualidad matemática, un viaje de 9.400 kilómetros desde San Juan de Capistrano, California, Estados Unidos, hasta la ciudad de Buenos Aires. Llegan a la capital argentina en el mes de setiembre y exactamente seis meses después retornan a su otra residencia. Allí se las recibe con júbilo y su arribo da lugar a fiestas y recordaciones históricas. Si bien no ocurre esto en Buenos Aires, las golondrinas supieron posarse en varias poesías o canciones, como por ejemplo Las golondrinas de Plaza de Mayo, del poeta y músico argentino Luis Alberto Spinetta. Usted puede observarlas en Plaza de Mayo o en la Plaza del Congreso durante la primavera y el verano argentinos.

"Lo único que debemos hacer es elevar nuestra cabeza y contemplar los pájaros y hacer, como ellos, más sencilla nuestra morada, más simple nuestro alimento, más humilde nuestro ropaje, más para callar y más alas para elevarnos", escribe Lidia Rosalía de Jijena Sánchez, en su libro Rumor de pájaros, dedicado a Tilde Pérez Pieroni, mujer vinculada *a la vieja Radio El Mundo, que funcionó en el edificio de Maipú 555 y que vivió compartiendo su casa nada menos que con 25 pájaros.*

CALENDARIO, ÁRBOLES Y FLORES

Cada época del año ofrece un espectáculo distinto en cuanto a árboles se refiere.

Noviembre: florecen los jacarandaes, cuyas flores de color violeta le dan a buena parte de la ciudad de Buenos Aires un singular alfombramiento.

La escritora Nilda Mileo dice: "¡Jacarandá! / ¡Hay azul en el cielo! / ¡Es primavera! / Hay azul en el árbol / ¡Hay azul en el suelo! / ¡Azul en la vereda! /...".

También en noviembre florecen las acacias amarillas. Recomendamos recorrer el Parque de los Patricios *entre otras zonas de Buenos Aires.*

Octubre y noviembre: los paraísos aportan su cuota de colorido con sus flores azuladas.

Mayo: los plátanos, que visten casi toda la ciudad, toman un tono de oro viejo, cambiando hacia fines de ese mes, a un color cobre luminoso, que alterna con los primeros fríos y los grises que anticipan la llegada del invierno, desprendiendo colores mágicos que deslumbran a quien los observe.

¿AMA USTED LAS FLORES?

El Jardín Botánico Lucien Hauman, de la Facultad de Agronomía de la Universidad de Buenos Aires, organiza clases teóricas y prácticas de cultivos y cuidados florales. Para más información, acudir a Avenida San Martín 4453, *barrio de* Agronomía.

Bibliografía

Revista *Buenos Aires es Gardel,* Buenos Aires, Municipalidad de la Ciudad de Buenos Aires, 1990.

Brailovsky, Antonio Elio, y Foguelman, Dina. *Memoria verde (historia ecológica de la Argentina),* Buenos Aires, Ed. Sudamericana, 1991.

Revista *Noticias de Buenos Aires,* Año I, N° 20. Buenos Aires, Municipalidad de la Ciudad de Buenos Aires, agosto de 1985.

Revista *Noticias de Buenos Aires,* Año II, N° 22. Buenos Aires, Municipalidad de la Ciudad de Buenos Aires, julio de 1986.

Revista *Nuestra Ciudad.* Buenos Aires, Municipalidad de la Ciudad de Buenos Aires, abril/mayo de 1983.

Revista *Aire y Sol.* Buenos Aires, Ed. Julio Korn, diciembre de 1973.

Hace años la desaparecida Asociación Hortícola Argentina lanzó su eslogan "Verde es vida". Esto se entiende en cada una de las plazas de Buenos Aires.

118

Parques y Paseos. Buenos Aires, Secretaría de Servicios Públicos, Dirección de Paseos, Municipalidad de la Ciudad de Buenos Aires, 1970.

Jijena Sánchez, Lidia Rosalía de. *Rumor de pájaros,* Buenos Aires, Ed. Romano, 1988.

Ramos, José Ignacio. *Vivir en la Argentina,* Buenos Aires, Ed. Galerna, 1989.

Escardó, Florencio. *Geografía de Buenos Aires,* Buenos Aires, Eudeba, 1966.

Martínez Estrada, Ezequiel. *La cabeza de Goliat,* Buenos Aires, Centro Editor de América Latina,1981.

Diarios: *La Prensa, La Razón, Clarín, La Nación:* años varios.

Revistas: *Clarín:* 15-6-90, 13-6-82. *La Nación dominical:* 5-12-82, 6-5-79, 1-6-75, 2-3-75. *El Cronista Comercial:* 13-6-91.

PUENTES

Buenos Aires, que admite como modelos las grandes urbes europeas, no tuvo, sin embargo en su ejido el gran río que la subrayara a la manera del Tíber, el Támesis o el Sena, en Roma, Londres o París. Carece, por lo tanto, de puentes fluviales interiores, y uno solo de sus límites, el sur, determinado por el Riachuelo, presenta algunas de estas construcciones. No obstante, hubo algunos precarios sobre el arroyo Maldonado que, entubado, da lugar a la traza de la extensa *Avenida Juan B. Justo,* en el norte de la metrópoli.

La sociedad argentina ahora debate sobre la novedad del pago del peaje, que suscita inacabables polémicas. Resulta conveniente recordar que la primera vez que se obló este tributo fue con motivo de la construcción del primer puente sobre el Riachuelo, en 1791, a la altura de *Montes de Oca,* que fue por años conocido por el apellido de su diseñador, el ingeniero Juan G. Gálvez. Quienes pagaban el tributo podían llegar con sus mercaderías a la provincia, ya que era la puerta hacia todo el interior.

En 1867 se inauguró el primer puente de hierro con material proveniente de Inglaterra. El mismo día de la inauguración desapareció bajo las aguas del Riachuelo por problemas estructurales. Era giratorio, de última tecnología, pero el entonces bravío brazo de agua lo arrasó.

El interior de la ciudad también presenta algunas de estas construcciones y, aunque no sortean cursos de agua, permiten cruces a distinta altura sobre avenidas y, en otros casos, eluden vías ferroviarias. El más espectacular es el cuádruple de la *Avenida del Libertador,* que permite la conexión sin interferencias con la perimetral *Avenida General Paz.*

Uno de los puentes más tradicionales es el que vincula la *Avenida General Paz* con la zona sur del Gran Buenos Aires. Se lo conoce popularmente por Puente de la Noria, aunque los historiadores nunca determinaron si había en las adyacencias una de ellas, o si el rodeo que debe hacerse en su acceso circular desde el lado de la Capital dio origen a la denominación. Sobre el mismo Riachuelo, algunos kilómetros aguas abajo, está el Puente Uriburu, que prolonga la *Avenida Sáenz* hacia la provincia. El porteño prefiere llamarlo "Puente Alsina" o "Pompeya", por el barrio en que se erige. Data de 1939, es levadizo y tiene un frente neocolonial imponente.

Otro de los puentes de interés es el peatonal que atraviesa la *Avenida Figueroa Alcorta* y vincula la acera de la Facultad de Derecho y Ciencias Sociales con la Plaza Justo José de Urquiza, donde se encuentra el Museo Nacional de Bellas Artes.

Próximo al Parque de Agronomía (*Avenidas San Martín y Chorroarín*), existe desde 1927 otro puente que muestra en sus extremos sugestivas escaleras. Atraviesa las vías del Ferrocarril San Martín y mide, con sus rampas, 700 metros. A pesar de que carece de un río que la recorra, Buenos Aires es la ciudad hispanoamericana que posee mayor extensión de puentes.

RÍO DE LA PLATA

"Solís y su drama, Américo Vespucio y su leyenda, Caboto y sus mitos, Mendoza y su aventura, Irala y su caudillismo... van apareciendo con el poderoso vigor del río inmóvil, como sombra y escenario, inspiración y trasfondo, cuna y sepultura..., el mito anticipa la historia, por eso la conquista y colonización del río de la Plata no se podría explicar si no se concibe el territorio de su vasta cuenca como el continente de lo sobrenatural, de la magia...".

HÉCTOR VILLANUEVA

Por su anchura se parece al mar. Su color pardo se debe al abundante limo que tiene en suspensión. Si bien es un río manso, el río de la Plata puede presentar toda la violencia de las aguas más profundas. El viento del sudeste lo transforma en mar bravo, dificultando la navegación. Su lecho de barro esconde un mapa de bancos y canales.

Su descubrimiento es uno de los tantos enigmas de nuestra historia; el primero, quizá, de la historia argentina. Algunos autores sostienen que Vicente Yáñez Pinzón y Juan Díaz de Solís lo hicieron en 1508; otros, que Solís recién llegó en 1512. Trelles afirma que en ese año quien los descubre es Diego García de Moguer. Otros autores dicen que fue en 1516. No faltan aquellos que atribuyen el descubrimiento a Américo Vespucio en 1501. También dicen que en 1512 lo hicieron Manuel Nuño y Cristóbal de Haro. La versión más difundida es que lo descubre Juan Díaz de Solís, quien llega a su desembocadura el 2 de febrero de 1516, día de Nuestra Señora de la Candelaria.

El río tuvo diferentes nombres. Los naturales lo llamaron río "Aos" ("de los lobos marinos", que los había y muchísimos); "Uruguay" ("de los pájaros"); "Paraguay" ("reunión de ríos") y, finalmente, "Paraná" o "Paraná Guazú" ("Río Pariente del Mar" o "Gran Río Pariente del Mar"). Estos nombres, salvo el primero, se han perpetuado en afluentes y tributarios. La grafía obedece a la onomatopeya ya que los indígenas no tenían escritura. Los europeos también lo llamaron de diferentes modos: Vespucio, "Jordán"; Solís, "Mar Dulce"; Bartolomé Jacques, "Río de Solís"; Magallanes, "San Cristóbal"; López de Souza, "Río de Santa María"; en algunos viejos documentos figura además "Río Colorado".

Recién en 1536 se incorpora el nombre del río a la cartografía, a través del atlas veneciano de Agrese que, refiriéndose a estas tierras, las denomina "Provincia del Río de la Plata".

En los comienzos de la ciudad de Buenos Aires, el río lo era todo. De él se obtenían el agua, que se bebía —y aun se bebe—, y el pescado abundante.

También fue el camino del contrabando, de la piratería, del comercio de cueros y el producto de los saladeros. El río le ha otorgado a Buenos Aires su lugar en los mapas.

Hubo un momento en que la ciudad empezó a darle la espalda al río, adentrándose en la pampa, cuando los depósitos y los elevadores de granos servían de frontera artificial entre el río barroso y el paisaje urbano.

Esta tendencia está cambiando desde 1997.

Características físicas

La longitud del río es de 290 km, mientras que su ancho en la desembocadura tiene 220 km; esto lo convierte en el *río más ancho del mundo.*

Está dividido en tres sectores: inferior, medio y superior. El sector superior se encuentra limitado por una línea que une nuestra ciudad con Colonia, presentando un ancho de 50 km. El curso medio está comprendido entre la línea anterior y otra que une punta Piedras con Montevideo, en un ancho de 90 km. Finalmente, el curso inferior se halla entre esta línea y la que une Punta del Este con la punta Norte del cabo San Antonio, con 220 km. Las tres ciudades citadas pertenecen a la República Oriental del Uruguay.

Su superficie es del orden de los 35.000 km². A medida que avanzamos hacia el curso inferior se va dando una gradual transición del carácter del agua. Mientras que en el tramo superior es totalmente dulce, en el inferior tiene un tenor salino por hallarse en contacto con el agua del Mar Argentino.

Su caudal aproximado es de 32.000 m^3/segundo, lo que lo coloca en el cuarto lugar del mundo, a la vez que arroja 60 millones de m^3 de sedimentos, que se van acumulando continuamente y son los que provocan la existencia de bancos y barras de arena, que dificultan muchas veces las operaciones portuarias. Entre los bancos más importantes se destacan el Ortiz, que es el más extenso y consistente, y el Chico, a un lado del anterior. Ambos encierran el canal de entrada a Buenos Aires en su parte más profunda; otros bancos menores como el Gaviota, Magdalena y Cuirassier van marcando el límite oeste del canal Punta Indio; mientras que los bancos Arquímedes e Inglés se localizan en la zona exterior del río separando los dos canales principales, el Norte y el Sur.

Para la ciudad, el río es el camino obligado de acceso, pese a los inconvenientes derivados de su escasa profundidad. Su régimen está condicionado por las mareas lunisolares, que se propagan hasta el curso inferior de los ríos Paraná y Uruguay, pero que carecen de magnitud (0,70 metro en el puerto de Buenos Aires), y sobre todo a las acciones meteorológicas provocadas por el desplazamiento de áreas de presión (ciclones o bien anticiclones móviles) sobre áreas de aguas poco profundas. En especial las llamadas sudestadas, por desplazarse en la dirección del eje del río y hacia su sector inferior, y provocar el considerable ascenso del agua, ayudado también por la fuerza de Coriolis (rotación de la Tierra). Ello determina el desborde de las aguas sobre las áreas bajas de la costa del río de la Plata y, al retener el escurrimiento normal del caudal del Paraná y de los afluentes del Plata como el Reconquista, Luján y Matanza, también provoca desbordes en el Delta y en las cuencas deprimidas de todos esos cursos de agua.

Cuando, a la inversa, los vientos soplan en dirección perpendicular al eje del río, como ocurre con el Pampero o el viento del sudoeste, en nuestra orilla se registran bajantes que en algunos casos de excepción han hecho retirar las aguas hasta más de un kilómetro, dejando en seco las tomas de la empresa Aguas

Argentinas en el barrio de *Palermo* y provocando una temporaria escasez a la población.

El río de la Plata constituye el drenaje natural de una gran superficie que no sólo abarca terrenos de nuestro país, sino que también participan en su cuenca Brasil, Paraguay, Bolivia y Uruguay, ascendiendo el área desaguada a 4.350.000 km², la segunda cuenca del mundo por su superficie, después de la Amazónica. La cuenca posee una longitud de 2.500 km y un ancho aproximado de 2.100 km, teniendo como colectores principales los ríos Paraná, Paraguay y Uruguay.

Forma un extenso estuario, una suerte de golfo que conduce las aguas de esta cuenca: la del Plata.

A los 43° de latitud se produce la confluencia de los ríos Paraná y Uruguay, en un ancho de 35 kilómetros, originando el río de la Plata, que es el resultado de un valle de hundimiento, que tuvo en épocas remotas mayor extensión.

El río transporta un término medio de un millón de litros de agua por hora.

Fue determinante en las dos fundaciones de Buenos Aires, ya que debía permitir la fácil salida al océano y la aproximación a la orilla.

Ambas fundaciones se localizaron en el tramo de mayor elevación de la orilla del río de la Plata desde Punta Chica, en San Fernando, hasta la ensenada de Barragán, al sur de la ciudad de La Plata. Además, frente a la actual calle *Venezuela* (barrio de *Monserrat*), existía una profundidad mayor del río, el llamado "pozo", donde anclaban los navíos mayores. La importancia que atribuyó Garay al frente sobre el Plata se advierte al recordar que las "suertes de estancias" del reparto de las tierras que él dispuso tenían entre 200 y 400 varas de frente sobre el río, extendiéndose desde allí hasta una legua y media hacía el interior.

Puede afirmarse que los elementos geográficos fundamentales del paisaje han sido el río de la Plata y la pampa ondulada. Con el transcurso del tiempo ambas unidades físicas han ido perdiendo sus rasgos primitivos: la orilla del río, por las obras portuarias y de rellenado que han llevado la costa considerablemente más al este de lo que la hallaron los conquistadores, y la pampa ondulada, como resultado del constante proceso de edificación y pavimentación.

La pampa ondulada termina en el río de la Plata con una barranca que posee entre 8 y 20 metros de altura. Actualmente está borrada casi por completo por la acción de la ocupación humana.

Su orilla actual queda, por lo general, separada del agua por un extenso desplayado (salvo en la zona de la estación Retiro del Ferrocarril Mitre) hasta alcanzar una longitud de casi media legua frente al barrio de *Belgrano*.

Esta meseta, que llega a tener treinta y dos metros en el barrio de *Constitución* y treinta y cuatro metros en el oeste de Plaza de Mayo, barrio de *Monserrat*, se encontraba recortada por depresiones ocupadas por arroyos. Un ejemplo de ello lo constituye el arroyo que corría por la actual calle *Chiclana,* prolongada por la *Avenida Cruz*, barrio de *Nueva Pompeya*, que siguen en su trazado su dirección, calle que se conoció durante mucho tiempo con el nombre de "Calle de la Arena" por el material que arrastraban las aguas.

La pendiente del terreno desde el Parque Lezama (veintinueve metros), barrio de *San Telmo,* a *Chiclana,* cuyos valores mínimos están próximos a dieciséis metros, es muy pronunciada, lo que determina la acumulación de aguas en épocas de precipitaciones pluviales.

La barranca frente al río (desde la calle *Moreno* hasta algo más al norte de la *Avenida Córdoba*) era abrupta, y si bien ha sido modificada, es posible observar aún la brusca subida de las calles *Viamonte, Tucumán, Corrientes, Hipólito Yrigoyen*, entre otras. Por otra parte, según las descripciones de la época, el embarque de pasajeros se hacía donde la *Avenida Belgrano* corta *Paseo Colón*, o bien pasando *Córdoba*. La altura de la barranca era de aproximadamente veinte metros en el SE del Parque Lezama y en donde está hoy la Casa de Gobierno.

La tumba del "Graf Spee"

El 13 de diciembre de 1939 se produjo lo que la historia ha dado en llamar la batalla del Río de la Plata, suceso que conmocionó al mundo y, en particular, a la población rioplatense. La batalla, que se libró entre el 13 y el 17 de diciembre de 1939 y culminó con el hundimiento del "Graf Spee", uno de los navíos corsarios de Adolf Hitler, se constituyó en el primer combate naval de la Segunda Guerra Mundial, que se desarrolló muy lejos del escenario de los acontecimientos, en el río de la Plata. Cuando estalló la guerra, el 1° de setiembre de 1939, el acorazado estaba en pleno océano. Su objetivo era destruir el comercio marítimo inglés. Según parece, Hans Langsdorff, su capitán, cumplió fielmente este cometido antes de dirigirse a las costas del río de la Plata; tenía en su haber la destrucción de 9 barcos mercantiles ingleses —otros autores señalan 15— procurándose la fama de "terror de la navegación aliada". De acuerdo con informaciones del último buque inglés atacado, el acorazado alemán puso proa hacia el estuario rioplatense, donde se señalaba la localización de barcos mercantes ingleses, a la vez que el almirantazgo alemán notificaba que un convoy inglés de 30.000 toneladas protegido por un crucero se aprestaba a zarpar del puerto de Montevideo.

Mientras el "Graf Spee" se prestaba a cumplir su última misión antes de regresar a Alemania, 23 barcos de guerra ingleses y franceses de todas las categorías lo rastreaban por el océano. Entre éstos, el barco de guerra británico "Exeter" y los cruceros "Ajax" y "Achilles", al mando del comandante Harwood, fueron los encargados de acorralar al corsario alemán, que venía desde el cabo de Buena Esperanza, sitio de su última victoria.

La batalla comenzó el 13 de diciembre, pasadas las 6 de la mañana. El "Exeter" fue el objetivo del fuego concentrado del "Graf Spee" y resultó seriamente averiado. Con 61 *tripulantes muertos, debió replegarse por orden de su comandante. Pero el "Achilles" y el "Ajax", a pesar del duro enfrentamiento, prosiguieron la persecución del "Graf Spee" durante varias horas. El acorazado alemán se dirigió al estuario, para luego replegarse por decisión de Langsdorff, hacia el puerto de Montevideo. Eran las 22.50. Concluía una jornada de intenso combate. El "Graf Spee" había sufrido las consecuencias de la nutrida artillería británica dispuesta en abanico, había perdido la oportunidad de destruir totalmente al "Exeter" y se había concentrado en los dos cruceros livianos que por su velocidad y estrategia le produjeron serios daños. A medianoche el acorazado echó anclas en Montevideo —puerto neutral— con la consiguiente conmoción en la ciudad. Lo mismo sucedió en Buenos Aires. La guerra se instalaba entre los rioplatenses. Habían muerto 36 alemanes y 96 ingleses en la contienda.*

Según la documentación alemana, los ingleses engañaron al comandante alemán con un falso informe por radio, haciéndole creer que los portaaviones "ARK Royal" y el navío de combate "Renown" se acercaban para sumarse a la ofensiva inglesa. Por su parte, el gobierno uruguayo negó al capitán del acorazado alemán la petición de permanecer quince días en puerto para reparar la nave. Declaró, tanto a Gran Bretaña como a Alemania, que la batalla en aguas del río de la Plata era una violación a la "soberanía nacional" y ordenó a Langsdorff salir en 72 horas de Montevideo. La respuesta de Hitler a las desesperadas noticias desde el "Graf Spee" llegaron en un cable cifrado: "Intente extender permanencia en aguas neutrales. Ábrase paso a Buenos Aires luchando, si es posible. No se interne en Uruguay. Intente destrucción efectiva si se decide a hundir el barco". Langsdorff decidió seguir la última consigna y volar el acorazado. Otra alternativa era imposible.

El 17 de diciembre, luego de destruir con mazas y granadas el instrumental secreto, instaló las cargas explosivas en el "Graf Spee". Toda la tripulación transbordó al mercante alemán "Tacoma", que estaba fondeado en Montevideo, con excepción del comandante y 40 de sus subor-

dinados. A las 17.30, con esa pequeña tripulación, la nave inició su último viaje. Miles de personas presenciaron su partida, desde Montevideo. Buenos Aires estuvo pendiente de las informaciones radiales. Por último, el "Graf Spee" abandonó las aguas territoriales y la tripulación restante embarcó en dos cruceros hacia el "Tacoma". La nave se hundió en las aguas del río de la Plata destrozada por las explosiones.

Los tripulantes del "Graf Spee" cruzaron a Buenos Aires, y una multitud se congregó en la Dársena Norte, frente al Hotel de Inmigrantes, donde fueron alojados. El comandante Langsdorff se quitó la vida, fiel a la tradición de no sobrevivir a su propia nave. Dejó un mensaje por el cual explicaba su actitud y asumía responsabilidades.

De esta manera el "Admiral Graf Spee" encontró su destino final en las aguas del río de la Plata. El prototipo de los llamados "acorazados de bolsillo", que era el orgullo de Alemania, había sido vencido.

Muchos integrantes de la tripulación —entre 1.000 y 1.100— se dispersaron y viven en distintas ciudades de la Argentina, reuniéndose en cada aniversario de la batalla.

En la ciudad de Montevideo se erige un monumento frente a la costa donde ocurrió el hecho.

REFLEXIONES

El río de la Plata recibe por día más de cinco millones de metros cúbicos de desechos cloacales. Éstos corresponden a las descargas industriales y a efluentes cloacales.

Según las muestras de agua obtenidas en las costas de Buenos Aires, por cada 100 mililitros de agua hay 500.000 bacterias. En realidad, no debería haber más de 1.000.

Cerca de 7.300 plantas industriales arrojan anualmente

al río más de 300.000 toneladas de residuos sólidos peligrosos. 250.000 toneladas de barros tóxicos, 500.000 toneladas de solventes diluidos y 500.000 toneladas de efluentes con metales pesados en suspensión (cromo, cadmio, mercurio, etc.).

La franja de alta contaminación del Río de la Plata ocupa más de 10 kilómetros desde la costa hasta aguas adentro y se extiende por cientos de kilómetros desde el Delta del Paraná hasta Punta Indio (provincia de Buenos Aires). Dentro de esta amplia franja Aguas Argentinas (ex Obras Sanitarias de la Nación) posee dos tomas en Palermo y Bernal. Y a la firma Asurix (concesionaria de Obras Sanitarias de la provincia en el partido de La Plata) le pertenece la toma de agua de Punta Lara.

El OD —oxígeno disuelto— mide la concentración de este gas en el agua. Valores inferiores a cuatro indican alta contaminación, valores superiores a siete manifiestan baja contaminación. Un arroyo rápido de montaña puede tener hasta 10 miligramos de OD por mililitro. El Riachuelo, con las descargas tóxicas, baja a cero. En aguas como éstas abundan las bacterias del botulismo y de la gangrena, que no consumen oxígeno.

Bibliografía

Villanueva, Héctor. *Vida y pasión del Río de la Plata,* Buenos Aires, Ed. Plus Ultra, 1984.

Salas, Alberto. *Relación parcial de Buenos Aires,* Buenos Aires, Ed. Sur, 1955.

Garasa, Delfín Leocadio. *La otra Buenos Aires,* Buenos Aires, Ed. Sudamericana-Planeta, 1987.

Autores varios. *Buenos Aires y nosotros,* Buenos Aires, Municipalidad de la Ciudad de Buenos Aires, 1980.

Revista *Autoclub.* Buenos Aires, publicación del Automóvil Club Argentino, agosto de 1979.

Diarios: *Clarín, La Nación, La Prensa:* años varios.

EL PUERTO

El Puerto de Buenos Aires se compone de las siguientes secciones:

Puerto Nuevo: Dársenas A, B, C, D, E, F y Norte y seis espigones.

Puerto Madero: diques 4, 3, 2 y 1 (actualmente barrio de *Puerto Madero*).

Puerto Sur: Dársena Sur y Dársenas del Este 1 y 2.

Puerto Dock Sud: (jurisdicción de la provincia de Buenos Aires) primera y segunda sección, Dársena de Inflamables, Dársena de Propaneros.

Antepuertos Norte y Sur.

Riachuelo primera y segunda sección, barrios de *La Boca* y *Barracas*.

Rada exterior.

El área ocupada por la zona portuaria es de 4.695.600 m².

La superficie del espejo de agua es de 1.900.000 m² y la del frente de atraque es de 27,8 kilómetros.

El Puerto Nuevo es apto para buques en navegación y juntamente con la Dársena Sur constituye la parte operativa del actual puerto, que es la más moderna. Su construcción se inició en 1914. Está situado al norte de Puerto Madero y su acceso se realiza por el Canal Norte. Sus dársenas están abiertas al río en forma similar a la que poseen los dientes dentro de la boca; una de ellas, la Dársena F, en el extremo norte, se encuentra perpendicular a las anteriores.

La escollera exterior es la defensa de las dársenas y es, a la vez, parte del canal de acceso desde el Antepuerto Norte.

En el cuarto espigón de Puerto Nuevo funciona el elevador terminal denominado Ingeniero Agrónomo Emilio A. Conti, que tiene capacidad para 170.000 toneladas.

La Usina Nuevo Puerto fue construida entre 1927 y 1931 por la desaparecida Compañía Ítalo-Argentina de Electricidad, concesionaria de la producción y servicios eléctricos de la ciudad desde 1912.

Se ubicó sobre la última dársena de Puerto Nuevo y en terrenos no consolidados que hubo que rellenar para instalar una estructura de valor estratégico y de alta tecnología en esos años. El edificio tiene por su grandiosidad las características de un templo religioso conjugado con elementos que recuerdan un convento o un palacio.

Su imagen monumental le dio un fuerte simbolismo. Interiormente ocurre lo mismo: la gran nave de los generadores tiene 32 metros de alto por 32 de ancho y 140 de largo. Copia las basílicas cristianas con columnatas laterales. Su silueta se visualiza desde la *Avenida 9 de Julio* hacia el norte. En su construcción intervino la empresa GEOPE, Compañía General de Obras Públicas, una empresa especializada con personal mayoritariamente de origen alemán, fundada en 1913, con la dirección de Roberto Hartmann y originada en la asociación de las empresas Holzmann y Gondehardt.

El sector de mayor movimiento es la Dársena Norte, donde se encuentra el Apostadero Naval Buenos Aires. Asimismo en la séptima sección de la dársena se han establecido los barcos que cubren el trayecto hasta la ciudad de Colonia (Uruguay).

En el muelle Oeste de la Dársena Sur, en Puerto Sur, se encuentran los buques que cumplen servicio regular al puerto de Montevideo (Uruguay) y los que van a Paraguay.

El muelle Este sirve de amarre a las dragas y chatas. También existe un pequeño varadero perteneciente a los talleres de la Prefectura Naval Argentina.

Las dársenas del este son dos y están situadas al norte del canal de Acceso Sur. Aquí funciona la usina eléctrica Central Costanera.

El Puerto Dock Sud está situado sobre la margen sudeste del Antepuerto de Buenos Aires, en el partido bonaerense de Avellaneda. Durante muchos años el tráfico de petróleo y carbón era su actividad básica. Luego se agregaron productos químicos, gasíferos y subproductos agrícolas.

La Dársena de Inflamables se encuentra al sur del Canal Sur, frente a las dársenas del Este. Posee postes de atraque para buques.

La Dársena de Propaneros, construida en 1982, permite al

puerto de Buenos Aires aislar las operaciones de carga y descarga de gases altamente inflamables del resto de las instalaciones de almacenaje de combustible que funcionan en la zona.

El Riachuelo tiene alrededor de cien metros de ancho. Entre la desembocadura y el Puente Pueyrredón, 3.450 metros agua arriba, han quedado solamente dos curvas y repliegues pronunciados: la Vuelta de Rocha y la Vuelta de Badaracco y otra menos notable, la Vuelta de Berisso. Toda la ribera del norte del Riachuelo tiene muelles que se prolongan 3.416 metros desde su desembocadura hasta el Puente Pueyrredón. También los hay en la ribera sur con una longitud que alcanza los 2.491 metros.

3

LLEGAR, MOVERSE

Asociación Española de
Socorros Mutuos - Buenos Aires
(Rep. Argentina)

TRANSPORTES

Taxis

La ciudad de Buenos Aires es una de las capitales del mundo con mayor número de taxis. En la década del 70 había 30.000 taxis, el doble que en Nueva York.

Según las crónicas del '90, llegaban a más de 40.000 los taxis empadronados. Los guardan en el "garaje de la Luna o de la Estrella", como sostiene la Sociedad de Propietarios de Taxis. Es decir que pasan la noche en la calle.

Algunos taximetreros porteños consideran su oficio como "una ventana al mundo". Usted identifica al taxi porque está pintado de negro y su techo es amarillo. Detrás del parabrisas, a la vista del pasajero, lleva un cartelito rojo luminoso donde se lee la palabra "Libre". Funcionan las 24 horas del día y su tarifa se mide a través del reloj.

Saliendo de la ciudad de Buenos Aires se debe pagar el regreso hasta la *Avenida General Paz,* que es el límite entre la Capital y la provincia de Buenos Aires. La propina no es obligatoria.

Pagando un recargo adicional que no todas las empresas cobran se pueden utilizar taxis con sistema de radiollamada que van a buscar a los pasajeros a donde éstos se encuentren. Cada día se usa más este sistema por la seguridad y por los servicios adicionales que prestan.

Este oficio es ejercido actualmente por mucha gente que no encuentra trabajo en su propia profesión. Abogados, arquitectos y policías, entre otros, lo toman como un empleo de tiempo completo o como "changa" para obtener un ingreso extra.

Hasta hace pocos años el taxista solía ser un experto guía.

La situación cambió un poco, hoy es bastante frecuente que un taxista le pida al pasajero que le indique el trayecto del viaje: "porque soy nuevo", es la disculpa que esgrime.

El Gobierno de la Ciudad de Buenos Aires exige a los

conductores profesionales rendir dos exámenes: uno teórico-práctico (para capacidad de manejo) y otro para exhibir "el conocimiento de la ciudad" así como conocer la ordenanza general de tránsito.

Todavía el tranvía

Buenos Aires, que a principios de siglo era llamada "la ciudad de los tranvías", erradicó en 1962 ese sistema de transporte que hoy añora. Toda la ciudad guarda visibles huellas de su presencia. La nostalgia terminó cuando, en 1980, la Asociación Amigos del Tranvía compró un modelo 1927 en Portugal. Este tranvía histórico se pasea por el circuito electrificado formado por las calles Emilio Mitre, Avenida Rivadavia, Hortiguera y Avenida Directorio *(barrio de* Caballito*) cada fin de semana. Al existente se sumó en 1983 otro vehículo, también comprado en Portugal.*

Asociación Amigos del Tranvía: Paraná 655, *piso 11°, oficinas "A" y "B". La institución cuenta con un pequeño museo y biblioteca especializada en tranvías.*

Para tener en cuenta (I)
(LO NEGATIVO)

Las instituciones que agrupan a los taxistas de la ciudad de Buenos Aires estiman que hay unas 40.000 licencias más 10.000 autos "truchos" (clandestinos o falsos). De los que no tienen licencia cabe esperar cualquier cosa.

Los verdaderos taxistas, que cumplen los reglamentos vigentes, trabajan siempre honestamente y no integran

La acción de un grupo de defensores del tranvía logró que volvieran a circular. Se pueden apreciar distintos modelos en esta serie de estampillas editadas por el Correo Argentino.

camarillas. *Muchos hablan de "mafias" de coches con licencias falsas. Una camarilla que "arregla" o "modifica" los relojes, que mide las pulsaciones del distribuidor, moviendo una palanca o pulsando un botón para que adelante. La consigna entonces para todos los pasajeros que sospechen es prestar atención a la caída de las fichas y llamar a la policía en caso de descubrir un taxi con estas anomalías.*

Estas camarillas se concentran en las terminales: Retiro, Constitución, Aeroparque y Aeropuerto Internacional de Ezeiza. Se trata de verdaderos delincuentes que se creen dueños de las paradas, eligiendo a los pasajeros para quedarse con los viajes largos y los recorridos difíciles. También se habla de oscuros personajes, conocidos como "delegados", quienes se ocupan de vender las paradas en cifras que van desde los 300 a los 3.000 dólares. Las autoridades han ido tomando medidas en forma paulatina ya que el tema es complejo.

En la puerta de los hospitales Italiano, Argerich, Fernández y otros, las llamadas "mafias pobres" se manejan con menos posibilidades que las de Ezeiza o Aeroparque, porque sus "clientes" son gente de menos recursos. En cambio, el mayor negocio es para los que trabajan con los viajeros extranjeros en los grandes hoteles de la ciudad.

PARA TENER EN CUENTA (II)
(LO POSITIVO)

De los taxis que circulan en la ciudad, sólo un número que está catalogado en alrededor de 8.000 a 10.000 vehículos parece estar bajo la lupa de la ilegalidad. El resto enfrenta el diario trabajo de llevar a los pasajeros con una manera de ser que es reconocida en todo el mundo. Son amistosos, manejan con criterio y son verdaderos conoce-

140

dores de la ciudad y sus secretos; pueden ser eficaces confidentes y a veces también seductores y dispuestos a otras alternativas.

Al "tachero" (taxista en la jerga popular) usted le puede decir "qué lindo día" y tal vez sea tan porteño como para contestarle "pero mañana seguro que se nubla".

Hace más de tres décadas un teleteatro escrito por Alberto Migré y protagonizado por Claudio García Satur y Soledad Silveyra obtuvo un gran éxito con las peripecias del aventurero y seductor Rolando Rivas, taxista. A raíz de este suceso, llegó incluso a filmarse la película homónima. Por extensión se llamó a los taxistas con el nombre del personaje.

REMISES

Los coches de remises cobran su viaje de acuerdo con una tarifa establecida en función de los kilómetros recorridos y el tiempo empleado. No están pintados de manera especial y parecen coches particulares. Se los puede localizar llamando a las empresas que brindan este servicio. Compiten duramente con los taxis y son producto de las nuevas realidades económicas en el mundo.

Bibliografía

Parapugna, Alberto. *Historia de los coches de alquiler en Buenos Aires,* Buenos Aires, Ed. Corregidor, 1980.

García Jiménez, Francisco. *Memorias y fantasmas de Buenos Aires,* Buenos Aires, Ed. Corregidor, 1976.

Buenos Aires, mi ciudad, Buenos Aires, Eudeba, 1963.

Grassi de Frías, Susana, y Rodríguez, Norberto Vicente. *Encuesta por muestreo para estimar la oferta de taxis en la ciudad de Buenos Aires,* Centro Municipal de Documentación e Información para la Planificación (CEMDIPLA), Secretaría de Planeamiento, MCBA, 1987.

Revista de Información Municipal. Año VI, Tomo IX, N°s 51 y 52. Buenos Aires, 1944.

Revista *Argencard Internacional.* Mayo-junio de 1979.

Casas, Juan Carlos. *Impresiones del repatriado Ulises Izakerri,* Buenos Aires, Ed. Emecé, 1982.

Diarios: *Clarín, La Nación, Diario Popular:* años varios.

Mateos

Como en una vieja postal de Buenos Aires, todavía es posible ver por el barrio de Palermo coches de alquiler tirados por caballos.

Este medio de transporte fue erradicado de la ciudad a mediados de la década del sesenta, cuando una ordenanza municipal prohibió la tracción a sangre en las calles del centro.

Actualmente, unos pocos coches se desplazan por la zona de los bosques de Palermo como pasatiempo turístico. Los típicos "mateos", tal como se los denomina, tomaron su nombre del sainete *Mateo*, del autor teatral Armando Discépolo (1887-1971), estrenado en 1923. El personaje central de la obra era un italiano inmigrante, conductor de un coche. Pero no era este personaje el que daba nombre a la obra, sino su caballo.

El antiguo coche de plaza o "placero" se llamó así porque sus principales paradas estaban ubicadas en los bordes de esos espacios verdes.

El coche de alquiler porteño es de neta raigambre hispana. En Madrid tomó el nombre de "coche de punto", hasta que gracias a la voz popular recibió el apelativo de "simón".

Existe una analogía entre el "mateo" porteño y el "simón" madrileño. El nuestro toma su apodo de una obra teatral; el otro, el de Madrid, del nombre de un alquilador de coches que tuvo el privilegio del tráfico por orden del rey Fernando VI. En los dos casos, el ingenio popular supo darles nombre.

Colectivos

Para la mayoría de los porteños el colectivo, inventado por Manuel Rosendo Pazos, expresa simultáneamente dos penurias: la de vivir en una ciudad muy grande de un país cada vez más chico y la de verse obligado a desplazarse, en esa ciudad grande y con poco dinero para viajar. A esto se suman infortunios derivados del colectivo mismo: un vehículo incómodo y generalmente atestado, emisor de gases contaminantes, que se desplaza por calles y avenidas a velocidades peligrosas y en cuyo interior las relaciones con los demás —chofer y pasajero— suelen ser tensas y hostiles.

Pero los colectiveros deben cumplir con múltiples tareas —conducir, hacer ascender y descender a los pasajeros en las

El colectivo es un colorido medio de transporte que da identidad y pertenencia a la ciudad de Buenos Aires.

respectivas paradas, cumplir con el horario que se les impone por planilla, cortar boletos, cobrar y entregar el vuelto correspondiente (estas dos últimas actividades ya no son realizadas por el conductor, dado que se han instalado en todos los vehículos máquinas automáticas expendedoras de boletos y que dan vueltos), cuidar de no cometer infracciones, estar atentos para efectuar los cambios, apretar embrague y aplicar los frenos del vehículo en el momento oportuno, etc. Como resultado de tan intensa actividad tienen problemas psíquicos. En los consultorios de la UTA (Unión Tranviarios Automotor) se atienden mensualmente alrededor de 2.500 consultas psiquiátricas o psicológicas: problemas de pareja, impotencia, problemas de conducta y aprendizaje, de audición, de riñones, oxigenación cerebral, traumatológicos, etc. La vida del colectivero es socialmente desgastante, mal remunerada, con condiciones de trabajo insalubres y una presión —y sanción— de las empresas que se cierne sobre la conducta de los choferes. Irritabilidad, agresividad y otros despropósitos que no siempre son de su absoluta responsabilidad.

Los choferes transforman a sus colectivos en su hábitat propio: los hay modernos y que gustan de escuchar los ritmos más avanzados, y están también los que entre espejitos, flecos y cromados (con estampas de la Virgen de Luján y fotos de Gardel) parecen revivir el pasado. En el interior muchas veces están los corrillos de pasajeros comentando cualquier tema, ocupando tal vez un asiento que pertenece a un discapacitado (los primeros), tratando de bajar por donde no deben (por adelante), entorpeciendo el paso en medio del coche, quejándose o siendo robados (muchos carteristas tienen su parada en determinadas líneas), pero tratando de que su viaje, entre tensiones, broncas mutuas y apuros, no se torne en odisea. "Los colectiveros de Buenos Aires son únicos en el mundo, y se encuentran pocos... Dios es argentino y colectivero", parafrasea Horacio Moroco en *Crónicas de Buenos Aires*. Considera que, cuando lleguen todos los requerimientos que optimicen el servicio, "Buenos Aires habrá perdido uno de sus encantos cotidianos más originales y propios". También señala cómo viajar en colectivo. La idea es fijarse si sacamos un boleto capicúa, si el colectivo va lleno, apostar a quién se baja antes, pararse cerca, ganar o perder. Si el colectivo está vacío —cosa milagrosa—, seleccionar los asientos, evitar los últimos porque saltan mucho, evitar el de la rueda para no ir con las piernas encogidas; los de muy adelante tampoco, porque son peligrosos y fáciles de ceder. "Recomendamos elegir el tercero de los individuales, brinda comodidad y buena visión. Una vez sentado, más allá de la ventanilla no nos queda, ni más ni menos, que toda la ciudad de Buenos Aires para admirar". Usted lo hace por el precio de un boleto en una de las 195 líneas que tiene la ciudad.

Muchas de las líneas de autotransporte que recorren la ciudad y salen de ella, extendiendo su recorrido dentro del Gran Buenos Aires, ofrecen como servicio regular coches de tipo diferencial, que poseen una tarifa proporcional de cinco veces más el valor de un boleto común. Este servicio permite ir sentado a todo el pasaje, con aire acondicionado en el verano, cubriendo el trayecto en menor tiempo. Con el "progreso" que sufrió la Argentina entre 1989 y 1999 los colectivos se modernizaron y hoy poseen máquinas expendedoras de boletos, con lo cual el encanto de encontrar un boleto capicúa y leer las máximas de algún filósofo griego que venían impresas en algunas líneas han desaparecido.

Filete

Nada le agrega tanto color a las calles de Buenos Aires como sus colectivos. Colores y tonos distintos: una exhibición cotidiana y ambulante del arte del fileteado, que recuerda los dibujos de los carritos de los desaparecidos vendedores ambulantes. Dentro del colectivo continúan los encantos. Originados en simples camiones, gracias a luces, fotos de mitos populares, guirnaldas, flores, tapizados, cintas, muñequitos y música, los colectivos de Buenos Aires llegan a transformar la a veces gris fisonomía urbana.

Es necesario recordar que filete y tango arrancan en sus comienzos amalgamados al compás del firulete y que quizá por eso la imagen de Carlos Gardel esté a menudo presente en las obras de filete. Adelantado a su tiempo, compite con la intencio-

145

nalidad de los *graffiti*. Colectivos y camiones llevan frases como éstas: "Feliz de Adán que no tuvo suegra" o "Si tus besos me despiertan, déjame dormir tranquilo...".

El filete propiamente dicho es un trazo continuo y parejo de pincel, que realizado sobre una forma espacial, por ejemplo una carrocería, destaca las líneas o formas esenciales que componen su diseño. Este artificio fue muy utilizado en Inglaterra y otras naciones europeas. Y fue, precisamente, mediante los carruajes importados de ese país como se introdujo en Buenos Aires. Al filete se le sumó luego el ornato, la figura masculinizante del dragón, el nombre de Carlos Carboni, un pionero de esta "artesanía" que tuvo sus inicios con la llegada masiva del inmigrante italiano. Es notoria la estrecha hermandad manifestada entre filete y letra gótica. También inexplicable desde un punto de vista estilístico es esta asociación entre el "carroccio" italiano y la tipografía primitiva inglesa.

El fileteador Martiniano Arce afirma que el uso de la letra gótica se debe a cierta veneración por la tipografía de los billetes de banco argentinos, que antiguamente venían impresos de Inglaterra.

Sin embargo, hay en los elementos góticos raíces artísticas suficientemente fuertes para estar unidas desde el punto de vista del diseño y la artesanía con el filete en sí mismo. Una de las cosas que más sorprende al viajero en Buenos Aires son los colectivos.

Para muchos un arte en extinción y para otros un arte que todavía no salió a la luz, ya que no fue debidamente descubierto ni por los propios habitantes de Buenos Aires.

Bibliografía

Revista Argentina. Secretaría de Prensa y Difusión de la Presidencia de la Nación, Buenos Aires, junio de 1970.

La Nación, revista dominical. Buenos Aires, 2/5/80.

Giuffre, Héctor. "El Filete, claves de una artesanía en extinción". Revista *Tiempo de Sosiego,* N° 28, Buenos Aires, enero de 1979.

Revista Argentina. Secretaría de Prensa y Difusión, Buenos Aires, enero de 1970.

Diarios: *El Cronista Comercial, Clarín:* años varios.

COMUNICACIONES

Teléfonos

Se han privatizado en 1991.

Casi no existe el hábito de usar la guía telefónica. Es común que los vecinos llamen a un teatro para pedir el número de otra sala o de un museo, para no buscar en la guía. También se usa el 110, para información telefónica.

Muchos han optado por los teléfonos celulares y los ostentan por las calles.

Los teléfonos públicos funcionan bien con tarjetas y con monedas de uso corriente.

Desde los hoteles, las llamadas sufren un recargo aproximado de un 30%.

En la ciudad de Buenos Aires y el Gran Buenos Aires hay un total de 1.831.000 teléfonos. En toda la República Argentina hay 3.378.000.

La guía

La recibe el abonado sin cargo adicional y sin necesidad de devolver las anteriores, en su domicilio. Esto no significa que siempre se cumplan estos requisitos, ya que, a veces, los encargados de distribuirlas "sugieren" la posibilidad de eludir ambas premisas. Merced a la primera, acopiarían abundante cantidad de papel para comercializar en la industria de la recuperación de materiales descartables. Por la segunda, aspiran a satisfacer la expectativa de un ingreso adicional incrementando su salario.

Como texto de consulta popular, la guía de teléfonos tiene las siguientes particularidades:

1. Los apellidos que abarcan más centímetros son: Fernández, Rodríguez, González, García, López, Martínez, Pérez, Álvarez, Gómez, Sánchez, Díaz, Vázquez, Blanco, Alonso, Cas-

tro, Domínguez, Suárez, Rossi, Méndez, Otero, Giménez, Rey, Silva, Bianchi, Arias, Ferrari, etcétera.

2. Hay 158 abonados telefónicos llamados Smith contra el casi medio millón que detecta la guía telefónica de Nueva York.

3. Existen algunos apellidos que son tradición en Buenos Aires, como el de la familia Onassis. También figura una abonada Churchill, un Bush y un Clinton. Figuran —obviamente— varios Aznar y los O'Neill.

4

Usos
y
Costumbres

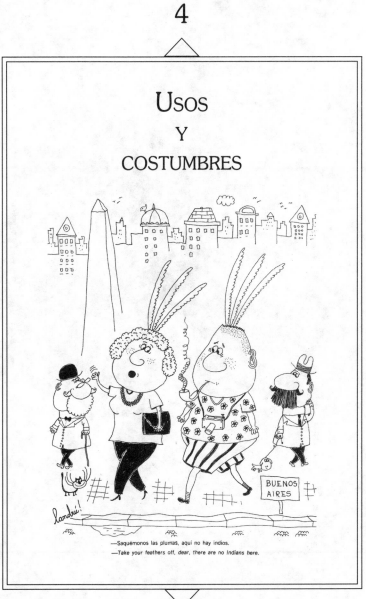

—Saquémonos las plumas, aquí no hay indios.

—Take your feathers off, dear, there are no Indians here.

AUTOCRÍTICA

A todas las críticas y reflexiones que pudieran hacerse al habitante de Buenos Aires, usted deberá agregar como hechos positivos el corazón noble, la generosidad laboral y alimentaria para con el forastero y el sentido de la familia.

Usos y costumbres (algunos)

- Prolongar demasiado la respuesta por miedo a decir que no.
- Mucho individualismo.
- Transgredir por transgredir. Cruzar la calle con el semáforo rojo... para después pararse a mirar una vidriera.
- En los encuentros, promover verse pronto... "cuando vengan los días lindos"... y no hacerlo nunca.
- Hablar mucho y no concretar nada.
- Darle una expresiva y persistente importancia a la relación con la mamá.
- Vivir atrincherado en el no.
- Mucha preocupación de los conductores por la puerta del coche mal cerrada.
- Preguntarles a los diarieros qué transporte usar para desplazarse.
- No consultar mapas para localizar una calle.
- Besarse en la oficina cada día. —Hola, hola, buen día —besos—, buen día. Entre compañeros de trabajo... que se ven todos los días.
- "Un complejo argentino" es el título con que el diario *Clarín* publicó, el 6 de julio de 1990, la carta del señor Francisco Hernández, que se refiere al sentimiento de los argentinos ante el rechazo que sienten muchos hermanos americanos por los habitantes de este país: "En México y en Italia los argentinos aprendimos a ver el modo y la dimensión de la antipatía que despertamos. No hay nada

que hacer, no nos quieren. ¿Por qué alguna vez fuimos arrogantes cuando dilapidamos lo que no teníamos? ¿Por el sello porteñista de nuestra imagen en el exterior? ¿Por la autosobreestima que nos conceden? No lo sé. En contraste, aquí están con sus hijos los queridos tanos y gallegos agradecidos cuando vinieron a hacer esta patria, que también les pertenece, como a los polacos, lituanos, armenios, árabes y tantos otros pueblos que mezclaron sus esencias en lo que para ellos era un remoto confín sudamericano. (...) Sería bueno que pueblos hermanos no nos miren como enemigos. Duele la incomprensión. Duelen los silbidos a nuestros símbolos patrios. Duele ese desprecio que no merecemos. Si se tratara de meras cosas del fútbol —en cuya práctica pertenecemos al equipo de los 'países desarrollados'—, esta preocupación no tendría demasiado sentido. Hay algo más en esta realidad que demuestra que los argentinos no somos muy bien vistos. ¿O se trata nada más que de un complejo?"

¿Cómo somos, Enrique?

Según el notable espectáculo de Enrique Pinti, *Salsa criolla,* los argentinos somos mentirosos, hijos de puta, amantes de la mediocridad y de lo gris, atacadores de cualquier cosa que sea distinta, soberbios, hipócritas, negadores, distraídos, boludos, híbridos, oportunistas, dueños de un discurso doble. Como si fuera poco nos caracterizamos también por hablar huevadas, por no tener memoria ni identidad, por vender y/o alquilar la patria, por imaginarnos un país joven, la reserva moral de Occidente. Las que siguen son algunas frases de personajes del espectáculo que recogen otros aspectos de nuestra forma de ser:

"...aquí será atacado cualquiera que salga de ese argentino gris, cualquiera que haga de su culo un pito".

"...acá hacemos las cosas más o menos. Somos el país de la media tinta o del agua tibia".

"...usted, ¿de qué lado está?: del lado que me convenga".

152

"...Hablamos español, leemos francés, tenemos un toque indio... ¿qué mierda nos creemos que somos?"

De una entrevista del periodista Carlos Ulanovsky en la revista *Viviendo Buenos Aires,* setiembre de 1986.

"Los 'gallegos' somos nosotros", encabeza la carta publicada por Benjamín J. Alperovich —médico psicoanalista— en el diario *Clarín* (Sección Cartas al País). Allí dice lo siguiente: "Por mi cariño al humor y a la comprensión del ser humano, los chistes de 'gallegos' llamaron mi atención.

"Empecé notando la persistencia inaudita de esta moda que pone en 'los gallegos' rasgos ridículos y de estupidez que mueven a risa, pese a que muchos de nuestros actos como argentinos en nada envidian a los personajes de estos chistes.

"Éstos son 'chistes síntoma' que deben su persistencia en el tiempo por ser representativos de aspectos de nosotros mismos.

"Si bien estamos luchando por mejorar, los argentinos no debemos negar las tonteras que venimos realizando por acción o inacción.

"Estos chistes se fabrican ingeniosamente con cierta percepción indirecta de que aquello que, por resultarnos doloroso, disfrazamos y proyectamos fuera de nosotros.

"Así, el efecto doloroso que resultaría de la percepción de nuestras zonceras lo transformamos en risa y moda porque es algo que les acontece a otros, en este caso, a 'los gallegos'...

"Sin embargo, uno de los últimos chistes de gallegos revela un poco más de autopercepción: '¿Cómo harían los gallegos la guerra de las Malvinas...? Pues igual que los argentinos'."

Muchas veces no nos atrevemos a manejar un lenguaje directo, sin circunloquios, por ello tenemos gran cantidad de palabras o giros que sustituyen aquello que no queremos pronunciar.

Al respecto, Homero Alsina Thevenet, en la *Segunda enciclopedia de datos inútiles* (Buenos Aires, Ediciones de la Flor, 1987), dice:

"Esos disimulos se prolongan al lenguaje común, donde queda feo decir 'cáncer' y se prefiere 'larga dolencia' o 'enfermedad terminal'. En Argentina, que es un serio competidor en el

Campeonato Mundial de la Palabra, se utiliza 'promoción' en lugar de 'propaganda', o se convierte en 'cuentapropista' a un señor que no tiene empleo y se arregla con lo que puede. Está aún más difundido el uso de 'carenciado' para aludir al 'pobre'".

Luego cita el autor un artículo del periodista J. M. Pasquini Durán (en *Página/ 12,* junio de 1987), donde enumera algunas de estas hipocresías del lenguaje:

"Las críticas a los militares son calificadas como subversivas, al gobierno como desestabilizadoras, al peronismo como gorilas oficialistas, a la derecha como marxistas, a la izquierda como provocaciones, al pasado como divisionistas y al futuro como agoreras."

Julio Mafud, en su libro *Psicología de la viveza criolla* (Buenos Aires, Editorial Americalee, 1965), reflexiona sobre los temas y obsesiones de la mentalidad argentina:

"No es por azar que el tiempo tiene tanta importancia en la vida y en la conversación argentina. Hay tres causas fundamentales que lo determinan. Primera causa, el clima permanentemente variable. Segunda, somos o seguimos siendo un país agrícola y ganadero. Tercera, las frases temporales permiten fugarse de los temas íntimos o personales. La primera causa es la esencial. Al ser el tiempo tan cambiable, permite varias opiniones sobre el tema. Más que opinar permite palpitarlo orgánicamente. El hombre argentino puede pensar o suponer que mañana hará frío o calor. O que será 'un lindo día'. Esta permanente variabilidad es lo que permite la adivinación. El pálpito. Una de las cualidades de la mentalidad argentina es palpitar y no racionalizar (...).

"Pero la visión íntima e intrínseca del argentino es que el tiempo necesita una internación de urgencia en un instituto para enfermedades mentales. Algunas de sus frases favoritas son: '¡Qué tiempo loco!'. 'Este tiempo está más loco que un caballo' (...) Hace algunos años se había perfilado una frase que expresaba en síntesis esa clasificación psiquiátrica: '¡Tiempo loco y no refresca!' (...)

"El argentino al hablar del tiempo supone inconsciente o conscientemente que es el mejor modo de humear o 'hacer humo' sus problemas ante el oyente o el hablante. (...) Los dos se hacen cómplices en su fuga. En verdad, es una huida mutua. Los dos se camuflan para hablar y no decir nada. (...)

"Una de las obsesiones climáticas argentinas, en especial del porteño, es la humedad. (...) Sobre ella carga el habitante las causas de su malhumor y su insociabilidad. También carga sobre ella un gesto violento, una interjección inesperada o un dolor imprevisto. Head creía que la tristeza de Buenos Aires brotaba del clima y de la humedad del ambiente. Pensaba el viajero inglés que nada resistiría a esa acción disolvente y chorreante."

La revista norteamericana *Time* eligió al personaje de la "empleada pública" para hablar de la Argentina. El personaje fue creado por el humorista Antonio Gasalla —en teatro y televisión—, quien en un artículo publicado por el diario *Clarín* en octubre de 1990 dijo: "El personaje de Flora, esa empleada pública medio autoritaria, es la expresión de las trabas que enfrentamos cada vez que queremos hacer algo. Ella representa a ese NN que gana una miseria y ejerce una autoridad que, en verdad, no le corresponde.

"Ella dice 'no se puede' y no sabe por qué lo dice. (...) Es ogro y verdugo, pero también es víctima de ese engranaje de reglamentaciones que a ella le encanta llevar adelante, sin tomar conciencia del mal que se hace a sí misma.

"Flora no es un personaje atado a la realidad; ella es más elástica. Un día puede estar pidiendo la foto del pasaporte y otro día puede cobrar la cuenta del teléfono. No se sabe bien dónde trabaja, y esto me sirve para dar la idea que tenemos cuando entramos a una repartición pública. Una idea de enloquecimiento kafkiano o de locura como en la película *Brasil*. Porque un empleado del Estado es empleado de una abstracción: nunca se sabe bien quién manda realmente, quién es el jefe, quién fijó esos reglamentos que está obligado a cumplir."

El actor Juan Carlos Calabró recreó en la televisión un prototipo de argentino que se popularizó como "El Contra". No reconoce a los famosos, confunde los apellidos, está contra todo, minimiza las dificultades de los demás y se atrinchera desde una ostensible vulgaridad en la "crítica constructiva".

CAFÉS

Venerados por el tango y revitalizados cada día por miles de habitantes de la ciudad que buscan en ellos descanso, amigos o tranquilidad, los bares y cafés de Buenos Aires son reductos en los que sobreviven mitos y nostalgias.

Los bares tradicionales estaban ubicados en alguna ochava. Tenían dos entradas, un muro que aislaba el salón de familias y un letrero que prohibía escupir en el suelo.

En Buenos Aires han desaparecido prácticamente las lecherías, sitios donde se cultivaba con fervor el arte de servir el chocolate con churros, una especialidad que sobrevive todavía en algunos reductos de la ciudad.

Con el tiempo, se rompieron los vidrios biselados, se sacaron las tapitas de gaseosas que sostenían las mesas tambaleantes, las sillas se volvieron acolchonadas y la madera se reemplazó por el plástico o el hierro pintado. Sin embargo, las décadas no descolgaron los almanaques ni las fotos de Carlos Gardel, ni borraron la ceremonia, renovada con cada campeonato mundial de fútbol, de instalar televisores cerca del mostrador.

El café fue punto obligado de reunión de artistas, poetas, escritores y críticos en la primera mitad del siglo veinte y aún hoy es el símbolo de una especie de bohemia que perdura en una larga historia que va desde la fonda colonial hasta el billar. Actualmente una cierta imprecisión del lenguaje no distingue claramente entre café, bar, salón de té o confitería.

El café tradicionalmente porteño es más fácil de encontrar en los barrios que en el centro. Tienen, por lo general, una parte central y un reservado que es denominado "salón para familias".

Las formas de tomar el café son: cargado (más fuerte),

liviano, cortado con leche, y con crema. El porteño no soporta beber su café de pie ni de prisa.

Los baños de algunos cafés de Buenos Aires no respetan las normas de higiene elementales.

Nadie mejor que gallegos y asturianos para manejar el negocio gastronómico de Buenos Aires. Les dan gratis clases magistrales a sus empleados y les enseñan su oficio; trabajan de sol a sol, por el placer de trabajar, con un sentido de la limpieza y el orden. La mayor parte de ellos "ha hecho la América", ha

El café es un punto de reunión: confidencia, negocios o el simple placer del encuentro.

logrado establecer un hogar en Buenos Aires. Con hijos y nietos médicos o abogados que no se interesan en el negocio que los mantuvo. Con una mano atrás y otra adelante, estos españoles llegaron a establecer, con trabajo y poco o ningún estudio, una relación con la clientela que muchos licenciados en marketing quisieran tener.

Todos estos cafés —algunos reciclados— tienen una profunda dosis de machismo. No hay mujeres, y si las hay, son pocas. Un viajero observaba que Buenos Aires es como Bahía en Brasil. Allí hay 365 iglesias, para visitarlas hace falta un año. Buenos Aires tiene más de 365 cafés... para visitarlos y descubrir sus códigos.

El billar con su espectáculo y su ritual de marginalidad y complicidad une a bancarios con albañiles. El porteño tiene un billar cercano a la oficina y otro a la casa. Este juego, que se practica en húmedos tugurios y en grandes locales, tiene la teatralidad de una luz cenital, un fondo oscuro, tres bolas, dos tacos y una tiza y lo infinito de un verde rectángulo. A esto agregue los acordes de algún tango.

Es común en los porteños dar vuelta las sílabas al pronunciar una palabra. "Feca" es "café" dicho al revés. Esa fiel militancia de tomar café, de revolver angustias, políticas, nostalgia, amores y negocios en un pocillo. Ese ritual se consume con el desayuno, después de las comidas o en los ratos libres, se recalienta en máquinas automáticas, en pavas o en los termos metálicos de los vendedores ambulantes.

Bibliografía

Bossio, Jorge Alberto. *Los cafés de Buenos Aires,* Buenos Aires, Ed. Schapire, 1968.

Kon, Daniel, y Rosenwasser, José. *Las libretas de José,* Buenos Aires, Ed. Galerna, 1989.

Requeni, Antonio. *Cronicón de las peñas de Buenos Aires,* Buenos Aires, Fundación Banco de Boston, 1985.

Bouche, León. *Las pulperías, mojón civilizador,* Buenos Aires, Ediciones República de San Telmo, 1970.

Revistas: *Panorama:* Buenos Aires, 18-5-72; *Confirmado:* Buenos Aires, 12-11-69; *Lyra:* Buenos Aires, setiembre de 1969; *El Público,* Madrid, Centro de Documentación Teatral, Instituto Nacional de las Artes Escénicas y de la Música, Ministerio de Cultura, setiembre de 1987.
Diarios: *Clarín, La Razón, La Nación, La Opinión:* años varios.

HABLA POPULAR

Buenos Aires tiene más de un habla popular, palabras, matices, tonos que varían según la extracción social, el snobismo, la erudición o su ausencia. Dime cómo hablas y te diré de qué barrio eres. Por supuesto que hay una lengua común que todos compartimos.

Por razones generacionales las expresiones o algunas de las expresiones populares han sido reemplazadas por otras, con lo cual no siempre hay un claro entendimiento entre distintas generaciones de porteños.

No toda la gente de Buenos Aires gusta del tango, una razón puede ser que las expresiones del lunfardo no son comprendidas por todos.

Otro tanto pasa con el lenguaje del rock y la música joven.

Para profundizar en el tema, no tiene desperdicio el texto de José Edmundo Clemente, extraído de *El lenguaje de Buenos Aires,* título que comparte con Jorge Luis Borges: "El lenguaje de las ciudades cosmopolitas y multitudinarias posee formas de cuidado académico o de intenso sentimentalismo; ambas de pareja validez literaria, aunque de preferencias distintas en el afecto de la comunidad. Afecto que comienza en el gesto —simplificación de la palabra—, se prolonga al lenguaje espontáneo —simplificación del gesto—, para concluir en el localismo que refleja la intimidad de Buenos Aires, en los niveles de la frecuentación ciudadana y de la valoración subjetiva de cada uno. Vivir en Buenos Aires sin participar de la calidez pintoresca de los modismos suburbanos sería compartirlo del otro lado del cristal".

Algunas expresiones nacieron entre grupos específicos y después se popularizaron y hasta fueron reconocidas por la Academia Argentina de Letras.

Más que cómo se habla, lo importante es entenderse. Lo que hoy se rechaza mañana será admitido. El uso manda, el pueblo encuentra siempre la palabra precisa para comunicar sus pasiones, sus odios, su felicidad y su desesperanza. Así están las cosas, hermano, en esta Buenos Aires que pronuncia con fuerza la letra "s" y cambia la "ll" por la "y" o "ch".

Las diferentes tonadas, los errores de pronunciación en "¿Cuánto coista?" o "Boinos días" y los acentos mal colocados en máiz, páis o telégrama, inauguraron formas de expresarse muy difundidas entre los inmigrantes: *el cocoliche, el valesko y el lunfardo*. El primero era una mezcla de español e italiano. El valesko era una mezcla del idish y castellano.

El lunfardo se originó, para algunos, entre los delincuentes y para otros en los conventillos. Lunfardo significa, de hecho, ladrón y surgió, sin duda, entre una de estas dos culturas marginales.

Cristalizados en los tangos, sus términos derivan de diferentes idiomas. De los gitanos y su léxico zincalí salieron curda (borrachera), deschavar (delatar) y chorro (ladrón). Del italiano, laburar (trabajar), fiaca (pereza) y yeta (influencia maléfica). Del español, afanar (hurtar), guita (dinero) y fajar (golpear). Del portugués, bondi (tranvía/colectivo), buraco (agujero) y tamango (zapato).

La Academia Porteña del Lunfardo, fundada el 21 de diciembre de 1962, se propuso —según José Gobello, su secretario— "la investigación y el registro del habla rioplatense, además de honrar a aquellos artistas que ayudaron a elevar el lenguaje del pueblo".

Por los años '30, muchos agregaban a ciertos vocablos la terminación –*iola*. Combinaban el dariola o el seriola con una forma especial de mover el dedo pulgar. Algo parecido al "jeringozo", que añade la letra "p" y la vocal de cada sílaba a cada sílaba: "vopolipigopomapa" pedía una nena en una librería en una propaganda televisiva, hace algunos años (por un pegamento llamado Voligoma).

Los vocablos jóvenes revitalizaron otros que no lo eran tanto. Del lunfardo se extrajeron el *quía* (apócope de ese que está aquí), *trucho* (por falso), *chabón* (alguien poco hábil) y *bancar* por aguantar.

Incorporaron también voces inglesas (inicialmente jóvenes de clase media y alta) como *sorry* por perdón o *man* utilizado como muletilla o para designar al interlocutor.

También se usan frases de orden comparativo: "es como que..." o "tipo que..." para describir ideas o situaciones por medio de semejanzas. La sílaba "re" utilizada como prefijo en adjetivos y algunos sustantivos tiene un fuerte valor enfático. Por ejemplo, re-bueno (muy bueno, excelente), re-chico, etc. También es notable remitirse a la muerte para evocar hechos positivos o con una valoración excelente. De ahí tenemos "mató mil" o "me quiero morir".

En síntesis, todo tiene su lengua, el azar, el sexo, las profesiones, los miedos y los tabúes que se ocultan y revelan a través de las palabras.

Direcciones útiles

Academia Porteña del Lunfardo: *Estados Unidos* 1379 (1101), Buenos Aires.

CHE

Del guaraní provienen el mini *o pequeño y que entre los indígenas acentuaba su última vocal, y el* che, *compartido con los araucanos y con casi todos los porteños que lo utilizan a diario como llamado de atención al interlocutor o como muestra de confianza.*

Es interesante lo que la Enciclopedia Universal Sopena (española) dice sobre el che: *"Interjección que se usa en la región valenciana y en la República Argentina para llamar la atención de una persona a quien se tutea."*

Es tan común el uso del che *que en algunos países ha pasado a ser sinónimo de argentino, aunque también es corriente en Uruguay y Bolivia.*

RADRAGAZ

En los años '50, de la mano de Lino Palacio, nació en una historieta el personaje de Radragaz (Rodríguez) que hablaba reemplazando todas las vocales por la "a". Esta historieta tuvo tanto éxito que generó una moda que alcanzó al cine y al teatro. Una de "las seis rubias más lindas de Buenos Aires" anunciaba la revista del Teatro Comedia reemplazando todas las vocales por la letra "a": SAÑARAS A SAÑARAS ASTA AS LA RAVASTA... Todavía algunos porteños recrean el habla particular y divertida del querido humorista.

Bibliografía

Coluccio, Félix. *Diccionario de voces y expresiones argentinas,* Buenos Aires, Plus Ultra, 1979.

Altavista, Juan Carlos. *Pa' entenderme mejor. Buscabulario porteño,* Buenos Aires, Ed. La Pirula, 1981.

Bioy Casares, Adolfo. *Diccionario del argentino exquisito,* Buenos Aires, Emecé Editores, 1990.

Borges, Jorge Luis, y Clemente, José Edmundo. *El lenguaje de Buenos Aires,* Buenos Aires, Ed. Emecé, 1963.

Luna, Félix. *Perón y su tiempo,* Buenos Aires, Ed. Sudamericana, 1984, pág. 32.

Gómez Bas, Joaquín. *Buenos Aires y lo suyo,* Buenos Aires, Ed. Plus Ultra, 1976.

King, John. *El Di Tella y el desarrollo cultural argentino en la década del sesenta.* (Universidad de Warwick, Inglaterra), Buenos Aires, Ediciones de Arte Gaglione, 1985.

Revistas: *Gente:* 24-2-80. *Corregidor Cultural:* Nos 5 y 6, junio y julio de 1990. *Somos:* 5-4-89. *Diario del Viajero:* 3-4-91. *La Nación (revista):* 6-8-89.

Diarios: *Clarín, La Nación, Tiempo Argentino* y *La Razón:* años varios.

LA BASURA

En la década del '70 se suprimieron en Buenos Aires los incineradores en los edificios para no afectar el medio ambiente con la quema de la basura. Sin embargo, aún se ven por la mañana sospechosas hileras de humo que nadie sabe de dónde provienen.

Cada una de las cuatro empresas entre las que se divide la limpieza de la ciudad y el propio gobierno que la ejerce en un sector usan compactadores. Existen 20.000 cestos de residuos en toda la zona céntrica de Buenos Aires.

Una suerte de falta de pertenencia y otra buena dosis de ignorancia hacen difícil la tarea de limpieza. Según la periodista Florencia Arbiser, "'los porteños que nos ensucian': son más que irresponsables o desaprensivos. Agreden a los demás con sus desperdicios. Y logran que todos tengamos una peor calidad de vida".

Las bolsas de residuos deben depositarse entre las 20 y las 21, horario que todos respetan. Muchos evitan colocar su "basura" en su puerta o en su vereda y así depositan ésta en las esquinas o cerca de las alcantarillas, lo cual en caso de lluvia ayuda a la inundación. En esto también intervienen los automóviles mal estacionados.

Los quioscos que venden cigarrillos, caramelos, helados, galletitas y bebidas varias son —en algunos casos— focos de suciedad. Advenedizos empleados convertidos en cuentapropistas en su afán de vender no dimensionan que los cestos de basura colocados por ellos son cajas de escasas proporciones y la mayor parte de los residuos cae fuera.

A su vez los consumidores de esos quioscos no se preocupan demasiado por tirar la basura donde corresponde; su estado emocional es tan particular que "ni siquiera se dan cuenta cuando arrojan basura a la calle".

La actividad de "cirujeo" es dramática y productiva. Para miles de personas es su "único" ingreso. Son parte de los miles de desocupados. La expresión "ciruja" es un "argentinismo" y deriva de cirujano y habla de la persona que busca entre los residuos y desperdicios algo para vender o comer. Estos hombres con sus carritos, coches tirados por caballos (cuya circulación está prohibida) o camiones, son parte de una triste fisonomía de la ciudad.

Los perros también pueden convertirse en un serio problema. Poca gente reconoce que los excrementos de los animales que tanto queremos son agentes contaminantes. Se convierten en focos infecciosos en calles, paseos públicos y plazas, lugares todos frecuentados por niños. A pesar de las normas que indican que el vecino debe recoger esos residuos, nadie lo hace. Desde el año 2000 el Gobierno de la Ciudad ha encarado esa limpieza en forma institucional.

Diariamente se recolecta en la ciudad algo más de un kilo de residuos promedio por habitante, un total de 4.700 toneladas de basura.

Un aspecto negativo de la ciudad es la basura. A cualquier hora, en cualquier lugar.

OPINIONES

"...Que no existía bajo el sol un lugar más a propósito para fomentar la haraganería de los extranjeros que el Río de la Plata a causa de la abundancia de los alimentos y la superabundancia de las mujeres solteras y amigas de la sociedad y el lujo..."

Periódico *Telégrafo Mercantil Rural, Político, Económico e Historiográfico del Río de la Plata*, Buenos Aires, octubre de 1802.

Quizás este epígrafe sea una de las primeras opiniones escritas sobre Buenos Aires, pero no es la única. Las tenemos de todos los colores, de todos los gustos y tamaños; hay lindas y feas, buenas y malas, justas e injustas, positivas y negativas. Entre ellas, hemos seleccionado algunas, para que el lector pueda apreciarlas y coincidir o disentir con ellas.

Félix Luna. Perón y su tiempo, Buenos Aires, Ed. Sudamericana, 1984.

"¿Un país? Más bien un paraíso para los europeos que llegaban en busca de un horizonte menos enrojecido que el del Viejo Mundo. Sir Reginald Leeper, que vino a Buenos Aires como embajador de Gran Bretaña en junio de 1946, escribía así sus impresiones a los funcionarios del Foreign Office: 'Esta gran ciudad, planeada sobre líneas modernas, con calles inmaculadamente limpias, comercios abundantemente abastecidos y automóviles ubicuos y suntuosos, contrasta violentamente con la castigada Londres y otras ciudades europeas no menos averiadas. Para ojos acostumbrados a considerar el lujo como cosa del pasado y el desperdicio de alimentos como un crimen que raramente puede cometerse, el contraste es notorio y chocante'."

Divito en la revista Rico Tipo, Buenos Aires, julio de 1947.

"Y entonces yo, como tuve que hacer muchas veces durante mi viaje, saqué un lápiz y sobre un mantel le esbocé un mapa de Sudamérica, ubicando la posición de la Argentina y, especialmente, de nuestra querida y tan zarandeada Buenos Aires, que a veces aparece en Brasil, otras en el Uruguay y otras donde el Diablo perdió el poncho, en la particular geografía 'uso nostro' de los norteamericanos.

"Le expliqué detalladamente cómo era nuestra capital, cómo es el campo y cuál es la realidad de 'la pampa' que para ellos tiene tanta sugestión.

"De modo, amigos míos, que ya pueden ir sacándole la punta: este buen argumentista hollywoodense refleja el promedio del pensamiento norteamericano con respecto a nuestro país. No ubican con exactitud las ciudades y mezclan los países en un titánico cóctel geográfico. Creen de buena fe que vivimos entre palmeras y cocoteros, que la temperatura es tropical, aun en el rigor del invierno, y que la pampa tiene para nosotros el mismo mágico poder de atracción que el desierto para el árabe o la Quinta Avenida para el neoyorquino. Para ellos hay dos formas de vivir en la Argentina: 'the estancia', la inmensa propiedad entre salvaje y feudal donde viven los ricos. Y el 'rancho', la mísera tapera que alberga al pobre. Lógicamente están lejos de suponer la tragedia del porteño que busca departamento, o el vía crucis del que tiene departamento y espera que el buen 'gaita' portero quiera darle calefacción o agua caliente a discreción, sin atenerse a la letra de los reglamentos.

"Como saben que en la Argentina se habla español, han considerado cómodo y acertado transportar las manolas sevillanas a la *Avenida Alvear*, la Plaza de Mayo a *Corrientes*, y para ellos, los 'gauchos' procedentes de 'the pampas' irrumpen en pleno centro de la ciudad, se apoderan de las manolas que aman y se las llevan a todo galope de sus caballos ante los aplausos y los 'olés' de todos."

Jaime de Armiñán, director de cine español, Diario 16, *Madrid, España, 28-3-86.*

"Tenemos además un pasado reciente muy similar. Al término de nuestra guerra civil, miles de españoles emigraron a Argentina y nunca fueron extranjeros. Buenos Aires —y tantas otras ciudades— los acogieron como si fueran de allá, con naturalidad y —sobre todo— con generosidad. Durante la dictadura militar tuvimos la triste ocasión de devolverles el beneficio y creo que tampoco quedamos mal. Hay muchos españoles que hicieron su hogar en la Argentina. Hay muchos argentinos que plantaron su casa en España."

Fermín V. Arenas Luque, Cómo era Buenos Aires, *Buenos Aires, Ed. Plus Ultra, 1979.*

"Fueron duros los primeros tiempos de la ciudad de la Trinidad y Puerto de Buenos Aires, cuya fama casi cuatro siglos más tarde llegó al pináculo al punto que, en 1912, Burton Homes, durante la conferencia que pronunció en el Carnegie Hall, de Nueva York, Estados Unidos de América, la calificó como 'Buenos Aires, París de América'."

Jack Pizzey, periodista australiano, diario La Nación, *8 de febrero de 1987.*

"Las calles de Buenos Aires no terminan en la selva. La ciudad se parece a Europa, pero no funciona como Europa. La gente está de mal humor. Lleva años observando cómo su país fracasa en alcanzar la prosperidad. La Argentina es un coloso frustrado."

Karl Hoffman, turista alemán, diario Clarín, *31 de mayo de 1987.*

"Alquilamos un vehículo para visitar la ciudad, salimos con Gretchen y a la cuadra me encerró un ómnibus; después, a las dos cuadras estuve diez minutos esperando que cambiara la luz de un semáforo, no funcionaba; casi atropello a una persona que cruzó por la mitad de la cuadra y no por la esquina; me perdí y estuve casi dos horas para entender a alguien que me pudiera explicar en un inglés que yo entendiera; cargué nafta y me dieron mal el cambio; perdí más de 20 dólares. Devolví el automóvil y ahora paseo en ómnibus. Es más seguro. Creo que acá no manejan como en otros países."

Pablo Neruda, Confieso que he vivido. Memorias, *Buenos Aires,*
Ed. Losada, 1954.

"Recuerdo que una vez recibí de Federico (García Lorca)
un apoyo inesperado en una aventura erótica cósmica. Había-
mos sido invitados por una noche por un millonario de esos
que sólo la Argentina o los Estados Unidos podrían producir.
Se trataba de un hombre rebelde y autodidacto, que había
hecho una fortuna fabulosa con un periódico sensacionalista.
Su casa, rodeada por un inmenso parque, era la encarnación
de los sueños de un vibrante nuevo rico. Centenares de jaulas
de faisanes de todos los colores y de todos los países orillaban
el camino. La biblioteca estaba cubierta sólo de libros antiquí-
simos que compraba por cable en las subastas de bibliógrafos
europeos, y además era extensa y estaba repleta. Pero lo más
espectacular era que el piso de esta enorme sala de lectura se
revestía totalmente con pieles de pantera cosidas unas a otras
para formar un solo gigantesco tapiz. Supe que el hombre tenía agentes en África, y en Asia y en el Amazonas destinados
exclusivamente a recolectar pellejos de leopardos, ocelotes,
gatos fenomenales, cuyos lunares estaban ahora brillando bajo
mis pies en la fastuosa biblioteca. Así eran las cosas en la casa
del fastuoso Natalio Botana, capitalista poderoso, dominador
de la opinión pública en Buenos Aires. Federico y yo nos sentamos a la mesa cerca del dueño de casa y frente a una poetisa
alta, rubia y vaporosa que dirigió sus ojos verdes más a mí que
a Federico durante la comida."

Pierre Kalfon, Argentina, *Buenos Aires, Ed. Hachette, 1972.*

"Se ven entonces los sortilegios y los peligros de la palabra mañana, tan exasperante para quien quisiera que todo
fuera hecho en el acto. Considerando la cosa prometida como
ya realizada a medias, ¿por qué darse el trabajo prosaico de ir
a sacar esta riqueza de donde está y explotarla racionalmente?
Hoy es postergado a mañana, mañana a pasado mañana, el
futuro al pluscuanfuturo. Todos los días es mañana. Para quien
no entra en este mundo sutil de la promesa, no hay vida sopor-
table. El que promete y el que se hace prometer participan en
efecto del mismo juego secreto, no formulado y hasta incons-

ciente, en el cual los cartesianos puros no tienen cabida. Hay que 'dar tiempo al tiempo', saber aguardar y no perder las esperanzas (el verbo esperar expresa las dos ideas a la vez). Las consecuencias prácticas de esta imagen anticipada que los argentinos tienen de sí mismos y de su país hormiguean, tanto en política, como en las relaciones entre individuos y hasta en la vida cotidiana. Nadie puede imaginar la enorme importancia concedida a todas las formas de loterías, tómbolas y rifas. A menudo se confía al azar el cuidado de sacar a flote un negocio o simplemente de mejorar el presente. Hasta la redacción de los letreros comerciales refleja esta mentalidad ingenua y optimista. Ninguna cautela en el nombre de la tienda. Por el contrario, el más pequeño negocio no titubea en consagrarse gran-mogol de la especialidad. Un simple despacho de comestibles se convierte en supermercado, y en las calles comerciales se desfila ante el 'Emporio de la Loza', frente al 'Trust Joyero', vecino a su vez de diversos reyes del bife, de la papa frita o de la *pasta asciutta*. Fácil es de imaginar el peligro de confundir así presente y futuro, opulencia y buena salud, lo que es ofrecido por una naturaleza generosa y el verdadero trabajo creador. Un buen día, se descubre que el 'gran país' soñado por los revolucionarios románticos se reduce a un 'país gordo', el de los frigoríficos y de los canelones a la italiana, un país que sólo vive en un futuro ancestral. En el recuerdo del porvenir."

José Ignacio Ramos, Vivir en la Argentina, *Buenos Aires, Ed. Galerna, 1989.*

"Pelotudos los hay en todas partes. Aquí en la Argentina he conocido a muchos, pero no es exclusivo de este país, ni mucho menos, contar con espléndidos ejemplares. De lo que sí puede envanecerse la Argentina es de haberles puesto nombre. Un nombre tan descriptivo que resulta casi onomatopéyico. Y tan difundido, que todos los niños de Buenos Aires, cuando se enojan con su hermanito mayor, para insultarlo, con la mayor eficacia le llaman 'pelotudo'. Lo que va restando crudeza a esta palabra son sus derivados. Por ejemplo, pelotudez. Y también el hecho de que no sean solamente los hombres los destinatarios de esta palabra, como pudiera sospecharse por el parentesco que pudiera establecerse con ciertos atributos masculinos. No; también hay mujeres, sobre todo señoras gordas, que son magníficos ejemplares de pelotudez. Y esto lo digo sin recato alguno, porque como ningún pelotudo se reconoce como tal, ninguna señora se enojará conmigo.

"Pero ahora viene lo difícil: ¿cómo se define el pelotudo? Ésta es la cuestión. Porque una persona puede ser pesada, torpe, necia, etc. (...)

"Creo que debiera estimularse a los investigadores científicos para que traten de encontrar y aislar el alcaloide de la pelotudez, que, sin duda, existirá. Propondría que se le bautizase con el nombre de 'pelotudina'. Estoy seguro de que personas como quien esto escribe, vehementes, excitables, impresionables y un poco intemperantes, adquirirían una serenidad, aplomo, naturalidad y equilibrio plenos con unas gotas de pelotudina en el desayuno. ¡Sería estupendo! Claro que existiría el peligro de recomendar pelotudina a quien ya fuera pelotudo. Cosa grave porque se correría el riesgo de contraer lo que llamaríamos pelotudemia, enfermedad bastante difícil de curar, aunque no hereditaria ni contagiosa."

171

5

La Buenos Aires
MÍTICA

MITOS Y LEYENDAS

> *"Según Marguerite Yourcenar, 'los fantasmas son invisibles porque los llevamos dentro'. Coincido con ella: sé que no encontrarán estas calles en ningún circuito turístico, pero si pudieron reconocer sus personajes, sus colores y sus voces, si pudieron revivir alguno de esos momentos infalibles, es porque —aunque invisibles— esas calles existen."*
>
> GRACIELA KOMEROVSKY
> periodista, publicado en *Clarín*, 18/05/99.

El niño asado y otros mitos sobre Eva Perón ya denotan fantasías eternas. Los siguientes relatos son en realidad un espejo donde se agrupan los límites humanos: miedos, tabúes, tradiciones, deseos y tantos otros.

Muchos adultos argentinos recordarán aún hoy la frase de algunas madres: "Si no tomás la sopa viene el hombre de la bolsa y te lleva". Ése es uno de los primeros "mitos" con que miles de niños vivieron el miedo de una fantasía familiar que influyó en nuestras vidas hasta la actualidad. El miedo a ser robado por un "inexistente" vagabundo escondía el temor de padres que querían "presionar" a sus hijos por miedo a que no se alimenten bien.

En la primera fundación de Buenos Aires, más bien un asentamiento a cargo de Pedro de Mendoza, en 1536, un tal Osorio es condenado a muerte "hasta que el alma le salga de las carnes". Nace allí el Hueco de las Ánimas, ángulo nordeste de Plaza de Mayo, en el barrio de *Monserrat*, el primer "espacio" que genera miedo en la ciudad.

En la calle *Suipacha* 1422 (barrio de *Retiro*), está el Palacio Noël, hoy sede del Museo Fernández Blanco. A su lado —actualmente anexada— la casa que perteneció a los escritores Norah Lange y Oliverio Girondo, artistas de vanguardia que recibieron a los visitantes más interesantes en los años cuarenta. Ellos supieron apreciar lo "fantasmal" del bello palacio vecino que hasta el día de hoy atesora espíritus inquietos y sus respectivas leyendas.

En el barrio de *Barracas* el asesinato de la bella Felicitas Guerrero ha desencadenado hasta el día de hoy una serie de leyendas que se continúan en la reparación del templo que su familia elevó en su memoria, la capilla de Santa Felicitas, donde las campanas tocan solas y los ángeles han perdido sus alas izquierdas.

Las historias continúan. Se podría decir que no son auténticas, que no son científicas, pero son justas y necesarias para un mundo rígido y esquemático y donde sus habitantes necesitan —aunque no lo sepan— de una maravilla llamada poesía.

Éstas son algunas de las muchas historias secretas de la ciudad de Buenos Aires.

MITOS POPULARES

La Rubia Mireya

Alta, delgada y aristocrática, la Rubia Mireya es un personaje mítico de Buenos Aires mencionado en el tango *Tiempos viejos*:

¿Te acordás, hermano, la Rubia Mireya,
que quité en lo de Hansen al loco Cepeda?
Casi me suicido una noche por ella
y hoy es una pobre mendiga harapienta.

La letra es de Manuel Romero y la música de Francisco Canaro. Cuenta el músico que Romero le entregó esta letra a fines de 1925 para que hiciera la música. José Muñiz la estrenó en un espectáculo de revistas: *La maravillosa revista*, de Bayón Herrera y Romero, un 11 de marzo de 1926, en el Teatro Porteño, de la *Avenida Corrientes*.

Poco después, el tango era el motivo central del espectáculo teatral *Los muchachos de antes no usaban gomina*. Lo estrenó el actor Enrique Muiño el 21 de octubre de 1926 en el Teatro Buenos Aires, de la *Avenida Corrientes*. La breve obra fue escrita por Mario Benard y Manuel Romero. Allí surge más nítido el personaje de la Rubia Mireya, que había empezado a asomar en 1923, encarnada por la actriz Eva Franco en *El rey del cabaret*. Se trató de un personaje literario que simbolizó a muchas mujeres de ese estilo en el Buenos Aires de principios de siglo, nombre inspirado en un poema del francés Federico Mistral (Premio Nobel de Literatura en 1904), que usó y revitalizó la lengua provenzal.

La Rubia Mireya quedó representada en la memoria colectiva de muchas generaciones de argentinas en la figura de la actriz Mecha Ortiz. Luego fue representada por la actriz Susana Campos. En 1989 fue llevada al teatro —una vez más— por María Aurelia Bisutti.

Carlos Gardel grabó el tango en 1926. El propio Canaro acompañó a la cantante Ada Falcón (que en una época lavaba su auto con champán y que ahora es miembro de una orden religiosa establecida en la provincia de Córdoba).

Dicen algunos investigadores que la Rubia Mireya pudo haberse llamado Margarita Verdier o Verdiert, que la apodaban La Oriental y que pertenecía a una distinguida familia oriunda del Uruguay, hija de padres franceses, que habría vivido en el barrio de *Almagro* alrededor de 1907, en la calle *Castro Barros* 433, y que finalizó sus días en el barrio de *Nueva Pompeya*.

La Dama de Blanco

En 1950, los actores José Cibrián y Ana María Campoy estrenaron la obra *Una página en blanco,* del argentino Enrique Suárez de Deza. Cuenta la historia de un muchacho que conoce en una *boîte* a una mujer que le da su tarjeta para visitarla. Él la visita y se encuentra a la madre de la chica que le cuenta que ésta había muerto hacía seis meses...

La psicoanalista Marie Langer relata el mito: "Un joven de aristocrático apellido va de noche a una *boîte*. Conoce ahí a una mujer encantadora. Bailan, se enamoran y se van a pasear por las calles nocturnas y solitarias. Ella siente frío y acepta su abrigo. Él la besa y ella parece entregarse, hasta que de pronto se suelta y sale corriendo. Él corre tras ella, sin poder alcanzarla. Llegan al aristocrático cementerio de Buenos Aires, la Recoleta, y ella desaparece tras el portón cerrado. Él no entiende; llama a la puerta y la golpea, hasta que finalmente el sereno abre y lo deja entrar. El sereno no ha visto a nadie y piensa que el señor debe de haber tomado algunas copas de más. Pero éste no lo escucha y se precipita dentro del cementerio. Medio enloquecido recorre los caminos, hasta encontrar finalmente su abrigo encima de una tumba. Lo levanta y lee con los pelos erizados por el terror, el nombre de su amada en la piedra. Según una versión, enloquece; según otra, se suicida."

Años más tarde, el escritor Eduardo Gudiño Kieffer escribió la novela *¿Somos?,* basada en el guión de la película que Carlos Hugo Christensen llevó a la pantalla. Elvia Andreoli encarnó a la Dama de Blanco. Años antes, en 1942, el cine argentino había tocado el tema en la película *Fantasmas en Buenos Aires*, con Zully Moreno como la dama y Pepe Arias, dirigida por Enrique Santos Discépolo.

El mito del bebé en el horno

> *"Conserva aún su poder en Buenos Aires el antiguo mito iniciático del 'niño en el horno'. Quienes lo cocinan son las infinitas sirvientas poseedoras de los misterios celtas o de la tradición telúrica.*
> *"Las sirvientas constituyen la matriz cultural de Buenos Aires, su institución primaria."*

FERNANDO PAGÉS LARRAYA

El excelente trabajo de Marie Langer, *Fantasías eternas a la luz del psicoanálisis*, nos acerca un tema que todavía retumba en algunos lugares de Buenos Aires. La psicoterapeuta Marie Bonaparte se refiere a situaciones psicológicas colectivas originadas por la Segunda Guerra Mundial, que hicieron surgir rumores persistentes. Así lo cuenta la autora: "El rumor que voy a referir y que, como decía, se extendió muy rápidamente —en el término de una semana me llegaron nueve versiones, sólo en sus detalles distintas— fue aceptado como verídico por personas generalmente capaces de un juicio crítico. Esto comprueba que el rumor corresponde, aunque en forma muy disfrazada y elaborada, a una situación interior reprimida y a angustias infantiles aún persistentes en la gran mayoría de las personas".

La versión más completa de la extraña historia que se relataba en junio de 1949 en todo Buenos Aires era la siguiente: un joven matrimonio toma a una sirvienta, estando la esposa cerca del final de su embarazo. Nace la criatura. Algunas semanas después, marido y mujer salen de noche para ir al cine, dejando al niño al cuidado de la sirvienta, que hasta ese momento les ha merecido su confianza.

Al regresar encuentran toda la casa iluminada. La sirvienta los recibe muy ceremoniosamente, vestida con el traje de novia de la señora, según una versión, y les dice que ha preparado una gran sorpresa para ellos. Los invita a pasar al comedor, para servirles una comida especial. Entran y se encuentran con un espectáculo horripilante. En medio de la mesa, puesta con sumo cuidado, ven en una gran fuente a su hijo, asado y rodeado de papas. La infeliz madre enloquece en el acto. Pierde el habla y nadie le ha oído pronunciar, desde entonces, una sola palabra. El padre, quien según varias versiones es militar, extrae su revólver y mata a la sirvienta. Después huye y no vuelven a tenerse noticias de él.

Según averiguaciones posteriores, el drama se explicaría por el hecho, desconocido por el matrimonio, de que la sirvienta era una psicótica, escapada poco antes de un manicomio. Hay otras versiones del mismo acontecimiento que difieren en detalles. El marido a menudo es médico. No huye después de haber matado a la asesina, sino que se suicida. Según algunos, la criatura había cumplido justamente los seis meses.

Este rumor tiene características que concuerdan con las observaciones de Marie Bonaparte sobre los mitos modernos. En primer lugar, todas las personas que relatan el cuento dicen haberlo oído de otros que conocen muy bien a los protagonistas. Varias veces se me afirmaba también que todo el drama había aparecido en los diarios, aunque nadie lo había leído personalmente. Y casi todos estaban dispuestos, desde el primer momento, a tomar como verídica la tragedia que me referían. El cuento parece muy curioso, tal vez demasiado para que podamos mantener nuestra afirmación de que su contenido latente corresponde a una situación psicológica, común a todo el mundo. Porque, de ser así, hubiera aparecido en esta forma u otra similar con mucha mayor frecuencia.

Las conclusiones a las que llega la doctora Langer acerca de los dos mitos son las siguientes:

"El mito del niño asado se desarrolla en el plano oral, aunque aparece también la situación edípica, es decir, genital".

Sobre la Dama de Blanco dice (en el cementerio): "El joven sufre las consecuencias de su intento de seducir a la bella desconocida, lo que lo lleva a la locura y a la muerte, ambas equivalentes de la castración.

"Los cuentos son siniestros, de un dramatismo primitivo, de estilo telegráfico. Tocan temas prohibidos que por eso son angustiantes y que denuncian así que han surgido del inconscien-

180

te, bajo presión, imponiéndose a resistencias. Su forma expresa el conflicto entre pulsiones inconscientes y el raciocinio consciente, entre la fantasía y el juicio de la realidad y nos causa esta mezcla de atracción y rechazo, el 'pero son macanas' con el cual los escuchamos.

"Y hay una similitud importante en el contenido. La figura central de los cuentos es una mujer. En el primero es la sirvienta, que parecía tan buena, y resultó tan malvada.

"En el mito de la Dama de Blanco la bella mujer es atractiva, es decir, buena, aunque fría. Pero hace enloquecer a quien se le acerca. En los dos mitos la mujer bondadosa, maternal, se convierte súbitamente —y en esto reside lo siniestro del fondo— en una imagen terrorífica, de madre perseguidora y castradora. Imagen que pertenece a las fantasías inconscientes de todos nosotros."

Bibliografía

Gudiño Kieffer, Eduardo. *¿Somos?*, Buenos Aires, Ed. Emecé, 1982.

Langer, Marie. *Fantasías eternas a la luz del psicoanálisis,* Buenos Aires, Ed. Nova, Biblioteca de Psicoanálisis de la Asociación Psicoanalítica Argentina, 1957.

EL BUENOS AIRES DE... CARLOS GARDEL

"Sólo en Buenos Aires soy completamente feliz y canto bien, porque el público de mi patria, que me acompaña, que me interpreta y que me siente profundamente, me aplaude y me aplaudió siempre, y esos aplausos sinceros valen para mí mucho más que todos los borderaux de las boleterías."

CARLOS GARDEL, 1887-1935

Carlos Gardel bajó del vapor "Don Pedro", en el puerto de Buenos Aires, en marzo de 1893. Era "hijo de padre desconocido y de Berthe Gardes, planchadora", según decía su partida de nacimiento. Había nacido en Toulouse, Francia.

Gardel y su madre se instalan en la Mansión de La Piedad, en la calle *Uruguay* 162, donde pernoctaron, entre otros, Luis Sandrini y Tita Merello, y de la cual sólo queda un garaje. En 1904 los Gardel pasaron a vivir a la calle *Corrientes* 1553 y luego en el 1714 de la misma calle (o avenida), que es actualmente un comercio de libros y en ese entonces era un conventillo donde ocupaban un cuarto dividido por un biombo. Todo esto en el barrio de *San Nicolás.*

En el barrio de *Almagro,* el 3 de abril de 1901, Gardel ingresó como aprendiz de artesano gráfico en el Colegio San Carlos (de los sacerdotes salesianos), que está aún ubicado en la calle *Don Bosco* 4002, esquina *Yapeyú.* Allí llamó la atención en el coro: según se cuenta, su voz sólo fue derrotada por otro alumno que luego sería santificado, Ceferino Namuncurá. "Sólo un santo podía derrotarlo", decían en el primer lugar donde comenzó el fervor por Gardel, el Abasto, el gran mercado abastecedor, hoy un importante shopping.

Finalizada la escuela primaria, Gardel pasó en 1904 al Colegio San Estanislao, ubicado en la calle *Tucumán* 2646, donde actualmente se halla un comercio de telas en el barrio de *Once* (*Balvanera*). Para apoyar a su madre trabajó en diversos oficios, entre ellos como tipógrafo en la imprenta de Cuneo (*Florida* y *Avenida Córdoba*) y luego como tramoyista para una compañía de teatro, su primer vínculo artístico.

Hizo conocer su voz de barítono y en 1910 paraba en un café de la calle *Humahuaca* 3302, esquina *Agüero,* el O'Rondeman, frente al Mercado de Abasto, "Fonda, café y bar de los hermanos Traverso". Allí empezó a hacerse conocido como "el morocho del Abasto" y en el fonógrafo del café ponía los discos del tenor italiano Enrique Caruso para hacer la segunda voz.

También frecuentó el Café del Pelado, en la esquina de *Moreno* y la *Avenida Entre Ríos,* donde se vinculó con José Razzano y juntos dieron lugar al famoso dúo.

Al dúo Gardel-Razzano se sumó un tercero, Francisco Martino. El terceto hizo giras por la provincia de Buenos Aires y luego actuó en la Casa Suiza, en la calle *Rodríguez Peña* 254, salón de estilo *art déco* que todavía existe. Otro lugar donde se hacía tango, El Armenonville, famoso en la ciudad como reducto del nuevo baile, estaba en la *Avenida Alvear* (hoy *Avenida Libertador*) y *Tagle*. Allí, Gardel y Razzano también trabajaron.

Frecuentaron el Palais de Glace, en la calle *Posadas,* que hoy funciona como Salas Nacionales de Exposiciones (*Recoleta*).

Debutaron en el Teatro Nacional (*Avenida Corrientes* 960, hoy restaurado) y luego en el Teatro San Martín (*Esmeralda* 255), demolido para construir la ampliación de las oficinas de la empresa petrolera Yacimientos Petrolíferos Fiscales (YPF). También en el Esmeralda en la calle *Esmeralda* 443, hoy Teatro Maipo. Allí Gardel estrenó lo que oficialmente es el primer tango cantado: *Lita,* conocido hoy como *Mi noche triste*, de Pascual Contursi y Samuel Castriota. También actuó en el Smart, hoy llamado Blanca Podestá, en *Avenida Corrientes* 1283; el Cómico, rebautizado como Lola Membrives, en *Avenida Corrientes* 1280, y el Empire, hoy desaparecido, que estaba en la *Avenida Corrientes* y *Maipú.*

Del otro lado del Abasto se encuentra la cortada Carlos Gardel, que es una callecita que hasta 1961 se llamaba Guardia Vieja y donde desde el año 2000 se encuentra el monumento a Gardel que inauguró la Academia Argentina del Lunfardo, obra del escultor Mariano Pagés.

183

Carlos Gardel vivió en un departamento de la calle *Rodríguez Peña* 451 y luego en una casa de la calle *Jean Jaurès* 735.

Frecuentó el mítico restaurante El Tropezón, donde comía puchero de gallina, una de sus comidas favoritas. Hace diez años dejó de funcionar, hoy tiene su solar en Buenos Aires en la *Avenida Callao* 248. Otro restaurante famoso frecuentado por el cantor fue el Americano, situado en el *pasaje Carabelas y Cangallo,* calle hoy denominada *Teniente General Juan Domingo Perón.*

Corría, como se estila actualmente, por los bosques de *Palermo,* y hacía gimnasia y pelota paleta en la Asociación Cristiana de Jóvenes, ubicada en aquel entonces en *Paseo Colón* 161.

Tuvo un departamento en el barrio de *Balvanera* —calle *Rincón* 137—, a dos cuadras del café De Los Angelitos, donde su amigo Alfredo Deferrari le regaló su primera guitarra en 1914. La casa data de 1925, es una construcción de estilo académico francés.

En su apogeo grabó en los estudios de Max Glucksmann —*Perón (ex Cangallo)* 1728— los versos de *Mi noche triste.* Su relación con las novedades técnicas lo tuvo como protagonista en la inauguración del sistema eléctrico de grabación para la empresa Nacional-Odeón, en el primer piso del cine-teatro Gran Splendid (*Avenida Santa Fe* 1860). En 1931 filmó cortos dirigidos por Eduardo Morera, con sus tangos de más éxito, en los estudios que Federico Valle había montado en un galpón en la calle *México,* entre *Piedras y Tacuarí.*

Distintos testimonios dan cuenta de los intentos de Gardel de comprar una casa, pero parece no haber tenido el dinero suficiente. Se dice que un amigo pagó los 18.000 pesos y se instalaron allí el cantor con su madre y el matrimonio Muñiz-Beaux, que había ayudado a criarlo. El vínculo con su casa fue grande. Una pequeña medalla con una leyenda que dice: "Carlos Gardel. *Jean Jaurès* 735, Buenos Aires" fue encontrada sobre su cadáver. Algunas de sus pertenencias están en la Casa del Teatro, *Avenida Santa Fe* 1243, uno de los pocos lugares de Buenos Aires que funcionan con humildad y grandeza, y que ostentan la más importante colección de objetos pertenecientes a Gardel. En el año 2003 la vivienda de *Jean Jaurès* 735 se convirtió en museo.

Concurrió asiduamente al Hipódromo de Palermo. Francisco Maschio lo recibía en la casa-stud de *Olleros* 1664 (y *Avenida Libertador*) y le regaló su primer caballo, Lunático, que corrió el jockey Irineo Leguisamo, inmortalizado también por el tango, amigo de Gardel y sin lugar a dudas el más célebre jockey que haya actuado en la Argentina. En ese sitio hoy existe un edificio de departamentos.

El 24 de junio de 1935 Carlos Gardel murió en un accidente de aviación en Medellín (Colombia). El 5 de febrero de 1936 sus restos llegaron a Buenos Aires y la multitud se congregó en el Luna Park, donde estaba el féretro. Con destino al Cementerio de la Chacarita, la comitiva lo paseó por su querida *Avenida Corrientes* en una "celebración de dolor", como dijo la actriz Mauri Rubinstein. Celedonio Flores, el letrista que le había dado a Gardel algunas de sus canciones más famosas, escribió también unos emocionantes versos, mientras que todos los artistas de Buenos Aires suspendieron sus espectáculos en un recordatorio al cantante. Los versos fueron recitados en el escenario del Teatro Nacional por Elías Alippi y decían lo siguiente: "Hay un nudo enorme en cada garganta, y unas incontenibles ganas de llorar... ¡Qué triste se queda sin vos Buenos Aires! Que Dios te bendiga Carlitos Gardel..."

Otros lugares de Buenos Aires vinculados a Carlos Gardel son:

El Teatro Avenida, en *Avenida de Mayo* al 1200, donde actuó junto a Antonia Mercé (La Argentina), Florencio Parravicini, y otros en una función de cinco horas llevada a cabo el 12 de agosto de 1919.

El Teatro Victoria, *Hipólito Yrigoyen* esquina *San José*, donde se presentaba el cantante lírico Titto Ruffo. Gardel, utilero de la compañía en aquel entonces, lo imitaba (cerca de 1908).

El cine teatro Broadway (*Avenida Corrientes* 1155). En 1931, a su regreso de París, interpretó una *canzonetta* en napolitano, sorprendiendo a sus espectadores. En 1933 cantó desde su escenario por última vez.

En Buenos Aires los porteños dicen "Es Gardel" o "Sos Gardel" para expresar de alguien que es lo máximo, lo mejor.

Permanentemente recuerdan a su ídolo, que se ha convertido en un mito popular.

Bibliografía

Peluso, Hamlet, y Visconti, Eduardo. *Carlos Gardel y la prensa mundial,* Buenos Aires, Ed. Corregidor, 1990.
Collier, Simon. *Carlos Gardel. Su vida, su música, su época,* Buenos Aires, Ed. Sudamericana, 1988.
Diario *Clarín:* 18-2-90.

Al igual que otros arquetipos, la figura de Carlos Gardel parece proteger a Buenos Aires.

EL BUENOS AIRES DE... EUGENE O'NEILL

"Creo que la verdadera experiencia viva de la cual salió la idea de más allá del horizonte es la siguiente: en el vapor británico andariego en que hice el viaje de Buenos Aires a Nueva york como simple marinero había un viejo marinero noruego del cual me hice muy amigo... Pero maldecía el mar y la vida a que el mar lo había llevado... no sin cierta emoción. Me pareció que aquello era la vida..."

EUGENE O'NEILL
(1888-1953, dramaturgo norteamericano)

El famoso autor teatral norteamericano Eugene Gladstone O'Neill nació el 16 de octubre de 1888 en Nueva York. Su padre fue actor y su madre, pianista, ambos fervientes católicos.

Pupilo en su infancia, vendedor de una empresa que promovía ventas por correspondencia en su juventud, se matriculó en las Universidades de Princeton y Harvard.

En 1909 partió de los Estados Unidos a Honduras para trabajar como buscador de oro. En 1910 comenzó sus travesías marítimas. Se convirtió luego en uno de los escritores y dramaturgos más importantes de su país.

El autor de *Ana Christie* y *Extraño interludio,* y tantas otras, Premio Nobel de Literatura en 1936, combina obra y vida en una narración ilimitada. Murió en 1953 y el impacto mundial de su genio siguió sin detenerse; en la Argentina siempre tuvo escenarios y devoción de público, actores y artistas de toda índole. También estuvo en Buenos Aires. Fue su primera travesía marítima, alrededor de 1910. "Desembarqué en Buenos Aires en apariencia como todo un caballero: pero en realidad terminé siendo un vagabundo de los muelles", le dijo a Barrett H. Clark, su amigo y biógrafo. También le contó: "Mi primer viaje de ultramar duró sesenta y cinco días, en un carguero noruego, de Boston a Buenos Aires. En la Argentina tuve distintas ocupaciones: en la sección dibujantes de Westinghouse Electrical

Company, en el depósito de lanas de un frigorífico de La Plata y en los escritorios de Singer Sewing Machine Company, de Buenos Aires. Siguió otro viaje por mar, como cuidador de mulas en un barco desde Buenos Aires a Durban, en Sudáfrica, y regresé. Después de un período de completo desamparo en Buenos Aires, 'en la vía', fui aceptado como simple marinero en uno de esos barcos británicos que van de puerto en puerto tomando carga en donde la encuentran, cuyo destino era Nueva York..."

Según su biógrafo, en Buenos Aires el escritor prefirió ambular por los diques, trabando amistad con "marineros, estibadores y desheredados de la suerte y la fortuna". Se aficionó a beber. Su instinto de holganza, por fuerte que fuese, no tenía nada de vicioso; jamás fue un fracasado irremediable. Lo que ocurría, simplemente, era que no se había encontrado a sí mismo. Por otra parte, no fue tampoco un literato a la búsqueda de material informativo. Convivió con proscriptos de la vida, porque también él era una especie de proscripto; trabajó cuando era forzoso para pagarse la casa, la comida, la bebida y, de cuando en cuando, esas burdas formas de diversión que podía encontrar cerca de los muelles o en las proximidades de Buenos Aires.

A veces solía concurrir a La Ópera de los Marineros, "un gran café del que todos se convertían automáticamente en parroquianos". Respecto de ese café, O'Neill dijo: "Era sin duda alguna un manicomio. Pero de todos modos se cumplía una especie de programa regular. Todos los circunstantes estaban obligados a contribuir de algún modo. (...) Un viejo marinero se levantaba de pronto y contaba una aventura, y otro hacía unos pasos de baile; o se promovía un altercado violento entre yanquis y bretones acerca de las virtudes de sus respectivas naves. Y, a falta de algo más promisorio, por lo menos podía confiarse siempre en 'un poco de gresca inocente', como inevitable número fuerte de la función de la noche".

Para Barrett Clark, "de lo visto y oído en estas oportunidades, tanto es lo que ha trascendido a sus obras de ambientes marinos, que resulta forzoso hacer alguna referencia a los salones de cine que existían en Barracas, un suburbio de Buenos Aires". Cita a O'Neill, que dice: "Estas salas cinematográficas eran una cosa bastante fuerte. La imaginación no tenía necesidad de descubrir nada. Se representaban todas las formas de perversión y, por supuesto, los marineros acudían en tropel. Pero, fuera de las excepciones usuales, no eran gente viciosa. En su mayoría eran hombres honestos, alegres y valientes sin heroicidad, que trataban de pasar el rato agradablemente".

En 1987, la esposa del actor Paul Newman, Joanne Woodward, presentó el programa *American Masters* (Maestros norteamericanos), producido por el Canal 13 de Nueva York. En él se mostraron fotos del puerto de Buenos Aires de principios de siglo; una de ellas permite ver un edificio con la siguiente inscripción: "Corti Riva & Co. casa introductora"; otras fotos ilustraron conventillos, prostitutas, a O'Neill durmiendo en una plaza y a gente bailando tangos en un lugar de bajos fondos. El programa evocó los años adolescentes de quien luego fue el papá de Oona O'Neill, la esposa de Carlitos Chaplin.

Eugene O'Neill se lanzó a la aventura a los 18 años a bordo del "Charles Racine" y terminó en la ciudad de Buenos Aires en 1907, donde permaneció dos años. Describe su experiencia en esta ciudad: "Llegué a Buenos Aires con diez dólares en el bolsillo. Era lo que podría llamarse un caballero y terminé hecho un linyera, vagando por los muelles del puerto. Dudo que exista algún banco de plaza en Buenos Aires donde yo no haya dormido.

"La primera noche que estuve en un bar del puerto llamado La Ópera de los Marineros gasté esos únicos diez pesos. Me sumé con la misma sed interminable de los parroquianos. Era de rutina que cada uno, a su turno, cantara una canción. Hasta que, de la borrachera, no le dieran más la voz ni la cabeza."

A su regreso a Nueva York continuó con el mismo modo de vida por un tiempo. El programa sobre la vida de O'Neill recuerda: "En varias de sus obras, aparecen mineros, borrachos y linyeras; incluso, algunos de ellos, en la primera de sus obras consagradas, *Hacia el este, por Cardiff,* mencionan a Buenos Aires, la *Avenida Paseo Colón, Barracas,* los 'vigilantes', 'el Plata, el hedor de sus mareas' y 'esa bebida, la caña'".

Los críticos norteamericanos de la época destacaron la experiencia del escritor en Buenos Aires. George Jan Nathan, su contemporáneo, dice que "aquellas experiencias y el contacto con todo tipo de gente le dieron un vasto material para sus primeras obras". Ellas despertaron el interés de los críticos, incluyendo el suyo. Nathan no dejó de conjeturar que, quizá, si no hubiera bebido tanto y no se hubiera mezclado con todo tipo de personas, durante su juventud, sus obras no hubieran llegado hasta nosotros. Para este crítico era increíble el hecho de que el hijo de un renombrado actor, oriundo de una familia tradicional de Inglaterra, hubiera conocido tan temprano los estratos más deleznables de la sociedad, hubiera llegado al borde de la autodestrucción para luego convertirse en uno de los grandes de este siglo.

"Si sumáramos todo el tiempo que pasó en burdeles, conventillos, bares y muelles, veríamos que ese tiempo hizo de O'Neill, primero, un profeta de la vida, y, luego, un revolucionario del teatro; ello, en vez de ser un clásico universitario convertido después en hombre de la literatura."

Otro crítico de su época, Paul Atkinson, afirmó que O'Neill ayudó a transformar el teatro norteamericano "en un arte íntimamente apto para la captación y la indagación de la vida social de su país. En 1936 obtuvo el Premio Nobel de Literatura. Es, hasta hoy, el único dramaturgo estadounidense que lo recibió".

"Jamás se cansó de hablarme de esos años en Buenos Aires —comentó Carlota Monterrey, esposa de O'Neill—, los llevaba en la sangre. Para él significaban todo. Una vez le dije en broma: 'Te arrastré por toda Europa, me esforcé por mostrarte absolutamente todos los rincones más hermosos, y nunca te oí decir que algo te gustara'. 'Bueno —dijo él—, Europa me gusta, pero no tiene nada de emocionante.'"

En el barrio de *La Boca* estaba el bar de la Negra Carolina, una norteamericana que lo regenteó. O'Neill supo frecuentar su casa.

Bibliografía

Clark, Barrett H. *O'Neill, el hombre y su obra,* Buenos Aires, Ed. Nova, junio de 1945.
Diario *Clarín:* 29-1-87.

EL BUENOS AIRES DE... EVA PERÓN

*"Anduve por todos los barrios de la gran ciudad. Desde enton-
ces, conozco todo el muestrario de corazones que late bajo el
suelo de mi patria."*

EVA PERÓN, 1919-1952

Eva Duarte nació en General Viamonte (Los Toldos) el 7
de mayo de 1919 y murió en la ciudad de Buenos Aires el 26 de
julio de 1952.

Llegó a la Capital el 3 de enero de 1935 (a Estación Retiro). Tenía 15 años y quería ser actriz; allí se encontró con su
hermano Juan, que estaba terminando el servicio militar.

El primer lugar en donde Eva Duarte habitó en Buenos
Aires es un enigma. Según Jorge Capitski, citado por Gerardo
Bra, "en pleno corazón de la ciudad de Buenos Aires, entre
Corrientes y *Sarmiento...*". Marysa Navarro sostiene que, "sin
saber cómo entrar en ese mundo que la fascinaba, se encontró
sola, con escaso dinero, durmiendo en una pensión, comiendo
como podía y el resto del tiempo, aguantando el hambre con
mate cocido".

Otelo Borroni y Roberto Vacca señalan tres posibilidades:
la casa de una prima de Maruja Gil Quesada (actriz argentina de
la época) en *Sarmiento* casi esquina *Callao,* una pensión de
baja categoría sobre la *Avenida Callao* entre *Sarmiento* y *Corrientes,* barrio de *San Nicolás,* o la casa de Agustín Magaldi,
sobre *Alsina* al 1700. Todos coinciden en que su primer alojamiento se ubicaba en la zona del *Congreso,* barrio de *Balvanera,*
que era modesto y que tenía carácter transitorio.

Eva Duarte representó su primer papel en *La señora de
Pérez,* de Ernesto Marsili, el 28 de marzo de 1935, en el Teatro
Comedia en *Cangallo* 1040 —hoy *Perón*—, demolido para dar
lugar a la *Avenida 9 de Julio,* con la dirección de Joaquín de
Vedia. Integraban el elenco Eva Franco, Enrique Serrano e Irma

191

Córdoba. Evita interpretaba a una mucama y figuró citada en las crónicas del diario *El Pueblo,* el día posterior a su estreno. La obra permaneció poco tiempo en cartel. Su siguiente papel fue en *Cada casa es un mundo,* de Goycoechea y Cordone, donde también figuró en las críticas de la obra. Siempre con la compañía de Eva Franco, participó en la obra de Sardou-Moreau, *Madame Sans Gene,* en el Teatro Cómico (hoy Lola Membrives), donde interpretó dos pequeños papeles. A esta intervención siguió *La dama, el caballero y el ladrón,* de Francisco Mateos Vidal, estrenada el 2 de enero de 1936. La obra estuvo dirigida por José Franco, padre de Eva Franco.

Luego, se incorporó a la Compañía de Comedias de Pepita Muñoz, José Franco y Eloy Álvarez, con la que realizó una gira por el interior del país. Según el testimonio de Borroni-Vacca, su foto apareció por primera vez —con el elenco, en segundo plano— en el diario *La Capital* de la ciudad de Rosario, el 12 de junio de 1936. Estaba actuando en *El beso mortal,* de Louis de Gouraviec. También presentaron la obra *Llovido del cielo;* en esta oportunidad su nombre volvió a figurar en las crónicas periodísticas.

De regreso, Eva Duarte se encontró nuevamente sin trabajo, aunque a fines de 1936 integró el elenco de *Los inocentes,* obra de Lilian Hellman que pone en escena la compañía teatral de Pablo Suero. Si bien su papel era de poca importancia, la obra fue llevada al Uruguay. En ella actuaban, entre otras, María Esther Podestá, Gloria Ferrandiz y Margarita Corona.

En marzo de 1937 participó en *La nueva colonia,* de Luigi Pirandello, con la dirección de Armando Discépolo y Juanita Sujo, y que fue un fracaso.

De nuevo inactiva, Eva Duarte recorre teatros, lugares de ambiente, empresarios, etcétera, hasta que logra integrar la compañía de Francisco Charmiello y Leonor Rinaldi; actuando en el Teatro Liceo, en la obra *No hay suegra como la mía.* Su participación es muy limitada. En esa época conoce a Emilio Kartulovich, director de la revista *Sintonía,* que publica su foto en ella.

Consigue un pequeño papel en *Segundos afuera,* dirigida por el periodista Chas de Cruz y protagonizada por Amanda

Varela y Pedrito Quartucci —como un pugilista—. Eva Duarte encarna a la típica novia de barrio.

Su primer radioteatro se llama *Oro blanco,* escrito por Manuel Ferradás Campos. De efímera vida, representó su ingreso al ambiente radiofónico, por el que se sentía atraída.

Pierina Dealessi le brinda la oportunidad de integrar la Gran Compañía Argentina de Espectáculos Cómicos, que dirigía Rafael Firtuoso. La recordada actriz declara que "Evita era una cosita transparente, delgadita, finita, cabello negro, carita alargada (...) tenía un busto divino, como el mármol (...) comía muy poco". De su labor como actriz opinó que "era muy floja".

Juan Duarte, que trabajaba en la fábrica Guereño, le conseguiría luego un contrato como locutora de los avisos comerciales de Jabón Radical. También fue modelo para la empresa Linter Publicidad, fotografiada para una casa de alta costura, una peletería y una peluquería de damas.

Mientras tanto interviene en la farsa *El cura de Santa Clara.* Los diarios *Crítica* y *La Nación* la mencionaron en sus crónicas. Sus últimas actuaciones para el teatro fueron en las obras *Una noche en Viena,* de Mario Flores, y *Mercado de amor en Argelia,* de Lucienne Favre.

Durante cuatro años luchó por trabajar en ese ambiente que tan poco le reportó artística y económicamente hablando. Soportó largas esperas, humillaciones, desprecios y todas las situaciones por las que pasa quien se desempeña en un medio tan competitivo como el del espectáculo.

A los 20 años ingresa en la radio encabezando con Pascual Pelliciotta la Compañía del Teatro del Aire, que hace *Los jazmines del Ochenta* (romance histórico de Héctor Pedro Blomberg), *Las rosas de Caseros* y *La estrella del pirata.* Se la nombra en las revistas y se la vincula a galanes de moda. Eva Duarte comparte en esa época su cuarto de pensión con ocasionales compañeras, se la veía frecuentemente charlando en los cafés de la *Avenida Corrientes* con otras actrices como Nelly Ayllón o Helena Zucotti. Pocas amistades, a las que mostraba fidelidad y solidaridad.

Gracias al radioteatro tenía un nombre y un voz. Sin abandonarlo, ingresa en el cine y participa en un corto papel en *La carga de los valientes*, que dirigió Adelqui Millar y que según Domingo Di Núbila fue una de las películas más costosas de la década del 40. Después trabaja en *El más infeliz del pueblo* y en *La cabalgata del circo*, de Mario Soffici, más famosa por el mítico enfrentamiento que tuvo Eva Duarte con la actriz y cantante Libertad Lamarque.

Eva seguía trabajando en diversas radios.

Otelo Borroni y Roberto Vacca sostienen que por esa época los artistas se reunían en el café La Estrella, en *Maipú* y *Lavalle*, y tomaban el té en la confitería El Mundial, al 500 de la calle *Maipú*. Eva, obviamente, frecuentaba estos sitios, ya que estaba cercana a Radio El Mundo.

Al mejorar sus ingresos consigue un departamento en la calle *Posadas* 1567, entre *Ayacucho* y *Callao*, barrio de *Recoleta*.

En 1942, después de un período de distanciamiento, se reúne en Buenos Aires con su madre. Interpreta un ciclo radial donde personifica a mujeres famosas de la historia. Este premonitorio desfile de celebridades y la presencia del escritor Francisco Muñoz Aspiri —libretista radial que luego sería autor de los primeros discursos que Eva Duarte pronunció— coinciden con su inminente cambio. Los estudios de Radio Belgrano, ubicados entonces en la *Avenida Belgrano* 1841, son los últimos escenarios artísticos que frecuentó Eva.

El 15 de enero de 1944 un terremoto arrasó la ciudad de San Juan (provincia de San Juan), y semanas después se realizó un festival artístico a beneficio de los damnificados en el estadio Luna Park, que motivó el encuentro entre Eva Duarte y el entonces secretario de Trabajo y Previsión, coronel Juan Domingo Perón. Él comenzaba su ascenso político, ella culminaba su carrera artística con la película *La pródiga*.

De inmediato comienza a colaborar con él en su gestión política y es testigo del 17 de octubre de 1945. Cinco días más tarde se casan en Junín. A partir de que su marido es elegido como presidente de la Nación, se dedica a actividades asistenciales y políticas: crea la Fundación Eva Perón, toma a su cargo la relación con los sindicatos, viaja a Europa en representación del gobierno nacional (España, Francia, Italia, Portugal, Suiza) y a países limítrofes como Brasil y Uruguay. Ese mismo año —1947— logra la sanción de la ley que permite el voto femenino; dos años más tarde (1949) funda el Partido Peronista Femenino. En 1947 recibe la Medalla de Oro del Pontificado.

Eva transitó todos los barrios de Buenos Aires. Sus recorridas por las calles de Buenos Aires —*Avenida de Mayo*—, en auto descubierto o limusina, siempre motivaron masivas manifestaciones. Inauguraciones, enunciados de proyectos, campañas sanitarias, envíos de alimentos y enseres, todo tipo de ayuda material y monetaria, en dimensiones hasta ese momento inéditas en la Argentina configuraron el eje central de su actividad social. La Residencia de Olivos, en el Gran Buenos Aires, y la de *Recoleta* se convirtieron en sede de enormes envíos y donaciones. El 18 de octubre de 1950 el presidente Perón, Eva Perón y el titular de la Confederación General de Trabajadores (CGT), José Espejo, inauguraron la sede actual de este organismo en la calle *Azopardo* 802.

La Legislatura de la Ciudad de Buenos Aires, en la calle *Perú*, fue el ámbito cotidiano de Eva Duarte; las oficinas que usa su presidente fueron los cuarteles de trabajo de Evita.

Precandidata a la vicepresidencia, acompañando a su marido, fue presionada para no aceptar el cargo dado que su salud se había deteriorado desde 1950. Durante la campaña para la reelección de Juan Domingo Perón, Eva Duarte se presentó en el multitudinario Cabildo Abierto del 22 de agosto de 1951, en la *Avenida 9 de Julio* y *Moreno* y renunció públicamente. Esa escena sirvió de inspiración para la canción *No llores por mí, Argentina*, que fue parte de la ópera rock *Evita*, de Tim Rice y Andrew Lloyd Webber. Obtuvo éxito masivo en Londres y Nueva York y otras capitales del mundo.

Eva Perón había pasado parte de su enfermedad en la entonces residencia de la calle *Agüero*. La primera internación fue en el Instituto del Diagnóstico, en la calle *Marcelo T. de Alvear* 2346. Murió de un tumor maligno de útero con metástasis generalizada en los pulmones. Con la intervención de un eminente cirujano norteamericano, doctor George T. Pack, del Memorial Cancer Hospital de Nueva York, y los doctores Mendé, Dionisi, Lascano González, Albertelli, Finochietto, Carrascosa y otros, se formó un equipo que la apoyó constantemente.

El 11 de noviembre desde su lecho de enferma en la Policlínica Presidente Perón de la vecina unidad de Avellaneda hace ejercicio del voto. Su muerte, ocurrida el 26 de julio de 1952, provocó un luto generalizado y manifestaciones multitudinarias.

Su cuerpo fue embalsamado, expuesto al homenaje público y depositado en la sede de la CGT. Cuando, en 1955, el golpe militar derrocó al presidente Perón, el cadáver de Eva Perón desapareció. Recién en 1972 se supo que el cuerpo, tras muchos y dolorosos ocultamientos, había salido del país con otro nombre y había sido sepultado en Italia. Los restos fueron devueltos a su viudo, Juan D. Perón, que vivía exiliado en Madrid (España).

En 1972, el presidente Alejandro A. Lanusse anuncia el primer llamado a elecciones presidenciales desde 1952 en que no se proscribe al justicialismo, aunque sí a su líder. Resulta triunfante la fórmula del Frente Justicialista de Liberación (Frejuli), Cámpora-Solano Lima, quienes renuncian para dar cabida a nuevas elecciones, de las que surgirá el tercer mandato de Perón, secundado por su tercera esposa, Isabel Martínez, y que origina su regreso al país después de diecisiete años de exilio.

En 1974, se trasladó el cuerpo de Evita al cementerio de la Recoleta en Buenos Aires, donde fue secuestrado nuevamente. Recuperados sus restos, permanecieron en la Quinta Presidencial de Olivos hasta 1976, en que se la sepultó definitivamente en La Recoleta, en la bóveda de la familia Duarte.

En el barrio de *Palermo* fue inaugurado en 2002 el Museo Evita, calle *Lafinur* 2988.

Evita y Roberto Arlt

"Yo era cronista teatral de un diario de la tarde. Me encontré con Arlt, que venía por la calle *Corriente,* sonriendo y hablando solo. Era pasada la medianoche. Entramos a tomar un café en La Terraza y allí nos encontramos con dos muchachas, dos actrices muy jóvenes, muy pálidas y muy delgadas que, si mal no recuerdo, actuaban en el coro de *Mercado de amor en*

196

Argelia. Una se llamaba Helena Zucotti y la otra, María Eva Duarte.

"Nos invitaron a sentarnos a su mesa. Arlt no las conocía, yo sí, pues habían venido a la redacción del diario más de una vez en procura de un poco de publicidad —una gacetilla, un clisé—, cosa tan frecuente en el gremio; Edmundo Guibourg me había recomendado a una de ellas. Ya instalados, entre café y café, Arlt se puso a hablar no sé por qué de la ubicación de la estatua de Florencio Sánchez. Le parecía que *Garay* y *Chiclana* era el sitio peor elegido del mundo para perpetuar la gloria y la memoria del gran dramaturgo y pedía a los gritos que fuera trasladada a la calle *Corrientes,* frente al teatro Politeama. De pronto, sin quererlo, manoteó bruscamente y volcó la taza de café con leche que estaba tomando la Zucotti sobre el vestido de su compañera. Arlt exageró su consternación y en un gesto teatral se arrodilló ante la anónima actriz pidiéndole perdón. Ésta, sin escucharlo, se puso de pie y corrió hasta el baño a recomponerse. Cuando volvió tuvo un acceso de tos, como una de esas tiernas y dolorosas de Mürger. Pero sonreía, indulgente.

"—Me voy a morir pronto —dijo sin dejar de sonreír y de toser.

"—No te aflijás, pebeta —intervino Arlt, que tuteaba a todo el mundo—. Yo, que parezco un caballo, me voy a morir antes que vos.

"—¿Te parece? —preguntó la actricilla con una inocencia que no excluía cierta malignidad.

"—¿Cuánto querés apostar?

"No apostaron nada. Pero quiero anotar este dato curioso: Roberto Arlt falleció el 26 de julio de 1942. Y Eva Perón, la hermosa actricilla del episodio, diez años después, exactamente el 26 de julio de 1952." (César Tiempo)

Bibliografía

Borroni, Otelo, y Vacca, Roberto. *Eva Perón,* Buenos Aires, Centro Editor de América Latina, 1971.

197

Nogués, Germinal. *Diccionario biográfico de políticos argentinos,* Buenos Aires, Ed. Planeta, 1989.

Revista *Todo es Historia,* Nº 231, Buenos Aires, agosto de 1986.

Diarios: *La Nación, Clarín:* años varios.

Más allá del color político, la figura de Eva Perón es respetada y recordada por todos.

EL BUENOS AIRES DE...
FEDERICO GARCÍA LORCA

"... Buenos Aires tiene algo vivo y personal: algo lleno de dramático latido, algo inconfundible y original en medio de sus mil razas que atrae al viajero y lo fascina..."

FEDERICO GARCÍA LORCA

Estuvo en Buenos Aires entre octubre de 1933 y abril de 1934. Recién llegado, en una carta publicada por el diario *El País* (Madrid, 1992), contaba a sus padres: "Yo estoy abrumado por la cantidad de agasajos y atenciones que estoy recibiendo (...). Aquí, en esta enorme ciudad, tengo la fama de un torero (...). Estas gentes americanas aman al poeta por encima de todo. No tenéis idea de cómo han oído hoy mi conferencia, ¡ha sido una cosa extraordinaria! (...) El día 24 es el reestreno de *Bodas de sangre*, en el Teatro Avenida, y ya está el teatro vendido por tres días, y es inmenso. (...)"

Según el escritor César Tiempo, que lo conoció en Buenos Aires, "Federico tenía un aspecto de marinero en tierra, de marinero enamorado de la navegación, de las innumerables aventuras de los puertos...". Y en esto el gran poeta español se parece a Walt Whitman: en el bullente lirismo de sus obras, en la descarnada pintura humana.

El autor de *Bodas de sangre, La casa de Bernarda Alba* y *Yerma* nació en Granada en 1899 y murió fusilado en los albores de la Guerra Civil española en el mismo lugar.

Llegó a Buenos Aires en el buque "Conte Grande" en 1933 merced a las gestiones realizadas por la actriz Lola Membrives en ocasión de la presentación por parte de su compañía de la obra *Bodas de sangre,* y para dirigir los ensayos de *La zapatera prodigiosa* y *Mariana Pineda*. La Sociedad Amigos del Arte lo comprometió a dar cuatro conferencias que fueron transmitidas por Radio Sténtor, cuyos estudios estaban en el subsuelo del Hotel

Excelsior, hoy Castelar, sobre la *Avenida de Mayo*. Contigua a los estudios de la radio se encontraba la peña Signo, famosa en la década del 30, adonde concurrían asiduamente Lía Cimaglia, Alfonsina Storni, Oliverio Girondo, Luisa Vehil, Milagros de la Vega y muchos otros artistas. Federico García Lorca fue contertulio constante en esos encuentros y muchas veces recitaba por la radio con su "voz gitana" algunos de sus maravillosos poemas.

"Amaba Buenos Aires sin falsa retórica", señala Isidro Odena. Se escapaba del hotel y visitaba a sus amigos porteños con quienes evocaba los años de la residencia de estudiantes en Madrid. En una de sus apariciones en Amigos del Arte recitó su libro *Poeta en Nueva York*.

Cuenta Javier Villafañe que después del estreno Lorca y un grupo de artistas, entre los que estaban el director de cine Ernesto Arancibia, el pintor Jorge Larco y el director teatral Antonio Cunill Cabanellas, ofrecieron una función de títeres de cachiporra. Representaron *Las Euménides* de Esquilo, un "entremés" de Cervantes y el *Retablo de don Cristóbal*, del propio García Lorca. Cuenta Villafañe que él guarda uno de los personajes que debutaron esa noche: doña Rosita, mujer de don Cristóbal.

Sobre su estadía en Buenos Aires, el escritor César Tiempo rememora que en la esquina de la *Avenida Corrientes y Libertad* "una sonrisa y unos brazos vinieron a nuestro encuentro. Hubo un revuelo de curiosidad a nuestro alrededor. El hombre del encuentro era Carlos Gardel. Le presenté a Federico, se confundieron en un abrazo. Fuimos todos al departamento del cantor...". En esa oportunidad cantó Gardel mientras Lorca escuchaba emocionado. Luego habría de escribir, "toda la ciudad de Buenos Aires late con el tango...".

En ese tiempo García Lorca se hizo amigo del poeta chileno Pablo Neruda, que estaba en Buenos Aires desde agosto de 1933 como cónsul segundo de la Embajada de Chile. Juntos, con Oliverio Girondo, ofrecieron su célebre homenaje en el Pen Club al nicaragüense Rubén Darío, quien también paseaba por Buenos Aires.

Junto a García Lorca y Neruda, estaban casi siempre Norah Lange y Oliverio Girondo. Casi todas las fotos los muestran juntos. Parte del grupo eran también Amparo Mom y Raúl

González Tuñón, Alfonsina Storni, Jorge Luis Borges y su madre, doña Leonor. Según la biografía de Neruda escrita por Volodia Teitelboim, se cuenta que estas reuniones eran "descocadas, largamente sacrílegas, que neutralizaban el tedio de la oficina y la tensión doméstica".

El periodista Edmundo Guibourg recuerda que era ciclotímico, extrañaba por momentos a España y a su madre. En otros, su felicidad por estar aquí en Buenos Aires lo embargaba. Lorca asombraba "con sus atuendos, particularmente con sus mamelucos. Era habitual verlo con su singular vestuario al que acompañaba con tricota de cuello alto".

Se cuenta que García Lorca, en oportunidad de ser huésped del Hotel Castelar, fue agasajado tras el estreno de *Bodas de sangre* y que durante la fiesta, tras una discusión, Norah Lange y Oliverio Girondo se reconciliaron bailando un tango. Cuando la hermana de García Lorca visitó Buenos Aires se alojó en la habitación número 704 de ese hotel, la misma en que años atrás estuvo su hermano.

Al hablar en ocasión del estreno de *Bodas de sangre,* dijo Federico: "No soñaba, por no merecer esta paloma blanca temerosa de confianza que la enorme ciudad me ha puesto en las manos, y más que el aplauso y el elogio, agradece el poeta la sonrisa de viejo amigo que me entrega el aire luminoso de la *Avenida de Mayo*".

García Lorca partió en 1934 después de "haber vivido entre vosotros casi seis meses de enorme felicidad". Antes de volver a España, cuentan que dijo: "No quiero partir. Yo voy a morir. Me siento muy extraño". Quizá presentía su destino.

En la primavera de 1936 se oyó su voz públicamente por última vez desde la radio de Madrid. Tenía tan sólo 37 años.

Bibliografía

Villafañe, Javier. *Antología (obra y recopilaciones),* Buenos Aires, Ed. Sudamericana, 1990.

Solsona, Justo, y Hunter, Carlos. *La Avenida de Mayo, un proyecto inconcluso,* Buenos Aires, Facultad de Arquitectura,

Diseño y Urbanismo de la Universidad de Buenos Aires, 1990.

Gibson, Ian. *Vida, pasión y muerte de Federico García Lorca 1898-1936*, Barcelona, España, Plaza Janés Ediciones S.A., 1998.

Teitelboim, Volodia. *Neruda*, Buenos Aires, Emecé Editores, 1994.

Revista *Todo es Historia*, N° 195, Buenos Aires, agosto de 1983.

Diarios: *Clarín:* años varios. *El País:* España, 11-4-92.

EL BUENOS AIRES DE... JORGE LUIS BORGES

> *"Buenos Aires es la otra calle. La que no pisé nunca; es el centro secreto de las manzanas, los patios últimos; es lo que las fachadas ocultan; es mi enemigo, si lo tengo; es la persona a quien le desagradan mis versos (a mí me desagradan también); es la modesta librería en la que acaso entramos y que hemos olvidado; es esa racha de milonga silbada que no reconocemos y que nos toca; es lo que se ha perdido y lo que será; es lo ulterior, lo ajeno, lo lateral, el barrio que no es tuyo ni mío, lo que ignoramos y queremos."*

JORGE LUIS BORGES, 1899-1986

Nació en Buenos Aires, en la calle *Tucumán* 840 (entre *Esmeralda* y *Suipacha*), el 24 de agosto de 1899.

En 1901 la familia Borges se muda a la calle *Serrano* 2135, en el barrio de *Palermo*, donde nace su hermana Norah. Estudia en su casa y en un colegio estatal de la calle *Thames*.

Entre 1914 y 1921 vive y estudia en Europa, donde se radica temporariamente su familia. A su vuelta a Buenos Aires dirige la revista mural *Prisma*. Se instala en el barrio de *Palermo* en la calle *Bulnes*. Estudia, lee y publica revistas.

Viaja nuevamente a Europa y a su regreso vive en el Garden Hotel. Después se muda a una casa situada en la *Avenida Quintana* 222. Más tarde ocupa el sexto piso de un edificio de departamentos ubicado en *Las Heras* y *Pueyrredón*.

En 1925 se incorpora al grupo Florida y colabora en la revista literaria *Martín Fierro*. Traba amistad con la escritora Victoria Ocampo. En 1928 publica *El idioma de los argentinos*, y escribe en el diario *La Prensa*, las revistas *Síntesis, Inicial* y *Criterio*. Participa en la fundación del Comité Yrigoyenista de Intelectuales Jóvenes junto a Sixto Pondal Ríos, Leopoldo Marechal, Ulyses Petit de Murat y otros.

Al año siguiente da a conocer *Cuaderno San Martín* (poesía), por el que obtiene el Segundo Premio Municipal de Poesía.

En 1931 forma parte del consejo de redacción de la revista literaria *Sur,* fundada por Victoria Ocampo, junto con José Ortega y Gasset, Alfonso Reyes, Waldo Frank y otros.

En casa de Victoria Ocampo conoce a Adolfo Bioy Casares, con quien escribiría en colaboración y quien se convertiría en gran amigo suyo.

En 1938 es nombrado empleado en la Biblioteca Municipal Miguel Cané —*Carlos Calvo* al 4300—; para ese entonces vive con su madre, su hermana Norah y su cuñado, Guillermo de Torre, en la calle *Anchorena* 1672. Jorge Luis Borges publica en 1940, junto con Silvina Ocampo y Adolfo Bioy Casares, la *Antología de la literatura fantástica.*

Luego escribe el prólogo a *La invención de Morel* de Bioy Casares y apadrina su casamiento con Silvina Ocampo. Publica *El jardín de los senderos que se bifurcan* (cuentos) y ordena la *Antología poética argentina,* también junto a Silvina Ocampo y Bioy Casares. Con este último publica *Seis problemas para don Isidro Parodi,* libro que firma con el apellido de su bisabuelo, Bustos Domecq.

El año 1943 lo encuentra viviendo con su madre en un departamento de la *Avenida Quintana* 275 (entre *Montevideo* y *Rodríguez Peña*).

Publica *Ficciones* —cuentos— en 1944 y por esta obra recibe el Gran Premio de Honor de la Sociedad Argentina de Escritores, institución de la que años más tarde sería designado presidente y cuya antigua sede de la calle *México* 524 fue uno de los lugares que vinculaban a Borges con la ciudad de Buenos Aires. En ese tiempo se establece en el departamento de la calle *Maipú* 994, 6° piso, departamento "B" (esquina *Marcelo T. de Alvear*), donde vive cuarenta años.

Entre 1950 y 1953 queda ciego. Da conferencias en el Instituto Francés de Buenos Aires (*Maipú* 1220).

Del último domicilio sale para vivir en matrimonio con Elsa Astete Millán en *Avenida Belgrano* 1377, 8° "A", luego se separa y vuelve a su departamento de la calle *Maipú* con Fanny, su ama de llaves, que lo acompañó durante cuarenta años. En sus últimos años se volvió a casar, esta vez con su discípula María Kodama.

Algunos puntos de la ciudad que estuvieron vinculados con la vida de Jorge Luis Borges:

Café Tortoni, en *Avenida de Mayo* 829.

Restaurante El Tropezón, en *Avenida Callao* 248 (desaparecido).

Confitería Petit Café, en *Avenida Santa Fe* 1818 (desaparecida).

Confitería El Águila, en *Avenida Santa Fe* esquina *Callao* (desaparecida).

Teatro Coliseo, en *Marcelo T. de Alvear* 1111.

Canal 13, en *San Juan* 1160.

Galería del Este, *Maipú* 900.

Confitería Saint James, *Maipú* esquina *Córdoba* (desaparecida).

Confitería Richmond, *Florida* 468.

Restaurante Edelweiss, *Libertad* 468.

Restaurante London Grill, *Reconquista* 455.

La calle *Florida*.

Confitería del Molino, en *Avenida Callao* 10 (cerrada).

Restaurante de la Estación Retiro.

Plaza San Martín.

Restaurante Hotel Dorá, *Maipú* 963.

Buenos Aires en algunas de las obras de Jorge Luis Borges

En *Un modelo para la muerte* (1946) se mencionan: Alvear Palace Hotel; Café Bar Tokio; iglesia San Martín de Tours; Plaza Carlos Pellegrini; Estación Retiro; Balneario Municipal.

En *Las crónicas de Bustos Domecq* (1967) aparecen: *Avenida Corrientes* 1172, 6° piso, domicilio del escritor Macedonio Fernández; un quiosco de *Parque Chacabuco;* Jardín Zoológico; un conventillo de la calle *Gorriti* (en el barrio de *Palermo Viejo*); la calle *Parera;* la calle *Laprida* en los números 1212 y 1214, donde vivía Xul Solar; el Teatro Colón; el Congreso de la Nación; la Exposición Rural; el cementerio del Oeste (Chacarita);

el Canal 7; la fuente de Lola Mora (Balneario Municipal); el barrio de *Caballito*; las plazas de *Once y Flores;* la barriada de *Núñez, Avenida Corrientes y Pasteur;* el Mercado del Abasto.

En *Los nuevos cuentos de Bustos Domecq* (1977) se incluyen los siguientes lugares: el Departamento de Policía; *Villa Luro;* la esquina de *Tacuarí y Avenida Belgrano;* Plaza Constitución; la *Avenida Corrientes;* la calle *Mansilla* esquina *Ecuador,* donde vivían Adolfo Bioy Casares y su esposa Silvina Ocampo.

En el sótano de una anónima y vieja casona de la *Avenida Garay,* ya derribada, estaba ese "objeto secreto y conjetural", el misterioso *Aleph* de su relato.

En el Paseo de Julio —hoy *Avenida Leandro N. Alem—,* Emma Zunz encuentra al marinero sueco que le serviría de coartada para poder perpetrar su funesta venganza. Y a una puerta de la *Avenida Belgrano* llamará el vendedor ambulante que llega ofreciendo el "libro de arena".

Borges haría de las charlas de café un momento para hablar de todos los temas: desde el cine al tango, pasando por la lluvia de la ciudad. Todo era conversación, en eso Borges era un porteño nato, un caminador de bastón y mirada interior, un gustador de olores y músicas. Borges es Buenos Aires en todo, hasta en las contradicciones. El que pulse la vida de la ciudad sentirá lo que él sintió: "... y sentí Buenos Aires. Esta ciudad que yo creí mi pasado es mi porvenir, mi presente; los años que viví en Europa son ilusorios, yo estaba siempre (y estaré) en Buenos Aires."

Murió en junio de 1986 en Ginebra (Suiza), donde está sepultado.

Bibliografía

Pickenhayn, Jorge Oscar. *Borges a través de sus libros,* Buenos Aires, Ed. Plus Ultra, 1979.

Pickenhayn, Jorge Oscar. *Cronología de Jorge Luis Borges (1899-1986),* Buenos Aires, Ed. Plus Ultra, 1987.

Woscoboinik, Julio. *El secreto de Borges. Indagación psicoanalítica de su obra,* Buenos Aires, Grupo Editor Latinoamericano, 1991.

Petit de Murat, Ulyses. *Borges Buenos Aires,* Buenos Aires, Municipalidad de la Ciudad de Buenos Aires, 1980.

Revista *Rondaiberia.* Madrid, España, editada por Iberia, Líneas Aéreas de España, diciembre de 1990.

Diarios: *La Nación, Clarín:* años varios.

EL BUENOS AIRES DE... RAFAEL ALBERTI

"Dejé mi sombra a los desesperados ojos sangrantes de la despedida, dejé palomas tristes junto a un río, caballos sobre el sol de las arenas, dejé de ver la mar, dejé de verte, dejé por ti todo lo que era mío..."

RAFAEL ALBERTI
Último poema escrito en la Argentina, donde pasó veinticuatro años de exilio, antes de partir hacia Roma.

Había nacido en 1902.

En su última visita a Buenos Aires, el poeta y pintor Rafael Alberti dijo: "Soy andaluz de Cádiz, del puerto de Santa María de la Villa de Cádiz, uno de los antiguos pueblos que aún permanecen en el mapa de Europa".

"Siempre me quedaba algo por decir como pintor", confesó. Comenzó a escribir y ganó el Premio Nacional de Poesía con un tema sugerido por García Lorca. Durante la dictadura de Primo de Rivera y de los desbordes estudiantiles escribe *Sobre ángeles,* una suerte de elegía cívica. Es la época de su *Guerrilla del Teatro* y de su obra política teatral, *Fermín Galán.* Eran los tiempos de la República en que Alberti y su primera esposa, la escritora María Teresa León, recorrían Francia, Alemania y la entonces Unión Soviética para aprender de los movimientos teatrales de vanguardia. Eran los tiempos en que integraba la Alianza de Intelectuales Antifascistas de Madrid y editaba la revista de trinchera *El Mono Azul,* donde publicaba el *Romancero general de la Guerra Civil,* con poemas suyos, de Federico García Lorca, Miguel Hernández y los de Antonio Machado, que de tanto ser usados se habían hecho anónimos.

Entre 1940 y 1964 vivió exiliado en Buenos Aires y en Roma hasta 1977, año de su regreso a España. Volvió a Buenos Aires el 23 de abril de 1991, luego de veintisiete años de haber dejado la Argentina. Vino invitado por el Instituto de

Cooperación Iberoamericana en el marco de los festejos del Quinto Centenario.

Así recordó su primer viaje a Buenos Aires: "Yo llegué camino a Santiago de Chile, pero al enterarme de que Neruda se había trasladado a México, decidí quedarme en esta ciudad, donde había grandes editoriales como la de don Gonzalo Losada, y en la que nació mi hija Aitana. Publiqué más de veinte libros y realicé muestras de pinturas...".

El primer libro editado en Buenos Aires fue *Entre el caballo y la espada*, lo que con las otras ediciones de su obra contribuyó a mejorar su situación económica en la Argentina, donde por diecisiete años estuvo sin pasaporte. Esto no impidió que en 1957 viajara a Rusia para recibir el Premio Lenin. Cuando llegó a Buenos Aires, en barco, fue uno de los testigos del hundimiento del "Graf Spee".

A su regreso, lo esperaban en el muelle amigos como los Koremblit y —cuando estaba sin documentos argentinos— el Dr. Gregorio Aráoz Alfaro le ofreció su finca cordobesa "El Totoral".

Estuvo en Alta Gracia (provincia de Córdoba) con Manuel de Falla y dio su primera conferencia argentina —sobre García Lorca— en el Teatro Rivera Indarte, hoy Libertador, de la capital provincial. Luego la repitió en Buenos Aires, donde al referirse a la ciudad dijo: "Fue un verdadero impacto. La ciudad tan grande y con tanta vida. Allí también repetí (en el Teatro Buenos Aires, hoy desaparecido, en *Avda. Corrientes* 1753) la conferencia de Lorca y poco después me instalé en un departamento de la calle *Viamonte,* luego nos mudamos a la *Avenida Santa Fe* y, más tarde, nos instalamos frente al Jardín Botánico, en la calle *Malabia*. También viví cerca de la demolida Penitenciaría de la *Avenida Las Heras*". Alberti se refiere al edificio de *Las Heras* 3783, planta baja.

Su libro *Pleamar*, dedicado a su hija Aitana, fue escrito en su departamento de la *Avenida Pueyrredón* 2471.

Memoró Alberti la época y los hombres que conoció en Buenos Aires; así, de Oliverio Girondo, dijo: "Un gran poeta, autor de un libro muy interesante, *Poemas para leer en el tranvía*"; además, conoció a Raúl González Tuñón, Ricardo Molinari, Victoria Ocampo —que le brindó un homenaje cuando el poeta cumplió 60 años y llevaba veinticinco de exilio en la

Argentina—, los pintores Emilio Pettoruti, Raúl Soldi, Antonio Berni y Juan Carlos Castagnino. Refiriéndose a Borges, dijo: "Era imposible de tratar en ese entonces. Además, él no tenía ninguna simpatía conmigo". De Bioy Casares agregó que era "un chico muy simpático y buen escritor". Recordó a Jacobo Muchnik, el editor que publicó el libro de Alberti y su esposa, *Sonríe China*, y el primer volumen de *La arboleda perdida* y que además facilitó a María Teresa León el acceso a la radio en su programa *Nuestro Hogar de Cada Día*.

En ese entonces también vivió en una casa en las barrancas del río Paraná, cerca de la ciudad de San Pedro (provincia de Buenos Aires). Allí escribió *Baladas y canciones del Paraná*, dedicado a la Argentina, que recibió el premio de la Sociedad Argentina de Escritores.

Los exiliados españoles se reunían en un barco español anclado en el puerto de Buenos Aires. De esa época, Alberti recuerda: "Hacíamos tertulias y siempre venían escritores argentinos que se preocupaban por nuestros problemas (...). Otra cosa que yo hacía era dar recitales en alguna casa de gente rica, pero antifranquistas, y ese dinero obtenido lo dábamos para la Resistencia".

Contó además: "...conocí a Eva Perón, a la que saludé un día en los Estudios San Miguel. Ella iba a hacer una película con guión de Alejandro Casona (cuyo texto era de Juan Ruiz de Alarcón). Estaba allí, con un perro, guapa como siempre, y luego de saludarla me dijo: '¿Y ustedes por qué no echan a Franco?'" Esta película, que se llamó *La pródiga* (1944), fue dirigida por Mario Soffici y actuaron en ella Eva Duarte, Juan José Míguez y Alberto Closas.

Dejó Alberti lugar a otros buenos recuerdos: "Un restaurante muy bueno, creo que se llamaba La Cabaña (en la *Avenida Entre Ríos* 436, ya desaparecido), donde comíamos cada tanto unos buenos churrascos".

Durante los años que pasó en Buenos Aires frecuentó el café Casa de Troya, sobre la *Avenida de Mayo*, cerca del Hotel Castelar, donde paraban los jóvenes que habían vivido la Guerra Civil española, además de intelectuales y artistas.

Junto a León Felipe, Pablo Neruda y Raúl González Tuñón participó en 1946 de un acto en el salón Unione e Benevolenza

—Asociación Italiana de Mutualidad e Instrucción—, ubicado en la calle *Perón* 1352 (ex *Cangallo*).

En su visita de 1991 llegó con su segunda esposa, María Asunción Mateo, y fue declarado visitante ilustre por la totalidad de los distintos bloques del ex Concejo Deliberante (*Perú* 130), donde se lo agasajó y se le entregó la *Historia del barrio de La Boca*, por saberse que ésa era una de sus zonas favoritas en Buenos Aires.

Estuvo alojado en el Alvear Palace Hotel, *Avenida Alvear* 1891, ubicado en el barrio de *La Recoleta;* almorzó en la Embajada de España, que no pudo visitar durante sus años de exilio en la Argentina. Fue agasajado en el Teatro Nacional Cervantes, donde lo saludaron Hebe de Bonafini (Madres de Plaza de Mayo) y el entonces director del teatro, el escritor Ricardo Halac. Entre otros, del homenaje participaron los artistas: Norma Aleandro, Juan Carlos Baglietto, Teresa Parodi, Osvaldo Piro, Víctor Heredia, León Gieco, Eladia Blázquez, Domingo Cura, José Luis Castiñeira de Dios, Mercedes Sosa y Antonio Tarragó Ros.

Ha dicho Alberti: "Tengo tan cerca de mí a la Argentina, que conozco más de ella que de España. Mis hijos son españoles, pero el hijo de María Teresa, que es un gran médico, vive en la Argentina".

Volvió en 1992 a estrenar un trabajo suyo con música del argentino Enrique Llopis.

Murió en España en 1999.

Bibliografía

Diarios: *Página/12, La Nación, Clarín, Ámbito Financiero, La Prensa, El Cronista Comercial:* años varios.
Revista *Noticias*: 21-4-1991.

EL BUENOS AIRES DE...
RAMÓN GÓMEZ DE LA SERNA

"Se reconoce Buenos Aires, más que por su enmendada silue-
ta, por su permanente aire, exquisito, único, depurado en lo
alto —un aire poético como con senos de mujer— y esa mezcla
de un olor húmedo que sale del subsuelo donde las raíces
estiran sus piernas y traman la tierra básica."

RAMÓN GÓMEZ DE LA SERNA, 1888-1963

Ramón Gómez de la Serna arribó por primera vez a Buenos Aires en 1931 y regresó definitivamente en 1936. Había
nacido el 5 de julio de 1888 en Madrid (España). Formado bajo
la influencia de la generación del 98 fue creador de las famosas
greguerías y publicó una obra numerosa —más de cien libros
entre novelas y piezas teatrales—.

Antes de venir a la Argentina, había introducido las van-
guardias literarias en España en los años '20 y '30. Constantemente viajaba a Francia, Italia y Portugal. Famoso en París, en
los años '30 lo tradujeron Jean Cassou, Mathilde Pomes y
Valéry. Larbaud, su descubridor, dijo que para él "los tres ge-
nios literarios de este siglo son Proust, Joyce y Gómez de la
Serna".

Visionario y renovador, cultivó el humor y la excentricidad.
Acostumbraba dar conferencias montado sobre un elefante, suspendido en un trapecio, trepado a un farol o pintado de negro
como un músico de jazz.

Su autobiografía, escrita en 1948, se llamó *Automoribun-
da*. En realidad, se dice que casi toda su obra es de carácter
autobiográfico. Es autor también del más completo y poético
libro sobre el circo.

En 1936, a raíz de la Guerra Civil, Gómez de la Serna llegó
a Buenos Aires convocado por el Pen Club. Lo acompañaba su
esposa, la escritora argentina Luisa Sofovich, autora de las no-

velas *El baile* y *La gruta artificial,* entre otras. Fijaron así su residencia definitiva. Años después dijo: "La ciudad más difícil de ver es la capital de la Argentina. Con los muchos años que llevo en ella callejeándola a troche y moche, de día y de noche, repasando todos sus barrios, vericuetos y andurriales, no he encontrado aún su síntesis".

Vivió en Buenos Aires hasta su muerte, el 12 de enero de 1963. Durante esos casi veintisiete años habitó con su mujer el sexto piso del edificio de la calle *Hipólito Yrigoyen* 1974. En su vida porteña, Gómez de la Serna solía frecuentar ciertos lugares. Uno de sus favoritos: el Jardín Zoológico, que recorría con Luisa Sofovich y el hijo del primer matrimonio de su mujer, Eduardo Ghioldi. Una vez terminado el recorrido tomaban algún refresco en el "guindado" de la calle *República de la India* y *Avenida del Libertador,* bajo la sombra de los plátanos; o se acercaban a la calle *Florida* en el tranvía 37 (cuyo recorrido lo hace hoy el colectivo 37) para ir a tomar el té a la Confitería Richmond (*Florida* 468).

El escritor comía regularmente en el tradicional restaurante El Tropezón, cuyo solar sobrevive en la *Avenida Callao* entre *Sarmiento* y *Teniente General Juan Domingo Perón* (ex *Cangallo).* También solía frecuentar la cervecería El Ciervo en *Avenida Callao y Corrientes.*

Respetado y agasajado por todos, era asiduo concurrente del restaurante del Hipódromo de *Palermo* y La Cabaña *(Avenida Entre Ríos* 436), adonde solía concurrir con Bernardo Sofovich (hermano de Luisa), y de Munich de Costanera Sur (hoy transformado en museo). Las crónicas de esos paseos evocan: "Mi expansión suprema es la Costanera, donde a la misma hora que en Puerta de Hierro —mi costanera madrileña— me preparan una paella en la terraza, que a las cinco se va poblando de ingleses y alemanes que vienen a tomar el té y se consternan al ver mi mesa (...) Las confiterías, las especiales confiterías de Buenos Aires, equivalen al café español, menos en que están separados hombres y mujeres aquí; y en la lista de 'cocktails' se anuncian muchos más que por allá (...) Desde Las Violetas a la Nóbel (...) la Confitería de El Molino, suntuoso edificio (...) en la llamada Ideal hay orquesta de señoritas."

213

Otro recorrido obligado por su cercanía era la *Avenida de Mayo,* el legendario Teatro Avenida y su contiguo Bar Español que frecuentaba. Así define Gómez de la Serna a esta arteria: "Tiene algo de rambla catalana, de la calle de Alcalá y de la entrada de la Gran Vía, mezclándose por eso la sensación que sienten los catalanes en Madrid y los madrileños en Barcelona"; también cita "el chocolate con churros a la salida de los cines y teatros de la *Avenida de Mayo* en La Alhambra o en La Cosechera".

Desde su arribo hizo amistad con Macedonio Fernández, con quien se carteaba desde 1925, y con Oliverio Girondo. Este poeta y su esposa, la escritora Norah Lange, eran famosos por las fiestas en su casa de la calle *Suipacha* 1444, donde en memorables veladas se reunían con otros intelectuales. Esa amistad con Macedonio y Girondo está señalada por De la Serna en *Retratos contemporáneos escogidos,* aunque luego se perdió a raíz de un altercado. Según se cuenta, Oliverio dijo: "Me cago en el Papa", frase que ofendió a Gómez de la Serna porque era católico. Como no se disculpó Girondo, el español dio por terminada la amistad. De todos modos, Luisita Sofovich se iba hasta la casa de los Girondo para verlos.

Ramón Gómez de la Serna y Luisa Sofovich.

214

Otro amigo y compatriota del escritor fue Arturo Cuadrado, que relató uno de los arranques del autor madrileño: "Un día, nostálgico, Ramón Gómez de la Serna, precipitado en la locura, nos anunció: 'Ahora mismo me voy a mi tierra', ¡y se sumergió en el subterráneo de la *Avenida de Mayo* para circular de *Constitución* a *Retiro*! Ahí está viva y luminosa España", con referencia a los murales que muestran distintas regiones españolas.

Otro de sus amigos fue el entonces influyente José Ignacio Ramos, consejero de Información y Cultura de la Embajada de España en la Argentina.

En el año 1947 en el Museo Nacional de Bellas Artes se realizó una muestra de pintura española donde se expuso *La tertulia de Pombo*, de Gutiérrez Solana; allí figuran los asiduos personajes del célebre lugar, entre ellos Gómez de la Serna y el propio Solana, que eran muy amigos.

Buenos Aires y el tango fueron temas para De la Serna, que los hizo protagonistas de su obra *Interpretación del tango*, editada por Ultreya en Rosario, provincia de Santa Fe, junto a *Explicación de Buenos Aires* (Idea, Madrid, 1949); son pinturas de esa vivencia profunda que tuvo el escritor. "Hay que reconocer esa llamada al alma que hace un tango en Buenos Aires", dijo. Agregó también que "el tango es el refunfuño de Buenos Aires y sus desterrados, su tribulación musical, su estertor sentimental, su temblor neurótico, su ronquido sensual, su arco iris privativo".

En 1961 su salud desmejoró. Internado en el Instituto del Diagnóstico (*Marcelo T. de Alvear* 2346), el mismo sanatorio en que en los años '50 estuvo internada Eva Perón, se enteró de que España le había otorgado el Premio March. Por otra parte, Francia lo había incluido en la Academia Francesa del Humor, junto a Charles Chaplin, y Pitigrilli fue uno de los pocos extranjeros nominados. Durante su enfermedad lo acompañó el doctor Isaac Tolchinsky. Murió un caluroso 12 de enero de 1963. Fue velado en el Club Español (en la calle *Bernardo de Irigoyen* 164). El cuerpo estuvo depositado en el cementerio de la Recoleta hasta el 22 de enero, fecha en que se lo trasladó a España. En *Hipólito Yrigoyen* 1974 una placa dice: "Aquí vivió y murió, 1936-1963, Ramón Gómez de la Serna. Genio de la literatura española contemporánea. 'Cuando muera quisiera que me llorasen todas las cariátides de Buenos Aires'. Homenaje de la ciudad de Buenos Aires, 1967". Artistas, diplomáticos y autoridades le rindieron tributo.

Manuel Mujica Lainez, que visitó su casa, dijo: "Tres habitaciones de pesadilla tapizadas pero con fotografías y recortes. Algo originalísimo y desesperante".

La habitación estudio de Ramón fue trasladada al Museo Municipal de Madrid en *Fuencarral* 78.

RAMÓN 1989

Ese año la revista Todo es Historia *(Nº 270, diciembre) publicó un artículo de Horacio Spinetto en el que podemos leer: "Pasaron más de veinticinco años de la muerte de Ramón, ya se cumplió el centenario de su nacimiento. La ciudad vive y palpita tras seis años de nueva experiencia democrática. (...)*

"El día en que colocaron la placa se cortó el tránsito, estuvieron presentes el embajador español, autoridades municipales, diplomáticos y escritores, se embanderó la cuadra (...)." También menciona que los actuales habitantes de la que fue su casa siguen recibiendo la cuenta de gas a nombre de Ramón Gómez de la Serna.

"Al abandonar el edificio, después de una visita al departamento, me asaltó la imagen de cuando conocí a Ramón. Fue hacia fines de 1959, yo era un pibe, había ganado un concurso de composiciones en la escuela. El escritor Roberto F. Giusti, uno de los jurados, me llevó un día al 'pisito' (...) Allí lo conocí, en su ámbito. Mientras Ramón benévolamente leía mi escrito infantil, yo estaba asombrado observando, sin perder detalle, todo a mi alrededor. Su escritorio, muy grande, sobre una especie de tarima. Un aparato para mirar radiografías sobre la puerta, en donde había una de su cabeza. Desde el escritorio encendía el visor y decía: 'Ése soy yo'. (...)

"Cuando ya casi salíamos, me regaló un pequeño pisa-papeles de vidrio de los muchos que tenía. Lo conservo con emoción, tengo en mi poder una partecita de aquella caja encantada."

Tuvo la ocasión de recorrer Buenos Aires en compañía de una importante hispanista (Ioana Zlotescu), incluso los lugares en que Ramón habría situado su novela El hombre perdido, una de sus mejores obras: "'...despertadores atragantados que me despertaban para ir a trabajar a la fábrica de hacer alpargatas...' (circulábamos por la Avenida Patricios pasando frente al lugar mencionado por Ramón). (...)

"'Bar Lácteo todo pintado de leche y que hace sentir a sus comensales la funesta idea de pintar de blanco hasta donde alcance el tarro...' (Ramón podía estar refiriéndose a las lecherías de La Martona, diseminadas por toda la ciudad. Íbamos por Iriarte, en Barracas, casi al llegar a Vieytes, y recordaba a uno de esos bares lácteos, sobre Iriarte, y que se llenaba de gente que tomaba un vaso de leche fría con vainillas, cuando funcionaba la feria que se armaba sobre el boulevard). (...)

"Una de esas noches al finalizar la recorrida, estando también con el poeta andaluz José Carlos Gallardo, nos sentamos a tomar algo en uno de los barcitos que atienden en la Plaza Dorrego. Hablamos de Borges, de Abelardo Arias, de Paco Umbral, de Rafael Alberti, de Antonio Machado; de la permanente vigencia de Serrat en la Argentina, y de Ramón.

"Ioana quería ver la Cruz del Sur. Mientras levantaba mi dedo índice creí escuchar un vozarrón familiar: '...desde que llegamos nos obsesiona la Cruz del Sur (...) En el barco, en la noche del arribo, nos señalaron la constelación entre el alto y bajo horizonte'."

Las greguerías

"La greguería nació aquel día de escepticismo y cansancio en que cogí todos los ingredientes de mi laboratorio, frasco por frasco, y los mezclé, surgiendo de su precipitado, depuración y disolución radical la greguería."

Ni el propio Gómez de la Serna pudo definir ese género que él creó en 1912 y que durante años publicó entre otros en el desaparecido diario El Mundo de Buenos Aires. Se trata de una frase breve, algunas veces dos o tres, de un contenido humorístico:

"El envidioso no aplaude porque le salen espinas en las palmas de las manos y se las clavaría si aplaudiese."

"El ciervo es el hijo del rayo y del árbol."

"El pez más difícil de pescar es el jabón en la bañadera."

Bibliografía

Ramos, José Ignacio. *Vivir en la Argentina,* Buenos Aires, Ed. Galerna, 1989.

Ferrer, Horacio. *El libro del tango,* Barcelona, España, Antonio Tersol Editor, 1980.

Sofovich, Luisa. *Ramón Gómez de la Serna,* Buenos Aires, Ediciones Culturales Argentinas, 1962.

La utopía de Ramón, Cuadernos El Público, N° 33, Madrid, España, Centro de Documentación Teatral, mayo de 1988.

Revista *Todo es Historia,* N° 270, diciembre de 1989.

Boletín del Instituto de Cooperación Iberoamericana, N° 22, Buenos Aires, setiembre de 1990.

Diarios: *Clarín, Página/12, La Nación:* fechas varias.

EL BUENOS AIRES DE... VASLAV NIJINSKY

"Ya entrada la noche, un rosario de luces vivas adornaba el horizonte. La última noche en el barco nos sorprendió escuchando el verdadero tango argentino... y el color azul de la luna llena. Era Buenos Aires".

ROMOLA NIJINSKY-PULSZKY

Vaslav Nijinsky (1890-1950) fue el primero de los grandes bailarines en obtener prestigio y fama internacional. Su vida y su arte se convirtieron en leyenda y muchos de estos episodios están ligados a sus dos visitas a la Argentina en 1913 y 1917.

El 15 de agosto de 1913 parte desde Francia hacia Buenos Aires la compañía Diaghilev sin su responsable pero con su figura principal, Vaslav Nijinsky, que subió a bordo del vapor de bandera inglesa "Avon" usando capa y sombrero. En el elenco estaban también la célebre bailarina Tamara Karsavina y Romola de Pulszky, hija de Emilia Markus, actriz húngara comparada a Sara Bernhardt, que aprovechando la ausencia de Serge Diaghilev llevaría a cabo el sueño de su vida: casarse con el gran bailarín. Según narra Romola en su libro sobre la vida de Nijinsky, compartió la travesía "con un encantador joven argentino de apellido Chávez que tenía en Buenos Aires una casa de confección" y que admiraba a Nijinsky y que también los impresionó con el tango.

La pareja se comprometió el 1° de setiembre de 1913 en Río de Janeiro (Brasil). En el barco venían inmigrantes italianos y españoles, con quienes compartieron bailes y cantos. Nijinsky —según testimonia su esposa— había decidido casarse en una iglesia y no a bordo, por lo que esperaron a llegar a Buenos Aires.

"Fuimos a vivir al Hotel Majestic, los Baton, Gunsburg, Kovaleevska, Nijinsky y yo. Había un gran departamento en el primer piso. Mi cuarto quedaba en el tercero... La ciudad era interesante y contaba con un parque encantador, Palermo, con árboles y plantas extrañas... sobre el césped se paseaban aves de lindos plumajes... Chávez nos guiaba, Buenos Aires era una mezcla de París, Madrid y Bruselas, en ella existían palacios, construcciones, árboles y plantas de rara belleza... Más tarde encontramos a Nijinsky, que ya había examinado el magnífico escenario del Teatro Colón... El teatro era inmenso: la mayor ópera del mundo —continúa Romola—. Los camarines disponían de baño y otras comodidades... Todas las tardes a la hora de la siesta, Nijinsky subía a mi cuarto, siempre adornado con flores... Sobre una mesita, el niño Jesús de Praga sonreía con aire zumbón..."

La boda tuvo intensas idas y venidas. Una súbdita austríaca y un ruso necesitaban documentación en regla. Se telegrafió a Hungría y a Rusia. "Me parece que fue la primera vez que las embajadas en la Argentina tuvieron algo que hacer", señaló la señora Nijinsky. Según ella, "la iglesia de San Miguel era la preferida para todos los casamientos elegantes de Buenos Aires". El barón Gunsburg, que se encargó de todo, decidió que la boda de los bailarines se realizara en ese templo, situado en *Bartolomé Mitre y Suipacha*. Nijinsky se casó el 13 de setiembre de 1913 a las 18.15. A las 13 en la sección 13 del registro civil se requirió de un traductor que causó mucha gracia a Romola: "La figura espaventosa de un español muy estirado". Nijinsky contestó en ruso y su esposa en húngaro y francés, mientras el magistrado decía algunas palabras en castellano. De la ceremonia, publicaron notas ilustradas las revistas *Caras y Caretas y PBT*. En la ceremonia religiosa se tocó la marcha nupcial de "Lohengrin", de Wagner. Según Romola Nijinsky, "...la ceremonia fue muy larga. El clero oficiaba ricamente vestido. Las flores eran estupendas. Todos se confundían en una atmósfera de extraña neblina, los padres, el cortejo, los invitados, hasta el futuro marido". El cronista del diario *La Gaceta,* Ever Méndez, comentó en su crónica: "Se recordará por mucho tiempo el casamiento por el encanto que produjo en algunas familias argentinas presentes la gracia de la novia, por la velocidad con que se desarrolló la ceremonia, que resultó algo 'sui generis', por el carácter de los contrayentes y sus compañeros de arte asistentes y porque nadie se atuvo a las costumbres establecidas. Los casó el padre Carlos Sosa Lavalle y la partida de casamiento religioso la firma un joven sacerdote, el padre Miguel De Andrea", posteriormente un destacado y progresista monseñor.

La noche siguiente todo Buenos Aires asistió al Teatro Colón para verlos juntos. Si bien la primera bailarina era Tamara Karsavina, los ojos de los espectadores se deslizaban para ver quién y cómo era Romola. La compañía también presentó en esa temporada *La siesta de un fauno*, *Scherezade* y *El lago de los cisnes*. Nijinsky, que llamaba a Romola "Maia Jena" (mi mujer), le pidió que compartiera con él su departamento del Hotel Majestic. Después de la luna de miel en Buenos Aires, los famosos rusos partieron a Europa de regreso.

En 1917, el vapor "Reina Victoria" trajo de nuevo a los Nijinsky a Buenos Aires. Eran esperados en el puerto por un hijo

El Teatro Colón, que data de 1908, sigue manteniendo su jerarquía y tradición.

del ex presidente Quintana, un chileno afincado en la Argentina que era el "maestro de tangos" del matrimonio y algunos parientes de Romola que habían emigrado a la Argentina. Ella se había retirado de la danza. Se hospedaron en el flamante Plaza Hotel (*Florida y Marcelo T. de Alvear*), donde también estaba Ana Pavlova. Nijinsky viajó luego a Montevideo para un espectáculo a beneficio de la Cruz Roja, acompañado nada menos que por Arturo Rubinstein en una jornada única. "Cuando dijimos adiós al barco —los Nijinsky no partieron de regreso con la troupe— que lentamente se alejaba de los muelles del río de la Plata, sabíamos que aquello era decir adiós para siempre al ballet ruso", dijo Romola.

También la historia cuenta del encuentro de Ana Pavlova y Nijinsky en los salones del Plaza Hotel, al enterarse en Buenos Aires de la revolución bolchevique.

Del amor de Romola y Nijinsky nació Kyria, posteriormente coreógrafa.

El cine rescató su vida en un filme de Herbert Ross (1980). Jorge de la Peña, bailarín uruguayo, encarnó a Nijinsky, Alan Bates a Diaghilev y la bailarina Carla Fracci a Karsavina. Participó también la bailarina argentina Liliana Belfiore, que en ese momento era parte del elenco del London Festival Ballet. En ocasión del estreno, el diario *La Razón* dijo (el 5 de setiembre de 1981): "Las reconstrucciones de Buenos Aires de 1917 despiertan una sonrisa en el espectador, pero esto no es lo que importa en un filme de indudable jerarquía".

El mismo día en que se estrenó la película *Nijinsky* se presentó la película argentina *El hombre del subsuelo*, dirigida por Nicolás Sarquis, protagonizada por Alberto de Mendoza y basada en el libro de Dostoievsky *Memoria en una casa de muertos* o *Memorias del subsuelo*. Este libro había llamado la atención de Nijinsky en su primera visita a Buenos Aires.

En *Un instante en la vida ajena* el coreógrafo Maurice Béjart dice: "La idea de Nijinsky me surgió una noche al tomar un libro que acababan de regalarme en una colección 'club': *El coloso de Maroussi* de Henry Miller (...) habla de algunos libros de los que no puede prescindir: los enumera y ¡zas! en su corta lista aparece el Diario de Nijinsky. El solo hecho de tener el nombre del bailarín unido a la noción de diario íntimo hizo que comenzara a bullir en mí en un instante un ballet que se me borró inmediatamente (...) Dividí el ballet en dos partes según el plan que concebí con tanta dificultad en Ravello: Nijinsky-de-los-ballets-rusos y el Nijinsky-de-Dios... conclusión, el protagonista de este ballet fue el argentino Jorge Donn."

En 1990 en el Teatro Coliseo se concretó la presentación mundial de *Nijinsky clown de Dios,* no ya el ballet conocido en Bruselas años atrás, sino con el mismo nombre un nuevo y deslumbrante espectáculo con el subtítulo de "Dúo para gran espectáculo cantado", bailado y actuado por Jorge Donn y la actriz Cipe Lincovsky. Esta obra recorrió el mundo con gran éxito.

Más Nijinsky en Buenos Aires

En 1985 en el Centro Cultural General San Martín se estrenó Matrimonio con Dios (El amor imposible), *dirigido por el italiano Eugenio Barba con la participación del elenco del Nordisk Teaterlaboratorium de Dinamarca, que proviene del famoso Odin Teatret.*

Está basado en textos de Jorge Luis Borges, Vaslav Nijinsky y Miguel Hernández, entre otros. El personaje de Nijinsky fue protagonizado por el argentino César Brie.

La bailarina, argentina Iris Scaccheri, en un espectáculo de su autoría, rinde homenaje a Las primaveras de Nijinsky.

En la década del 80 Rudolf Nureyev presentó en el Teatro Colón un homenaje al bailarín evocando el estilo y las obras que hicieron famosos a los ballets rusos y al bailarín.

En la calle Suipacha 78, *frente a la iglesia San Miguel, el escritor Marco Denevi imaginó la acción de* Ceremonia secreta, *historia que en la Argentina se llevó con éxito a la TV y que en Estados Unidos fue un filme protagonizado por Elizabeth Taylor. Todo este Buenos Aires de Nijinsky transcurre en el barrio de* San Nicolás.

Su hermana, bailarina y coreógrafa, Bronislava Nijinska Singaevsky, participó en las décadas del 20 y del 30 de la coreografía de muchos ballets del Teatro Colón. Sumó para la historia de la danza la fundadora coreografía de Cuadro campestre, sobre una partitura de Constantino Gaito. Esto significa que la Nijinska vivió por muchos años en Buenos Aires hasta que en 1946 quedó cesante sin fundamentación de su cargo en el Teatro Colón. Volvió a Buenos Aires por última vez en 1960 como parte de la Compañía de Ballet del Marqués de Cuevas y murió a los 81 años en febrero de 1972 en Estados Unidos.

En octubre de 1917, estando Nijinsky alojado con su esposa en el Plaza Hotel, el musicólogo Blemey Lafont le da a conocer un proyecto inédito del libreto del ballet Caaporá *(El dios de la desgracia)*, concebido por el escritor Ricardo Güiraldes con los figurines y escenografía del pintor Alfredo González Garaño y la música del maestro Pascual de Rogatis.

El destino no hizo posible ese sueño americano para el bailarín ruso. Este proyecto está expuesto en el Museo Gauchesco Ricardo Güiraldes de la ciudad de San Antonio de Areco, a 115 kilómetros de Buenos Aires.

EL HOTEL MAJESTIC

El Hotel Majestic es la concreción del proyecto ganador del concurso organizado por la ya inexistente Caja Internacional Mutua de Pensiones para su sede central.

El edificio fue concebido arquitectónicamente con una institución bancaria. El proyecto ganador fue presentado con el lema de "Mercurio". Se construyó en 1906 y en 1909 ya comenzó a funcionar allí el Hotel Majestic, uno de los más lujosos de Buenos Aires en sus orígenes, obra de los arquitectos F. L. Collivadino y J. I. Benedetti. En 1913 se alojó allí Nijinsky. Por esos años la mitad de la terraza estaba cubierta por un techo de vidrio para proteger a la clientela en días lluviosos. En ella había un espléndido bar donde se servían bebidas inglesas y norteamericanas.

El hotel fue frecuentado por personalidades de todo el mundo.

Nijinsky ocupó un departamento de cinco habitaciones en el tercer piso. El urbanista suizo Le Corbussier fue uno de los últimos famosos que se hospedaron en el hotel en 1929. En 1930 el edificio funcionó como sede del Banco Interamericano. Dos años después fue adquirido por el Estado Nacional argentino. Hoy lo ocupan oficinas de la Administración Federal de Ingresos Públicos (AFIP).

En su interior funciona el Museo Tributario que tiene un sector dedicado al Majestic y a Nijinsky.

En 1964, el edificio fue utilizado en la filmación de la película El ojo en la cerradura, dirigida por Leopoldo Torre Nilsson, con guión de Beatriz Guido, y con la participación de los actores norteamericanos que habían sido protagonistas de un muy reconocido filme, David y Lisa: Stathis Giallelis y Janet Margolin. En esa película actuaron Cipe Lincovsky, Lautaro Murúa, Leonardo Favio, Nelly Meden y Marilina Ross. En la ficción el edificio volvió a ser un hotel (Avenida de Mayo 1317).

Bibliografía

Nijinsky-Pulszky, Romola. *Nijinsky*, Buenos Aires, Ediciones Siglo Veinte, 1945.
Diarios: *La Nación, Clarín, La Prensa, La Razón:* años varios.
Revista *La Nación:* 9-10-79 y 9-3-75.
Revista *La Danza*, N° 4, Buenos Aires, 1982.

EL BUENOS AIRES DE...
VICENTE BLASCO IBÁÑEZ

"Ningún extranjero me parece que puede sentir como siente un español a Buenos Aires: acaso el español es quien mejor esté para penetrar en el fondo del ser colectivo de la extraordinaria ciudad cosmopolita."

VICENTE BLASCO IBÁÑEZ
(1867-1928, escritor español)

Pocos imaginan que Vicente Blasco Ibáñez, el autor de *Sangre y arena* y *Los cuatro jinetes del Apocalipsis*, dos novelas de valor universal y que además fueron llevadas al cine, vivió en Buenos Aires y fundó dos ciudades en la República Argentina.

Recordemos la cinematográfica vida del escritor nacido en Valencia: estudió leyes y periodismo; miembro del partido republicano, fue detenido por un soneto que escribió contra la monarquía y desterrado en 1890 por sus actividades. Fundador del diario *El Pueblo*, sus campañas periodísticas lo llevaron varias veces a los tribunales. Como diputado, fundó el partido blasquista opuesto al sorianista de Rodrigo Soriano. Emigró a la Argentina y aquí fundó pueblos en las provincias de Río Negro y Corrientes.

Aclamado por los aliados tras la Primera Guerra Mundial, fue condecorado con la Legión de Honor francesa y realizó un viaje triunfal por Estados Unidos. Tuvo que exiliarse con el advenimiento de la dictadura de Primo de Rivera, muriendo al poco tiempo en Menton (Francia). Entre sus novelas se destacan: *Arroz y tartana, La barraca, Cañas y barro, La Catedral, Mare nostrum* y *Cuentos valencianos*, entre otros.

Su permanencia en la Argentina fue para él un deslumbramiento. Recorrió el país en todas direcciones y se compenetró íntimamente con sus problemas y posibilidades. En 1910 publicó en Madrid *Argentina y sus grandezas*, obra monumental de cerca de ochocientas páginas en formato mayor y nutrida de grabados, en que examina el país desde todos los ángulos imaginables y en la que se ponen de relieve los profundos sentimientos de afecto que Ibáñez profesaba por la Argentina.

En el introito de este libro, Blasco Ibáñez dice: "¡Buenos Aires!... Ese nombre hace soñar al desesperado. Al repetirlo mentalmente, se siente fortalecido con energías centuplicadas para la lucha..."

En 1982 en el diario *La Nación*, José Blanco Amor señala que ese diario argentino nombró en 1906 corresponsal en Madrid a Blasco Ibáñez. "Pero la inquietud andariega de Blasco no cabía en el mapa de España." Estuvo en México pero prefirió a la Argentina, para él "los Estados Unidos del Sur". El empresario del Teatro Odeón de Buenos Aires (*Esmeralda* y *Avenida Corrientes*), Faustino Da Costa, lo invitó en 1909 a dar una serie de conferencias. Por esa misma sala habían pasado Georges Clemenceau, Jean Jaurès y otros más. Había que probar ahora con dos nombres totalmente opuestos en el campo de la literatura: el esteta Anatole France y el batallador republicano Vicente Blasco Ibáñez. La experiencia fue dramática para el francés y exultante para el español, según *La Nación*, que agrega: "Competencia —escribe el secretario de Anatole France en su diario *Itineraire de Paris à Buenos Ayres*, por Jean Jacques Brousson—: ha llegado a Buenos Aires otro conferenciante. Es Blasco Ibáñez. De entrada ya nos dio jaque mate. Una multitud inmensa y delirante ha ido a esperarle". Después cita lo dicho por el secretario del escritor francés; cuando lo comparó a Blasco Ibáñez, con un torero, un tenor, un predicador y un rey de los camelos. Pero este comentario no ofendió al gran español. Su triunfo en Buenos Aires había sido rotundo. El presidente Figueroa Alcorta fue a escucharlo, lo que agradeció desde el escenario con los términos más corteses y diplomáticos afirmando que era el mandatario de "uno de los países más privilegiados de la Tierra".

Por su parte, en 1977, el diario *Clarín* escribe que "Río Negro rinde homenaje al fecundo paso colonizador por sus tierras del escritor español Vicente Blasco Ibáñez. La vivienda que ocupara la administración de la Colonia Agrícola Cer-

227

vantes —fundada en el año del Centenario (1910) por el autor de *Sangre y arena*— ha sido donada por sus actuales propietarios, Magdalena y Faustino Mazzuco, con destino a la creación de un museo que se llamará Vicente Blasco Ibáñez. En setiembre de aquel año, el presidente Figueroa Alcorta dispuso la adjudicación de unas 2.500 hectáreas al novelista, quien se comprometía a proceder a su cercado, nivelación, desmonte y siembra en los dos años siguientes. Entre marzo y abril de 1911 llegaron varias familias valencianas (región de la que era oriundo) y fueron instaladas tomas de riego y bombas para la elevación del agua. Si bien la hostilidad y el aislamiento vencieron a los esperanzados colonos, al menos quedaron 2.000 hectáreas desmontadas que, al habilitarse el sistema de riego del Alto Valle en 1921, constituyeron la jurisdicción de Cervantes, nombre impuesto ocho años antes por el escritor a la estación ferroviaria local." Cervantes es hoy una de las localidades de mayor riqueza frutícola de la zona del Alto Valle de Río Negro (a 1.200 kilómetros de la ciudad de Buenos Aires).

El "Quijote del valle rionegrino", como lo llamó *Clarín,* "fundó después en Rincón de Lagraña, a 15 kilómetros de la provincia de Corrientes, la colonia Nueva Valencia. El gobierno argentino le vendió 5.000 hectáreas a pagar en diez anualidades, y Blasco Ibáñez acordó entregarles parte del área a quienes trabajasen a su lado. Sin embargo, las enormes dificultades del proyecto de explotación de arrozales, los vibrantes llamados del Blasco Ibáñez narrador y el desencadenamiento de la Gran Guerra lo impulsaron a regresar a Europa".

Según este diario, no fue fácil entonces comprender que hubiera cambiado una batalla por otra, más cercana a sus ideas y afectos.

En Buenos Aires se lo rememora por diversos motivos. Roberto F. Giusti, al recordar "los almorzáculos", que eran reuniones o almuerzos que se hicieron primero en el café La Brasileña —*Maipú y Corrientes*— y luego en el restaurante Génova de *Montevideo y Corrientes,* en el Sibarita o en el Hotel Jousten, donde se reunían intelectuales, artistas y periodistas, señala que a los almorzáculos de *Nosotros* —revista literaria de principios de 1900— fueron invitados Vicente Blasco Ibáñez y Ramón del Valle-Inclán.

La revista *Claridad* le dedicó uno de sus números especiales, Francisco García Jiménez recuerda que el valenciano se situó en la *Avenida de Mayo* para escribir el libro *La Argentina y sus grandezas*. En esta mítica avenida de Buenos Aires, Blasco Ibáñez declara: "... en la muy española *Avenida de Mayo* abracé al veterano periodista Manolo Fondevila, otrora director del *Heraldo de Madrid*".

El 15 de julio de 1909 visitó también la ciudad de Tandil, en la provincia de Buenos Aires.

Luego su nombre se vinculará con el cine a través de *Sangre y arena* y *Los cuatro jinetes del Apocalipsis*, que escribió en un hotelucho de París. Los nombres de Rodolfo Valentino, Glenn Ford y Rita Hayworth serán parte de una saga que lo tuvo de quijote, conferenciante y aventurero.

En la misma edición (22-11-77) el diario *Clarín* dice: "Si hubiese nacido en Estados Unidos, Vicente Blasco Ibáñez sería considerado un héroe de un Far West con ciertos elementos en común con nuestra Patagonia."

Volvió al país en 1913; luego, "cuando el tres veces exiliado moría en su paradisíaca finca Fontana Rosa en el pueblo de Menton, escondido en los Alpes Marítimos franceses, el valle de Río Negro ya estaba ricamente poblado de frutales y la zona de la fallida Nueva Valencia prometía que cincuenta años más tarde aportaría más de la mitad de la producción de arroz de todo el país. Su inquietud había desafiado al tiempo".

En términos populares, el hecho de que el tango haya alcanzado tanta difusión en el mundo va de la mano de Rodolfo Valentino en *Los cuatro jinetes del Apocalipsis*, inspirada en la estadía de Blasco Ibáñez en la Argentina.

Una crónica periodística dice que aún hoy en Río Negro "algunos viejos vecinos recuerdan todavía la exuberante personalidad del escritor, las conferencias que dio en un hotel de General Roca —localidad cercana a Cervantes— y su chambergo negro de grandes alas".

Bibliografía

Requeni, Antonio. *Cronicón de las peñas de Buenos Aires*, Buenos Aires, Fundación Banco de Boston, 1985.

Llanes, Ricardo M. *La Avenida de Mayo*, Buenos Aires, Ed. Kraft, 1955.

García Jiménez, Francisco. *Memorias y fantasmas de Buenos Aires*, Buenos Aires, Ed. Corregidor, 1976.

Garasa, Delfín Leocadio. *La otra Buenos Aires —paseos literarios por barrios y calles de la ciudad*. Buenos Aires, Ed. Sudamericana-Planeta, 1987.

Parnaso Diccionario Sopena de Literatura, tomo I, autores españoles e hispanoamericanos, Barcelona, España, Ed. Sopena, 1972.

Pereira, Susana. *Viajeros del siglo XX y la realidad nacional*, Buenos Aires, Centro Editor de América Latina, 1984.

Los españoles de la Argentina, Buenos Aires, Manrique Zago Ediciones, 1985.

Revistas: *Nueva Era, Bodas de oro 1919-1969,* Tandil (provincia de Buenos Aires), 1969; *La Ciutat,* mensuario del Ayuntamiento de Valencia, España, julio de 1986; *Argencard Internacional,* Nº 39, julio 1980; *Mundo Hispano,* Madrid, España, mayo de 1960.

Diarios: *Clarín, La Nación, Ámbito Financiero, La Voz de Rojas* (provincia de Buenos Aires): años varios.

EL BUENOS AIRES DE... MIGUEL DE MOLINA

> *"Fue rico y fue bello; conoció el éxito y la infamia; vivió entre aplausos y vejaciones. Genio y figura; hoy, como tantos, vive allá donde habita el olvido."*

Revista *La Luna*, Madrid, febrero de 1985.

El 17 de noviembre de 1970, la mítica revista *Primera Plana* publicaba una entrevista de Manrique Fernández Moreno y Julio Ardiles Gray en la que se profundizaba sobre la vida y trayectoria de este singular artista español. En 1960 se retiró de la escena y habitó solitario, una casa de la calle *Echeverría* 1900, del barrio de *Belgrano*. Su arquitectura, plantas y flores dan a la residencia un aire neoandaluz. Desde 1946 se radicó Miguel definitivamente en la Argentina. Allí vivió rodeado de sus recuerdos, fotos, marfiles y cuadros.

Llegó por primera vez a Buenos Aires con la compañía de Lola Membrives. "Mi debut fue inolvidable. Era en noviembre de 1942. Encontrarme en este país con tanta paz me dio un nuevo impulso", confió en un reportaje. Fue en el Teatro Cómico, llamado actualmente Lola Membrives. Más adelante, por imposición del propio Miguel de Molina, se reformó el Teatro Avenida (1943) para otro de sus espectáculos. Ya era famoso por sus canciones: *Ojos verdes*, *La bien pagá*, *La hija de don Juan Alba*; nadie como él revolucionó el espectáculo, fueron célebres sus blusas de seda y la seducción de sus movimientos. El artista vivió entonces en un departamento de la calle *Arenales* asistido por un matrimonio de empleados japoneses.

Durante el gobierno de facto del general Pedro Pablo Ramírez es detenido en medio de una función y allanado su departamento. Se le ordena abandonar la Argentina. En una subasta de la empresa Ungaro y Barbará (*avenidas Quintana y Callao*), se rematan sus muebles, porcelanas, orfebrería, arañas, alfombras, y su famosa colección de cincuenta y siete blusas, más los grandes cortinados, telones de felpa y raso de seda y todo el vestuario de la compañía.

Miguel de Molina parte de la Argentina, una veintena de devotos lo despiden. Se vuelve a España con lo puesto, intenta volver pero opta por irse a México. Según contaron allí los famosos artistas Jorge Negrete y Cantinflas, sabotean su espectáculo. El empresario Willy Ross lo quiere contratar para Estados Unidos, pero Miguel deseaba volver a Buenos Aires: "Mi obsesión era retornar y reivindicarme". A instancias de algunos empresarios, Perón permite su vuelta y Evita lo apoya. Trabaja para la Fundación Eva Perón, en un festival que se realiza en el Teatro Colón. Ella lo protege. También actúa en el Teatro Empire de la calle *Hipólito Yrigoyen*. Jaime Yankelevich lo lleva a la televisión (en los iniciales años cincuenta), donde presenta espectáculos originales y costosísimos. En 1952 filma por primera vez en la Argentina *Ésta es mi vida*, dirigida por Román Vignoly Barreto. Se nota su mano detrás de cada escena. Al respecto declaró: "Por qué no se habrá hecho en colores" (los cuadros que se presentan causan asombro por su belleza).

La película se estrenó en el cine Ocean (*Lavalle* 739) y es una serie de números musicales. En ella trabajaron los actores Adolfo Stray, Fidel Pintos y Argentinita Vélez.

Debuta en el Teatro Odeón con un notable espectáculo. Se entera de la muerte de su madre, pero continúa las funciones. También trabaja en la sala El Morocco.

Fueron famosas las revistas que hizo en el Teatro Maipo —calle *Esmeralda*— en 1948. También trabajó en el Smart (hoy Blanca Podestá) y en el Teatro El Nacional, de la *Avenida Corrientes*.

Aparece en el filme *Luces de Candilejas* (1958), dirigido por Enrique Carreras e interpretado por la cubana Amelita Vargas y el cantor Alberto Castillo. Esta comedia musical filmada en color tuvo diálogos escritos por Agustín Cuzzani.

Alguna noche comió en el "rancho" de la cronista de sociales del diario *La Nación*, Susana Pérez Irigoyen, junto al escritor Manuel Mujica Lainez.

"El artista se encontraba en el esplendor de su carrera. Cantaba a teatro lleno, lucía sus blusas andaluzas y era el centro de comentarios por sus aventuras amorosas." Manucho Mujica Lainez lo vio por última vez "en su casa barroca y muy clausurada y llena de estatuas, de *Belgrano*, regando sus plantitas...". Así relata Oscar Hermes Villordo los encuentros entre el escritor y el cantante. La película *Las cosas del querer*, dirigida por Jaime Chávarri (1989), cuenta su vida. Él dirá que nada tiene que ver con su historia y que él no es el personaje que interpreta Manuel Banderas.

Frecuentaba el conocido restaurante Fechoría, en la *Avenida Córdoba* 3921. En 1992 la Asociación Argentina de Actores declaró a Miguel Frías de Molina socio honorario. En diciembre de 1992, recibió, en la Embajada de España en Buenos Aires, la Orden de la Reina Isabel la Católica, que en nombre del rey Juan Carlos le entregó el embajador Pastor Ridruejo. El 5 de marzo de 1993 falleció en Buenos Aires y fue sepultado en el panteón de la Asociación Argentina de Actores.

Bibliografía

Hermes Villordo, Oscar. *Manucho, una vida de Mujica Lainez*, Buenos Aires, Biblioteca del Sur, Ed. Planeta, 1991.
Revistas: *La Luna*, Madrid, febrero de 1985; *Primera Plana*, 17-11-50; *Flash*, 19-4-83; *Gente*, 4-5-68.
Diarios: *ABC* de Madrid, 4-9-85.

Si uno imagina que han vivido en Buenos Aires compartiendo aire, tierra y agua personajes tan diversos como *Freddy Mercury, Marlene Dietrich, Edith Piaff, Ginger Rogers, Sting, Omar Shariff, Ramón del Valle-Inclán, Josephine Baker y Antoine de Saint-Exupéry,* podrá comprender la imposibilidad de abarcarlos a todos. Sólo imagínelos.

6

TANGO

Nace a fines del 1800 en el ámbito del Río de la Plata y en dos ciudades, Montevideo (Uruguay) y Buenos Aires (Argentina), con ancestros africanos a través de las palabras de los esclavos que recuperan su libertad (1813). Confluyen en el tango la soledad de los criollos y los millones de inmigrantes que a fines del siglo pasado recalaron fundamentalmente en el puerto de Buenos Aires.

Nace prostibulario. Nace como baile, luego vino el canto.

Hasta 1916 lo bailaban los hombres entre sí, mientras esperaban en el prostíbulo.

Mucho del dolor del tango y de su tristeza se vincula al desgarrón de los inmigrantes que venían solos a buscar pan y trabajo en esta porción de América.

El machismo aflora con fuerza y espontaneidad de este ritmo rioplatense.

Tiene la nostalgia del amor total. Los hombres no resolvían su afecto con prostitutas.

Tiene raíces africanas y españolas. El tango está emparentado con la habanera cubana y con el tango andaluz.

Organizada por el Instituto Histórico de la Ciudad de Buenos Aires se realizó en 1985 una experiencia participativa: "El tango... un drama humano". Estuvo coordinado por el licenciado Rodolfo Valentini. Algunas de las conclusiones fueron las siguientes:

"Para comprender un fenómeno cultural hay que situarlo en el contexto histórico y socioeconómico en el que surgió y evolucionó".

"Si no tenemos en cuenta la relación del hecho con el contexto, el observador se enfrenta con algo misterioso o tiende a atribuirle propiedades que no tiene".

"La inmigración que llegó a Buenos Aires el siglo pasado traía la expectativa de la tierra propia y de ganarse la América. Sin embargo sus anhelos se frustraron. Su hábitat fue el conventillo y fue reclutada como mano de obra barata. Los inmigrantes se convirtieron en desterrados; perdieron la identidad, el lugar de origen, la juventud y la tierra".

"La situación de pobreza de esta gente los impulsó a huir del conventillo. El canal de ascenso social para la mujer era la prostitución y el del hombre la delincuencia."

"Esta suma de pérdidas condujo a un duelo traumático y difícil de elaborar que fue legado a la generación siguiente".

"La tentativa de elaboración de la pérdida masiva del desterrado de su lugar de origen fue realizada por los hijos a través del tango."

"La situación de pérdida de la pareja, tema central del relato tanguero, se refiere a la pérdida del lugar de origen (Europa), la mina que se va simboliza esa pérdida".

"La pérdida —del objeto amoroso o del lugar de nacimiento— incluye casi siempre un proyecto de vuelta, un deseo tenaz de recobrarlo".

"El mismo objeto amoroso con el cual se establece el vínculo estaba compuesto por varias figuras internas de la constelación psicológica del hombre de suburbio. Éstas eran la imagen de la madre, el tema de la niñez abandonada, el hábitat de las experiencias infantiles".

"La secuencia de las letras de tango sigue la secuencia dramática de los hechos históricos y socioeconómicos."

"La situación de haber perdido algo crea además ansiedades persecutorias pues el abandono es visto como traición y transforma el objeto amado en odiado."

A mediados de 1990, en el Salón Dorado del Teatro Colón, se llevó a cabo la primera sesión plenaria de la Academia del Tango de la República Argentina, integrada por cuarenta académicos de honor e igual número de titulares. Los propósitos esenciales de la corporación son la recopilación, investigación, docencia y estímulo de la creación, así como la divulgación nacional y también internacional del género.

A partir del 11 de diciembre de 1977 y con el auspicio de la Municipalidad de la Ciudad de Buenos Aires comenzó a celebrarse en Buenos Aires el Día del Tango, fecha en que coinciden los nacimientos de Carlos Gardel y Julio De Caro.

Tres hechos están ligados con el tango, éstos son la construcción del nuevo puerto de Buenos Aires (1870), el fin de la guerra del Paraguay (1871) y la federalización de Buenos Aires en 1880.

El tango nace a partir de 1860. Los arrabales de entonces tienen un gran porcentaje de población masculina: soldados desocupados, campesinos e inmigrantes solitarios. La industria es considerada marginal, en un país que, como la Argentina, asentaba sus bases en la agricultura y en la ganadería. A esa población de hombres solitarios hay que agregar a los obreros. El tango nace en el ambiente de los prostíbulos y la marginación. Primero lo bailaron los hombres entre sí, antes de estar con una mujer en los burdeles. Uno de los sitios más famosos de la mala vida de la ciudad fue el de la calle del Pecado o del Aroma, donde hoy está emplazado el Ministerio de Salud Pública (*Avenida 9 de Julio y Moreno*).

Hasta 1912 hay una primera etapa del tango, prohibido y vinculado casi únicamente a la vida sexual. Es a partir del centenario de la Revolución de Mayo (1910) cuando comienza a popularizarse. El Barón de Marchi, hombre de la nobleza italiana, presentó el tango en sociedad. Lo hizo en el Palais de Glace. El ámbito puede observarse hoy ya que el edificio sigue en el barrio de *Recoleta*, pertenece a los Salones Nacionales de Exposición, de la Secretaría de Cultura de la Nación. La apertura de la *Avenida de Mayo* con sus tinglados de varieté va dando lugar al tango en los cafés. La llegada en 1916 de un gobierno popular como el de Hipólito Yrigoyen ayudó al protagonismo del tango.

El cabaret se convierte en otro de los lugares elegidos para el tango, donde actúa como elemento transformador de la orquesta. Reemplaza al prostíbulo. Los requerimientos cambian: mejora el nivel de público y con él aparecen mayores exigencias. Nacen las grandes orquestas típicas.

Las familias empiezan a admitir los tangos en sus bailes hogareños. Las niñas comienzan a estudiar en el piano las distintas partituras.

Otro de los lugares del tango fue el conventillo (1900), forma de vivienda que produjo la fusión de los distintos inmigrantes.

A partir de 1935, el cine se convierte en otro de los difusores del tango, al igual que la radio (con orquestas de tango en vivo) y posteriormente la televisión y la literatura.

Si bien no hay recuentos estrictos, se estima que existen 50.000 tangos.

Si hay una labor destacable, ésta es la realizada por el valioso Instituto Nacional de Musicología "Carlos Vega". En 1980 produjeron un álbum de discos y un texto, con una gran labor de investigación: La antología del tango rioplatense, volumen I. En él participaron Jorge Novati, Néstor R. Ceñal, Inés Cuello e Irma Ruiz. De este estudio reproducimos la siguiente información:

Personajes

Candales, Lola. Bailarina y cupletista de principios de siglo. En 1905, fue la inspiradora de La morocha, de Enrique Saborido (dedicado a los socios del Club de Pelota). Años después grabó estilos criollos para el sello Víctor.

Phillips, Harold (c. 1915). Pianista negro, de origen norteamericano, tuvo gran notoriedad en el tango durante los tres primeros lustros del siglo, tanto en Buenos Aires como en Montevideo. Es, por excelencia, la figura misteriosa del tango: hombre de vasta cultura y esmerada educación, su arrogante estampa era inseparable de la galera y los guantes blancos. Su presencia en Buenos Aires data de poco después de 1900. Pronto se hizo conocer como brillante pianista del cake-walk en la era del ragtime. Pero también lo atrajo el tango criollo y hacia 1910 integró la orquesta del café La Marina en La Boca, con "El Tano Genaro" y Alcides Palavecino, durante más de un año. En 1913 se presentó con notable éxito en Montevideo, donde actuó en varios cabarets y cafés. Tenía gran estima por el bandoneón, al que consideraba "el instrumento del porvenir" dentro del tango; y no dejó de prodigar su ayuda y palabra de consejo a bandoneonistas que luego fueron famosos, como el ya citado

Espósito, Arolas (de quien llevó al pentagrama varios de sus primeros tangos, como Nariz y Rey de los bordoneos) y los hermanos Minotto, que actuaban entonces con acordeón cromático y a quienes aconsejó reemplazar este instrumento por el bandoneón. En 1913, los Minotto actuaron ocasionalmente junto a Phillips en Montevideo. Su vida fue siempre enigmática. Un día, de improviso, como obedeciendo a una orden interior, anunció que partía para Europa. Era en 1914. En una carta a sus amigos, escribió que se hallaba actuando con éxito. Fue la última. Estaba fechada en Bruselas y la acompañaba una fotografía donde el pianista aparecía junto con una hermosa joven rubia, su esposa. Los ejércitos alemanes avanzaban entonces sobre Bélgica. Poco después, llegó otra noticia: Harold Phillips, hecho prisionero, había sido fusilado acusado de espionaje.

Acosta, Luciana ("La Moreyra"). Popular bailarina (1880-?). En la primera década del siglo, tenía su centro de actividades en el Café de la Pichona, situado en el barrio de *San Cristóbal*, próximo al antiguo Arsenal de Guerra. Su figura fue motivo de inspiración en el campo literario: José Sebastián Tallón la retrata pintorescamente en *El tango en sus etapas de música prohibida* (Buenos Aires, 1959); y Juan Carlos Ghiano la hace protagonista de su obra teatral "La Moreyra", estrenada por la compañía de Tita Merello en 1962. Existe una versión cinematográfica, protagonizada por la mencionada actriz.

"Amelia la Portuguesa". Compañera de baile y mujer de David Undarz ("El Mocho"). Esta pareja fue una de las más célebres en la época de auge del cabaret en Buenos Aires (aproximadamente desde 1915 hasta 1930) y su estilo, aunque no exento de espontaneidad e improvisación, marca una etapa de estilización presuntamente elegante, adecuado para el ambiente del cabaret clásico. "Los Undarz" actuaron también en los escenarios teatrales durante la década del veinte.

Alippi, Elías ("El Flaco"). Bailarín de tango, actor y director teatral y cinematográfico, autor de comedias y sainetes (1883-1942). Debutó en la escena en 1904 bailando un tango con Anita Podestá en *Justicia criolla*, zarzuela cómico-dramática en un acto y en prosa de Ezequiel Soria, música de Antonio Reynoso, que en esa temporada repuso en escena la compañía

241

de Jerónimo Podestá. Fue también uno de los mejores bailarines del local de "María la Vasca" y otros lugares nocturnos de aquel tiempo, lo mismo que en los escenarios. Bailó por última vez en la película *Así es la vida* (1939), con la actriz y cancionista Sabina Olmos; como autor teatral incluyó tangos en muchas de sus obras. La compañía teatral Muiño-Alippi tuvo una importancia decisiva en el advenimiento del tango-canción: el 26 de abril de 1918, en el sainete de José González Castillo y Alberto T. Weisbach, "Los dientes del perro", estrenado en el Teatro Buenos Aires, se presentó en escena un cabaret, y Manolita Poli cantó, acompañada por la orquesta de Roberto Firpo, el tango de Samuel Castriota y Pascual Contursi, *Mi noche triste*.

Gobbi, Flora (Flora Hortensia Rodríguez de Gobbi). Cancionista (c. 1880-1952), como integrante del elenco español "La Grúa", llegó a Buenos Aires en 1905; y en ese año se casó con Alfredo Gobbi, con quien integró el dueto cómico "Los Gobbi" (también llamado "Los Campos"). Animando monólogos, diálogos cómicos con su esposo, canciones picarescas, escenas teatrales, etc., cultivaron un estilo de amplísima repercusión popular. Muchas de sus canciones fueron llevadas al disco y aun a los primitivos cilindros de cera. Puede afirmarse que fueron los artistas más activos en los albores de la fonografía. Muchas de aquellas placas fueron grabadas en Francia y los EE.UU., suman en total varios centenares para quince marcas diferentes, y constituyen en conjunto un documento muy importante para el estudio de la literatura popular a principios de siglo. El tango, a veces con letras cómicas mechadas con diálogos y otras veces con otras más formales, ocupa en los catálogos que recogen su discografía un lugar importante, aunque no el más grande. De particular interés son las letras en lunfardo de las cuales Flora Gobbi cantó y grabó una cantidad sorprendente. Esta artista, la más popular en el espectáculo de varieté durante los primeros años del siglo, actuó hasta 1933. En muchos casos usó el seudónimo de Aurora Rodríguez; y en otros, el de Señora de Campos.

Marán, Joaquina ("La China Joaquina"). Bailarina de tango y regente de casas de baile en la primera década del siglo. A ella le dedicó Juan Bergamino su conocido tango "Joaquina" (originariamente, La China Joaquina).

Algunas casas particulares

Muchos propietarios o inquilinos organizaron bailes o tertulias en sus casas particulares desde los tiempos más remotos, pero merecen especial mención aquellas "casitas" que eran alquiladas por una noche a un grupo de individuos dispuestos a entregarse al baile y a la juerga. En realidad, funcionaban como prostíbulos encubiertos, y las mujeres eran provistas por la propietaria o regente en número adecuado a las necesidades de los clientes.

Laura. *Paraguay*, unos metros hacia el oeste de Centroamérica (hoy *Pueyrredón*), vereda de los pares. "La morocha Laura" (Laura Monserrat) regenteó este local, el más célebre de todos desde principios de siglo hasta 1912, aproximadamente. Rosendo Mendizábal fue durante varios años pianista de la casa.

María La Vasca. Europa 2721 (hoy *Carlos Calvo*). Regenteado por María Rangolla ("La Vasca"), funcionó desde la última década del siglo pasado. Manuel O. Campoamor, Rosendo Mendizábal, Alfredo Bevilacqua, Vicente Greco, Ernesto Ponzio desfilaron por él. Hacia 1897, Mendizábal habría estrenado allí su tango *El entrerriano*.

Mamita (Concepción Amaya). *Lavalle* 2177 (según otros autores, *Lavalle* 2148). Hacia 1898 o 1900, "El Pibe Ernesto" (Ernesto Ponzio), un adolescente entonces, habría estrenado en esta casa su tango *Don Juan*.

Madame Blanche. *Montevideo* 775. El más céntrico de los "clandestinos", regenteado por una francesa. El pianista Enrique Saborido estrenó allí, según se supone, su tango *Felicia*, en 1907. La casa de Madame Blanche habría funcionado también en *Riobamba y Sarmiento*. Sus otros pianistas fueron Castriota y Bevilacqua. Sus mejores bailarinas, Sarita y "Juanita La Cívica".

La China Rosa. *Chile* entre *Alberti* y *Saavedra*. También contó con la actuación de Enrique Saborido.

Otras casas de similares características:

La Parda Adelina. Tuvo a Mendizábal como pianista.

La China Joaquina (Joaquina Marán). Allí Juan Bergamino estrenó, en 1905, su tango *Joaquina*, dedicado a la dueña de casa en su cumpleaños.

243

La Vieja Eustaquia. Otro lugar de actuación de Rosendo Mendizábal y Enrique Saborido, sito en *San Luis* entre *Ecuador* y *Nueva Granada* (hoy *Boulogne Sur Mer*).

Carmen Varela. Auténtico "peringundín" vecino a la Plaza Lorea, floreció en la década del ochenta. También recibió el nombre de "Academia".

La Parda Carmen Gómez. El más antiguo de los locales de este tipo, pues funcionó desde antes de 1870. Concurrían negros, criollos, mulatos y algunos blancos. El negro Alejandro Vilella era su pianista habitual.

La Negra María. En *Nueva Pompeya.* Fueron célebres sus bailes —especialmente los de carnaval—, que duraban siete días con sus noches, sin parar.

El tango prostibulario

En la enunciación del tango, implícita o explícita, está siempre presente el ambiente donde originalmente era escuchado. Blas Matamoro analiza la temática erótica. "...El choclo, El serrucho y La budinera son metáforas de órganos corporales; Taquerita alude a la ya mentada taquera; El fierrazo es el orgasmo; los siguientes son títulos picarescos o pornográficos: *Con qué trompieza que no dentra*, *Dos veces sin sacarla*, *Embadurname la persiana*, *Colgate del aeroplano*, *No me pisés la pollera*, *Aquí se vacuna*, *Golpiá que te van a abrir*, *Seguila que va chumbiada*, *Bronca con la percanta*, *Sacudime la persiana*, *Sacámele el molde*, *Soy tremendo*, *Chiflale que va a venir*, *Qué rana para un charco*, *No empujés, caramba...*

"En cuanto a las letras, de las más antiguas sólo llegaron a nosotros fragmentos a más de las coplas del folclore de prostíbulos que recogen las antologías. Invariablemente son versos directamente pornográficos. Los hermanos Bates, en su *Historia del tango*, recogen algunos que por su lenguaje resultan irreproducibles."

Bandoneón

Es un instrumento de viento, portátil, creado en Alemania presumiblemente hacia 1835 por Hermann Ulgh (otras versiones dan a un tal Vertag Band). Lo cierto es que tímbricamente está emparentado con el armonio y el órgano, aunque su sonoridad es desde todo punto de vista inconfundible.

No hay datos muy ciertos de su aparición en Buenos Aires. Se menciona a un inglés, Thomas Moore, como su introductor, aunque otras versiones hablan de un brasileño conocido por el apodo de "Bartolo". Ya en la Guerra con el Paraguay hacia 1865, las huestes del general Mitre llevaban consigo un bandoneón antiguo y pequeño. Dicen algunos historiadores que en este ejército su ejecutante era José Santa Cruz, padre de dos grandes bandoneonistas, Domingo y Juan.

En 1864 se instala en Alemania la fábrica de Alfred Arnold, de ahí la famosa sigla Doble A que distingue aún hoy a los mejores bandoneones. Un doble A es a un bandoneón lo que un Stradivarius a un violín.

Actualmente tiene treinta y ocho teclas o botones en la caja del canto y treinta y tres en la del bajo. Requiere una particular técnica para su ejecución.

Se cuenta que sacerdotes alemanes lo usaban antiguamente para reproducir la sensación de la música de órgano en lugares montañosos, donde no había iglesias. Era como ir con la capilla al hombro.

Direcciones útiles

Bar Sur, *Estados Unidos* 299 (barrio de *San Telmo*). Tel.: 4362-6086.

Café Tortoni, *Avenida de Mayo* 829 (barrio de *Monserrat*). Tel.: 4342-4328.

El Viejo Almacén, *Avenida Independencia* esquina *Balcarce*. Tel.: 4307-7388/6689/1453.

Michelángelo, *Balcarce* 433. Tel.: 4328-2646.

La Ventana, *Balcarce* 425. Tel.: 4331-0217.

Casablanca, *Balcarce* 668 (barrio de *San Telmo*). Tel.: 4331-4343.

El Querandí, *Perú* 302 (barrio de *Monserrat*). Tel.: 4345-0331.

La Cumparsita, *Chile* 302 (barrio de *San Telmo*). Tel.: 4302-3387/ 4361-6880.

Señor Tango, *Vieytes* 1655 (barrio de *Barracas*). Tel.: 4303-0231/34.

Caminito Tango Show, *Del Valle Iberlucea* 1151 (barrio de *La Boca*). Tel.: 4301-1520/1530.

Club del Vino, *Cabrera* 4737 (barrio de *Palermo*). Tel.: 4833-0050.

El bar del Chino, *Beazley* 3566 (barrio de *Nueva Pompeya*). Tel.: 4911-0215.

Club Almagro, *Medrano* 522 (barrio de *Almagro*). Tel.: 4774-7454.

Confitería Ideal, *Suipacha* 384 (barrio de *San Nicolás*). Tel.: 4326-0521/1515.

Bibliografía

Gobello, José. *Tangos, letras y letristas,* Buenos Aires, Ed. Plus Ultra, 1979.

Jiménez García, Francisco. *El tango — Historia de medio siglo (1880-1930),* Buenos Aires, Eudeba, 1964.

Sabato, Ernesto. *Tango, discusión y clave,* Buenos Aires, Ed. Losada, 1968.

Matamoro, Blas. *La ciudad del tango – Tango histórico y sociedad,* Buenos Aires, Ed. Galerna, 1982.

Las letras del tango – Antología cronológica 1900-1980, coordinación y prólogo de Eduardo Romano, Rosario, provincia de Santa Fe, Ed. Fundación Ross, 1991.

Ferrer, Horacio. *El libro del tango – Arte popular de Buenos Aires,* tomos I, II y III, Barcelona, España, Editor Antonio Tersol, 1980.

Diarios: *La Prensa, Tiempo Argentino, Clarín, La Nación:* años varios.

Revistas y otras publicaciones: *Revista Américas,* OEA, Washington D.C. (EE.UU.), setiembre/octubre de 1986; *Todo es Historia,* N° 162, noviembre de 1980.

La filatelia une y recuerda a dos corrientes musicales del tango: Aníbal Troilo y Astor Piazzolla.

7

LA CIUDAD HERMÉTICA

Con sabiduría el escritor Adolfo de Obieta reflexiona que si la ciudad pareció comenzar en 1536 y 1580, años de sus respectivas fundaciones, ello no fue así.

Una especie de profunda mitología dice que toda ciudad verdadera responde a una profunda mitología: las ciudades se fundan en el cielo.

Pero no sólo es lo puramente espiritual, sus materiales humanos o naturales llegaban a América desde lejos, su historia ultramarina tiene que ver con celtas, íberos, fenicios, griegos, judíos, romanos y tantos otros. De esta forma la misma tierra enraizó el joven puerto de Buenos Aires con un pasado geológico que quizás vincule al río de la Plata con la Atlántida... aquí es donde los lugares y las personas viejas se remozan y comienzan otra historia. Dice Obieta, con sentido premonitorio, en 1970: "Prefigurada pues desde tiempos inmemoriales y hombres inmemoriales, se levanta sobre una tierra inmemorial esa sede del futuro que es la ciudad de Buenos Aires.

"Pero el misterioso pasado —la protociudad de Buenos Aires en la imaginación de Dios— o el misterioso futuro —la ultraciudad Buenos Aires en la imaginación de los hombres— no pueden distraernos del misterioso presente de la ciudad que yo quisiera por unos instantes evocar. Pues cuánto más hay que casas habitadas y calles caminadas y saludos cruzados. (...)

"La vida oculta de Buenos Aires no puede abreviarse en pocas páginas, porque es mucho más rica de lo que el observador aun advertido alcanza a averiguar. (...)

"De ese Buenos Aires abismal o cenital, infrarrojo o ultravioleta, alguien tiene que decir algo de tanto en tanto, para que el Buenos Aires multitudinario o transparente sepa de los que siguen buscando, como hace siglos y siglos y por las mismas vías esotéricas, trasmutaciones secretas, como si las trasmutaciones visibles gracias a la ciencia y la tecnología no fueran suficientes.

"Es posible que en este mismo instante del día o de la noche de Buenos Aires, decenas de 'mediums' escribientes o dibujantes, con lápiz en la mano, estén cubriendo papeles o cartulinas con poemas, oraciones, mensajes, enseñanzas, figuras o 'comunicaciones' con el Más Allá o al menos el No-Aquí; escritos con el aire de cartas de familia, con la única particularidad de que uno de los dialogantes no respira ya sobre la tierra, aunque por lo demás el diálogo disfrute de perfecta espontaneidad. ¿En cuántas casas de Buenos Aires se hacen cada noche experiencias con mesas de tres patas, o con el péndulo, o con la bola de cristal, o con el tarot, o con los nombres, o con los números; en cuántas se pintan cuadros recibidos en estado de automatismo o de inspiración o se componen himnos a los gigantes que habitaran otras edades de la Tierra? Todos conocemos los excepcionales dibujos proféticos de Solari Parravicini, pero ciertamente no son los únicos, y quien se dedicara a reunir materia mental venida de tan y más lejos que la materia física de los meteoritos, se encontraría con piezas tan interesantes como las exhibidas en el Museo de Historia Natural, suficientes como para una sección de meteoritos mentales en el Museo de Historia Sobrenatural, que no tardará en inaugurarse (como se inaugurará el Museo de Arte Esotérico por el que desde hace años trabajo). Una escuela de videntes y profetas porteños podría pues reunir nombres, textos y dibujos significativos."

El astrólogo Alejandro Holst, refiriéndose a las características de la carta natal de la ciudad de Buenos Aires y del país, dice: "El 11 de junio de 1580 Juan de Garay fundó una ciudad que nació bajo el signo de Géminis, signo gobernado por el planeta Mercurio, regente de las facultades racionales del hombre. Géminis, representado por los mellizos Castor y Pólux, es, por analogía, el signo de la comunicación". Más adelante, agrega: "En el mapa natal de la República Argentina (nacida el 9 de julio de 1816 a las 12 horas, en la provincia de Tucumán), rige la casa novena, la de la mente, filosofía, religión, viajes largos y política. Y su planeta Mercurio, desde la casa novena de Argentina, en el sentimental y maternal Cáncer, hace al porteño añorante de ancestros, terruño, hogar, 'el barrio plateado por la luna', 'la casita de mis viejos'. Es por excelencia sentimental".

En la ciudad de Buenos Aires usted podrá advertir:

- En el barrio de San Nicolás, donde estaba el Edificio Transradio, hay un gran reloj que no sólo da la hora sino que señala los signos del zodíaco y las cuatro estaciones metereológicas (*Avenida Corrientes* 484).
- También en *San Nicolás*, en el solar histórico que hoy ocupa el Banco Provincia, calle *San Martín* 108, en el piso del gran hall de entrada se halla un enorme mapa zodiacal.
- En la casa de baños Colmegna, de la calle *Sarmiento* 839, se halla un colorido reloj con los doce signos.
- En el barrio de *Palermo*, en el Jardín Botánico está emplazado el "indicador meteorológico", obra del ingeniero húngaro José Marcovich, inaugurado el 6 de octubre de 1911. Está formado por una columna de mármol blanco pulido, circundada por tres escalones. En la parte media inferior hay ocho nichos con instrumentos meteorológicos: termómetros de máxima y mínima, barómetros, aneroides, y otros. En la parte superior hay ocho relojes de precisión con las horas de Buenos Aires, Londres, Viena, París, Madrid, Roma, Nueva York y Berlín. Sobre uno de los costados de la columna había un gnomon o reloj de sol. La obra está coronada con una esfera de bronce de aproximadamente un metro, que representa la bóveda celeste con su círculo zodiacal, mientras que en su interior otra esfera representa la Tierra con sus cinco continentes.
- Según la define Alcibíades Lappas en su libro *La masonería argentina a través de sus hombres,* es "una institución filosófica, educativa, benéfica y filantrópica, de carácter ecuménico, al servicio de la libertad y de la dignidad del hombre. No es atea. No actúa en la clandestini-

dad. En la República Argentina tiene personería jurídica desde hace un siglo. Propugna sin desmayos la efectiva libertad de cultos y la libertad de la cultura como conquistas irrenunciables, para hacer más perfectos y felices a los hombres, sin distinción de razas ni religiones". Funciona como la Gran Logia de la Argentina de libres y aceptados masones.

A lo largo de los años la masonería fundó alrededor de cuatrocientas logias con un total de 60.000 afiliados en todo el territorio argentino. Su primera sede estuvo sobre la calle *Bolívar*, donde hoy se alza el City Hotel, a pocos metros de la Plaza de Mayo. Luego pasó al solar del antiguo Teatro Colón, que estaba donde hoy se encuentra el edificio del Banco de la Nación Argentina, a metros de la Casa Rosada. El 3 de marzo de 1872 se inauguró su sede actual en la calle *Teniente General Juan Domingo Perón* 1242 (ex *Cangallo*), en la manzana 12 de Buenos Aires. En su fachada, a la manera de un frontispicio, puede observarse un águila de dos cabezas. Los planos del edificio fueron diseñados por el ingeniero Carlos E. Pellegrini y continuados por el ingeniero Tamburini, autor del actual edificio del Teatro Colón, ayudado por el ingeniero Luis A. Huergo.

Alcibíades Lappas da los nombres de masones argentinos: "Quien dio patria y libertad a los argentinos, José de San Martín; quien creó la insignia celeste y blanca, Manuel Belgrano, y quien nos legó el Himno Nacional, Vicente López y Planes (...) masones lo fueron también catorce presidentes de la República —dos de ellos grandes maestres de la masonería argentina— y siete vicepresidentes: Rivadavia, López y Planes, Urquiza, Derqui, Mitre, Sarmiento, Juárez Celman, Pellegrini, Quintana, Figueroa Alcorta, Roque Sáenz Peña, De la Plaza, Yrigoyen, Justo, Del Carril, Pedernera, Alsina, Madero, Quirno Costa, Del Pino y Villanueva."

Xul Solar (Schultze)

*"—¡Schultze! ¡Buenosayres! —urgían las voces—.
¡Hemos encontrado la brecha!"*

LEOPOLDO MARECHAL,
escritor argentino, 1900-1970

Filólogo astrólogo, frecuentador de arcanos, inventor y pintor. Tales fueron algunos de los intereses de Xul Solar, un argentino nacido el 14 de diciembre de 1887 en San Fernando (provincia de Buenos Aires) y fallecido el 9 de abril de 1963. El propio Solar cuenta así su historia en un reportaje publicado en la revista Mundo Argentino *el 1° de agosto de 1951: "Soy campeón del mundo de un juego que nadie conoce todavía: el panajedrez; soy maestro de una escritura que nadie lee todavía; soy creador de una técnica, de una grafía musical que permitirá que el estudio del piano, por ejemplo, sea posible en la tercera parte del tiempo que hoy lleva estudiarlo. Soy director de un teatro que todavía no funciona. Soy el creador de doce técnicas pictóricas, algunas de índole surrealista y otras que llevan al lienzo el mundo sensorio, emocional, que produce en el escucha una audición musical. Soy creador de una lengua para la América latina: el neocriollo, con palabras, sílabas, raíces de las dos lenguas dominantes: el castellano y el portugués."*

Xul Solar creó un teatro de marionetas utilizando personajes que encarnaban los signos zodiacales, con la idea de hacer un teatro del destino. Su actividad central fue la astrología. Cuenta Aldo Pellegrini: "De todas las personas que conocía, Xul Solar quería averiguar su estructura astrológica, era el modo de conocerlas profundamente y estimarlas. Con extraordinaria paciencia y tesón iba realizando el diagrama astrológico de cada uno con la ubicación exacta de los aspectos planetarios. En los últimos años, su mujer efectuaba la lectura e interpretación de esos diagramas porque Xul consideraba cumplida su tarea con la obtención del gráfico preciso. Solar había concebido una verdadera interpretación astrológica universal mediante la cual establecía una oculta correspondencia entre todo lo existente: el lenguaje, la música, la pintura, la vida, los juegos como expresión de la vida, la arquitectura como proyección del hombre, y finalmente las matemáticas que codifican y condensan las leyes del universo. El sistema numeral de Xul estaba basado en el Zodíaco y era duodecimal."

También se ocupó de la estructura humana, y la anatomía fue uno de sus temas de estudio y análisis, dado que consideraba que en los órganos había potenciales no revelados.

Toda la pintura de Xul Solar tiene símbolos herméticos o religiosos: los ocho trigramas chinos llamados Pakua, el Tai ki, el yang y yin, los mandalas, los símbolos hindúes, cabalísticos, alquímicos, astrológicos, la cruz, la estrella de David, etcétera. En los últimos años, Solar frecuentó con más intensidad los símbolos cristianos y el Paracleto (Espíritu Santo).

Leopoldo Marechal recreó la personalidad de su amigo en uno de los personajes clave de su novela Adán Buenosayres: el astrólogo Schultze.

En la calle Laprida 1212 funcionan la Fundación y el Museo Xul Solar, que rescata la vida y obra de este avanzado vecino de Buenos Aires.

Bibliografía

Palma de Sindona, Norma. *Buenos Aires y el Zodíaco,* Buenos Aires, Ed. Distal, 1990.

De la Ferrière, Raynaud. *El libro negro de la francmasonería*, Caracas, Venezuela, Ediciones de la Gran Fraternidad Universal, 1989.

Autores varios. *Libro de ponencias del Primer Congreso Argentino de Astrología*, Buenos Aires, Ed. Nous Producciones, 1982.

Lappas, Alcibíades. *La masonería argentina a través de sus hombres,* Buenos Aires, 1966.

Revistas: *Noticias:* 30-9-90; *Todo es Historia,* N° 186, Buenos Aires, noviembre de 1982.

Diarios: *Clarín:* años varios.

Las cúpulas de Buenos Aires dan a la ciudad una particular sugestión.

LA MUERTE

"...Los cementerios, con su disparatada mitología de duendes y fosforescencias, reciben cada día más de un centenar de cortejos fúnebres. Ingresan a los cementerios municipales de Chacarita, Recoleta y Flores, y a los privados de las colectividades inglesas y alemanas ('los disidentes') acreciendo un stock de fallecidos que, por razones de espacio, está en crisis. Las necrópolis pueblan en conjunto más de cien mil sepulturas y bóvedas y alrededor de cuatrocientos mil nichos, computándose 52.000 'pabellones transitorios', eufemismo que designa a los galpones de depósito.

"Dos millones de 'seres queridos' habitan esas cinco ciudades (un total de 117 hectáreas) ocupando 800 cuidadores, medio millar de obreros y enterradores y un multitudinario ejército de floristas, marmoleros, empleados de pompas fúnebres y cuidadores privados a sueldo de los dueños de bóvedas y muriendas."

ERNESTO GOLDAR

La ciudad tiene hoy tres grandes cementerios: el de *Chacarita*, el de *Flores* y el de la *Recoleta*. Dentro de la *Chacarita* funcionan, en forma privada, los cementerios Británico y Alemán.

Los servicios de inhumación pueden ser realizados por empresas fúnebres, las cuales deben acreditar la habilitación correspondiente, en el ámbito de la ciudad de Buenos Aires.

La mayor preocupación de los familiares del difunto que es colocado en un nicho corresponde a su ubicación. Si el nicho está en las hileras altas, es dificultoso el acceso para depositar los presentes florales.

Existen cuatro fechas dentro del calendario que les dan carácter multitudinario a los cementerios. El Día del Padre, que se celebra el tercer domingo de junio; el Día de la Madre, el tercer domingo de octubre (quizás el más importante dadas las características matriarcales de la sociedad argentina) y el 1° y 2 de noviembre, Día de los Muertos y Día de Todos los Santos, respectivamente.

En estas fechas, las ofrendas florales se multiplican. Las autoridades municipales deben establecer precios para evitar abusos por parte de los floristas.

Los porteños han cultivado, por motivos tan misteriosos como la misma muerte, una peculiar cultura de la necrofilia. Los cadáveres son velados largamente, se despiden con gran pompa, posan para la televisión, propician espléndidos obituarios, son embalsamados, mutilados, exiliados y repatriados, secuestrados, recuperados y abandonados.

Según la tendencia actual, el velatorio se está retirando paulatinamente del espacio familiar, suplido por salones velatorios alquilados por día.

Igualmente se incrementa la incineración de cadáveres. Las cenizas se esparcen de diversas maneras —se arrojan al río, se diseminan en lugares vinculados afectivamente a los muertos, incluidas canchas de fútbol—, se depositan en cementerios y algunos las guardan privadamente.

En la zona del Área Metropolitana existen muchos cementerios privados y funcionan los de las comunidades judía y musulmana.

Un terapeuta argentino de la provincia de Santa Fe, el doctor Rubén Bild, que durante muchos años trabajó en el ámbito del Saint Christopher Hospice de Londres, creó en la Argentina en los años '80 la Fundación Praguer Bild, donde intentó volcar todo lo cosechado en Inglaterra. La idea era enseñar a morir. De esa propuesta sólo quedó la semilla que no pudo crecer. Ese movimiento que se desarrolló en todo el mundo menos en la Argentina no tiene ninguna estructura ni respaldo institucional. Sin embargo, la posta ha sido tomada por algunos profesionales que intentan transmitir a pacientes terminales un acercamiento a la muerte sin miedo, sin angustia, acompañados, esperando el momento con conciencia y con espíritu de celebración.

Actualmente está prohibido el emplazamiento de casas de sepelios en la periferia de los hospitales. Estas estratégicas ubicaciones, que aún subsisten, se prolongaban en los "lechuzas", agentes fúnebres que, de riguroso luto y munidos de tarjetas de la cochería, ambulaban por los hospitales en la búsqueda de moribundos. La anuencia y la colaboración remunerada de enfermeras inescrupulosas perfeccionaban la tarea.

Desterrados los "lechuzas", sobrevive la conspiración en el interior de los hospitales. El informante último suele ser el portero: si se presenta algún candidato, saldrá a la calle, examinará el estado del tiempo, se peinará o arreglará la corbata. El "funebrero" ubicado enfrente comprende entonces que debe entrar en acción.

El sepelio acarrea gastos extraordinarios. La asociación sin fines de lucro Flores de Vida, creada por el padre Alberto Ibáñez Padilla, aconseja no desperdiciar dinero en coronas ampulosas y efímeras. Propone, en cambio, donarlo a una institución benéfica en nombre del difunto, encarrilando el desembolso de la pompa por la vía del alivio de muchos necesitados. Se trata, a la vez, de una obra de caridad y de un concepto renovado y positivo de la muerte. Artísticas tarjetas de Flores de Vida certifican el donativo. En la basílica de San Nicolás de Bari (*Avenida Santa Fe* 1352), el primer miércoles de cada mes se realizan misas de recordación en honor de estos solidarios difuntos.

En una oficina del crematorio del cementerio de *Chacarita* una antigua lámina enmarcada dice: "Observe Ud. lo que destruirá su cuerpo al no aceptar la cremación. Los obreros de la muerte". A partir de allí, sigue un pormenorizado relevamiento de las alimañas necrófagas, los gusanos de la tumba, divididos en nueve legiones armadas, con impactantes ilustraciones de cada ejemplar y complejas denominaciones en latín (por ejemplo, *Calliphora vomitaria*, *Sarchopaga carnaria*, y otras).

El texto concluye con este párrafo: "Llega un momento en que todo ha sido destruido por los obreros de la muerte, y en que no queda al lado de los huesos blanqueados más que una especie de tierra oscura finamente granulada, mezclada con cubiertas coriáceas de ninfas de insectos, así se cumple la parábola de la Escritura: 'Eres polvo y en polvo te convertirás'.

"Examinando de cerca este polvo, no es más que un cúmulo de excrementos de las generaciones de insectos que, en estado de larvas, se han sucedido sobre el cadáver."

La ilustración original debe de haber sido impresa en los años '30, cuando la incineración no era aceptada por la Iglesia Católica, por lo cual conserva su valor de testimonio.

Direcciones útiles

Cementerio de Chacarita, *Guzmán* 660 (1427), Tel.: 4553-2588.

Cementerio de Flores, *Varela* 1621 (1406), Tel.: 4612-1114.

Cementerio de la Recoleta, *Junín* 1790 (1113), Tel.: 4803-1594.

Flores de Vida, *Hipólito Yrigoyen* 2084 (1089), Tel.: 4952-1641.

Basílica San Nicolás de Bari, *Avenida Santa Fe* 1352 (1059), Tel.: 442-3028.

Bibliografía

Pagés Larraya, Fernando. *Los Tópoi de Buenos Aires: la fundación mitológica de su costumbre,* Buenos Aires, Conicet, 1982.

Núñez, Luis F. *Los cementerios,* Buenos Aires, Colección Almario de Buenos Aires, Ed. Culturales Argentinas, Ministerio de Cultura y Educación, 1970.

De los cementerios de la ciudad de Buenos Aires, Buenos Aires, MCBA, 1990.

Martínez Estrada, Ezequiel. *La cabeza de Goliat,* Buenos Aires, CEAL, 1981.

Goldar, Ernesto. *Buenos Aires. Vida cotidiana en la década del 50,* Buenos Aires, Ed. Plus Ultra, 1980.

Cánepa, Luis. *El Buenos Aires de antaño,* Buenos Aires, Talleres Gráficos Linari, 1936.

Revista *Todo es Historia,* N° 43, Buenos Aires, noviembre de 1970.

Revista *Uno Mismo,* N° 83, Buenos Aires, marzo de 1990.

8

DEPORTES

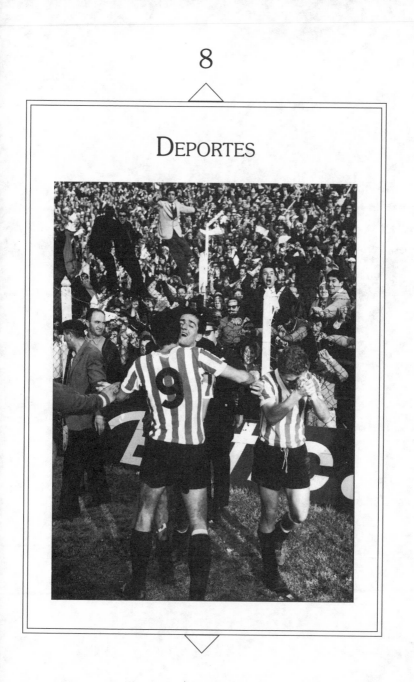

Hablar de deporte es hablar de la gente misma, de sus pasiones, de sus ídolos, de una manera distinta de ver la realidad. Buenos Aires se identifica quizá con los máximos exponentes deportivos más que con aquellos que se destacan en otras disciplinas. Hablar de Fangio, Bonavena o Maradona es lo mismo que hablar de Borges, Gardel o Evita. Pero ¿dónde empieza la historia deportiva argentina? Tal vez en los logros de deportistas que han llevado sus nombres al plano internacional, o por otro lado en el reconocimiento del público, que siempre se ha visto involucrado por un carácter localista y afectivo.

Los cambios sociales sirvieron de aliciente para que la ciudad cobre una fisonomía deportiva. El club de barrio es aún hoy el núcleo que nutre al "gran deporte". Allí, la gente encuentra un lugar fuera de la normativa del hombre moderno, separando los horarios de la rutina de los del puro esparcimiento.

La práctica amateur en los clubes está abierta a todos, y la variedad de deportes que en ellos se practican es muy grande. Para entender el auge del deporte es preciso conocer parte del proceso deportivo argentino, a veces fragmentario pero no por ello insignificante.

En los albores del 1900, Buenos Aires recibió a través de los inmigrantes sus costumbres deportivas. "Los ingleses locos" practicaban fútbol, hockey, cricket, tenis. Por su parte, los españoles, y especialmente los vascos, introdujeron el juego de pelota en todas sus variantes. Los italianos trajeron su pasión por la aeronáutica, el automovilismo y la esgrima. Los franceses llegaron con aeroplanos Bleriot y Farman, además de la pasión por el ciclismo y el boxeo.

Entre los porteños, antes de la irrupción del fútbol, la pelota vasca fue el deporte más popular.

La historia deportiva en la Argentina tiene un antes y un

después a partir de un hombre: Jorge Newbery (1875-1914), que practicó remo, esgrima, boxeo, atletismo y aviación, actividad esta última que lo perpetuaría.

Polo

Introducido durante el siglo pasado por inmigrantes británicos vinculados a las actividades rurales, el polo ha cobrado adeptos desde entonces.

Los jugadores con handicap que practican polo en Argentina, aproximadamente unos 2.300, lo hacen de manera amateur, conociendo el profesionalismo sólo cuando son contratados para conformar equipos en el exterior del país.

En Buenos Aires, en el barrio de *Palermo*, se realiza el Campeonato Argentino Abierto de Polo, que se juega en el mes de noviembre de cada año en instalaciones del Campo Argentino de Polo.

Las entidades vinculadas a este deporte son: Asociación Argentina de Polo, *Hipólito Yrigoyen* 636, y la Asociación Argentina de Criadores de Caballos de Polo, *Florida* 460, cuarto piso.

El pato, deporte nacional

Declarado deporte nacional, concita algunas pasiones entre los porteños.

Nacido a principios del siglo XVIII, el juego consistía en "corridas de pato", entretenimiento donde los jinetes se disputaban el pato muerto envuelto con cuero. Por supuesto que el juego se parecía más a una batalla campal que a lo que hoy conocemos. Peligro en las rodadas, el temor de los jinetes al chocar unos a otros, las embestidas a puro galope y, finalmente, el campeón que se quedaba con el pato y con el derecho a comérselo.

El juego en la actualidad consta de dos equipos de cuatro jinetes cada uno, donde, mediante pases y combinaciones, tratan de introducir el "pato" en un aro ubicado perpendicularmente sobre un poste de 2,40 metros de altura, enclavado en el centro de cada una de las cabeceras de la cancha.

El torneo más importante, el Campeonato Abierto de Pato, se celebra en las canchas de *Palermo* en el mes de diciembre, una vez que finaliza el campeonato de polo.

En Buenos Aires funciona la Federación Argentina de Pato, *Avenida Belgrano* 530, quinto piso.

La ciudad: un gran gimnasio

En parques y centros que dependen del Gobierno de la Ciudad —Dirección de Deportes— se pueden practicar gratuitamente una enorme cantidad de actividades. Para informes dirigirse a *Piedras* 1281, 1er. piso, Dirección de Educación Física.

Fútbol

Forma parte de los temas que se comentan a diario. Es el deporte que más pasiones despierta, es el que puede hacer detener la producción del país tanto como una huelga general.

El fútbol excede de por sí el propio plano deportivo, ocupando otros: económico, sindical, político, filosófico, sociológico, psicológico y, desafortunadamente, la crónica policial.

Muchos de los clubes más representativos y que aún militan en las ligas tienen nacimiento a comienzos del siglo XX, convirtiéndose en grandes instituciones deportivas. River Plate, Ferrocarril Oeste, Argentinos Juniors, Atlanta, Boca Juniors, San Lorenzo de Almagro, Vélez Sársfield, Huracán, son algunos de los nombres de los pioneros, así como también lo son Quilmes, Banfield, Temperley, Racing Club e Independiente, ubicados en la periferia de Buenos Aires.

Los clubes en la actualidad compiten en los torneos que organiza la Asociación del Fútbol Argentino (AFA), entidad conformada en 1891 con el nombre de Argentine Association

Football League. La AFA nuclea a las entidades dedicadas a este deporte: *Viamonte* 1366 (1053), Tel.: 4371-8728.

A continuación se detallan algunas direcciones de estadios y sedes de clubes:

Argentinos Juniors. Sede: *Punta Arenas* 1271, barrio de *La Paternal.* Estadio: *Boyacá* 2152 (en refacción), barrio de *Villa General Mitre.*

Boca Juniors. Sede: *Brandsen* 805, barrio de *La Boca.*

Ferrocarril Oeste. Sede: *Cucha Cucha* 350. Estadio: *Martín de Gainza* 244, barrio de *Caballito.*

River Plate. *Avenida Figueroa Alcorta* 7597, barrio de *Belgrano.*

San Lorenzo de Almagro. Sede: *Avenida Cruz* 2403. Estadio: *Avenida Perito Moreno y Varela,* ambas direcciones en el barrio de *Nueva Pompeya.*

Vélez Sarsfield. Sede: *Avenida Juan B. Justo* 9200, barrio de *Liniers.*

Bibliografía

Suplemento revista *Swing* en *La Belle Époque,* abril 1973.

Revista *Noticias de Buenos Aires,* N° 14, 3-5-85.

Cuadernos de Buenos Aires, N° 58. Canchas de pelota y reñideros de gallos, Buenos Aires, Municipalidad de Buenos Aires, 1981.

Diarios: *La Nación, Clarín, La Opinión, Página/12, La Razón, La Prensa:* fechas varias.

Bayer, Osvaldo. *Fútbol argentino,* Buenos Aires, Ed. Sudamericana, 1990.

Terrera (h), Guillermo Alfredo. *El juego del pato,* Buenos Aires, Ed. Plus Ultra, sin fecha.

Guía de información general de la República Argentina, Buenos Aires, Ente Autárquico Mundial 78, 1978.

9

GASTRONOMÍA

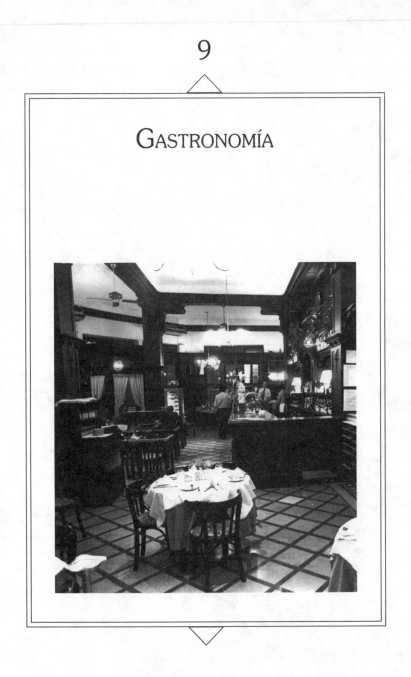

Si comer es necesario, para el porteño esa necesidad se convierte en rito. Una clara imagen la constituye la amplia gama de restaurantes, casas de comidas, bares y toda clase de lugares imaginables destinados a atender el apetito de los habitantes de la ciudad.

Quizás esa importancia atribuida a la comida provenga de la ascendencia inmigratoria, en especial de la europea durante los períodos de las dos grandes guerras mundiales, que conoció el problema de la escasez de alimentos, razón por la cual siempre los consideró como un "bien preciado".

La alimentación, en general, está basada en el consumo de carne vacuna. La Argentina posee un promedio histórico de consumo de carne vacuna per cápita de 78 kilogramos por año. Éste se ha revertido en los últimos años, con un promedio de tan sólo 68 kilogramos.

En la sociedad argentina se mantiene, paradójicamente, un altísimo consumo de carne junto a un elevado consumo de harinas. Por lo general, en aquellos países donde se consumen harinas, decrece la demanda de productos de origen pecuario.

Otro factor del hábito alimentario es el cambio en los gustos de la población. Desde esta perspectiva, son los jóvenes los que marcan las nuevas tendencias gastronómicas: muchas pastas, harinas, pizzas y verduras a granel. En general prefieren comidas rápidas y sanas.

En los últimos años, los porteños han presenciado el avance de las comidas llamadas naturistas, macrobióticas y orgánicas.

Hace tan sólo dos décadas atrás, para el carnívoro argentino medio hubiera sido un despropósito imaginar una comida sin la base fundamental de la carne.

La otra pasión gastronómica de los porteños son las pas-

271

tas. Ligadas a la tradición italiana, han conservado las denominaciones peninsulares de su lugar de origen, aunque los rellenos y las salsas con que se acompañan han ido adaptándose al gusto y a la materia prima nativa. Se consumen los fideos en todas sus variedades y las pastas rellenas.

Los ñoquis, además de un exquisito plato del menú italiano, se han convertido en una tradición porteña. La costumbre popular les ha asignado un día en el calendario: el 29 de cada mes. Habladurías o no, representan un "imán" para la suerte, y el ritual consiste en depositar un billete debajo del plato para atraer el dinero.

Hay que asumir que "las milanesas a caballo" (con papas y huevos fritos) son —de hecho— el plato porteño por excelencia.

La cocina argentina incluye platos como la humita, la carbonada, el locro y las empanadas, entre otros, que están vinculados a la tradición americana colonial y aun anterior. Muchos de estos platos figuran en los menúes de muchos restaurantes.

El chimichurri es una salsa picante, ideal para aderezar carnes asadas.

El revuelto Gramajo —nacido en Buenos Aires— es un plato a base de fetas finas de jamón crudo, huevos batidos y rodajas delgadas de papa.

El dulce de leche —espesa cocción de leche con azúcar— es otro de los manjares que vio la luz en estas tierras.

Es conocida la fama de los vinos argentinos, tanto aquí como en el exterior. Los blancos y los tintos conservan una delicada calidad. Se consume poco vino extranjero, ya que las bodegas nacionales satisfacen el gusto local.

Junto al cambio de alimentación, también se ha producido un cambio en la elección de los vinos. Antes era indiscutible un bife de chorizo con vino tinto. Hoy se puede acompañar también con un buen blanco.

Dentro del rubro de las bebidas, el sector con más crecimiento en los últimos años ha sido el cervecero, que desplazó al vino y gaseosas. En 1990 el consumo se elevó en un 40% respecto de 1989. Se estima que en 1991 se consumieron 25 litros de cerveza per cápita, según informa la cámara empresarial de la actividad. Asimismo, últimamente ha aparecido en el mercado la cerveza importada, pero el porteño es reticente a consumirla por el precio, mucho más alto que la cerveza nacional, y por el gusto.

El mate

La denominación de mate proviene del vocablo quechua "mathi", y quiere decir calabaza pequeña, que es donde se preparaba este brebaje, agregando agua caliente a la yerba. La yerba mate (*Ilex paraguayensis*) es una planta de consumo tradicional en la Argentina, hábito compartido con Brasil, Paraguay y Uruguay.

Se sabe de sus excelentes cualidades, ya que la yerba contiene vitaminas A, B_1, B_2, C, fósforo, hierro y calcio.

Puede prepararse como cualquier infusión de hierbas — por ejemplo el té— en una taza con agua hirviendo. En este caso, se denomina "mate cocido". Puede endulzarse con azúcar y agregarse leche.

El "mate con bombilla", que es la forma más tradicional, tiene otros implementos y modos de preparación. El recipiente del mate puede ser de distintos materiales, los hay de calabaza, de madera, de porcelana, plásticos, metálicos, etcétera. Es allí donde se colocan las hojas de yerba mate molidas. El otro elemento es la bombilla, tubo a través del cual se succiona la bebida. Normalmente es metálico y tiene su base ensanchada y perforada que hace las veces de colador. La pava, donde se calienta el agua, es el tercer implemento necesario para prepararlo. Mucha gente utiliza termos en lugar de la tradicional pava. El agua debe mantenerse a temperatura constante sin llegar a hervir.

Hay que aclarar que, si bien puede tomarse solo, el mate es una bebida para ser compartida. Se forman rondas de tomadores donde la persona que lo prepara lo va pasando por turno. Es por esto que muchos extranjeros sienten aprensión por esta costumbre, ya que, entre otras cosas, les parece antihigiénica.

Bibliografía

Scutella, Francisco N. *El mate, bebida nacional argentina,* Buenos Aires, Ed. Plus Ultra, 1989.

Gran libro de la cocina argentina. Buenos Aires, Círculo de Lectores, 1985.

Revistas: *Noticias:* 28-10-90, 17-3-91; *Clarín Revista:* 25-3-79.

Diarios: *Clarín, La Nación, Buenos Aires Herald:* fechas varias.

10

AGRONOMÍA

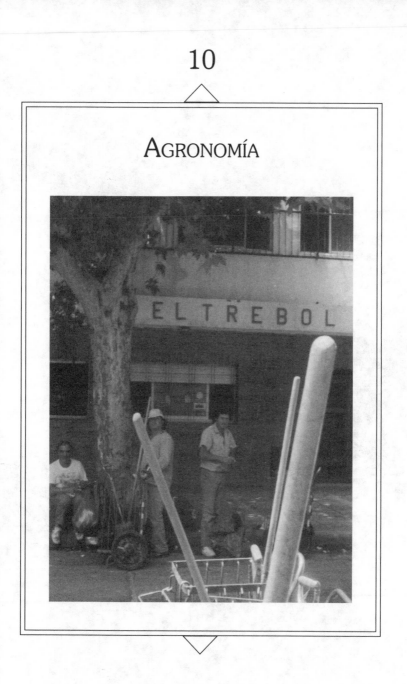

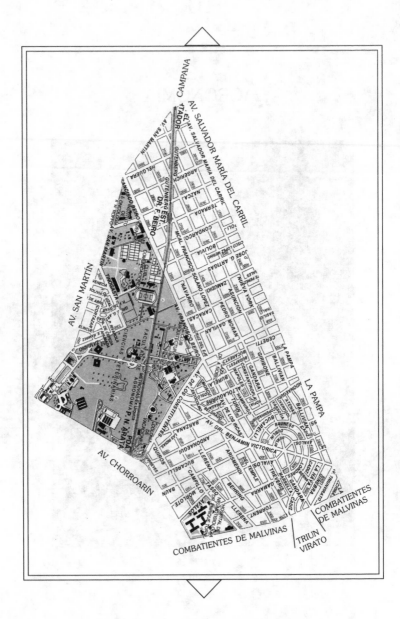

"Otra vez la pasión que aflora... La presencia de la tierra ansiosa de semillas es inexcusable en Buenos Aires."

FLORENCIO ESCARDÓ
(1904-1992, escritor y pediatra argentino)

Límites

Calles y avenidas: *Teniente General Donato Álvarez, Triunvirato,* nuevamente *Donato Álvarez, Chorroarín, San Martín, Campana, Salvador María del Carril* y *La Pampa.*

Algo de historia

En sus orígenes perteneció al vecino barrio de *Villa del Parque.*

También fue parte de la *Chacarita de los Colegiales.* Aquí se instaló la granja modelo y Escuela Práctica de Agricultura que los padres jesuitas tenían en la época de la colonia.

Se lo conoce como *Agronomía* desde 1904.

Paisaje

Es uno de los barrios con menos densidad de población de la ciudad. Está situado al noroeste. Su característica principal está en los amplios espacios verdes, ocupados por las facultades de Agronomía y Veterinaria, y otras instituciones. *Agronomía* es un asomo rural en la gran ciudad.

Sitio de estudio y recreo, actualmente un tanto desnaturalizado, el Parque de Agronomía y Veterinaria ofrece la pacífica sombra de sus árboles. En medio del parque se encuentra el pabellón central de la Facultad de Agronomía.

En su interior aparecen calles impensadas: calle de los lapachos, de los olmos, de los aguaribayes y también camino de las magnolias y de las tipas.

277

Dos museos tienen su sede en la Facultad de Ciencias Veterinarias: uno de anatomía y otro de patología quirúrgica que lleva el nombre del profesor Luis Van de Paas. Dentro de la Facultad de Agronomía funciona el museo de la cátedra de Máquinas Agrícolas.

La diversidad de las especies arbóreas está representada en el Jardín Botánico Lucien Hauman, que reproduce la flora de distintas provincias argentinas (*Avenida San Martín* 4453).

En la zona se encuentran:

El Observatorio Central Buenos Aires, estación Villa Ortúzar, una dependencia del Servicio Meteorológico Nacional, que lleva —así— el nombre de otro barrio (*Avenida de los Constituyentes* 3454).

También se destaca la instalación de la empresa de electricidad Edenor en la *Avenida Nazca y Beiró*.

Agronomía es un barrio de casas bajas, la mayoría sencillas, algunas más ostentosas. Igualmente homogéneas son las calles del barrio, poco transitadas y calmas.

El barrio en sí mismo es, de algún modo, una aglomeración de barrios pequeños, delimitados en cuatro sectores.

Al oeste, la zona denominada El Talar, que tiene a *Nazca* como principal arteria interior. Al sur, el parque, y detrás de éste, la forma triangular del pacífico *Barrio Rawson,* de cara a la *Avenida San Martín*. Al este, lo que podría llamarse el barrio *Arata,* donde está el Hospital Tornú. Al norte, el indescifrable *Parque Chas*.

Belleza y memoria

Uno de los lugares más lindos del barrio es el *pasaje Pedro Zaldívar*, curvo y de menos de treinta metros de extensión. Nace en *Espinosa* 3600 y finaliza en *Francisco de Uzal* 2500.

El barrio recuerda en una plazoleta ubicada en *General Artigas* y *Pantaleón Rivarola* al poeta Carlos de la Púa, el Malevo Muñoz, una figura literaria que publicó en 1928 una serie de poemas dedicados a barrios, malandrines, mujeres y borrachos y que pertenecía a la redacción del desaparecido diario *Crítica*.

El puente que atraviesa la *Avenida San Martín* y que es

compartido con el barrio de *La Paternal* lleva, desde 1994, el nombre del escritor Julio Cortázar. A su vez se estableció una vinculación con los dos puentes que están en el capítulo inicial de su libro *Rayuela* y el del final, entre los que existe relación simétrica. Según el escritor y crítico Saúl Yurkievich: "Son los hitos de un itinerario existencial, a través del cual se van operando revelaciones y transfiguraciones".

También una calle con el nombre de *Julio Cortázar*; corre en el tramo semicircular de la calle *Espinosa* entre *Tinogasta* y *Zamudio*, donde estuvo el almacén de Don Enrique. Ocurre que en uno de los relatos del libro *Bestiario*, que se llama "Ómnibus", el personaje central toma el colectivo 168 en *Avenida San Martín* y *Nogoyá*.

Deportes

La actividad deportiva se concentra en los tres clubes de la zona. Uno de ellos es el Club Comunicaciones, fundado en 1931 y que desde 1953 está situado en *Avenida San Martín* 5125, predio cedido por el presidente Juan D. Perón a los empleados del correo. Otro es el Club Arquitectura, que ofrece amplias instalaciones (*Avenida Beiró* 2116). El tercero es el Centro Recreativo Municipal Costa Rica (*Avenida de los Constituyentes* 3200).

Salud

Tres grandes establecimientos hospitalarios se ocupan de la salud en *Agronomía*: el Hospital Municipal de Neumotisiología "Dr. Enrique Tornú", inaugurado en 1904, atiende sólo enfermedades del tórax (calle *Excombatientes de Malvinas* 3002)

El Instituto de Oncología "Profesor Ángel A. Roffo", dependiente de la Universidad de Buenos Aires, tiene su historia. Cuentan que al empezar a funcionar el instituto, la gente miedosa cruzaba a la vereda opuesta. El propio doctor Roffo iba a la calle a convencerlos de que no era contagioso; su vida merecerá algún día un capítulo que hable de este héroe médico.

Dentro del instituto se halla la pequeña y bella capilla de Santa Francisca Romana. En los jardines hay un monumento a Helena Larroque de Roffo, esposa de Ángel e investigadora que trabajó con Marie Curie y fundó la Liga Argentina de Lucha contra el Cáncer (*Avenida San Martín* 5481).

Junto al Hospital de Clínicas y al Roffo, el Instituto de Investigaciones Médicas "Alfredo Lanari" conforma el grupo de hospitales de la Universidad de Buenos Aires.

Este instituto fue creado en 1957 bajo la dirección de quien le da nombre.

En 1958, tras la creación del Consejo Nacional de Investigaciones Científicas y Técnicas (CONICET), gran parte del personal científico pasó a trabajar al instituto (*Excombatientes de Malvinas* 3150).

El tren

El Ferrocarril General Urquiza, que parte desde la estación Federico Lacroze, en *Chacarita,* hacia Pilar, atraviesa el barrio de este a oeste. Sus estaciones dentro de *Agronomía*, austeras, de cemento y azulejos, son dos: Dr. Francisco Beiró y Arata.

No existe en toda *Agronomía* un centro comercial de mediana importancia. La moderada actividad existente se halla en las avenidas *San Martín* y *Del Carril.*

Iglesias

Venerado por la colectividad siciliana, San Vito Mártir es honrado el cuarto domingo antes de Adviento, que coincide con el Día del Inmigrante.

Se halla en la Parroquia San José del Talar, en el microbarrio del mismo nombre, donde también se venera a la Virgen Desatanudos (*Navarro* 2458).

La Parroquia de San Alfonso María de Ligorio tiene la infrecuente figura de Cristo Crucificado con una corona de rey en lugar de la clásica de espinas (*Barzana* 1515).

Parque Chas

Un pariente lejano del creador de la bandera argentina, el general Manuel Belgrano, fue el promotor de este sector de *Agronomía*. Se trata de Francisco Chas, hacendado, senador y benefactor, quien instaló una fábrica de ladrillos que luego vendía para las casitas del Parque. En 1925 acepta urbanizar el sector del barrio. El diseño de *Parque Chas* es similar al de una telaraña con dos radios, *Benjamín Victorica y Gándara*, además de otras calles coronadas con nombres impensados como *Berlín, Varsovia, Atenas* o *Liverpool*.

Mágico sitio de la ciudad en el que se pierden hasta quienes lo habitan. Su trazado circular y concéntrico, cruzado por diagonales y único en Buenos Aires, ha contribuido a la difusión de innumerables leyendas.

Es difícil convencer a los taxistas para que ingresen a *Parque Chas*. Los que lo han hecho han tardado mucho tiempo en salir, y están los que aún no lo lograron. Es fama que hay manzanas de *Parque Chas* que no pueden ser rodeadas. Allí existe, por ejemplo, la esquina de *Bauness* y *Bauness*: la calle sigue, el que dobla es el nombre.

La semicircular calle Bauness en Parque Chas, barrio de Agronomía.

Lo cierto es que se trata de un ámbito cerrado. Ningún colectivo y pocos automóviles transitan la zona; los chicos juegan en las calles y varias generaciones de vecinos se reúnen para conversar en el Club El Trébol (*Gándara* 2840).

Pequeño y misterioso, este *Parque Chas* del barrio de *Agronomía* es una de las regiones singulares de la ciudad.

Bibliografía

Dolina, Alejandro. *Crónicas del Ángel Gris,* Buenos Aires, Ediciones de la Urraca, 1988.

Secretaría de Cultura, Instituto Histórico de la Ciudad. *La Agronomía: el campo en la ciudad,* Buenos Aires, Historias de Buenos Aires, Año 2, N° 8, junio de 1988.

Diario *Clarín:* años varios.

11

ALMAGRO

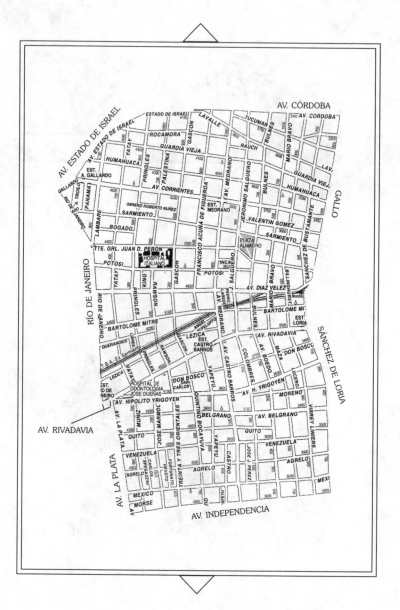

"Quiero este barrio de Almagro,
donde sembré mi tiempo:
esta plaza de pájaros, esos cerros
con alba y estos niños..."

MARIO JORGE DE LELLIS
(1922-1966, poeta argentino)

Límites

Calles y avenidas: *La Plata y Río de Janeiro* al oeste, *Independencia* al sur, *Sánchez de Bustamante, Díaz Vélez y Gallo* al este, *Córdoba, Estado de Israel y Ángel Gallardo* al norte.

Algo de historia

Los orígenes de *Almagro* provienen de la época en que se tendió la primera línea de ferrocarril perteneciente al oeste, que desde 1887 unió Plaza Lavalle con *La Floresta*. En el contorno de la primitiva estación se establecieron pulperías y fueron fraccionados unos pocos terrenos para tambos y quintas.

El nombre del barrio se debe al de la familia Almagro, que adquiere los terrenos en 1839, siendo estas tierras un pueblo suburbano del ahora barrio de *San José de Flores*.

Alguna vez estos terrenos fueron llanos, pero tenían un arroyito que corría por las calles *Muñiz y Yatay* y que desembocaba en el Maldonado.

En la actualidad, el barrio se compone de alrededor de 230 manzanas.

La plaza

Pese a su extensión, *Almagro* posee una sola plaza, que lleva el nombre del barrio.

El Monumento a la Bandera está inspirado en un diseño

285

del arquitecto Alejandro Varangot. A un costado hay un conjunto integrado por dos figuras: masculina —tocando la flauta— y femenina, danzando. No se conoce su autoría.

Aquí también se rinde homenaje a Vicente San Lorenzo, autor del tango *Almagro* (*Salguero, Sarmiento, Bulnes* y *Perón*).

La iglesia de San Carlos

En *Quintino Bocayuva* 151 nace un pasaje sin salida: el pasaje *San Carlos*, justo frente al templo homónimo.

La basílica de San Carlos Borromeo es de estilo neorrománico-lombardo y es obra del arquitecto salesiano Ernesto Vespignani. La fachada está construida con ladrillos a la vista y presenta tres portones. A un lado existe una torre. Está formada por tres niveles: una cripta, la iglesia y un nivel superior.

El elemento más destacable es la elevación del alto presbiterio que domina toda la iglesia. En un artístico tabernáculo se levanta un rico altar.

Debajo de éste, se encuentra otro altar flanqueado por dos escaleras, destinado a las funciones parroquiales ordinarias; este altar es de mármol labrado y adornado con mosaicos. En suma: uno de los más bellos templos de Buenos Aires (*Quintino Bocayuva* 144).

A pocos metros de esta iglesia se encuentra el Colegio Pio IX, que recuerda en un mural de su frente que allí estudiaron Ceferino Namuncurá y Carlos Gardel (*Yapeyú* 197).

Avenida Rivadavia

Un edificio imperdible es el realizado por el arquitecto italiano Virgilio Colombo. En los balcones del primer piso se advierten pavos reales, que le dan nombre a esta singular obra cuyos mosaicos tienen formas de hojas y flores. Construido entre 1914 y 1917 (*Avenida Rivadavia* 3667).

En la esquina de *Avenida Rivadavia* y *Medrano* se encuentra la Confitería Las Violetas, que se fundó en 1884 y donde perdura la atmósfera romántica del ayer.

La Iglesia Evangélica Metodista Central y las oficinas centrales del Obispado de esa Iglesia para toda la Argentina funcionan en la zona (*Avenida Rivadavia* 4044).

En el barrio se halla la Federación Argentina de Box, que es la que controla y da licencias a los que practican este deporte. Su estadio lleva el nombre de un pionero, Alberto Festal (*Castro Barros* 75).

En *Avenida Rivadavia* 4260 funciona la nueva sede de la mítica Escuela Científica Basilio (espiritista).

En tanto en el edificio que perteneció al cine Roca funcionó el Ministerio de Ondas de Amor y Paz, dirigido por el pastor pentecostal Héctor Giménez (*Avenida Rivadavia* 3870).

No lejos de allí se encuentra el solar donde en 1912 un improvisado parroquiano cantó un tango; el hecho no tendría importancia si no se hubiese tratado de Carlos Gardel. (*Avenida Rivadavia* 3824).

A una cuadra de *Avenida Rivadavia*, en *Hipólito Yrigoyen* 4300, se ubica el colegio María Auxiliadora; enfrente se encuentra la plazoleta de la Victoria, que era el antiguo nombre de esa calle en donde se halla una placa de homenaje a Hipólito Yrigoyen.

En conjunción con la *Avenida Rivadavia* se alza el señorial Palacio Raggio, edificio de departamentos construido en 1921 por el arquitecto Gino Aloisi.

Puentes y pasajes

El puente que se halla en *Sánchez de Bustamante* entre *Bartolomé Mitre* y *Avenida Díaz Vélez*, además de contener muchos y variados graffiti, rompe cierta simpleza de la ciudad y le agrega un clima que nos recuerda al mejor cine norteamericano de suspenso.

Entre los muchos pasajes del barrio no hay que dejar de conocer el que nace en *Avenida Díaz Vélez* 3850 —pasaje

Laredo—, y que parece finalizar en las vías del ferrocarril, pero ahí se convierte en un sendero paralelo y por arriba de las vías.

Avenida Medrano

La Universidad Tecnológica Nacional, antiguamente Universidad Obrera, ha formado 37.000 ingenieros y tiene 70.000 alumnos en 29 sedes en todo el país (*Medrano* 951).

Frente a la iglesia Santa María Magdalena de Betania funciona el Museo Obras Misionales Pontificias, que exhibe instrumentos musicales, armas, tejidos y adornos de Asia y África (*Medrano* 735).

En la esquina de *Medrano* y *Lezica* se hallan las torres gemelas de Kalnay. Se trata de una casa de rentas construida en 1927 por el arquitecto húngaro Andrés Kalnay.

Un no vidente español, Julián Baquero, fundó en 1924 la Biblioteca Argentina para Ciegos, primera en su género en Hispanoamérica. Tiene un acervo bibliográfico de 320 obras con alrededor de 15.000 volúmenes y una importante secuencia de actividades con "libros parlantes" y un elenco de teatro leído (*Lezica* 3909).

Avenida Corrientes

Hasta el año 2002 funcionaba el Mercado de las Flores (*Avenida Corrientes* 4062) donde se comercializaban diariamente varias toneladas de todas las especies que brotan en el país.

Como estaba previsto, se lo trasladó recientemente a la zona sur del Gran Buenos Aires.

El templo de Jesús Sacramentado data de 1904 y es de estilo neogótico. Fue atacado en enero de 1919 con motivo de la "Gran Huelga" o "Semana Trágica". Se incendiaron puertas y se robaron objetos de culto (*Avenida Corrientes* 4441).

Liniers

En *Hipólito Yrigoyen* y *Virrey Liniers* logró preservarse un muro construido en 1830 que perteneció a la casa del virrey Santiago de Liniers y donde en 1875 funcionó el primer hospital de niños de la Argentina.

San Lorenzo de Almagro

El 1° de abril de 1908 nació el Club San Lorenzo de Almagro. Un sacerdote, el padre Lorenzo Massa, promovió entre los muchachos de la barriada la práctica del fútbol a cambio de su asistencia a misa y al catecismo. Ya armado un equipo bastante eficiente, hubo que buscarle nombre, y se lo llamó "Los forzosos de Almagro".

El padre Lorenzo, de la capilla de San Antonio (*México* 4050), ofreció a los muchachos un terreno detrás del templo para sus prácticas.

Al religioso no le agradó el nombre del club y propuso que se lo cambiaran.

En su homenaje se rebautizó al club con su nombre, que conserva en la actualidad. El padre Massa interpretó que lo de San Lorenzo homenajeaba a la famosa batalla. Su vida fue llevada al cine por el director Augusto César Vatteone. Se llamó "El cura Lorenzo" (1954) y fue protagonizada por el actor Ángel Magaña.

El estadio de San Lorenzo que estaba en el vecino barrio de *Boedo* funciona ahora en el barrio de *Nueva Pompeya*.

Hospital Italiano

Es el más prestigioso hospital de la zona. La piedra fundamental fue colocada en 1888 y la madrina fue la esposa del entonces presidente de la República, Juárez Celman, y su padrino el rey de Italia, Humberto I, representado por el duque de Ánfora de Licignano.

La obra se terminó en 1901. Este hospital continúa, hasta el día de hoy, con su mejoramiento científico y con la ampliación de sus instalaciones. La responsabilidad de la obra recayó en el arquitecto Juan A. Buschiazzo (*Gascón* 450).

Tango y cine

En *Guardia Vieja* 4049 se halla la Fundación Casa del Tango, donde se encuentran un museo, una biblioteca, una sala de video, aulas de enseñanza y una confitería bailable. En el barrio funciona también el Centro Educativo del Tango de Buenos Aires (ex Universidad del Tango), *Agrelo* 3231.

También en *Almagro* se halla el Sindicato Argentino de Músicos —*Avenida Belgrano* 3655—, cuyo auditorio lleva el nombre de Astor Piazzolla.

Según algunos historiadores, la Rubia Mireya, inmortalizada en el tango "Tiempos viejos", vivió en *Castro Barros* 433.

En tanto, allí donde funcionaron los primitivos estudios de Argentina Sono Film —*Bulnes* 45—, se encuentra ahora la Escuela de Cerámica Nº 1, fundada en 1940 por el maestro español Fernando Arranz.

Misceláneas

En *Yatay* 261 se halla el único colegio japonés de Buenos Aires, cuyos orígenes se remontan a 1922 y opera como escuela bilingüe.

La piedra fundamental del Centro Navarro de Buenos Aires fue donada por el Ayuntamiento de Pamplona, junto al escudo y un saco de tierra proveniente de Navarra, España (*Moreno* 3682).

En la esquina de las calles *México* y *Maza* se halla la cúpula con estatua, pararrayos y reloj sin agujas que perteneció a una desaparecida fábrica de cigarrillos. Es obra del arquitecto John Sutton (inglés) y del ingeniero José Arnarat (español), realizada a principios de 1900.

Bibliografía

Trueba, Carlos Manuel. *Almagro, el pasado que perdura*, Buenos Aires, Cuadernos del Águila N° 8, Fundación Banco de Boston, 1989.

Llanes, Ricardo. *El barrio de Almagro*, Buenos Aires, Cuadernos de Buenos Aires N° 26, MCBA, 1968.

Balbachán, Eduardo Luis. *Los ignorados pasajes de Buenos Aires*, Buenos Aires, Ed. Rodolfo Alonso, 1983.

Revista *First*, Buenos Aires, junio de 1988.

Diarios: *Clarín, Ámbito Financiero, La Prensa:* años varios.

El ingenio y la chispa afloran en cada barrio a través del graffiti.

12

BALVANERA

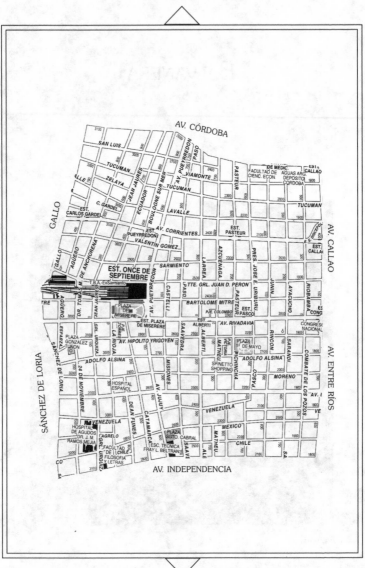

> *"Me acuerdo. Fue en Balvanera,*
> *en una noche lejana,*
> *que alguien dejó caer el nombre*
> *de un tal Jacinto Chiclana."*

JORGE LUIS BORGES
(1899-1986, escritor argentino)

Límites

Avenidas y calles: *Independencia, Entre Ríos, Callao, Córdoba, Díaz Vélez, Gallo, Sánchez de Bustamante y Loria.*

Algo de historia

Valvanera es un valle de la región de La Rioja, en la provincia española de Logroño. Existió allí un bandido, de nombre Nuño Oñez, que se convirtió de manera ejemplar. Por medio de un ángel se le anunció la existencia oculta de la imagen de la Virgen en el Valle de Valvanera. A fines del siglo XVIII llega al Río de la Plata la devoción por Nuestra Señora de Balvanera. En 1799 se erige una capilla dedicada a esta virgen. En 1831 se convierte en parroquia.

El traslado del nombre de España a la Argentina significó un cambio en su escritura. Originalmente con "v", que en América cambió por "b".

Plaza Once y adyacencias

El periodista Horacio Moraco comenta: "Con pretensiones de elogio, a Buenos Aires se la ha llamado repetidamente 'la más europea de las ciudades latinoamericanas', lo que es lo mismo que decir 'la menos latinoamericana de las ciudades latinoamericanas'. Los valores supuestos de los que parte ese elogio no son muy difíciles de rastrear. Son los que toman como modelo lo foráneo, especialmente lo europeo, para imitar y reproducir, desdeñando automáticamente lo propio, lo latinoamericano, sin siquiera dignarse a mirar un mapa. Enancados en esa idea, realmente es muy difícil encontrarle un lado auténticamente autóctono a Buenos Aires, dentro del recorrido habitual del turismo ciudadano que practicamos los porteños: *Corrientes, Florida, Santa Fe, Avenida de Mayo, Palermo,* el centro, los barrios, incluyendo también la zona de *Paseo Colón* y el puerto; todos estos lugares encuentran con mucha más facilidad su similar en Europa que en Latinoamérica, y no es casualidad. Pero hay un lugar, en que todo ese concepto encuentra una elocuente zancadilla que lo derriba con estrépito: *Plaza Once*. Sólo hay que saber mirar. No tiene Buenos Aires un lugar en que se parezca más a Latinoamérica, más a cualquier ciudad latinoamericana, que en esas pocas cuadras que rodean a *Plaza Once*, especialmente las cuadras de la recova sobre *Pueyrredón*. Un sábado a la mañana, por ejemplo, a Buenos Aires le brota en *Plaza Once*, a borbotones, su escondida alma americana. Allí sí es encontrarse con el mismo ritmo, el mismo ruido, la misma gente, el mismo color de las vidrieras y de las cosas que se pueden encontrar en Bogotá, en La Paz o en Lima. Es el voceo no porteño de los vendedores de los puestos ambulantes, es el encuentro con esa increíble cantidad de relojes japoneses, es el tropiezo con todas esas armerías que presagian esa zona de otro país que es la *General Paz* hacia fuera, es encontrarse con la sorpresa del plástico, es el olor de las garrapiñadas y de los bares oscuros, es el lugar de la tan latinoamericana manito del chico que pide limosna, es el paseo de la gente, son esos argentinos... esos latinoamericanos. Caminar *Once*, es caminar territorio reconquistado. Territorio reconquistado a Europa, a nuestra idea de la Buenos Aires europea que todavía pelea territorio también en nosotros. Para siempre *Plaza Once* es el comienzo de la reconquista de Buenos Aires para Latinoamérica. Es el comienzo del encuentro de Buenos Aires con sí misma".

La *Plaza Once*, cuya denominación real es *Miserere*, da por lo general nombre a una parte del barrio. Ni *Congreso* ni *Once* han figurado en la nomenclatura oficial como denominación de barrios.

El origen del nombre de *Miserere* sigue siendo discutido. En general se piensa que era el sobrenombre que se le daba a don Antonio González Videla, dueño de las tierras que hoy corresponden a *Plaza Once*. Es probable que por haber habido allí mataderos conocidos como "corrales de Miserere" se haya relacionado la matanza de los animales con la expresión del salmo "miserere" que significa "ten compasión". "Once" proviene del 11 de setiembre de 1852, fecha de la revolución declarada contra el general Justo J. de Urquiza.

Fue en sus orígenes plaza de carretas y de frutos. En un lugar cercano estaba el Matadero.

En la parte central está el mausoleo de Bernardino Rivadavia. El subterráneo de la Línea "A" llega hasta allí y permite realizar la combinación con la estación terminal para servicios locales del Ferrocarril Nacional Domingo F. Sarmiento. Para los servicios generales, el ferrocarril tiene su terminal a un costado, sobre *Bartolomé Mitre*. Existen desde 1998 túneles subterráneos que permiten trasladarse entre el subte y el ferrocarril. El edificio original fue construido por el arquitecto holandés John Doger. Una placa del Instituto de Investigaciones Históricas del Fondo de la Legua nos cuenta que la plaza es el "Hito de la argentinidad N° 11". Allí se lee: "En 1806-1807 en la reconquista y en la defensa de Buenos Aires con coraje, aun en la adversidad a quien peleó por un destino, el nuestro en aquel entonces, se unieron y triunfaron argentinos, sigamos su ejemplo".

Estos hitos son trece en total y señalan el recorrido histórico de las fuerzas de la reconquista de Buenos Aires en ocasión de las invasiones inglesas de 1806 y 1807. Están ubicados en el ámbito de la ciudad de Buenos Aires y la provincia.

El mausoleo central se inauguró el 2 de setiembre de 1932. Esta mole de granito pesa 1.700 toneladas. Es obra del escultor argentino Rogelio Yrurtia. Mide 15 por 24,50 metros y tiene su altura en el punto máximo, que es el centro de la cripta, a 9,50 metros.

El monumento está compuesto de bloques de granito y dos figuras de bronce a los lados. Una representa a Moisés mirando al sur, como símbolo del pensamiento, la legislación y la conducción del pueblo; la otra mira al norte y representa la acción, corporizada en la figura de un hombre joven.

A cuatro metros de altura, un sarcófago de cianita negra contiene los restos de Rivadavia (1780-1845).

En 1946 el mausoleo fue declarado monumento histórico nacional. Se abre sólo dos veces al año, el 2 de setiembre, fecha en que se inauguró, y el 20 de mayo, día del nacimiento de Rivadavia (*Rivadavia, Ecuador, Bartolomé Mitre y Pueyrredón*).

En el edificio ubicado en *Perón* 2630, Torre Saint, se levantan dos grandes pirámides truncas, una blanca y la otra verde. Esto lo convierte en un hito identificable a la distancia. El edificio de trece pisos data de 1928 y tiene en su interior grandes columnas egipcias y un poco común pasillo de circunvalación interna.

Tiene influencia *art déco*, debido a las exposiciones de las artes decorativas de París, en la Francia de los años '20. También influyó, como en otros edificios de Buenos Aires, el descubrimiento de la tumba de Tutankamón en Luxor (Egipto).

Este estilo arquitectónico representó una reacción contra el *art nouveau*, considerado en ese momento muy recargado. Fue obra del arquitecto R. Tiphaine.

El pasaje *Sarmiento* parece hoy un rincón de Andalucía (España). En los años '40 los constructores de origen judío Jaime Moisés y Salomón Cotton convocaron al italiano Juan Lemmi Lenzi y transformaron el pasaje con entrada por *Avenida Rivadavia* 2659 y *Bartolomé Mitre* 2660. Todas las mayólicas son españolas. El cambio de cañerías de gas destruyó parte del encanto de esta "calle interna" que cruza la manzana de lado a lado.

Todo el *Once* nuclea al comercio textil mayorista. Se lo llama "Suez" por la convivencia armónica entre judíos y árabes en el mismo barrio. Una zona atractiva y distinta de Buenos Aires para ver, por ejemplo, la variedad y cantidad de telas o apreciar la pujanza comercial aun en tiempos de crisis. Se suma a esto la posibilidad de comprar, ya que también se vende a minoristas, a muy buenos precios. El tránsito es desordenado y hay carga y descarga de mercadería casi a cualquier hora. Se escuchan aún hoy distintos idiomas y dialectos.

Sobre la *Avenida Corrientes* hay espléndidos negocios que no tienen nada que envidiar a los de la *Avenida Santa Fe.*

Los coreanos

La inserción de la colectividad coreana en el negocio textil de *Once* comenzó a crecer en 1983. Allí hay estimativamente doscientos talleres textiles de ese origen. Los signos del "hangui" —escritura coreana— alternan con la escritura en idish o en árabe.

Hay ya en la Argentina varios semanarios coreanos y canales de TV por cable que emiten programas de ese país. Una revista los llamó, con mucho humor, los "coreanovich".

Hasta la llegada de los coreanos el *Once* fue parte del corazón de la judería de Buenos Aires. Los almacenes venden arenques, salchichas de Cracovia, y otros elementos típicos del judío procedente del este europeo. Allí están todavía las escuelas, los teatros, las sinagogas, sedes de diversas asociaciones y las librerías. En el *Once,* uno puede tropezar con rabinos, jazanim, maestros religiosos, shotjim, puede oír el canturreo de una clase de la Biblia y ver las lucecitas de Janucá, como también otras características de las festividades judías.

Inadvertido, en *Avenida Rivadavia* 2944 se halla el pasaje —escrito con "g"— *Torres,* construido en 1856 por una familia oriunda de Córdoba.

En la *Plaza Once* y sobre la calle *La Rioja* estaba la imaginaria pensión La Madrileña, de doña Milagros, donde vivía Camilo Canegato, el protagonista de *Rosaura a las diez*, premio internacional de la revista *Life.* Esta novela de Marco Denevi fue llevada al cine, protagonizada por Juan Verdaguer y Susana Campos. La dirigió Mario Soffici (1958).

En la confitería La Perla, de *Avenida Rivadavia* y *Jujuy* se encontraban entre 1930 y 1940 el escritor Jorge Luis Borges y su colega filósofo y humorista, Macedonio Fernández. En el mismo lugar ocurren secuencias de la novela de Ernesto Sabato, *Sobre héroes y tumbas.*

A fines de la década del '60, en una noche de zapadas, se escribió allí uno de los primeros éxitos del rock argentino. José

Alberto Iglesias, más conocido como Tanguito o Ramsés, compuso, en el baño, el tema *La balsa* (*Avenida Rivadavia y Jujuy*).

Allí cerca —*Paso* 57— aparece una pensión vinculada al capítulo denominado "Informe sobre ciegos", del libro de Ernesto Sabato *Sobre héroes y tumbas*, ya que muy cerca, en *Hipólito Yrigoyen* 2850, funciona la Editora Nacional Braille. En la pared del bar de la esquina sudeste de *Jujuy e Yrigoyen* hay una placa que expresa el agradecimiento por parte de los ciegos a Luiggi, un vendedor de diarios que en ese lugar los ayudaba a cruzar la calle.

En lo que fue sede del antiguo Lazareto y luego hospital San Roque, funciona desde 1914 el hospital municipal Dr. Ramos Mejía (*General Urquiza* 609).

A pocas cuadras se halla la Escuela Normal "Mariano Acosta" cuyos orígenes datan del año 1874. Fue diseñada por el ingeniero Francisco Tamburini, creador del edificio del Teatro Colón. Entre sus ex alumnos figuran Julio Argentino Roca, Marcelo T. de Alvear, Leopoldo Marechal, Enrique Santos Discépolo, Abel Santa Cruz, Julio Cortázar, Norberto Laporta, y Vicentico (Gabriel Fernández Capello), del grupo Los Fabulosos Cadillacs (*General Urquiza* 277).

En la calle *Saavedra* 618, nació en 1905 el periodista y poeta Raúl González Tuñón; fue declarado sitio de interés cultural por el Gobierno de la Ciudad.

En las cercanías —*Hipólito Yrigoyen y 24 de Noviembre*— se halla la plaza que rinde homenaje al citado poeta.

El Abasto

Fue el primer edificio de la Argentina con cemento armado a la vista, en la fachada y en el interior. La obra fue realizada entre 1930 y 1934. Incendiado en 1952, tuvo que ser reconstruido en parte. Al habilitarse en 1984 el Mercado Central de la Ciudad, en el partido de La Matanza, quedó clausurado el Abasto y también su leyenda.

Ocupa un terreno de 21.259 metros cuadrados. El autor-arquitecto de este edificio fue el esloveno Víctor Sulcic, nacido en

Trieste en 1895, formado en Florencia y Bologna y llegado a Buenos Aires en 1924. También hizo la cancha del Club Boca Juniors.

Sulcic logró en dos días la idea general del mercado: cinco naves paralelas abovedadas, entre las que se destaca la central, más alta y más ancha. El edificio tiene algo de basílica romana.

El mercado y el barrio convivieron durante cincuenta años. En 1998 culminó el proceso de reciclaje y restauración del primero y se convirtió en un ultramoderno shopping, unido bajo tierra a la estación del subte llamada Carlos Gardel (*Avenida Corrientes, Lavalle, Agüero y Anchorena*).

Museo de los Niños: es el primer museo temático para niños dedicado totalmente a la ciudad que existe en el mundo. Funciona dentro del edificio del Mercado (*Anchorena* 556).

Todo el barrio se ha comenzado a transformar a partir de este emprendimiento que mantiene la tradición de Gardel, el Morocho del Abasto, en una zona que cuenta también con una calle dedicada al cantor, que vivió en una casa cercana (*Jean Jaurès* 735).

En marzo de 2000 la calle *Gardel* se convirtió en peatonal y se inauguró el monumento al cantor, obra del artista Mariano Pagés. Tiene una base de un metro sesenta y sobre ésta se instaló la estatua de dos metros cuarenta.

En 2003, en la que fue una de las casas en que vivió Carlos Gardel, se inauguró un museo sobre aspectos de su vida (*Jean Jaurès* 735).

Avenida Rivadavia y alrededores

En *Avenida Rivadavia* 2031 se halla la fastuosa "casa de los lirios", atribuida al arquitecto Rodríguez Ortega (1903). Su frente es ondulado y en sus altos surgen deidades y monstruos. Estilizadas flores de cemento y una pronunciada inspiración en la botánica le dan su justo nombre. El trabajo de herrería está totalmente integrado a la decoración de este edificio de viviendas.

En *Avenida Rivadavia* 2341 vivió el autor de la novela *Adán Buenosayres*, Leopoldo Marechal.

El pasaje *Carlos Ambrosio Colombo* se abre en *Avenida*

Rivadavia 2431, recorre treinta metros, gira noventa grados y termina en la calle *Azcuénaga* 34. Tiene una torrecita con techo a dos aguas, coronada por una lanza: es la portería.

La Plaza 1° de Mayo cuenta con un mástil en el centro. Hacia *Pasco* se alza una estatua de bronce, en tamaño natural, que representa a un labrador marchando con una maza sobre su hombro derecho. Se denomina *Al trabajo* y es de Ernesto Soto Avendaño. En el predio de esta plaza, inaugurada el 1° de mayo de 1928, funcionó hasta 1892 un cementerio protestante. En 1919 el Concejo Deliberante decidió que estas tierras pasaran a conformar la actual plaza, haciéndose cargo del traslado de los restos y de su ubicación en el Cementerio de la *Chacarita* (cementerios inglés y alemán).

Es interesante saber que no todos los restos fueron trasladados, ya que muchos no fueron reclamados y, teniendo en cuenta la profundidad a que habían sido enterrados, resultaba inconveniente intentar su rescate; así permanecen hoy. Entre ellos los de la esposa del almirante Guillermo Brown, Elisa Chitti. Hay una placa de la Liga Naval que recuerda desde 1971 este cuerpo no encontrado (*Hipólito Yrigoyen, Pasco, Alsina y Pichincha*).

Sobre la *Avenida Rivadavia* esquina *Pichincha* estuvo el Teatro Marconi, donde algunos italianos que tenían puestos en el entonces Mercado Spinetto podían asistir a temporadas de ópera. Esto sucedió hasta 1950 por lo menos, alternando ópera con operetas internacionales en italiano.

Lo que fue el solar correspondiente a la entrada de artistas del Marconi —por la calle *Pichincha*— se convirtió a partir de los años '70 en el Teatro Armando Discépolo.

El café Oberdam, vecino al Marconi, inspiró a Enrique Santos Discépolo a componer su famoso tango *Cafetín de Buenos Aires* (*Avenida Rivadavia* 2330).

El mercado de Buenos Aires popularmente conocido como Spinetto ocupa la zona llamada el "Hueco de Vidal" o "de la yegua". Allí corría el arroyo Manso, que formaba un bañado. El mercado nace por iniciativa de David Spinetto en 1894, y tuvo, al igual que otros de la ciudad, una función de proveedor y abastecedor de frutas, hortalizas y carnes. En octubre de 1988 se convirtió en supermercado y shopping, tratando de conciliar el encanto original con la tecnología moderna.

En la calle *Alsina* 2327 se halla el pasaje *Victoria*, que llega hasta *Hipólito Yrigoyen* 2326 en una suerte de olvidado laberinto.

El bar fundado como Café Rivadavia en 1890 por el italiano Batista Facio se convirtió en 1919 en el Café de los Angelitos cuando lo compró el español Ángel Salgueiro. Un comisario bautizó así al café por los "angelitos" (malandras de poca monta).

Este bar fue declarado monumento histórico nacional.

Lo frecuentaban, entre otros, los políticos Alfredo Palacios y Juan B. Justo. Recordemos que la Casa del Pueblo y el diario *La Vanguardia* del Partido Socialista, del que ellos eran dirigentes, estaban, desde 1927, situados a pocos metros en *Avenida Rivadavia* 2150, hasta que fueron perversamente incendiados en 1953.

Otro parroquiano famoso era Carlos Gardel, que vivía a la vuelta, en *Rincón* 137, una casa "como de la *Avenida Alvear*" según decía. Era una obra del arquitecto uruguayo Arturo Prins.

También concurrían José Razzano y los payadores Gabino Ezeiza y José Bettinotti. El café motivó la creación de un tango que lleva ese nombre, compuesto por Cátulo Castillo y José Razzano.

Cerró sus puertas en 1992 y, como es una propiedad privada, su destino fue la demolición. Algo nunca aclarado, a pesar de los reclamos populares (*Avenida Rivadavia* 2096).

En *Riobamba* 179 se encuentra el Club Ateneo de la Juventud y enfrente —*Riobamba* 144— la "misteriosa" casa de la palmera.

El Teatro Empire, en *Hipólito Yrigoyen* 1928, pertenece a una antigua institución sindical (La Fraternidad). Elina Colomer triunfó en *La voz de la tórtola*, Alba Mujica en *Las furias*, y así otras tantas. Es un singular edificio *art nouveau*, obra del arquitecto Jorge Sabate.

En la calle Hipólito Yrigoyen 2570, el arquitecto Virgilio Colombo realizó una obra de particular interés por su ornamentación con esculturas. Trabajó en ese rubro (1910) en colaboración con el escultor Eduardo Passina.

En el hall de esta vivienda particular hay un vitral con un rostro de mujer adornado con aros, collar y tiara, flores rosas y blancas, y hojas verdes y celestes. Enmarcan la figura juegos de círculos.

La iglesia Regina Martyrum existe desde que este sector del barrio era un campo casi despoblado. Una larga historia tiene este espacio consagrado a la fe, unido al seminario y colegio contiguos, que pertenecen a los padres jesuitas (*Hipólito Yrigoyen* 2025).

En *Hipólito Yrigoyen* 3242 funciona la facultad de Psicología de la UBA, una especie de *Villa Freud* como en el barrio de *Palermo*. Este apodo se debe al nombre de algunos cafés y bares de la zona.

En *Esparza* 93 sorprende un edificio con forma de castillo con tres torres de netas reminiscencias medievales. Pertenece al Ejército de Salvación.

Avenida Córdoba y algo más

El gran depósito de gravitación es el nombre real del edificio de Obras Sanitarias de la Nación, hoy administrado por Aguas Argentinas, ubicado en la manzana que abarca la *Avenida Córdoba* y las calles *Riobamba, Viamonte y Ayacucho*. Está emplazado —o al menos lo estuvo— en uno de los puntos más altos de la ciudad. La obra del Palacio de las Aguas Corrientes se inició en 1887 y constituye un gigantesco rompecabezas plasmado por el ingeniero sueco Carlos Nyströmer.

Todo ese esfuerzo arquitectónico fue para almacenar en su interior 72.700.000 litros de agua por día, que era lo estimado para el consumo de los porteños.

El estilo arquitectónico del edificio es propio del liberalismo. Las paredes se proyectaron con la fuerza suficiente como para soportar no sólo una pequeña parte del peso del depósito, sino también para resistir el empuje de los pamperos. Los paramentos o adornos que cubren el edificio son lujosos. Las cuatro paredes de este palacio —que mide, desde adentro, unos noventa metros de costado y tiene una altura de veinte metros hasta la parte superior del parapeto— fueron capaces de resistir a esa presión sin apoyo entre sí, salvo en las cuatro esquinas. En cada una de ellas se construyeron torres macizas y también en el centro de cada costado. Se incluyeron, además, sólidos contrafuertes, puestos a intervalos entre las torres esquineras y las centrales, tanto adentro como afuera.

La provisión de la terracota para la ornamentación de las paredes del edificio fue contratada a Doulton y Cía. de Londres, quienes subcontrataron la losa barnizada con la Burmantofts Company, de Leeds. La terracota constaba de aproximadamente 170.000 trozos, sin contar unos 130.000 ladrillos barnizados, y se necesitaron no sólo un vasto número de dibujos, sino también una cantidad correspondiente de moldes. Todo ello fue colocado en su lugar sin mayores dificultades.

Para la construcción de este palacio se pensó en utilizar materiales del país. Pero ello no fue posible, pues su costo era muy elevado y la provisión hubiera demorado aun más la terminación de la obra. Se optó por usar la mayólica y el ladrillo barnizado para el revestimiento del paramento externo de las paredes correspondientes a los cuatro frentes; 300.000 piezas en total, que fue menester importar de Europa. La cubierta de 105 techos se hizo con pizarra verde traída de las canteras de Sedan, Francia.

Las únicas figuras que adornan los frentes del palacio son florones y medallones con el escudo nacional, los provinciales y el de la entonces Municipalidad metropolitana, además de las dos cariátides emplazadas en los grandes ventanales centrales que dan a las calles *Córdoba, Viamonte y Riobamba*. Junto a la entrada principal, sobre *Córdoba*, se halla el busto del ingeniero Guillermo Villanueva, presidente de la primera Comisión de las Obras de Salubridad de la Capital. En su homenaje, el monumental edificio lleva su nombre. El diseño arquitectónico estuvo a cargo de Olaf Boye, oriundo de Oslo (Noruega), bajo la dirección del ingeniero Nyströmer.

La construcción toda soporta sólo una pequeña parte del peso de los tanques. Interiormente existe un patio central, también cuadrado, de 18,20 metros de costado, cerrado igualmente por cuatro paredes. Entre los dos cuadrados (el formado por los muros exteriores y el del patio interior) están distribuidas las 180 columnas de fundición que, junto con las paredes, soportan el peso de los doce tanques y las 72.000 toneladas de agua que pueden contener.

El polémico y bello edificio tuvo un famoso e intelectual detractor: el escritor español Vicente Blasco Ibáñez, quien escribió las novelas *Sangre y arena* y *Los cuatro jinetes del Apocalipsis*, entre otras, y que vino a fundar pueblos en las provincias argentinas de Río Negro y Corrientes. Así lo expresó él: "Este palacio no es tal palacio. Tiene arcadas, grandes puertas y ventanales, pero todo fingido. En su interior no existen habitaciones. Sus cuatro fachadas imponentes enmascaran los muros de contención del depósito de aguas que ocupa su interior. Los constructores quisieron embellecerlo con esta enorme superfluidad, para que no afease las calles céntricas". (*Avenida Córdoba 1950*)

En lo que fue la antigua Facultad de Medicina de la UBA funciona la Facultad de Ciencias Económicas, obra del arquitecto Gino Aloisi. Está previsto en octubre de 2003 inaugurar el Museo de la Deuda Externa, cuyo objeto es explicar cómo se originó el endeudamiento de la Argentina en más de 170 mil millones de dólares. Aquí la avenida es límite con el barrio de *Recoleta* donde, vereda por medio, se halla la antedicha facultad (*Avenida Córdoba 2122*).

El edificio de la Morgue Judicial es compartido con la Facultad de Ciencias Económicas. Allí también funciona el Museo Forense de la Justicia Nacional. Contiene piezas anatómicas de interés médico-legal (*Junín 760*).

El Museo "Bernardo A. Houssay" funciona en la casa que desde 1925 hasta 1970 utilizó el doctor Houssay como vivienda para él y su familia. Depende de la Fundación para la Educación, la Ciencia y la Cultura. Contiene la biblioteca y documentación privada y pública del doctor Houssay, sabio argentino, premio Nobel de Medicina 1947 (*Viamonte 2790*).

En la calle *Tucumán* 3029 se halla la capilla de Santa Teresa de Jesús, convento de clausura de la orden de las Carmelitas Descalzas.

El Colegio de La Salle pertenece a la congregación de hermanos del mismo nombre. La institución data de 1897. En 1969 y 1970 amplió sus instalaciones.

Juan Bautista de La Salle creó el Instituto de los Hermanos

de las Escuelas Cristianas; es la primera congregación religiosa de educadores que no aspiran al sacerdocio y se dedican por entero a la formación. Su Museo "Hermano Esteban" es ejemplo de entretenimiento y aprendizaje (*Riobamba* 625).

En *Bartolomé Mitre* 2431 se halla la iglesia que dio nombre a todo el barrio: Nuestra Señora de Balvanera. Posee dos torres y veintidós artísticos vitrales. Fue diseñada por el arquitecto José Santos Sartorio y bendecida en 1842. En 1860 fue remodelada por el arquitecto Antonio Picarel.

En esta iglesia fueron bautizados el fundador del partido radical, Leandro N. Alem, y el escritor Leopoldo Marechal.

El Colegio San José depende de la Congregación del Sagrado Corazón de Jesús de Betharram, Padres Bayonenses. Cuenta con una capilla neogótica y con un observatorio astronómico que fue el primero de la ciudad, una biblioteca y un muy importante museo de ciencias naturales. En 1998, ante una eventual demolición o venta, fue declarado monumento histórico nacional (*Azcuénaga* 158).

En *Bartolomé Mitre* 2538 se halla el Centro Galicia y el Colegio Santiago Apóstol, un nucleamiento de las cuatro regiones que integran Galicia.

En 1949 la obra *El puente,* de Carlos Gorostiza, en la puesta del teatro independiente La Máscara, abandona su pequeño reducto y debuta en una sala nueva, el Teatro Lasalle. La sala ha sido un bastión de *Balvanera*; por allí pasaron las actrices Ana Lasalle y Rosa Rosen, entre otros. La sala pertenece a la Asociación Espiritista Constancia (*Perón* 2261).

Avenida Corrientes, paralelas y transversales

En el ángulo noroeste de *Avenida Corrientes y Pueyrredón* se encuentra un edificio conocido por algunos como la "casa de los setenta balcones", en alusión al famoso poema de Baldomero Fernández Moreno. Este edificio, ejemplo de la arquitectura neoclásica francesa, fue obra de Gastón Mallet.

El Paseo Imperial recuerda cierta impronta norteamericana de los años '70: ascensor a la vista, línea edilicia ondulada y palmeras (*Avenida Corrientes* 2510).

La Galería del Siglo es obra de Alicia y Ricardo Sujoy, Delia Miler y Juan Brugaletta, que se basaron en el juego de la arquitectura con el color y la luz. Casi como una continuación de la calle se desarrolla esta galería vidriada y transparente que ocupa 5.200 metros cuadrados. Data de 1977 (*Avenida Corrientes* 2564).

La bellísima obra del arquitecto Virgilio Colombo queda mutilada por la desmesura de las marquesinas comerciales que en ese tramo producen sensación de túnel (*Avenida Corrientes* 2554).

A pocas cuadras se halla el vanguardista Centro Cultural Ricardo Rojas, que depende de la UBA (*Avenida Corrientes* 2038).

En *Sarmiento* 2573 (ex escuela Carlos Tejedor y ex Museo del Cine) funciona ahora la Escuela de Arte Dramático del Gobierno de la Ciudad.

La esquina de *Sarmiento* y *Larrea* es recordada por el tema *146* que compuso el grupo Virus, en referencia al número de una línea de colectivos que pasa por ahí.

Hay una numeración no convencional en la calle *Larrea*, donde aparece dos veces el número 790, diferenciado por la A y por la B.

Las calles *Ayacucho* y *Junín* en su cruce con *Lavalle* fueron zona de prostíbulos legendarios; hoy ese lugar es el epicentro de las distribuidoras cinematográficas. Todo un mundo desde donde se programan los cines de la ciudad y se encaran lanzamientos de películas. En los últimos años se agregó la pujante industria del video.

En *Lavalle* 2441 se alzan las tres cúpulas de la Congregación Sefaradí "Yesod Hadath".

Avenida Belgrano y su entorno

Se caracteriza por la gran cantidad de negocios dedicados exclusivamente a muebles, en especial entre la numeración 1800 al 2900. Por casi trece cuadras se facilita la elección de todos los estilos y diseños.

Muchas instituciones que nuclean a los integrantes de la colectividad gallega de Buenos Aires tienen su sede sobre esta avenida. De todas ellas se destaca el Centro Gallego, cuyo hospital y servicios médicos son famosos (*Avenida Belgrano* 2138).

En *Avenida Belgrano* 2216, se halla la basílica Santa Rosa de Lima. El arquitecto Alejandro Christophersen inició los trabajos de construcción en 1926. La tarea demandó ocho años. El imponente edificio, mezcla de arquitectura neo-bizantina y neorrománica, se levanta sobre una enorme cripta. Una de las más importantes de la ciudad por su extensión.

En *Avenida Belgrano* 1841 funcionó la antigua LR3 Radio Belgrano, y por las mismas escaleras que se ven actualmente pasaron figuras tan distintas como Carmen Miranda, Juan D'Arienzo, Raquel Meller, Libertad Lamarque y Eva Perón, cuando era actriz.

El Hospital Español, inaugurado en 1877, es obra del arquitecto J.J. García Núñez. Incorporó en 1901 una valiosa capilla traída de España (*Avenida Belgrano* 2975).

Avenida Callao

Frente al Congreso de la Nación se halla el edificio que perteneció a la Confitería del Molino y que está cerrado desde 1996. Una joya de la arquitectura *art nouveau*, es el primer edificio que inicia la *Avenida Callao*. Obra del arquitecto italiano Francisco Gianotti, data de 1912. Con el tiempo se agregó su calidad gastronómica. Su futuro es incierto (*Avenida Callao* 10).

En *Avenida Callao* 248 funcionó el mítico restaurante El Tropezón, consagrado por el tango de Roberto Medina *Pucherito de gallina*.

En la zona se destaca el pasaje *Enrique Santos Discépolo* (ex *Rauch*), que corre desde la *Avenida Callao* y *Lavalle* hasta *Riobamba* y *Avenida Corrientes*. Describe una curva en forma de "s", vestigio del antiguo Ferrocarril del Oeste (hoy Sarmiento). En el inicio del pasaje hay una placa de la Asociación Amigos de la Avenida Callao en homenaje al paso de la locomotora "La Porteña", que inauguró la entonces primera línea férrea del país en 1857. En el pasaje *Discépolo* funcionó el Teatro del Picadero, que en 1981 deslumbró con el ciclo Teatro Abierto. Un "casual" incendio durante los últimos meses del gobierno militar destruyó la sala.

En *Callao* y *Lavalle* se destacan la cúpula y las correspondientes bohardillas que el arquitecto Oscar Schoo Lastra construyó en 1924.

La iglesia del Salvador data de 1876 y es obra del arquitecto Pedro Luzetti. Las torres poseen cuatro campanas fundidas en el taller de Emilio Vauthier, en Saint Émilien, cerca de Burdeos, Francia. Cada una está consagrada respectivamente al Sagrado Corazón de Jesús, a la Purísima Concepción, a San José y a San Ignacio. Las campanas dan las notas do, re, mi y sol.

En uno de sus costados se encuentra la capilla de la Buena Muerte, con muchas obras de arte originales y copias.

Anexo a la iglesia se encuentra el Colegio del Salvador, establecido desde 1868.

Todo el complejo es dirigido por los padres jesuitas (*Avenida Callao* 592).

Una antigua casa de departamentos remata su fachada en forma triangular. Allí se encuentran el Alfa y el Omega: el principio y el fin. Es obra del arquitecto Mario Buschiazzo (*Avenida Callao* 573).

En *Callao* 448 funciona el edificio neoclásico de la famosa Escuela Normal N° 8 "Domingo Faustino Sarmiento", obra del arquitecto italiano Carlos de Morra.

En la zona se hallaba el edificio de la AMIA (Asociación Mutual Israelita Argentina) que fue volado en un atentado terrorista el 18 julio de 1994. En él funcionaba el Instituto Científico Judío IWO. En el mismo lugar, en 1999, después de 1.772 días, se levantó el nuevo edificio de la AMIA (*Pasteur* 633). Todo el barrio cambió a partir del atentado criminal en el que murieron 86 personas.

En *Paso* 423 se halla el Gran Templo Paso —sinagoga—, de impactante arquitectura.

En la misma calle pero en el número 113 nació, en 1901, el autor, entre otras obras, de los tangos *Uno* y *Cambalache*, Enrique Santos Discépolo.

Bibliografía

Requeni, Antonio. *Cronicón de las peñas de Buenos Aires,* Buenos Aires, Fundación Banco Ciudad, 1985.

Garasa, Delfín Leocadio. *La otra Buenos Aires,* Buenos Aires, Ed. Sudamericana-Planeta, 1987.

Núñez, Luis F. *Los cementerios,* Buenos Aires, Ministerio de Cultura y Educación, 1960.

Korn, Francis. *Buenos Aires: los huéspedes del '20,* Buenos Aires, Grupo Editor Latinoamericano, 1989.

Ibáñez Padilla S. J., Alberto. *Una reina en el barrio de Congreso,* Buenos Aires, Cuadernos de Buenos Aires XXXV, M.C.B.A., 1970.

Revista *Lyra,* Buenos Aires, 1968.

Boletín de Estudio del Instituto Histórico de la Ciudad de Buenos Aires, N° 9, Buenos Aires, Municipalidad de la Ciudad de Buenos Aires, 1984.

Diarios: *Clarín, La Prensa, La Nación, La Opinión, El Cronista Comercial:* años varios.

En pleno barrio de Balvanera se halla este pasaje –Sarmiento–, que recuerda la estética andaluza.

13

BARRACAS

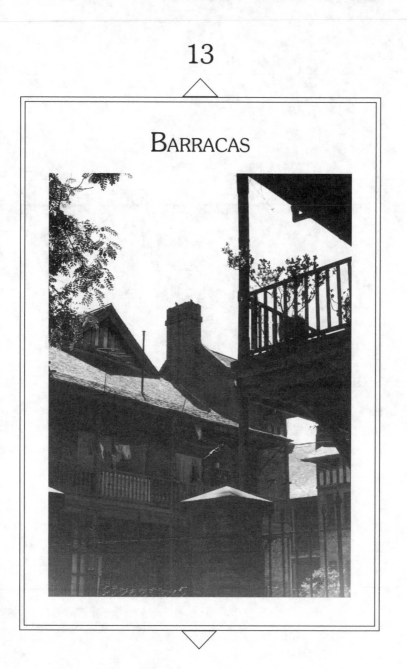

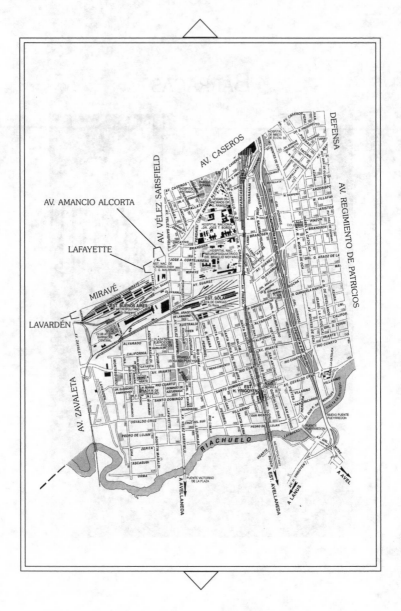

*"Barracas fue su barrio de higueras y potreros, con un tango de
Bardi, picardeado,
le alcanzó una alegría de piropo fiestero.
También le dio una ardiente mocedad de boliches, el aire
musical de una guitarra
y una noche cuajada de grillos y luceros."*

JOSÉ PORTOGALO
(1904-1973, poeta argentino)

Límites

Calles y avenidas: *Regimiento de Patricios, Defensa, Caseros, Vélez Sarsfield, Amancio Alcorta, Lafayette, Miravé, Zavaleta, Lavardén*, vías del ferrocarril General Belgrano y el curso del Riachuelo.

Algo de historia

El lugar tomó su nombre de la cantidad de galpones y barracas que al comienzo del siglo XVIII se habían levantado en la zona del Riachuelo.

"Barracas" fue también la denominación que dio el primer fundador de Buenos Aires, Pedro de Mendoza, a las precarias viviendas que levantó.

Durante casi todo el siglo XIX se asentaron en *Barracas* las familias más prósperas y tradicionales, que habitaron lujosas mansiones y casas quintas.

En 1871 la epidemia de fiebre amarilla hizo, al igual que en el barrio de *San Telmo,* que los propietarios se desplazaran al norte de la ciudad.

La transformación de las estructuras económicas de la Argentina a fin del siglo XIX trajo consigo cambios en la industria y en el componente social. El barrio fue una de las zonas elegidas por los inmigrantes.

A principios del siglo XX, adquirió el perfil de "barrio trabajador", donde se mezclaron italianos, polacos, españoles y otros, llegados de la vieja Europa con los habitantes locales. Hacia 1920, también se asentaron numerosos grupos de judíos oriundos de Damasco y de Alepo.

En esa época, *Barracas* tenía su ribera poblada de cafetines y prostíbulos. En el extremo opuesto, en la zona conocida como Los Olivos o Pueblo de las Ranas (atravesando el arroyo de las Pulgas —rellenado en 1883—), se refugiaban malvivientes.

Pasada la mitad del siglo XX, con el proceso de modernización de la ciudad, comienza la declinación del barrio. A partir de mediados de los '70 el proceso se acelera: se clausura el Mercado Concentrador de Pescados, se inhabilita la estación de trenes, se erradican en su mayoría las fábricas, y las que quedan sencillamente quiebran. Además, la autopista que atravesó el barrio significó el éxodo de más de 30.000 vecinos y la pérdida de edificios que formaban parte del patrimonio del lugar, incluidas dos plazas centenarias.

Actualmente los vecinos, a través de algunas instituciones y junto al Gobierno de la Ciudad, conciben planes revitalizadores.

Paisaje

Está en una zona geográficamente intermedia: al norte, la barranca; al sur, el curso del Riachuelo; al este, se interna hacia la zona del bajo; y al oeste se confunde con la llanura.

Barracas siguió creciendo, el Riachuelo sirvió de lugar de radiación de la protoindustria de la ciudad: el saladero, la curtiembre, la agroindustria, etc. La barranca albergaba los corrales y los mataderos.

Años después la industria saladeril es reemplazada por el frigorífico. El ferrocarril produce una fractura en aquel paisaje de viejas quintas.

Zona del Riachuelo

Barracas se conecta con la margen opuesta del Riachuelo a través de cuatro pasos: Puente Victorino de la Plaza (a la altura de la *Avenida Vélez Sarsfield),* Puente Pueyrredón (a la altura de *Vieytes*) o por el nuevo Puente Pueyrredón (que inicia su terraplén a partir de la *Avenida Montes de Oca*), y a través del Puente Bosch (a la altura de la calle Santa Magdalena).

Hay que recordar que el 12 de julio de 1930 un tranvía cayó al Riachuelo desde el Puente Bosch. Venía de la vecina ciudad de Lanús repleto de obreros que iban a trabajar, y por la niebla el conductor (motorman) no vio el farol rojo de peligro; fallecieron cincuenta y seis pasajeros y se salvaron cuatro. El hecho se llevó al cine en la película *La Mary*, que en 1974 dirigió Daniel Tinayre y protagonizaron la actriz Susana Giménez y el boxeador Carlos Monzón.

Hasta 1999 vivió en un edificio sobre el Puente Pueyrredón el escultor Julio César Vergottini, en una construcción que semeja un antiguo castillo y que fue la sala de máquinas que elevaba el viejo puente. Alternó sus últimos días con la policía caminera y los mozos del restaurante vecino. La historia es ésta, y la cuentan María Magaz y María Arévalo: "La necesidad de unir las márgenes del Riachuelo en un punto cercano a su desembocadura se manifestó por primera vez en el siglo XVIII, cuando en el año 1785 el procurador general presentó ante el Cabildo de Buenos Aires un proyecto que señalaba la necesidad de construir un puente en el lugar que en aquel entonces se llamaba "de las barracas". Por su precariedad no resistió las crecidas del Riachuelo. Significó un gran adelanto colocar en el lugar un puente de hierro diseñado por el ingeniero Prilidiano Pueyrredón e inaugurado en el año 1871. El intenso tráfico que por él circulaba, y que traía insumos desde el interior de la provincia a Buenos Aires, hizo necesario su reemplazo por un puente más acorde a las nuevas necesidades. Esta segunda construcción estuvo en uso desde el año 1903 hasta 1931.

El fluido comercio desarrollado al sur de la ciudad llevó a las autoridades a encargar un nuevo puente levadizo construido en Alemania en 1926 que, si bien ha perdido esa función, continúa operando y convive con la importante obra realizada en la década del sesenta, ubicada muy cerca de este viejo Puente Pueyrredón. La sala de máquinas que lo movía enmascaraba su uso con una construcción romántica, simulando un castillo de tres plantas y una terraza, ubicado en la calle *Vieytes* 2002 y *Pedro de Mendoza*.

"El torreón", como se lo llama, dejó de cumplir su finalidad y fue el lugar elegido por las instituciones locales del barrio de *Barracas* para que el escultor Vergottini tuviera su vivienda definitiva.

El traslado se concretó en octubre de 1974. El edificio fue cedido por la Secretaría de Obras Públicas de la Nación a la Sociedad de Fomento de Barracas, quien se hizo cargo de la reparación de pisos y pintura, tornando habitable al lugar.

En esa especie de castillo abandonado, rodeado de malezas y del aroma del Riachuelo, comenta el escultor: "...Yo soy un señor feudal y como súbditos tengo una perra y tres gatas. Tengo mi propia torre y un foso con agua lo suficientemente terrible para que nadie se acerque".

Su último proyecto —inconcluso— fue un monumento al padre.

Oculta bajo el Puente Pueyrredón, la calle *Lavadero* puede pasar inadvertida para el observador no prevenido. Posee una sola acera (del otro lado está el río), está flanqueada por las calles *Vieytes* y *San Antonio* y da una imagen inesperada de la ciudad.

Una esquina famosa es la que corresponde a la intersección de las calles *Montes de Oca* y *Osvaldo Cruz*, donde empieza la rampa de acceso al Puente Pueyrredón. Allí, en el 1900, funcionaba el Café Tres Esquinas, nombre que también se hizo extensivo al parador del Ferrocarril del Sud. A esta esquina se la recuerda hoy por el tango *Tres Esquinas*, de Ángel D'Agostino y Ángel Vargas.

Plaza Colombia y sus alrededores

Está situada entre *Avenida Montes de Oca, Isabel la Católica, Brandsen* y *Pinzón*. Tiene abundantes árboles e instalaciones de juegos para niños. Además posee varias obras artísticas, entre las que se encuentra la denominada *Izando la bandera*, de Julio Vergottini. Un mástil ubicado sobre una base sostiene cinco figuras masculinas en actitud de izar la bandera. Es un regalo de la ciudad de Bogotá (Colombia) a la de Buenos Aires. Data de 1940.

318

En esta plaza —sobre la *Avenida Montes de Oca*— se lee en una placa: "En este solar se encontraba la casa de Don Martín de Álzaga, español residente de Buenos Aires. Confabulado contra el gobierno patrio y fusilado el 6 de julio de 1811". Se trataba de un familiar de Felicitas Guerrero de Álzaga.

En 1996 la esposa del presidente de Colombia, Jacquelin Strauss de Samper, viajó a Buenos Aires para inaugurar una placa de homenaje en el centenario del poeta José Asunción Silva.

En esta plaza se halla —también— el único homenaje que debe existir en la ciudad "al padre de familia". Se trata de un monolito con la imagen de una familia integrada por el papá, la mamá, el hijo y la hija. Es obra de Mariano Pérsico y data de 1976.

La capilla de Santa Felicitas es una construcción de estilo neorrománico, donde se destacan las figuras angelicales de mármol dispuestas en simetría. Realizada por el arquitecto Ernesto Bunge, es uno de los edificios de mayor influencia alemana de la Argentina, y responde por su tendencia al estilo "bismarckiano".

Una historia trágica se vincula con el sitio donde hoy se levanta el templo: en el año 1872, Felicitas Guerrero de Álzaga, viuda de 26 años, residía en una quinta emplazada donde hoy se encuentra el templo. Después de pasar dos años de duelo, simpatizó con Enrique Ocampo. Más tarde se alejó de él y el día de su casamiento con Samuel Sáenz Valiente, Ocampo no pudo soportar la situación. Durante una entrevista con Felicitas, le descerrajó un disparo para luego suicidarse. La mujer murió el 30 de enero de 1872. Según el poeta Carlos Guido y Spano (1827-1918), Felicitas era "la mujer más hermosa de toda la República". En su homenaje sus padres levantaron esta capilla (*Isabel la Católica* 502).

Avenida Montes de Oca y alrededores

Sobre el número 40 se halla el Hospital de Pediatría "Dr. Pedro de Elizalde" (ex Casa Cuna, que nació en 1779 como hogar de niños abandonados).

En la casona que desde 1880 perteneció a Eustaquio Díaz Vélez se entremezclan pasadizos secretos y la obsesión de un propietario que usaba leones en lugar de perros. En los jardines hay tres esculturas que los representan. La historia no comprobada dice que la hija de Díaz Vélez invitó a comer a un pretendiente y que un león lo devoró. ¿Leyenda urbana o realidad? Hoy, el hermoso edificio alberga a VITRA (Fundación para Vivienda y Trabajo del Lisiado Grave), sede de la única escuela primaria y secundaria de toda la Argentina para discapacitados motores (*Avenida Montes de Oca* 110).

A tres cuadras de esta avenida estaba la quinta del almirante irlandés Guillermo Brown, creador de la primera flota naval argentina. La casona se conservó hasta 1910, año en que fue demolida. Hoy existe allí una plazoleta con el nombre de su hija Elisa (*Avenida Martín García* 584).

Es un pequeño triángulo en cuyo centro se erige un bloque de granito rojo con el escudo nacional. Una placa dice: "Solar Histórico del Almirante Brown, Homenaje de la Municipalidad de la Ciudad". La casa estaba pintada de amarillo y se la conocía así. Este nombre ("Casa Amarilla") lleva hoy una zona y una casa, reproducción de aquélla en la *Avenida Almirante Brown*, del barrio de *La Boca,* donde estaba la estación del ferrocarril a Ensenada. Allí vivió Elisa Brown —su hija—, que se suicidó en el Riachuelo desesperada por la muerte de su novio Francisco Drummond. Elisa, como su madre, fue sepultada en el cementerio de Disidentes, que hoy es la Plaza 1° de Mayo.

El cuerpo de Elisa fue luego trasladado al cementerio de Recoleta. El de su madre no fue encontrado y otra placa recuerda su ausencia en la Plaza 1° de Mayo (*Pasco y Pichincha*, barrio de *Balvanera*).

En *Barracas* una calle, a tres cuadras de la *Avenida Montes de Oca*, documenta la trágica etapa del país en que se intentaba enfrentar a obreros y estudiantes con el eslogan de "Alpargatas sí, libros no". Lleva el nombre del estudiante de ingeniería José Aaron Salmun Feijoo, asesinado en la esquina de *Perú y Avenida de Mayo* el 4 de octubre de 1945.

La intersección de las avenidas *Montes de Oca y Suares* lleva el nombre de "Esquina de La Banderita". Su denominación se debe a que éste era el paso obligatorio, porque se pagaba peaje. También la hacienda entraba a la ciudad por esta calle y se detenía en esta esquina, en la casilla de inspección veterinaria, donde se la revisaba.

Cuentos, novelas, tangos y cine

Barracas ha sido tradicionalmente uno de los escenarios preferidos de la literatura.

Leopoldo Marechal en su obra *Adán Buenosayres* toma el hospicio como lugar de internación del personaje Samuel Tesler, vinculado al poeta Jacobo Fijman (1898-1970) en su real situación de internado en ese lugar.

Sobre héroes y tumbas, de Ernesto Sabato, transcurre en gran parte en la casa de Alejandra Vidal Olmos, ubicada en la calle *Río Cuarto*. Sabato fue guiado hacia aquel lugar por el cronista del barrio, Enrique Puccia.

La pulpera de cabellos dorados y ojos de un azul claro pudo haberse llamado Ramona Bustos y la apodaban "la rubia del Saladero", establecimiento situado en lo que hoy es la *Avenida Montes de Oca*. La pulpería de la Paloma estuvo situada a pocas cuadras de la quinta del almirante Guillermo Brown y de la familia Álzaga —hoy Plaza Colombia y capilla de Santa Felicitas—. Su apodo se vincula a la proximidad del negocio en que trabajaba con la antigua capillita de Santa Lucía. En 1842 se casó con un tal Miranda, cantor y guitarrero opuesto al entonces gobernador Juan Manuel de Rosas.

Una novela, una obra de teatro y un vals popularizaron el mito desde 1928.

Héctor Pedro Blomberg ha reunido en sus textos muchas historias barriales, pero hoy se lo recuerda más por sus letras de tango, y en especial por el vals *La pulpera de Santa Lucía*, que Ignacio Corsini interpretó e hizo famoso para el tango.

El 13 de diciembre de cada año se celebran las fiestas patronales de esta protectora de la vista y del barrio. Desde 1783 se rinde culto a esta imagen. La procesión se realiza a lo largo de la *Avenida Montes de Oca*. Abundan los puestos de rosquillas y los mostacholi de tradición itálica, conocidos vulgar-

321

mente por la imagen que representan, ya sean vaquitas, bueyes o caballitos de agradable sabor dulzón.

Los fieles arrojan jazmines al paso de la imagen de Santa Lucía, cuyo templo está en *Montes de Oca* 550.

La milonga, la payada y el tango encontraron terreno fértil en *Barracas*. De la camada de payadores de fines del siglo XIX, es necesario honrar la memoria de César Cantón y Félix Hidalgo. También del mundo de la payada surgió un nombre inolvidable para el tango, Ángel Villoldo (1868-1919), llamado "el papá del tango". Guitarrista, letrista y cantor (además de ser cuarteador, payaso, tipógrafo y autor teatral), fue autor de clásicos como *El choclo* y *La morocha*.

En el pasaje *Darquier*, frente a la estación Hipólito Yrigoyen, se filmó *La peste* en 1991. Basado en la novela de Albert Camus y dirigido por Luis Puenzo, el film tiene escenas en el viejo puente de hierro. Sus protagonistas fueron William Hurt y Raul Juliá.

La construcción data de 1887 y era considerada iniciática para el escritor Jorge Luis Borges. En la zona abundan casas y depósitos pertenecientes a las inversiones ferroviarias inglesas del siglo XIX. En el verano de 1955 en la *Avenida Montes de Oca* 280, 2° piso, ocurrió un crimen de mucha resonancia popular. Jorge Burgos asesinó a su novia Alcira Methyger y luego la descuartizó. La historia quedó plasmada en la novela *Cuerpo velado* de Luis Gusmán, publicada en 1979.

La prolongación de la calle *Magdalena* se convierte luego en el pasaje del mismo nombre. De piso embaldosado, es uno de los más angostos de la ciudad. Un metro de ancho por diez de largo. Nace en *Villarino*, debajo del puente del ferrocarril Roca. Tiene tres puertas con sus respectivas numeraciones. Allí cerca, en la calle *Vieytes* 1048, nació Eduardo Arolas, el bandoneonista. También hay en el barrio una calle con su nombre. Es muy pequeña y casi está olvidada. Cerca del Hospital Borda, va desde la calle *Dr. Ramón Carrillo* hasta la calle *Paracas*.

Si algún desprevenido visitante vio la ópera rock *Evita*, de Lloyd Weber, encontrará un nombre del reparto en *Barracas*. Se trata del correspondiente a alguien tan mítico para los argentinos como Carlos Gardel: Agustín Magaldi. Su personaje sigue los estereotipos con que en algunos países europeos engloban genéricamente a toda "Sudamérica". Ropaje con blusas tropicales que la ignorancia de algunos ubica en la cultura "spanish".

La calle *Agustín Magaldi* nace en las vías del Ferrocarril Belgrano del centro de la estación Buenos Aires y recorre diez cuadras. Al llegar a la *Avenida Iriarte* existe una plazoleta con el nombre del cantor. Está también rodeada por las calles *Santo Domingo y Luna*.

Uno de los puntos culminantes de *Barracas* es el paseo *Agustín Bardi*, bajo los viaductos del ferrocarril Roca en la estación Hipólito Yrigoyen. Es la primera parada después de Constitución. Lugar pintoresco y colorido utilizado para la filmación de varias películas. A esto se le suma el pasaje *Darquier*, entre *Villarino* y *Osvaldo Cruz*. Agustín Bardi (1884-1941), un hombre del barrio, guitarrista, violinista, pianista, fue uno de los pilares de la guardia vieja del tango.

Fútbol, parque y templo

El parque Fray Luis Beltrán, delimitado por la *Avenida Vélez Sársfield, Río Cuarto, Luzuriaga y Alvarado*, fue inaugurado en 1920. Su aspecto actual es resultado de la urbanización realizada a principios del siglo XX. En la esquina de *Iriarte* y *Luzuriaga*, entre pinos, eucaliptos y juegos, hay un monolito de granito negro que conmemora el cincuentenario del campeonato de fútbol ganado por la Argentina, frente al lugar donde se hallaba la cancha del Club Sportivo Barracas.

Hay que tener en cuenta que junto al ferrocarril, los ingleses trajeron la afición por el fútbol. Nacieron así numerosos clubes: Barracas Juniors, Sportsman, Sportivo Pereyra, Juventud Unida, Santa Lucía, Terremoto, Núcleo Juvenil de Barracas, Amilcari Ponchielli, Sportivo Barracas y Barracas Central. Del antiguo esplendor de esos clubes, poco queda. Barracas Central y Sportivo Barracas juegan en las categorías inferiores del fútbol argentino. El Club Santa Lucía, importante institución, se encuentra ubicado en la *Avenida Montes de Oca* 1517.

La basílica del Sagrado Corazón de Jesús, frente al Parque Pereyra, es uno de los orgullos arquitectónicos del barrio. Mide unos ochenta metros de largo, quince de ancho y treinta de alto, con una torre cuadrada hacia un lateral. El interior tiene forma de cruz latina. La bóveda de crucero está sostenida por pilares románicos y columnas con capiteles. Bajo la gran cúpula se encuentra el sagrario con forma de capillita, que se remata también en cúpula. Sobre el altar mayor se observan siete vitrales. Es obra del arquitecto Rómulo Ayerza y su estilo es neogótico (*Avenida Vélez Sársfield* 1351).

El Instituto Nacional de Microbiología "Dr. Carlos G. Malbrán" es uno de los organismos de investigación más prestigiosos de la Argentina. El premio Nobel César Milstein integró su grupo de investigadores. Allí funcionan el Museo de Ciencias Naturales —de especialidad Zoológica Médica—, un serpentario y una biblioteca especializada con más de siete mil volúmenes (*Avenida Vélez Sarsfield* 563).

Avenidas y vecinos

La *Avenida Regimiento de los Patricios*, que limita con el vecino barrio de *La Boca*, tiene un movimiento constante debido a las plantas fabriles de las inmediaciones y a la gran cantidad de negocios. No sólo se caracteriza por éstos, sino también por las veredas de distintos niveles que marcan su proximidad con el Riachuelo.

Sobre la *Avenida Caseros*, entre *Defensa* y *Bolívar*, límite con el barrio de *San Telmo*, existe un edificio de vivienda colectiva singular dentro de la ciudad: tiene ciento veinte metros de fachada. Obra del arquitecto suizo Christian Schindler, el predio muestra la característica residencial de la zona a principios del siglo XX.

Arte

En 1936 el Museo del Louvre (París, Francia) y el de Arte de Berlín (Alemania) donaron a la Argentina ciento ochenta calcos de primera serie de arte griego, fenicio, egipcio y también maya. Estas obras se encuentran en la Escuela de Bellas Artes "Manuel Belgrano" (*Wenceslao Villafañe* 1342).

Algunas rarezas

La sede de la Logia Masónica "Hijos del Trabajo" es del tipo de "casa chorizo". Se destaca la ornamentación de la fachada, decorada con elementos egipcios que remiten claramente a los símbolos de la masonería (*San Antonio* 814).

Escuela General Güemes – Liceo de Señoritas "José M. Estrada": su particularidad reside, no en el edificio, sino en la forma alargada de la manzana donde éste se levanta, enfrentado al ensanche de la calle *Vieytes*, que permite una visión total del frente (*Arcamendia* 743).

El barrio ferroviario (ex Solá Workmen's Dwellings) está en la calle *Australia* al 2700. Fue construido en 1887 por arquitectos ingleses para el personal superior (tanto argentino como inglés) que trabajaba en el proyecto de construcción del Ferrocarril Sur. Después de la Primera Guerra Mundial, estos departamentos —de arquitectura inglesa de principios del siglo XX— se alquilaron a maquinistas. La construcción es de primera calidad; pisos y cielo rasos son de madera y los techos de tejas, con caída a dos aguas.

Con distinta finalidad, pero también construida por los ingleses, puede verse la estación de carga Solá —del Ferrocarril General Roca—, erigida en la segunda mitad del siglo XIX. En 1916 era considerada la más grande de América del Sur.

Otra atractiva muestra de arquitectura inglesa se aprecia en la estación Buenos Aires, perteneciente al Ferrocarril General Belgrano. Fue levantada en el año 1909 por la Compañía General de Ferrocarriles de la Provincia de Buenos Aires. Es de madera, está dividida en tres andenes y tiene un buen mantenimiento. Fue el primer ferrocarril de trocha angosta de la ciudad. Realiza un corto recorrido hasta González Catán y otro a 20 de Junio (provincia de Buenos Aires).

El barrio Monseñor Espinoza fue construido en 1923 por la

Acción Católica. Es totalmente diferente del barrio ferroviario, ya que no se trata de departamentos sino de chalecitos, cada uno con su entrada individual. Al principio se los alquilaba, luego fueron adquiridos por sus inquilinos a precios módicos.

Si bien este barrio fue creado por iniciativa de monseñor Miguel de Andrea, se le dio el nombre de monseñor Espinoza, cuarto obispo de Buenos Aires, que estuvo ligado a las tradiciones y los recuerdos de *Barracas*, ya que fue párroco del templo de Santa Lucía.

Las tres cuadras que llevan el nombre de *Lanín*, desde la calle *Brandsen* junto a las vías del ex Ferrocarril Roca hasta la *Avenida Suárez*, están siendo transformadas. Su histórico color gris y su sensación de abandono desaparecen por el trabajo de un artista. Marino Santa María, que nació en el barrio y en esa calle, donde vive y tiene su estudio, está asumiendo la responsabilidad de cambiar los frentes con estampados y rayados en fuertes colores.

La Convalecencia

La barranca era un sitio alto con buen aire y vista a la extensa pampa, características que lo hacían apto para los largos tratamientos de enfermedades de tipo crónico. En 1760 los jesuitas recibieron en donación los terrenos (que estaban en las afueras de la ciudad) con el fin de levantar un edificio de retiro espiritual para hombres. Al ser expulsada la orden jesuita de los territorios de América, los frailes betlemitas se hicieron cargo de "La Convalecencia", es decir, del Hospital para Crónicos y Convalecientes, que ya identificaba el lugar. En 1822 abandonaron las instalaciones. En 1830 se estableció el llamado "matadero del Alto" o "de la Convalecencia" con el nombre de Corrales del Sur, que volvió a dar vida a la zona con un asentamiento regular. De acuerdo con los planos de la época, los corrales estaban situados en los terrenos de la actual Plaza España. En este paisaje el escritor Esteban Echeverría ambientó su obra *El matadero*.

A mediados del siglo XIX "La Convalecencia" estaba en ruinas. En 1854 comenzó allí la construcción del Hospicio Nacional de Alienadas (luego Asilo de Expósitos Buen Pastor y después Hospital Braulio Moyano, *Brandsen* 2570). En 1857 se acordó construir la Casa de Dementes Varones (luego Hospicio de San Buenaventura, Hospicio de las Mercedes, Hospital José T. Borda sucesivamente, en *Dr. Ramón Carrillo* 375), y en 1868 se levantó el Hospicio de Inválidos, luego Hospital General Guillermo Rawson y Hogar de Ancianos del mismo nombre, en *Avenida Amancio Alcorta* 1402. Su destino original fue albergar a los lisiados, víctimas de la Guerra de la Triple Alianza.

Una resolución de 1860 dispuso el traslado del matadero debido a sus condiciones insalubres, aunque en realidad la eliminación de los Corrales del Sud no se hizo efectiva hasta 1873, cuando la ex Municipalidad destinó la zona a una plaza, a la que se llamó de los Inválidos, ya que allí se mandaba a los dementes a trabajar. La plaza cambió sucesivamente su trazado y sus nombres: Gran Paseo del Sud, Paseo de la Convalecencia y Plaza España (en 1900), siendo rediseñada en 1912 por el paisajista francés Carlos Thays. Allí, entre otras obras de arte, se destacan: *El aborigen*, del escultor Hernán Ayerza Cullen, y *El gladiador herido*, de César Santiago. Desde el vértice de la plaza y en dirección norte-sur nace la actual calle *Barracas* (ex *Vieytes*, ex *Solá*, ex *Camino al puente de Barracas*); su calzada, amplia, desciende la barranca en pronunciada pendiente. Allí la circulación de vehículos es ruidosa e incesante en ambas direcciones. *Barracas* atraviesa el antaño barrio de *La Convalecencia*. Predominan en la zona las calles tranquilas y grises.

En uno de los ángulos de la actual plaza se encuentra un lugar que fue construido a mediados del siglo XIX. Primero se utilizó como un corralón del viejo matadero del Sur, que es el espacio físico principal de *El matadero*, de Esteban Echeverría; luego se convirtió en un depósito de la Dirección de Limpieza de la ex Municipalidad. Después se alquiló y se transformó en un restaurante español. Desde 1990 se convirtió en la sede del Centro Cultural Sur del Gobierno de Buenos Aires. No lejos de allí —en la calle *Perdriel* 74— se halla el hospital de la comunidad británica.

El mesías carbonero

Cerca de la antigua estación *Barracas*, en la zona que fue conocida como "Los Olivos", tuvo lugar el siguiente relato. Hacia comienzos del presente siglo, en la cuadra de *Perdriel* entre *Santo Domingo* y *Tres Esquinas* (hoy *Osvaldo Cruz*), don Juan Catalino atendía una carbonería que también servía de despacho de leña y papas. Rondaba los setenta años, era de barba canosa y modales amables. Un buen día, este hombre desapareció de los sitios que solía frecuentar, recluyéndose en la intimidad hogareña. Fue su familia la encargada de explicar este cambio en la vida del carbonero Juan: "Don Juan no vende más nada, ahora cura enfermos". El camino místico le hizo cobrar pronta fama. Dos años después, el "carbonero santo" murió envuelto en un halo de misterio. Su recuerdo quedó flotando en el barrio. En 1905 "se anunció que en la zona de 'Los Olivos' aparecería un nuevo 'Mesías' encarnado en Juan Catalino...", según el relato de Enrique Puccia.

Se fijó día y hora para la "resurrección", que fue profusamente anunciada por su doliente viuda, doña Amalia Gregona. El día indicado, una multitud colmó la calle *Perdriel* frente a la casa de don Juan, haciéndose eco de lo que allí iba a suceder entre las diez y las doce de la mañana. Periodistas y agentes del orden se encontraban entre el gentío. Pasaron los minutos, las horas y el entusiasmo popular. Don Juan no apareció ni aquel día ni los siguientes, y todo indica que no parece probable que lo haga.

Bibliografía

Puccia, Enrique Horacio. *Barracas en la historia y en la tradición*, Cuadernos de Buenos Aires N° XXV, Buenos Aires, Municipalidad de la Ciudad de Buenos Aires, 1977.

Aslan, Liliana y otros. *Barracas 1872-1970*, Buenos Aires, Inventario de patrimonio urbano, 1990.

Ballester, Luis Alberto. *Revelación de Buenos Aires*, Buenos Aires, Torres Agüero Editor, 1985.

Balbachán, E. M. *Los ignorados pasajes de Buenos Aires,* Buenos Aires, Ed. Rodolfo Alonso, 1983.

García Jiménez, Francisco. *Así nacieron los tangos,* Buenos Aires, Ed. Losada, 1965.

Cabal, Graciela Beatriz. *Secretos de familia,* Buenos Aires, Ed. Sudamericana, 1995.

Revistas: *Lyra:* setiembre de 1968; *Mi Buenos Aires,* octubre/noviembre de 1988; *Nuestra Ciudad:* enero de 1983; *Boletín del Instituto Histórico de la Ciudad de Buenos Aires N° 8,* Municipalidad de la Ciudad de Buenos Aires, 1983.

Diarios: *Crónica, La Razón, La Nación, Clarín:* años varios.

14

Belgrano

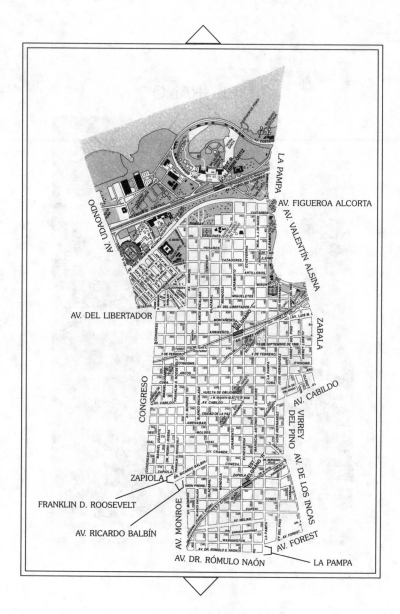

*"... Ciudad, te amo, ciudad, me amas,
enamoradas cantan las ramas.
Por las Barrancas de Belgrano
los dos amantes, mano a mano."*

RAFAEL ALBERTI
(poeta español, 1903-1999)

Límites

Calles y avenidas: *La Pampa, Presidente Figueroa Alcorta, Valentín Alsina, Zabala, Cabildo, Virrey del Pino, De los Incas, Forest, Doctor Rómulo S. Naón, Monroe, Del Tejar, Franklin D. Roosevelt, Zapiola, Congreso, Del Libertador, Guillermo Udaondo, Intendente Cantilo.*

Algo de historia

Vecinos de lo que hoy es el barrio *de San José de Flores* solicitaron al gobierno de la provincia de Buenos Aires, en noviembre de 1855, que se fundara un pueblo en terrenos de aquel distrito conocidos con el nombre de La Calera, en virtud de la existencia de un establecimiento dedicado a la extracción de cal, ubicado en lo que hoy sería la *Avenida Luis María Campos,* entre *Juramento* y *Mariscal Antonio José de Sucre.*

Recibió el nombre de Belgrano en homenaje al creador de la bandera, Manuel Belgrano.

Fue capital provisoria de la Argentina en 1880.

Belgrano y su arroyo

Las letras C y R que distinguen a las dos estaciones *Belgrano* del actual Ferrocarril Mitre derivan de las denominaciones que tuvieron ambos ramales hasta 1949: Ferrocarril Central Argentino y Ferrocarril Buenos Aires y Rosario, respectivamente.

Belgrano cuenta con una tercera estación denominada el paradero de la Costanera.

Belgrano R es el barrio de las avenidas refinadas.

El *Belgrano Central* es el de la *Avenida Cabildo.*

El *Bajo Belgrano* es llamado por algunos *Belgrano* chico.

El otro *Belgrano* es el que llamamos Barrio de River.

Desde *Barrancas* hablamos genéricamente del Alto y del Bajo *Belgrano.*

El arroyo Vega está entubado y nace en *Villa Devoto*, llega a *Juramento*, dobla en *Superí*, luego toma *Mendoza* y vuelve a doblar en *Freire*. Desde allí baja por *Conde*. Diagonalmente llega hasta *Freire* y *Echeverría*, de ahí a *Zapiola* y *Blanco Encalada*, donde luego dobla hacia *Húsares* y *Monroe*, debajo de la cual llega al río de la Plata.

Paseo de las Barrancas

Las "barrancas" están delimitadas por las avenidas *Luis María Campos* y *Juramento, Zavalía, 11 de Setiembre* y *La Pampa*. Los terrenos fueron adquiridos a la desaparecida Municipalidad de Belgrano en 1871 por gente de la zona para convertirlos en paseo público. El lugar se recuerda con el nombre de "La Calera", ya que allí existían yacimientos de caliza que explotaban los padres franciscanos.

Su diseño, al igual que tantos lugares de Buenos Aires, lo concretó Carlos Thays, con quien colaboró el ingeniero Emilio Agrelo.

Las barrancas de *Belgrano* son tres y son de perímetro irregular.

Una buena parte de sus senderos pertenecen a la época de su parquización. Son ladrillos originales de San Isidro, donde se hacían desde el siglo XVIII.

La fuente de Mihanovich está situada en lo alto de *Barrancas de Belgrano* y lleva el nombre de su donante, Nicolás Mihanovich, grabado en ella. Tiene cinco metros de altura. La base es un gran plato apoyado sobre garras de león, que es recipiente mayor del agua que emerge de las bocas de cuatro peces de mármol con la cola arqueada hacia arriba, que apoyan la cabeza en el borde de grandes valvas moluscas reclinadas sobre rocas. La fuente está situada en la intersección de *Sucre* y *11 de Setiembre*. Fue obra del escultor italiano José Arduino.

Otro hito importante es la Pagoda o Glorieta Antonio Malvagni, nombre que rinde homenaje a quien fue director de la Banda Municipal. Nacido en Potenza, Italia, en 1867, llegó a ser el creador de la Banda Municipal de Buenos Aires, que dirigió hasta 1928. Fue también utilizada por políticos y oradores diversos.

En la zona se encuentra una reproducción de la obra *Diana cazadora*. Fue ubicada en 1902. Es de origen italiano. La original se halla en el Museo del Louvre, en París, y se la denomina *Artemis Agrotera*.

En las barrancas se halla un retoño del pino de San Lorenzo, localidad de la provincia de Santa Fe, donde el general José de San Martín inició su campaña libertadora de España. A la sombra de un pino —el de San Lorenzo— San Martín redactó el parte de la victoria ante los españoles un 3 de febrero de 1813.

El retoño fue plantado en la terraza mirador en 1932. También se erige allí un busto del general San Martín, obra del escultor Luis Perlotti.

Un busto de Manuel Belgrano sobre una columna de mármol está asentado en un basamento circular de granito. Data de 1899 y es obra del italiano Luis Furitana.

La réplica de la Estatua de la Libertad, ubicada en un costado de las barrancas (intersección de las calles *11 de Setiembre* y *La Pampa*), fue restituida a su original emplazamiento en 1986, luego del atentado que sufriera la obra escultórica en ocasión de celebrarse el centenario de la Estatua de la Libertad en los Estados Unidos.

Se trata de una obra original del escultor francés Frederick Auguste Bartholdi, réplica de la que se encuentra en Nueva York, pero en medidas obviamente más pequeñas.

Para comprobar su autenticidad el observador no sólo verá la firma de Bartholdi al pie de la pequeña estatua, sino que podrá leer: "Fondu pour Le Val D'Osne 68, 8 rue Voltaire,

Paris". La de Buenos Aires fue adquirida por la ex Municipalidad junto a otras obras escultóricas, en Francia.

Un ombú notable se encuentra en lo alto de las *Barrancas de Belgrano*, exactamente en las calles *La Pampa* y *11 de Setiembre*, y la ordenanza municipal número 20.745 le da características de "monumento" desde 1980.

Su nombre latino es *Phytolacca dioica* y es el vegetal más característico de la Argentina.

Frente a la barranca se encuentra la casa que habitó Valentín Alsina (1802-1869), quien, siendo gobernador de la provincia de Buenos Aires, promovió e impulsó la fundación del pueblo, hoy barrio, que lleva el nombre de Manuel Belgrano.

La construcción, bastante sencilla, no responde a ningún estilo arquitectónico en particular. En los años '40 fue reformada por el arquitecto Alberto Prebisch, autor del Obelisco. Fue originalmente construida por el arquitecto suizo Pedro Petrochio.

En diciembre de 1880 se hospedaron allí los dos hijos del Príncipe de Gales y nietos de la Reina Victoria: Alberto Víctor, duque de Clarence, y Jorge, duque de York. Algún historiador se animó a sostener la teoría de que el duque de Clarence era Jack el Destripador. El duque de York fue coronado después como Jorge V de Inglaterra.

La casa Alsina, que luego fue de la familia Atucha, es sede del museo Libero Badín (*11 de Setiembre* 1990).

En 1986 fue inaugurado —*11 de Setiembre* y *Sucre*— el monumento al mariscal Antonio José de Sucre, donado por el gobierno de Venezuela.

Es una obra del escultor ítalo-venezolano Carmelo Tabacco, nacido en Sortino (Italia) en 1910 y muerto en 1983 en El Márquez, Caracas.

Realizado en bronce, su peso es de alrededor de 900 kilos. Fue inaugurado en presencia del entonces presidente de Venezuela, doctor Jaime Lusinchi.

También allí se inauguró en 1998 el busto de Vasil Levski (1837-1873), apóstol de la libertad de Bulgaria.

La estación de *Belgrano C* está en *Virrey Vértiz* entre *Juramento* y *Echeverría,* en la zona de las barrancas, donde también funcionan algunas terminales de colectivos y otros ómnibus que integran la red de transporte público de Buenos Aires. La estación data de 1862 y fue construida nuevamente en 1878. Pertenece al Ferrocarril Bartolomé Mitre. Hasta allí llegaba el río y las tierras se ganaron por el sistema de rellenado artificial (*polders*), como en los Países Bajos (Holanda).

No todo es visible en *Barrancas*. Se trata de una obra de magnitud relacionada con el agua potable para la población de la ciudad de Buenos Aires y conurbano. Es la del río subterráneo *Belgrano-Saavedra*, Tramo A2: el conducto tiene una longitud de 2.100 metros, con un diámetro interior de 4,20 metros, a una profundidad que varía entre los 20 y los 30 metros con respecto a la calzada.

La obra comenzó en 1979 y en junio de 1980, durante la construcción, extrajeron colmillos o incisivos de una especie de mastodonte que existió en nuestro territorio hace unos 200.000 años. Fueron hallados en las proximidades de *Cabildo e Iberá* y también en el centro de la plazoleta Mariscal Antonio José de Sucre, a once metros de profundidad, es decir, en la capa geológica conocida como ensenadense. Se los llevó al Museo de Ciencias Naturales "Bernardino Rivadavia", en Parque Centenario.

Estación Belgrano C

La estación se llama Belgrano C, que puede interpretarse como Belgrano Central, Belgrano Comercial o Belgrano de la Costa. Fue construida en el país, pero con materiales provenientes de Inglaterra, en ladrillos de barro cocidos llamados de máquina.

La placa que está en el café al paso de la calle *Echeverría*, sin trasponer las vías del ferrocarril, hacia el bajo, es un homenaje a un guardabarrera.

Fue colocada en 1929. La propusieron los vecinos y el Centro Católico de Belgrano y dice: "En memoria y gratitud al abnegado guardabarrera José Nicodemo Daniel Cenderelli que a la edad de 64 años y 30 de servicios entregó su vida en un acto de celoso arrojo cristiano en este paso a nivel — Julio 21 de 1929".

Pudo así salvar a una señora desprevenida. Se arrojó al paso del tren y en la acción perdió la vida.

Museo "Casa de Yrurtia"

Es una casona del siglo pasado, ampliada y modificada por Rogelio Yrurtia en 1921. Responde al estilo barroco americano llamado comúnmente colonial, y obtuvo el premio de arquitectura.

Yrurtia y su esposa, la pintora Lía Correa Morales, donaron al Estado en 1942 el edificio y todo su patrimonio, consistente en esculturas, pinturas y muebles de arte adquiridos en sus viajes por el mundo. Ocho años más tarde se convirtió en museo público.

Rogelio Yrurtia nació en Buenos Aires en 1879 y murió en la misma ciudad en 1950.

En 1911 obtiene el Gran Premio de Honor en la Exposición Internacional de Arte de Barcelona, España.

Es autor del Monumento al Trabajo y del Mausoleo a Bernardino Rivadavia, entre otras obras (*O'Higgins* 2390).

Plaza General Manuel Belgrano

Está situada entre la *Avenida Juramento* y las calles *Cuba, Echeverría* y *Vuelta de Obligado*. Allí preside el ámbito el Monumento al General Manuel Belgrano (1770-1820), obra realizada en bronce por el escultor argentino Héctor Rocha (1893-1964).

En este paseo se halla la escultura *Las tres gracias*, del italiano Antonio Canova (1757-1822).

Todos los sábados y domingos se realiza una colorida feria artesanal.

Museo Larreta

El edificio que alberga al Museo Municipal de Arte Español "Enrique Larreta" fue refaccionado en 1916 con un proyecto del arquitecto Martín Noel.

338

Es la copia fiel de una casa española renacentista con mirador, balcones y rejas. Los planos originales pertenecen al arquitecto Ernesto Bunge (1890).

La casa fue adquirida por Mercedes Castellanos de Anchorena, quien posteriormente se la regaló a su yerno, el escritor Enrique Larreta. La estructura de la casa continúa como fue. El jardín es uno de los pocos con parquización estilo andaluz que hay en Buenos Aires. Esta casona fue adquirida por la ex Municipalidad de Buenos Aires para instalar en ella el Museo de Arte Español, el cual fue inaugurado en 1962. Las obras que se exhiben pertenecen en su mayoría a Enrique Larreta y a colecciones particulares y abarcan el período comprendido entre los siglos XIII y XX. Abundan tallas de madera, imágenes religiosas y retablos policromados, bargueños, arcones, sillones fraileros y otros.

En el museo, especializado en literatura y arte español, funciona la biblioteca "Alfonso el Sabio", que cuenta con un anexo, "La Casita de Arriba", especializada en literatura infantil (*Juramento* 2291).

Enrique Larreta

Fue novelista, poeta, autor teatral y ensayista. Nació en 1875 y falleció en 1961. A principios de siglo Larreta fue a España con la idea de reunir material sobre la vida de Santa Rosa de Lima. Allí conoció al escritor francés Maurice Barrès, quien influyó en la decisión de escribir *La gloria de Don Ramiro*, en la que trabajó cinco años sobre los datos recogidos en los archivos de España.

Sus obras integran veintinueve volúmenes, en los que también se destacaron *Las dos fundaciones de Buenos Aires* y *Zogoibi*.

Museo Histórico Sarmiento

El edificio es de estilo italianizante y su construcción data de 1873. La misma fue realizada originalmente para sede de la

Municipalidad de Belgrano, hasta que en el cincuentenario de la muerte de Sarmiento el presidente Roberto M. Ortiz lo convirtió en Museo Histórico. En 1880 el Congreso Nacional sesionó en este edificio dictando leyes de vasta trascendencia, como la federalización de Buenos Aires.

Al frente se destacan seis columnas pertenecientes al orden dórico romano que sostienen firmemente el pórtico. El autor del proyecto fue el arquitecto Juan Antonio Buschiazzo, nacido en Italia y formado en la Argentina (*Cuba* 2079).

Iglesia de la Inmaculada Concepción

Conocida como "la redonda" por su característica planta circular, fue diseñada por Nicolás y José Canale y colaboró con la construcción el arquitecto Juan Antonio Buschiazzo. El estilo es clásico grecorromano. Data de 1878.

En el interior se aprecia un Cristo crucificado; el altar mayor, soportado por una doble columnata de ónix, lleva un tablero de mármol blanco en el frente, con un relieve que representa *La última cena* y es réplica de la pintura de Leonardo Da Vinci.

La iglesia tiene a ambos lados dos plazoletas, que son desprendimientos de la Plaza General Belgrano: la Rafael Hernández y la Joaquín Sánchez. En esta última se encontraba el edificio en que el escritor Ernesto Sabato ubica el capítulo "Informe sobre ciegos". En 1979 su hijo Mario Sábato rodó en este ámbito algunas secuencias del filme *El poder de las tinieblas*, basado en el capítulo del libro *Sobre héroes y tumbas*.

En la misma plazoleta un monolito de granito gris tiene grabado un fragmento del *Canto a Buenos Aires*, del escritor Manuel Mujica Lainez, que fue vecino del barrio.

El vecino Casto Munita

En la esquina nordeste de las calles *Cuba* y *Echeverría* se halla la escuela Casto Munita, popularmente llamada "la escuela de la plaza" (*Cuba* 2039).

340

Creada el 2 de abril de 1883, la escuela ha cumplido un centenario de vida y es pionera en el plano educativo.

Es asimismo, en el plano barrial, uno de los hitos más queridos y reconocidos por su trayectoria y simbolismo. Su nombre, Casto Munita, recuerda al vecino que en 1882 donó el dinero para construir una escuela mixta. Fue la primera del barrio con todos los grados y la primera con graduación mixta de toda la Argentina.

La avenida Cabildo

Divide y une *Belgrano*. Es la gran vía comercial.

Nace en *Dorrego* 2502 y muere en *Avenida General Paz* 1092. Fue la primitiva calle *25 de Mayo*. Posteriormente se la llamó *Avenida Santa Fe* desde *Dorrego* al norte, y *Avenida Cabildo* al sur de *Dorrego*.

Su nombre recuerda la institución colonial reemplazada después de su extinción por la ex Municipalidad y que ejerció gran influencia en Buenos Aires desde 1580, cuando empezó a funcionar. En 1810 el Cabildo convocó al pueblo y fue sede de los debates que sentaron las bases de la independencia de la Argentina.

La *Avenida Cabildo* concentra una gran densidad de galerías comerciales, negocios, cines y confiterías, que compiten en calidad y refinamiento con las de su vecina, la *Avenida Santa Fe*.

A sólo tres cuadras de esta avenida vivieron la mamá y las hermanas de Eva Perón (*La Pampa* 2124).

El subterráneo de Belgrano

Las obras de prolongación de la línea D de subterráneos estuvieron interrumpidas sesenta años.

En 1998 se inauguró la estación José Hernández, que cuenta con reproducciones de obras de Raúl Soldi, y en 1999 se habilitó la de Juramento, considerada la más grande de la ciudad. En las excavaciones se encontraron restos de un fósil de gliptodonte que habitaba la zona hace veinte millones de años. Hoy se lo exhibe en la flamante estación. Posteriormente se inauguró la estación Congreso de Tucumán.

Algunos templos

La iglesia de San Martín de Porres honra al santo peruano, protector de los enfermos y padre de los pobres, conocido como "el santo de la escoba". Nacido en Lima en 1579 y fallecido en 1639, fue canonizado en 1962. El templo es obra del arquitecto José Luis Eiras y data de 1965 (*Virrey Loreto* 2161).

La iglesia de Nuestra Señora de las Mercedes, de estilo neorromántico, fue ideada por el arquitecto italiano presbítero Ernesto Vespigiani (1861-1925).

También funciona allí la capilla de Santa Teresita, a la que se ingresa desde la calle o desde el templo *(Echeverría* 1371).

Aunque con las remodelaciones del año 1969 perdió algo de su misticismo, el Instituto Santa Ana, de *Avenida Libertador* 6100, tiene influencias coloniales y españolas. Así se dejó de ver el famoso Cristo de piedra del escultor Leo Mahlknecht, en la ochava. Nacido en Austria en 1898, heredó la tradición artística religiosa de la Edad Media. Se formó en la Academia de Bellas Artes y en la Escuela Superior de Artes de Viena. Falleció en Buenos Aires, en 1978.

En su ámbito se rodó, en 1943, la película argentina *Cuando florezca el naranjo*, que dirigió Alberto de Zavalía con libro del español Alejandro Casona, en aquel momento exiliado en la Argentina. El elenco lo integraron María Duval, Ángel Magaña y Juanita Sujo.

La iglesia de San Cayetano se hermana con su homónima en el barrio de *Liniers* (*Vidal* 1745).

En *11 de Setiembre* 1669 funcionan el Seminario Rabínico Latinoamericano y la sinagoga de la comunidad Amijai. En *Vidal* 2049 está la sinagoga Leo Baeck.

BELGRANO, CAPITAL PROVISIONAL DE LA ARGENTINA

El acontecimiento más importante acaecido en Belgrano tuvo lugar en 1880 cuando, a raíz del levantamiento de Carlos Tejedor (1817-1903), el pueblo vio atacada notablemente su tranquilidad al convertirse abruptamente en sede del gobierno nacional. La modesta localidad pasó a ser así la capital provisoria del país. Las sesiones de las cámaras tuvieron lugar en el edificio de la Municipalidad local, hoy sede del Museo Histórico Sarmiento, *y en el cual el 20 de setiembre se sancionó la ley por la que se federalizaba la ciudad de Buenos Aires. El 28 de setiembre de 1887 la provincia de Buenos Aires cedió a la Nación los partidos de San José de Flores y Belgrano, con lo cual pasó a depender de la Municipalidad porteña, transformándose en un nuevo barrio de Buenos Aires.*

Esquina no identificada de Belgrano, 1916.

A partir de Virrey Loreto 1940

"El paisaje urbano de este sector lo conforma la convivencia de los *grand hôtel* con parte de sus parques originales, los *petit-hôtel* que se construyeron hasta los años treinta, las casas modernas de los años cincuenta, los edificios de renta de planta baja y hasta seis u ocho pisos de los maestros racionalistas y, finalmente, los edificios en torre de los años sesenta en adelante.

"Esta zona tuvo desde su formación un uso residencial e institucional y sus habitantes pertenecían a un grupo social ligado a las clases dirigentes e intelectuales de Buenos Aires, hoy habitada por sectores de clase media alta con gran poder adquisitivo.

"La vegetación juega un rol muy importante en la estructura urbana, ya que, frente a la discontinuidad del perfil de la manzana, los árboles —plátanos y tipas en su mayoría—, con su ritmo y su frondoso follaje, ayudan a recomponer la estructura urbana de manzanas.

"Las torres ocuparon los jardines de las viejas quintas. Allí donde las plantas bajas quedaron libres, sus jardines parquizados formaron un verde continuo con los interiores de la manzana, donde aún hoy se conservan algunos de sus añosos árboles, manteniendo así las características de calidad ambiental del barrio jardín." *Belgrano (1855-1960). Inventario del patrimonio urbano,* Graciela Novoa, Liliana Aslan, Irene Joselevich, Diana Saiegh y Alicia Santaló, Buenos Aires, 1988.)

Las torres y las quejas

Los vecinos del barrio de *Belgrano* han hecho oír su voz en 1991 para impedir que se levante una torre de veinticinco pisos. Se lo consideró "una pérdida de nuestro patrimonio cultural". La legislación sólo permite edificios de hasta catorce pisos. No obstante, el diario *Clarín* de Buenos Aires del 28 de junio de 1991 titulaba una información como "El barrio de las excepciones": "La mayor parte de las excepciones al Código de Edificación que vota el Concejo Deliberante son para el barrio de *Belgrano*. Mucho más abajo en las estadísticas están *Palermo* y *Villa Devoto*. A fines del año pasado, el cuerpo aprobó unas quince

344

modificaciones, todas para *Belgrano*. Eso generó polémicas dentro y fuera del Concejo".

Un informe revela más de treinta excepciones autorizadas en los últimos tiempos.

Ali y Juliette

En la calle *Virrey del Pino* 2448, a media cuadra de la *Avenida Cabildo*, funcionó el famoso restaurante Winter Garden. El edificio tuvo notoriedad porque su arquitecto, Jorge Ferrari Hardoy, lo construyó conservando especialmente un importante árbol.

Las fotos de este ecologista anticipado documentan la construcción en el Museo de Arte Moderno de Nueva York.

El restaurante sobrio y elegante fue uno de los sitios favoritos del príncipe Ali Khan, representante de toda una generación de *playboys*. Fue esposo de la actriz estadounidense Rita Hayworth; supo de los placeres de la buena comida y del baile romántico en ese singular ámbito.

Ferrari Hardoy, junto a los arquitectos Juan Kurchan y Antonio Bonet, formó en 1939 el Grupo Austral. Fueron ellos quienes definieron a *Belgrano* como "un barrio jardín de habitantes cuyo tipo de vida es en general más libre, más deportivo y con calles llenas de árboles".

Barrio y zona que eligió en algún segmento de su vida la reina del existencialismo francés, la cantante francesa Juliette Gréco, que visitaba con frecuencia Buenos Aires y que en algún momento pensó en vivir permanentemente en esta ciudad.

La casa del ángel

Aquí vivió el promotor de la esgrima en Buenos Aires, el francés Carlos Delcasse, quien concertó más de cuatrocientos duelos a espada en este sitio.

Frecuentaron la mansión algunos de los más importantes políticos argentinos: Lisandro de la Torre, Alfredo Palacios y Juan Perón, entre otros.

345

La casa, de estilo normando, tenía dos plantas y un mirador bajo el cual se hallaba la figura de un ángel, que le dio nombre a la residencia. En 1954 la escritora Beatriz Guido (1922-1988) publicó su primera novela, *La casa del ángel*, que fue inmediatamente llevada al cine por Leopoldo Torre Nilsson. Protagonizada por la actriz Elsa Daniel, significó el descubrimiento internacional de su director. El filme (1957) tuvo un importante reconocimiento en el Festival Internacional de Cine de Cannes (Francia). Buena parte de los exteriores fueron rodados en la "casa", antes de que fuera demolida.

La mítica figura del ángel se encuentra protegida en el Museo de la Ciudad.

En el solar de la calle *Cuba* 1919 se alza hoy un centro comercial.

Plazas y paseos

En el bajo, por la *Avenida Figueroa Alcorta y Pampa*, se halla frente a Obras Sanitarias de la Nación, hoy Aguas Argentinas, la Plaza República de México, que data de 1960. El elemento más destacado es un juego de cuatro fuentes azuladas con luces.

Cerca de la *Avenida Cabildo*, entre *Amenábar y Mendoza*, se encuentra la Plaza Noruega, que no tiene ninguna característica que la ponga de relieve, salvo la excelencia alimentaria que viene de su muy vecina feria modelo (Centro de Abastecimiento Municipal N° 128) de la calle *Juramento* y que merece ser conocida.

En la Plaza Parques Nacionales Argentinos se encuentran cuatro troncos verticales que sostienen un cartel de madera con el nombre de la plaza. Sobre uno de ellos se halla una placa con la siguiente inscripción: "El Servicio Nacional de Parques Nacionales a su visionario precursor Dr. Francisco Pascasio Moreno, 6-11-1977".

Cruzando la *Avenida Figueroa Alcorta*, se encuentra el Parque de San Benito. En él se destaca el Monumento al General Martín M. de Güemes. Inspirada en la que se encuentra en la ciudad de Salta, al pie del cerro San Bernardo, la figura ecuestre del prócer fue realizada en bronce por el escultor Ermando Bucci y la base es de roca viva traída especialmente de la provincia norteña.

Fue inaugurado en 1981, aunque el proyecto de este monumento data de 1908. La figura ecuestre de Güemes pesa 4.600 kilogramos. El monumento debió ser más bajo que lo previsto, a consecuencia de su proximidad con el Aeroparque Jorge Newbery.

Muy cercano, se halla el grupo escultórico en bronce: *Monumento al policía caído en cumplimiento del deber*. Está circundado por placas conmemorativas que recuerdan a diversos policías. Es obra de Antonio Nevot y está situado en la Plaza República de Honduras (*Avenida Figueroa Alcorta, Ramsay y Monroe*).

En *Húsares, Monroe y Dragones* se halla la Plaza República del Ecuador, y en la *Avenida Valentín Alsina, Cazadores, La Pampa y Dragones* se memora al ingeniero Félix Aguilar, astrónomo. En esta plazoleta se encuentran huellas de las vías del desvío del Ferrocarril Central Argentino, desde la entonces estación Golf, hoy bautizada Lisandro de la Torre, que transportaba los materiales para construir el edificio y las piletas del establecimiento Palermo de Obras Sanitarias de la Nación, hoy Aguas Argentinas.

En *Virrey Arredondo y Arcos* hay una muy pequeña plazoleta y en la placa de bronce del busto ubicado allí se lee: "General Francisco Morazán, el pueblo y el gobierno de la República de Guatemala, en homenaje de Centroamérica a la ciudad de Buenos Aires y como muestra de fraternal americanismo. Diciembre de 1978".

Deportes

En *Arribeños* 1701 se encuentra el Club Belgrano. Aunque se fundó en 1909, la ubicación actual data de 1919. Sólo ocupa tres cuartos de manzana, ya que en sus alrededores se construyeron edificios de departamentos.

En la calle *Virrey del Pino* 1502 funciona el Club Harrods Gath y Chaves. Fue creado en 1918 por iniciativa de Miguel Saibene, quien fue también su primer presidente.

Al principio fue para uso exclusivo de los empleados de dos grandes tiendas situadas en la calle *Florida,* hoy desaparecidas, Gath y Chaves y Harrods.

En la *Avenida Figueroa Alcorta* 7285 funciona el emblemático Club Hípico Argentino, que se fundó en 1909 y que ocupa este solar desde 1960.

Estación Belgrano R

Depende también del Ferrocarril General Bartolomé Mitre. Está construida en diagonal y paralela a la traza del ferrocarril. Divide en dos la manzana.

Una parte la ocupa la Plaza Castelli. La otra tiene instalaciones ferroviarias. La estación "R" conserva una calidad de vida que la diferencia de la estación "C", que está degradada en términos arquitectónicos.

La Plaza Castelli está limitada por las calles *Juramento, Conde, Echeverría* y las vías del Ferrocarril Mitre. Uno de sus hitos es el monumento denominado *Maternidad*, del escultor italiano Pedro Tenti.

En la calle *Conde* 2084 se halla la residencia "Hirsch", obra del arquitecto J.R. Sutton, de inspiración francesa estilo Luis XIII.

En la *Avenida Crámer* 1816 se ubica el edificio de la iglesia anglicana de San Salvador, realizada por Albert Mohr Bell, W.S. Basset Smith y Sidney Follet.

Vale la pena admirar las esculturas de los mástiles que se encontraban en los vértices del Pabellón Argentino instalado en la Plaza San Martín (*Retiro*). Se trataba de un edificio desarmable hecho para la Exposición Internacional de París en 1889. Fue retirado de allí en 1932. Al ser desarmado para reciclar la plaza, las esculturas se ubicaron en diversos lugares de la ciudad. Los ángeles tienen distinta simbología y las figuras poseen diferentes elementos: agua o tierra. En el barrio de *Belgrano* se pueden ver los de *Virrey del Pino* y *Crámer*.

Acorralado por la construcción de hoy, el pasaje *Bernardo Vélez* nace en las vías del Ferrocarril General Bartolomé Mitre entre las calles *La Pampa* y *Elcano*, y termina en la calle *La Pampa* 3002, entre las calles *Crámer* y *Conesa*. Hoy es una rareza arquitectónica. Su nombre recuerda al jurisconsulto Bernardo Vélez, nacido en la provincia de Entre Ríos en 1783 y fallecido en 1862.

En *Belgrano R* se destacan las viviendas individuales que abarcan los estilos más variados. La *Avenida Melián* forma un túnel de altas tipas que, sumado a la calidad arquitectónica de la zona, crea un clima cinematográfico por sus contrastes de luz y por el realce de su diseño. En los años '70 José Pablo Feinmann escribió la novela *Últimos días de la víctima*, la enfermiza historia de un asesino a sueldo. La acción está situada en el cruce de las calles *Zapiola* y *La Pampa*.

En 1982 se estrenó la película del mismo nombre, dirigida por Adolfo Aristarain, con Federico Luppi y Ulises Dumont.

El Belgrano Athletic Club, fundado por vecinos del barrio en 1896, tuvo una profunda vinculación con residentes ingleses. En 1905 se compró el predio y en 1907 se construyó la tribuna de madera que aún hoy sirve a la cancha de rugby. En 1913 se inauguró el Club House. En 1920 fue remodelado. Como dice el historiador Enrique Mario Mayochi: "Su cancha, la famosa cancha de *Virrey del Pino* y *Superí*, fue y es uno de los reductos clásicos del rugby argentino y un hito en la historia del deporte belgranense" (*Virrey del Pino* 3456).

El barrio de River

Identificado habitualmente con el barrio de *Núñez,* el Club River Plate se halla en el barrio de Belgrano. Alrededor del estadio se halla el ex barrio Parque General Belgrano, conocido popularmente como *Barrio River*.

Se halla ubicado detrás de las instalaciones del popular club. Su principal característica es el tipo de edificación que posee, además de calles diagonales.

Es un lugar residencial con casas tipo "chalet". El barrio se encuentra atravesado por la *Avenida Lidoro Quinteros*. Hacia la *Avenida Udaondo* es más residencial; en cambio, hacia la *Avenida Monroe* las casas tienen un tipo de edificación más sencilla y existen algunas fábricas.

Allí funcionó entre 1887 y 1913 el Hipódromo Nacional, de ahí su forma de herradura. Nació en 1930 con el nombre *Barrio Parque Casullo*. Se desarrolló entre 1945 y 1955.

El microbarrio River cuenta con un templo que honra al santo patrón de España: Santiago Apóstol (*Teniente General Riccheri* 3189).

El Club Atlético River Plate se fundó en 1901 en el barrio de *La Boca*, luego se mudó a *Recoleta* y finalmente a su actual dirección. Cuenta con uno de los estadios más importantes de la ciudad. Remodelado y ampliado en 1978, tiene capacidad para 80.000 personas.

La cancha de River integra parte de los afectos más profundos de la ciudad y popularmente el estadio es denominado "el Monumental".

Bajo Belgrano

Toda la zona ubicada al este de Belgrano, especialmente en las vecindades del Hipódromo de Palermo, fue un verdadero baluarte para el tango de las primeras épocas.

La calle *Arribeños* entre el 2100 y el 2200, en el *Bajo Belgrano*, es uno de los lugares más cotizados entre la comunidad china de Buenos Aires.

Hay en ese segmento de dos cuadras más de una docena de negocios vinculados a usos y costumbres orientales. Allí, entre otros rubros, se encuentran: inciensos, diversos tipos de granos, salsa de soja, panes, carne seca, frutería y verdulería oriental, con no menos de quince especies de verdura y queso de soja.

En la calle *Montañeses* 2175 se halla un monasterio budista.

La iglesia protestante Sin Hehg (Renovación) está ubicada en la calle *Mendoza* 1680. Este culto llegó a China con colonizadores ingleses en el siglo XVIII.

Cada año en febrero alrededor de 10.000 chinos celebran coloridamente su año nuevo.

Por su pasado con el Hipódromo Nacional y por su vecindad con el de Palermo, el barrio de *Belgrano* ha registrado una gran cantidad de studs. Algunos se han convertido en galerías comerciales y otros siguen funcionando como caballerizas. Una tradición de cuidadores, aficionados y profesionales.

Centro Nacional de Rehabilitación

La Fundación Eva Perón construyó en los años cincuenta la Ciudad Infantil y la Ciudad Estudiantil en cinco manzanas que había ocupado la Sociedad de Tiro Suizo de Buenos Aires. La idea era que allí se alojaran niños y adolescentes del interior, recibieran educación integral y atención médica.

La llamada Ciudad Estudiantil constaba de ocho pabellones, dos piletas de natación, gimnasio cubierto y sala de esgrima. Está limitada por las calles *Blanco Encalada, Ramsay, Dragones y Echeverría,* en el *Bajo Belgrano.* Valga recordar que el conjunto edilicio contaba con lo que se llamaba Pabellón presidencial, que era una réplica de la Casa de Gobierno (Casa Rosada). En el primer piso estaban el despacho presidencial, el Salón de Acuerdos, el Salón Blanco, y otros. Ahora en ese predio funciona el Instituto Nacional de Rehabilitación, cuya finalidad es atender todos los trastornos del aparato locomotor y las enfermedades neurológicas. La Ciudad Estudiantil y la Infantil están unidas por un túnel bajo la calzada de la calle *Dragones.*

También funciona allí el INCUCAI, Instituto Nacional Central Único Coordinador de Ablación e Implantes (*Ramsay* 2250).

Donde estuvo asentada la villa de emergencia "Bajo Belgrano" se ha construido la nueva embajada de la Federación de Rusia (*Dragones* 2350).

Toda la zona se encuentra en proceso de transformación desde 1983, cuando el pasado marginal dio lugar a una nueva vida.

También en el *Bajo Belgrano* se halla el barrio *Lisandro de la Torre,* situado en la calle *La Pampa* al 1200. Se trata de un conjunto construido por la Comisión Municipal de la Vivienda. Aunque no tenga una firma, su carácter colectivo no contradice la calidad de vida. Son edificios nobles y de categoría, situados en una zona arbolada.

La Ciudad Universitaria

Lleva el nombre de su primer rector, Presbítero Antonio Sáenz. Está emplazada en el extremo norte de la ciudad, entre las calles *Intendente Cantilo, Intendente Güiraldes* y la ribera del río de la Plata. Todos creen que pertenece a *Núñez* pero al igual que River pertenece a *Belgrano*.

Este complejo universitario está capacitado para albergar a toda la población estudiantil, docente y administrativa de la Universidad de Buenos Aires. Posee además la biblioteca central, laboratorios, auditorios, campo de deportes, viviendas y zonas parquizadas.

Si bien la proximidad con el Aeroparque Jorge Newbery no permitía el uso de estructuras altas, la Ciudad Universitaria impresiona por sus dimensiones: por ejemplo, parte del pabellón correspondiente a la Facultad de Ciencias Exactas cuenta con cinco pisos, pero sus medidas externas son de 75 por 150 metros. El edificio reposa sobre 1.500 pilotes de hormigón armado.

Data de 1964 y es sede, entre otras, de la Facultad de Ciencias Exactas y Naturales. Allí funciona el Mate UBA Museum, diseñado y construido por el profesor Leonard Echagüe y alumnos de la vecina Facultad de Arquitectura. No es masivo y hay que saber matemáticas para comprenderlo. Allí funciona —por ejemplo— el billar elíptico y pueden verse diversos objetos, engranajes, cadenas y péndulos.

En 1972 se habilitó otro sector de esta facultad y en 1974 la de Arquitectura y Urbanismo.

También es jurisdicción del barrio el Centro Recreativo Parque Norte. Sus límites son *Avenida Rafael Obligado, Avenida Intendente Cantilo, Avenida Intendente Güiraldes* y la calle *La Pampa*.

Pertenece al barrio el complejo Puerto Pibes del Gobierno de la Ciudad de Buenos Aires que sirve de alojamiento a escolares del interior del país que viajan a esta ciudad (*Avenida Cantilo* y *La Pampa*).

Al igual que en otros barrios, la interna deportiva tiene raigambre popular. Uno de los dos contendientes futbolísticos es Excursionistas, con sede en *La Pampa* 1376 y cuyos orígenes datan de 1910. Entre sus integrantes figuraban muchos empleados del diario *La Nación*. Todos aquellos socios fundadores pertenecían a un grupo de jóvenes que organizaba paseos al delta del río Paraná. Su camiseta es color verde y blanca a rayas verticales. Su histórico contrincante es el Club Defensores de Belgrano, nacido en 1906, cuyos integrantes formaban parte de una comparsa carnavalesca. Su camiseta reproduce los colores del vestuario que ellos usaban: rojo y negro. Defensores tiene actualmente su sede en el vecino barrio de *Núñez* (*Comodoro Rivadavia* 1450).

Bibliografía

Córdoba, Alberto O. *Juan A. Buschiazzo – Arquitecto y Urbanista de Bs. As.,* Buenos Aires, Asociación Dante Alighieri, 1985.

Revista Buenos Aires nos cuenta N° 6, "Belgrano, la ciudad yuxtapuesta", Elisa Casella de Calderón, Buenos Aires, marzo de 1984; N° 11, "Bajo Belgrano", Elisa Casella de Calderón, Buenos Aires, julio de 1986; N° 12, "Bajo Belgrano Latitud 34° 34' ", Elisa Casella de Calderón, Buenos Aires, febrero de 1987.

Diarios: *La Nación, Clarín, La Razón, El Cronista Comercial:* fechas varias.

Vista aérea de la esquina de Avenida del Libertador y Virrey del Pino: se advierte el desarrollo habitacional del barrio y su categoría residencial.

15

LA BOCA

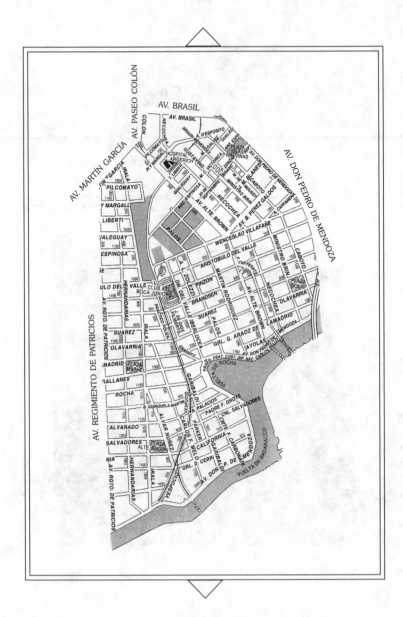

"Es un sol de Quinquela Martín
y es soñar con el mar desde el río..."

MARÍA ELENA WALSH
(escritora y poetisa argentina contemporánea)

Límites

Calles y avenidas: *Patricios, Martín García, Paseo Colón, Brasil* y *Pedro de Mendoza*, que bordea la Dársena Sur y el Riachuelo.

Algo de historia

A pesar de las discusiones que todavía se plantean sobre este tema, varios historiadores aseguran que en 1536 don Pedro de Mendoza, al amparo del "pequeño río" (Riachuelo), fundó la ciudad de Santa María de los Buenos Ayres. Las condiciones geográficas desalentaron en un principio a los recién llegados.

Con el asentamiento en la zona de las llamadas barracas, que eran construcciones precarias para almacenar diversos productos, salar carnes o curtir cueros, comienzan a establecerse algunos trabajadores. Se abren pulperías adonde acuden los marineros de paso. Las primeras casas se levantan desordenadamente, sin otro criterio que la elección caprichosa del lugar. Mientras tanto, proliferan los astilleros y almacenes navales. Desde 1859, *La Boca* integra la jurisdicción de *San Telmo*, y recién en 1870 una ley fija su jurisdicción y límites propios. Ya se habían construido algunas veredas y dado nombre a las calles. Ese año también llega al país una gran cantidad de trabajadores vascos, bearneses, ligurinos, piamonteses, napolitanos y sicilianos con su aporte invalorable a la industria y al progreso en general, destacándose particularmente los genoveses.

En 1882, tras un conflicto laboral que culminó en una huelga, un grupo de genoveses firmaron un acta con la que informaron al rey de Italia que habían constituido la República Indepen-

357

diente de *La Boca*. El general Julio A. Roca (1843-1914), por aquel entonces presidente de la República Argentina, acudió al lugar y quitó la bandera genovesa que habían izado, poniendo fin al conflicto. Al día siguiente del hecho, los genoveses bautizaron a una calle del barrio con el nombre del militar y político.

Paisaje

Originalmente el barrio fue una zona pantanosa, con lagunas y pajonales. A causa de esta baja topografía y de la periodicidad de las crecientes, en algunas partes (por ejemplo, Catalinas Sur), se elevó el terreno en un metro, evitando así el problema que subsiste en las primitivas construcciones, cuya antigüedad se ubica entre los cincuenta y cien años.

Una de las características del barrio, junto a sus edificaciones, son sus calles y más precisamente sus veredas, que están elevadas respecto del nivel de la calle debido a las frecuentes inundaciones.

El paisaje portuario de *La Boca* del Riachuelo ha influido en las vivencias cotidianas de su gente y en sus expresiones estéticas. Es éste un barrio de trabajadores y de clase media en términos generales. Al igual que otros barrios de la ciudad, tiene población marginal y muestra el deterioro económico que —por ahora— sufre el país todo.

La Boca posee una zona de actividades portuarias, de depósitos y talleres. Es la correspondiente a la costa y puede dividirse en dos tramos: la ribera del Riachuelo propiamente dicha y la Dársena Sur portuaria.

El primer tramo presenta una amplia franja de galpones que va desde el Puente Avellaneda hasta la llamada Vuelta de Badaracco. Son depósitos y talleres levantados por empresas que aprovecharon la proximidad del ferrocarril para el transporte de mercancías. Hoy la actividad ha disminuido debido a la desactivación del servicio de trenes, por lo que muchos depósitos están desocupados o funcionan a medias.

La ribera del Riachuelo no muestra un perfil uniforme, aunque en los planos figure como un todo continuo. El sector más interesante es el de la Vuelta de Rocha, que presenta la estructura de hierro de la antigua plataforma transbordadora conocida como "el Puente de *La Boca*".

Hacia 1908, el Ferrocarril del Sud recibió autorización para la construcción de un puente. Éste se inauguró en 1914 con el nombre de Nicolás Avellaneda, en un homenaje a quien tanto había hecho por la provincia de Buenos Aires, distrito que aportó los fondos necesarios para su realización.

El puente transbordador posee una gran estructura de hierro que fue construida por la Dirección de Navegación y Puertos. Poco a poco, fue quedando obsoleto. Hoy depende de la Dirección Nacional de Construcciones Portuarias y Vías Navegables (Ministerio de Obras Públicas). En la práctica nadie se ocupa de su mantenimiento, por lo que el estado de la estructura es desconocido. Llama la atención por su tamaño y su valor histórico-estético, representando para el barrio un símbolo y una parte entrañable de su paisaje. Originalmente transportaba personas desde *La Boca* a la denominada Isla Maciel, en la ribera opuesta del Riachuelo, territorio que corresponde a la Provincia de Buenos Aires. En 1937, en vistas del creciente movimiento automotor y de que el puente ya no bastaba para satisfacer las necesidades de la población, se comenzó la construcción de uno nuevo. Cuando se inauguró, en 1940, fue considerado el más importante de Sudamérica por sus dimensiones y características. Su longitud es de 1.652 metros. Cuenta con una parte central como elemento principal de la estructura, formada por un puente metálico levadizo sobre el Riachuelo, escaleras y oficinas en ambas riberas.

La rampa está soportada por pilares y muros de contención, con un terraplén con calzada de doce metros de ancho. El puente levadizo metálico, parte principal de la construcción, está formado por dos torres que dejan entre sí una luz de sesenta y cinco metros. El tramo levadizo es de tipo ascensor, que en posición normal se encuentra a veinte metros sobre el nivel del Riachuelo. Cuando se eleva, mediante rieles fijos a las torres, alcanza una altura de cuarenta y tres metros. Los peatones pueden acceder mediante escaleras mecánicas, que en los dos tramos salvan el desnivel entre la base y las pasarelas superiores.

Pese al tiempo transcurrido, el Puente Nicolás Avellaneda sigue prestando sus servicios, uniendo las populosas zonas de *La Boca* con el partido bonaerense de Avellaneda (Isla Maciel).

El segundo tramo, la Dársena Sur, es una prolongación artificial del Riachuelo. Se utiliza como atracadero de empresas que realizan el transporte de pasajeros a Colonia y Montevideo (República Oriental del Uruguay). Asimismo sirve de amarre de barcos de mayor porte.

De fuerte raíz itálica, se ha diferenciado siempre de los demás barrios porteños. Su paisaje y su componente social han formado una cultura propia. *La Boca* se asienta en las tradiciones navieras de los inmigrantes que recalaron en este lugar. Todo se impregna de colores mediterráneos; la gastronomía, el arte, la arquitectura se mezclan con otros elementos para darle características únicas.

Entre los extranjeros que repararon en el "pequeño río", se destacó el escritor italiano Edmundo D'Amicis, quien en su cuento *De los Apeninos a los Andes* hace que Marco —el protagonista— llegue a un barrio "medio genovés" donde dormirá "en un cuartito al lado de un almacén del puerto". El libro fue llevado al cine en diversas ocasiones.

La actividad teatral en el barrio reconoce a sus pioneros en estos nombres: Vito Cantone, siciliano, que conmocionó a los vecinos al inaugurar, en 1896, el teatro de títeres "Sicilia", en la calle *Necochea* 1339, a una cuadra y media del Riachuelo; Leonardo Maccheroni —albañil con vocación de titiritero— abrió el café concierto Edén, en *Suárez y Necochea*; Sebastiano Terranova, que inauguró el Teatro San Carlino, ubicado primero en *Olavarría* al 600 y después en *Necochea* entre *Suárez y Brandsen*. Logró reunir, con la colaboración de su esposa Carolina Ligetri, cerca de trescientas figuras y escenografías, arrasadas en 1940 por una inundación.

En la década del 80 —siglo XIX—, abren sus puertas el Teatro Ateneo Iris (*Almirante Brown* 1451) y el Dante Alighieri (en el 1372 de la misma avenida). En estas salas no sólo darán rienda suelta a su arte los "filodramáticos" de la época, sino que también servirán como tribuna para discursos y debates políticos. El salón teatral José Verdi, llamado "la Verdi" por los vecinos, vio desfilar por su escenario varieté, comedias y cine mudo. Fue reabierto en el año 2000 (*Avenida Almirante Brown* 736).

En la actualidad, la actividad teatral se concentra en el Teatro de la Ribera (*Avenida Pedro de Mendoza* 1821) y en La Catalina del Riachuelo (*Avenida Pérez Galdós* 93).

Sin embargo, lo más característico del barrio son sus casas de chapa acanalada de zinc y tirantes de madera, lo que le confiere una particular personalidad. La arquitectura no es ajena a sus habitantes y a su emplazamiento junto al Riachuelo. Predominan las líneas horizontales, ya sea por la madera o por la acanaladura de las chapas.

Uno de los barrios en los que parece haber nacido la vivienda llamada "conventillo" es *La Boca*. La palabra deriva de convento y hace referencia a las adustas habitaciones usadas por los religiosos. Se aplica a las casas de inquilinato, alguna vez tildadas de "gusaneras", donde en habitaciones como celdas convivían familias enteras, todos inmigrantes de diversas nacionalidades.

El color de las casas proporciona a *La Boca* su encanto peculiar. Los inmigrantes afincados en la zona eran, en general, de escasos recursos y, no pudiendo comprar pintura para restaurar los frentes, solicitaban a los astilleros los sobrantes de la utilizada para las embarcaciones. Tal es la tradición de las casas del barrio, verdaderos exponentes de arquitectura popular.

Estas viviendas hicieron que el 2 de julio de 1884 se creara el cuerpo de bomberos más antiguo de la Argentina: la Asociación Italiana de Socorros Mutuos Bomberos Voluntarios de La Boca.

Dos eran los flagelos que padecían por ese entonces los inmigrantes que se habían establecido a orillas del Riachuelo: las periódicas inundaciones y el fuego que se alimentaba fácilmente de las precarias casitas de madera.

Avenida Almirante Brown

El Hospital Dr. Cosme Argerich, que cubre las necesidades sanitarias de los vecinos, está emplazado sobre terrenos que fueron la estación de tranvías de Anglo-Argentina. Se ubica cerca de Catalinas Sur y en su frente, sobre la misma avenida, se halla el pasaje conocido como *Casa Amarilla* (*Avenida Almirante Brown* 240).

En 1812 el marino irlandés Guillermo Brown compró un extenso terreno con el fin de establecerse allí con su familia. Al año siguiente levantó su casa con frente hacia el norte, sobre la actual *Avenida Martín García* 584, es decir, más allá de la *Avenida Regimiento de Patricios,* en el barrio de *Barracas*, dando nombre a la zona.

Una réplica de la casa de Brown se construyó en terrenos aledaños al lugar originario. Se inauguró el 22 de junio de 1983, en ocasión del 206º aniversario del nacimiento del marino.

La zona Casa Amarilla abarca la amplia superficie de veintidós hectáreas que va desde *Avenida Martín García* hasta *Wenceslao Villafañe,* y desde *Irala* a *Avenida Almirante Brown*, incluyendo las calles aledañas, entre *Irala* y *Avenida Regimiento de Patricios.*

La estación Casa Amarilla data de 1980. Se puede acceder por *Wenceslao Villafañe.* Es sencilla desde el punto de vista arquitectónico. Frente a ella se extiende la playa de maniobras Alfredo Palacios del Ferrocarril Roca, limitada en su parte posterior por las tribunas de cemento del estadio de Boca Juniors.

Palacios fue el primer diputado socialista de América (1904) elegido por el barrio de *La Boca.*

En la calle *Benito Pérez Galdós* 390, a metros de *Brown*, se encuentra, en una manzana triangular, una construcción con mirador conocida como "la torre del fantasma". Su estilo se vincula al llamado "modernismo catalán".

Construida por el francés Gustavo Lignac, Premio Municipal de Arquitectura, data de 1910 y es uno de los primeros edificios del barrio. Se dice que tiene fantasmas. Está inspirada en el Torreón del Monje construido en 1904 por Ernesto Tornquist en Mar del Plata.

Éste le pidió a su amigo Alberto del Solar que imaginara una historia para que el torreón tuviera alma. A tal fin hizo un juego de palabras diciendo que allí vivió, en 1695, Fray Ernesto Tornero de la Orden de los Calvos, protagonista de un episodio sangriento. Como Tornquist era calvo, ésa fue la ingenua broma de Mar del Plata. Así dicen que llegó la tradición "fantasmal" al edificio de *La Boca*.

A pocas cuadras se halla la iglesia de San Juan Evangelista, patrono del barrio y de los marineros.

Construida sobre la estructura original de 1859, se inauguró en 1886, con diseño del arquitecto Pablo Besana. Su fachada principal tiene un atrio de columnas jónicas y frontispicio recto, de corte griego. El resto de la construcción es de estilo neorrománico.

Allí se venera a la Madonna de la Guardia —patrona de los genoveses—, aparecida en los altos del monte Figogna que domina la ciudad de Génova, en la Liguria (Italia). También a Santa Lucía Siracusana, cuya imagen original es en Italia monumento nacional, y también a María Santísima de Corsignano, venerada imagen en la tradición de las vírgenes negras como la de Monserrat.

En el atrio, entre otras, hay dos placas —una de Boca Juniors y otra de River Plate— con la misma expresión: "Al barrio que los vio nacer" (*Olavarría* 486).

Dos cuadras más adelante se halla la Misión Evangélica de La Boca, fundada en 1889 por el inglés William Morris. Es un templo neogótico que data de 1937 (*Olavarría* 677).

Existe una réplica de un palacio renacentista italiano que como un cascarón, fue hecho para que en su interior funcione una usina eléctrica. Es obra del italiano Giovanni Chiogna. Su nombre original era Central Pedro de Mendoza (*Benito Pérez Galdós* 36/38).

Cantinas y famosos

Sobre la calle *Necochea*, donde funcionaron los primeros teatros de marionetas y también se vio el nacimiento del tango, anduvieron algunos inmigrantes famosos, entre ellos un joven emprendedor y dinámico: Aristóteles Onassis, cuyo apellido todavía figura en la guía de teléfonos de la ciudad.

Hoy sobre su vereda este, las cantinas se suceden a lo largo de tres o cuatro cuadras, desde la ribera hacia el centro. Existen otras en las calles transversales. Han perdido mucha de la vigencia que tuvieron años atrás. Mantienen su colorido y música y forman parte de los mitos del barrio de *La Boca*.

EL BARRIO CHINO

La zona comprendida entre la calle Garibaldi *junto a las vías hasta* Caboto, *y desde la actual* Wenceslao Villafañe *hacia la calle de la Ribera, era conocida como "el Barrio Chino". En esa punta de la ciudad, en los arrabales, se condensaron como en una Babel idiomas y gestos, costumbres e historias.*

Allí se mezclaron los troperos de ganado con los peones de las barracas, marineros con cuarteadores. Ese mundo de trabajo generó un ambiente de libertad que se diferenció del centro burgués de Buenos Aires. Surgieron así prostíbulos, salones de baile, cafés y pulperías; lugares habitados por una marginalidad social que dio origen a personajes tan diversos como reales retratados en los diversos tangos.

El "Café Concert", el "Royal", "La Marina" o "La Turca" —sobre las calles Suárez *y* Necochea— *fueron lugares de referencia cuando nació el tango. En ellos se iniciaron Eduardo Arolas, Roberto Firpo, Francisco Canaro y otros.*

"Allí se amontonaban los café-concerts emigrados del Paseo de Julio, hoy Avenida Alem, *los bares con camareras, los prostíbulos, los lupanares clandestinos y los 'chistaderos', puertas entreabiertas en calles oscuras desde donde las prostitutas sin permiso chistaban a los transeúntes (...) había un fumadero de opio llamado 'La Luz Azul', en* Ministro Brin *y* Colorado, *descripto por Héctor Pedro Blomberg en uno de sus cuentos", refiere Juan José Sebreli.*

"Los lupanares clandestinos quedaban generalmente en calles rodeadas de sombras acechantes y de silencio amenazador, en casas herméticamente cerradas y sin carteles

anunciadores, donde sólo entraban los iniciados. Adentro, las piezas se alineaban alrededor de un típico patio de conventillo con baldosas rojas donde los hombres permanecían sentados o formando grupos. En una amplia sala, con espejos en las paredes y una espesa atmósfera de humo y luz roja, un terceto —piano, violín y flauta— ejecutaba furiosos tangos con letras pornográficas que cantaba alguna voz aguardentosa."

Más adelante, citando a José Sebastián Tallón, dice: "Los nocherniegos libertinos de La Boca no se la pasaban sin ir a bailar un tanguito en los burdeles (...). Cortes y quebradas, lujuria, vocerío guarango, botellas, manoseos torpes, dagas celosas, humo. Si no había trifulcas y detenciones, hasta el amanecer no se daba tregua a los musiqueros. Y los homosexuales. Y las escenas droláticas y grotescas. Un pariente mío que vivió en La Boca, antes del año 1910 tiene, con otros muchos, el recuerdo de una ramera ebria que cruzaba la calle Ministro Brin, entre la plebe desenfrenada. Iba de su prostíbulo al de enfrente, enviando palabrotas a otra mujer y en ropas pudendas. Con una carcajada brutal celebró la jauría encopetinada al borracho baboso y temerario que se las sacó de un tirón".

Nueva costanera

Para evitar las inundaciones, el Gobierno de la Ciudad realizó la construcción de un murallón de seis kilómetros que es una defensa costera para contener las crecidas del Riachuelo. Incluye siete estaciones de bombeo y la reconstrucción de cuatro kilómetros de muelles. Es así que *La Boca* cuenta desde 1998 con una nueva rambla costanera sobre la *Avenida Pedro de Mendoza*. Esto jerarquiza la zona iniciando una nueva etapa para el barrio.

La Vuelta de Rocha

El navegante genovés León Pancaldo, cuyo nombre está mencionado en la Plazoleta Vuelta de Rocha, merece un párrafo aparte. Pancaldo, marino y comerciante, llegó a esta tierra cuando aún subsistía el poblado de don Pedro de Mendoza (1536). Su vida aventurera lo llevó por Portugal, España, Mozambique, India y finalmente, camino al Perú en expedición comercial, su embarcación fondeó en el Riachuelo. Se le inició proceso por haber traído consigo esclavos negros. Se le decomisó la mercadería, que consistía en productos que vendía a crédito a los hambrientos pobladores. En 1539 inició una expedición hacia las poblaciones indígenas y murió en 1540. Se dice que sus restos quedaron en la Vuelta de Rocha.

Aquí se centra la memoria de *La Boca*. El nombre se origina en el de Antonio Rocha, su antiguo propietario en 1635. El lugar es una curva del Riachuelo, *Avenida Pedro de Mendoza* y *Caminito*. Se vincula a la tradición marina argentina. Allí se instaló en la guerra de la Independencia el arsenal donde se reparaban los barcos de la escuadra que comandaba el almirante Guillermo Brown. Desde 1948 es lugar histórico nacional.

Caminito

Algunos dicen que es una de las pocas calles en el mundo que no tienen veredas ni calzada y que, además, está totalmente ornamentada por obras de arte.

Esta curva era originalmente un desvío del Ferrocarril General Roca, en la línea que iba desde el sector Casa Amarilla. En 1954 dejó de funcionar, las vías desaparecieron y el sector se transformó en un basural. Gracias a la gestión del vecino Arturo Cárrega, se convirtió en un lugar distinto. Participó en el proyecto el pintor Benito Quinquela Martín. Fue el intendente Bernardo Gago quien inició la urbanización y dio el nombre de *Caminito* a la flamante calle, en un cálido homenaje al famoso músico Juan de Dios Filiberto, autor del tango homónimo y hombre del barrio de *La Boca*. La letra del tango fue escrita por Gabino Coria Peñaloza, que se inspiró en un paisaje de la provincia de La Rioja, a 1.125 kilómetros de la ciudad de Buenos Aires. La calle fue inaugurada el 18 de octubre de 1959. Unos meses antes, el 27 de enero, el diario *La Nación* enfatizaba los elogios de la revista norteamericana *Time*, que aplaudía las acciones del director de teatro Cecilio Madanes, quien desde 1957 hacía teatro al aire libre en los veranos de Buenos Aires, incorporando viviendas y vecinos a las puestas en escena de clásicos como Molière, Shakespeare o García Lorca. Si bien el teatro no sigue funcionando, este sector del antiguo camino ferroviario es un paseo lleno de posibilidades y rodeado de obras de arte.

El único museo de cera de la ciudad está a pocos metros de *Caminito*. Es obra del afamado taxidermista y restaurador Domingo Telechea. Se pueden ver allí a las más importantes personalidades históricas y culturales del barrio y del país (*Del Valle Iberlucea* 1261).

Juan de Dios Filiberto

Se puede decir que el tango en *La Boca* tiene nombre y apellido: Juan de Dios Filiberto.

Tuvo diversos oficios (lustrabotas, estibador, metalúrgico) hasta que se sintió dominado por su vocación musical. Con sacrificio, adquirió nociones de armonía, aprendió a tocar el violín y formó un trío y luego integró un cuarteto de música clásica que no llegó a satisfacerlo.

A partir de 1915 empezó a componer tangos; el más famoso, *Caminito*.

Filiberto murió el 11 de noviembre de 1964 en la casa de la calle *Magallanes* 1140. El frente de esa casa fue pintado por Quinquela Martín. Está situada frente a la tradicional Plaza Matheu.

Benito Quinquela Martín

El 21 de marzo de 1890 un niño de alrededor de tres semanas fue dejado en la Casa de Expósitos con una nota que decía: "Este niño ha sido bautizado y se llama Benito Juan Martín"; junto a él, la mitad de un pañuelo bordado. No fue reclamado y a los seis años lo adoptó un humilde matrimonio de carboneros: él, genovés, ella, oriunda de la provincia de Entre Ríos. Manuel Chinchella y Justina Molina criarán a Benito en una pobreza digna, en el amor al trabajo y las responsabilidades tempranas. Después de tres años de escuela primaria, debe dejar los estudios para ayudar en la carbonería. Pero su sed de conocimientos continúa: a los 16 años ingresa a la Sociedad Unión de La Boca, donde por la noche aprende dibujo y pintura con Alfredo Lazzari. Al mismo tiempo, lee todo lo que sus obligaciones le permiten. Desarrolla su intelecto y sus emociones. Es entonces cuando comprende que el paisaje que lo rodea se le hace carne, obsesión, musa y sentido de su obra y de su vida, hasta no poder separar una de la otra. En 1916 una revista le dedica un artículo, "El carbonero", donde se describe con admiración la pintura de ese joven humilde, de un barrio proletario y luchador. Después vendrán el primer comprador, el reconocimiento de artistas notorios, de funcionarios, exposiciones en galerías, viajes, y por sobre todo la confirmación de su estética, el redoblado esfuerzo en busca del crecimiento espiritual. En 1919 legaliza el nombre con que se lo conocerá para siempre: Benito Quinquela Martín, castellanizando el apellido de su padre adoptivo y usando uno de sus nombres de bautismo como segundo apellido.

Se suceden los viajes a través de todo el mundo, sus cuadros pasan a formar parte del patrimonio de los museos, recibe homenajes y es distinguido por personalidades. Pero decide volver al puerto donde echará el ancla para siempre: *La Boca*. A partir de allí comenzará su obra filantrópica. En 1933 dona una serie de terrenos donde se levantarán un museo, escuelas y centros de salud, además del Teatro de la Ribera.

El dictamen del Instituto de Pinacotecografía del Museo del Louvre, después de estudiar en profundidad su idioma plástico, lo calificó como "quinquelismo" por carecer de analogías para definirlo.

Murió el 27 de enero de 1977 y su cuerpo fue depositado en el ataúd que él mismo había pintado en 1958 de color amarillo limón, verde y azul suave. Una autobomba de los Bomberos Voluntarios de La Boca lo trasladó hasta el cementerio de la Chacarita.

Boca, un sentimiento

Muchos años pasaron desde aquel 3 de abril de 1905. Muchos años desde que aquellos muchachos reunidos bajo un árbol de la Plaza Solís discutieron, polemizaron y resolvieron crear un club de fútbol.

Originalmente la casaca del equipo era de color celeste brillante con una banda del mismo color, pero más intensa. Luego líneas azules y blancas verticales. Después de varias discusiones, se propuso usar los colores del primer barco que cruzara el Riachuelo. El barco era nórdico, de los años en que Noruega y Suecia constituían una sola nación. La nave tenía la bandera con una cruz dorada sobre azul. El club adoptó entonces sus colores. En 1901 se había fundado otro club en la Ribera: River Plate, que también ocupó terrenos cerca de la Carbonería Wilson.

En 1919 Boca ganó su primer campeonato, y con éste iba naciendo un mito. 1920 unió a los que serían eternos rivales: Boca y River. Uno campeón de la Asociación Argentina, el otro de la Asociación Amateur. Eran tiempos en que el barrio era un puñado de casas. Tiempos en que sólo había una diferencia: o se era de Boca o de River. Era una diferencia no sólo de colores o de procedencia, sino de identidad socioeconómica. Pronto River se fue del barrio. Los dos se agrandaron y comenzaron a monopolizar el sentimiento popular. Boca es proletario; River, clase media.

La hinchada no grita a los jugadores, grita y canta a esa abstracción que es Boca.

El estadio del Club Boca Juniors es una creación del arquitecto esloveno Víctor Sulcic (1895-1973), afincado en la Argentina desde 1924, autor también del proyecto del Mercado del Abasto. La limitación del espacio fue resuelta superponiendo las tribunas y apoyándolas en consolas, lo que le valió el nombre popular: "La Bombonera". Habilitado en 1940, se completó en 1944. Está ubicado entre *Del Valle Iberlucea, Brandsen,* las vías del Ferrocarril Roca y la prolongación de *Aristóbulo del Valle.*

En 1997 la dirigencia del club encargó murales que diseñó el plástico Pérez Celis. Uno de ellos está dedicado a los fundadores y a la gente, a los artistas y a los ídolos, al tango y al fútbol que hicieron de *La Boca* un destino y un mito.

Dentro de las obras de remodelación se incluyó la demolición de arquitectura patrimonial, tal como el sector de palcos de la calle *Del Valle Iberlucea.*

Museos

El museo más importante del barrio es el de Bellas Artes de La Boca, que posee una colección de más de ochocientas obras de artistas argentinos distribuidas en once salas.

Las esculturas paganas que poblaban la Vuelta de Rocha, cuando el puerto de *La Boca* del Riachuelo encabezaba la actividad naviera del país, despertaban el profundo sentimiento de aquellos hombres de vocación marinera.

Figuras nobles, románticas, ingenuas, toscas fueron el emblema idealizado de tripulantes de navíos y armadores. El origen de estas esculturas (de los mascarones de proa) se remonta a las cabezas labradas de animales de los trirremes de vikingos y griegos, que encontraron su apogeo en la época de los grandes veleros que disputaban las "carreras de trigo" entre los puertos de Australia y Europa por el cabo de Hornos.

Benito Quinquela Martín llegó a poseer una veintena de mascarones. Cuando el Museo Naval de los Estados Unidos se ofreció a comprárselos el artista rehusó.

Entre las obras existían piezas esculpidas por Américo Bonetti y Francisco Parodi, y formaban parte del patrimonio artístico nacional.

La Sala Américo Bonetti del Museo de Bellas Artes de La

Boca posee la colección más importante de mascarones de proa existente en Iberoamérica, con piezas únicas del siglo pasado.

Todo el conjunto museológico —que además cuenta con una gran terraza dedicada a escultores argentinos y que también es una escuela estatal de las primeras del mundo creadas con la idea de la educación por el arte— es donación de Quinquela Martín. Allí mismo estuvo su humilde vivienda (*Avenida Pedro de Mendoza* 1835).

EL BAR DE LA NEGRA CAROLINA

"Allá por la calle Pedro de Mendoza, a pocos pasos de Almirante Brown, entre las turbias aguas del Riachuelo y la pureza del cielo boquense, había un bar al que concurrían los habitantes de los sucios barcos que se enternecían en los muelles de la ribera. Ese bar era el de la Negra Carolina, que durante muchos años estuvo en un viejo edificio de La Boca.

"Tuvo su vigencia por la época de los años veinte de nuestra centuria. Su propietaria, obesa mujer de color, oscilaba por los cincuenta años, comentando a veces, a los parroquianos de mayor confianza, las andanzas de su vida por el mundo.

"Oriunda de Nueva Orleáns, Carolina comentaba siempre su amistad con Josephine Baker, mostrando sus fotos como el mayor orgullo de su raza.

"Sus padres —recordaba nostálgicamente— habían sido esclavos de la vieja Virginia, en el país del Norte. Al nacer ella, ya habían logrado la libertad, trabajando como cocinero él y como lavandera la madre; pero pocos años después, al morir los progenitores, la Negra Carolina quedó a cargo de una vieja lavandera que había sido camarera de café; la niña de color tenía entonces doce años cuando ingresó a la profesión de servir vasos de café y ron en los cafés marineros de Virginia.

"Con el tiempo aprendió varios idiomas, quizá por el contacto con hombres provenientes de distintos países, especialmente ingleses y franceses que llegaban a la desembocadura del Misisipí.

"Al nacer el siglo veinte, Carolina Maud, que así se llamaba la Negra, llegó a Buenos Aires e inauguró en la Boca del Riachuelo el café de que hablamos y que se llamó The Droning Maud. Fue tan importante durante su época, que el mismo Héctor Pedro Blomberg lo recuerda y describe en sus poemas dedicados al puerto.

"Las paredes del local estaban pintadas de un color rosa desteñido por el tiempo y sucio por las manos de los marineros que muchas veces apoyaron sus pesados cuerpos de alcohol. La Negra Carolina tenía una ayudante que se llamaba Eve Leneve, que registró su nombre en la historia del crimen de Inglaterra pues su amante, el doctor Crippen, había asesinado a su esposa, la bella Elmore. Cuando ambos huían de Londres fueron detenidos por la policía; el médico fue ajusticiado en 1911 y ella, puesta en libertad. Así encalló un día en Buenos Aires en The Droning Maud; con su perfecto dominio del inglés, alguna vez alentó a un marinero extraño, rubio, de ojos celestes, que se apoyaba en una mesa negra, quemada de cigarrillos: ese marinero, oscuro entonces, era nada menos que Jack London.

"'Era bueno y generoso...', dice Carolina Maud. ¡Pobre Jack! Eran los primeros años del siglo y Buenos Aires, como otros puertos, era visitada por marineros que pasaron a la fama y a la inmortalidad de las letras y el teatro, como Eugene O'Neill, que también acodó sus ilusiones en The Droning Maud, o como el poeta inglés de gran renombre, John Mansfield, que tenía la predilección de la cerveza.

"Así pasaron los años, entre ignorados marineros y ocultos hombres de la literatura, hasta que un día de 1927, la Negra Carolina abandonó The Droning Maud para ingresar en el Hospital Argerich, antesala para ascender a alguno de los pisos de la Divina Comedia."

(Relato publicado en
Los cafés de Buenos Aires de Jorge Bossio.)

En *Avenida Pedro de Mendoza* 1629 bien vale admirar el ahora preservado mural del artista Vicente Walter.

En una casona reciclada se halla la Fundación Proa, centro cultural privado. En el patio se encuentran la biblioteca, el café, la videoteca y una sala de Internet. Alrededor, las salas de exposición. La casa es obra de los arquitectos Giuseppe Caruso y Agata Torricella. Data de 1996 (*Avenida Pedro de Mendoza* 1929).

La barraca Merlo es ahora un depósito fiscal. Sobre parte de su pared se puede apreciar una mayólica del primer ceramista argentino, Ricardo Sánchez, sobre el cuadro de Quinquela Martín *Embarque de cereales* (*Avenida Pedro de Mendoza* 2800).

La barraca de Peña data de 1774 y fue una propiedad de Francisco de la Peña donde se almacenaban frutos del país; posteriormente la estación de ferrocarril toma ese nombre. Ahora es utilizada como depósito fiscal (*Avenida Pedro de Mendoza* 3003).

Catalinas Sur

La historia se remonta al año 1872, cuando Francisco Seeber (fundador del barrio de Villa Urquiza) adquirió el permiso de construcción de un muelle particular en la bajada cercana al Convento de Santa Catalina de Siena (*Tucumán y Avenida Leandro N. Alem*). Para esto utilizó tierra proveniente de lo que es hoy el barrio de Villa Urquiza.

El lugar fue conocido como la "Bajada de las Catalinas", extendiéndose a la incipiente aduana. Una empresa inglesa acopiadora de productos extendió sus galpones hacia la zona sur, en lo que sería la prolongación de *Paseo Colón y Martín García,* llamada "punta de Santa Catalina". Años después compró terrenos lindantes a la Dársena Sur, favoreciendo su movimiento mercantil. El lugar se convirtió en el segundo puerto de descarga del país.

En 1956 se vendieron los galpones de la zona sur y en 1961 la ex Municipalidad resolvió destinarlos a sus planes habitacionales. Así nació el barrio *Catalinas Sur,* limitado por las calles *Necochea, 20 de Septiembre, Caboto, Juan M. Blanes* y las vías del ferrocarril. En ese año comenzó a construirse el complejo habitacional con monobloques y espacios abiertos.

En esa zona se halla el santuario Nuestra Señora Madre de los Emigrantes (*Necochea* 312).

La primera capilla con ese nombre se inauguró en 1959, en *Avenida Almirante Brown* 568, a cargo de los Padres Misioneros de San Carlos, orden creada para asistir espiritualmente a los emigrantes. La principal imagen —un cuadro en altorrelieve realizado por artistas italianos— llegó al puerto de *La Boca* el 2 de diciembre de 1957. La piedra fundamental fue puesta en 1966, junto con tierra traída de diversos países y santuarios del mundo. Lo proyectó el arquitecto Luis Lanari y pudo construirse con la colaboración privada y los aportes de inmigrantes de diversas nacionalidades y extracciones sociales. Tiene una nave central iluminada por la luz que penetra a través de los vitrales pintados por artistas argentinos. En su entrada se aprecia una escultura de Juan Roberto Capurro (*Cristo emigrante*) y una obra de Quinquela Martín (*La despedida*). Su arquitectura es una conjunción armoniosa entre lo colonial, lo antiguo y lo moderno.

El barrio ha generado una murga y un grupo de teatro de características ejemplares: "La Catalina del Riachuelo", que tiene sala propia. Una murga teatral formada por más de un centenar de vecinos que realiza con grandeza espectáculos de temática política e histórica, trabajando con la memoria viva de los vecinos (*Avenida Benito Pérez Galdós* 93).

Mural que documenta la memoria

En abril de 2000 se inauguró un mural que sintetiza aspectos del barrio. Con material de la fachada del conventillo de la calle *Palos* 460, recientemente restaurado por el Gobierno de la Ciudad, se recreó un paredón con sus balcones, frentes de chapa y sus personajes. Si bien se lo ubica cronológicamente en los años '40 del siglo XX, aparecen en él un inmigrante italiano, el pintor Benito Quinquela Martín, bomberos voluntarios, el músico Aníbal Troilo, amas de casa y una prostituta. Como licencia histórica aparece el futbolista Diego Armando Maradona.

Se puede ver en el colorido mural una réplica del viejo puente transbordador que muestra un equilibrista del mítico circo Sarrasani que alguna vez atravesó dicho puente. El mural fue coordinado por el profesor Omar Gasparini y el grupo de Teatro Catalinas Sur (*Avenida Almirante Brown* 38).

Así se veía La Boca en 1938.

Bibliografía

Garasa, Delfín Leocadio. *La otra Buenos Aires,* Buenos Aires, Ed. Sudamericana-Planeta, 1987.

Aslan, L.; Joselevich, L.; Novoa, G.; Saiegh, D., y Santaló, A. *Buenos Aires – La Boca (1885-1970)*, Buenos Aires, IPU, 1990.

Bucich, Antonio. *El barrio de La Boca*, Buenos Aires, Cuadernos de Buenos Aires Nº VII, Municipalidad de la Ciudad de Buenos Aires, 1970.

Prilutzky Farny, Julia. *Quinquela Martín — El hombre que inventó un puerto*, Buenos Aires, Ed. Plus Ultra, 1978.

Revista Tickets, Buenos Aires, enero de 1964.

Bossio, Jorge. *Los cafés de Buenos Aires,* Buenos Aires, Ed. Shapire, 1968.

Forino, Eduardo V. *Vida y obra de Alfredo L. Palacios*, Buenos Aires, Editorial Celebridades y Hechos Históricos, 1990.

Rodríguez Duval, Carlos. *Fútbol,* Buenos Aires, Instituto Docente y Editor Las Llaves, 1971.

Sebreli, Juan José. *Buenos Aires, vida cotidiana y alienación,* Buenos Aires, Ediciones Siglo Veinte, 1965.

Diarios: *Clarín, La Nación, La Prensa, La Razón, Crónica:* años varios.

Esquina de Pedro de Mendoza y Suárez, en 1938.

16

BOEDO

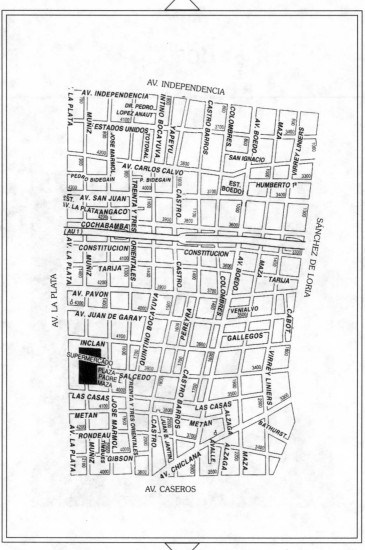

"San Juan y Boedo antiguo, y todo el cielo..."

HOMERO MANZI
(poeta argentino, 1907-1951)

Límites

Calles y avenidas: norte: *Avenida La Plata*, sur: *Sánchez de Loria*, este: *Avenida Independencia*, oeste: *Avenida Caseros*.

Algo de historia

Boedo comenzó a ser un barrio independiente en abril de 1972. Antes de la ordenanza municipal que permitió su separación (número 26.607), sus terrenos pertenecían al barrio de *Almagro*. Nunca, sin embargo, los dos sectores se habían fusionado del todo.

A diferencia de lo que ocurre en otros lados, el nombre del barrio no responde a ninguna de las características de la zona. *Boedo* era el apellido de Mariano Joaquín, un diputado oriundo de la provincia de Salta que en calidad de vicepresidente del Congreso de Tucumán firmó el acta de Independencia Nacional en 1816. Murió muy joven el 9 de abril de 1819. Su busto se halla en la estación Boedo de la línea E del subterráneo.

Esquinas

Toda la vida, la historia y las anécdotas de este barrio pueden resumirse en una sola esquina: la de *San Juan y Boedo*. El amor de los vecinos por el tango y su pasión por el fútbol quedaron grabados en las dos placas cercanas al bar donde nació el tango *Sur*. Una dice: "A Homero Manzi, tu barrio de tango", y la otra: "A la fidelidad de socios y simpatizantes del Club San Lorenzo o los gauchos de Boedo".

Homero Manzi escribió las letras de tangos como *Sur* y

Che, bandoneón, entre otros, y una veintena de guiones cinematográficos en los que colaboró. Su casa estaba ubicada en *Avenida Garay* 3251 (barrio de *Parque Patricios,* cerca del límite con *Boedo*). Hijo de inmigrantes italianos zapateros —como tantos otros de los que se trasladaron a la zona—, Homero Nicolás Manzione (su nombre completo) les cantó a las costumbres que se perdían, a la Buenos Aires que iba cambiando y a la política en la que, primero a través del partido radical y luego del Partido Justicialista, participó activamente. La esquina de *San Juan* y *Boedo* lleva su nombre.

Así también la esquina de *Avenida Boedo* y *Carlos Calvo* lleva el nombre del maestro Osvaldo Pugliese. La de *Boedo* e *Inclán* lleva el nombre del poeta y letrista de tangos Julián Centeya.

La *Avenida Boedo* tiene más valor por lo que fue que por lo que es. La vida de la zona, sobre todo la cultural y artística, ha ido perdiéndose con el tiempo. Por ella transitaron importantes cantantes, poetas y escritores. *Boedo* hoy tiene negocios, pizzerías, bancos, oficinas y muchos negocios de venta de electrodomésticos, pero perdió prácticamente todos los cines y teatros en los que actuaron artistas de mediana popularidad.

Pasando la autopista 25 de Mayo la avenida posee, de acuerdo con la tradición de sus orígenes inmigratorios, muchos negocios de artículos para zapateros.

Retacitos de historia se han ido desperdigando en otras esquinas. Una escultura llamada *La madre,* realizada por Francisco Reyes, ocupa desde diciembre de 1982 la esquina de *Boedo* e *Independencia.*

Francisco Reyes es un escultor que nació en Almería, Andalucía, España, y de pequeño fue traído a la Argentina. Desde entonces siempre estuvo en *Boedo*, aunque sus obras se desparramaron por la ciudad.

En la cortada *San Ignacio* se realizaron, entre 1980 y 1983, exposiciones de sus esculturas a cielo abierto.

La esquina de *Avenida Boedo* y *San Ignacio* lleva su nombre. Su estudio se encontraba en *Castro Barros* 1560, y la Junta de Estudios Históricos del barrio colocó en su taller una placa para recordarlo.

Boedo y Florida

En las veredas de la avenida se encuentran diversos cafés en los que se reunía el grupo literario Boedo, que actuaba en contraposición de otro grupo literario de la época: Florida. En Boedo estaban Leónidas Barletta, Raúl y Enrique González Tuñón y Gustavo Riccio, entre otros. Su sentido político era más cercano al socialismo romántico. En tanto en Florida estaban, entre otros, Jorge Luis Borges, Norah Lange y Carlos Mastronardi, más conservadores y tradicionalistas.

El barrio de *Boedo* era en 1925 un suburbio humilde con un concepto solidario de vida y vecindario, integrado por criollos e inmigrantes que soñaban con reformar al mundo.

Un busto y una placa recuerdan a José González Castillo, periodista, poeta y creador de la Universidad Popular de Boedo. Fue padre de Cátulo Castillo (*Avenida Boedo* 874).

Borges

En la biblioteca municipal "Miguel Cané" trabajó diez años (1937-1947) el escritor Jorge Luis Borges. En su interior se recreó la sala en la que él se desempeñaba. En una blanca habitación del primer piso se exhiben distintos retratos del autor de *El Aleph*, el escritorio original en el que escribió la mayoría de los artículos para las revistas *Sur* y *El Hogar* y el sillón en el que, en los momentos libres, se sentaba a leer.

La denominada "Sala Borges" también incluye el tomo del diccionario de Espasa Calpe que contenía una foto del joven literato y que un compañero suyo confundiera con otra persona. Según narró el escritor en un reportaje, un colega bibliotecario le comentó que, perdida en el volumen de una enciclopedia, había hallado la imagen de un hombre que usaba su mismo traje, se llamaba igual que él, tenía la misma mirada, sin advertir que el fotografiado era su interlocutor. Acaso este episodio haya motivado las páginas del maravilloso cuento "Tlön, Uqbar, Orbis Tertius", o tal vez del relato "El otro", o quizás haya sido una más de sus conjeturas. Lo cierto es que la ínfima anécdota puede ser reconstruida con la visita a la remota habitación de la biblioteca restaurada en 1997 (*Carlos Calvo* 4321).

Pasajes

"Tan estrecho es él que los vecinos pueden hablar de una a otra acera —de puerta a puerta frontera, de ventana a ventana— sin levantar la voz", escribió León Tenenbaum acerca del pasaje *Angaco*, ubicado a pocos metros de *San Juan y Treinta y Tres Orientales*. Su nombre recuerda una localidad de la provincia de San Juan en la que se desarrolló una batalla de la Independencia argentina.

Otro pasaje —casi provinciano por su serenidad— es *Pedro Bidegain*, que recuerda al obrero ferroviario y diputado por la Unión Cívica Radical y presidente del Club San Lorenzo de Almagro. Está situado entre *Avenida La Plata* y *José Mármol*.

San Bartolomé y San Marcos

La parroquia que homenajea a ese apóstol está situada al lado del colegio homónimo. Es de estilo neorrománico, cuenta con una torre y una sola nave. Posee una pequeña capilla dedicada a San Marcos. Es obra del arquitecto Carlos Massa *(Avenida Chiclana 3647)*.

Sólo para niños

Una imprevista fachada, fruto de un convenio entre la Facultad de Arquitectura y Urbanismo de la UBA y la Cámara Argentina del Juguete, da a un segmento del barrio el aspecto de un castillo medieval. En su interior aún sigue pendiente la reapertura de una gran juegoteca (*Cochabamba* 4067).

El lengue

El barrio tiene una condecoración propia que otorga la Cofradía de la Orden del Lengue presidida por un Gran Maestre, caballeros y cofrades.

Closas

Según contó al diario *Clarín*, en una carta de lectores publicada el 1° de noviembre de 1994, el vecino Eugenio Soldevilla: "Conocí a Alberto Closas y a su hermano Jordi a mediados de 1939, cuando concluía la Guerra Civil Española. Los dos eran catalanes como mi padre, quien les ofreció empleo de visitadores médicos para que las autoridades militares los autorizasen a abandonar la vieja Europa. Se adivinaba el comienzo de la conflagración mundial. Ambos orillaban los 18 años.

"Vivíamos en *Inclán* 4171, *Boedo*, a dos cuadras del Viejo Gasómetro, donde otros españoles ilustres, como Isidro Lángara y Ángel Zubieta, escaparon del horror de la gran guerra militando como futbolistas de San Lorenzo."

El tema fue un encuentro de box entre los dos hermanos, Jordi y Alberto. Éste dejó olvidada en *Boedo* una valijita con elementos que usó para la romántica lucha. Con los años Closas sería una importante figura del espectáculo. Al decir de Soldevilla: "Mi intención era sólo aportar esta humilde anécdota para ilustrar una etapa que no es demasiado conocida de este insigne señor del teatro y la pantalla".

Croatas y baleares

El Hogar Croata fue el punto de encuentro de inmigrantes provenientes de Croacia. Estuvo situado donde antes funcionó el cine Nilo y antes el circo Politeama. Todavía se ven su escudo y las huellas —en el mármol— del pasado cinematográfico del edificio (*Avenida Boedo* 1063).

La Casa Balear nuclea a los oriundos de las islas Baleares (España) y también se halla en el barrio (*Colombres* 841).

Plazas

El barrio no tiene plazas en el sentido convencional. En *Avenida Boedo* 870 hay un mástil en el que se celebran fiestas patrias.

En 1999 en *Colombres* y *Constitución* se inauguró la plaza "aromática" para ciegos. De forma triangular y con acceso diferenciado, cuenta con doscientas cincuenta plantas aromáticas para que se las pueda reconocer a través del olfato.

En *Avenida Independencia* y *José Mármol* se halla una plaza no oficial que se conoce como Plaza de los Vecinos y en la que se destaca el paseo Sara Baamonde.

Fútbol

En *Salcedo* 4038 está el clásico y casi centenario templo evangélico bautista. No lejos de allí, en *Avenida La Plata* 1700, donde funcionó hasta 1979 el viejo San Lorenzo de Almagro, existe ahora un supermercado. En 1987 se inauguró en la parte trasera del mismo (*Salcedo* 4220) la Plaza Padre Lorenzo Massa, en recuerdo al fundador del Club San Lorenzo. La cancha ahora está emplazada en el barrio de *Nueva Pompeya*.

Kordon

En *Maza* 1480 se encuentra la Asociación de Ayuda Mutua de Sordomudos. Esta institución, entre las muchas actividades que realiza, cuenta con baile: el ritmo musical es anunciado por escrito a través de un cartel luminoso. La película *El ayudante*, de Mario David (1971), con un elenco integrado por Silvana Roth, Pepe Soriano y Carlos Olivieri, entre otros, y basada en el cuento "El sordomudo" de Bernardo Kordon, ilustra este lugar.

Bibliografía

Soncini, Alfredo Luis. *El barrio de Boedo*, Buenos Aires, Centro de Estudios Internacionales, 1984.

Diarios: *La Nación, Clarín, El Cronista Comercial:* años varios.

Los escritores de Boedo (selección de Carlos A. Giordano), Buenos Aires, Centro Editor de América Latina, 1968.

Zas, Lubrano. *Gustavo Riccio, un poeta de Boedo*, Buenos Aires, Ed. Buenos Aires Leyenda. 1969.

Abate, María Esther y Mireya: *Buenos Aires: realidad y nostalgia (Antología),* Buenos Aires, Ed. Plus Ultra, 1987.

La mítica esquina de San Juan y Boedo.

San Ignacio, un tranquilo pasaje de Boedo.

17

CABALLITO

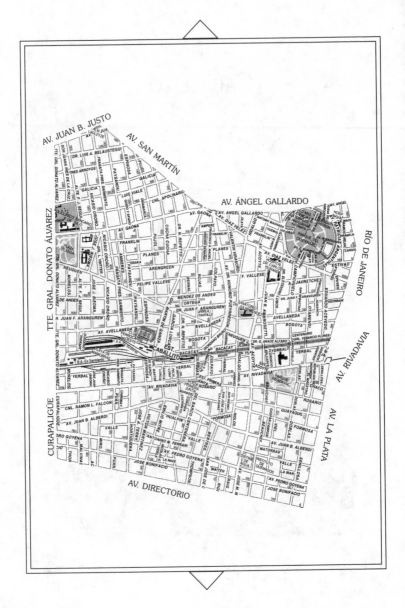

"Dicen que la patria es la infancia. Mi patria es, entonces, el Parque Rivadavia, que en esos tiempos era, a veces, la Plaza Lezica (...) "

ANA MARÍA SHUA
(escritora argentina contemporánea)

Límites

Calles y avenidas: norte: *Curapaligüe, Donato Álvarez,* este: *Avenida Juan B. Justo, Avenida Ángel Gallardo,* oeste: *Avenida Directorio,* sur: *Río de Janeiro, Avenida Rivadavia, Avenida La Plata.*

Características: centro geográfico de la ciudad.

Algo de historia

El historiador Ángel Mazzei señala que este barrio tomó su nombre de un detalle decorativo.

A través de un hijo de Nicolás —Teodoro Vila— se supo que en 1804, habiendo ido con su papá "al corralón de un tal Galeano establecido en la Alameda, compró una ballenera vieja y la desarmó". Con los tablones creó su casa e hizo un palenque que colocó en la esquina. En el mismo lugar situó al palo de la embarcación y en el tope clavó el emblemático caballito de latón, que se conserva, desde 1925, en el Museo Histórico de Luján, en la provincia de Buenos Aires.

Esta fundación ocurrió en 1821 en la quinta situada en la manzana que hoy abarcan las calles *Rivadavia, Emilio Mitre, Juan Bautista Alberdi y Víctor Martínez.*

Nicolás Vila fue asesinado en la puerta de su pulpería.

Luego Luis Naón y familia la compraron y la instalaron en el solar que hoy ocupan la *Avenida Rivadavia y Cucha Cucha,* que se convirtió en la esquina de Caballito.

En 1856 Carlos Naón donó una manzana de los terrenos

389

de la familia para la construcción de la naciente estación ferroviaria que tomó el nombre de Caballito.

Una calle del barrio recuerda a Nicolás Vila.

Caballito fue en sus inicios una zona de importantes y lujosas quintas que creció y cambió su fisonomía con la llegada del ferrocarril y con el arribo de los inmigrantes italianos, eslavos, turcos y españoles que trabajaban en la construcción del subterráneo. De toda esta mezcla surgió un barrio polifacético: tiene una zona ruidosa y comercial, otra elegante, residencial, como también un gran sector poblado de casas sencillas y sobrias.

Esto se concretó el 5 de abril de 1857 cuando La Porteña —locomotora del primer ferrocarril- cruzó en su viaje inicial los terrenos donde algún tiempo después se construiría la estación *Caballito* que, cercana a la calle *Rojas*, pertenece al Ferrocarril Domingo Faustino Sarmiento. Los andenes están unidos por un puente. El lugar guarda cierta nostalgia.

Parque Rivadavia

Este parque se vuelve más atractivo los domingos entre las 8 y las 14 porque allí se juntan los amantes de la filatelia y la numismática que charlan, discuten e intercambian ejemplares. Se les suman los puestos que venden revistas, libros, casetes y discos usados (*Avenida Rivadavia, Rosario, Doblas y Beauchef*).

En este parque, que ocupa los terrenos de la antigua quinta de Ambrosio Plácido Lezica y fue inaugurado en 1928, se destaca un monumento dedicado a Simón Bolívar realizado por el argentino José Fioravanti. Está constituido por tres piezas de mampostería enchapadas en mármol travertino nacional, presentando un arco de triunfo. Sobre el centro del fuste, en sus laterales, se hallan dos relieves que simbolizan el juramento y la entrevista de Guayaquil. En el centro y hacia el frente de la obra arquitectónica se encuentra la figura del prócer, hecha en bronce. Sobre los extremos y en una misma línea, dos desnudos representan la inspiración y la gloria respectivamente. Es el homenaje de la Nación Argentina a Simón Bolívar.

De la antigua quinta de Lezica subsisten una vieja noria

que, con la inauguración del parque (1928), fue transformada en fuente, y un gigantesco ombú.

La zona nuclea una feria filatélica, de libros y revistas antiguas. Funciona sábados y domingos.

Alguna vez hubo historias de aparecidos en ese lugar. Se veía surgir por las noches a la "planchadora sin cabeza", fantasma de una mujer asesinada que aparecía entre las sombras y con una plancha en rojo en alto, amenazando a los caminantes.

En la vereda opuesta está el tradicional Club Italiano. Realiza distintas actividades sociales y deportivas (*Avenida Rivadavia* 4731).

En la antigua capilla de la Santa Unión de los Sagrados Corazones funciona la parroquia Nuestra Señora de Caacupé, patrona de la República de Paraguay, que fue consagrada como templo en 1998. Es obra de Alejandro Christophersen, y es de estilo neogótico. Se inauguró en 1908 y resulta de interés arquitectónico (*Avenida Rivadavia* 4879).

Más conocido como pasaje *Alemán*, en referencia a la nacionalidad de sus antiguos habitantes, el Bernasconi une la *Avenida Rivadavia* con la calle *Yerbal* (entre *Campichuelo* y *Florencio Balcarce*). Construido por José Bernasconi en 1905, poseía, separado por un muro, un palacete rodeado de jardines. El pasaje perdió la mansión, una biblioteca y la casa que habitaba el pintor Antonio Berni, pero conserva las plantas, las paredes color amarillo viejo y el refinamiento de las construcciones numeradas con caracteres grandes y estilizados.

El pasaje *Los Alpes* es pequeño y da la sensación de ser un balcón sobre las vías del ferrocarril. Ubicado en *Parral* 149, posee siete casas y una calle-vereda de un metro y medio de ancho y veinte metros de largo. Se lo conocía como pasaje *Meabe*, que era el apellido del dueño de los terrenos por los años '30.

Nadie lo podría imaginar. La casa es obra del ingeniero Alejandro Varangot. Observa Mario Sabugo, un experto, que su fachada cuenta con discos que se expanden y multiplican en las ciento sesenta y cuatro esferas de cemento armado que, dispuestas según sus diversos diámetros, acompañan el carácter ascendente de la composición.

Hay símbolos que representan a San Jorge y el Dragón. Tiene influencias de la arquitectura catalana, particularmente de Antonio Gaudí (*Avenida José María Moreno* 122).

En la calle *República de Indonesia* 77 se halla la réplica de un palacio decorado con el lirio y el león, símbolos de la ciudad de Florencia (Italia). En lo alto hay seis medallones con los rostros de Leonardo, Rafael y Miguel Ángel, entre otros.

Primera Junta

Una réplica de la veleta —realizada por el escultor argentino Luis Perlotti— puede verse en la Plaza Primera Junta. A la salida de la estación del subterráneo de la línea A, se encuentra esta plaza seca que contiene el monumento a Miguel de Azcuénaga, obra del escultor francés Luis Enrique Cordier. En éste se destacan bajorrelieves vinculados a la gesta del 25 de Mayo de 1810 y al primer gobierno argentino: la Primera Junta. Es de destacar que la zona de *Avenida Rivadavia, Martín del Barco Centenera* y la calle *Rojas* tiene una serie de negocios gastronómicos. Sobre esta última calle se halla la estación ferroviaria. En el centenario mercado Del Progreso, que data de 1889, se convive con mármoles italianos y armazones inglesas (*Avenida Rivadavia* 5430). En la misma plazoleta Primera Junta funciona una feria de revistas y libros usados. Se trata de uno de los puntos de mayor movimiento de la ciudad.

El Colegio San Cirano lleva años en el barrio. Lo fundó el profesor irlandés Sean Heally. En 1971 se inició la Asociación de Ex Alumnos que intervino en la creación del Club San Cirano, destacado en rugby. San Cirano es el patrono de los estudiantes irlandeses y en el siglo VI fundó uno de los centros de enseñanza más importantes de Europa (*Avenida Rivadavia* 5672).

Muy cerca de Primera Junta se encuentra la parroquia Santa Julia, una de las más características del barrio. Data de 1922 (*Avenida Juan B. Alberdi* 1195).

En el Instituto Dámaso Centeno hicieron sus estudios secundarios los músicos Charly García y Nito Mestre. Allí nació el conjunto de rock nacional Sui Generis (*Avenida Rivadavia* 5550).

Tranvías

Los tranvías volvieron a recorrer la ciudad. Se trata de coches que parten de *Emilio Mitre* y *Avenida Directorio* y recorren aproximadamente dos kilómetros durante quince minutos. La Asociación Amigos del Tranvía compró los vehículos en Portugal y Bélgica. Una de las máquinas tiene la forma característica de los coches de la Compañía Lacroze y es de color verde. Otra, un clásico exponente de la década del 40, es de tono marfil. La última, de origen belga, posee todos los adelantos —estribos de seguridad, ambiente climatizado— que no se llegaron a conocer en la Buenos Aires de entonces.

Los recorridos se realizan sábados y feriados de 16 a 19:30 y domingos de 10 a 13 y de 16 a 19:30.

Incunables

La centenaria Facultad de Filosofía y Letras de la Universidad de Buenos Aires tiene ahora su sede en el barrio. Cuenta con nueve carreras: Ciencias de la Educación, Edición de Textos, Antropología, Historia, Filosofía, Letras, Geografía, Bibliotecología e Historia del Arte, además de Laboratorio de Idiomas.

Posee una biblioteca de doscientos cincuenta mil volúmenes. Entre ellos hay dos mil considerados incunables, editados entre los años 1500 y 1700, como un ejemplar de la Biblia de Ferrera publicada en español antiguo en 1556.

El edificio perteneció a la compañía de tabacos Nobleza (*Puán* 470).

Setenta balcones

Se afirma que el edificio ubicado en Avenida Rivadavia *5896 es aquel al que Baldomero Fernández Moreno dedicó su poema* Setenta balcones y ninguna flor *y se enumeran las razones de tal suposición:*

a) El edificio posee, del 1° al 7° piso, setenta balcones y, todavía, ninguna flor.

b) En la época en que vivió el poeta era la única construcción de esa altura entre Caballito *y* Floresta.

c) Fernández Moreno vivía por la zona y es de suponer que pasaba frente a la vivienda cuando tomaba el tranvía. La mitología popular atribuye también como fuente de inspiración del poeta el edificio ubicado en Avenida Corrientes *y* Avenida Pueyrredón.

Sin embargo, estas suposiciones corresponden más a la imaginación popular que a la realidad, ya que el poema, compuesto en 1917, fue inspirado por un edificio de Avenida Paseo de Julio *—hoy* Avenida del Libertador*— y* Avenida Callao, *en las inmediaciones del entonces Parque Japonés. En* Memorias de Fernández Moreno (Vida y desaparición de un médico), *él mismo relata que, en compañía del amigo y poeta español Pedro Herreros, sentados de espaldas al río, vieron un edificio y contaron efectivamente los setenta balcones del conocido poema. En opinión de una de sus descendientes, es la gente la que ha elegido este o aquel edificio; la obra se ha desprendido de su autor, son sus dueños los que la leen, los que la recitan y reelaboran, dando origen a este mito ciudadano. Cualquiera podría ser el edificio con setenta balcones y "ninguna flor".*

Avenida Pedro Goyena

Es una arteria de porte señorial con una arboleda importante y casas y departamentos de categoría. Está situada en las cercanías de avenidas de rápida circulación. En los inicios de la misma se halla el Hospital de Quemados que depende del Gobierno de la Ciudad (*Pedro Goyena* 369).

Delimitado por las calles *Pedro Goyena, Valle, Beauchef* y *José María Moreno* se halla el edificio de Obras Sanitarias, hoy Aguas Argentinas.

La construcción se adjudicó en 1912 por licitación a la empresa Lavenas, Poli y Cía. La parte arquitectónica fue hecha por los equipos de trabajo de la ahora privatizada Obras Sanitarias Argentinas. Un edificio de estilo académico, más austero que el de la *Avenida Córdoba*, pero finalmente un palacio cuyos revestimientos eran originalmente iguales y que fueron sustituidos por un revoque símil piedra París. Abundan mansardas y cúpulas. Data de 1915. Está emplazado en uno de los puntos más altos de la ciudad.

A una cuadra de la avenida se halla la parroquia San José de Calasanz. Diseñada por el arquitecto Juan Buschiazzo, es de estilo neorrománico bizantino. Data de 1914 (*Avenida La Plata* 935).

Aranguren

La iglesia del Sagrado Corazón de Jesús tiene estilo neorrománico y data de 1911. Pertenece a la Congregación de Hermanas del Buen Pastor. Una lápida de mármol indica el lugar en que descansan los restos de la Madre María de San Agustín Fernández Concha, religiosa chilena que fundó casas en toda América y que se encuentra en proceso de canonización. Una imagen pequeña del Niño Jesús considerada milagrosa, que era llevada consigo por María, es venerada en una pequeña capilla utilizada por las hermanas (*J. F. Aranguren* 675).

A pocas cuadras se encuentran los estudios del canal de TV Sólo Tango (*J. F. Aranguren* 1437).

Parque Centenario

Los más de 100.000 metros cuadrados ubicados entre

las avenidas *Díaz Vélez, Patricias Argentinas, Ángel Gallardo* y *Campichuelo* y que comprenden el Parque Centenario están divididos en sectores con características y públicos diferentes.

De forma ovalada, el terreno comenzó a forestarse entre 1909 y 1910 y posee más de setenta especies arbóreas (cipreses, yucas, muérdagos, plátanos, paraísos, eucaliptos y araucarias). Su nombre es homenaje al primer centenario de la Revolución de Mayo (1810-1910).

Los fines de semana y los feriados se levantan, a lo largo del camino que se abre con el mástil ubicado sobre la *Avenida Díaz Vélez*, dos largas filas de puestos que componen la Feria Artesanal.

En el Anfiteatro se ofrecen espectáculos para grandes y chicos organizados por el Gobierno de la Ciudad.

El parque cuenta también con distintos juegos para niños.

En la plazoleta Federico Froebel se rinde homenaje al pedagogo alemán (1782-1852) que fue amigo de Pestalozzi y cuyas teorías son la base de los modernos jardines de infantes.

Otro alemán homenajeado en ese ámbito es Germán Burmeister (1807-1892); inaugurado en 1900, su monumento es obra del escultor Ricardo Aigner (1867-1925). Burmeister, médico y naturalista, fue el primer director del Museo de Historia Natural de Buenos Aires a instancias de Domingo Faustino Sarmiento. Además, fue discípulo de Alexander von Humboldt.

Este espacio verde poseía en el centro un lago que actualmente está seco. En uno de los extremos puede verse el grupo escultórico *La aurora*, obra del francés Emilio Peynot (1850-1932).

El autor del *Cristo de los Andes* en la cordillera entre la Argentina y Chile fue Alonso Mateo, un porteño formado en Barcelona. Es el creador del *Centinela de la Patria*, obra que también se encuentra en el parque.

El busto de María Skolodowska de Curie, donado por el Instituto Cultural Polaco, tiene una placa de bronce en la que se lee: "Bajo esta piedra se guarda: 1) la ley N° 18.139, del 10 de mayo de 1969, que autoriza el monumento; 2) el decreto de la Intendencia Municipal de Buenos Aires que ordena la construcción del monumento; 3) tierra de Polonia certificada; 4) certificados que Madame Curie acompañó con tubos de radium; 5) nombre de las comisiones honorarias y del homenaje. Esta urna será abierta el día 7 de noviembre del año 2067, segundo centenario del nacimiento de Madame Curie". La escultura es obra del artista Santiago Parodi.

El Hospital Naval de Buenos Aires "Cirujano Mayor Dr. Pedro Mallo" atiende al personal de la institución y sus familiares. Es una interesante obra de arquitectura de particular solidez, que recuerda por su forma a las embarcaciones marítimas. Es de los arquitectos Clorindo Testa, Héctor César Lacarra y Juan Genoud (*Avenida Patricias Argentinas* 351).

En la proximidad se halla un monumento recordatorio de los trescientos veintitrés tripulantes que murieron en el hundimiento del Crucero General Belgrano, el 2 de mayo de 1982 durante la Guerra de las Malvinas (*Avenida Patricias Argentinas y Antonio Machado*).

En la zona se encuentra el Museo Nacional de Ciencias Naturales "Bernardino Rivadavia". Posee salas que cuentan la historia de la institución, una dedicada a la Antártida, y otras que se ocupan de la paleontología, la ictiología, la ornitología y la mineralogía. En su patrimonio figura la colección que perteneció a Florentino Ameghino, que supera las veintiocho mil piezas. En las entradas principales se simulan decorativas telarañas y lechuzas. Una serie de bajorrelieves muestra aspectos de la fauna y de la vida indígena argentina. Cabezas de animales conforman igualmente otras puertas. Son obras de Alfredo Bigatti y Emilio Sarniguet, entre otros. El edificio fue un proyecto anónimo del entonces Ministerio de Obras Públicas, coordinado por el ingeniero Sebastián Ghigliazza (*Ángel Gallardo* 470).

A pocos metros del parque está el Hospital General de Agudos "Carlos Durand", institución municipal construida en 1913. El edificio, remodelado en 1983, cuenta con cuatro grandes pabellones. (*Avenida Díaz Vélez* 5044)

El Instituto Pasteur depende de la Secretaría de Salud Pública del Gobierno de la Ciudad y es el único centro antirrábico de la Capital. En esta institución se atiende tanto a los animales que mordieron como a las personas heridas. Mientras los primeros se quedan en el instituto para su observación, los individuos,

397

por lo general, son derivados al Hospital Durand para iniciar allí un tratamiento de vacunas (*Avenida Díaz Vélez* 4821).

En el ámbito del parque se halla el Instituto del Divino Rostro, que imparte, actualmente, educación preprimaria, primaria y secundaria, pero en 1915 —cuando se instaló en *Ángel Gallardo* y *Campichuelo*— funcionaba como taller de encuadernación, de labores y de cerámica. La capilla es de forma circular y la fachada presenta ladrillos a la vista. En el interior conserva once cuadros que representan el Evangelio y que fueron realizados por el artista italiano César Augusto Ferrari. El piso es de mármol veneciano negro.

En otro de los extremos del parque se halla el Jardín de Niños Andrés Ferreira. Una de sus esquinas, *Eduardo Acevedo* y *Estivao*, tiene un mural hecho en diciembre de 1990 votado por los chicos del jardín de infantes (*Eduardo Acevedo* 609).

En uno de los costados del Parque Centenario, la Asociación Argentina de Amigos de la Astronomía montó un edificio que cuenta con un observatorio, una biblioteca y los talleres de óptica y mecánica donde sus miembros construyen sus instrumentos. Esta institución, fundada en 1929, publica la *Revista Astronómica* y organiza cursos, conferencias y visitas guiadas (*Avenida Patricias Argentinas* 550).

Frente al parque y al observatorio tiene su edificio la Fundación Leloir, relacionada con la UBA y el CONICET. Está dedicada al conocimiento y la difusión de la bioquímica y la biología molecular a través de la investigación y la docencia. Allí se prosigue la labor del reconocido premio Nobel (*Avenida Patricias Argentinas* 435).

También en la zona, la Facultad de Ciencias Sociales de la UBA genera un importante movimiento estudiantil y de actividades afines (*Ramos Mejía* 841).

Los escritores argentinos Leopoldo Marechal y Arturo Jauretche cuentan con calles que los evocan en el barrio. Ambas están próximas al Parque Centenario.

Frente al parque se halla el templo de Nuestra Señora de los Dolores. Data de 1950 y es obra del arquitecto José Castiglioni. En el atrio hay una pequeña hornacina con una imagen de la patrona (*Avenida Díaz Vélez* 4850).

El centro y el nombre

Ubicada a la derecha del acceso a la vivienda de *Avellaneda* 1023, una placa dice: "Municipalidad de Buenos Aires, Dirección General de Catastro. En esta parcela N° 14 de la manzana 9, sección 45, circunscripción 7, se halla el centro geométrico de la ciudad".

A pocas cuadras del mismo funcionó durante algunos años el Primer Museo Histórico Sudamericano "Dr. Ernesto (Che) Guevara" (*Nicasio Oroño* 450).

En la *Avenida Gaona* 1730 (antiguo camino de Gauna) sobresalen, imponentes, las dos torres (cada una de setenta metros) que contienen once campanas de bronce oriundas de Italia, que identifican a la basílica Nuestra Señora de los Buenos Aires. El edificio de la iglesia responde al estilo neogótico lombardo y comenzó a construirse en 1911 de la mano de los arquitectos salesianos Ernesto Vespignani y Francisco Pini.

Fue erigido para reparar el olvido de los casi cuatro siglos de historia en los que el Puerto de Santa María del Buen Ayre no tuvo un templo dedicado a su advocación, bajo la cual en 1536 don Pedro de Mendoza bautizó el asiento de su fundación, luego confirmada por Don Juan de Garay.

El portal de bronce labrado de la basílica rinde homenaje a Juan Díaz de Solís, Pedro de Mendoza, Cristóbal Colón y Juan de Garay. Por el otro lado hay un santo, San Pedro Nolasco; un rey, Jaime I de Aragón; un obispo, Berenguer de Palau, y un canonista, San Raimundo de Peñafort.

En el altar mayor se rinde culto a Nuestra Señora de la Merced y a Nuestra Señora de los Buenos Aires. El edificio mide ochenta metros de largo por treinta y dos de ancho; las torres llegan, con las cruces incluidas, a una altura de setenta y cinco metros. Las imágenes de los ángeles han hecho famosa a la basílica. El templo, por su estructura, tiene una particular luminosidad. La muy bella imagen de Nuestra Señora de los Buenos Aires está ubicada sobre una embarcación, recordando que Bonaria, Buen Ayre o Buenos Aires nació en la ciudad de Cagliari, en la isla de Cerdeña, bajo el dominio de la Corona de Aragón, en el seno de una orden militar y religiosa como La Merced.

Plaza Irlanda

Recuerda con su nombre a la Asociación Católica Irlandesa, que donó los terrenos a la ex Municipalidad de Buenos Aires. Gran cantidad de chicos y de bicicletas recorren a diario sus caminos y pasan frente al busto de Padraic Pearse, primer presidente de la República de Irlanda, líder del levantamiento de 1910 contra la dominación británica que consiguió la Declaración de la Independencia por parte del Parlamento irlandés. Esto le valió la condena a muerte, ordenada por el Tribunal Militar británico, que lo fusiló el 3 de mayo de 1916. El busto del héroe irlandés fue repuesto el 3 de mayo de 1985, ya que había sido destruido en forma irracional. Este que vemos fue realizado en los talleres del Departamento de Monumentos y Obras de Arte del Gobierno de la Ciudad.

Posee cuatro grupos escultóricos: *La fe*, *La esperanza* y *La caridad*, realizadas por el francés Jean Battiste Guillaume (1822-1905), y *El idilio*, un bajorrelieve que presenta a un hombre y una mujer esculpidos por el ítalo-argentino Tosto: está realizado en un solo bloque de piedra de Mar del Plata de cinco con noventa por cuatro metros. Representa el idilio amoroso de una pareja ideal.

La plaza cuenta con un mástil con bajorrelieves que recuerdan el nacimiento de este espacio público y los escudos de Irlanda y la Argentina (*Seguí*, *Neuquén*, *Donato Álvarez* y *Gaona*).

Enfrente de la plaza se halla la Policlínica Bancaria "9 de Julio", que depende del Instituto de Servicios Sociales Bancarios. Data de 1928 y su estilo es neoplateresco. Es obra del maestro de arquitectos Antonio Bilbao la Vieja. Un famoso asalto en la década del 60, vinculado a la guerrilla, proyectó su imagen al cine a través de la película *Con gusto a rabia* (1964), que protagonizaron Mirtha Legrand y Alfredo Alcón, con la dirección de Fernando Ayala (*Avenida Gaona* 2197).

Integrado a la plaza y a la zona, el edificio que alberga al Colegio Santa Brígida, perteneciente a la Asociación Católica Irlandesa, llama la atención por su arquitectura. La construcción, diseñada por Inglis y Thomas, mantiene el estilo neogótico y remite por su forma a un castillo irlandés. Rodeados de inmensos jardines se encuentran las aulas, los patios y los dormitorios, porque la institución funciona como internado. Se hizo popular como "El castillo de la Plaza Irlanda" (*Avenida Gaona* 2068).

Once esquinas y el Cid

Caballito posee el monumento al Cid Campeador, héroe máximo del Medioevo español cuyo verdadero nombre era Rodrigo Díaz de Vivar. Está realizado en bronce sobre una base revestida en mármol y fue donado por su autora, la estadounidense Anna Haytt Huntington, quien ofreció reproducciones de la obra a las ciudades de Sevilla y Nueva York. En la donación participó la colectividad española de la Argentina. La piedra de la base fue traída desde el solar natal del Campeador, en Burgos (España). El pedestal fue proyectado por el arquitecto y escritor Martín Noel. *El Cid* de Buenos Aires y la *Juana de Arco* de Nueva York, de la misma escultora, son consideradas las obras de mayor volumen que mujer alguna haya llevado a cabo en la historia del arte.

El monumento está ubicado en el límite del barrio de *Caballito* y el de *Villa Crespo*, en un punto en que aparecen, por cruce de calles en damero y diagonales, once esquinas (*avenidas Honorio Pueyrredón y Gaona*).

Arquitectura

Como ejemplo de una obra de vanguardia de la arquitectura religiosa se erige la parroquia María Madre de la Iglesia, diseñada por Pedro Kechichian. Posee una sola nave y carece de imágenes (*Avenida Pedro Goyena* 1626).

Escultura

La vivienda que perteneció al escultor Luis Perlotti se convirtió —tal como el artista lo había decidido— después de su muerte en una casa museo que conserva sus obras y sus recuerdos.

Perlotti fue precursor de la temática indígena en la escultura argentina, que tradicionalmente captaba a Europa. (*Pujol* 644)

Vivienda

Como en otros barrios del oeste, también en *Caballito* se construyó el conjunto de viviendas sencillas y populares que habitualmente se denominan *Caferatta*.

Alrededor de las calles *Antonino M. Ferrari* y *Cachimayo* se levanta un grupo de casas de planta baja y un piso construidas,

Su arquitectura es de gran atipicidad en Buenos Aires. Se trata del Colegio de Santa Brígida, que se integra a la Plaza Irlanda del barrio de Caballito.

a partir de 1923, por iniciativa del Banco El Hogar Argentino. Las viviendas, diseñadas en su mayoría por los arquitectos Coni Molina y Bilbao la Vieja, poseen un pequeño jardín que se adelanta a los frentes y da hacia la calle, y muestran distintos diseños de fachadas.

La Cooperativa El Hogar Obrero construyó, a su vez, un edificio de setenta metros de altura y veintidós pisos, que se constituye en un mito barrial, y en su momento (1955) fue la mayor casa de su tipo en Buenos Aires. Ante el quiebre de la

Fachada del Museo Nacional de Ciencias Naturales, uno de los más visitados de la ciudad.

cooperativa, el edificio cambió su destino y en la planta baja alberga un centro de compras (*Avenida Rivadavia* 5126).

Fútbol y tango

Caballito apoya a Ferrocarril Oeste; el club fue creado el 28 de julio de 1904 por los empleados que trabajaban en el ferrocarril y ascendió a la primera división ocho años después. Posee sede social y estadio (*Avellaneda* 1240).

Su origen inglés se advierte en la arquitectura neo-Tudor de su sede central (*Cucha Cucha* 350).

Un músico vanguardista de tango —Osmar Maderna— vivió en este barrio. Una placa lo recuerda (*Espinosa* 112).

Bibliografía

Mazzei, Ángel. *Caballito,* Buenos Aires, Fundación Banco de Boston, 1990.

Balbachán, Eduardo Luis. *Los ignorados pasajes de Buenos Aires,* Buenos Aires, Ed. Rodolfo Alonso, 1983.

Llanes, Ricardo M. *Antiguas plazas de la ciudad de Buenos Aires,* Buenos Aires, Cuadernos de Buenos Aires, Municipalidad de la Ciudad de Buenos Aires, 1978.

Diarios: *El Cronista Comercial, La Razón, Diario Popular, Clarín:* fechas varias.

Coghlan

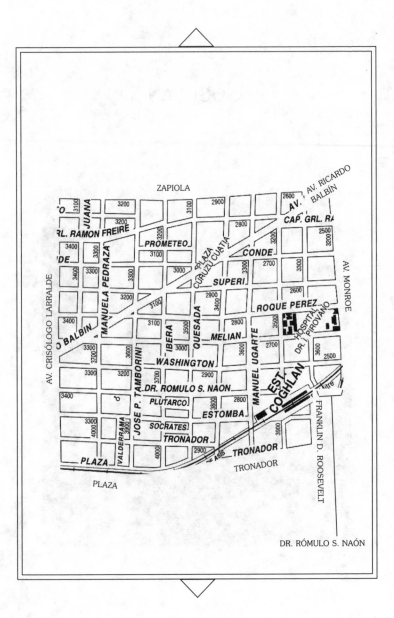

*"Alguien ha dibujado un corazón
en este muro de los arrabales.
Nadie sabe si fue un enamorado,
un poeta o un ángel."*

ANTONIO REQUENI
(poeta argentino contemporáneo)

Límites

Calles y avenidas: *Tronador, San Francisco de Asís*, las vías del Ferrocarril Mitre, *Núñez, Zapiola, Del Tejar, Monroe y Naón.*

Algo de historia

La estación de ferrocarril Coghlan dio nacimiento al barrio. El irlandés Juan Coghlan (1824-1890), que primero trabajó para la Municipalidad de Buenos Aires y luego fue técnico de los ferrocarriles ingleses, no debe de haber imaginado la significación de su presencia en la ciudad y en un barrio que nació al año de su muerte (1891) con el tendido del primer tramo del ramal Retiro-Tigre.

Paisaje

El barrio tiene forma de pentágono, dividido por la diagonal que traza la *Avenida del Tejar* de nordeste a sudoeste.

Si bien muchas casas poseen sus propios jardines, el barrio también ofrece sus plazoletas, como el sector ubicado en la calle *Roosevelt* entre *Estomba* y las vías. El club Inca de Buenos Aires donó la placa de la base del mástil que allí se encuentra, en homenaje a la bandera nacional, el 9 de julio de 1937.

La actividad comercial se despliega sobre la *Avenida Monroe*, entre las avenidas *del Tejar y Rómulo Naón.*

Predominan las viviendas bajas y unifamiliares.

407

La patrona de los niños

Inaugurada en 1928 por los padres franciscanos capuchinos, la parroquia Santa María de los Ángeles (patrona de los niños de Buenos Aires) es de estilo neorrománico. Posee una enorme cúpula hexagonal, coronada por un cupulín, que remata en cuatro pináculos con las mismas medidas de la primitiva capilla de Santa María de los Ángeles de Asís (Italia). Es obra del arquitecto Horn. El altar mayor está ubicado debajo de la cúpula.

Sobre las paredes laterales hay dos murales modernos hechos por el sacerdote uruguayo Jerónimo Bornias. Uno representa *La última cena*, teniendo como fondo la ciudad de Buenos Aires, y el otro a *Jesús con los profetas* (*Avenida Rómulo Naón* 3250).

Sólo para filósofos

Si usted no lo imagina, la realidad indica que *Plutarco* y *Sócrates* son recordados en dos pasajes porteños que están situados en este barrio. Lindas fachadas, árboles, plantas, pájaros y el encanto de lo cotidiano.

Vanguardia

El homenaje al doctor Ignacio Pirovano, médico que actuó en la epidemia de fiebre amarilla de 1871, se materializa en el hospital que desarrolla no sólo las actividades médicas académicas, sino otras involucradas en lo que se llama salud mental. En algunos casos el hospital se extiende y es como si abrazara al barrio. Funcionan así talleres de salud mental que se concretan en el ámbito del hospital y también en bares y cafés próximos, y que ayudan a la calidad de vida. Entre doscientos temas podemos citar: "La tristeza de los domingos", "Salir del pantano", "Los amores imposibles", "El miedo a exponerme", "Ser padres hoy".

Como arquitectura, vale admirar la capilla del hospital que

se aprecia sobre las calles *Roque Pérez, Monroe y Rivera* (*Avenida Monroe* 3555).

Palacio Roccatagliata

En la esquina de la *Avenida Ricardo Balbín y Franklin D. Roosevelt*, entre las estaciones ferroviarias de *Belgrano* R y *Coghlan*, se alzaba esta casona. Fue construida en 1900 como casa de campo. Hoy se ha convertido en cáscara de un restaurante, perteneciente a una estación de servicio.

La torre y los artistas

El barrio tiene su propio obelisco. Una torre de ladrillos que se eleva como torre de ventilación de la segunda cloaca máxima de la ciudad que arranca de allí. Sus ladrillos fueron hechos en Villa La Cava, Municipio de San Isidro, en la provincia de Buenos Aires. Tiene una altura de treinta y cinco metros (*Washington* 2944).

En el barrio vivió el artista plástico Lino Enea Spilimbergo (1896-1964) (*Tamborini* 3818).

Si bien antes de 1972 los límites lo daban como de Saavedra, desde lo administrativo el cantor Roberto Goyeneche pasó, en ese año, a ser vecino de Coghlan (*Melián* 3167).

Alicia García da un panorama del barrio que le pertenece como vecina: Coghlan.

Bibliografía

Tenenbaum, León. *Buenos Aires – Un museo al aire libre*, Buenos Aires, Ed. Corregidor, 1989.
Diarios: *La Nación, Página 12:* fechas varias.

El paseo que recuerda a la República de Filipinas parece aportar el encanto de esa lejana región de Asia.

19

COLEGIALES

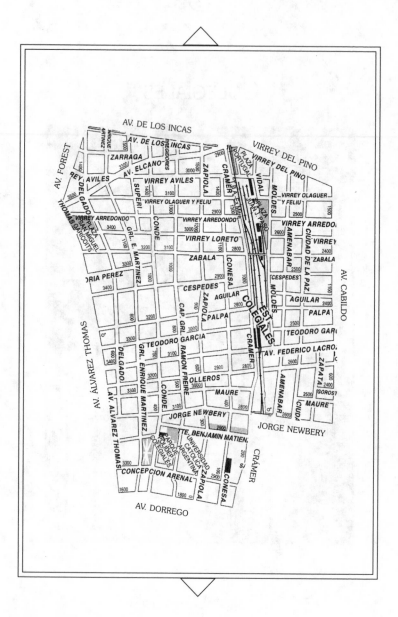

Límites

Calles y avenidas: *Álvarez Thomas, Forest, De los Incas, Virrey del Pino, Cabildo, Jorge Newbery, Crámer, Dorrego.*

Algo de historia

Los orígenes del barrio hay que buscarlos en *Chacarita*, ya que esta parte de Buenos Aires constituía la llamada Chacarita de los Colegiales. Es decir que estas tierras fueron el campo donde descansaban los estudiantes del antiguo Colegio de San Carlos en los siglos XVII y XVIII.

Paisaje

Distintas avenidas definen las variadas alternativas del barrio.

No caben dudas de que su arteria principal es la *Avenida Federico Lacroze*, con sus comercios y su nutrido tránsito.

La *Avenida de los Incas* recorre *Colegiales*, desde la *Avenida Forest* hasta las vías del Ferrocarril Mitre.

Está surcada en el centro por el paseo República de Filipinas, se caracteriza por sus viviendas de carácter residencial, ya sean casas de alto o modernos edificios de departamentos. En el paseo mencionado se hallan dos estatuas de mármol. Se llaman *Púgil Damoseno* y *Gladiador Borghese*, respectivamente.

En el límite entre los barrios de *Colegiales* y *Belgrano*, en *Avenida de los Incas* y *Zapiola*, vale la pena admirar las escultu-

413

ras de los mástiles que se encontraban en los vértices del Pabellón Argentina en la Plaza San Martín, barrio de *Retiro*. Dicho pabellón era un edificio desarmable hecho para la Exposición Internacional de París en 1889. Retirados de allí en 1932, se ubicaron en distintos lugares de la ciudad. Los ángeles tienen distinta simbología y las figuras poseen diferentes elementos: agua o tierra.

El grupo de *Colegiales* se denomina *La navegación* y es obra original de E. Barrias.

La *Avenida Cabildo* nace en *Dorrego* y muere en la *Avenida Gral. Paz*. Corresponde a *Colegiales* el tramo que va desde *Virrey del Pino* hasta *Jorge Newbery*, y separa a *Colegiales* de *Palermo*.

A la *Avenida Álvarez Thomas* le corresponde el tramo que va desde *Avenida Elcano* hasta *Dorrego*, y demarca la separación con el barrio de *Chacarita*.

El tren

La estación Colegiales del Ferrocarril Mitre está ubicada en *Avenida Federico Lacroze* entre *Moldes* y *Crámer*. Varios pilotes de madera pintados en color rojo sostienen los techos de chapa al tono. Una "sala para señoras" llama la atención en los días de hoy. En sus proximidades hay una calesita, y un mural anónimo ilustra el Partenón y la antigua Atenas (Grecia).

De calle a calle

En el número 561 de la calle *Ciudad de la Paz* nace el pasaje *General Paz*, con algo de patio andaluz, numerosos balcones y pasos aéreos a manera de puentes. Atraviesa la manzana hasta *Zapata* 552. Construido en 1926 por el arquitecto Pedro Vinet, tiene dos grandes portones de hierro forjado.

Historias con puentes

Se llama Concejal Pedro Bustos. Tiene una larga historia (1989-1994) y vincula dos sectores del barrio que son atravesados por las vías del ferrocarril.

El puente de la calle *Soler* está bellamente integrado a *Colegiales*, y sus entradas y salidas peatonales producen callecitas de singular atractivo.

Plazas

La Plaza de los Colegiales evoca con su nombre el origen del barrio, que se puede leer en la novela *Juvenilia* de Miguel Cané (*Crámer, Benjamín Matienzo, Zapiola y Conesa*).

La Plaza Juan José Paso, vecina a las vías del Ferrocarril Mitre, es extensa, abundan en ella las especies arbóreas y hay juegos infantiles. Se encuentra aquí el monumento a Paso que da nombre a la plaza, obra del escultor español Torcuato Tasso (*Virrey Olaguer y Feliú, Moldes y J.A. Cortejarena*).

La Plaza Portugal está junto a las vías y al puente ferroviario que data de 1915. Se destaca un busto del poeta épico portugués Luis Vaz de Camões, que vivió en el siglo XVI. Hay también una placa de homenaje a Carlos González Pecoche, creador de la logosofía (*Crámer, Virrey del Pino y Elcano*).

La Plaza San Miguel de Garicoits fue proyectada por los arquitectos Fernando Serra y Jorge Valera. Es una de las llamadas "plazas secas" hechas en el período del gobierno militar en la década del 80. En su interior hay una placa que recuerda a Hugo Gutiérrez (1904-1976), músico, cantor y compositor de tangos y violinista de las orquestas de Miguel Caló, Pedro Maffia y Julio De Caro. En 1999 fueron restauradas sus importantes fuentes y glorietas (*Virrey Arredondo, Delgado, Calabria y Álvarez Thomas*).

El mercado Dorrego y alrededores

Fue una "Babel" de inmigrantes cuyas voces y gritos aún parecen resonar en los viejos galpones.

Hoy, el mercado de concentración presenta otra cara: no hay más verduras y frutas: funciona desde 1988 el Mercado de las Pulgas, único con esas características en Buenos Aires, y destinado a desaparecer.

En esta zona se destacan los setenta lofts situados en *Dorrego y Zapiola*, donde el uso de los cilindros de los antiguos silos de la empresa Minetti habla del talento de los arquitectos que rescataron este tradicional edificio para el barrio.

Muy cerca se hallan actualmente el Canal 9 y los estudios Dorrego de televisión (*Dorrego y Conde*).

Estudiantes y Mafalda

Entre las calles *Concepción Arenal, Ramón Freire, Benjamín Matienzo y Zapiola* se alza el Complejo Universitario de la Universidad Católica Argentina. Data de 1982 y alberga la Facultad de Ciencias Físico-Matemáticas e Ingeniería.

En *Conde y Concepción Arenal* se halla la Plaza Mafalda, que rinde homenaje a la protagonista de la historieta, creación de Joaquín Salvador Lavado, más conocido como Quino. El nombre de Mafalda surgió de una película argentina, *Dar la cara* (1962), con argumento de David Viñas y dirección de José Martínez Suárez. En ese film aparecía una beba llamada Mafalda que inspiró el nombre del personaje del dibujante y humorista Quino.

Amenábar

En *Amenábar* 135 vivió y murió el poeta y periodista Raúl González Tuñón.

A pocas cuadras se encuentran el monasterio de Corpus Christi y la iglesia de San Juan de la Cruz. Allí viven monjas carmelitas descalzas de clausura. El edificio data de 1905 (*Amenábar* 464).

Frank y Rosita

El famoso payaso inglés Frank Brown y su esposa Rosita del Plata habitaron varios años en el barrio de *Colegiales*. Podía verse allí la modesta casita donde vivieron y murieron. Está sepultado en el cementerio británico del vecino barrio de *Chacarita*. Brown fue uno de los propulsores del circo en la Argentina, base en cierta medida del teatro nacional. La casa era pequeña y en su frente se veía un sencillo jardín que supo de las tareas del buen cómico. Hoy aquella vivienda tan llena de recuerdos no está más, fue demolida y en el solar se levanta un edificio de departamentos (*Martínez* 825).

Bibliografía

Balbachán, Eduardo Luis. *Los ignorados pasajes de Buenos Aires*, Buenos Aires, Ed. Rodolfo Alonso, 1983.
Diario *Clarín*: fechas varias.

Las calles del barrio de Colegiales guardan el encanto de mágicos puentes.

20

CONSTITUCIÓN

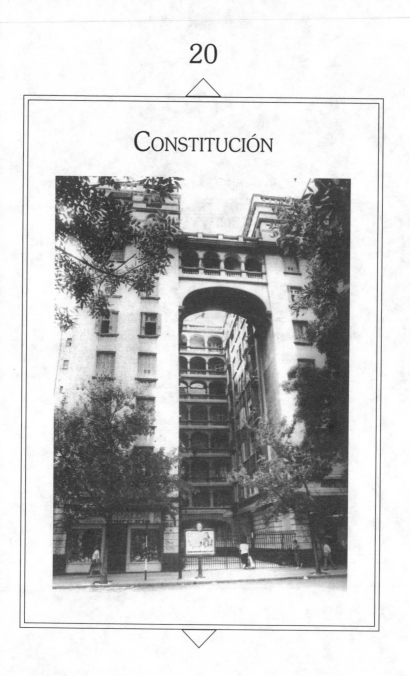

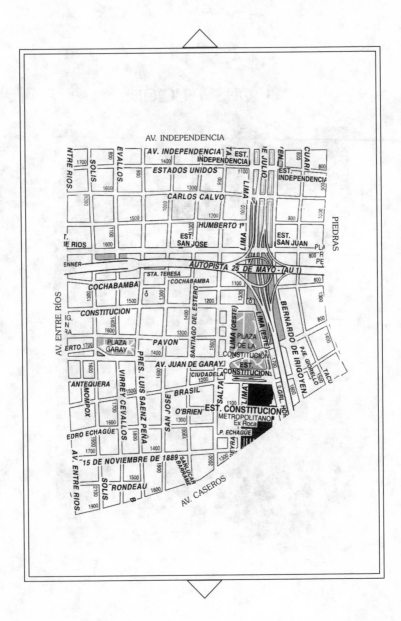

"Yo no soy el corazón de la capital porteña; pero, hablando sin pasión, nadie dirá que es pequeña la Plaza Constitución."

Publicado en 1910
por la ya inexistente revista *PBT*

Límites

Calles y avenidas: *Independencia, Caseros, Piedras, Entre Ríos.*

Algo de historia

Los terrenos que forman el barrio de *Constitución* se hallaban a seis cuadras del límite meridional de la traza fundamental de 1580.

Hasta mediados del siglo XVIII continuó fuera del ejido de la ciudad.

En 1857 la plaza recibe la denominación de Mercado de Constitución, que contaba con espacio suficiente para albergar cerca de novecientas carretas.

En 1865 se inaugura la primera línea del Ferrocarril del Sud.

En 1884 la plaza reemplaza ese espacio de parada de carretas. Para esa época se construye el nuevo edificio de la estación ferroviaria mixta.

En 1948 el Estado toma posesión del ferrocarril y éste pierde el nombre británico, Ferrocarril del Sud, para tomar el de General Roca.

Respecto de la denominación *Constitución* (que se le otorgó a la plaza haciéndose extensivo al barrio), los estudiosos Horacio Beccar Varela y Enrique Udaondo sostienen que le fue impuesta por el deseo de homenajear a la de 1819 y las posteriores de 1826 y 1853. El historiador José Juan Maroni, a su vez, asegura que resulta más lógica la hipótesis de que proviene de la Constitución del Estado de Buenos Aires, jurada solemnemente en la Plaza de la Victoria (luego Plaza de Mayo) el 23 de junio de 1854.

Paisaje

La fisonomía del barrio está dada por la imponente estación ferroviaria y las avenidas de acceso en distintas direcciones.

La estación fue reedificada en cuatro oportunidades. En su primera etapa se advierte el estilo neoclásico y finalmente y en sus posteriores modificaciones influye el estilo victoriano, siguiendo la evolución de la arquitectura inglesa. Es monumental y de estilo palaciego. En su interior sufre la degradación de un uso masivo en el que no se pensó en sus selectivos orígenes. Es transitada por más de medio millón de personas diariamente.

En el pilar nordeste, entrando por la calle *General Hornos* se halla una placa que fue sacada en 1982 en los días posteriores a la guerra de Malvinas. La placa —cuarta columna derecha— fue reubicada en el mismo lugar en 1989 y dice: "Esta piedra fue colocada por Su Alteza Real el Príncipe de Gales KG el 25 de setiembre de 1925". Las letras KG significan Knight of the Garter (Caballero de la Jarretera).

Las calles *Lima y Bernardo de Irigoyen* desembocan en la *Avenida 9 de Julio*.

El viaducto 9 de Julio es parte característica del barrio: continúa la *Avenida 9 de Julio* desde su intersección con la autopista 25 de Mayo hasta el Puente Pueyrredón en el Riachuelo, es decir que corta al barrio de norte a sur.

La autopista 25 de Mayo divide al barrio de este a oeste, siguiendo el trazado delimitado por la calle *Cochabamba* y la *Avenida San Juan*.

Con la construcción de estas autopistas el barrio ha sido seccionado de una manera brutal y ha perdido mucho de su patrimonio arquitectónico.

En sus orígenes *Constitución*, como otros barrios, fue la cuna de la incipiente clase media. La relación de cercanía con *Barracas, San Telmo y Monserrat*, le dio a *Constitución* características sociales casi idénticas a aquéllos. Así recibió una gran corriente de inmigración, pero su población no aumentó con respecto a otros barrios. No tuvo conventillos en gran número ni aires de arrabal turbio.

Los inmigrantes vinieron a habitar las modestas casas levantadas por otros inmigrantes, las que rememoraban la arquitectura de las viejas ciudades europeas: fachadas de estilo renacentista con balcones, puertas con llamadores, patios de distribución pompeyana.

En esas casas del barrio se gestaba una nueva forma social: la clase media urbana.

Los hijos de los inmigrantes ya no eran artesanos y obreros, sino que ejercían profesiones liberales y ocupaban puestos en la floreciente administración pública.

Las viviendas viejas se convierten luego en hoteles baratos y pensiones donde se hospedará otra clase recién llegada a la zona: el hombre del interior de la Argentina y también de los países limítrofes.

El movimiento de gente ocasionado por la estación ferroviaria aporta otros elementos sociales al barrio.

Plaza, estación e iglesia

La Plaza Constitución fue convertida en paseo público en 1886, si bien su historia data de tiempo atrás.

De las ornamentaciones que la visten se distingue el monumento a Juan José Castelli (1764-1812, vocal de la Primera Junta en 1810), obra del escultor alemán Gustavo Eberlein realizada en bronce.

El otro monumento corresponde a Juan Bautista Alberdi (1810-1884, escritor y pensador argentino, autor del libro *Bases*, texto fundamental que inspiró la Constitución Nacional), realizado por el escultor Mario Arriguti y el arquitecto Carlos Corvo. El monumento fue autorizado en 1934 e inaugurado en 1964. Tiene adosada una cripta que fue destinada para biblioteca y que prácticamente no funcionó hasta 1999, año en que el Gobierno de la Ciudad lo habilitó como Unidad de Servicio Social Isabel Calvo, dependiente de la Dirección General de la Mujer.

Por las calles *General Hornos* y *Brasil* se amontonan en largas líneas los taxímetros y chicos que estiran la mano para abrir las puertas de los vehículos.

Los bares grises de los alrededores, las tiendas de baratijas de *Lima* o *Salta*, los vendedores de puestos callejeros dan a esta zona un tono característico.

En la plaza, grandes colas de gente aguardan transporte para retornar a sus hogares en lejanos suburbios.

Las calles *Brasil, Lima* (Oeste) y *Avenida Garay* son un inmenso corredor de colectivos.

En la plaza se mezclan obreros, empleados de comercio, mozos de bares, changadores, vagabundos, mercachifles, prostitutas y borrachos.

El olor en esta zona es mezcla de gasoil de colectivo, frituras, maní tostado con chocolate, pizzas, café de termo, grasa de ferrocarril, perfume y plumas de paloma.

Es transitada diariamente por un millón de personas (*Lima Este y Oeste, Constitución y Brasil*).

FERRO-CARRIL DEL SUD

Reglamento de Tarifas para Carruajes de la Estacion
PLAZA CONSTITUCION

Viaje al Sud de la Calle Rivadavia	. . . . . .	$ 1.00 m|n.
Id con equipaje	. . . .	" 1.50 "
Id cualquier punto Norte Rivadavia, Este Centro América y Arenales	. .	" 1.50 "
Id con equipaje	. . . .	" 2.00 "

Saliendo del empedrado se cobrará un exceso de 0.50.

NOTA—En el cobro extraordinario por equipajes no se hallan comprendidos los artículos livianos y que puedan llevarse dentro del carruaje.
Todo reclamo ó queja deberá presentarse al Superintendente del Tráfico ó al infrascrito.

SAM ABBOTT.
Gerente.

Del 21 de mayo de 1914 data el inicio de la edificación de la iglesia del Inmaculado Corazón de María, que se levanta frente a la cabecera norte de la plaza que da nombre al barrio. En el mismo ámbito funciona el Colegio de Misioneros del Corazón de María. El estilo del edificio es neogótico y es uno de los templos que caracterizan al barrio; fue realizada por el arquitecto Francisco Chavarri (*Constitución 1077*).

Desde octubre de 1960 funciona en el barrio Canal 13. Años antes ya había funcionado allí un estudio cinematográfico (*Lima 1261*).

En 1995 se bautizó a una plazoleta de Constitución con el nombre del actor cómico Pepe Biondi. La placa se sitúa en *Bernardo de Irigoyen y Cochabamba*.

La coincidencia es que este artista nacido en 1909 vendió diarios en Plaza Constitución. Entre 1961 y 1969 protagonizó su propio programa en el vecino Canal 13, obteniendo un muy alto porcentaje de audiencia. Murió en 1975 y sigue siendo un favorito.

En el barrio funciona el Museo de la Caricatura "Severo Vaccaro", que fue diariero, químico, periodista, publicista y filántropo. Coleccionó caricaturas que donó y dieron base a este museo (*Lima 1037*).

Clausura

El monasterio de San José de Carmelitas Descalzas es otro inesperado contrapunto con la imagen multitudinaria de plaza y estación.

El convento tiene más de cien años y fue reconstruido en 1958. Posee veintiún celdas para otras tantas hermanas (*Humberto I 1352*).

Puente

El edificio fue premiado por su arquitectura en 1930. Es una casa con puente que nos recuerda un arco de triunfo (*Avenida Entre Ríos 962/970*).

425

Pasajes y otros símbolos

El pasaje *Mompox* se abre frente al número 1758 de la *Avenida Juan de Garay* y termina en la calle *Brasil*.

Hacia el fondo de la estación del ferrocarril, entre *Vieyra* y *Salta*, nacido un 15 de setiembre de 1889, se encuentra el pasaje *Sastre,* de atmósfera novelesca y oscuras celosías.

Sobre la calle *Brasil*, entre los números 970 y 976, se ve el pasaje *Giorello*. Cadenas y parrales cierran el paso al visitante: "Este pasaje es para uso exclusivo de los inquilinos", reza un cartel. Allí conviven dos épocas diferentes: a la izquierda, los edificios más antiguos de color amarillo desteñido con balcones de hierro forjado. A la derecha, la edificación es más moderna. El antiguo trazado hacia *Bernardo de Irigoyen* está interrumpido por una construcción posterior que une los dos cuerpos de departamentos.

Los colores y los símbolos se multiplican en la capilla de Santa Catalina. El espacio interior está totalmente desprovisto de columnas.

El techo, que configura una enorme cruz, no descansa sobre las paredes laterales sino que parece "suspendido". La luz dorada que se proyecta desde el cielo raso simboliza el mensaje de Cristo, y de ese modo cada color y cada centímetro tienen símbolos místicos y religiosos.

Este templo fue abierto en 1969 y está dedicado a Santa Catalina de Alejandría. Es obra del equipo en el que participaron, entre otros, los arquitectos Néstor Battista, Ignacio Gardella, Héctor Anselmi y Jorge Caggiano (*Brasil* 864).

Espíritu y memoria colectiva

En la parte norte del barrio, frente a *Monserrat*, sobre la acera sur de la *Avenida Independencia* entre *Lima* y *Salta,* se encuentra la Santa Casa de Ejercicios y Museo "Sor María Antonia de la Paz y Figueroa". El edificio es uno de los pocos testimonios que perduran de la arquitectura colonial, y comenzó a construirse en 1795, en terrenos donados por un núcleo de fieles vecinos y con el solo recurso de sus limosnas.

Sor María Antonia vino caminando a Buenos Aires desde su provincia de Santiago del Estero en 1730. Una distancia que hoy equivale a 1.194 kilómetros. Falleció en esta casa y está sepultada en la iglesia de La Piedad, barrio de *San Nicolás*. Su proceso de canonización continúa.

El acceso está coronado por un portón con una cruz en el centro. El edificio está construido en ladrillos de adobe. En el interior de la casona hay varios patios y capillas. Los patios están rodeados por galerías con techos sostenidos por leños de palmeras del Paraguay. Esta edificación ha sido declarada monumento histórico nacional. Es rica en cuadros, muebles, reliquias, libros, altares, litografías y grabados de los siglos XVIII y XIX.

Se trata de uno de los edificios más antiguos de Buenos Aires. En una capilla con entrada independiente se venera a Jesús Nazareno, una imagen colonial de gran tradición (*Avenida Independencia* 1190).

Rosas y el Labardén

La Plaza Garay fue conocida por "Hueco de los Sauces".

Durante el gobierno de Juan Manuel de Rosas se hallaba frente a la plaza el batallón Encarnación —nombre de su esposa—. La paradoja es que aquí se lo detuvo a Rosas en su huida del campo de batalla de Caseros el 3 de febrero de 1852. Fue allí a redactar la renuncia para entregar a la Legislatura (*Pavón, Solís, Garay y Luis Sáenz Peña*).

El Instituto de Arte Infantil Labardén antes se llamó Teatro Infantil. Es una escuela municipal dedicada a la enseñanza a través de las artes. Por sus aulas pasaron alumnos memorables, entre otros: Juan Carlos Altavista, Julia Sandoval, Marilina Ross y Beba Bidart (*Avenida Garay 1684*).

En un lugar impreciso de la calle *Garay* estaba El Aleph. Había que bajar al sótano, acostarse en el suelo y mirar fijamente el decimonoveno escalón. Era una esfera de tres centímetros de diámetro en la que se veían a la vez, sin superponerse, todos los puntos del universo vistos desde todos los ángulos.

El dueño del sitio era Carlos Argentino Daneri, quien alquilaba la casa que fue demolida por sus dueños Zunino y Zungri para ampliar una confitería. Esto ocurrió en 1942, cuando El Aleph se perdió y Daneri no pudo escribir el poema infinito que pensaba escribir. Tal la idea del famoso cuento de Borges. En el relato que protagoniza Beatriz Viterbo y que Jorge Luis Borges publicó en 1949 se citan la Plaza Constitución y la casa de *Avenida Garay* en cuyo sótano estaba "una pequeña esfera tornasolada, de casi intolerable fulgor". Según describe Borges, "un Aleph es uno de los puntos del espacio que contiene todos los puntos".

El lugar, según la opinión del presidente de la Junta de Estudios Históricos del barrio, doctor Antonio Costa, era su casa de la infancia: *Avenida Garay* 1028.

Es una tradición porteña olvidada la confitería Los Leones, al igual que La París, La Ideal, Las Violetas, El Molino. Esta casa fue muy vinculada al entonces vecino Hipólito Yrigoyen. En setiembre de 1930 el local fue agredido por un grupo de exaltados que lo vinculó con el presidente derrocado por un desafortunado golpe militar. Desplazado de su antigua ubicación por el avance de la autopista 9 de Julio, funcionó hasta hace poco tiempo en *Avenida Garay* 1205.

Desde 1997 la Fundación Cinemateca Argentina se halla en el barrio. Es un edificio originalmente construido por Natalio Botana para depósitos del desaparecido diario *Crítica*. El imperdible archivo de la cinemateca está cuidadosamente protegido allí (*Salta* 1915).

La Concepción

A escasos doscientos metros, en la esquina sudoeste de *Independencia* y *Tacuarí*, se levanta la iglesia parroquial de Nuestra Señora de la Inmaculada Concepción, que desde 1731 actuó como ayuda de parroquia de la Catedral. El 3 de setiembre de 1769 fue erigida como tal por el obispo Manuel Antonio de la Torre. A comienzos del siglo XX el templo fue completamente refaccionado y se lo volvió a decorar (*Avenida Independencia* 910).

En Bernardo de Irigoyen al 800 se encuentra la plazoleta Alfonso Castelao. La colectividad gallega le rinde homenaje a este escritor, dibujante y político español que fue diputado en las Cortes constituyentes entre 1931 y 1936. Al finalizar la Guerra Civil Española se exilió en Buenos Aires. En este espacio público se hallan ocho ejemplares del árbol conocido como "palo borracho" (*Chorisia insignis*).

Bibliografía

Maroni, José Juan. *El barrio de Constitución*, Cuadernos de Buenos Aires N° 6,
Buenos Aires, MCBA, 1969.
Puccia, Enrique Horacio. *Constitución, presente y pasado del barrio*, Cuadernos del Águila N° 11, Buenos Aires, Fundación Banco de Boston, 1990.
Revista *Todo es Historia*, N° 62, junio de 1972, Revista *Clarín*, 1-2-76 y 25-2-79.
Diarios: *La Prensa*, *Clarín*: años varios.

21

Chacarita

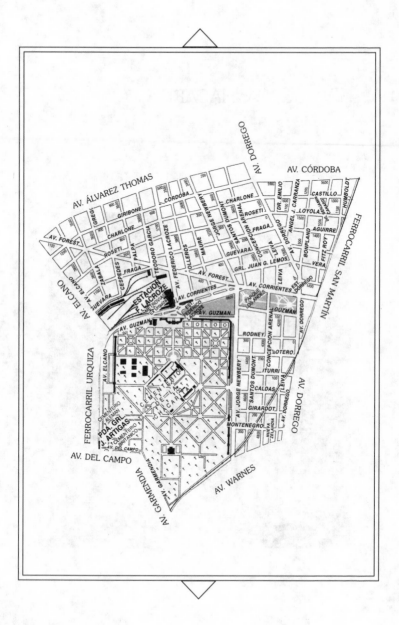

"...El barrio vio nacer una célebre murga y un club de fútbol fundado por socialistas. Los chacaritenses no se inmutan por la presencia del cementerio y, en cambio, se ufanan de haber sido la cuna de los verdes tranvías Lacroze."

MARIO SABUGO
(arquitecto argentino contemporáneo)

Límites

Calles y avenidas: *Elcano,* vías del Ferrocarril General Urquiza, *Del Campo, Garmendia, Warnes, Dorrego, Álvarez Thomas.*

Algo de historia

Su nombre es el diminutivo de la palabra "chacra" o "chácara". Estas tierras pertenecieron originalmente a los padres jesuitas. Al ser éstos expulsados —1767— pasaron al Estado, y el Real Colegio Convictorio Carolino de Buenos Aires comenzó a analizar la casa de campo de la Chacarita como lugar de vacaciones para los alumnos. La zona comenzó a llamarse la *Chacarita de los Colegiales,* historia que comparte con los barrios de *Agronomía, Colegiales* y *Villa Ortúzar.*

En 1871 se habilitó el primitivo cementerio del Oeste en los terrenos que hoy ocupa el Parque Los Andes.

Paisajes

Una incesante actividad mercantil da a *Chacarita* una fisonomía de cruza, caminos y terminal. Un punto clave de la ciudad de Buenos Aires.

Proliferan negocios de artículos para la construcción, acerías, mármoles, santerías, y un particular olor a flores proveniente de los quioscos próximos al cementerio. Confluyen en este barrio la dinámica comercial y lo administrativo-mortuorio.

433

El ambiente de terminal ferroviaria le da un cierto exotismo a su epicentro; están una frente al otro: la estación de trenes y el cementerio. Se repite en otro nivel estético el síndrome *Recoleta*: muerte/gastronomía. Hay cantinas y restaurantes en *Chacarita*. También allí están los que colocan flores en la tumba de la Madre María y de Gardel, los que van a cremar a sus muertos o a concretar algún ritual apartado de las leyes religiosas.

En el hall de la estación Lacroze del Ferrocarril Urquiza hay un importante bajorrelieve de diez metros de largo. Se leen los nombres de las provincias argentinas mesopotámicas, Entre Ríos, Corrientes y Misiones, adonde se dirigen los trenes que de allí salen. También se cumplen viajes suburbanos.

Parque, barrio y cementerios

Frente al cementerio y la salida del subte de la línea B (estación Dorrego) se encuentra el Parque Los Andes. Es muy extenso, posee distintas especies arbóreas e instalaciones de juegos infantiles (*Avenida Corrientes, Avenida Dorrego, Guzmán y Jorge Newbery*).

Allí se destaca el grupo escultórico *Los Andes*, obra de Luis Perlotti. Representa tres razas indias: ona (zona sur), calchaquí (zona norte) y araucano (zona Cuyo); esta última es la figura central de los tres Andes.

Frente al parque se halla el barrio de *Los Andes,* inaugurado en 1927, que originalmente se denominó "Casas Colectivas" y que se llama también La Vieja. Son en total ciento cincuenta departamentos distribuidos en diecisiete cuerpos de cuatro plantas. Se levantan en una superficie de más de siete mil metros cuadrados de parques interiores. Los vecinos comparten el jardín de casi cien árboles, la fuente y la pérgola, como también un playón para deportes.

Este proyecto fue obra del arquitecto Fermín Beretervide, a quienes sus antiguos moradores recordaron en una placa por su "noble creación" (*Leiva* 4209).

Los sábados y domingos de 10 a 18 funciona en el Parque

Los Andes una feria popular coordinada por el Gobierno de la Ciudad.

En ese parque nació de manera espontánea un lugar de culto a la Difunta Correa, cuyo origen y santuario está en la localidad de Vallecito, en la provincia de San Juan, a 1.097 kilómetros de Buenos Aires, y es considerada protectora de las rutas. Si bien la Iglesia Católica reconoce la existencia de Deolinda Correa, mantiene reticencia sobre su valor religioso. Sus devotos son católicos y no dudan de sus milagros. La Difunta apareció muerta en 1841 a causa de la sed y su cuerpo pudo seguir amamantando a su hijo. La gente llega allí a encender velas y dejar botellas de agua.

Bajo el Parque Los Andes, que fue el cementerio original del barrio, se halla hoy día la estación Rancagua, donde se reparan los vagones del subterráneo.

El cementerio de *Chacarita* equivale en tamaño a cien manzanas, es decir diez hectáreas.

Tiene su entrada principal por la *Avenida Guzmán* 780. Fue diseño del arquitecto Mario Buschiazzo.

Posee diez mil bóvedas privadas que ocupan las cuatro primeras manzanas del frente, ciento cinco panteones, noventa y cuatro mil sepulturas y trescientos cincuenta mil nichos. Es el cementerio más importante de la ciudad de Buenos Aires.

Allí están sepultadas distintas personalidades de la cultura, el deporte y la política, entre ellas Carlos Gardel, Alfonsina Storni, Aníbal Troilo, Luis Sandrini, Benito Quinquela Martín, Agustín Magaldi, Juan y Oscar Gálvez, Julio y Francisco De Caro, Juan Domingo Perón y tantos otros.

Varias obras ornan la necrópolis; hay una réplica de *La Piedad* de Miguel Ángel, y originales de los escultores Luis Perlotti, Troiano Troiani y Orlando Paladino.

Las velas depositadas en la entrada de la calle *Jorge Newbery* se deben a que en ese lugar se encuentra el osario general. Está señalado con una gran cruz blanca de espaldas a la calle. Generalmente son los familiares de los que suponen están en el osario los que dejan las ofrendas de velas.

El crematorio de Buenos Aires se halla en el sector de entierro delimitado por las secciones 8 y 16 por el frente. Su funcionamiento comenzó en el año 1904.

Esta práctica se ha ido incrementando progresivamente. El promedio de cremaciones anuales es de 30.000 *(Jorge Newbery, Guzmán, Elcano, Del Campo, Garmendia, Warnes)*.

Cementerio Británico

Aquí están sepultados los restos de los miembros de la comunidad británica y norteamericana, así como también de comunidades extranjeras que hasta hace poco no tenían cementerio propio. Actualmente también permiten enterrar a católicos no descendientes de británicos.

Funciona como un cementerio privado. Fue diseñado por Juan Vaan Braam. Aquí reposan el célebre payaso inglés Frank Brown y su familia. También el director de cine argentino Leopoldo Torre Nilsson.

Antes de la Primera Guerra Mundial los dos cementerios (Alemán y Británico) estaban unidos.

No se permite poner fotos en las tumbas, para guardar una línea estética uniforme. La arquitectura es más sobria que la del Cementerio Alemán, pero se puede destacar el techo de roble que guarda la línea de la capilla. Fue construida en 1941 y es muy sencilla. Su arbolado es excepcional (*Avenida Elcano* 4568).

Cementerio Alemán

Se trata también de un cementerio privado. Entrando y luego a la derecha se puede ver el monumento de los caídos en las dos guerras mundiales (1914-1918 y 1939-1945).

Sobre la pared medianera que da a la calle *Elcano* hay una serie de recordatorios a la memoria de los héroes y mártires húngaros. Algunos fueron donados por el Cementerio Británico, ya que anteriormente estaban en él.

La capilla tiene vitrales y una decoración sobria.

Hay cinco tumbas que se distinguen a simple vista por tener cruces de madera. Están llegando a la capilla por la calle central, en la calle transversal que desemboca en ésta, a mano izquierda.

Pertenecen al capitán Hans Langsdorff, Wolfgang Beirych, Johannes Eggers, Joseff Schneider y Peter Kranen. Estos oficiales comandaban el barco "Graf Spee", que se hundió en el río de la Plata en 1939. En todas las cruces hay, sobre los nombres, una cruz en relieve, del tipo de las de hierro, y dentro de ésta una esvástica; en la de Langsdorff la esvástica fue sacada.

La variada arboleda y el contraste de las piedras grises y negras conforman un paisaje bello y sereno (*Avenida Elcano* 4530).

Trenes

La estación Federico Lacroze fue construida entre 1951 y 1957 según los planos de los arquitectos Santiago y Carlos Mayaud-Maisonneuve (padre e hijo), y se encuadra en el estilo racionalista con elementos del *art déco*.

Fútbol

Dice el escritor español Fernando Vizcaíno Casas: "Buenos Aires tiene un cementerio que da nombre a un equipo de fútbol (Chacarita), lo cual, en definitiva, no puede extrañar, ya que aquí las gentes se entregan al fútbol hasta después de muertas". El Club Chacarita Juniors nació el 1° de mayo de 1906 en el Café La Curva, con la presencia de entusiastas vecinos que se reunieron para dar vida a esta institución deportiva. Su finalidad principal era practicar fútbol, deporte nuevo en ese entonces. La sede social fue un centro socialista de la *Avenida Córdoba* y *Dorrego*.

La existencia del club que entonces comenzara transcurrió tranquilamente hasta 1910, en que alcanzó notoriedad afiliándose pronto a la Liga de Fútbol, y subiendo a la Primera División en 1925. Hoy, el club cuenta con el campo de juego en la cercana ciudad de San Martín, en la provincia de Buenos Aires. Su sede barrial está en *Avenida Federico Lacroze* 3565.

Neo-Tudor

La familia Majdalani donó a la ex Municipalidad de Buenos Aires el cine y teatro Regio, que por un tiempo se llamó Teatro de las Provincias. Integra la programación —junto al Presidente Alvear— de un sistema o complejo teatral bautizado Enrique Santos Discépolo.

Su arquitectura es neo-Tudor. El edificio data de 1928. Por su escenario pasaron artistas como Alfredo Alcón, Lolita Torres, Beba Bidart, Tincho Zabala y Malvina Pastorino (*Avenida Córdoba* 6056).

Roberto Santoro

Es el nombre de una plazoleta que desde 1996 homenajea al poeta y periodista desaparecido a los 34 años durante el gobierno militar (1976-1983), en *Avenida Forest* y *Teodoro García*.

Acordeones centenarios

Desde hace cien años que la familia de origen italiano Anconetani vive y trabaja en el barrio. Uno de los hermanos fue artista popular y compartió escenarios de teatros, cafés y cabarets en los '40 y '50 del siglo XX.

Otro de ellos inauguró un observatorio meteorológico en la misma casa con el sentido de que sea de uso para el bien común. Por eso tiene entrada gratuita. De este modo conviven en el mismo lugar la fábrica de acordeones, la casa familiar y el observatorio (*Guevara* 478).

La Portuaria y Rodney

El videoclip del conjunto de rock La Portuaria que corresponde al tema *El bar de la calle Rodney* fue grabado en el café que se encuentra en las esquinas de las calles *Jorge Newbery* y *Rodney*, vecino al cementerio de *Chacarita*.

LA MADRE MARÍA

La bóveda exalta en tamaño natural su figura. Está permanentemente rodeada de flores que son dejadas allí por la gran cantidad de adeptos que aún creen en ella. Esta mujer nació en Subiete, Castilla la Vieja (España), el 22 de octubre de 1855. Llegó a Buenos Aires a los catorce años y se radicó en la ciudad de Saladillo (provincia de Buenos Aires), a 183 kilómetros de la Capital Federal.

Algunos dicen que era milagrosa y que tenía el poder de curar; los más exaltados creen que es la continuadora de la obra de Cristo. Fue discípula de Pancho Sierra, un rico propietario de Pergamino, también en la provincia de Buenos Aires, que se declaraba espiritista y con facultades para transmitir el poder curativo que poseía; desde su estancia El Porvenir ayudaba también económicamente a sus seguidores. Está enterrado en Salto, provincia de Buenos Aires.

Los que no creen en esto definen a la Madre María como "una mujer de la sociedad que ayudaba a los más necesitados y que, aun después de muerta, esta gente le profesa su devoción, agradeciéndole y pidiendo; ellos dicen que les cumple". Su nombre completo fue María Salomé Loredo de Subiza.

Ella sostenía la creencia de que el espíritu se reencarna varias veces y en una de ellas alcanza mayor perfección, hasta que finalmente se hace acreedor del paraíso. Dicha perfección es producto de la insistencia en la práctica de la solidaridad, el perdón y la fe en la salvación. Se inscribió en la Subsecretaría de Culto con el nombre de "La Religión de Cristo por la Madre María". En 1914, acusada de ejercer ilegalmente la medicina, la Madre María fue absuelta por el tribunal que la juzgó. Falleció el 2 de octubre de 1928.

En muchos taxis de Buenos Aires se encuentra su imagen y a veces la de Pancho Sierra. Su vida fue llevada al cine por el director Lucas Demare, con el protagonismo de la actriz Tita Merello.

Bibliografía

Revista Gente, Buenos Aires, 14 de febrero de 1989.

La Chacarita de los Colegiales, Diego A. del Pino, Cuadernos de Buenos Aires XXXVIII, Municipalidad de Buenos Aires.

Núñez, Luis F. *Los cementerios*, Buenos Aires, Ministerio de Cultura y Educación, 1970.

Fingueret, Manuela. *Blues de la calle Leiva,* Buenos Aires, Grupo Editorial Planeta, 1995.

Diarios: *La Nación, Clarín:* fechas varias.

22

FLORES

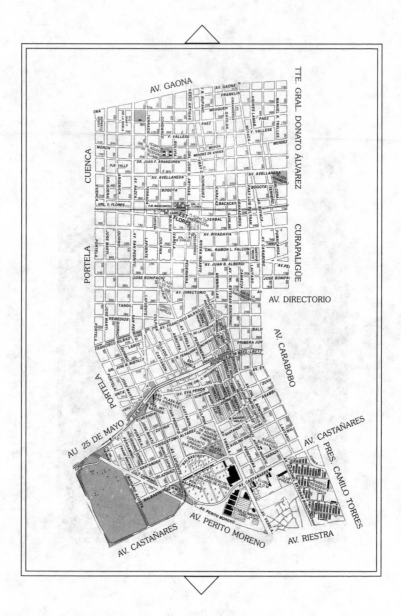

"El que tenga el corazón gastado en falsos amores, búsquese una novia en Flores y será su salvación..."

LUIS CANÉ
(poeta argentino, 1897-1957)

Límites

Calles y avenidas: *Portela, Cuenca, Gaona, Teniente General Donato Álvarez, Curapaligüe, Directorio, Carabobo, Castañares, Camilo Torres, Dr. Norberto de la Riestra, Perito Moreno,* nuevamente *Castañares, Lacarra* y *Teniente General Luis J. Dellepiane.*

Algo de historia

San José de Flores tiene nombre compuesto. El término *Flores* alude al apellido de Juan Diego, dueño de las tierras de la zona a fines del siglo XVII, y al de su hijo adoptivo que, junto a Antonio Millán, diseñó el trazado del pueblo. San José, en cambio, alude al patrono elegido para velar por la primera capilla del lugar.

Hacia 1811 el nombre de San José de Flores aparecía en las documentaciones designando al partido que comprendía a varios barrios actuales del oeste porteño.

El Camino Real o de los Reinos de Arriba, actual *Avenida Rivadavia*, era el paso obligado de las carretas que se dirigían a Chile o al Perú. A partir de este camino central se fue asentando el primitivo poblado, que se extendía hacia "la pampa" en quintas y chacras.

En 1807, junto a la iglesia, funcionó el primer cementerio del barrio. Actualmente, la calle *Rivera Indarte* cubre aquel camposanto.

En 1857 la Compagnie du Chemin de Fer de L'Ouest inauguró la primera línea de ferrocarril, pasando por seis estaciones: El Parque (actual Plaza Lavalle), Once de Septiembre, Almagro, Caballito, Flores y La Floresta. Este fácil acceso desde Buenos Aires afianzó la condición del barrio como villa veraniega. La primera estación Flores estaba situada a la altura de la calle *Gavilán*.

Paisaje

Flores está ubicado en una zona geográfica intermedia. El sector alto, donde se halla el casco fundacional del barrio, pertenece al mismo sistema orográfico que firma la "meseta", con puntas en *Parque Lezama* (*San Telmo*), *Retiro* y *Barrancas* (*Belgrano*).

Hacia el sur, la meseta presenta una suave barranca, con desniveles como el de la *Avenida Directorio*. La zona, denominada el Bañado de *Flores*, era una extensa región inundable con las lluvias y crecientes, con frente en la barranca hasta las orillas del Riachuelo. Actualmente, la región del bañado es conocida como Bajo *Flores* o *Flores* Sur.

Flores tiene una columna vertebral, la *Avenida Rivadavia*. Desde este punto se fue delineando el poblado. Actualmente es el corazón mismo del barrio, actúa como corredor urbano y concentra gran parte del comercio. Además de las múltiples líneas de colectivos y automóviles que la recorren, ésta divide la plaza de la iglesia y Flores Norte de Flores Sur.

Los extremos del primitivo caserío se definieron por avenidas de circunvalación: Norte (*Avellaneda*), Este (*Boyacá-Carabobo*), Sur (*Directorio*) y Oeste (*San Pedrito-Nazca*).

Plaza Flores

La Plaza General Martín de Pueyrredón lleva el nombre de un oficial, pero para todos se llama "Flores". Antiguo potrero, también fue estacionamiento de carretas, testigo de fusilamientos políticos ocurridos en 1832 y lugar de celebración de las fiestas patrias.

Hoy es el acceso a la estación del tren, el sitio donde se espera el colectivo, donde paran los vendedores ambulantes o donde los predicadores religiosos convocan a sus adeptos.

En 1911 se inauguró el monumento dedicado al general

444

Pueyrredón, obra de Rafael Hernández. Entre paraísos, acacias y sauces, se encuentra un retoño del algarrobo que Pueyrredón poseía en su quinta.

También se hallan las siguientes obras de arte: *Las tres gracias*, realizada en cemento, de Alberto Balietti; *Contraviento*, hecha en el mismo material por el artista Pietro Antonuccio; *Canción*, de Enrique Suárez Marsal, y *La espera*, de Francisco Reyes, el "escultor" del barrio *Boedo* (*Avenida Rivadavia, Fray Cayetano, Yerbal y Artigas*).

La basílica

Hacia el año 1800, en cambio, era una capilla de ladrillo, barro y paja que modificó su forma treinta años después. Esa imagen se advierte en el mural cerámico de la estación 9 de Julio de la línea D de subte.

Actualmente la imponente basílica tiene un campanario, un reloj, cuatro columnas y una cúpula. Las coordenadas norte-sur y este-oeste que unen los puntos más extremos del perímetro de la ciudad se cruzan exactamente sobre esta cúpula.

La fachada, sostenida por columnas jónico-corintias, está coronada por un frontis con imágenes. La bóveda está decorada con frescos y son pinturas de apoyo las imágenes de los cuatro evangelistas. Su construcción finalizó en 1879. Es obra de los arquitectos Emilio Lombardo y Benito Panuzzi (*Avenida Rivada-via* 6950).

Tres pasajes, habilitados sólo para peatones, rodean la manzana en la que se ubica la basílica San José de Flores. La *Avenida Rivadavia* y la calle *Ramón L. Falcón* se unen a través de dos callejuelas: *Salala* y *Pescadores*. En forma perpendicular a ella se encuentra una tercera llamada *Espejo*. La traza de esta manzana es particular y única en la ciudad.

En el número 38 del pasaje *Pescadores*, una puerta de vidrio permite observar un largo pasillo perteneciente a una vivienda colectiva; un pasaje dentro del pasaje, ya que éste desemboca en *Rivera Indarte*. Así, la manzana repite un misterio de la ciudad: los pasajes rodean a la iglesia como a un islote sacro. Los escritores Roberto Arlt y Leopoldo Marechal le dedicaron varias páginas.

Entre las calles del barrio son varias las que concentran la actividad comercial: las adyacencias de la Plaza Flores encierran un multitudinario hormiguero durante el día.

Las calles laterales de la plaza, *Fray Cayetano Rodríguez* (que se llama *Rivera Indarte* pasando *Rivadavia*) y *General José G. Artigas* (luego *Pedernera*), son los caminos obligados para pasar las vías del ferrocarril.

La estación del ferrocarril actual data de 1864. En el andén

Frente a la Plaza Pueyrredón se halla la impactante basílica de Flores.

norte hay un mural pintado por el artista Carlos Terribili y colaboradores inspirado en un texto del poeta, escritor y conductor de un masivo y pensante programa radial, Alejandro Dolina.

En 1950 los terrenos situados sobre la calle *Yerbal* son loteados y vendidos a inversores privados. Se modifica totalmente el sentido de la estación ferrovaria y su vinculación con la Plaza Pueyrredón.

También allí se encuentra el pasaje *Marcoartú*, que corre paralelo a las vías del ferrocarril. Este callejón posee carácter no oficial y está rodeado por viejas verjas de hierro y balcones, cuyas balaustradas señalan la entrada de las viviendas. Éstas fueron construidas para el personal ferroviario. El pasaje recuerda a Daniel Marcoartú, el vecino que lo cedió.

A una cuadra de la plaza, se levanta la galería San José de Flores, en cuyo interior hay murales realizados en 1956 por los artistas Demetrio Urruchúa, Enrique Policastro y Juan Carlos Castagnino (*Avenida Rivadavia* 6836).

El edificio de la escuela estatal General Justo J. de Urquiza tiene dos funciones: además de escuela primaria hay un museo de bellas artes. Las trescientas obras —entre pinturas y esculturas— se exponen diseminadas entre aulas, patios y salones del establecimiento. Algunas de las piezas que a diario observan profesores, alumnos y visitantes son: *Santa Ana y la Virgen imaginando sus juegos*, de Raúl Soldi, y *La hora azul en La Boca*, óleo de Benito Quinquela Martín, entre otros (*Yerbal* 2370).

En el museo Oculorum, institución privada, pueden observarse anteojos del siglo pasado bañados en oro y plata, gemelos para teatro e instrumentos para realizar operaciones oculares. Entre las piezas más antiguas se destaca un catalejo de fines del siglo XVIII (*Avenida Rivadavia* 7047, 3° "E").

En la esquina de *Caracas* y *Avenida Rivadavia* se levanta el edificio que alberga a la escuela Florencio Varela. Con su atípico diseño, obra del alemán Carlos Altgelt, data de 1911 y caracteriza a esta esquina del barrio. El ladrillo cobra un valor principal en la obra, y tanto éste como la ornamentación señalan la búsqueda de la arquitectura de comienzos de siglo.

Un importante quiosco de diarios sobre la esquina le quita impacto a este edificio de gran valor patrimonial (*Caracas* 10).

Arquitectura

A través de sus edificios, *Flores* ofrece un panorama de su historia urbanística. Barrio de quintas en su inicio, fue creciendo a partir del casco de fundación, extendiéndose luego al bañado. El trazado del ferrocarril introdujo cambios en la arquitectura original. El componente edilicio presenta tanto viviendas de departamentos como casitas bajas, la casa tipo chorizo y la residencia solariega.

Cerca de la estación ferroviaria se halla la casopna que formaba parte de la quinta de veraneo de la familia Marcó del Pont. Es monumento histórico nacional y fue construida antes de 1857. Con la posterior llegada del ferrocarril, quedó ubicada a pocos metros de la vía. Es de estilo italiano y testimonia el esplendor del barrio en el siglo pasado.

Durante la revolución de 1880 funcionó como hospital de sangre y fue atelier del pintor paisajista Ventura Marcó del Pont. Después de años de abandono la casa fue restaurada. Actualmente el Gobierno de la Ciudad la ha convertido en un centro cultural (*Artigas* 206).

Un edificio tradicionalmente conocido como "la mansión de Flores" fue construido en 1925. Está compuesto por cinco cuerpos de tres pisos y ciento dos departamentos, y se trata de una vivienda colectiva que ocupa la manzana de *Yerbal* al 2200. La edificación interrelaciona espacios públicos y privados, creando así un clima de intimidad entre sus habitantes.

Esta mansión de puertas de hierro verde, arabescos y pérgolas fue la única de Buenos Aires que tuvo una sala cinematográfica propia a la que asistían los habitantes de los departamentos. Éstos siguen el estilo del conjunto habitacional del barrio de *Chacarita* que se conoce como "La Vieja". Ambos fueron diseñados por el mismo arquitecto, Fermín Beretervide, y por iniciativa de sectores de la Iglesia Católica.

El pasaje *La Porteña* que nace en *Avenida Rivadavia* 7233 y finaliza en *Yerbal* 2730 recuerda el nombre de la primera locomotora que corrió por las calles de Buenos Aires. Se exhibe hoy en el Museo de Luján, en la provincia de Buenos Aires, y se la considera una reliquia. En este pasaje se halla el casco de lo que fue la quinta Las Lilas, cuyos fondos daban a la calle *Yerbal*, y tenía salida por *Condarco*. Fue residencia de la familia Agar, conocida por su actividad comercial como Agar, Cross y Cía. Es un edificio estilo neo-Tudor que hoy ocupa la Escuela Técnica "Fernando Fader" (pasaje *La Porteña* 36).

La Misericordia, Chaplin y otras

La Plaza de la Misericordia tiene en el centro un mástil con una placa de mármol alusiva a la comunidad religiosa de las Hijas de Nuestra Señora de la Misericordia. Posee fuente y juegos infantiles. Con la iglesia de estilo neogótico y el colegio homónimo forma un conjunto que caracteriza al barrio y a la *Avenida Directorio*. En ambas construcciones, que datan de 1878, se destacan sus vitrales. En la plaza hay un busto realizado por el escultor argentino Alberto Balietti en homenaje al actor inglés Carlitos Chaplin (*Lautaro, Bilbao, Camacuá y Avenida Directorio*).

La Plaza Teniente General Pedro Eugenio Aramburu se halla en una zona con mucho tránsito, considerada geográficamente la parte alta de *Flores*. En el siglo XVIII el predio fue un fortín y en el XX el sanatorio Flores, del que sólo quedan las palmeras. La construcción fue demolida y se convirtió en esta plaza, en la que se destacan una glorieta sostenida por sesenta columnas y el grupo escultórico *La familia*, obra de Armando Pedro Scalisi. (*Avdas. Donato Álvarez y Avellaneda y las calles Cálcena y Bogotá*)

Entre las calles *Neuquén, Nazca, Páez y Terrada* se encuentra la llamada Plaza de los Periodistas. Era parte de un terreno que perteneció, hasta 1970, a una orden de monjas de clausura de origen francés. Los vecinos —y particularmente la prensa— evitaron una indebida construcción, de ahí su nombre.

Hay un busto que rinde homenaje a Mariano Moreno, quien en setiembre de 1809 escribió la "Representación de los hacendados", alegato a favor del libre comercio. Fue el motor intelectual de la Revolución de Mayo de 1810. Proclamó la libertad de escribir. Dirigió la Gazeta de Buenos Ayres, donde defendió la causa patriota. Nació en Buenos Aires en 1778 y falleció en alta mar en 1811 a los treinta y tres años de edad.

Como único edificio está el templo de Nuestra Señora de la Visitación, de estilo neogótico, que era la capilla de la orden (*Páez* 287).

Compras

La *Avenida Avellaneda* concentra, desde su intersección con la *Avenida Nazca* hasta *Campana,* una gran variedad de comercios de indumentaria. Pequeños y medianos fabricantes y confeccionistas ofrecen su producto en esta zona del barrio. Por su movimiento, recuerda al *Once* (barrio de *Balvanera).* Conviven aquí y allá judíos, árabes, coreanos y chinos.

Pasajes

El barrio posee varios pasajes que le otorgan una especial característica. El pasaje *Valle* nace en *Argerich,* entre *Aranguren* y *Avellaneda,* y termina en un paredón que oculta la calle *Nazca.* Su entrada posee la particularidad de tener escalones. Recuerda al vecino Pascual del Valle (*Argerich* 565).

El pasaje *Ruperto Godoy,* entre *Helguera, Felipe Vallese, Páez y Cuenca,* es quizás uno de los más angostos de la ciudad. Recuerda a quien fue gobernador de la provincia de San Juan y la representó en el Congreso de 1853 (*Felipe Vallese* 3153).

Antonia

Esta vivienda, que perteneció a la madre del presidente Julio Roca, cumple una función: es la casa que mira pasar el tren. Habitada, de color gris y rodeada de jardines, posee sus columnas, su galería saliente, sus ventanales y sus verjas orientadas en dirección al ferrocarril. El edificio se llama La Antonia (*Terrada* 212).

Aranguren

El primer solar ocupado por el Hospital Vecinal de Flores se hallaba en *San Pedrito* 43. En 1901 se inauguró un nuevo hospital, cerrándose el anterior. Este centro de salud se emplazó entre las calles *Bolivia, Terrada, Morón* y *San Eduardo*. Ese año recibió el nombre del doctor Teodoro Álvarez (1818-1889). En 1903 la calle *San Eduardo* pasó a llamarse *Dr. Juan Aranguren* en homenaje al primer director del centro.

Varela, Piñero y el cementerio

Según el escritor Ricardo Llanes, el Bajo *Flores* se desarrolló "rodeado de lagunas, hornos de ladrillos y tierras de labrantías".

Esta región era anegadiza más allá de la *Avenida Campana* (ex *Avenida del Trabajo*, actual *Avenida Eva Perón*).

Allí se encontraban el viejo matadero y las canchas de carreras cuadreras, que daban al paraje un aspecto de arrabal, casi campo, con mitología de zona brava.

La *Avenida Varela*, cuando era camino de tierra, constituía el único acceso directo, entre las chacras, para llegar al cementerio y al Hospital Piñero.

En 1920 se iniciaron las obras de construcción de los barrios *Varela-Bonorino*, enmarcadas en el programa municipal de viviendas obreras. Estos barrios están divididos en minimanzanas conocidas como "manzana tallarín", que tratan de aprovechar mejor el suelo de los pequeños terrenos. Las cuadras cortas y la vegetación otorgan un clima de gran interioridad.

El Bajo *Flores* aún presenta encrucijadas y avenidas sin parquizar. La zona está atravesada por la autopista 25 de Mayo, que deteriora el paisaje y aísla a gran parte de sus habitantes. Hay allí barrios marginales, y también se encuentran la Estación Flores del CEAMSE, el Establecimiento Varela de Aguas Argentinas, el Club DAOM, el Hospital Piñero y la estación del Premetro (línea E).

Gracias a un gesto filantrópico del doctor Parmenio Piñero, se construyó el hospital que lleva su nombre. Según especificó en su testamento, legaba su cuantiosa colección de obras de arte para que con el dinero obtenido a cambio se construyera un hospital de asistencia gratuita. El establecimiento quedó inaugurado en 1917.

Una callecita del barrio recuerda al payaso inglés Frank Brown. De breve trazado, se encuentra junto a la *Avenida Perito Moreno*, en las cercanías del cementerio de *Flores*.

El barrio contó con su primer cementerio en 1807. El camposanto inicial funcionó en adyacencias de la iglesia.

Un cuarto de siglo después fue trasladado al emplazamiento ubicado en la manzana comprendida entre *Varela, Culpina, Tandil y Remedios*. Allí estuvo desde 1832 hasta su clausura definitiva en 1872. Luego aquel terreno formó parte de los mataderos que funcionaron en la zona. En aquel cementerio fueron sepultados muchos militares, víctimas de la batalla de Caseros.

El 9 de abril de 1867 fue habilitado el actual, que está comprendido en el perímetro marcado por las calles *Balbastro, Varela, Castañares y Lafuente*, con una extensión total de 27 hectáreas.

Allí se encuentran, sobre la calle principal, la bóveda de la familia fundadora, los Flores, y la de Tomás Millán, que fue quien realizó el trazado del barrio. Entre las bóvedas de importancia, figura la del payador Gabino Ezeiza, vecino del lugar, fallecido en 1916.

En 1979 se agregó el predio conocido como Cementerio Parque, anexándose al ya existente.

Sobre la *Avenida Varela* al 1800 se encuentra el Club DAOM. Fue creado en 1927 a instancias de una sección municipal denominada Asociación Directiva Autárquica Obras Sanitarias. Ocupa una superficie total aproximada de 40.000 metros cuadrados y una superficie cubierta de 5.000. Posee buenas facilidades deportivas.

A modo de microbarrio se alza en las calles *Balbastro, Esteban Bonorino, Saraza y Rivera Indarte* el barrio *Balbastro*. Sus edificios se comenzaron a construir en 1950 y se terminaron en 1958. Como parte de esta zona se inauguró en 1984 el barrio *Lafuente*. Se emparenta con el conjunto Los Perales, de *Mataderos*.

Armenios

La comunidad armenia de Buenos Aires tiene desde principios del siglo XX dos grandes epicentros. Uno es el barrio de *Palermo* y el otro es *Flores*. Sus miembros se reparten en las cercanías de la *Avenida Avellaneda* y en *Flores* sur. Oriundos de Hadjin, Marash y Van, son en conjunto una presencia importante en el barrio.

En 1928 instalaron un humilde templo que luego fue reconstruido: la Iglesia Armenia de la Santa Cruz de Varag (*José Martí* 1562).

En *Avenida Carabobo* 743 funciona la Iglesia Evangélica Armenia.

El Ángel Gris

Como una puerta abierta a la fantasía y al misterio de Buenos Aires se abre *Flores*. *Flores,* el Flores Celeste, nacido de la inventiva del periodista, escritor y hombre de radio que es Alejandro Dolina.

Es en el barrio, donde confluyen pasado y presente, el paraíso y la ciudad gris, donde se desata la lucha cósmica entre los Hombres Sensibles y los Refutadores de Leyendas.

Es tierra de poesía que invita a revivir lo que fue el Ángel Gris con sus alas sucias caminando por las cornisas de la iglesia o echando a volar para sembrar las calles de sueños.

Dolina le devolvió al barrio parte de lo perdido: la mitología, sustentada por la larga tradición de tango y la literatura ciudadana donde se confunden escritores como Borges, Macedonio Fernández, Roberto Arlt y Oliverio Girondo. Lo fantástico se mezcla con lo cotidiano. "Una rosa puede abrirse misteriosamente y fluir una música escondida que venza a la desdicha", dijo el escritor Luis Alberto Ballester.

A partir del libro *Crónicas del Ángel Gris*, Dolina ha llevado a sus personajes al teatro con la obra *El barrio del Ángel Gris*, que se estrenó en 1990 en el Teatro General San Martín de la *Avenida Corrientes*.

Bibliografía

Buenos Aires – Flores 1808-1960, Buenos Aires, Inventario de Patrimonio Urbano, Imprenta Municipal de la MCBA, 1988.

Núñez, Luis F. *Almario de Buenos Aires — Los cementerios,* Buenos Aires, Ministerio de Cultura y Educación, 1970.

Jasca, Adolfo. *Las iglesias de Buenos Aires,* Buenos Aires, Itinerarium, 1983.

Cunietti Ferrando, Arnaldo J. *San José de Flores,* Buenos Aires, 1997.

Revistas: *Todo es Historia*, N° 243, Buenos Aires, septiembre de 1987; *Clarín Revista:* 11-1-76 y 26-9-82.

Buenos Aires preserva algunos bellos ornamentos que dan testimonio del espíritu y buen gusto de quienes planificaron nuestros barrios.

FLORESTA

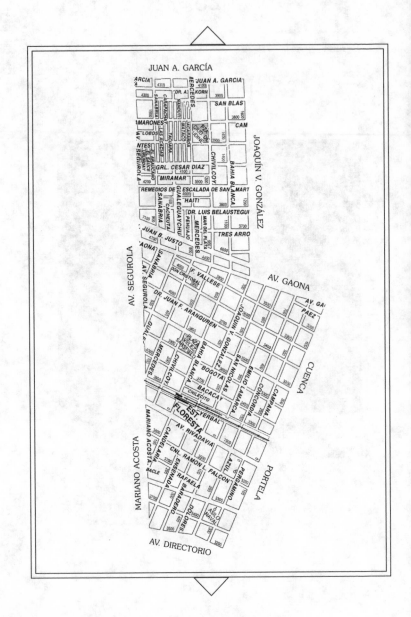

Límites

Calles y avenidas: *Directorio, Portela, Cuenca, Gaona, Joaquín V. González, Juan Agustín García, Segurola y Mariano Acosta.*

Algo de historia

El origen del nombre de La Floresta, denominación que luego adoptó el ferrocarril, está en lo que es hoy la cabecera oeste del barrio. Proviene de un local público de recreo, propiedad de Carlos Soldati. Se hallaba a mitad de cuadra del pasaje *Chilecito*, entre Joaquín V. González y Bahía Blanca. Era un lugar de descanso y recreo, que por las noches agregaba otras atracciones integradas por música y mujeres divertidas.

En 1888 el entonces Ferrocarril del Oeste decidió denominar de otra forma la parada, que pasó a llamarse Vélez Sarsfield. Cabe consignar que la estación de cabecera de esta línea férrea era conocida como Del Parque y estaba en los terrenos donde posteriormente fue levantado el Teatro Colón, en la Plaza Lavalle.

La Candelaria

La parroquia de Nuestra Señora de la Candelaria fue construida en el mismo lugar que desde mediados del siglo XIX ocupaba una capillita puesta bajo la misma advocación. Ésta fue demolida para dar lugar a un convento de las Carmelitas. El edificio responde al estilo neogótico y las obras del templo per-

457

manecieron inconclusas hasta su inauguración, el 1° de febrero de 1958. En el lugar reposan los restos de monseñor Pablo Francisco Laucello, de destacada labor en la vecindad.

La Candelaria es en realidad la misma imagen que la de Nuestra Señora de Buenos Aires o Bonaria, pues la que como tal se denominó en Cerdeña era la Señora de la Candelaria. Aquí en este templo son venerados los santos Cosme y Damián, patronos de la salud. Su festividad se celebra el 26 de setiembre de cada año (*Bahía Blanca* 363).

La plaza

Frente a la citada iglesia se halla la Plaza Vélez Sarsfield. Data de 1880. Allí existe una pieza del escultor italiano radicado en la Argentina, Antonio Pujía, vecino de *Floresta*. Se denomina *Columna de la vida*, fue realizada en 1966 y tallada en mármol de Carrara. Mide dos metros y rinde homenaje a Noemí Aresti (1919-1965), pintora, escritora y periodista. Nació y murió en Buenos Aires. Vivió veinte años en Francia. A su regreso se consagró al estudio de las leyendas populares argentinas y a la reivindicación de lo indígena. Fervorosa propulsora de la dignificación del artista, bregó por la creación del Palacio de las Artes y la Casa de los Artistas Plásticos, así como por la participación de éstos con voto directo en los salones anuales. En su centro se observan cuatro figuras de granito y bronce que realizó en 1937 el escultor Luis Perlotti (*Avellaneda, Bahía Blanca y Chivilcoy*).

Avenida Rivadavia

Sobre esta avenida se nuclean varios negocios de muebles usados.

Todavía se destaca la construcción que albergó al legendario cine y sala teatral Fénix, ahora un lugar de baile. Fue inaugurado en 1927. Contaba con mil quinientas localidades y sus concurrentes se regocijaban asistiendo a representaciones del nivel que ofrecían Enrique Muiño y Elías Alippi en su puesta de

Lo que le pasó a Reynoso. Ambos llegaban hasta el escenario desde la calle, montados en sendos caballos con los que atravesaban a paso rápido las plateas. En esa sala actuaron asimismo compañías de nivel internacional como las de Margarita Xirgu o la flamenca Carmen Amaya (*Avenida Rivadavia* 7802).

Ciudad de Udine

La Plaza Ciudad de Udine cuenta con dos placas colocadas en un monumento de mármol. Una de ellas expresa: "La sociedad friuliana a la ciudad de Buenos Aires, en eterno recuerdo del bello país de sus padres, con gratitud por este acto de amistad de la patria argentina". Contigua, la otra complementa ese texto: "La ciudad de Udine a la ciudad de Buenos Aires y a los hijos del Friuli, permanentes custodias de las tradiciones de la pequeña patria lejana, laboriosos ciudadanos dedicados durante un siglo al progreso civil de nuestra patria" (*Chivilcoy, Magariños Cervantes, Mercedes y Camarones*).

Deportes

El Polideportivo Coronel Gregorio Pomar cuenta con canchas de fútbol, básquet y otros deportes. Depende del Gobierno de la Ciudad (*Mercedes* 1389).

Club Vélez Sarsfield

El cambio de nombre de la estación en 1888 generó en el barrio que la plaza y el naciente club de fútbol llevaran ese nombre. Con respecto a esto hay una placa colocada en 1980 en el túnel de la estación Floresta que recuerda que el 1º de enero de 1910 se fundó el club, que ahora tiene sede en el barrio de *Liniers*. Su nacimiento ocurrió cuando tres estudiantes se guarecieron en el túnel escapándole a la lluvia y allí decidieron fundar Vélez.

Musulmanes

En el barrio existen dos hitos islámicos: el Instituto Argentino Árabe Islámico, que es un establecimiento educativo (*Bogotá* 3449), y la mezquita a la cual la mayor parte de los fieles concurre los viernes a las 13 para rezar, día que equivale al domingo de los cristianos. Lleva el nombre de At-Tanhid (*San Nicolás* 674).

Bibliografía

Vattuone, Emilio Juan. *El barrio de La Floresta*, Buenos Aires, Cuadernos de Buenos Aires N° 47, Municipalidad de la Ciudad de Buenos Aires, 1977.
Diarios: *Página/12* y *Clarín*: fechas varias.

Orgullo barrial en "La Duquesa de Floresta".

24

LINIERS

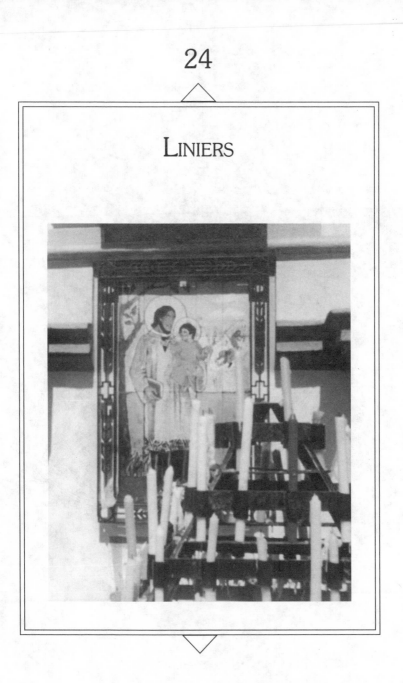

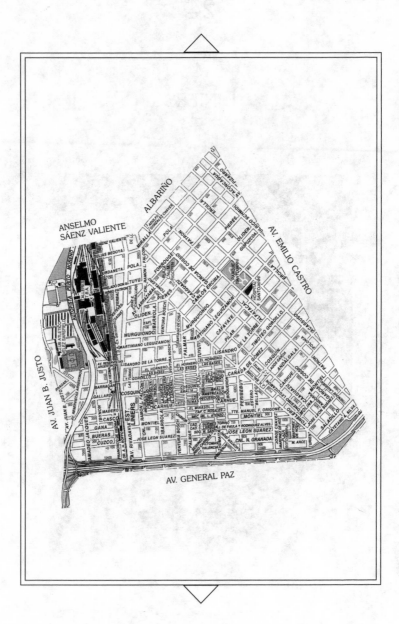

"...Rivadavia es un hervidero de vehículos que salen y entran frente a la vieja estación, en la vereda opuesta, negocios modernos uno tras otro; y si uno mira las manzanas de casas que están detrás, se tiene la impresión de un decorado teatral..."

ABELARDO ARIAS
(escritor argentino)

Límites

Calles y avenidas: *Emilio Castro, General Paz, Juan B. Justo*, prolongación de *Anselmo Sáenz Valiente* y *Albariño*.

Algo de historia

En 1872 se construyó la estación que pertenecía al Ferrocarril del Oeste (Sarmiento) entre *Floresta* y *Morón*. Al igual que otros barrios emplazados en la zona oeste de la ciudad, nació en el ferrocarril.

Su nombre —*Liniers*— se vincula a la existencia de un saladero propiedad del hermano del héroe Santiago de Liniers, ubicado en las proximidades de donde éste había pernoctado.

Santiago de Liniers y Bremond fue un marino francés al servicio de España. Nació en 1753 y murió en 1810. Fue virrey del Río de la Plata de 1807 a 1809 y héroe de la Reconquista y Defensa de Buenos Aires durante las invasiones inglesas. Murió fusilado en la provincia de Córdoba.

Paisaje

En 1920 se construyó el barrio de casas baratas *Ramón Falcón*, urbanizándose la zona norte. Actualmente, este lugar constituye uno de los centros comerciales más importantes de la ciudad y es nudo de comunicaciones y cabecera de numerosas líneas de colectivos, contando además con la estación del Ferro-

463

carril Sarmiento. También está delimitado por la *Avenida General Paz* y su interior está atravesado por la *Avenida Rivadavia*, que es la más importante del ejido.

Liniers se divide internamente en dos sectores. Uno es el Bajo *Liniers,* que limita con el barrio de *Mataderos.* El otro es el de "las mil casitas", denominación de las llamadas "casas baratas".

Con acceso por el barrio de *Liniers*, está el cementerio israelita de Ciudadela, sobre el límite entre lo que es Capital Federal (ciudad de Buenos Aires) y la provincia de Buenos Aires, territorio que divide la *Avenida General Paz.*

San Cayetano

Es el segundo santuario argentino en importancia después del de Nuestra Señora de Luján, en la provincia de Buenos Aires.

El templo data de 1913. No responde a un estilo definido; en su interior consta de tres naves iluminadas por hermosos vitrales; entrando a la derecha se observa una pequeña imagen del santo.

San Cayetano fue un joven abogado italiano, nacido en el siglo XVI en el seno de una familia muy adinerada. En un determinado momento renunció a la comodidad que le brindaba el dinero y eligió ser sacerdote y vivir para los más necesitados. A partir de entonces fundó un banco que cobraba bajos intereses a los que solicitaban un crédito. Esta idea había surgido para salvar a los pobres de la desmedida usura que contra ellos se practicaba. Por su dedicación a los necesitados se lo llamó patrono del Pan y del Trabajo. Su festividad se celebra el 7 de agosto, fecha en que murió, y ese día se congrega frente al templo un sinfín de fieles que, en lugar de velas y flores, le ofrecen ropa y alimentos para ser distribuidos a los que más lo necesitan.

También todos los días siete de cada mes se repite el fenómeno: verdaderas multitudes constituidas por devotos peregrinos llegan a *Liniers* para venerar al santo del Trabajo. Lo que ocurre en la Argentina con el culto al santo nacido en Lombardía es un hecho único y desconocido aun en la misma Italia. Existe otro templo similar en el barrio de *Belgrano.*

El trigo dejado por un devoto paisano ante la sequía de su campo y el milagro del trigal maduro al regresar de rezarle a San Cayetano han generado la costumbre de unir al santo con el trigo: el pan, el alimento por excelencia. La espiga es el anuncio de la felicidad, la abundancia y la prosperidad.

El observador podrá advertir la cantidad de imágenes de San Cayetano distribuidas en medios de transporte, oficinas y bares, que lo convierten en un fenómeno social (*Cuzco* 150).

El Santojanni

El Hospital General de Agudos homónimo está emplazado en el predio que fue donado por la familia del doctor Francisco Santojanni (1860-1935) a condición de que allí se edificara un hospital y se habilitara un parque público.

Aquí funcionó el primitivo Hospital de Neumotisiología "Dr. Francisco Santojanni", hasta que fue desactivado en 1976 y su personal absorbido por otros hospitales municipales. Posteriormente se trasladó allí el Salaberry con sus equipos y personal, pero adoptó la denominación actual a pedido de la familia donante.

La plaza situada frente al hospital lleva, desde 1996, el nombre de la Beata Madre María Ana Mogas, una religiosa española que vivió entre 1827 y 1887, fundadora de la Congregación de las Hermanas Franciscanas Misioneras de la Madre del Divino Pastor, que desde 1931 brinda sus servicios a los enfermos del hospital (*Pilar* 950).

Vélez

El Club Vélez Sarsfield se fundó en 1910 en el barrio de *Floresta*. En *Liniers* se halla el estadio José Amalfitani, levantado en 1943 y remodelado en 1978 para ser subsede del Mundial de Fútbol. Tiene capacidad para cincuenta mil espectadores (*Avenida Juan B. Justo* 9200).

Colón olvidado

La Plaza Martín Yrigoyen posee un monumento a Cristóbal Colón realizado en bronce sobre un pedestal de mampostería. Se desconoce su autor. Una placa dice: "Sociedad de Fomento y Biblioteca Popular Democracia y Progreso de Cristóbal Colón: homenaje 1492 - octubre 1921". Posee tres relieves adosados que muestran aspectos de sus viajes. Corona el basamento la figura de Colón, y tras él la escultura de *El genio* en actitud protectora (*Fonrouge, Cossio, Avenida Larrazábal y Caaguazú*).

La copatrona

En el barrio se halla la parroquia Nuestra Señora de las Nieves, edificio proyectado por el arquitecto Carlos Massa en 1940. Es esta advocación de la Virgen la segunda patrona de la ciudad de Buenos Aires, proclamada junto a San Martín de Tours en 1616. Es igualmente patrona de los hogares. Su culto es antiguo y de arraigada devoción (*Ventura Bosch* 6656).

Beromama

Más de cincuenta años lleva el Club de Rugby Beromama. Anterior al club es el grupo de amigos que así se denominaba. El infrecuente nombre surge de la primera sílaba del nombre de cada uno de los fundadores: Beromama Cacumaospo Bichucaco, que como es lógico quedó limitado a Beromama. Todos vecinos del barrio.

La institución tiene su sede en el conurbano, fuera de los límites barriales. En *Liniers* mantienen su secretaría (Ibarrola 7212).

Pasaje escondido

Se trata de un pasaje particular situado en plena *Avenida Rivadavia* entre *Lisandro de la Torre* y *Leguizamón*. Tiene la rareza de sus casas residenciales en una zona de gran movimiento comercial (*Avenida Rivadavia* 11.080).

La cifra tres

Uno de los más interesantes trabajos de una relativamente nueva arquitectura religiosa es la parroquia de San Enrique, obra de Roberto Virasoro, Alcides Samonta y María del Carmen Urdiain, y construida en memoria de Enrique Navarro Viola y María Francisca Ayanagaray de Navarro Viola.

Para la obra se adoptó una pirámide recta de base cuadrada y caras con distinta pendiente. Está compuesta por cuatro superficies cilíndricas que se intersecan entre sí con un sentido básico ascensional hacia un punto de tangencia en donde convergen.

Del vértice de la pirámide emerge una cruz que predomina sobre el conjunto.

Para el dimensionamiento de la capilla se adoptó como modelo la cifra tres, que simboliza a la Santísima Trinidad.

En los paramentos laterales de la capilla se plantearon siete aberturas destinadas a alojar vitrales, que fueron diseño del arquitecto Roberto Virasoro. Simbolizan llamas (imagen del Espíritu Santo), cuya dirección es también hacia la cruz.

El vía crucis fue diseñado por Alicia de Noailles y ejecutado en hierro redondo de distintas secciones. Cada estación responde a una figura geométrica que la enmarca y en la última escena se ve la doble imagen incorporando la Resurrección de Cristo, de acuerdo con las recientes recomendaciones litúrgicas. Se inauguró en 1976 (*Estero Bellaco* 6939).

Bibliografía

Coluccio, Félix. *Fiestas y celebraciones de la República Argentina*, Buenos Aires, Ed. Plus Ultra, 1978.

Vattuone, Emilio Juan. *Barrio de Liniers*, Buenos Aires, Fundación Banco de Boston, 1989.

Diarios: *La Nación, Clarín, La Razón*: fechas varias.

Uno de los muchos aspectos del barrio de Liniers: la estación y sus bares.

25

MATADEROS

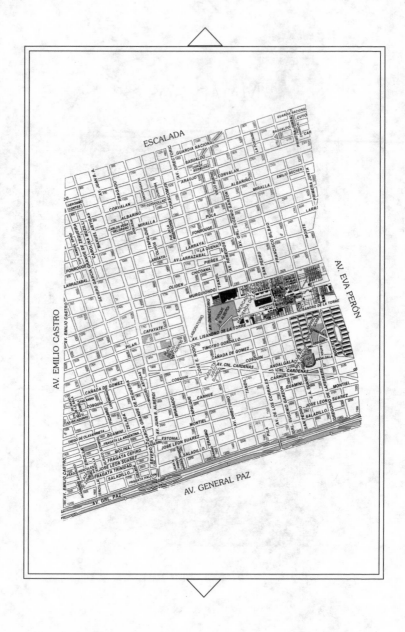

> *"En 1915 vino a Mataderos Enrique, personaje de* Las apari-
> ciones del Negro Astorga, *cuento de Bernardo Verbitsky, cuan-
> do era campo bravo, una especie de Far West de cuchillo más
> que de revólver, situado en un borde lejano de la ciudad."*

DELFÍN LEOCADIO GARASA

Límites

Calles y avenidas: *Emilio Castro, Escalada, Eva Perón* y *General Paz.*

Algo de historia

En abril de 1889 fue colocada la piedra fundamental de los nuevos mataderos, que iban a dar por finalizado el ciclo de los de Corrales Viejos, ubicados en la zona de *Parque de los Patricios.* A partir de 1901 se inauguraron las nuevas instalaciones. Hasta entonces *Mataderos* era *Nueva Chicago,* denominación vinculada a la industria de la carne en esa ciudad norteamericana.

Paisaje

Es prolongación de la pampa, por donde el resero solía traer los animales para la faena al matadero, donde el porteño se entrevera con el criollo. Inmigrantes y criollos conviven laboralmente.

Los mataderos

El antiguo edificio de la administración de los mataderos fue declarado monumento histórico nacional. Se pueden apreciar allí la tradicional recova y un mirador (*Murguiondo, Avenida Lisandro de la Torre, José Enrique Rodó* y *Avenida Eva Perón*).

471

Integrando el conjunto se alza en *Avenida Lisandro de la Torre* y *de los Corrales* el Monumento al Resero, obra del escultor argentino Emilio J. Sarniguet (1887-1943). Resero es el nombre que hasta hace un tiempo se daba a los matarifes y a los que compraban reses; ahora son los peones que se ocupan del arreo del ganado. Este nombre se usó más en Buenos Aires que en cualquier otra parte del país.

En el ala derecha del edificio funciona el Museo Criollo de los Corrales. Su patrimonio consta de alrededor de tres mil piezas. Figura un "recado" completo, la carreta "La Corralera" ataviada con todos los enseres, mates de plata y calabaza y armas antiguas, tabaqueras, boleadoras, espuelas, estribos, frenos, pinturas y monedas antiguas. Las instalaciones cuentan con un patio con aljibe y horno de barro, como también una pulpería (*Avenida de los Corrales* 6476).

En ese sector del barrio se realiza la Feria de Mataderos, que data de 1984. Allí se comen platos regionales y se realizan espectáculos folclóricos. También se venden artesanías indígenas y criollas. Funciona los domingos desde las 11 horas.

Nueva Chicago

El Club Atlético Nueva Chicago nació con las instalaciones de los Mataderos en 1902. Sus colores tienen un origen curioso: los primeros socios de la entidad observaron el desplazamiento de uno de los tantos carros que llevaban fardos a los mataderos, y uno de esos transportes concitó la atención de todos: sus soportes laterales estaban pintados de verde y negro, y así esos colores quedaron incorporados al club para siempre.

Lo de Nueva Chicago tiene que ver con la idea del nacimiento de los "mataderos", cuyas instalaciones iban a ser tan modernas como las que había en la ciudad de Chicago, Estados Unidos, en ese momento. El homenaje quedó en el nombre del club (*Avenida Lisandro de la Torre* 2310).

El Mercado de Liniers

La institución, creada en 1901, se privatizó en 1992. El predio de treinta y dos hectáreas y tres mil corrales pertenece a una empresa particular.

El Matadero funcionó hasta 1976 y a partir de ese año no hubo más faenas en él. Todos los frigoríficos están a una distancia mayor de sesenta kilómetros de la ciudad de Buenos Aires. Durante la época colonial, "Los Corrales" estaban en Plaza Miserere, luego se los llevó "lejos de la población" a *Parque Patricios* y a principios del siglo XX —1901— se asentaron en *Mataderos*.

El procedimiento operativo es el siguiente: todos los animales que entran se venden. No hay devoluciones. Si queda algo sin vender un día (remanente) se vende al día siguiente: todos los animales que entran se venden. El día de mayor llegada de animales es el lunes.

El mercado vende animales para abastecer a catorce millones de personas que habitan la ciudad y el conurbano.

Los animales entran desde las 16 hasta las 6 y llegan desde la provincia de Buenos Aires, La Pampa, el sur de Santa Fe, Entre Ríos, sur de Corrientes y sur de Córdoba. Cuando llueve, por las dificultades de los caminos llega poca hacienda, aunque igual se vende.

Los consignatarios son los que los traen del campo, clasifican y venden. Se vende en remate "al martillo". Cada remate se anuncia con una campana (que tienen sonidos diferentes y son reconocibles).

La importancia del llamado Mercado de Liniers obliga a entender que el barrio —por entonces— no tenía nombre. En realidad es *Mataderos*. La esencia de este lugar es ser formador de los precios de la hacienda que surgen de la oferta y la demanda. Esto es una ventaja para el productor. Los precios son fluctuantes. A principios de mes hay mayor demanda y los precios son estables. Hacia fin de mes —vencimientos de impuestos, entre otras cosas— se estira la venta (un productor retarda el envío al mercado para que sus impuestos pasen al otro mes, por ejemplo) y entran menos animales. Cuando la demanda es fuerte se remata muy rápido.

En este sitio se ven el rodeo, el remate y el pesaje del ganado.

Los compradores son matarifes (representantes de la planta faenadora), frigoríficos, supermercados (que tienen sus propios compradores) y otros. Suelen llegar en número de trescientos. Deben estar matriculados por el Servicio Nacional de Sanidad y Calidad Agroalimentaria (SENASA), tanto para poder faenar como para poder trabajar.

Los compradores reciben al acceder al Mercado una planilla con la información acerca de los remates del día, las características y otros datos. Después de rematados, los animales se marcan con tiza con el número del comprador. Luego se pesan y finalmente se los arrea hacia los camiones de transporte.

La carne argentina es muy apetecida en el mundo por su forma de crianza y por las razas que pueblan los grandes campos del país, con un promedio de un animal por hectárea.

Se faenan más de un millón de cabezas, de las cuales se exporta el treinta por ciento y el setenta por ciento se usa para el consumo interno. El stock es de cincuenta y cuatro millones de cabezas. El Mercado recibe un promedio de ciento cincuenta mil animales mensuales. O sea un 15 % de la faena total de la Argentina. Los animales que salen de *Mataderos* son para consumo interno.

Varias estaciones de radio tienen sus bases especializadas en *Mataderos*. No obstante este despliegue, el *Mercado de Liniers* desaparecerá del barrio y será trasladado a la localidad de San Vicente, en la provincia de Buenos Aires. Ello plantea una incógnita por el futuro uso de estas treinta y dos hectáreas. La mayor contradicción de todo lo antedicho es que el mercado lleva el nombre del barrio vecino, *Liniers*, porque nació antes de que el barrio de *Mataderos* existiera.

En 1933 el Concejo Deliberante aprobó por unanimidad colocar el nombre de Carolina Muzilli a una calle del barrio de Mataderos de seis cuadras que nace en Araujo y termina en Larrazábal.

Carolina Muzilli nació en 1889 y murió en 1917. Vivió sólo

28 años, escribió libros y fundó publicaciones. Fue defensora
de la mujer y el niño. Autodidacta, luchadora, habló y escribió
libros sobre el divorcio, la condición de la mujer en la sociedad, la madre trabajadora, el menor obrero. El mal que había
combatido —la tuberculosis— hizo presa de ella. Porteña, no
siempre conocida o reconocida por su gigantesca labor.

Roble

En 1935 el presidente de Brasil, doctor Getulio Vargas,
visita la escuela estatal que lleva el nombre de ese país y planta
un retoño de roble, hoy enorme. El controvertido presidente
gobernó Brasil durante quince años. Nació en 1883 y se suicidó
en 1954 (*Manuel Artigas* 5951).

Personaje

La antigua dueña de un local del barrio, llamada popularmente la Petisa Vieja, dejó establecido en su testamento cómo
debía ser su entierro. Así *Mataderos* vio atónito un boato no
pensado, sólo equivalente al del ex presidente de la República,
el doctor Figueroa Alcorta. Esto ocurrió en 1910.

Café

Como un hito de un tiempo que fue y como ejemplo de
preservación patrimonial en el barrio se halla el antiguo bar
Oviedo. Hasta hace pocos años el café conservaba en su entrada
los palenques donde ataban los caballos (*Lisandro de la Torre*
2407).

Chascomús o Vecinal

De una u otra manera los vecinos llaman a este pasaje pequeño y casi surrealista. Sus plantas y sus cuidadas flores nos llevan a un mundo dentro de otro (*Pola* 1591 y *Fonrouge* 1690).

Justo Antonio Suárez ("El torito de Mataderos")

Nació el 9 de enero de 1909 en la calle *San Pedro* 6530 de este barrio. Hijo de un trabajador de los viejos mataderos, donde él también trabajó. Fue mucanguero, el que recoge la mucanga: la parte no comestible del animal y con la que se fabrica jabón. Interesado en el box, actuó como amateur entre 1924 y 1928. Luego de realizar cuarenta y ocho peleas, quedó invicto. Pasó al profesionalismo y peleó veintinueve veces. La última fue la que perdió. Con su labor deportiva logró una "voiturette" color amarillo que por las características del personaje tuvo una gran repercusión popular.

Se casó. Nació su hijo. Posteriormente enfermó y falleció el 10 de agosto de 1938 a los 29 años de edad.

Su vida cargada de injusticias y sufrimientos es recordada en su barrio a través de una plazoleta (*Avenida Directorio* entre *Coronel Cárdenas* y *Cosquín*) y de un complejo habitacional (*Bragado* entre *Lisandro de la Torre* y *Timoteo Gordillo*).

Los Perales y San Pantaleón

Es un microbarrio. Ahora se llama Manuel Dorrego. Antes (en 1948) fue Los Perales. Aún se puede leer en la base del mástil —desgastada por el tiempo— sobre la calle *Monte* la inscripción que recuerda uno de los derechos del trabajador instaurados en 1949 en la Constitución Nacional y que hace años fueron derogados: "Derecho al bienestar". El barrio está integrado por cuarenta y cinco monobloques de tres pisos cada uno, un total de más de mil departamentos.

Cerca se alza la iglesia de San Pantaleón, el primer santuario hispanoamericano dedicado al santo (médico milagroso martirizado y degollado, de quien se conserva su sangre en Ravello, Italia). El santuario tiene sus paredes cubiertas de placas que los peregrinos donan (*Monte* 6865).

La plaza

La Plaza de los Mataderos cuenta con un busto del payador Gabino Ezeiza (1858-1916), obra del escultor Hilario Vozzo. Ezeiza estuvo vinculado a Leandro N. Alem e Hipólito Yrigoyen. Se casó con una hija de Ángel Vicente (Chacho) Peñaloza (1797-1863).

Tuvo su propio circo. Famoso por su capacidad y destreza en la improvisación, fue eslabón y nexo entre campo y ciudad (*Timoteo Gordillo, Tapalqué, Bragado y Avenida Lisandro de la Torre*).

Paz

En la plazoleta Nicolás Repetto hay un pequeño obelisco con la inscripción "Que la paz prevalezca en la Tierra", escrita en castellano, italiano, guaraní y mapuche. Fue instalado por iniciativa de las Hermanas de la Congregación de San Francisco al celebrar el día de su patrono, a quien se reconoce (*Fragata Trinidad, Fragata Halcón y Zelada*).

Parque Alberdi

Tiene un anfiteatro cuyo escenario lleva el nombre del maestro Osvaldo Pugliese. El solar fue la sede de un importante frigorífico y hoy recuerda al autor de las "Bases" de la Constitución Nacional, Juan Bautista Alberdi (*Avenida Directorio y Lisandro de la Torre*).

Naón

Un microbarrio residencial lleva el nombre de Barrio *Naón*, está entre las calles *Montiel*, *Saladillo* y *José León Suárez*. Su nombre se debe a un pionero de la zona, Juan Naón, que se instaló en 1885, antes de construirse el Mercado Nacional de Hacienda.

Allí se encuentra la iglesia de San Cosme y San Damián, patronos de la salud (*Schmidel* 7400).

Bibliografía

Díaz, Geno. *Bazar de 0,95*, Buenos Aires, Ed. Galerna.

Historia de Buenos Aires, año 2, N° 6, Buenos Aires, Instituto Histórico de la Ciudad de Buenos Aires, noviembre de 1987.

Armagno Cosentino, José. *Carolina Muzilli*, Buenos Aires, Centro Editor de América Latina, 1984.

Vecchio, Ofelio. *Cien años de Mataderos*, Buenos Aires, Fundación Banco de Boston, 1989.

Maccarone, Nicolás P. *Historia del Club Atlético Nueva Chicago,* Buenos Aires, 1994.

Diarios: *La Nación* y *Clarín*: fechas varias.

26

MONSERRAT

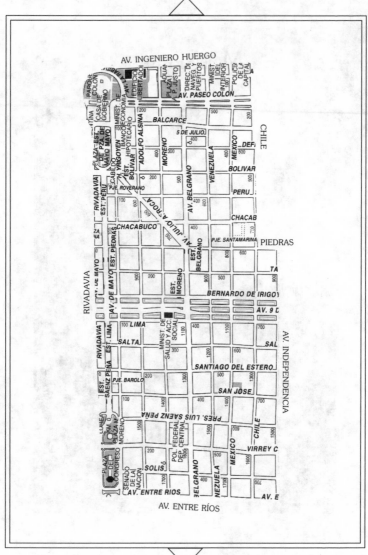

"Juan de Garay: ¡reconoce las calles!... En la fosa deja ésa, tu armadura de hierro fragorosa, y deja ése, tu casco reluciente, y deja ésa, tu espada de ayer: es el presente. Reconoce, así, las calles de tu ciudad fundada, sin la armadura aquella ni el casco, ni la espada, que si la fuerza es gloria, puedes estar seguro de que tu Buenos Aires es más; es el futuro."

JOSÉ SANTOS CHOCANO
(poeta peruano, 1875-1934)

Límites

Calles y avenidas: *Chile, Piedras, Independencia, Entre Ríos, Rivadavia, La Rábida Norte e Ingeniero Huergo.*

Algo de historia

Es el primer barrio que tuvo la ciudad de Buenos Aires. Su nombre fue legalizado en 1769 al concretarse la creación de la parroquia de Nuestra Señora de Monserrat. Se conoció también como "Barrio del Tambor" a causa de su población negra.

Éstos se reunían en sociedades mutualistas con la prioridad de recolectar dinero para liberar a sus hermanos de raza. Así adquirieron terrenos para sus agrupaciones. Ranchos de barro y paja. Estas instituciones se llamaban "naciones" y tenían los nombres de las distintas regiones de África de donde provenían ellos o sus ancestros. La abolición de la esclavitud en la Argentina se decretó en 1813. La presencia en el barrio de estas agrupaciones afectas a tocar el tambor y su preferencia y posibilidad de comer achuras, particularmente el mondongo, hizo que el barrio se llamara "del tambor" o "del mondongo".

La sociedad "Banguela" estaba situada en *México* 1272; la "Moros", en la calle *Chile*; "Rubolo", "Congo" y "La Angola", en la calle *Independencia*, y la "Minas", también en la calle *México*. "La Cabunda", que era la más antigua, supo hacer bailes al lado de la iglesia de Monserrat. Otras naciones fueron: "Mozambi-

481

ques", "Quiparaes", "Loangos", "Alagumgamies", "Muñanches" y "Mayormbies".

La síntesis indica que toda la zona de las calles hoy llamadas *Chile, Venezuela* y *México* desde *Bernardo de Irigoyen* fueron el centro de estas "naciones".

Monserrat guarda, por sus peculiaridades de barrio céntrico, gran parte de la historia de la ciudad y del país, que se sucede a través de sus lugares y edificios.

Paisaje

Monserrat presenta la demarcación de la ciudad irracional: disposición en damero, calles tiradas a regla, cuadras simétricas y de paso estrecho.

Las arterias principales son: la *Avenida de Mayo* y la *Avenida Nueve de Julio*.

El barrio no posee, como otros, grandes espacios verdes. En cambio están bien arboladas sus avenidas a modo de bulevar. Es el caso de la *Avenida 9 de Julio,* la *Avenida de Mayo* y las adyacencias de la Plaza Colón.

Desde sus orígenes, fue un barrio español, sustentado en la devoción a la Virgen de Monserrat, "la Moreneta", oriunda de Cataluña, España.

Los españoles se asentaron en las avenidas *Belgrano* y *Rivadavia* y sus transversales. La *Avenida de Mayo* creció bajo el influjo de la arquitectura francesa, pero con el acento ibérico.

La Plaza de Mayo

Cuando el 11 de junio de 1580 Juan de Garay fundó la ciudad de Buenos Aires, destinó a plaza pública la manzana comprendida entre las calles *Defensa, Rivadavia, Hipólito Yrigoyen* y *Bolívar.*

El solar es lugar histórico; desde 1942 una placa de la Comisión Nacional de Museos y Monumentos Históricos lo recuerda: "La Plaza Mayor fue desde entonces el centro de la vida ciudadana, donde el pueblo celebró sus actos más solemnes como sus fiestas y expansiones colectivas; la Reconquista y la Defensa de la ciudad en 1806 y 1807 culminaron en la Plaza Mayor, que se denominó Plaza de la Victoria. En 1810 fue el glorioso escenario de la Revolución de Mayo y en 1811 levantóse en ella la Pirámide conmemorativa de la fecha patria; hechos trascendentales de la historia argentina se sucedieron en este lugar. Aquí el pueblo de Buenos Aires juró la independencia de la patria el 13 de setiembre de 1816 y la Constitución Nacional el 21 de octubre de 1860".

Remodelada, transformada, mantiene la esencia de la joven historia de Buenos Aires y de la Argentina. En los murales de la vecina estación de subterráneo Catedral se puede observar la antigua imagen de esta plaza.

Garay

El monumento a Juan de Garay data de 1915 y rinde homenaje al segundo fundador de Buenos Aires. La estatua y los bajorrelieves de bronce son obra del alemán Gustav Heinrich Eberlein (1847-1926). Está ubicado en la plazoleta 11 de Junio de 1580, que recuerda la fecha de la fundación de Buenos Aires y data de 1966. Eberlein es el autor de los frisos del monumento al General San Martín en la plaza homónima.

En la plazoleta hay un retoño del árbol de Guernica, un roble (*Queras robur L.*). El original ha estado ubicado frente a la ermita de Nuestra Señora la Antigua, donde juraban fidelidad a los fueros vascos todos los alcaldes y reyes de Vizcaya. Se lo considera el árbol sagrado de los vascos.

Una placa de bronce reproduce el frente de la diputación y en lengua vasca se lee: "Este roble es el árbol de Guernica. Simboliza las libertades vascas".

Al pie del monumento se ubican los escudos de las cuatro provincias vascas: Vizcaya, Navarra, Álava y Guipúzcoa.

Obelisco pequeño

La Pirámide de Mayo es el primer monumento que tuvo Buenos Aires. Se originó en 1811. Lo concretaron el alarife Pedro Vicente Cañete y Juan Gaspar Hernández. Carlos Vigil dice sobre el original: "Era un obelisco fabricado de adobe cocido, de unos trece metros de altura en total; tenía un zócalo sobre dos gradas, un pedestal sencillo y cuatro ángulos entrantes y cornisa volada alrededor. Un vaso decorativo remataba el conjunto. Lo rodeaba una verja sustentada por doce pilares de material terminados cada uno en una perilla redonda".

En 1856 el arquitecto y pintor Prilidiano Pueyrredón transformó la Pirámide, dejando la primitiva en su interior y agregando en el tope la Estatua de la Libertad, obra del francés Joseph Dubourdieu.

Se agregaron en los cuatro ángulos figuras simbólicas que hoy se encuentran en la plazoleta frente a la iglesia de San Francisco. En las caras del obelisco hay símbolos como el sol naciente y coronas de laurel.

En 1912 la Pirámide fue removida y trasladada al lugar que hoy ocupa. Ha sido declarada monumento histórico nacional.

Una placa recuerda a los oficiales Felipe de Pereyra Lucena, muerto a los 22 años, y a Manuel Artigas, hermano del caudillo oriental José Gervasio, fallecido a los 33 años; ambos perdieron la vida en 1811 en acciones por la guerra de la Independencia.

En diciembre de 1976 se depositó en Plaza de Mayo tierra de todas las provincias y de Israel (Tierra Santa), como lo indica una placa. Entre la realidad y el mito, también se halla bajo este monumento un mensaje encapsulado dirigido en la década del 50 a las generaciones futuras por el ex presidente Perón.

Belgrano

El Monumento a Manuel Belgrano rinde homenaje al creador de la bandera argentina. Data de 1873.

Su imagen fue cincelada por el escultor francés Albert Ernest Carrier Belleuse (1824-1887). El caballo es tarea del escultor animalista argentino Manuel de Santa Coloma, hijo del primer cónsul general de la Argentina en Europa. Manuel nació en Burdeos, Francia. Muchas de sus obras son conservadas en Luxemburgo.

Los Granaderos

La historia del Regimiento de Granaderos a Caballo comienza con la aparición del general José de San Martín en el territorio americano, desde 1812. En 1826 los Granaderos regresan a Buenos Aires cubiertos de gloria. Tras ser parte de la epopeya americana en 1907 se los designa escoltas presidenciales. En 1918 se le agrega "General San Martín" a su denominación en homenaje al prócer. El cuartel del regimiento está ubicado en el predio comprendido entre las calles *3 de Febrero* y la *Avenida Luis María Campos*, en el barrio de *Palermo*.

Los Granaderos custodian la Casa de Gobierno y el Mausoleo del general San Martín. Para realizar el cambio de guardia atraviesan la Plaza de Mayo cada dos horas impares: desde las 9:15 hasta las 17:15, de lunes a viernes. Los sábados lo hacen de 9:15 a 11:15 y los domingos de 9:15 a 13:15 y de 17:15 a 19:15.

Los Patricios

Desde diciembre de 1996 el Palacio del Gobierno de la Ciudad de Buenos Aires cuenta con la Guardia del Regimiento de Infantería 1°, agrupación nacida con motivo de las invasiones inglesas de 1806. Es en realidad el decano de los cuerpos del Ejército Argentino.

Los sábados de 16 a 18 y los domingos de 11 a 18 cada hora se realiza el tradicional cambio de guardia (*Bolívar* 1).

Protestas

La Plaza de Mayo es para muchos la plaza de las protestas. Desde 1977 el mundo conoció desde este lugar a las Madres de Plaza de Mayo, que todavía se reúnen allí todos los jueves a las 15:30.

En el mes de junio de 1955 la plaza fue bombardeada en un intento revolucionario. Las huellas se advierten en el edificio del Ministerio de Economía (*Hipólito Yrigoyen* 250).

Flora y fauna

Las palmeras de Plaza de Mayo son *Phoenix canariensis*, tienen ya una altura cercana a los 20 metros. Son originarias de las islas Canarias (España), pero éstas fueron enviadas desde Río de Janeiro (Brasil) en las postrimerías del siglo pasado.

Suelen anidar en la Pirámide de Mayo parejas de horneros (*Furnarius rufus*), considerada el ave nacional argentina. El nido, de treinta centímetros de diámetro, es una pieza arquitectónica. Pesa de cuatro a cinco kilos. En su trabajo participan el macho y la hembra. Son símbolo de trabajo e inteligencia.

La plaza es visitada —también— por las golondrinas de la antigua Misión Católica de San Juan de Capistrano, en la diócesis de Orange (California, Estados Unidos).

Las primeras golondrinas (exploradoras) llegan a la plaza no más tarde del 22 de setiembre. Han recorrido diez mil kilómetros a una velocidad de ciento veinticinco kilómetros por hora. En febrero llegan otras que provienen del norte de África, buscan el clima de Bolivia y Perú para luego seguir a California.

En los años '30 Benito Costoya, un jubilado español, tenía en la zona de la Costanera Sur un criadero de palomas. Llegó a reunir diez mil. Usaba un silbato y, según el sonido, las aves bajaban a comer o lo seguían.

Así fue como un día le sugirieron que con ese "espectáculo" podía ganar un dinero extra y aquí vino a convocar a vecinos y visitantes.

La ex Municipalidad de Buenos Aires se interesó y propuso mejorar el palomar de la Costanera. Aportó maíz y trigo. El ex Concejo Deliberante votó una suma del presupuesto municipal. Benito Costoya murió en 1937 con un sueldo de peón y las palomas, acostumbradas al lugar, allí quedaron.

Casa Rosada

En 1595 se comienza a construir una fortaleza en el mismo solar que, por elección del adelantado Juan de Garay, se había escogido en 1580 como lugar para los gobernadores. Se denomina pomposamente Fuerte de don Juan Baltasar de Austria o Real Fortaleza de San Juan. También se lo llamó, en 1676, Castillo de San Miguel de Buenos Aires.

Tenía a su alrededor un foso, como las antiguas fortalezas europeas, y un puente levadizo en la entrada principal frente a la Plaza Mayor, luego Plaza de Mayo. Este foso nunca fue llenado de agua, por lo que funcionaba como una trinchera. El puente levadizo subsistió hasta la Presidencia de Rivadavia.

Del antiguo Fuerte no quedó más que el gran arco de la entrada y un cuerpo del edificio situado hacia el ángulo noroeste que, luego de algunos arreglos, fue sede del gobierno nacional; ese cuerpo, refaccionado en 1861, había sido residencia de los gobernadores y virreyes y asiento de los gobiernos independientes que le sucedieron. En 1867 comienzan las reformas ordenadas por el presidente Domingo Faustino Sarmiento.

En el lado derecho, si nos ubicamos en Plaza de Mayo, en lo que era la calle *Victoria*, hoy *Hipólito Yrigoyen*, el arquitecto sueco Carlos A. Kihnlderg construyó un edificio para Correos y Telégrafos. En 1882 el general Julio Argentino Roca mandó demoler la llamada "Casa de los Virreyes", el sector que Sarmiento ordenara pintar de rosado; también encaró la construcción de un edificio similar, que le fue encargado a otro sueco, Gustavo Enrique Aberg.

El frente que da a Plaza de Mayo es inarmónico ya que en su parte central consta de tres pisos con un arco en el medio y los pabellones laterales sólo cuentan con dos pisos. El de la izquierda tiene una galería sostenida por columnas de granito rojo y el de la derecha sólo puertas y ventanas.

La Casa de Gobierno quedaba así constituida por dos edificios separados por una calle, transitada por las carretas que iban desde la Plaza de Mayo hasta la Aduana Nueva. Ésta se construyó en un lugar contiguo al que ocupaba frente al Fuerte, donde ahora está el Monumento a Cristóbal Colón.

Ambos edificios —diseñados por arquitectos suecos— fueron unidos por un puente, a la manera de arco, esbozado por el italiano Francisco Tamburini. En las obras finales de Casa de Gobierno también participó el argentino Prilidiano Pueyrredón.

El edificio se singulariza por sus muros, cuyo espesor va reduciéndose desde los sótanos hasta el segundo piso. Consta de tres pisos sobre el lado oeste y cuatro sobre el opuesto, debido a que en esta parte el desnivel de la calle es mucho más acentuado. Los ministerios que alguna vez ocuparon la casa se han ido trasladando.

Este edificio fue sede del gobierno argentino desde la Primera Junta de 1810 hasta la actualidad. Es monumento histórico nacional desde el 21 de mayo de 1942.

Hay dos excepciones en todo lo antedicho. Juan Manuel de Rosas dispuso que el Fuerte fuese destinado para alojamiento de tropas, instalando el gobierno en su casona del barrio de *Palermo*. La otra es que el Ministerio del Interior es el único que hoy funciona en la Casa Rosada.

El llamado balcón de Perón... Lo diseñó el sueco Aberg y en 1990 fue remozado. Está cercano a la calle *Rivadavia*, y está cubierto. En él habló por última vez Perón (1974). Desde allí el Papa bendijo a una multitud (1982). También se asomaron el futbolista Diego Armando Maradona (1986) y el actor argentino Héctor Alterio, cuando rodó una secuencia de la película *El hombre de la deuda externa* (1987), dirigida por Pablo Olivo. Aparecieron asimismo en este balcón el ex presidente Raúl Alfonsín (1983-1989) y también la cantante estadounidense Madonna, para una escena —históricamente errónea— de la versión fílmica de la ópera rock *Evita* (1997).

En lo alto de la fachada de la Casa de Gobierno está la

Bandera Nacional con sol en el centro, a la que se agrega, izado junto a ella, un gallardete que indica la presencia del presidente en el edificio.

El sillón de Rivadavia es un símbolo y hace referencia al primer presidente civil, y por extensión se lo considera el sillón de los presidentes. Rivadavia se llamó Bernardino de la Trinidad González Rivadavia. No se conserva este "sillón" del primer presidente de las Provincias del Río de la Plata, de cuando el cargo fue creado por la llamada Ley de Presidencia el 6 de febrero de 1826. Existe sí, un "sillón de Rivadavia" en la Catedral Metropolitana, que cuenta con un reclinatorio. Se trata de un importante asiento tallado y dorado, tapizado en rojo.

La Casa Rosada se denomina así desde 1873, cuando el presidente Sarmiento la mandó pintar de rosado por analogía con la Casa Blanca, en Washington D.C., Estados Unidos. Dado que el blanco era el color predominante antes de la época de Rosas y luego el rojo fue usado por los federales fanáticos, se dice que Sarmiento quiso utilizar el tono rosado para simbolizar la unión de todos los sectores políticos.

El arquitecto francés Norberto Maillart hizo el Palacio de Correos y Telecomunicaciones de Buenos Aires y el Palacio de Tribunales (Plaza Lavalle). Es el autor del jardín de invierno próximo a las áreas privadas del presidente. Los vitrales con temas pompeyanos son de origen francés y tienen las iniciales de la República Argentina. El piso del jardín de invierno es de cerámicas grises similares a las que estaban antiguamente en el Salón Blanco y que desde 1903 han sido instaladas en la iglesia de la Sagrada Familia, en Haedo, provincia de Buenos Aires.

A partir de 1990 se realizaron modificaciones en la Casa de Gobierno. En el ámbito de la Oficina de Obras Públicas se instaló, previa restauración, un gran salón para conferencias de prensa (segundo piso).

Su último arreglo se realizó en septiembre de 1999, ocasión en que los restauradores cubrieron con una tela gigante que reproducía en su frente la fachada original. La similitud entre lo virtual y lo real pasó inadvertida a la distancia (*Balcarce* 24).

El museo

Se inauguró en 1957. Se halla en lo que fueron los depósitos de la Aduana Nueva y parte del ámbito del antiguo Fuerte. Conserva y difunde los objetos pertenecientes a los presidentes argentinos, luego de cumplido un lapso de treinta años desde la finalización de su mandato. Como museo su originalidad reside en el hecho de estar instalado en una galería subterránea de arquería de ladrillo. Si bien hay que entender que la Casa Rosada es una casa-museo y todo el ámbito de la misma amerita tratamiento museológico.

En una de las demoliciones hechas en 1942, el área que hoy ocupa el Museo fue descubierta por personal de la ahora privatizada empresa Obras Sanitarias de la Nación. En la excavación —flanco sur de la calle *Hipólito Yrigoyen*— se encontró una galería llena de tierra hasta tres cuartas partes de altura. Al proseguirse la investigación se comprobó la conexión de estas galerías abovedadas con el recinto que perteneció al Fuerte, advirtiéndose la diferencia que existe entre las dos construcciones. La fortaleza está hecha con adobe y paja; la Aduana, con enormes ladrillos de barro del siglo XIX. La construcción de la Aduana tiene forma semicircular perfecta, mientras que la del Fuerte está formada por arcos de medio punto y presenta irregularidades e imperfecciones. Por lo que es sabido, el edificio de la Aduana Nueva fue demolido hasta el nivel del primer piso y el resto cegado para la construcción del puerto de Buenos Aires, rellenando y ganando tierras al río desde la barranca posterior del Fuerte. La construcción de la planta inferior de aquel edificio quedó sepultada y constituye las actuales galerías.

Sustituía a una anterior emplazada en la calle *Balcarce*. La Aduana Nueva fue construida entre 1855 y 1857, en el espacio que hoy ocupa la Plaza Colón. Era un edificio semicircular, con algo de coliseo romano, con un muelle de madera para mercaderías y en el centro una torre que servía de faro. Los depósitos utilizados en el Fuerte no eran originariamente subterráneos sino que se realizaron al nivel de entonces. Su construcción implica la primera ampliación de la superficie de la ciudad de Buenos Aires. Se constituyó en un ejemplo de arquitectura neocolonial y fue obra de Eduardo Taylor. En 1983 se exhumó el denominado "patio de maniobras", sobre la acera este de *Paseo Colón*, a la vera de la Casa de Gobierno. En 1910, la Aduana se instala en el vecino edificio de *Azopardo* 350 (*Hipólito Yrigoyen* 219).

Mirando desde atrás, sobre la *Avenida Paseo Colón,* donde estaba la puerta "del socorro" del Fuerte se encuentra en lo alto el grupo escultórico *Las artes y el trabajo coronando a la República*. Está formado por catorce figuras realizadas en argamasa, obra de Carlos Bianchi. En el centro se halla la República Argentina, a la derecha el Trabajo y a la izquierda la Agricultura. Se destacan también la Ley y la Ciencia —que se dan la mano—, Neptuno, la Historia y la Fuerza.

Los servicios y Martín

Frente a la Casa Rosada, por *Avenida Rivadavia* esquina *25 de Mayo*, donde está la Secretaría de Inteligencia de Estado (SIDE), una placa recuerda que allí se encontraba el Hotel Argentino en el que en 1872 José Hernández escribió el poema épico *Martín Fierro*.

El Cabildo

En 1748 se terminó el primer piso y en 1763 se construyó la torre donde se colocó el reloj traído de Cádiz (España). En 1810 fue el epicentro de la Revolución de Mayo, inicio de la gesta de la Independencia. Es uno de los edificios más vinculados a las visitas de escolares y con mayor tradición en la memoria colectiva.

Es también uno de los edificios a los que más cambios se les realizaron a través de los tiempos.

Fue sede del Ministerio del Interior. La continuación de la *Avenida de Mayo* obligó a suprimirle tres arcos del ala norte en 1889.

En 1931, y en razón de las obras de comienzo de la *Ave-*

491

nida Diagonal Julio A. Roca, se le suprimieron los otros tres arcos. Las depredaciones sufridas por el edificio del Cabildo obligaron a que recién en 1939 se iniciara su restauración, que es casi escenográfica y que realizó con mucho respeto el arquitecto Mario Buschiazzo.

El edificio está custodiado por el Regimiento de Patricios, y en su interior funciona un museo que evoca aspectos de la Revolución de 1810 (*Bolívar* 65).

La Catedral

Está ubicada sobre la *Avenida Rivadavia* frente a Plaza de Mayo y pertenece al barrio de *San Nicolás*.

La fachada cuenta con una pequeña imagen de Santa María de la Rábida, donada por la Real Sociedad Colombina de Huelva (España). La imagen tallada en madera es la patrona de las Américas, ya que en ese convento se gestó el descubrimiento. Fue emplazada allí el 11 de junio de 1975 con motivo de la fecha aniversario de la Segunda Fundación de Buenos Aires.

Este monumento histórico nacional está ubicado en el solar que Juan de Garay en 1580 destinó para iglesia parroquial. Posee cinco anchas naves neorrenacentistas. La nave central, denominada también de San Pedro, tiene setenta y cinco metros de largo.

El peristilo está integrado por doce columnas que representan a los Apóstoles y sostienen el frontispicio que representa en un bajorrelieve el encuentro de Jacob con su hijo José en Egipto. Allí en el centro se vislumbran las famosas pirámides.

Se cree erróneamente que la columnata responde a una copia de los planos de la Magdalena de París, traídos por Rivadavia. Esto es inverosímil, pues las columnas de nuestra Catedral se hicieron en 1822 y las de la Magdalena en 1842.

El templo está bajo la advocación de la Santísima Trinidad. El altar mayor es de estilo barroco de fines del siglo XVIII y cuenta con un admirable Cristo tallado en una pieza de madera de algarrobo, obra del portugués Manuel de Coyto (también se puede escribir Couto).

El altar mayor fue ejecutado por el tallista Isidro Lorea, natural de Villafranca, en el antiguo reino de Navarra, que murió junto a su esposa en 1806, en mano de los ingleses que invadieron Buenos Aires. En su honor se alza la plaza Lorea, frente al Teatro Liceo (*Paraná y Rivadavia*).

Los clavos de la Santa Cruz dentro de la corona de espinas son un motivo que se repite en el piso de la Catedral y fueron dibujados por el ingeniero italiano Carlos Morra.

Valen ser admirados en este templo la imagen de Nuestra Señora de los Desamparados, originaria de Valencia (España), siglo XVIII, y los frescos del pintor italiano Francisco Pablo Parisi, estilo renacentista, ejecutados a fines del siglo XIX. Este último, nacido en Taranto (Italia), trabajó en la Pinacoteca Vaticana y en la basílica de San Juan de Letrán en Roma. Pintó para la Catedral de Buenos Aires unos veintitrés cuadros. Los bocetos fueron expuestos en la Exposición Internacional de Londres de 1909 y obtuvieron medalla de oro y diploma de honor.

En el centro de la Catedral cuatro medallones representan las virtudes cardinales: Prudencia, Justicia, Fortaleza y Templanza, también obras de Parisi.

En 1980 se instaló la imagen del *Cristo del gran amor*, encargada por dos futbolistas de la Selección argentina de 1978, Daniel Bertoni y Héctor Scotta, y tallada por el escultor sevillano Luis Álvarez Duarte. Sigue los cánones de la imaginería religiosa de la escuela sevillana barroca del 1700. La imagen es conocida popularmente como el Santo Cristo de los Futbolistas.

En abril de 1997 se homenajeó a las víctimas del Holocausto y de los atentados a la Embajada de Israel (1992) y a la AMIA (Asociación Mutual Israelita Argentina, 1994). En el acto participó el ex presidente de Polonia, Lech Walesa, que se encontraba de visita en el país.

La placa alusiva contiene textos bíblicos encontrados en guetos y campos de concentración de Europa del Este y una inscripción hallada por judíos para esconderse de los nazis en la ciudad alemana de Colonia.

La capilla del Sagrario cuenta con un altar construido con

finos mármoles y bronce a imitación del Altar de la Confesión de San Pedro, existente en la basílica homónima de Roma, con magnífico baldaquín de columnas neobarrocas de granito lustrado traído de Sierra Chica. La obra fue ejecutada en 1943 por el arquitecto Enrique Martínez Castro. Allí se venera la Gran Custodia de Plata que se utilizó en la clausura del Congreso Eucarístico de 1934. Data de 1700 y pertenece a la orfebrería rioplatense. En 1984 la Custodia fue agrandada con motivo de la visita del papa Juan Pablo II.

A 30,48 metros por debajo de la estrella octogonal y central del peristilo pasa la cota cero que marca los niveles de toda la ciudad. Así figura en el Código de Edificación, capítulo de los niveles.

La cripta de la Catedral de Buenos Aires se halla debajo del altar mayor, y fue destinada a dar sepultura a dignatarios civiles y de la iglesia. Allí, entre otros, reposa el siciliano Juan Rodríguez Palermo (1635), vinculado a los orígenes del barrio de *Palermo*.

Generalmente la cripta está cerrada y se abre el 2 de noviembre (Día de los Difuntos) para rezar misa en el sencillo altar. Es el cementerio más antiguo de la ciudad. Fue construido a principios del siglo XVIII, cuando no existían cementerios y la gente importante era sepultada en los templos, en el sector situado entre el atrio y el altar mayor. Allí reposan los restos de dos virreyes, los únicos sepultados en esta ciudad. Uno es Pedro Melo de Portugal, quinto virrey; el otro es Joaquín del Pino y Rozas, Romero y Negrete, octavo virrey. Los demás pobladores, esclavos, pobres y sirvientes no eran enterrados, salvo en el cementerio para ajusticiados y marginales que funcionó junto a la iglesia de San Miguel (entonces una capilla de paja y adobe) y que hoy se sitúa en el ámbito de la Plaza Roberto Arlt (*Esmeralda entre Rivadavia y Bartolomé Mitre*).

San Martín

El Mausoleo de San Martín está en la Catedral y es obra del escultor francés Albert-Ernest Carrier-Belleuse. En la construcción del mismo se usó mármol rojo de Francia y mármol rosado para la casi totalidad de la estructura, cubriéndola con una lápida de rojo imperial; en posición inclinada se aprecian espléndidas figuras alegóricas representando a la Argentina, Chile y Perú. Los restos del general San Martín fueron repatriados desde Francia en 1880. La capilla lateral donde reposan los restos es atribuida al arquitecto sueco Enrique Aberg.

También descansan en el mausoleo los restos del general Juan Gregorio de Las Heras, los del general Tomás Guido y los del soldado desconocido de la Independencia.

En la cúspide de la capilla se encuentra tallado en cristal de roca el sol de la independencia, que ilumina el ámbito.

Es custodiada permanentemente por una guardia del Regimiento de Granaderos a Caballo.

La presencia del mausoleo es señalada por la leyenda del frontispicio de la Catedral: "Aquí descansan los restos del Capitán General Don José de San Martín y del Soldado Desconocido de la Independencia. ¡Salúdalos!". La frase está iluminada por una lámpara votiva que fue encendida el 17 de agosto de 1947.

Contra el lado exterior del mausoleo, en su costado norte, existe un osario con los restos de nueve difuntos que se encontraron al construir la playa de estacionamiento anexa a la Catedral; pertenecían a un antiguo cementerio (*Rivadavia* 437).

Fuego sagrado

La Curia Metropolitana "Domus Mariae" es un edificio de once pisos destinado a la organización y el funcionamiento de las tareas del arzobispo de Buenos Aires y ocupa el sitio donde se erigía el anterior, que fue incendiado en el año 1955.

Los archivos de más de ochenta mil legajos, bibliotecas de distintos arzobispados con miles de volúmenes que contenían la historia de la religión desde 1600 se convirtieron en ceniza. También ardió la Sacristía de la Catedral, donde había un museo de arte indohispanoamericano. Se pudo rescatar una fuente de piedra, regalo del rey Carlos III de España para la purificación de sacerdotes y fieles. El aguamanil se conserva ahora en la sacristía. Antes, la curia se hallaba anexada a la Catedral, pero ahora, entre el templo y la edificación, se ha dispuesto una imagen del Sagrado Corazón de Jesús. El proyecto pertenece a los arquitectos Alfredo C. Casares y Julio C. Aranda, y al ingeniero Luis P. Arrigui. Parte del solar fue la vivienda del guerrero de la Independencia Miguel de Azcuénaga (*Rivadavia* 413).

Edificio patrimonial

Es el de una institución bancaria. Fue originalmente proyectado por Raúl Levacher. En 1930 los arquitectos Ermete de Lorenzi, Julio Otaola y Aníbal Rocca realizaron un nuevo proyecto de edificio neoplateresco, que fue ampliado en 1972 (*Reconquista* 40).

Después de San Pedro

El Banco de la Nación Argentina ocupa toda una manzana; es una obra maestra de la arquitectura. El actual edificio, que se finalizó en 1944, está recubierto de piedra cuarcítica traída de Chapadmalal y Balcarce (provincia de Buenos Aires). En el lugar en el que hoy se ubica estuvieron antes la primera iglesia, el primer cementerio y el primer terreno baldío, al que se llamó el Hueco de las Ánimas por la creencia de que en él vagaban almas en pena. El hueco pasó a ser luego el antiguo Teatro Colón.

La planta principal está cubierta en su parte central por una bóveda transparente de unos cincuenta metros de diámetro y treinta y seis metros de altura. Por su tamaño y peso es la tercera en el mundo después de la de San Pedro en Roma y la del Capitolio en Washington D.C. Hacia el centro del recinto operativo situado bajo dicha bóveda convergen las diagonales que parten de los cuatro accesos esquineros. Se trata de un gigantesco salón sin columnas intermedias, rodeado de sólo cuatro pares de pilares que reciben la carga del edificio, que alcanza las cincuenta y dos mil toneladas.

El arte de la cúpula llega aquí a su mayor expresión contemporánea: su levantamiento constituye un caso límite de las posibilidades técnicas, puesto que agota la relación estática entre las dimensiones básicas permitidas por el material utilizado.

En el segundo subsuelo, en el ámbito denominado Hueco de las Ánimas, se hallan once mil doscientos noventa cajas de seguridad de todos los tamaños. La puerta de seguridad para su acceso consta de un sistema de espejos que accionan la alarma en caso de violación. Alejandro Bustillo dijo al respecto: "La caja del tesoro es un cuadrado de cincuenta metros de lado. Está apoyada sobre pilares de noventa centímetros, con una estructura interior de hierro ondulado en lugar de varillas de hierro: no se puede perforar, cualquier máquina que entre se desvía en las ondulaciones. El tesoro es una caja que tiene forma como el banco, con cincuenta metros de lado y una altura de cuatro metros, apoyada en forma articulada sobre mecanismos movibles. Así que cuando la estructura, por cualquier motivo, cede ante cualquier imprevisto, cede ante cualquier empuje, como es movible, el empuje se pierde...".

El tesoro se inunda en quince minutos en caso de incendio. El edificio tiene cinco kilómetros de corredores y mil quinientas puertas con llave. Cada piso tiene su propia llave maestra. Mide cuarenta metros de altura desde el nivel de la calzada; tiene cien mil metros cuadrados de superficie cubierta y todos sus muros se hallan revestidos hasta el techo de mármoles, maderas y azulejos, excepto las oficinas. El conjunto de los tesoros, que abarca dos mil quinientos metros cuadrados de superficie, está constructivamente aislado del resto del edificio. El mismo tiene diez puertas de entrada de bronce, cuyo peso varía de diez a dieciséis toneladas cada una, que son accionadas eléctricamente mediante una central combinada con los relojes. Fue diseñado por el arquitecto argentino Alejandro Bustillo (1889-1982). (*Bartolomé Mitre* 326). (*Rivadavia 325*). (Barrio de *San Nicolás*). La vereda o acera en que están situados el Banco y la Catedral pertenece al barrio de San Nicolás, aunque por un sentido de orden la ubicamos en Monserrat (véase página 9 de la guía de uso).

Cajas chinas

El edificio que perteneció al Banco Hipotecario ostenta un largo historial institucional en esta construcción de estilo academicista tardío o de arquitectura imperial. Funciona ahora la Administración Federal de Ingresos Públicos (AFIP). Es obra de los arquitectos Raúl Fitte, Héctor Morelli y Fariña Ricce. La construcción, empezada en la década del cuarenta, finalizó en 1966. En su interior ha sido conservado el edificio del viejo Congreso, lo cual es un ejemplo de preservación histórica. Se trata de una obra inaugurada en el año 1862, creación de Jonás Larguía. Originalmente hacía cruz con la Casa de Gobierno.

El recinto en forma de herradura posee galerías superiores sostenidas por delgadas columnas de hierro forjado. Frente y recinto han sido debidamente preservados.

Es también sede de la Academia Nacional de la Historia y monumento histórico nacional (*Balcarce* 167).

Dentro del edificio del Banco Hipotecario, entrada de *Balcarce* 139, se encontraban dos habitaciones que habían subsistido a la demolición parcial de la casa de la familia Balcarce. Actualmente esos ambientes han sido demolidos. Una placa dice: "En esta casa nació para gloria de los argentinos el Brigadier General Antonio González Balcarce, que obtuvo en las márgenes de Suipacha la primera victoria de los ejércitos de la patria".

La vivienda era conocida como "la casa de los hombres buenos", y son los que dan nombre a la calle *Balcarce*.

Legislatura

Antes era el Concejo Deliberante, ahora es la Legislatura de la Ciudad de Buenos Aires. Su torre se eleva a noventa y siete metros. El edificio fue realizado por el arquitecto Héctor Ayerza. Tiene forma octogonal y está rematado por una cúpula de bronce. En ella se destacan cinco campanas bautizadas así: La Argentina, que pesa mil ochocientos kilos (do natural); La Porteña, de mil kilos (mi bemol); La Santa María, de quinientos kilos (la bemol); La Niña, que pesa trescientos cincuenta kilos (si bemol), y La Pinta, de doscientos cincuenta kilos (do natural). Las treinta campanas del carrillón suman veintisiete mil trescientos cincuenta kilos: la más pesada es de cuatro mil trescientos kilos y la más chica, de cuarenta. Fabricado por Böckeman A. Harz (Alemania), el carrillón ostenta en sus campanas el escudo del Gobierno de la Ciudad de Buenos Aires, y los cuadrantes del reloj tienen un diámetro de cuatro metros y medio por cara, controlando otros ochenta relojes internos.

El carrillón y el edificio datan de 1931 (neoclásico). Parte del edificio es estilo Luis XIV. Coronan su frente veintiséis estatuas, que vale la pena admirar y que simbolizan: la Ciudad, Orden Social, Poder y Derecho, Protección a la infancia, Vigilancia y Providencia, Comercio, Ciencia Médica y Química, Progreso, Estética, Vulcano, Ponderación, Carácter, Justicia, Pomona, Arquitectura y Edilicia, Subterráneo, Industria, Mercado y Mataderos, Agricultura, Atletismo, Pintura, la Música y la Historia.

El salón de los legisladores, denominado Ciudad de Montevideo, cuenta con artesanía realizada en roble americano y está decorado con arañas de bronce y cristal.

Este ámbito del Poder Legislativo de Buenos Aires fue entre 1946 y 1951 parte de las oficinas de trabajo que tuvo Eva Perón (*Avenida Julio A. Roca* 575).

En el cruce de la *Avenida Julio A. Roca* —también conocida como *Diagonal Sur*— y la calle *Perú* se encuentra una fuente de carácter mitológico, *El tritón*. Es obra del escultor Troiano Troiani, uno de los plásticos de la generación del ochenta. Consiste en una base de granito sobre la que se alza el ser mitológico en actitud de beber. La figura es de bronce, al igual que los sapitos que lucen en el estanque vecino. La fuente data de 1932.

Esta avenida diagonal es de 1931. Tiene sólo tres cuadras. Al igual que su similar Norte tiene alturas fijas a los treinta y tres metros. Eficaz normativa que jerarquiza los espacios arquitectónicos.

Frente al edificio del Instituto Nacional de Estadística y Censos y al conjunto de la Manzana de las Luces se halla el Monumento al General Julio A. Roca. Data de 1941. Honra a quien por dos veces fue presidente de la Nación (1880-1886 y

1898-1904) y completó el dominio territorial argentino a través de la acción denominada Campaña del Desierto, gesta polémica hasta la fecha.

La obra surgió de un concurso al que se presentaron cuarenta y siete maquetas, siendo elegida la del escultor José Luis Zorrilla de San Martín (1891-1975), hijo del poeta autor de *Tabaré.* Aunque uruguayo, nació en la sede diplomática de su país en Madrid, España. Es el papá de la actriz Concepción (China) Zorrilla.

La Plazoleta del Progreso está ubicada en la calle *Perú* casi esquina *Hipólito Yrigoyen,* donde tuvo su sede el tradicional Club del Progreso. La réplica del coronamiento de su puerta cancel es un ineludible atractivo y comparte el espacio con dos barandales afrancesados. Las ventanas del edificio superior reflejan la imponente mole de la Legislatura de la Ciudad, que está enfrente.

Campanario

En el antiguo edificio funcionó eficientemente un espectacular reloj con dos autómatas que terminó siendo incautado por el gobierno en 1945. Caprichosamente se lo reubicó cinco años después en un edificio estatal con frente a *Bouchard*, entre *Viamonte* y *Córdoba*. Un lustro después el edificio quedó abandonado, y en 1985 varios ladrones trataron de desmontar el artefacto. Frustrados por la intervención policial, huyeron sin apropiarse del grupo escultórico, si bien hurtaron algunos mecanismos. Ahora se alza en la *Diagonal Roca* (Sur) y es visible desde Plaza de Mayo (*Avenida Julio A. Roca* 516).

Catedral al Sur

Así se denomina el sector comprendido entre las calles *Rivadavia, Paseo Colón, Venezuela y Perú.* La ciudad de Buenos Aires creció alrededor de la hoy Plaza de Mayo, antes Plaza de

500

la Victoria. En este sector se encuentran algunas iglesias y edificios de los siglos XVIII y XIX.

San Francisco

Esta basílica se estableció en 1581. La fachada original fue cambiada en 1911 y es difícil de definir por sus muy distintos estilos arquitectónicos. En la parte superior del templo se encuentran las imágenes de Dante Alighieri, a quien el templo está dedicado, y Cristóbal Colón.

El altar mayor, quemado en el incendio del año 1955 y posteriormente diseñado con criterio contemporáneo, ha combinado el frontal y los cuatro grandes candelabros de madera tallada y policromada con un tapiz de ocho metros de ancho por doce de alto que sirve de fondo. Fue diseñado por el artista Horacio Butler y realizado según la técnica Aubuson por Jacques Larochette, en un taller del Ministerio de Obras y Servicios Públicos, y en él trabajaron cuatro operarios durante cuatro años. En la actualidad es, por su tamaño, el segundo en el mundo, luego del que se encuentra en la catedral de Coventry, Gran Bretaña. El altar derecho del crucero es el único de los que originariamente poseyó la basílica, obra anónima de un tallista portugués. Los restantes datan del año 1911. Es importante destacar el púlpito de líneas rococó en madera tallada y dorada. En su interior hay una imagen de San Juan de Capistrano, predicador que promovió la cruzada contra el Islam Mahomet II, que se había apoderado de Constantinopla. Murió en 1546. Su nombre es el de la misión homónima en California adonde viajan las golondrinas de la Plaza de Mayo. La biblioteca es una de las más antiguas y valiosas de Buenos Aires. Es monumento histórico nacional (*Alsina* 380).

La capilla de San Roque

La capilla, que tiene con panteón y sacristía treinta metros de largo por ocho de ancho y nueve de alto, fue decorada en estilo barroco alemán por el arquitecto Sackmann. En la espadaña hay una campana de bronce fundida en Sevilla por Zacarias Ditrich, en 1759, que tiene grabadas las imágenes de San Roque y San Francisco.

El panteón es el enterratorio subterráneo más grande de Buenos Aires. Después, en 1882, se prohibió sepultar en este sitio.

Ernesto Sackmann, que modificó la fachada del templo de San Francisco, trabajó en este ámbito construido en 1751 por el arquitecto Antonio Masella.

El Museo San Roque es sede de los Terciarios Franciscanos y pertenece al Convento de San Francisco. Colecciona y exhibe imaginería, mobiliario y pintura hispano-luso-americanos de los siglos XVIII, XIX y XX.

La construcción data de fines del siglo XVIII y principios del siglo XIX. Tiene techos abovedados que apoyan sobre paredes de un metro de espesor de ladrillo revocado. Es prácticamente el único ejemplo en su tipo existente en la ciudad.

También fue incendiado en 1955. Es monumento histórico nacional (*Alsina* 340).

Las cuatro estatuas que adornan la Plazoleta de San Francisco estuvieron desde 1878 y hasta 1884 en los vértices de la Pirámide de Mayo. Antes habían adornado el frente del Banco de la Provincia de Buenos Aires de la calle *San Martín*. Representan a la Navegación, la Industria, la Astronomía y la Geografía (*Alsina* y *Defensa*).

La farmacia de la esquina y el museo

Se llama de *La Estrella* y fue conservada como ejemplo vivo de la arquitectura y costumbres de 1900. En su techo una escena pintada por Carlos Barberis muestra la enfermedad fea y vieja contemplada por la farmacopea: una mujer bella alrededor de la cual revolotean querubines. Por encima de esas imágenes la salud brinda por la vida. Otros frisos representan a la Química y la Botánica. Pertenece al Museo de la Ciudad (*Defensa* 201).

El Museo de la Ciudad fue creado en 1968 y depende del Gobierno de la Ciudad de Buenos Aires. El edificio data aproximadamente del año 1898. Es el encargado de la investigación, documentación y catalogación de lo concerniente al desarrollo costumbrista, arquitectónico y urbanístico de Buenos Aires (*Alsina* 412).

El Museo Nacional del Grabado alberga una importante colección de grabados pertenecientes a la colección Pécora. Su edificio data de 1860 y antes de ser sede del museo fue almacén de ramos generales, conventillo, restaurante y mercado de artesanías (*Defensa* 372).

Niní

Frente a la iglesia de San Francisco se alza una casa característica de la arquitectura del barrio.

Posee balcones, siendo los laterales de cemento y los centrales de hierro forjado. Sus dinteles hospedan niños y una infinidad de elementos ornamentales. Un estilo neobarroco casi plateresco define la fachada, entre el juego del hierro y la mampostería de ángeles y serafines. En esta casa nació una de las glorias de la radio y del cine argentino: Niní Marshall (*Defensa* 219).

Art déco

La Puerto Rico fue fundada en 1887 por Gumersindo Cabedo, que hizo una breve estada en esa isla caribeña y que, atrapado por sus imágenes, puso su nombre al primer café, La Puerto Rico, que estuvo ubicado en *Perú* entre *Alsina* y *Moreno*.

Está emplazada aquí desde 1925. Sus mesas se encuentran con espejos en forma de medialuna que reflejan columnas inspiradas en el *art déco*. El piso y los vidrios biselados recuerdan típicos paisajes tropicales (*Alsina* 420).

Casas más, casas menos

La casa que perteneció a María Josefa Ezcurra, hermana de Encarnación, la esposa de Juan Manuel de Rosas, fue construida en 1801 sobre los restos de una residencia jesuítica de mediados del siglo XVIII. (*Alsina* 455/463)

Se llama los Altos de Elorriaga, apellido de Juan Bautista, su primer propietario original, a la casa sin ochava de 1812 y también situada en el casco fundacional de la ciudad (*Alsina* 405).

Ambas son monumentos históricos nacionales y están siendo restauradas por el Gobierno de la Ciudad de Buenos Aires.

El conjunto se complementa con una propiedad privada que se integra a las anteriores (*Alsina* 429/451).

En un viejo galpón se inaugura en 1999 el Centro Cultural Plaza de la Defensa (*Defensa* 535).

Vencer al tiempo

El Querandí fue una residencia desde 1860 y bar a partir de 1920, con boiserie, barra y columnas salomónicas. Durante sesenta años fue lugar de encuentro estudiantil. Después de estar cerrado diez años finalmente fue restaurado en 1990. Lo arrienda la Asociación de Ex Alumnos del Colegio Nacional de Buenos Aires, que se ocupa de su recuperación desde el año 1992. Es uno de los cafés que venció al tiempo. (*Perú* 372)

Fueron los conventillos más céntricos de la ciudad. Están a escasos cien metros de la Plaza de Mayo y ocupan parte de la manzana comprendida por las calles *Balcarce, Alsina, Moreno* y *Defensa*, parte del casco histórico de la ciudad. Pertenecieron a la orden franciscana, que posee su iglesia en la misma manzana.

El conjunto consta de siete edificios. Fue construido en 1870 por el arquitecto Ernesto Sackmann y actualmente pertenece al Banco Ciudad.

A partir de 1991 se iniciaron las obras de restauración del inmueble, subdividiendo los interiores en departamentos y respetando las fachadas, mediante un subsidio otorgado por la Junta de Andalucía (España).

El City Hotel cuenta con una terraza espectacular en el piso doce. En 1953 alojó al elenco del Folies Bergère de París y en 1954 al del Lido. Es un hotel tradicional. En el salón de té se encuentran los antiguos mostradores de la tienda de San Miguel, de *Bartolomé Mitre y Suipacha* (*Bolívar* 160).

La iglesia de San Ignacio tiene la fachada más antigua de Buenos Aires; fue hecha originalmente en 1710 por el padre Juan Kraus, oriundo de Pilsen, Bohemia. Al fallecer éste continuaron su obra los hermanos Andrés Blanqui, Juan Wolff, Juan Bautista Primoli y Pedro Weger, todos miembros de la Compañía de Jesús. Fue la primera en América que llevó el nombre del santo.

El interior sigue el característico trazado de las iglesias jesuíticas: una nave central y otras laterales con galerías superiores. La fachada presenta detalles que la diferencian de las demás iglesias de la ciudad. El estilo es neorromano (renacimiento jesuítico); su creador fue el arquitecto italiano Santiago Barozzio, conocido por Viñola. El reloj de una de las torres es el que estuvo en el Cabildo y fue traído de Inglaterra.

En el subsuelo está enterrado el prócer Juan José Castelli. Altares, reliquias, muebles e imágenes fueron incendiados o destruidos en la noche del 16 de junio de 1955.

En su interior se venera a Nuestra Señora de las Nieves, copatrona de la ciudad de Buenos Aires. Es monumento histórico nacional (*Bolívar* 225).

Nacional prestigioso

El Colegio Nacional de Buenos Aires está en una vereda muy arbolada y en la que al atardecer se escuchan los cantos de cientos de pájaros. El edificio es obra del arquitecto francés Norbert Maillart, que también hizo el Palacio de Correo y el de Tribunales.

Esta escuela secundaria mixta de gran prestigio educacional tiene allí más de doscientos años dedicados a tareas de la enseñanza. Integra una parte de la Manzana de las Luces. Es una de las tres escuelas secundarias que dependen de la Universidad Nacional de Buenos Aires (*Bolívar* 263).

La Manzana de las Luces

Los túneles del viejo Buenos Aires fueron hechos para fines exclusivamente defensivos; según algunos, los realizaron sacerdotes de la Compañía de Jesús, que fundaron reducciones con los naturales del lugar y en las ciudades verdaderas fortalezas que eran casas de estudio o templos. Así construyeron en el siglo XVII la Manzana de las Luces. Desde esa manzana porteña donde los jesuitas edificaron su primera iglesia, según los estudiosos, parte una de las más importantes redes de túneles. El campanario de San Ignacio oficiaba como puesto del vigía de esa concentración de edificios —llamada Manzana de las Luces por su iluminación intelectual—; desde allí los jesuitas podían descubrir la presencia de corsarios en el río de la Plata. Por las galerías subterráneas llegaban hasta *La Recoleta* y la costa del río de la Plata en *Retiro*. Y desde ese lugar se podía entrar a su vez en la ciudad para llegar al centro y al mismo Fuerte.

La construcción de túneles o galerías subterráneas es hoy un vivo motivo de atracción, pero los más sorprendidos son los arquitectos e ingenieros, que entonces no existían. Para los expertos, aquellos constructores no pasaban de ser alarifes o maestros de obra. Sin embargo, los siglos han corrido y sus trabajos están intactos y notablemente bien conservados. La realización de estos túneles parece haber respondido a necesidades vinculadas con la defensa de la ciudad o con motivos religiosos.

El origen del nombre "La Manzana de las Luces" aparece registrado por primera vez con referencia al predio delimitado por *Perú, Alsina, Bolívar* y *Moreno,* en *El Argos,* en una edición de 1821, donde se da cuenta también de las actividades vinculadas a la "iluminación" del intelecto que en ella se desarrollaban. Entre 1943 y 1945 este lugar fue sede de las facultades de Ciencias Exactas y de la de Ingeniería, y epicentro de la desafortunada lucha entre estudiantes universitarios y sectores opuestos (*Perú* 272).

Atrás de la Casa Rosada

En la Plaza Colón, y por la calle *La Rábida* norte, hay una placa colocada en 1977 que recuerda los cincuenta años del primer viaje realizado entre Italia y la Argentina por el "Santa María", un hidroavión Savoia que unió los puertos de Elma (Italia) y de Buenos Aires. El viaje se hizo entre el 13 de febrero y el 2 de marzo de 1927, uniendo los 13.620 kilómetros en 8 horas 50 minutos de vuelo.

También en la Plaza Colón se halla desde 1981 la Plazoleta Nuestra Señora de las Nieves, que junto a San Martín de Tours es patrona de la ciudad de Buenos Aires.

El Monumento a Cristóbal Colón es obra del escultor italiano Arnaldo Zocchi (1862-1940) y data de 1921. Está hecho de mármol de Carrara. La estatua de Colón mide seis metros con veinticinco centímetros y pesa aproximadamente cuarenta toneladas. La altura total del monumento es de veintiséis metros. El capitel que remata la columna sobre la que está la estatua pesa treinta y cinco toneladas. Un grupo simbólico rodea la base: La Civilización, La Ciencia, El Genio y El Océano. En la parte posterior, La Fe y el Nuevo Continente.

Está ubicado en el semicircular Parque Colón. El monumento fue un obsequio que la colectividad italiana hizo a la Argentina con motivo del centenario de la Independencia. El nombre del escultor florentino Zocchi está en la parte posterior del edificio con la leyenda "Molis artifix" (artista de la piedra) y las fechas de su nacimiento y muerte. Fue hecho en Italia y llegó a Buenos Aires desarmado con sus piezas talladas numeradas; su autor dirigió personalmente el montaje de la obra. Los cimientos son muy profundos. Sobre su cara este se ven las marcas de los proyectiles disparados en 1955 en ocasión del bombardeo a Plaza de Mayo, en un episodio conocido como "Revolución de Junio". El lado sur muestra a Colón de regreso a España. Las alegorías son un mundo y una figura femenina: simbolizan la teoría de Colón. El lado oeste, que mira hacia la Casa de Gobierno, muestra a la Justicia, que algunos consideran El Porvenir. Allí está la Cruz.

Avenida Paseo Colón

Durante siglos fue la senda peatonal de la barranca, lindera con la playa y el río. Recién con la construcción del puerto de Buenos Aires cobra espacio como paseo público.

En 1867 corren por allí las vías del Ferrocarril de Buenos Aires a *La Boca*. Luego, al actualizarse el recorrido, se elevaron las vías sobre un viaducto, que actualmente se halla enterrado bajo la calzada debido a los trabajos portuarios que elevaron el nivel medio del terreno.

En la primera cuadra, vereda oeste, se levanta el monumental edificio del Estado Mayor General del Ejército, conocido como "Edificio Libertador". Fue realizado entre 1938 y 1943. Adelante se encuentra el Monumento a los Soldados caídos en Malvinas (*Azopardo* 250).

Aquí existe otra diagonal del barrio; se trata de la calle *Espora*, frente a este edificio militar.

Originalmente fue el Railways Building, que perteneció al Ferrocarril Sud. Es obra de los ingleses Eustace Laurison, Çonder, Chambers y Thomas. Posteriormente fue sede de la

508

compañía de aviación estatal argentina y ahora pertenece al Ministerio de Economía. Data de 1910 (*Avenida Paseo Colón* 185).

En la esquina de *Paseo Colón* y *Moreno*, frente al edificio Libertador, se encuentra el de la firma Lahusen (1926), que recuerda a la Pellerhaus de Nuremberg o quizás a algunos edificios de la Grand Place de Bruselas.

La Plaza Agustín P. Justo se encuentra delante del edificio llamado de la Aduana. Ésta ocupa la manzana comprendida entre *Ingeniero Huergo, Belgrano, Azopardo* y *Moreno*. Obra de los arquitectos Lanús y Hary, es una de las más estrictas muestras de simetría edilicia de la ciudad. Combina torres altas, mansardas, grandes ventanales, columnas adosadas y salientes de ángulo, dando ligereza y movimiento a los frentes. Se construyó entre los años 1909 y 1911. En 1999, en medio de una crisis política, se intentó el traslado a este edificio del denominado IUNA (Instituto Universitario Nacional de Arte), con la idea de que allí funcionaran las siete escuelas artísticas. Con el paso del tiempo no hubo traslado y todo quedó como estaba (*Avenida Azopardo* 350).

El Colegio Industrial Otto Krause, inaugurado en 1909, posee un edificio de estilo lombardo. Combina rectángulos de ladrillo a la vista con el cemento. Abarca toda la manzana y cuenta con talleres, laboratorios, salón de actos y biblioteca especializada.

En su interior funciona el Museo Tecnológico "Ingeniero Eduardo Latzina", con una importante colección que incluye copias de las invenciones de Leonardo da Vinci (*Avenida Paseo Colón* 650).

Tesoros

Pocos imaginan que a escasos metros de Plaza de Mayo hay un altar japonés labrado en madera y pintado en oro que corresponde a la secta budista Shin Shu. Su verdadero tesoro es poseer la más importante colección de elementos etnográficos americanos. Se exhiben verdaderas reliquias y merece una visita. Son parte de la colección del Museo Etnográfico "Juan B. Ambrosetti", que funciona en el edificio diseñado por Pedro Benoit (¿el delfín de Francia?). Fue sede de la Universidad de Buenos Aires, de la Facultad de Derecho y ahora el museo depende de la Facultad de Filosofía y Letras de dicha Universidad.

El arquitecto francés Pedro Benoit es quien algunos historiadores ubican como Luis XVII, el hijo de Luis XVI y María Antonieta que escapó de la guillotina e hizo su vida en la Argentina (*Moreno* 350).

Avenida Belgrano

La *Avenida Belgrano* es una de las arterias más importantes de *Monserrat*. Recuerda al prócer argentino Manuel Belgrano (1770-1820), ya que en esta calle nació y vivió. Al respecto se puede ver la placa correspondiente en el edificio Calmer, *Avenida Belgrano* 420.

En 1950 se concreta su ensanchamiento en el tramo comprendido entre *Chacabuco y Paseo Colón*.

La basílica de Santo Domingo se terminó de construir en 1799.

En 1807 los ingleses quisieron apoderarse nuevamente de Buenos Aires. Pero se los rechazó peleando. Una parte de las fuerzas inglesas, al mando del general Crawford, avanzó por la calle *Venezuela* —entonces llamada del *Rosario*— y, después de forzar la puerta del convento que se hallaba en la esquina de *Balcarce*, se apoderó de él. El coronel Pack descolgó una de las banderas inglesas tomadas por Liniers en la primera invasión y ofrendada a Nuestra Señora del Rosario y la izó en la torre. Los criollos, al verla, se enardecieron, y la lucha se hizo sangrienta, adquiriendo proporciones trágicas en la esquina de *Venezuela*, la que por esta causa recibió el nombre de "Esquina de la matanza". Desde una casa cercana, la de don Domingo Tellechea, donde se habían colocado cañones, los criollos comenzaron un nutrido tiroteo. Varias de las balas se incrustaron en la torre, las que luego fueron sustituidas por imitaciones. Los ingleses se rindieron el 5 de julio de 1807, y las banderas tomadas por los criollos fueron depositadas cuatro días después en la Catedral.

El convento de los dominicos está bajo la advocación de San Pedro González Telmo y la iglesia bajo la de la Virgen del Rosario. Sin embargo, para los dos ámbitos se ha popularizado el de Santo Domingo.

En el atrio se encuentra el mausoleo donde reposan los restos de Manuel Belgrano, obra del escultor italiano Ettore Ximenes.

El templo guarda las banderas tomadas por Santiago de Liniers a los ingleses y dos conquistadas por Belgrano a los realistas (españoles). En su torre, como ya se ha expresado, quedaron huellas balísticas de esas frustradas invasiones.

La iglesia de Santo Domingo fue erigida en basílica menor por bula de Pío X en 1909 y declarada en 1942 como monumento histórico nacional junto con el convento.

Muchos de los grandes valores de Santo Domingo fueron destruidos la noche del 16 de junio de 1955, cuando el templo fue incendiado (*Avenida Belgrano* 380).

La cortada *5 de Julio* se abrió partiendo en dos el convento en la época que gobernó el país Bernardino Rivadavia. Aquí estaba la salida de artistas de un local que empezó su historia en 1970, Michelangelo, que rescató la arquitectura del pasado para funcionar como centro musical. Hubo allí tres túneles y en cada uno de ellos una propuesta diferente: música barroca, tango o jazz. Actuaron allí, entre otros, Astor Piazzolla, Amelita Baltar y Susana Rinaldi.

La pluma y la palabra

La sede de la Sociedad Argentina de Escritores (SADE) lleva el nombre del autor del poema épico *Martín Fierro*, es decir, José Hernández. Data de 1870 aproximadamente y en ella vivió Felicitas Guerrero, figura mítica vinculada a la capilla de Santa Felicitas en el barrio de *Barracas*. Alberga al Museo del Escritor. El tradicional edificio fue restaurado en 1994 por los arquitectos Graciela Cero Mantero y Jorge Tartarini (*México* 524).

El virrey, los escritores y los trajes

La Casa de Liniers está situada en el lugar antiguamente conocido como Bajada de los Dominicos, por hallarse en sus aledaños el Convento de Santo Domingo. Allí vivió don Santiago de Liniers y Bremond, héroe de la Reconquista de Buenos Aires y penúltimo virrey del Río de la Plata.

Con el tiempo y por diversos lazos familiares la propiedad pasó a poder de Ángel de Estrada, hermano mayor de José Manuel Estrada, bisnieto de Liniers, hasta transformarse en sede de la empresa de la familia en 1939, la Editorial Estrada.

Data de 1788 y es monumento histórico nacional *(Venezuela* 469).

A pocas cuadras vivió el escritor polaco Witold Gombrowicz (*Venezuela* 615).

En la esquina de las calles *Perú* y *Chile* se encuentra la plazoleta que recuerda al escritor desaparecido Rodolfo Walsh.

Vestimentas civiles, religiosas, militares y sus accesorios se guardan entre encajes y muñecas en el Museo Nacional del Traje (*Chile* 832).

En este barrio vivió el autor de la letra del Himno Nacional Argentino: Vicente López y Planes (*Perú* 541).

Escocia

La Iglesia Presbiteriana Escocesa de San Andrés fue construida según el proyecto de los arquitectos E.A. Merry y Raynes, que trabajaron para la iglesia de la Santa Cruz en el barrio de *San Cristóbal*. Fundada en 1829, su construcción finalizó en 1896. Es de estilo neogótico. En su interior hay pilares de granito rojo de Aberdeen. El techo es de madera lustrada.

Con el ensanche de la *Avenida Belgrano* en 1949 desapareció la fachada original, siendo reconstruida según el estilo primitivo por el arquitecto Sidney G. Follet. Los vitrales son los originales del templo (*Avenida Belgrano* 579).

Sissí emperatriz

En 1913, y a pedido de Otto Wulf, el arquitecto danés M. F. Ronnow realizó un edificio lleno de interés. Está construido en un solar histórico: "la casa de la virreina vieja" o "de la virreina viuda", con referencia a doña Rafaela de Vera y Pintado, esposa del virrey del Pino.

En el basamento de esta obra se rinde homenaje a las artes y a los oficios. Ocho atlantes se elevan, cada uno a imagen y semejanza de cada capataz de gremio: El Herrero, El Albañil, El Carpintero, entre otros. En la ochava, la figura misma del Arquitecto y la de su Jefe de Obra.

En el desarrollo, hasta el ático, se representa a la región. Todo elemento ornamental toma formas de la fauna ornitológica argentina: cóndores, loros, lechuzas y aves autóctonas hacen las veces de ménsulas, gárgolas y barandas.

En el remate, dos cúpulas similares pero no iguales simbolizan la alianza de dos reinos, el de Hungría y el de Austria, que habrían de formar un imperio hacia 1850.

Una de ellas, más alta y coronada con un sol, representa a la figura del emperador Francisco José de Habsburgo —rey de Hungría—; la otra, más baja, caracterizada por una corona y una luna, la de la emperatriz Isabel de Wittelsbach: la mítica Sissí, reina de Bavaria, Austria.

Ambas simbolizan también la unión de lo masculino y lo femenino para la conducción y la perpetuación del modelo. La idea era un edificio emblemático, representativo de la cultura y de la cosmovisión imperial. Este lugar debió ser la sede de la Embajada del Imperio Austro-Húngaro (*Perú* 375).

En lo alto del edificio conocido como "Casa Hirsch", puede verse la estatua de un herrero en el instante preciso del esfuerzo. Una placa reza el título de la obra: *El forjador* (*Perú* 535).

Casa de antes

Un viejo edificio construido entre 1879 y 1881 por el ingeniero Eduardo Castilla señala el lugar donde funcionó la Casa de Moneda desde 1881. El terreno había pertenecido anteriormente a la orden bethlemita, que había levantado en el lugar un convento y un cementerio, y al Cuartel de Restauradores del gobernador Juan Manuel de Rosas.

El edificio ofrece características y estilo arquitectónico típicos del siglo XIX. De líneas horizontales y ventanas rectangulares, presenta una composición simétrica y equilibrada. Está rodeado por un parque con palmeras y una verja de hierro y se accede a la finca por una gran escalinata central.

Posteriormente a la Casa de Moneda, funcionó allí el Ministerio de Trabajo, hasta que fue mudado a otro edificio. Es monumento histórico nacional (*Balcarce* 677).

Antigua biblioteca

El viejo edificio de la Biblioteca Nacional fue inaugurado en 1901 y concebido originalmente para ser sede de la Lotería Nacional.

Extraña paradoja une a José Mármol, Paul Groussac y Jorge Luis Borges. Todos ellos fueron hombres de letras y directores de la Biblioteca, pero lo curioso es que todos ellos murieron ciegos. El edificio pertenece desde los años '90 —al trasladarse la Biblioteca Nacional a su nueva dirección en el barrio de *Recoleta*— al Instituto Nacional de Musicología "Carlos Vega". En su interior funciona el Museo de Instrumentos Aborígenes y Criollos, que cuenta con casi trescientas piezas.

Reúne la colección más completa de instrumentos musicales, etnográficos y folclóricos de la Argentina (*México* 564).

En el ex pasaje *Manuel Belgrano* cuya salida a la avenida no existe más, hay una placa que recuerda la vinculación del lugar con el nacimiento del cine argentino. Fue colocada por la Fundación Cinemateca Argentina y la Municipalidad de Buenos Aires en 1970. El sentido escenográfico del lugar logró que aquí se filmaran distintas películas. Fue modificado por el arquitecto Arturo Virasoro en 1940 (*Bolívar* 375).

Desde Orense

El pasaje *Santamarina*, luego de recorrer cincuenta metros realiza un giro de noventa grados y finaliza en el otro lado de la manzana.

Desde solitarias palmeras hasta torres que recuerdan castillos medievales, todo está allí en ese espacio construido por el arquitecto Carlos Nordmann. Lleva el nombre de Santamarina en homenaje a Ramón, un español oriundo de Orense, Galicia, quien a los dieciséis años se radicó en la Argentina, se vinculó a las tareas de campo en Tandil (provincia de Buenos Aires) y fundó una familia y una empresa que se enraizó en la actividad agropecuaria (*México* 750 y *Chacabuco* 641).

Cinco calles

En el cruce de la *Avenida Belgrano* con la *Avenida Julio A. Roca (Diagonal Sur)* se abren cinco calles. En una de las esquinas se halla el edificio que perteneció a la empresa SOMISA (Sociedad Mixta Siderurgia Argentina).

En su origen, y por pertenecer a la empresa estatal productora de acero, se condicionó el proyecto a realizar el edificio totalmente en ese material por lo cual fue un edificio único en su producción arquitectónica montado a seco. La obra del estudio de Mario R. Álvarez fue finalizada en 1975. Actualmen-

515

te es la Jefatura de Gabinete de Ministros de la Presidencia de la Nación. (*Avenida Belgrano* 782)

Ex intendente

En la esquina de *Avenida Belgrano* y *Piedras* se halla la plazoleta Joaquín de Anchorena (intendente de la ciudad 1910-1914). En sus orígenes —1982— debió llamarse *El Reposo*, en función de una escultura de ese nombre del artista Stephan Erzia que finalmente no fue instalada en ese lugar y se encuentra en un depósito del Gobierno de la Ciudad.

Mercado Dorrego

Presenta una fachada neocolonial antepuesta a locales proveedores. La puerta principal se corona con la imagen de la Virgen. Pequeñas columnas torsas, faroles de hierro y una carga decorativa que no coincide con el contenido del local (*Avenida Belgrano* 790).

Calle del pecado

"Por la antigua plaza Monserrat, cerca de la actual iglesia de ese nombre y del edificio del Ministerio de Obras Públicas, estaba la *Calle del Pecado*, nombre cuya sola evocación nos retrotrae a una época donde las palabras poseían fuerza comunicativa. Era más bien un callejón, adyacente a la Plaza de Toros, y durante el período colonial vivían ahí autoridades y 'gente de copete', como dice Manuel Bilbao.

"Pero con los años se fue poblando de habitantes de dudosa conducta, entre los que, además de algún crimen, era común la vida disipada que le dio una fama siniestra. De ahí su nombre 'prohibido', que pareció destinado a tenderle una especie de 'cordón sanitario' con el resto de la ciudad...". Esto publicaba en mayo de 1960 el diario *La Razón*. El ministerio citado pasó en la década del noventa a ser el Ministerio de Salud Pública.

Vascos

El Centro Laurak-Bat fue el primer club vasco del país. El edificio data de 1939 y es obra del arquitecto Eugenio Baldino. Corresponde al estilo vasco. La institución, con más de un siglo de vida (1877), nuclea a sus connacionales y en su interior cuenta con un retoño del árbol de Guernica (*Avenida Belgrano* 1144).

La Virgen Negra

En 1865 quedó inaugurada la iglesia Nuestra Señora de Monserrat. La construcción reemplazó a la anterior capilla, que había sido lugar de devoción de las "naciones negras", como también de veneración del gobernador Juan Manuel de Rosas.

Este templo presenta en su fachada características del estilo neoclásico. En la parte superior se destaca una gran cúpula revestida en mayólicas de Pas de Calais, Desvres, Francia. Hacia los costados se levantan dos torres; en su interior se venera una imagen de la Virgen Negra del siglo XVIII, que es la de *Monserrat*. El templo es obra de los arquitectos Pablo Scolpini y Manuel Raffo (*Avenida Belgrano* 1151).

Seda, lana y compañía

Por las calles *Salta* y *Santiago del Estero* y alrededores, una zona concentra a un nutrido número de fabricantes y distribuidores textiles.

Departamento Central

En la manzana delimitada por la *Avenida Belgrano* y las calles *Presidente Luis Sáenz Peña, Virrey Cevallos y Moreno* se encuentra el Departamento Central de la Policía Federal. Los planos del edificio se deben a Juan Antonio Buschiazzo, mientras que las obras estuvieron a cargo del también arquitecto Francisco Tamburini. Se eligió para la decoración de este gran edificio el estilo clásico y se ha procurado que la arquitectura sea lo más sencilla, sin adornos de ninguna clase.

Es destacable el patio interno, denominado Patio de las Palmeras, lugar reservado para la mayoría de los actos que se realizan en la jefatura de la institución.

Desde 1988

En lo que antiguamente había sido el colegio católico "Cardenal Newman" se halla desde 1988 la parroquia Nuestra Señora de la Rábida, bajo la advocación de la virgen protectora de Cristóbal Colón.

Realizada en materiales nobles, sencillos y obvios que garantizan su luminosidad, fue diseñada por Jorge Estomba, quien también produjo todas las pinturas, esculturas y objetos sagrados de culto (*Avenida Belgrano* 1502).

Plazas y platos

La ex plaza Monserrat es hoy la plazoleta Provincia de Jujuy —cantero central— (*Avenida Belgrano, Lima, Moreno y Bernardo de Irigoyen*).

La actual Plaza Monserrat está en el terreno donde se levantaba una antigua fábrica de hielo abandonada. Se ingresa por *San José* al 500 o por *México* al 1300. Ahí se encuentra el escudo del barrio.

En la zona de *México y San José* se produjo en los últimos veinte años una importante aglomeración de variados restaurantes.

El querido gordo

En el barrio se halla la ex iglesia protestante que dio lugar en los años '70 a la mudanza que debió hacer Eduardo Bergara Leumann de su "Botica del Ángel" de la calle *Lima*. Es un espacio cultural y museo con la historia de la casa y los más de doscientos famosos que allí actuaron (*Luis Sáenz Peña* 541).

Don Bosco

La iglesia Mater Misericordie data de 1870. Aquí llegaron los primeros salesianos que envió Juan José Bosco a la Argentina en 1875, iniciando su obra espiritual en América. Es del arquitecto italiano conde Carlos Ceppi. La torre de la iglesia se identifica por sus venecitas azules (*Moreno* 1683).

Asturias

El Centro Asturiano de Buenos Aires se destaca por su fachada. La misma es copia de la Universidad de Salamanca y es llamada "la casona". En el torreón central está el escudo de Asturias. Las verjas de los ventanales del piso bajo recuerdan a las de la Casa Pilatos de Sevilla, mientras que la escalera de honor está inspirada en la escalera de acceso a la puerta de coronación de la Catedral de Burgos. En el descanso principal, está la piedra traída de Covadonga (*Solís* 475).

La Avenida de Mayo

Surgida a instancias de Torcuato de Alvear (1822-1890), primer intendente de la ciudad, es la prueba de la transformación de aldea a metrópoli.

Es la primera de las grandes avenidas de Buenos Aires que marca una revolución arquitectónica al modificar el trazado original de la ciudad. En 1997 fue declarada, junto a sus estaciones de subte y al pasaje *Barolo*, lugar histórico.

Fue inaugurada en 1894 y detrás de ella se cerró una larga historia de expropiaciones. La avenida se abre desde la Plaza de Mayo hasta la Plaza del Congreso. Une el Poder Ejecutivo y el Legislativo.

Palacio de Gobierno

El edificio del Gobierno de la Ciudad de Buenos Aires es un sobrio palacete cuyo frente tiene un estilo afrancesado, al gusto del momento en que se diseñó.

Fue construido entre 1891 y 1902 por el ingeniero Juan María Cagnoni, sobre un proyecto original del arquitecto Juan Antonio Buschiazzo. Entre 1912 y 1914 se le agregaron aditamentos y ampliaciones ajenos a su idea original.

El edificio fue iniciado en una época de esplendor y construido con los "magníficos materiales" de la casa expropiada a la familia Zuberbühler que estaba situada en la vecina calle Perú y que fue demolida con extremo cuidado para conservar mosaicos, mármoles y cristales.

En realidad se combinan frentes de estilo neorrenacentista de vertiente italiana, acentos germánicos con articulación volumétrica y coronamiento de mansardas tomado de la tradición francesa. Cada una de las fachadas y las esquinas tiene una composición simétrica con cuerpos salientes extremos y destacado pabellón principal. El centro de la composición sobre *Avenida de Mayo* está realzado por una cúpula coronada por una pequeña torre con reloj. El cuerpo de esquina de impronta octogonal termina en una cúpula de igual forma rematada por una aguja. El angosto frente sobre la diagonal, una elaborada composición monumental que utiliza el mismo lenguaje del edificio inicial, concluye en un gran torreón con domo terminado por una decorada aguja.

El solar donde se encuentra el Palacio de Gobierno es considerado histórico.

Cuando el general José de San Martín regresó definitivamente a Buenos Aires, alejándose de Chile y Perú —año 1818—, el gobierno le donó la casa como premio a sus victorias sobre el ejército realista, para que viviera allí. Pero él nunca tomó posesión de la residencia pues, ya viudo, partió con su hija Mercedes hacia Europa. Por lo tanto, su cuñado, el general Escalada, después de un tiempo la ofreció en venta.

El acceso principal al Palacio de Gobierno (*Bolívar* 1) consiste en una escalera de mármol blanco con alfombra roja.

A la entrada nos encontramos en el Hall de la Bandera, donde se custodia la que es izada en las fiestas patrias por el jefe de Gobierno de la Ciudad de Buenos Aires en la Plaza de Mayo. Esto ocurre el 25 de mayo, el 20 de junio y el 9 de julio de cada año.

La bandera es trasladada desde el Palacio de Gobierno hasta el mástil por efectivos del Regimiento de Patricios en el cofre en el que se la guarda, que va sobre una cureña tapizada y ornamentada con los colores patrios, siguiéndole un cortejo presidido por el jefe de Gobierno. Al pie del mástil es recibida por una guardia del Regimiento de Granaderos. Una vez arriada la bandera, al atardecer, se la deposita nuevamente en el cofre del Palacio.

La que se iza en la Plaza de Mayo para las fiestas patrias mide ocho metros por cinco metros con cuarenta, está confeccionada en gros de seda, con dos franjas celestes y una blanca de un metro con ochenta de ancho cada una.

Es una bandera doble, cosida en bolsa, que lleva un sol de doble faz bordado en sus dos lados, que mide un metro con cincuenta de diámetro.

La bandera está sostenida por soga con cuatro mosquetones reforzados; el sol, por su parte, tiene por dentro un arco y una cruz de hierro.

El sol está bordado con hilo metalizado y relleno con cordones, la cara está íntegramente bordada, los ojos y pómulos se hacen con hilo de plata. Los rayos se bordan uno por uno y se rellenan con cordoné. La cara con estopa se superpone a los rayos con cordones con hilos de oro. El sol que se ve en la misma es el que figura en la moneda de oro de ocho escudos y en la de plata de ocho reales, el que se encuentra grabado en la primera moneda argentina, por ley de la Soberana Asamblea del 13 de abril de 1813, con los treinta y dos rayos flamígeros y rectos colocados alternativamente y en la misma posición que se observa en esas monedas. El color del sol es el amarillo del oro. También en el hall se encuentran bustos de ex intendentes y distintos escudos vinculados a los fundadores y a la ciudad.

Subiendo la escalinata encontramos en uno de los rellanos una reproducción de la tabla que pintó Alejo Fernández para la capilla de la Casa de Contratación de Sevilla de la Virgen de los Buenos Aires (Virgen de los Navegantes). El original pudo haber sido pintado entre 1531 y 1536. Esta copia data de 1924.

Es una obra singular, de méritos artísticos y elevado interés histórico. Es una nueva versión del conocido tipo de la Virgen de la Misericordia que protege bajo el manto a sus devotos y que, desde el punto de vista formal, cuenta con precedentes tan ilustres como la figura de Santa Úrsula cobijando a sus once mil vírgenes, pintada por Memling en el hospital de Brujas (Bélgica). La gran novedad de la Virgen de los Navegantes se debe al acierto de haber introducido el mar en su parte baja.

Los interiores del Palacio de Gobierno fueron sometidos a distintas remodelaciones y adaptaciones que cambiaron el aspecto original. Sin embargo, aún es posible reconocer la cuidada arquitectura de los vestíbulos de acceso. Los recintos principales del palacio contienen importantes cuadros y esculturas de autores nacionales y extranjeros, entre los que merecen citarse los grandes óleos *Preparativos de salida*, de Benito Quinquela Martín, o *La fundación de Buenos Aires*, de José Moreno Carbonero, ambos en el mítico Salón Blanco.

El cuadro "La fundación de Buenos Aires"

El autor de este cuadro es el pintor español José Moreno Carbonero, nacido en Málaga el 28 de mayo de 1860 y fallecido en Madrid el 15 de abril de 1942.

La obra fue encomendada durante la intendencia de Arturo Gramajo, unos años antes de la conmemoración del centenario de la Independencia argentina, pretendiéndose rendir con su realización un homenaje al fundador, don Juan de

Garay, y a los sesenta y tres soldados que lo acompañaron en aquella gesta.

Moreno Carbonero no pudo documentarse como hubiera sido necesario al emprender una obra de tal envergadura, máxime que debía entregarla para la celebración del citado acontecimiento. Por eso el cuadro no se ajustaba a ciertos aspectos de lugar y tiempo, ya que se trataba de una obra de las llamadas de "género histórico".

Es así como, años más tarde, habiendo advertido el artista las inexactitudes que la afectaban, solicitó que se le remitiera la obra con el objeto de corregir sus defectos. Ésta fue enviada, y la reforma realizada fue total. El 23 de junio de 1924, a bordo del vapor "Infanta Isabel", llegó por segunda vez esta obra de arte a Buenos Aires. El pintor procuró que a primer golpe de vista se destaquen los símbolos de la colonización, o sea, la Religión, la Justicia y la Conquista, representados por la cruz, el rollo y la espada (*Avenida de Mayo* 525).

Estas diferencias se pueden advertir ya que en 1997 se colocó en el Salón Blanco un grabado que muestra la primera versión de la obra, que estaba expuesta en las oficinas centrales del Registro Civil de esta Ciudad. En el año 2000 fue restaurada.

Parte del cuarto piso del Palacio de Gobierno se incendió el 23 de mayo de 1991.

El 13 de julio de 1993 otro incendio afectó el Salón de Acuerdos y las dependencias en que trabajaba el entonces intendente. Ambos sectores fueron oportunamente reconstruidos.

Ese mismo año la Comuna adquiere el edificio que perteneció al diario *La Prensa*.

La unión de ambos edificios se realiza a través del pasaje *Ana Díaz*.

El edificio de La Prensa

Por sus características, el edificio de *La Prensa* es sin duda el ejemplo más emblemático de la *Avenida de Mayo* en su esplendor, y se constituye en una clara muestra técnica y artística propia de la época, por muchos años, la más importante que diario alguno del mundo pudiera tener. Ni la sede del *New York Herald*, ni la del parisino *Le Figaro*, ni la del londinense *Morning Post* —todas construidas por esa época— podían comparársele en tamaño, complejidad o calidades técnicas y artísticas. Fue precursor además de los modernos centros culturales y fruto de un intrincado y original programa de necesidades delineado por el fundador del diario, José Clemente Paz.

El edificio construido por su encargo, que estuvo en manos de los arquitectos Gainza y Agote, argentinos egresados de L'École des Arts et Manufactures, de París, constituye un verdadero espacio multifuncional.

Alrededor de un patio central, en dos subsuelos, planta baja y seis pisos se organizan recintos de distintas escalas destinados a sistemas de impresión y distribución de periódicos, locales de atención al público y comercialización, despachos y salas de recepción, salón de conferencias, departamentos para huéspedes ilustres, oficinas técnicas y administrativas, depósitos y archivos, salones de exposición, estación de comunicaciones, salones de esparcimiento para el personal, biblioteca, consultorios profesionales (médicos y abogados) para atención gratuita al público y otros servicios.

El cálculo y la construcción de la estructura fueron ejecutados en París. Estos criterios operativos y funcionales del diseño, de los cálculos y de la producción de la estructura metálica de novecientas toneladas de peso fueron proyectados para soportar las cargas de las máquinas impresoras.

De notable interés es el complejo proceso de diseño del edificio, que involucró a profesionales, artistas y técnicos nacionales y extranjeros. El proyecto original de las fachadas fue realizado en París y luego adaptado al terreno. En la capital francesa también se diseñó y produjo gran parte de la decoración interior y la totalidad de la estructura metálica del edificio, encargada a la firma Moisant, Laurent, Savey et Cie, especialista en construcciones metálicas y autora de hitos en la historia de este tipo de construcciones como el Bon Marché, La Gallerie des Machines de la Exposición Universal de 1889 y el Grand Palais de París. Participó en la instalación de calefacción la firma P.M. Poullié de Ginebra (Suiza); los ascensores fueron provistos por Spargne de Nueva York (Estados Unidos); los solados de mosaicos, por H. Boulander; la zinguería y pizarra, T. Michelet; la herrería artística y las fundiciones, por Val d'Osne; los artefactos de iluminación eran de Puthet, etc. Paul Garnier realizó el reloj, y toda la decoración interior fue confiada a firmas francesas.

Su departamento de huéspedes alojó visitantes famosos, entre ellos Giacomo Puccini y Georges Clemenceau, quien más tarde, al escribir sobre Buenos Aires, recordaría que el edificio más suntuoso es, sin contradicción, el palacio profesional de *La Prensa*.

No fue la de *Avenida de Mayo* al 500 su primera sede: fundado el 18 de octubre de 1869, el diario arrancó en un taller de *Moreno* 73 (actualmente *Moreno* al 500), para mudarse luego de casi treinta años tres cuadras más allá. Su fundador, José C. Paz, ante el crecimiento de la empresa, decidió comprar en 1894 un terreno mayor, donde luego de veinticuatro meses de obra se levantó el edificio en cuestión.

El 5 de diciembre de 1898, el diario *La Prensa* da comienzo a sus actividades en su nuevo edificio de la *Avenida de Mayo*.

Además del Salón Dorado, el espacio que mejor se conserva es el hall de entrada. En otras épocas trabajaban allí numerosas personas en la recepción de avisos y noticias. Permanecen los mostradores de madera, las paredes fileteadas, las arañas y los techos estucados. Durante el primer mandato de Perón, y dada la franca oposición que el diario afrontó con aquel gobierno, fue confiscado. Reintegrado a la familia Paz, retomó su actividad el 3 de febrero de 1956, pero no volvió a ser el que había sido.

Cuando *La Prensa* fue vendido, en 1992, se temió por el futuro del antiguo y valioso edificio de la *Avenida de Mayo*. En julio de 1993, sin embargo, los Gainza Paz vendieron el inmueble al Banco Ciudad en 10.500.000 pesos, y éste, a su vez, decidió alquilarlo con opción a compra a la Municipalidad, hoy Gobierno de la Ciudad de Buenos Aires. El valor arquitectónico de esta obra y la historia que guarda hicieron que el edificio fuera declarado monumento histórico nacional.

En este contexto, las fachadas que dan a *Avenida de Mayo* y a la calle *Rivadavia* son las únicas que en la Argentina corresponden al "estilo Garnier", impuesto por el famoso arquitecto de la Ópera de París y el Casino de Montecarlo. Los interiores, inspirados en la misma fuente, testimonian el grado de opulencia de las artes decorativas del período.

La tecnología desarrollada en el proceso de construcción respondió a lo más avanzado de ese momento, al punto de merecer comentarios en publicaciones extranjeras como *Il Monitore Tecnico* de Milán, que en su edición del 10 de diciembre de 1899 informa sobre el "nuevo palacio del diario *La Prensa*" describiendo "el aparejo utilizado para levantar la grandiosa estatua de bronce de cinco metros con cincuenta de altura y cuatro mil quinientos kilogramos de peso que coronó la cúpula del elegante edificio".

La Diosa

La farola es una estatua de bronce estimada en alrededor de cuatro mil kilogramos de peso que corona la torre central sobre el frente de la *Avenida de Mayo*. Obra del escultor Maurice Bouval (1863-1916), representa a la diosa Palas Atenea. Fue traída de Francia e izada el 8 de noviembre de 1898 por medio de un elevador montado en la misma torre a la que estaba destinada. El operativo fue presenciado por veinte mil personas atraídas por la tarea inusitada de levantar a la altura de cincuenta metros una estructura de tanto peso, con medios tan precarios como se disponían en esa época. Esta "farola" se convirtió en un símbolo del diario y de la libertad de prensa.

Fue fraccionada para retirarla, cuando *La Prensa* fue confiscada en 1951. Posteriormente fue restaurada y devuelta a su emplazamiento en 1955, cuando el diario fue recuperado por sus legítimos dueños.

El diario *El Tiempo* (5 de diciembre de 1898) comenta: "simboliza la Victoria, una victoria alcanzada después de treinta años de que el diario La Prensa combate por la Patria, la Civilización y la Humanidad". En Roma se veneraba a Minerva

Pacífica como diosa de la victoria, pues era también una diosa guerrera. Como tal, está en la Pirámide de Mayo en la ex Plaza de la Victoria, hoy Plaza de Mayo.

Viste sin su clásica armadura, el breve chitón dórico. Los pliegues flotantes de su vestimenta nos recuerdan su representación por Botticelli. Un famoso dibujo de 1491 de este artista representa a Minerva sin el escudo ni la égida simbolizando a Alma Minerva, la madre del arte y la ciencia.

Ella es la deidad "de pensamientos numerosos". Todas las ciencias se derivan de su sabiduría, todas las artes emanan de ella, todas las industrias son obras suyas. La democracia es ella misma. "Palas Atenea, la que odia a los tiranos". La filosofía es su culto. Patrona de la arquitectura. Los alfareros le deben el torno que modela la forma de los vasos. Ella izó la primera vela a la nave, domó al caballo con el freno y lanzó el primer carro sobre la arena. Inventó la rueca, el telar, el bastidor y los instrumentos para tejer. Palas es casta. Su virginidad permanece inmaculada. Nacida sin madre, hija de la Idea, ningún mito impúdico mancilló su pura esencia. Los dos sexos se funden en ella, en una especie de neutralidad armoniosa. Hombre por la fuerza, mujer por la finura, no de otro modo soñó Platón su Andrógino ideal.

La estatua muestra en la mano izquierda un periódico, en forma de proclama, que lleva la revelación de la Palabra a través del globo terráqueo. Enseña un pecho como la imagen de *La libertad guiando al pueblo* de Delacroix (1830). Porta, elevada por su mano derecha, una antorcha eléctrica. Es la antorcha de la Libertad que "ilumina los horizontes". Antorcha convertida en una propuesta contestataria por el uso de la electricidad y la lámpara eléctrica. Hecho de sorprendente modernidad, si tenemos en cuenta que los futuristas italianos escandalizan con similar argucia recién en 1931. Ese año Marinetti exigía que los cirios de la iglesia fuesen "sustituidos por poderosas bombillas eléctricas de brillante luz blanca y azul".

Esta antorcha representa al fuego sagrado de los dioses, elemento que robó Prometeo para beneficio y progreso de los hombres, y emana rayos de luz, emblema de la razón. Similar resolución da el escultor francés, Auguste Bartholdi, en la estatua de *La libertad iluminando al mundo*, monumento a la Independencia de los Estados Unidos ejecutado para el puerto de Nueva York en 1886, inspirada en parte por el Coloso de Rodas y por la reconstrucción del Partenón y la Atenea de Fidias de Benoit-Edouard Loviot (1874).

La sirena

La sirena de *La Prensa* tiene su origen en la fundación del diario. Por aquella época era usual que se anunciaran las grandes noticias mediante bombas de estruendo. El 29 de julio de 1900 *La Prensa* inaugura una nueva modalidad cuando su sirena anuncia el asesinato del rey Humberto I de Italia. Desde entonces su sonido ha llamado la atención al público sobre muchos e importantes acontecimientos, contándose entre los últimos la llegada del hombre a la Luna (1969); la obtención del Campeonato Mundial del Fútbol (1978); la recuperación de Malvinas el 2 de abril de 1982; la visita del papa Juan Pablo II y la asunción del doctor Raúl Alfonsín como presidente democrático en 1983.

La Biblioteca

Fue creada por iniciativa del fundador del diario, José C. Paz, quien le encargó a su hijo Ezequiel la tarea de formar una biblioteca pública como parte de la labor educativa y cultural del diario. Quedó inaugurada el 3 de febrero de 1899 y ocupa el primer subsuelo (*Rivadavia* 576). Está en vías de ser trasladada a la redacción del nuevo diario *La Prensa*, en la calle *Azopardo*.

El Salón Dorado

En el Salón Dorado, originalmente "salón de conferencias populares", se repite la aparición de Atenea en las pinturas del cielo raso, acompañada por siete Musas, realizadas por Nazareno Orlandi, el mismo pintor de los frescos de la iglesia de El Salvador y del ex cine Grand Splendid.

Existen además en el salón tres gobelinos que relatan la vida de Ester. El libro de Ester (Antiguo Testamento), como el de Judit, refiere una liberación de la nación por medio de una mujer. Los judíos establecidos en Persia se ven amenazados de exterminio por el odio de un visir omnipotente, Amán, y se salvan gracias a la intervención de Ester, joven compatriota que ha llegado a reina, dirigida a su vez por su tío Mardoqueo. La situación se revierte: Amán es ahorcado, Mardoqueo ocupa su lugar y los judíos exterminan a sus enemigos. Se instituye la Fiesta de los Purim para conmemorar esta victoria y se recomienda a los judíos que la celebren todos los años. El significado es el "triunfo de la paz".

Ester es también emblema del Grado tres "estrella de oriente", de la orden masónica de Menfis.

En el mismo salón se encuentra en una pared un bajorrelieve de ángeles apocalípticos que anuncian una revelación: la letra "P", de Palabra, de Paz, de Prensa, de Periodismo. Apocalipsis quiere decir "revelación". Ya en la Revolución Francesa sentían vivir en tiempos apocalípticos. La revelación era el ideal teológico revolucionario de la "igualdad del hombre". El salón representa un templo laico consagrado a la "igualdad del hombre" a través del saber y las artes de la paz.

Los Paz y sus colaboradores, como los epoptos (iniciados en los misterios de la Eleusis), esperaban de la doctrina mistérica de Dionisio el conocimiento básico de la unidad de todo lo existente.

En el Salón Dorado de *La Prensa* dictó su primera conferencia Jorge Luis Borges. También se expresaron aquí, entre otros, Germán Arciniegas, Arturo Capdevila, Victoria Ocampo, Alfredo Palacios y José Ortega y Gasset (*Avenida de Mayo* 575, primer piso).

La estación de subte Perú, que data de 1913 y se halla en la *Avenida de Mayo* entre *Bolívar* y *Perú*, se mantiene decorada con publicidad de la época en que se inauguró, provista por el Museo de la Ciudad. Aquí se filmaron en 1944 escenas de la película *La casta Susana*, que dirigió el español Benito Perojo y protagonizó la actriz Mirtha Legrand.

La Comisión Nacional de Museos, Monumentos y Lugares Históricos no sólo se ocupa de los aspectos arquitectónicos y museológicos del patrimonio de la Argentina, sino que ha hecho sus aportes en el campo de la investigación arqueológica y el estudio de nuestras lenguas regionales, los recursos paisajísticos y la influencia cultural inmigratoria (*Avenida de Mayo* 556).

El primer pasaje o galería que tuvo Buenos Aires fue propiedad de Ángel y Pascual Roverano. Vitrales y detalles de calidad muestran un conjunto arquitectónico de avanzada. A la entrada, una leyenda dice: "1878 —Roverano— 1915". El pasaje comunica con la vecina estación de subte Perú (*Avenida de Mayo* 560).

En la esquina está el antiguo anexo de las desaparecidas grandes tiendas Gath y Chaves, edificio de interés por el uso que se hizo del vidrio y de los lineamientos del *art nouveau*. Allí funciona ahora —en planta baja— la confitería London. Originalmente fue diseñada por el arquitecto Edwin Merry y restaurada por Salvador Mirate. Data de 1910. El escritor Julio Cortázar comienza su novela *Los premios* en el ámbito de esta confitería (*Avenida de Mayo* 593).

A metros de *Avenida de Mayo* por la calle *Perú* se encuentran barandas de hierro que se vinculan a los antiguos baños públicos (*Perú* 84).

Declarado de interés cultural en 1995 por el ex Concejo Deliberante, el restaurante Pedemonte fue fundado en 1890. Llegó aquí con sus arañas, vitrales centenarios y *boiserie art déco*. El mérito está en las tres mudanzas, la adaptación de lo antiguo en un local moderno y la preservación de la memoria colectiva (*Avenida de Mayo* 676). Hoy se encuentra cerrado.

La Torre "La Buenos Aires" es un edificio de oficinas de veintisiete pisos que cuenta con una plaza seca de uso público. Es un diseño del estudio de arquitectura Sánchez Elía-Peralta Ramos. No mantiene el estilo, ni las normas que rigen al conjunto de la *Avenida*. En el interior tienen su sede las embajadas de los Países Bajos e Israel (*Avenida de Mayo* 701).

A pasos de la *Avenida de Mayo*, existe un edificio realizado por el arquitecto Julián García Núñez. La obra presenta un patio central, alrededor del cual se distribuyen locales de oficinas. Dicho patio, cubierto con una gran claraboya a dos aguas, da al lugar una claridad especial. Al ascensor, ubicado en el centro, se accede por una especie de puente, aportando dinámica y liviandad al conjunto.

La fachada, un acierto del expresionismo modernista, acentúa la verticalidad y es quizás una de las mejores de toda la ciudad. El edificio data de 1911 (*Chacabuco* 70).

Fundó el Café Tortoni en 1858 un inmigrante francés: Celestino Curutchet. El actual edificio data de 1893 y es obra del arquitecto Alejandro Christophersen. Es el más antiguo de la ciudad y un centro de artes y letras. Lo frecuentaron los escritores Jorge Luis Borges y Roberto Arlt y el artista plástico Benito Quinquela Martín, entre otros. Resume la atmósfera y el estilo que tuvo la *Avenida*. Otorga anualmente una distinción cultural "La orden del pocillo" (*Avenida de Mayo* 826).

A pocos metros de un tradicional bazar inglés y del Tortoni se halla la Academia Nacional del Tango. El antiguo y señorial Palacio Unzué lleva ahora el nombre de Palacio Carlos Gardel. (*Avenida de Mayo* 833, 1°)

La Sabiduría y *La Virtud* son los nombres de dos reproducciones de terracota ubicadas desde 1976 en *Avenida de Mayo* y *Avenida 9 de Julio* (*Bernardo de Irigoyen*).

Del otro lado, en su cruce con la calle *Lima,* se destaca la Fuente Monumental adquirida por la Argentina en 1850 a Francia.

El monumento al personaje de Miguel de Cervantes Saavedra, Don Quijote, está en la esquina opuesta. Su pie es de hormigón blanco y en su cúspide está la pieza metálica que pesa quince toneladas. La obra tiene un peso total de doscientas toneladas.

Construido en Montevideo, Uruguay, llevó seis meses de trabajo y participaron en su realización ingenieros, calculistas y variado personal.

El hormigón blanco simboliza la llanura manchega. Su autor es Aurelio Teno, de Córdoba, Andalucía. Fue inaugurado en 1980 con la presencia de la Reina Sofía de España, con motivo de los cuatrocientos años de la Segunda Fundación de Buenos Aires.

En 1998 Américo Castilla, investigador de la Fundación Antorchas, catalogó mil quinientas construcciones —en todo el territorio argentino— consideradas adefesios. Este monumento fue clasificado de antiestético. En *Avenida de Mayo* 1130, quinto piso, vivió el poeta Baldomero Fernández Moreno. En la acera, junto a un árbol, ahora inexistente, se colocó una baldosa de homenaje al poeta. Pasa casi inadvertida (*Avenida de Mayo* 1110).

El Hotel Castelar tuvo en los sótanos la sede de la peña Signo, en el ámbito que hoy ocupan los baños turcos. La peña contaba entre sus habitués a escritores como Norah Lange, Oliverio Girondo, Alfonsina Storni, Conrado Nalé Roxlo y otros. En él se alojó, en la habitación 704, Federico García Lorca cuando visitó Buenos Aires en 1934 (*Avenida de Mayo* 1152).

Paralelo a la *Avenida de Mayo* se encuentra el edificio particular "Casa Rivadavia". Se destaca por su colorido, influencias andaluzas, patios rojos, muros blancos y hierro forjado. En uno de sus patios hay dos refranes plasmados en sendas mayólicas: "El que con vino se acuesta, con agua se desayuna" y "De noche todos los gatos son pardos" (*Rivadavia* 1167).

El Café Iberia, aún existente, fue el elegido por los republicanos españoles como su baluarte durante la Guerra Civil española (*Avenida de Mayo* 1196).

En la vereda de enfrente, el Café-Bar Español era territorio franquista. Hoy día pertenece a una institución bancaria. En el medio, la calle *Salta* (tierra de nadie). Las expresiones: ¡Fascista! / ¡Rojo inmundo! / Chancho burgués seboso / ¡Marrano hijo de marranos!, fueron habituales en "la batalla de la *Avenida de Mayo*". La policía debió participar de estas "románticas" contiendas, de este amor por la tierra lejana y de esta vehemencia.

En la otra esquina de *Salta* subsiste el edificio que a principios del siglo pasado albergó al señorial Hotel París y en el que se alojaron las artistas españolas Carolina Otero (La Bella) y Raquel Meller (*Avenida de Mayo* 1197).

Por el Teatro Avenida, inaugurado en 1908, desfilaron grandes celebridades del arte español. En 1945 se realizó allí el estreno mundial de *La casa de Bernarda Alba*, de Federico García Lorca, con Margarita Xirgu como protagonista.

El teatro se incendió en 1978 y fue reabierto en 1994 con un recital del tenor español Plácido Domingo (*Avenida de Mayo* 1222).

En setiembre de 1926 se inauguró el Cine-Teatro Gloria que por décadas exhibió cine español. De estilo neoplateresco, ostenta el escudo de la ciudad de Olot, en Gerona, Cataluña, de donde era oriundo su propietario, Pablo Masllorens. El hall está decorado con cerámica azul de Sevilla y Talavera y adornos de hierro forjado. En el piso de mosaicos blanco y negro un águila de dos cabezas recuerda a Carlos V con el nombre del cine. Por no ser rentable su mantención se ha convertido en un banco (*Avenida de Mayo* 1225).

El Café Los 36 Billares es en sí una atracción. Data de 1894. Es un "templo" del billar y otros juegos (*Avenida de Mayo* 1265).

El Hotel Chile se destaca por su estilo *art nouveau*, que concluía en una delicada cúpula que tomaba la forma de un bulbo prolongado hacia arriba. Fue obra de Luis Dubois (1908). El bulbo se quemó en un incendio y por razones empresariales jamás fue repuesto, lo que quita al conjunto patrimonial de la avenida un gran valor (*Avenida de Mayo* 1297).

La sede de la AFIP (Administración Federal de Ingresos Públicos) funciona en el edificio que perteneció al lujoso Hotel Majestic. Lo diseñaron los arquitectos Federico Luis Collivadino e Italo Benedetti entre 1905 y 1910.

El edificio fue el primer gran hotel de tipo internacional que tuvo la ciudad: el Majestic. En cincuenta años transcurridos, diferentes administraciones no consiguieron eliminar su belleza arquitectónica. Aunque las terrazas-miradores tengan construcciones indebidas, la indiferencia y la ignorancia de tantos no logró suprimir la grandeza de este edificio único por su significado de valor universal. Entre otros famosos se alojó allí en setiembre de 1913 el bailarín ruso Vaslav Nijinsky. En el interior del actual edificio funciona uno de los pocos museos del mundo dedicados al tributo.

A pesar de lo árido y puntual de sus ocupantes, estudiosos de la economía, se preserva un ala del museo para reflejar lo que fue el Majestic y también mostrar aspectos de la vida del famoso Nijinsky. No hace muchos años, el personal de limpieza rescató por casualidad un impensado sombrero que perteneció a uno de los porteros del hotel. Está la vajilla que usó el bailarín y están los departamentos que él y su esposa Romola utilizaron. El lugar, a pesar de su realismo económico, es más bien mágico.

Allí el director Leopoldo Torre Nilsson filmó la película "El ojo que espía" ("The Eavesdropper"), una coproducción entre la Argentina y los Estados Unidos. Fue protagonizada por Stathis Giallelis y Janet Margolin (*Avenida de Mayo* 1301).

Por la calle paralela, *Hipólito Yrigoyen*, funcionan a la misma altura varias casas de alquiler de ropa de fiesta. Por *Avenida de Mayo*, particularmente entre *Chacabuco* y *Bernardo de Irigoyen*, operan muchas agencias de detectives.

Cerca está el edificio que ocupó el diario *Crítica*, que dirigió desde 1913 el legendario e innovador periodista Natalio Botana y que tiraba seiscientos mil ejemplares en cuatro ediciones distintas. Defendió a la República durante la Guerra Civil española. En él colaboraron los escritores Jorge Luis Borges y Roberto Arlt, entre otros.

Los salones del primer piso son de estilo *art déco* con inspiración precolombina y pisos monolíticos con representaciones simbólicas del calendario azteca. Fue un proyecto del arquitecto Jorge Kalnay y se construyó en 1926.

Actualmente es dominio del Estado Nacional y en él funcionan las oficinas de la Policía Federal (*Avenida de Mayo* 1330).

El Palacio o Pasaje *Barolo* es un edificio donde todo es importado: desde las puertas y los caños hasta el granito de las paredes, las columnas y las escaleras. Fue diseñado por el ingeniero italiano Mario Palanti, autor también del famoso Palacio Salvo de Montevideo, Uruguay. Su dueño fue el millonario italiano Luis Barolo.

Ha sido el segundo de los rascacielos de la ciudad, ya que el primero fue la Galería Güemes, en la calle *Florida*. Con salida por la calle *Hipólito Yrigoyen*, fue en su época la primera construcción de más altura de Buenos Aires y también de América del Sur. Se comenzó a edificar en 1919, dentro de una superficie de mil cuatrocientos sesenta metros cuadrados, y fue montado sobre una estructura de cemento armado monolítico, incombustible, combinada en una gran plataforma sobre la que reposa todo el edificio y calculada para soportar un peso bastante superior.

Cuenta con veintidós pisos en elevación, todos de diferentes formas, comprendidos los dos subsuelos. Mide noventa metros desde el nivel de la calle al punto más elevado de la construcción, la torre, alcanzando cien metros hasta el famoso faro giratorio, sistema Salmoiraghi, que la corona y que, con un poder de trescientas mil bujías, lo hacía visible hasta la República Oriental del Uruguay. Desde esta torre se supo el resultado del encuentro boxístico entre el argentino Firpo y el norteamericano Dempsey, a través de la irradiación de luz en su faro; rojo si perdía y verde si ganaba.

Este palacio, fuera de serie, trajo muchos conflictos, entre ellos el hecho de que el ingeniero Mario Palanti, cuando terminó la obra, se llevó los planos originales a Italia, donde colaboró con Benito Mussolini.

El edificio —uno de los más secretos de Buenos Aires— plantea una profunda vinculación entre Dante Alighieri y su construcción. Esta relación fue debidamente estudiada por el arquitecto Carlos Hilger.

"Acaso fue Ulises el primer europeo en llegar al hemisferio austral, al menos en la ficción. Dante Alighieri, en la *Divina Comedia* ('Infierno'), relata una extraña historia donde Ulises, ya viejo, cansado, aburrido de su decadente vida en Gaeta, emprende un último viaje con su única nave y con sus viejos camaradas; cruza las columnas de Hércules y se dirige al sur. Una acción imprudente (...)

"Llega al hemisferio austral, vedado a los hombres, y después de algunos meses de navegación, divisa una montaña parda sobre el horizonte, es la Montaña del Purgatorio, prohibida a los mortales ('Purgatorio' I, 130-132). Para castigar la soberbia de su acción, Ulises es condenado a arder perpetuamente en el círculo infernal de los falsarios.

"Dante, posteriormente, también llega al hemisferio austral. Lo registra el canto noveno de la segunda parte, llamado 'Purgatorio', de la *Divina Comedia*. Leemos allí que Dante, autor y protagonista del libro, llega a la montaña santa del Purgatorio acompañado por Virgilio.

"Ellos no llegan por mar sino atravesando la Tierra, por el Infierno, que bajo la Montaña de Sión, se abre hasta el centro de la Tierra en forma de cono invertido, dividido en nueve círculos decrecientes, como gradas de un anfiteatro... En el centro, Lucifer.

"Por una grieta que abren en la roca las aguas del lago

535

Leteo, llegan desde el fondo del Infierno a la base del Purgatorio... Así Dante y Virgilio arriban a la Argentina, tal vez a los
Andes, como alucina Joaquín V. González en *Mis montañas*. En
la cúspide de esta montaña del Purgatorio se encuentra el Paraíso Terrenal, sobre él, la constelación de la Cruz del Sur ('Purgatorio' I, 22, 27), donde se ubica la entrada de los cielos, y florece
allí una rosa inconmensurable... Dios.

   (...)

   "Desde mediados del siglo XIX y durante gran parte de la
primera mitad del siglo XX el *revival* del gótico engendra un
vasto repertorio de formas y actitudes medievalistas que significan la garantía de la generación de una nueva comunidad...
Motiva búsquedas metafísicas y unifica a los artistas en her-
mandades espirituales... La ilusión de transformar la vida y la
sociedad mediante la arquitectura es una tradición heredada
del espíritu constructivista gótico y sus cofradías y hermanda-
des. Pero es un gótico inventado por la imaginación
tardorromántica, que no es una resultante de la pura historio-
grafía.

   (...)

   "La moda es proponer templos laicos que convoquen a la
hermandad del hombre, a la fraternidad y al amor universal.

   (...)

   "El concepto de templo laico es común en los primeros
años del siglo, especialmente en la tipología del rascacielos
americano; un ejemplo de ello es el Woolworth Building, de
Cass Gilbert. Este concepto lo ensaya el arquitecto Francisco
Gianotti (1881-1967), graduado en la Academia de Bellas Artes
de Turín, en su Catedral de la Panificación, construida bajo el
emblema de El Molino (1916) y en la Galería Güemes (1915),
con un partido de galería pasante similar al usado por Palanti en
el Barolo.

   "En estas obras encontramos el uso de la policromía mediante mármoles en el interior y dorado en el exterior. Sus cúpulas
son la resultante de la nervadura gótica y el intento de eximir de
materia a la Catedral a través del uso de *vitraux*, ornamentados
con complicadas fantasías eruditas: la evolución, los cuatro elementos —agua, aire, tierra y fuego—, esculturas y relieves de

emblemas simbolistas en bronce, el estilo prerrafaelista de Burne Jones, mascarones de atlantes esculpidos a la manera de los arquitectos milaneses del grupo de I Coppedè y estatuas de mujeres (actualmente retiradas) representando las provincias argentinas. La totalidad de los elementos decorativos provienen de la mano de Gianotti, algunos de ellos interpretados en Milán por su hermano Aníbal Gianotti. Palanti, por su parte, se emparenta con la escultura de su conciudadano Adolfo Wildt, miembro de la Academia di Belle Arti di Milano.

(...)

"Hacia 1918 Palanti encuentra a Luis Barolo, un italiano llegado en 1890, que instala unos telares de tejido de punto, y cuyos casimires adquieren una difusión extraordinaria... Barolo financia la construcción del pasaje que lleva su nombre. El edificio es una maqueta ilustrada del cosmos, siguiendo la tradición de la catedral gótica. La catedral es concebida como el opus supremo de la albañilería de la Edad Media; el templo es la traducción en piedra de los Testamentos, debe ser capaz de oponerse a los tiempos y a las multitudes, con el fin de preservar el conocimiento. Cada elemento constitutivo del templo debe hacer alusión a un símbolo, por eso la puerta de la Catedral de París es una tabla de iniciación en la alquimia, y la de Chartres, un manual astrológico. Esto no es raro; en esa época Gaudí hace la misma operación en la Sagrada Familia. También Rudolf Steiner, Vladimir Tatlin, E.L. Boullée construyen edificios que representan el cosmos y, en particular, Terragni proyecta, en la década del 30, el Danteum sobre el Foro Romano, estructurado de la misma forma que el Pasaje Barolo, de acuerdo con la forma y métrica de la cosmovisión de los reinos del más allá según Dante.

"Palanti deja dicho que esto es un templo en las inscripciones del techo. La frase 'VT PORTER NOMEN ELVS CORAN GENTIBUS' ('Para que lleve su nombre ante los gentiles') hace referencia al templo de Salomón edificado en Jerusalén y que es modelo de toda construcción templaria para el cristianismo, el islamismo y los hebreos. David no puede edificar una casa a nombre de IHVH, su dios, a causa de las guerras que lo tienen ocupado. Llegada la paz, bajo el reinado de su hijo Salomón, encara la construcción de una casa a nombre de IHVH (Dios), según las formas y números dictados por IHVH a David.

"Cuando ese templo existía, el nombre de Dios (IHVH) era pronunciado sólo una vez al año por el sumo sacerdote en el *sancta sanctorum* del templo. Al ser destruido el templo de Salomón por los romanos, el nombre no se puede pronunciar; sólo se puede escribir. Esta transgresión parte el nombre en dos. Las dos primeras letras se separan de las dos últimas y se buscan eternamente, errando por el cosmos. Las dos primeras (IH) son un ser insensato que sueña y se piensa sin conocerse; las dos últimas (VH) son un ser afeado por la concupiscencia de lo sensible, en exilio.

"La obra de Palanti es reunirlas. Así pues, para poder reunificar las dos partes del nombre, construye un templo donde se unen cielo y tierra, bajo la Cruz del Sur.

"Dante pertenece a una logia medieval, la Fede Santa, del mismo modo que Palanti. Esta hermandad, que perdura hasta nuestros días, venera la figura de Dante como "obispo" de la misma y difusor de la metáfora moralizante del Infierno, Purgatorio y Paraíso, que muestra tres modos de ser de la humanidad: vicio, virtud, perfección. Los vicios y virtudes no son más que múltiples manifestaciones del amor, de la libido, del eros de Platón, con sus extravíos y debilidades que jalonan el camino del conocimiento sobre la esencia de las cosas y el engaño de las apariencias.

"Palanti viene a las tierras del Purgatorio con un encargo constructivista: desarrollar un templo bajo la Cruz del Sur, un templo en el eje ascensional de las almas, celebrando el VI Centenario de la revelación de Dante. No tenía medios materiales para construirlo; solamente a través de la voluntad y de la fe debía hallar el camino constructivo.

"'*FUNDATA EST SUPRA FIRMAM PETRAM*' ('Está fundada sobre sólida piedra'), escribe Palanti sobre la bóveda de acceso. El templo es la envoltura del nombre. Etimológicamente la palabra templo deriva de tallar. Los antiguos constructores eran talladores, lo que significa además autoconstrucción. 'La piedra bruta ha de ser tallada'. Piedra para los cristianos es Pedro, el fundamento de la Iglesia. 'Sobre esta piedra fundaré mi iglesia'

(San Mateo 16, 19). Palanti promete que su obra nos lleva al conocimiento del nombre secreto y el nombre nos liga con la perpetua creación y su sonido: el orden perfecto.

"El Barolo está construido en planta y secciones sobre la base de la sección áurea y el número de oro, proporciones y medidas de origen sagrado. El Templo de Salomón había sido construido de acuerdo con estas premisas dictadas por Dios a David a través de una disciplina hermética: la naometría. Para Palanti el número estaba cifrado en la *Divina Comedia* (hay semejanzas entre el Danteum de Terragni y el Barolo en su métrica). La división general del edificio y del poema es ternaria: Infierno, Purgatorio y Cielo. El número de jerarquías infernales es el nueve; nueve son las bóvedas de acceso al edificio que representan pasos de iniciación, cada uno enumerado y descripto con frases en latín en cada bóveda.

"El faro, de 300.000 bujías, es la representación intangible de los nueve coros angelicales y la rosa mística. Sobre él se encuentra la constelación de la Cruz del Sur, entrada de los cielos, que se puede ver sobre el Barolo en los primeros días del mes de junio a las 19:30 (hora de Greenwich), alineada con su eje.

"Cien son los cantos de la *Divina Comedia*, cien metros la altura del Pasaje. La mayoría de los cantos comprende once o veintidós estrofas; los pisos del edificio están divididos en once módulos por frente, veintidós módulos de oficinas por bloque; la altura es de veintidós pisos: catorce de basamento, siete de torre, un faro.

"Estos números representan para la naometría tradicional símbolos sagrados; 22/7 es la expresión aproximativa en números enteros de la relación de la circunferencia con su diámetro; el conjunto de estos números representa el círculo, la figura más perfecta para Dante como para los pitagóricos.

"El número veintidós representa los símbolos de los movimientos elementales de la física aristotélica. Once representa a la Fede Santa y a los templarios; 99 + 1 es el total de nombres de Dios (cien cantos, cien metros).

"La fecha del 1300 sitúa el año de escritura de la *Comedia* (en la mitad de la historia, según Dante). La casa de Barolo y el

539

Pasaje homónimo están, respectivamente, en *Perú* y *Avenida de Mayo* al 1300 (...)"

Los restos del Dante desaparecen durante tres siglos hasta 1865. Es en ese momento que Italia intenta celebrar los seiscientos años del nacimiento del poeta. Aparecen en Ravena en un convento de la Edad Media junto a dos cartas que documentan la identidad de los restos. Nada fue muy claro ya que siguieron apareciendo huesos que se atribuían al poeta. Caballeros y científicos finalizan una tarea polémica pero cierta en 1921.

"Palanti y Barolo tratan de terminar el Pasaje para esa fecha: el monumento al genio latino en América. Su sueño no termina allí; así como la Catedral es sepulcro de prohombres de su época, sueñan que el Pasaje sea el sepulcro definitivo del Dante, el lugar donde Dante mismo hubiera preferido descansar. Es por eso que Palanti diseña la escultura *Ascensión*, inspirada en bocetos de la tumba de Dante de Miguel Ángel, para ser colocada en el axis ascensional, en la cúpula central del Barolo, bajo la constelación de la Cruz del Sur (como debe ser). No logra concretar su veleidad teológica arquitectónica...

"Barolo muere cerca de la fecha de inauguración del edificio. Palanti retorna a Italia y con el tiempo abandona la arquitectura."

La cúpula que señala el punto de ascensión fue realizada sobre la base de la tipología de otra, la del templo de Rajarani en Bhubaneshvar (India).

Entrando por la calle *Hipólito Yrigoyen*, de derecha a izquierda y hasta el otro ingreso por la *Avenida de Mayo*, se encuentran las siguientes inscripciones en latín, cuya autoría no está determinada y su traducción aproximada sería:

"La forma es unidad de toda belleza."

"La letra mata, el espíritu vivifica."

"Los hombres, los más posibles."

"El arte es el hombre aplicado a la naturaleza."

"El cuerpo cubre y descubre el alma."

"Nadie sabe mejor que el autor sobre la obra hecha."

"El placer comprado con dolor daña."

"Así vosotras, no para vosotras, hacéis la miel, abejas."
(Atribuida a Virgilio.)

Al edificio sólo le falta la escultura que extrañamente se halla a cuatrocientos kilómetros de Buenos Aires, en la ciudad de Mar del Plata. Existe un proyecto de trasladarla o hacer aquí una réplica, con la cual el "mausoleo" estaría finalizado (*Avenida de Mayo* 1370).

Paralela a la *Avenida de Mayo* se encuentra la casa que habitó Isaac Fernández Blanco, quien en 1921 donó su colección de obras a la ex Municipalidad. En 1943 las mismas pasaron al Palacio Noël en el barrio de *Retiro*. Su casa será en el futuro el Museo de la Memoria, que mantendrá la memoria colectiva sobre el terrorismo de Estado (*Hipólito Yrigoyen* 1420).

El edificio llamado "La Inmobiliaria" combina varios estilos, es obra del arquitecto Luis Broggi y data de 1910. Tiene dos cúpulas mellizas de catorce metros de altura, una por la calle *San José* y otra por *Luis Sáenz Peña*. Esta última, de ochocientos kilos de peso, cayó en 1994. Después de muchas alternativas fue repuesta en 1998 (*Avenida de Mayo* 1480).

Es de tener en cuenta el entorno de las plazas Lorea y del Congreso, ya que constituye junto a éstas un todo continuo. Por esta razón, tomaremos edificaciones que, según las ordenanzas municipales, figuran fuera del perímetro de *Monserrat;* así los hitos como el Congreso de la Nación, en jurisdicción de *Balvanera,* o aquellos que están pasando *Rivadavia,* acera norte, en *San Nicolás.*

Plaza Lorea

Se halla en la intersección de *Luis Sáenz Peña e Hipólito Yrigoyen*, tronchada por la *Avenida de Mayo* y recortada por Congreso. Proviene de un "hueco" (espacio abierto o baldío) contiguo a la iglesia de la Piedad. Eran terrenos pertenecientes al tallista español Isidro Lorea, quien fue muerto junto a su esposa por los soldados británicos en la invasión de 1806.

541

Se divide en dos alas. El sector sur es el emplazamiento de la estatua de Mariano Moreno (1778-1811), jurisconsulto y abogado, secretario del primer gobierno patrio y caudillo de la Revolución de 1810, obra del escultor español Miguel Blay y Fábregas, que se asienta sobre un pedestal de granito. Al costado del monumento se encuentra un histórico gomero que provee de sombra a esta media plaza y que fue recuperado en 1998.

El sector norte posee el monumento al tribuno argentino José Manuel Estrada, realizado por el artista Héctor Rocha. Allí también, aunque clausurado, se encuentra uno de los últimos baños públicos de la ciudad.

En una de las esquinas más emblemáticas se halla el Teatro Liceo, el más antiguo de la ciudad, que data de 1876 (*Avenida Rivadavia* 1499).

Un edificio de vivienda y comercio que data de 1983 abarca un segmento de la *Avenida de Mayo* y de las calles *Luis Sáenz Peña* y *Rivadavia*. Obra de los arquitectos Korn, Lopatin y Zylberberg. La zona arbolada y con un café en la acera le da al sector un clima distendido y diferente. El contrapunto arquitectónico se da en esta plazoleta con una moderna escultura: *Taurus* de Heras Velazco.

Al frente de la plazoleta y del Teatro Liceo un atractivo edificio fue restaurado. Data de 1921 y fue obra de Ángel J. Bollini. En su versión original el cubo que lo corona contenía la figura del triángulo pitagórico. En la restauración se lo reemplazó lamentablemente por vidrio (*Avenida Rivadavia* 1501).

Plaza del Congreso

Este espacio verde realzó la zona y concretó una simbólica perspectiva, al enlazar las sedes de los poderes Legislativo y Ejecutivo.

Su principal ornamento es el grandioso Monumento a los Dos Congresos, destinado a exaltar las tareas legislativas de los congresales de 1813 y 1816. Es obra del artista belga Julio Lagae con la colaboración de su compatriota, el arquitecto Enrique D'Huicque. Para eliminar equívocos conviene subrayar que el Monumento a los Dos Congresos se encuentra en la Plaza del Congreso, ya que se registran confusiones que intercambian ambas denominaciones o eliminan uno de sus nombres. El monumento consiste en una plazoleta seca elevada, hasta donde se accede por tres escalinatas de granito, en cuyo centro se halla la alegoría que simboliza a la República Argentina.

La República está representada por una mujer de pie con un brazo tendido en alto sosteniendo un ramo de olivo. A los pies, una guía de arado sobre el cual una figura representa al trabajo. Delante, un adolescente, guiando una cuadrilla de caballos. A los pies de la cuadrilla, un espejo de agua que representa al río de la Plata y sus afluentes Paraná y Uruguay, simbolizados en estupendos bronces con figuras indígenas.

Las aguas de la fuente dan a nivel del suelo y se realizan espectáculos de aguas danzantes con fondo de iluminación y sonidos adecuados, de notable aceptación popular.

En el mismo paseo se encuentra una réplica de la escultura *El pensador*, de Auguste Rodin. Sobre el centro se halla el monolito que señala el comienzo de todas las rutas del país, el kilómetro cero.

Frente al Congreso de la Nación estuvo instalada durante 1.003 días de protesta la denominada Carpa Blanca, allí ubicada por la CTERA (Confederación de Trabajadores de la Educación).

Allí 1.440 docentes en 86 grupos realizaron ayuno durante dos años y medio. En ese período la carpa de los docentes se constituyó en el hito de la protesta social contra el gobierno del ex presidente Menem.

Se le colocó la simbólica numeración de la *Avenida Entre Ríos* 50, que equipara la de *Balcarce* 50, donde se sitúa la Casa Rosada (Presidencia de la Nación).

La carpa recibió alrededor de 2.800.000 visitantes y 95 delegaciones extranjeras. Desde allí se organizaron 475 eventos culturales y se transmitieron programas de radio y televisión. Al asumir la nueva gestión de gobierno nacional en diciembre de 1999 se levantó la emblemática carpa. Una placa fue colocada allí y dice: "Aquí se erigió la Carpa Blanca, símbolo de compromiso con la educación pública. 2 de abril de 1997 — 30 de diciembre de 1999". También se colocó una planta que en pequeñas proporciones dará flores blancas y tendrá física y espiritualmente la presencia de la carpa.

Si bien la *Avenida Entre Ríos* en esta vereda pertenece al barrio de Balvanera, el edificio está integrado al patrimonio arquitectónico de este barrio. El Palacio del Congreso, inaugurado en 1906, es obra del arquitecto italiano Víctor Meano, que fue coautor del edificio del Teatro Colón. Participó de la labor el arquitecto belga Julio Dormal.

Tiene una superficie de 9.000 metros cuadrados, 430 metros cuadrados de patios y 1.100 metros cuadrados de puertas y ventanas.

El Salón Azul posee una planta octogonal recubierta de mármoles variados. El Salón de Honor tiene paredes con columnas de estuco. El mobiliario está recubierto con tapices de Aubusson y fue obsequiado por la Infanta Isabel cuando visitó la Argentina en 1910, con motivo del centenario de la Revolución de Mayo.

Este salón común a diputados y senadores contiene en un círculo de bronce ocho bajorrelieves con escenas de la historia argentina, alternando con estatuas que sostienen los escudos de las catorce provincias argentinas tradicionales, entrelazadas con imágenes simbólicas de espigas de trigo y caña de azúcar. Sobre éstas, se levanta un templete con figuras ilustres de nuestra historia, todo coronado por la imagen de la República.

La araña del Salón Azul tiene trescientas treinta y una lámparas, y sus muchas tulipas son de cristal de Baccarat. Mide cinco metros de altura y casi tres metros de diámetro, con un peso total de dos toneladas. Pende de un soporte reforzado ubicado en el centro de la cúpula, a casi sesenta y cinco metros del nivel del piso. Posee un aparejo que permite subirla y bajarla (*Avenida Entre Ríos* 51).

El sistema de votaciones está dotado de los más importantes adelantos tecnológicos. El moderno anexo del Congreso funciona en la vereda de enfrente (*Avenida Rivadavia* 1851).

En *Hipólito Yrigoyen* y *Virrey Cevallos* se erigió en 1999 el monumento al político radical doctor Ricardo Balbín, obra del escultor Roberto Cano.

Sobre la misma calle vivió el político socialista Juan B. Justo. Una placa lo recuerda (*Hipólito Yrigoyen* 1640).

Frente al Palacio del Congreso por la *Avenida Entre Ríos* se hallan dos columnas de homenaje a Tomas Alva Edison, inventor de la lámpara eléctrica, ofrenda de la Asociación Argentina de Electrodomésticos hecha en 1929 y con bajorrelieves del escultor Troiano Troiani. En ellas se leen las frases "Imitad jóvenes a estos investigadores infatigables" y "Venerad a estos altos cultores de la sabiduría".

En un monumento en forma de libro abierto y con letras casi ilegibles están escritos dos poemas. Uno es *Tráfago*, de Baldomero Fernández Moreno, y el otro *Trova*, de Carlos Guido y Spano (*Virrey Cevallos y Rivadavia*).

El edificio de estilo contemporáneo que fue de la Caja Nacional de Ahorro y Seguro es obra de los arquitectos Héctor Morelli, Eduardo J. R. Ferroina y Alejandro Maneroff. Actualmente es sede de la Biblioteca del Congreso de la Nación. De la antigua y privatizada Caja Nacional de Ahorro y Seguro sólo se preserva su biblioteca (*Hipólito Yrigoyen* 1778).

En el lado opuesto se hallan, en la cúspide del edificio de diez pisos de la ANSeS (Administración Nacional de la Seguridad Social), dos gigantescas figuras de bronce en actitud de golpear la campana (aleación de cobre y plata), de cuatro toneladas de peso, de un reloj. El mecanismo tiene su clave en una pesa de quinientos kilos que atraviesa el edificio por un pozo de aire especial hasta el sótano. El insólito artefacto fue montado en 1926 por Francisco Rebaudengo, con la colaboración de Salvador Fava. El bello reloj fue fabricado en Turín, Italia, por los hermanos Miroglio y está inspirado en el de la Torre del Reloj, que se erigió en Venecia en 1496, en una obra que llevó a cabo Mauro Coducci (*Avenida Rivadavia* 1745).

Frente a esta plaza hay algo realmente llamativo. En dos puertas de edificios diferentes y separados figura la misma numeración de la calle (*Avenida Rivadavia* 1745).

Asociación de Actores

Esta singular casa cuya construcción se inicia en 1914 fue proyectada por el ingeniero Claro Dassen con la colaboración del arquitecto Alejandro Christophersen.

Dassen fue un destacado físico, matemático y astrónomo perteneciente a la elite intelectual de Buenos Aires. Medalla de oro en todo lo que emprendió, profesor universitario y funcionario municipal.

Organizó el sistema de pavimentación, más como higienista que como hombre vinculado al tránsito. Se dice de él que era, además, un experto astrólogo y singular geómetra.

En los últimos años de su vida dedicó todos sus esfuerzos a favor del idioma esperanto.

El estudio pormenorizado de la distribución y el trazado de los locales de su estudio, biblioteca y observatorio astronómico, así como los símbolos que los adornan, indica que éstos responden a un templo masón.

En el segundo piso, un pasadizo casi secreto nos lleva a un inesperado sótano.

En esta obra —desconcertante— se encuentra una torre observatorio de cincuenta y cuatro metros de altura a la que se asciende por trescientos sesenta y cinco escalones hechos expresamente y dedicados cada uno a un día del año.

Realizado en un lote de siete metros con setenta de frente por cincuenta y seis de fondo, se logró una buena iluminación natural y tamizada.

Quizás sea por la vertiente de la masonería que llegan a Claro Dassen los conocimientos que le permiten ejecutar el cálculo de la estructura de hormigón —material casi desconocido para estructuras de ese porte—.

Ello significa una anticipación del uso de este material. Especialmente la estructura de transición y sostén de la torre, que descarga sus esfuerzos sobre las medianeras de cuarenta y cinco centímetros y lo hace a través de tres niveles que constituyen su basamento.

Según informaciones del hijo del ingeniero Dassen, la torre

y su observatorio fueron un proyecto del arquitecto Alejandro Christophersen.

En los archivos municipales figura cómo fue hecho con estructura metálica convencional sin que existan antecedentes en estos archivos de los verdaderos cálculos del hormigón ejecutado.

En 1914 fue una vivienda familiar con local para venta de automóviles en la planta baja. Hasta 1940 perteneció a la familia Lacroze y luego se transformó en dependencias de la Secretaría de Trabajo y Previsión en el período del entonces coronel Juan Perón.

Hacia 1960 se convierte en industria textil afectada a la planta baja y el subsuelo, usándose el resto de sus dependencias para desfiles de moda.

En 1983 la compra la Asociación Argentina de Actores (*Alsina* 1762).

A pocas cuadras vivió y murió el "padre" del tango, el tipógrafo, periodista, músico, actor, bailarín y violinista Ángel Villoldo (*Alsina* 1281).

Avenida 9 de Julio

Atraviesa el barrio en la mitad y de norte a sur, estableciendo serias diferencias de comunicación entre sus dos sectores.

Los trabajos se iniciaron en 1937. Poco después se prosiguió con las demoliciones desde *Bartolomé Mitre* hasta la *Avenida Belgrano*, donde habrían de detenerse las obras durante varias décadas. Es en la del sesenta cuando se decide prolongar la avenida hacia el sur. Las demoliciones prosiguieron hasta *Constitución,* acabando con una de las arterias más importantes del barrio, la calle *Lima.*

El edificio del Club Español es obra del arquitecto holandés Enrique Folkers. Está coronado por la obra *Genio alado*, del español Torcuato Tasso. El balcón principal muestra sus tres grandes arcos de herradura estilo mudéjar, que se hallan recubiertos de mosaico veneciano.

En el edificio —que fue inaugurado el 12 de octubre de 1912— se destaca otra escultura de Torcuato Tasso: *La navegación*.

Uno de los ámbitos más sugestivos del edificio es el salón árabe, que recuerda a la arquitectura de la Alhambra (Granada, España).

Los distintos salones encierran obras de arte entre las que se destacan, en el techo del Salón Imperial, *La Unión de España y Argentina*, que fue pintada por el español Julio Borrel y Pla (*Bernardo de Irigoyen* 172).

Obras Públicas

El elemento más destacado del tramo de la *9 de Julio* que recorre el barrio es el edificio del Ministerio de Obras Públicas, en la intersección con la *Avenida Belgrano*. Esta mole de cemento rompe la continuidad del paisaje que ofrece la *9 de Julio*. Tiene veintisiete plantas: dos sótanos, planta baja, veintidós pisos altos, azotea y terraza de observación. Las esculturas y los focos fueron hechos por el escultor Troiano Troiani. Al iniciarse las obras de este edificio el intendente Mariano de Vedia y Mitre, que ya tenía en su imaginación la apertura de la *Avenida 9 de Julio*, gestionó inútilmente la suspensión de los trabajos alegando que afectarían la línea de lo que hoy es la *Avenida*.

Cuando se comprobó que De Vedia y Mitre tenía razón, surgieron dos soluciones: una fue la de trasladar el edificio sobre gigantescos rodillos a una ubicación menos incómoda. La otra idea fue un proyecto del arquitecto José C. Álvarez, que perteneció a los equipos del propio Ministerio de Obras Públicas y que consideraba la idea de hacer otro edificio gemelo, unirlo al original y formar así un gran arco de triunfo.

El edificio recibió por muchos años la denominación de MOP, por las siglas del Ministerio de Obras Públicas. De ahí que el proyecto del arco hecho en 1937 se bautizara MOPLE.

En los años 90 se convirtió en la sede de la Secretaría de Salud Pública de la Nación.

En el año 1995 el ex presidente de la República Carlos Menem "ordenó tirar abajo el edificio" en 1996 para ensanchar la avenida, lo que generó protestas en los más diversos sectores de la comunidad y nunca se llevó a cabo.

En la cuadra definida por las actuales avenidas *Belgrano* y *9 de Julio* y por las calles *Bernardo de Irigoyen* y *Moreno*, se hallaba la Plaza de Monserrat, quizás uno de los pocos espacios verdes con que contó el barrio.

Sólo se preservan parte de sus escalinatas y algún árbol: la "calle del Pecado" fue minimizada a un pequeño tramo de asfalto que sirve de playa de estacionamiento del Ministerio.

Bergara, Chubut y Borges

En la plazoleta Provincia de Entre Ríos se rinde homenaje desde mayo de 1992 al emprendimiento que significó para Buenos Aires La Botica del Ángel, invención del artista Bergara Leumann. Se descubrió la escultura de un ángel en cuya base figuran los nombres de las personalidades que pasaron por La Botica de la calle *Lima* 670, que fue derrumbada por la ampliación de la *Avenida 9 de Julio* (*Lima, México, Venezuela y Bernardo de Irigoyen*).

A una cuadra, en la plazoleta Provincia de Chubut, el presidente de México, Ernesto Zedillo, inauguró en 1976 el monumento a Benito Juárez, obra del escultor Eric Suzan Reed (*Lima, México, Chile y Bernardo de Irigoyen*).

En este barrio Jorge Luis Borges sitúa el almacén donde recibe como vuelto "el Zahir", una moneda de veinte centavos fechada en 1929 y que tiene distintas marcas hechas con un cortaplumas. La idea es que cada época tiene su Zahir. Una vez que se ha visto uno, no importa que lo regale o lo pierda. El Zahir se integra a la conciencia de uno, a la memoria y a los sueños. El hecho —mentira o realidad— le ocurrió a Borges el 6 de junio de 1947. El relato aparece en el cuento del mismo nombre que integra el libro *El Aleph*, publicado en 1949 (*Chile* y *Tacuarí*).

Jabonería de Vieytes

En 1807 Nicolás Rodríguez Peña adquiere la manzana comprendida por las actuales calles *Bernardo de Irigoyen, México, Lima y Chile.* Al poco tiempo se asocia con Hipólito Vieytes e instalan una fábrica de jabón y sebo. La finca cobró valor histórico por haberse realizado allí reuniones previas a la jornada del 25 de mayo de 1810 contra la corona española. La consagración de Vieytes a la causa revolucionaria hizo que le restara atención al negocio de la jabonería, que entró en decadencia a fines de 1810. Luego de una serie de transferencias, en 1932 Alberto Duhau adquirió el solar y ese mismo año ordenó la demolición y la construcción de un moderno edificio que hoy ocupa su lugar. Fue declarado lugar histórico nacional (*México* 1050/55/62 y 68).

El virrey Liniers y la iglesia de San Juan

La iglesia de San Juan Bautista data en sus orígenes de 1650. El edificio que se conserva es de 1797 y sus muros son de un metro de espesor.

El convento de las monjas clarisas, anexo a la iglesia, posee amplios claustros rodeados de columnatas, y en uno de los patios, llamado "de los Capellanes", hay una estatua de mármol de Santa Clara, patrona menor de la ciudad.

Allí fueron sepultados los entonces noveles y valerosos soldados patricios que lucharon durante las Invasiones Inglesas de 1806. Ahí el virrey Santiago de Liniers se encomendó a la santa cuya festividad se celebraba ese día —12 de agosto—. El templo está declarado monumento histórico nacional. En el lugar se conserva el antiguo cementerio de las monjas, que en los años '90 trasladaron su convento a la localidad de Moreno, en la provincia de Buenos Aires.

Su interior guarda verdaderos tesoros del arte religioso del siglo XVIII (*Alsina* 820).

Sólo para hombres

Casi al estilo de un hermético club inglés de la época victoriana funcionaba el Club de Pelota y Esgrima. Es la cancha o trinquete más antigua en uso de Buenos Aires. Data de 1790, mientras que el edificio es de 1890. Se jugaba pelota vasca y sus reglamentos internos impedían el acceso a mujeres.

Los inmigrantes vascos trajeron consigo el juego de la pelota, que fue el deporte más popular hasta la llegada del fútbol. En una inesperada emergencia, en el año 2001 el edificio se incendió y la ciudad perdió esa joya arquitectónica (*Moreno* 977).

El subte es el metro

La línea C de subterráneo, que une en su trayecto las estaciones ferroviarias de Constitución y Retiro, es conocida como "la línea de los españoles". Si bien atraviesa uno de los barrios de más tradición hispana como lo es *Monserrat*, su nombre se basa en los murales existentes en las estaciones subterráneas, que permiten al viajero recorrer España en diez minutos.

Siguiendo la ruta desde Plaza Constitución, se hallan los siguientes murales cerámicos: Estación San Juan: paisajes de España, Zamora, Salamanca, León, Alicante, Albacete, Murcia y Valencia. Estación Independencia: paisajes de España, Granada, Córdoba, Ronda, Palos, Sevilla. Estación Moreno: paisajes de España, Bilbao, Santander, San Sebastián, Navarra, Santiago, Lugo, Asturias. Estación Avenida de Mayo: el acueducto de Segovia. Estación Diagonal Norte: paisajes de España, Burgos, Madrid, Aranjuez, Ávila, Toledo, Soria, Segovia. Estación Lavalle: paisajes de España, Aragón, Barcelona, Alicante, Valencia, Teruel, Huesca y Zaragoza. Se debe tener en cuenta que en estos murales para los subterráneos intervinieron, entre otros, artistas como Ignacio Zuloaga, Fernández Álvarez Latomayor, Martín Noel y Manuel Escasany.

En la estación Moreno hay frisos decorativos con las figuras astrológicas de Capricornio y Sagitario.

La idea de emplazar dichos murales como motivo de decoración fue del español Rafael Benjumea y Burín, conde de

Guadalhorce, para lo cual se adoptó como criterio la unificación temática de lo hispánico, como contribución de los españoles a favor del desarrollo argentino.

Bibliografía

Garrido, Dr. Jorge E. *Manzana de las Luces, Iglesia de San Ignacio, XVII-XX,* Buenos Aires, Instituto de Investigaciones Históricas de la Manzana de las Luces, 1983.

Llanes, Ricardo M. *La Avenida de Mayo,* Buenos Aires, Ed. Guillermo Kraft, 1955.

Goldar, Ernesto: *Los argentinos y la Guerra Civil española,* Montevideo, Uruguay, Ed. Contrapunto, 1986.

Sasona, Justo y Hunter, Carlos. *La Avenida de Mayo, un proyecto inconcluso,* Facultad de Arquitectura, Diseño y Urbanismo de la Universidad Nacional de Buenos Aires, 1990.

García de Loydi, Ludovico. *La Catedral de Buenos Aires,* Municipalidad de Buenos Aires, Cuadernos de Buenos Aires XXXVI, 1971.

Vigil, Carlos. *Los monumentos y lugares históricos de la Argentina,* Buenos Aires, Editorial Atlántida, 1960.

García Rozada, Norberto M. *Monserrat, otro barrio olvidado,* Buenos Aires, Cuadernos del Águila N° 9, Fundación Banco de Boston, 1990.

Romay, Francisco L. *El barrio de Monserrat,* Buenos Aires, Cuadernos de Buenos Aires, N° VIII, MCBA, 1971.

Manual del Congreso Argentino, Buenos Aires, Congreso de la Nación, Imprenta del Congreso, 1971.

Mayochi, Enrique M.; Poitevin, Néstor E. y Gazaneo, Jorge O. *Los antiguos túneles porteños,* Buenos Aires, Instituto de Investigaciones Históricas de la Manzana de las Luces, Dr. Jorge E. Garrido, 1984.

El Honorable Concejo Deliberante de la Ciudad de Buenos Aires. Su sede, Buenos Aires, 1960.

Banco de la Nación Argentina, Inauguración de su nuevo edificio, Buenos Aires, 1944.

Revista *Buenos Aires nos cuenta* N° 9 (Parque Colón, La Aduana Nueva); mayo de 1985; N° 17 (Plaza de Mayo), octubre de 1989; N° 15.

Plaza de Mayo, escenario de la Fundación de la ciudad, Buenos Aires, 1988.

Al norte la Catedral, al oeste el Cabildo, Buenos Aires, 1968.

Diarios: *La Prensa, La Nación, La Razón, La Opinión, Clarín:* fechas varias.

Detalles sutiles: pequeñas estatuas y mayólicas de intrincado diseño en el edificio de La Inmobiliaria de la Avenida de Mayo.

Emblemáticas torres y cúpulas de Avenida de Mayo. A la izquierda se destaca el Palacio Barolo.

27

MONTE CASTRO

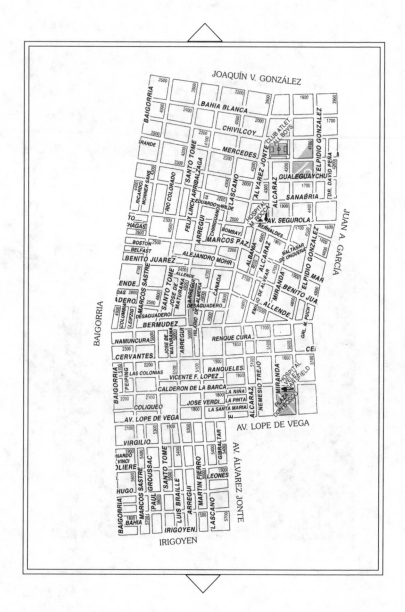

*"Cuando alquilé el local hace unos meses, pregunté a los veci-
nos el nombre de la zona. Para unos se trataba de Floresta;
para otros, de Villa Luro, Versalles o Devoto. ¿Cómo decís que
se llama el barrio?"*

Diario *La Nación*,
Buenos Aires, 9 de setiembre de 1984

Límites

Calles y avenidas: *Álvarez Jonte, Irigoyen, Baigorria, Joaquín V. González, Juan Agustín García y Lope de Vega.*

Algo de historia

Heredó su nombre de la chacra que Pedro Fernández de
Castro había construido en un amplio monte de frutales, pero
hasta principios de siglo aún era una zona de quintas y hornos
de ladrillo, separada del barrio de *Flores* —núcleo urbanizado
más cercano— por el arroyo Maldonado y una legua de camino.

Hasta fines del siglo XIX y comienzos del XX, toda la zona
era de chacras, quintas y hornos de ladrillos con su peculiar
aroma, habitada en su mayoría por inmigrantes que se hicieron
al lugar como quinteros. Aquí se alojó el virrey Sobremonte al
marchar hacia la provincia de Córdoba cuando se produjeron
en 1806 las primeras invasiones inglesas. Desde aquí partieron
en 1810 las tropas del primer ejército patrio que salió de campaña al interior del país.

Paisaje

Es una de las zonas más altas de la ciudad. En la actualidad, el barrio se caracteriza por sus casas bajas y chalets. Afín al
nombre que le dio origen, es una zona muy arbolada, con plazas
y veredas frondosas.

El diagrama de calles no difiere en gran medida de otros
barrios. Existen numerosas cortadas y calles breves: *Emilio de*

557

Alvear, La Pinta, La Niña, Eduardo Wilde, Félix Lynch Arribalzaga, General Manuel Puch, Baltasar de Unquera, etcétera.

Las dos grandes avenidas son *Álvarez Jonte* y *Lope de Vega*.

La antigua capilla de "Open Door"

La iglesia de San Pedro Apóstol es cabecera de la parroquia homónima, instaurada en 1928.

Originariamente fue la capilla del instituto de salud mental que funcionó en el lugar. La edificación es pequeña, de tímpano triangular con fachada dórica y posee una torre lateral con campanario; su interior es sobrio y de una sola nave (*Bermúdez* 2011).

La hermosa Plaza Monseñor Fermín Lafitte, con probables vestigios del parque de la vieja colonia psiquiátrica, se halla en su frente (*Bermúdez, Arregui, Hilario de Almería y Allende*).

Muchachos todos

La institución deportiva más importante es el Club Atlético All Boys, que data de 1913. A partir de la iniciativa de un grupo de descendientes de ingleses que trabajaban en Obras Sanitarias de la Nación y en ferrocarriles comienza sus actividades. Con el tiempo y el crecimiento del barrio, All Boys deja de ser exclusivo para los ingleses y se transforma en club barrial. La actividad más importante es el fútbol (*Chivilcoy* 1902).

Con la apertura —en 1996— de la calle *Mercedes* nació una nueva plaza que lleva el histórico nombre del barrio.

La Plaza Don Bosco perteneció al Hospital Vélez Sarsfield, lindero a ésta; fue cedida para la construcción de un nuevo hospital, pero por falta de fondos el ex Concejo Deliberante resolvió que siguiera siendo una plaza.

El hospital fue en sus orígenes una estación sanitaria. Se instala luego en este barrio en 1947 y dos años después se convierte en una institución en crecimiento constante (*Calderón de la Barca* 1550).

Otros tiempos

Atrás del mercado Misiones (*Bahía Blanca* 2170) hay una noble historia.

En 1901 la entonces famosa revista *Caras y Caretas* hace un concurso cuyo premio es el regalo de un chalet. El ganador lo dona al entonces Consejo Nacional de Educación para que se convierta en escuela.

Los vecinos llaman al flamante colegio "Caras y Caretas" por haber sido la revista la que tuvo la iniciativa. Se denomina oficialmente "Provinica de Misiones". En 1927 la escuela se traslada a *Bahía Blanca* 2246. De ahí el nombre del mercado. Actualmente está a la vuelta (*Lascano* 4044).

Hay dos escuelas, Monte Castro y Misiones, que tienen una vinculación centenaria con el barrio.

Rehabilitaciones y discapacidades

El Hospital de Rehabilitación Rocca lleva el nombre de quien cediera el predio, don Manuel Rocca. En un principio funcionó como hogar-escuela e internado para niños de padres tuberculosos. En 1973 se transformó en Hospital Central de Rehabilitación. Es el único que cumple estas funciones en toda la ciudad y se considera un modelo en su género. Atiende así a través de su escuela de sordos, discapacitados motores, discapacitados múltiples y ciegos y ambliopes.

En *Lope de Vega* 1947 se halla la cortada *Luis Braille*, en la que se encuentran dos placas en su homenaje como creador del alfabeto en relieve para uso de los ciegos.

El nombre en la escuela

El nombre del barrio lo lleva la escuela primaria estatal número 3, que se originó en una iniciativa privada de las hermanas Ponce de León y otros vecinos. Los niños iban a la escuelita en ese año 1894 a caballo, a pie y en carros. El transporte más próximo estaba a veinticinco cuadras. Había que atravesar zanjones, arroyos y mucho barro para llegar. La antigua escuela estaba a pocos metros de la actual, que es un bello edificio art déco (*Avenida Álvarez Jonte* 4651).

Bibliografía

Cunietti-Ferrando, Arnaldo J. *Monte Castro, de la chacra al barrio*, Buenos Aires, Casa Pardo S.A., 1970.
Monte Castro, un barrio con historia, Buenos Aires, Historias de Buenos Aires, enero de 1989, año 2, N° 10, Secretaría de Cultura de la Municipalidad de la Ciudad de Buenos Aires.
Diarios: *Página/12, La Nación:* años varios.

Un dibujo de Alicia García plasma una soñada visión de Monte Castro.

28

NUEVA POMPEYA

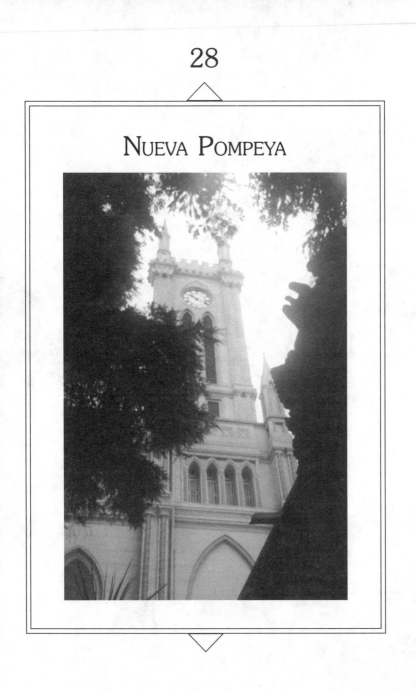

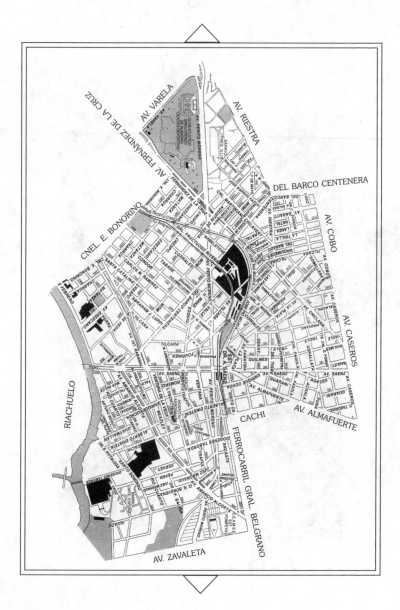

"Un pedazo de barrio, allá en Pompeya,
durmiéndose al costado del terraplén;
un farol balanceando en la barrera y el
misterio de adiós que siembra el tren."

HOMERO MANZI
(poeta argentino, 1905-1951)

Límites

Calles y avenidas: *Coronel Esteban Bonorino, General Francisco Fernández de la Cruz, Varela, Dr. Norberto de la Riestra, Centenera, Cobo, Caseros, Almafuerte, Cachi,* vías del Ferrocarril General Belgrano, *Zavaleta,* Riachuelo, *27 de Febrero.*

Algo de historia

Hubo que rellenar esta zona baja y anegadiza con casi cuatro metros de ceniza. Por el año 1890 la hoy *Avenida Sáenz* era "el camino de los huesos"; ahí quedaban los restos de los yeguarizos y vacunos muertos antes de llegar al matadero del hoy barrio de *Parque Patricios*. Florecieron en sus márgenes corralones, herrerías, triperías y conventillos entre zanjones, renacuajos e inundaciones. Llega el año 1920, en que ya se perfila el barrio con sus tipicidades: se asienta "La Blanqueada" en *Avenida Sáenz* y *Roca*, pulpería refugio de guitarreros y payadores, guapos y tangueros. La frecuentaba en sus años mozos el escritor Jorge Luis Borges "para ver la pampa", porque fue su límite con la ciudad. Anteriormente, en 1900, se inaugura la capilla de la Virgen del Rosario de Pompeya, que dará su nombre al barrio. En ese mismo rincón sur, hacia 1938, se inaugura el nuevo Puente Alsina, ex Paso de Burgos.

La iglesia de Pompeya

La construcción de la basílica fue un gran esfuerzo de la comunidad de sacerdotes franciscanos capuchinos. Dirigió la obra el arquitecto Juan Ochoa. Data de 1900 y es de estilo neogótico.

En el interior de la basílica se advierten los enormes vitrales, en forma de arco ojival, que se encuentran en todas las paredes laterales. Fueron hechos por la Casa Zeller de Munich, Alemania, y representan los quince misterios del Santo Rosario. En el altar mayor se halla el camarín de la virgen, al que se llega a través de treinta y seis peldaños. Está constantemente iluminado; cuenta con la hermosa talla procedente de Barcelona que representa a Nuestra Señora del Rosario con Santo Domingo de Guzmán y Santa Catalina de Siena. El altar es de mármol de Carrara con columnas de mármol ónix de la provincia de San Luis.

Presenta una sola torre que no ha sido concluida y que culmina en cuatro pináculos rodeados de almenas. Tiene en su parte superior un reloj con seis campanas traído de España.

En 1927 se le encargó al arquitecto y pintor italiano Augusto César Ferrari la construcción del claustro.

Si vamos hacia la izquierda de la entrada al templo hay una puerta que conduce al Patio de la Virgen; allí se destaca la imagen de Nuestra Señora del Rosario hecha en bronce, en el centro. Está rodeada de gran vegetación y del claustro —inaugurado el 28 de abril de 1928 y refaccionado en 1970—, en que se mezclan elementos neogóticos (pináculos y ventanas ojivales) con la galería formada por diversos tipos de columnas: salomónica, jónica y corintia, entre otros.

En estos claustros se hallan inscripciones de Homero (poeta griego que vivió entre los siglos IX y VIII a.C.; algunos autores niegan su existencia) y Virgilio (poeta latino que vivió entre los años 70 y 19 a.C.), y también escudos episcopales y de familias. El púlpito del claustro es de estilo longobardo con influencias árabes y bizantinas. Lo sostienen seis columnas de auténtico estilo morisco. Los capiteles están adornados con astrágalos, crucecitas, cabezas y ábacos. Éste fue inspirado en el púlpito de la Catedral de Pisa (Italia). (*Avenida Sáenz* 1001.)

Tránsito

En la *Avenida Sáenz* frente a la plaza e iglesia de *Nueva Pompeya* se encuentra en horas pico tanta gente como en *Florida* y *Avenida Roque S. Peña*. Es atravesada por setenta líneas de colectivos, más taxis y remises.

Puente Alsina

El Puente Teniente General José Félix Uriburu, ex Puente Alsina, data de 1938. Fue diseñado por el ingeniero José Calixto Álvarez (1887-1972). Las empresas constructoras fueron Fundaciones y Fábrica Ingenieros Parodi y Figini, y la estructura metálica y los mecanismos estuvieron a cargo de Louis Eilers, de Hannover (Alemania). El puente es de color ocre y blanco y está revestido por mayólicas azules y blancas; prolonga la *Avenida Sáenz*, en el barrio de *Nueva Pompeya*, atravesando *Centenera, 27 de Febrero,* el Riachuelo, las vías del tren, para terminar en la provincia de Buenos Aires; vale la pena observar su arquitectura neocolonial, en la que se albergaron originalmente lavatorios, baños, guardarropas y peluquerías para ambos sexos. Todo pensado para el bienestar de los viajeros. En 1999, luego de su restauración, el Gobierno de la Ciudad lo convirtió en un complejo social y cultural que tiene el nombre de Puente Alsina. Valga recordar que su historia nos lleva a remitirnos al distante Puente Alsina y anteriormente Paso de Burgos, por donde atravesaban las tropillas de ganado que arribaban a Buenos Aires entre 1867 y 1901; venían de las estancias del Sur y debían atravesar el legendario cauce del Riachuelo, llamado asimismo río Matanza en el sudeste.

Al llevar el nombre de un militar que asumió indebidamente —1930— el cargo de presidente de la República, se sigue usando popularmente su antiguo nombre, que recuerda a Valentín Alsina y es el que tiene la localidad que el puente une, del otro lado, en la provincia de Buenos Aires.

Griegos

El Templo Ortodoxo Griego es parte de la Asociación Helénica "Panelineone", fundada en el año 1926 por un grupo de vecinos de ese origen. El edificio data de 1953 y consta de planta baja y tres pisos; en él funciona una escuela que dicta clases de historia, idioma y danzas griegas.

El templo fue construido por el arquitecto Constantinidis en 1953. La fachada es de estilo neobizantino. Al fondo se puede apreciar una gran cúpula central que finaliza con una cruz de mármol blanca y en ambos lados dos semicúpulas.

Los elementos que componen la ornamentación interior fueron traídos de Grecia. Hay dos festividades importantes en el año: una es la del patrono San Nicolás el día 6 de diciembre, en esa oportunidad se cierran las demás iglesias griegas y se realizan en este templo los festejos, que componen kermeses y una misa a la cual asisten el obispo griego y demás diplomáticos de la embajada. La otra se celebra el Viernes Santo por la noche con una procesión llamada del Santo Sepulcro, en la cual los fieles alrededor de tres manzanas llevan sobre un altar el "Santo Sepulcro", luego vuelven al templo y celebran misa. Se conmemora una semana después de la Semana Santa católica (*Avenida Coronel Roca* 1418).

Manoblanca

La esquina de *Centenera* y *Tabaré* fue bautizada con el nombre del tango *Manoblanca*, que inmortalizó el lugar en que un carrero apura a su tropilla mientras canta estos versos: "Que esta noche me espera un cariño/ en Avenida Centenera y Tabaré".

Denominada esquina de poetas, una placa realizada por el fileteador León Untraib rinde homenaje a Daniel Garibaldi, nacido en el barrio de *Pompeya*.

El tango compuesto en 1939 tiene letra de Homero Manzi y música de Antonio de Bassi. Por iniciativa del mecenas Gregorio Plotnicki se creó allí el Museo Manoblanca, declarado sitio de interés cultural por el ex Concejo Deliberante. En 1995 un busto de bronce de Homero Manzi fue levantado por iniciativa de los vecinos; es obra del escultor Antonio Oriana. La calle se llama en realidad *Martín del Barco Centenera*, sacerdote y escritor español que vivió entre 1535 y 1605. Fue el primero en emplear el nombre de Argentina para designar así al país. Esto se plasmó en el poema *Argentina y conquista del río de la Plata, con otros acaecimientos de los reinos del Perú, Tucumán y estado de Brasil*, que publicó en Lisboa en 1602.

Pájaros, peces y flores

La Feria de los Pájaros es una de las pocas que existen en el mundo. Funciona los domingos desde las 8 y está situada al costado de la Estación Dr. Antonio Sáenz, en *Sáenz y Perito Moreno*. Se observan tucanes, faisanes, piquito de lacre, cordón bleu y otras tantas especies. Hay también puestos de venta de diversas clases de flores y peces.

El Chino

El bar "El Chino", del fallecido cantor de tangos Jorge Garcés, abre sus puertas a lo más genuino del ambiente tanguero. Cada vez que llega a Buenos Aires, el actor español José Sacristán lo visita, al igual que tantos otros viajeros (*Beazley* 3566).

Bolivianos

Así como la iglesia de Pompeya tiene antecedentes italianos relacionados con la ciudad pagana enterrada por la lava del Vesubio en el año 79 de nuestra era, ahora que ya no arriban inmigrantes italianos ni griegos ni armenios, los que llegan son bolivianos —viven en la zona o microbarrio Charrúa—. Aquí se honra cada mes de octubre a la Virgen de Copacabana. Se hacen comidas típicas y se venden artesanías.

El pueblo boliviano, tal vez por la identificación entre la

Virgen y la Pachamama (madre tierra) para las culturas aborígenes, vive con formas diferentes estas arraigadas festividades.

Veleta

Mercurio, protector de viajeros y comerciantes, tiene una singular veleta. Forjada en láminas de cobre de tres milímetros en 1942, tiene tres metros con veinte de ancho por dos metros con ochenta de alto. A pesar de su tamaño sigue dócilmente la orientación de las ráfagas (*Centenera* 2448).

Fútbol

El estadio de San Lorenzo es conocido como el Nuevo Gasómetro en referencia a que en su nacimiento en el barrio de *Boedo,* la vieja cancha funcionaba en las proximidades de un gasómetro que ya no existe más. Por la tradición oral se extendió lo de nuevo a un gasómetro referencial e inexistente en la realidad (*Avenida Perito Moreno* y *Varela*).

Otros tesoros

En el Museo y Ateneo de Estudios Históricos de Nueva Pompeya se exhiben pinturas, dibujos y grabados de Carlos Alonso, Carlos Cañás, Dora de la Torre, entre otros. Hay manuscritos de Julio De Caro, Julián Centeya, Cátulo Castillo, Lucio Demare, Homero Manzi, Manuel Mujica Lainez, Julia Prilutzky Farny. La idea de crear un museo surgió en 1971. Ninguno de los elementos que lo constituyen fue adquirido; la totalidad de ellos corresponde a donaciones (*Avenida Sáenz* 971).

La biblioteca pública, llamada "Dr. Antonio Sáenz", tiene volúmenes para estudiantes y público en general y funciona en la sede del Club Unidos de Pompeya. En la misma institución se realizan periódicamente encuentros de boxeo (*Avenida Sáenz* 871).

Un barrio y otro

Aunque es un barrio sencillo, *Nueva Pompeya* tiene varios atractivos. El solar fue donado por el Jockey Club de las Damas de San Vicente de Paul. Ellas diseñaron una serie de pequeñas casas con patio y fuentes enrejados que se nuclean alrededor de una hermosa torre con reloj, zona que algunos llaman La Colonia, al igual que un microbarrio de Parque Patricios (*Traful* 3650).

Bibliografía

Garasa, Delfín Leocadio. *La otra Buenos Aires,* Buenos Aires, Ed. Sudamericana, 1987.

Un siglo de presencia en el barrio de Nueva Pompeya: Asociación Mutualista del Bañado 1894 — 1994, Buenos Aires, 1994.

Martín, Luis J. *El barrio — pueblo de Nueva Pompeya,* Cuadernos de Buenos Aires, MCBA, Buenos Aires, 1996.

Los claustros de la basílica de Pompeya parecen llevarnos a la Edad Media de la vieja Europa.

29

NÚÑEZ

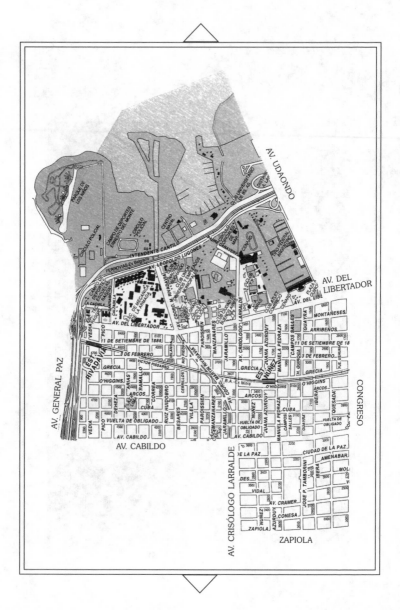

> *"Nuestra casa quedaba en Núñez, cerca del río. Entonces, en los veranos, solía bajar la barranca, rodear después la Escuela de Mecánica y entrarme por un pasaje que se llama Leopoldo Lugones y que conducía a un astillero y a un club perdido: el San Martín. Se abría allí un paisaje miliunanochesco, mágico..."*

FERNANDO SÁNCHEZ SORONDO
(escritor y periodista argentino, 1943)

Límites

Calles y avenidas: Avenida *Cabildo, Crisólogo Larralde, Zapiola,* Avenida *Congreso,* Avenida *del Libertador,* Avenida *Guillermo Udaondo,* Avenida *Leopoldo Lugones* y Avenida *General Paz.*

Algo de historia

A principios de 1873, Florencio Emeterio Núñez formó la sociedad Núñez y Cía. con el objeto de urbanizar las tierras que había adquirido al norte del entonces pueblo de Belgrano y fundar allí uno nuevo que se llamaría Saavedra. El 27 de abril llegó a la zona un tren que conducía a unas dos mil personas que asistirían a los actos de fundación en el lago artificial de *Saavedra,* en el actual parque del mismo nombre.

Previamente había sido inaugurada una nueva estación ferroviaria (hoy F.C. General Mitre) en terrenos donados por Núñez. La estación recibió el nombre del fundador y su inauguración marca el nacimiento del barrio, gestado simultáneamente con el de *Saavedra.*

El desarrollo fue rápido y armónico. Las actividades comerciales se asentaron preferentemente sobre la *Avenida Cabildo* y los establecimientos fabriles ocuparon la zona del bajo, en la actual *Avenida del Libertador.* La ribera hospedó a distintas entidades deportivas. Barriada familiar y apacible, fue atraída por la pujanza del vecino *Belgrano.*

Paisaje

Se trata de una zona no muy alta que va decreciendo paulatinamente en dirección al río. El terreno es más elevado hacia la zona del Puente Saavedra (*Cabildo* y *General Paz*) y presenta, entre la calle *Correa* y la *Avenida General Paz* aproximadamente, pronunciadas barrancas que descienden desde la calle *O'Higgins* a la calle *Grecia*.

Núñez era una región de bañados y aún subsisten algunos arroyos que, ocultos bajo el asfalto, desaguan en el río de la Plata. Las curvas de la *Avenida Comodoro Rivadavia*, por ejemplo, no son arbitrarias: siguen el curso del arroyo Medrano, que llega entubado desde el barrio de *Saavedra*. Existen otros arroyos: el del Indio, situado en la proyección de la calle *Manzanares*, y el White, bajo la *Avenida Rubén Darío*.

Exceptuando las avenidas *Cabildo, del Libertador* y *General Paz*, las calles de *Núñez* son por lo general silenciosas.

Predominan casas de uno o dos pisos que no forman conjuntos uniformes. Las antiguas, ubicadas en las cercanías del costado oeste de la estación, han sido recicladas en su mayoría, y están salpicadas por medianos edificios y casas nuevas.

La sencilla y estratégica estación Rivadavia posee un puente que comunica los dos andenes. La estación Núñez, que dio nacimiento al barrio, fue realizada por ingenieros ingleses en 1899. Es una de las pocas construcciones antiguas que mantienen su estructura original. Detrás del andén opuesto se ven todavía las ruinas de una fábrica de tejidos.

El barrio tiene dos sectores bien diferenciados socioeconómicamente. La franja ubicada entre las vías del Ferrocarril Mitre y *Avenida del Libertador* posee las características de un ex barrio fabril cuya transformación no se ha podido llevar a cabo. El foco de modernidad que constituyen las altas torres de *Libertador* no llega a las calles interiores, donde aún se alzan los paredones vacíos de las fábricas.

Mejor nivel económico existe del otro lado de la estación Rivadavia. Formando ángulo con la *General Paz*, hay menos tránsito vehicular y allí se establecieron hermosas casas que aprovechan los desniveles de las calles *O'Higgins* y *Grecia;* otras, verdaderas mansiones, denotan una refinada presencia.

Otra calle populosa es la *Avenida del Libertador*, que es la conexión entre la zona norte y el centro de la ciudad; las horas críticas la muestran desbordante de automóviles. Hacia la *General Paz* hay algunas fábricas y cierta quietud; entre *Congreso* y *Crisólogo Larralde*, algunas confiterías muy concurridas por la noche; hacia el río, la movilización diurna de los clubes. El sector ocupado por las diferentes entidades deportivas, de *Avenida del Libertador* hacia el río, cuenta con una importante y variada arboleda.

La *Avenida General Paz*, que limita la ciudad, separa al barrio de la zona norte; se accede a ella por *Cabildo* y por *Libertador*. Continúan la *General Paz* las avenidas *Leopoldo Lugones* hacia el sur e *Intendente Cantilo* hacia el norte, ubicadas a ambos lados de las vías del Ferrocarril General Belgrano, y constituyen el camino favorito de muchos para acercarse al centro. Sobre estas avenidas se ha erigido recientemente el puente distribuidor Udaondo que, prolongándose en la *Avenida Guillermo Udaondo*, permite llegar también a la Ciudad Universitaria.

De norte a sur, las calles suelen ser largas; de este a oeste, suelen cortarse con las vías del Ferrocarril Mitre, para continuar del otro lado.

La calle que es muchas calles: el tramo de la *Avenida General Paz* que limita *Núñez* tiene numerosos carriles, caminos para abordarla y para abandonarla, puentes, túneles y calles paralelas que llevan su mismo nombre. Entre esta calle lateral y el brazo principal se alza un enorme paredón entre *Cabildo* y *Arcos*, donde alguna vez se vieron aprendices de andinismo.

El descenso por la barranca de *Deheza* al 1900 sorprende a los automovilistas. A una cuadra de allí, puede treparse por la calle *Arias* unos pocos metros; la suplantan luego dos pintorescas escaleras rodeadas de césped que arriban a la calle *O'Higgins* y a la consecución de *Arias*. La calle *Vedia* no respeta estos desniveles: se resuelve en una rotonda que, diez metros sobre la calle *Grecia,* cumple la función de mirador.

La *General Paz*, que pasa sobre la *Avenida del Libertador*, las vías del Ferrocarril Mitre y la *Avenida Cabildo* (Puente Saavedra), posee dos oscurísimos túneles. Uno es el de la calle *Grecia* y el otro, el de *La Cachila*.

Plazas y plazoletas

La Plaza Félix Lima, de *Ramallo* y *Arcos*, posee pequeños desniveles y una cancha de bochas.

La Balcarce, de *Cabildo* y *Jaramillo*, tiene en su centro una escultura denominada *El hombre y sus pasiones* que presenta una pareja entrelazada, obra del escultor Santiago César realizada en Turín, Italia, en 1912.

En la Plazoleta Adán Quiroga se alza el monumento a los cuatrocientos años de la fundación de Buenos Aires: se trata de un prisma blanco formado por cuatro gigantescos números uno enfrentados (se infiere que cada uno de ellos equivale a cien años). Fue obra de la escultora argentina Lucía Pacenza (*Avenida del Libertador y Avenida Guillermo Udaondo*).

Un paseo peatonal atraviesa el Centro Deportivo Manuela Pedraza, que ocupa el antiguo predio del Club Platense y lleva el nombre de Plazoleta Francisco Ramírez. En 1988 la entonces Municipalidad de Buenos Aires descubrió un mural con la figura del cantante Roberto Goyeneche (el Polaco), realizado por el artista plástico Mario Ferrari. De la reunión inaugural participaron el historiador Félix Luna, que en ese momento representó a la institución municipal, y el propio Goyeneche. En 1999 el mural fue eliminado, contradictoria medida que provocó mucho enojo. Fue así que la Comisión Especial de Asociaciones Cooperadoras del Distrito Escolar N° 10 impulsó la idea de instalar allí una foto del cantor de dos metros por uno con cincuenta, con lo cual se reparó en parte la falta de conciencia patrimonial de algún sector (*Moldes* 3200).

Más Goyeneche

Un grupo de jóvenes editores de la revista under denominada *Suburbio Clandestino* dedicó su tiempo libre a pintar murales en la zona aledaña a la estación Núñez. Una de sus realizaciones fue un homenaje a Roberto Goyeneche, Aníbal Troilo y Astor Piazzolla.

Iglesias

La más antigua del barrio es la iglesia de la Santísima Trinidad. Los padres trinitarios erigieron el nuevo templo en el año 1929. Posteriormente, la fachada original fue tapada. Sólo una enorme cruz azul le confiere identidad. El templo, custodiado en su interior por dos ángeles, está situado escaleras abajo en el lugar que iba a ser la cripta de la iglesia (*Avenida Cabildo* 3670).

La parroquia Nuestra Señora de Luján del Buen Viaje es de estructura moderna. En su interior puede admirarse una espléndida cerámica de colores denominada *Santa Ana y la Virgen Niña imaginando sus juegos*, reproducción de un original del pintor argentino Raúl Soldi (*Grecia* 4370).

Ex iglesia

Donde ahora se alzan diversas torres de departamentos quedaron sepultadas las huellas del templo Nuestra Señora de Luján del Buen Viaje, que hacia 1960 se ubicaba allí.

Relata el escritor Orlando Barone: "En el portal de la iglesia Nuestra Señora del Buen Viaje, frente a la ESMA, habían sido acribillados cadetes muy jóvenes que habían intentado resguardarse. Yo alcancé a ver las manchas de sangre coagulándose y al sacerdote y el sacristán de la iglesia lavándolas al atardecer, con un trapo y un balde. Pero las manchas tardaron muchas lluvias en terminar de borrarse y, cada vez que íbamos a misa, nos tentaba más mirar aquellas aureolas inquietantes que las imágenes sagradas. En los muros de ladrillo de la iglesia perduraban los huecos dejados por las balas, y nosotros los recorríamos con los dedos, asombrados por su grosor, imaginándonos esos huecos en los cuerpos de los muertos.

"Más de veinte años después, la iglesia fue comprada por la fábrica lindera (ATMA) y el edificio, ya vacío de confesionarios e imágenes, pasó a ser un depósito de planchas y tostadoras anexo a la planta.

"Sé que cuando sacaron a la Virgen y a la cruz para cargarlas en el camión de la mudanza, los marineros de la ESMA salían del cuartel sorprendidos y, asomados a la verja del parque, se hacían la señal de la cruz y se sacaban las gorras". Hacia el año 2000 los depósitos se vendieron y en el lugar hay edificios de departamentos.

La referencia a los cadetes es en realidad a los aspirantes de la Escuela de Suboficiales del Ejército "Sargento Cabral", y más precisamente los integrantes de su 2ª Compañía de Infantería, que en ese momento pasaba frente a la ESMA rumbo al centro de la ciudad, hecho ocurrido el 4 de julio de 1943. El periodista Enrique Martínez Codó expresó al respecto en una carta de lectores del diario La Nación (7-2-98): "Entre las numerosas bajas de esa subunidad figuró la del teniente Jorge Giustinián Cigorraga, jefe de una de las secciones de dicha compañía; un joven oficial de 25 años de la promoción '66 del Colegio Militar, del cual había egresado tres años y medio antes (el 31-12-39).

"La 'pequeña historia' (que fue la definitiva para todos aquellos que en ese aciago día murieron sin saber a ciencia cierta por qué) fue que por primera vez en la historia de nuestras Fuerzas Armadas los aspirantes a suboficiales del Ejército y de la Marina se enfrentaron sangrientamente en una lucha que era ajena a sus más caros sentimientos patrióticos, y que enlutó por igual a uno y a otro de los dos bandos que ficticiamente surgieron en aquella jornada. Algo muy doloroso que debería recordarse permanentemente para que nunca más se repita en los anales de nuestra historia nacional". (*Avenida Libertador* entre *Comodoro Rivadavia* y *Ruiz Huidobro*)

La ESMA

El diario *Clarín* del sábado 17 de octubre de 1998 publicó: "El juez en lo contencioso administrativo Ernesto Marinelli declaró inconstitucional un decreto del Poder Ejecutivo que dispuso la demolición de la Escuela de Mecánica de la Armada (ESMA), uno de los principales centros de torturas y desaparición de personas durante la dictadura militar".

De esta manera el magistrado dejó en firme una medida

cautelar que había sido pedida por dos madres de desaparecidos, Laura Bonaparte de Bruschtein y Graciela Palacio de Lois, al trascender la decisión del ex presidente Carlos Menem de demoler la ESMA para convertirla en un espacio verde. A esa solicitud de las dos madres se le sumaron la de los diputados Alfredo Bravo y Jorge Rivas, las Madres de Plaza de Mayo (Línea Fundadora) y el defensor del Pueblo de la Capital, Antonio Cartañá.

En los fundamentos de la sentencia el juez Marinelli afirma: "Sería mejor que hubiera allí un espacio libre o un espacio verde si ello significara que no tuvieron lugar los hechos que, empero, sabemos que ocurrieron. Pero el problema con la historia, como con la verdad, se ha dicho y con acierto, es que no tiene arreglo".

Además el magistrado le otorga a la ESMA el carácter de "patrimonio cultural y no puede ser destruido por los gobernantes de turno", aunque aclara que lo sucedido en ese edificio en los años de plomo "no se trata de hechos vinculados con la virtud".

Es un edificio inaugurado en 1897, con una actividad centenaria y sobre el cual existió la idea de demolerlo, hacer un parque y trasladar la actividad educativa —con otro nombre— a Puerto Belgrano, en el sur de la provincia de Buenos Aires (*Avenida del Libertador* 8209).

No es de River

Con el barrio de *Núñez* se asocia inmediatamente el Club Atlético River Plate. Si bien sus simpatizantes profesan su pertenencia al barrio y su enorme estadio es llamado "Monumental de Núñez", los límites legales lo sitúan dentro del vecino barrio de *Belgrano*.

Deportes

Las actividades deportivas privadas y estatales se concentran en el perímetro de las avenidas *del Libertador, Comodoro Rivadavia, Lugones y Udaondo*.

Uno de los más antiguos clubes es el Náutico Buchardo, fundado en 1907 (*Avenida Comodoro Rivadavia* 1250). Y otro, el Defensores de Belgrano, que data de 1910 (*Avda.Comodoro Rivadavia 1450*).

Ushuaia

Un pasaje privado recuerda el nombre de la ciudad más austral del mundo, cuyo nombre original pertenece a la lengua ona y significa en castellano "bahía que mira hacia el poniente".

Nace en la calle *Tres de Febrero* 2856 y termina en las vías del ferrocarril Mitre entre las calles *Congreso* y *Quesada*.

Los onas son una raza india martirizada, según el antropólogo Carlos Martínez Sarosola. Los colonos, los criadores de ovejas, los buscadores de oro y las enfermedades los diezmaron. Fueron degradados en París en 1899, ciudad en la que a nueve de ellos se los expuso como indios caníbales.

La Brandsen

La Escuela Coronel Federico Brandsen es la más antigua de *Núñez* ya que data de 1873. Desde 1897 ocupa el terreno de *Juana Azurduy* 2541, pero inicialmente había sido emplazada en una casa donada por Florencio Núñez, el fundador, situada en la actual *Avenida Cabildo* 3631. En ese solar está hoy la Escuela Manuel J. García. Hay quien sostiene que un sector del edificio pertenece a la estructura de la antigua casona de don Florencio.

Poesía, platos y un gato

En el barrio vivió la escritora Alfonsina Storni (*Cuba* 3017).

El frente de una vivienda privada presenta una decoración hecha con veintitrés platos blancos de loza (*Juana Azurduy* 1844).

Como un detalle insólito, bello y distinto está una casa con una torrecita propia de un castillo medieval y un gato negro realizado en cemento y coloreado como vigía (*Grecia* 4760).

El nombre del mítico jugador Ángel Labruna, perteneciente al Club River, vive en el puente distribuidor de la *Avenida Leopoldo Lugones*, cuya curva principal vincula el barrio de *Núñez* con el de *Belgrano*, donde se encuentra la cancha del popular club.

En abril de 2000 se inauguró, en el límite con el vecino Belgrano, la estación de subte Congreso de Tucumán. Está equipada con ascensores para discapacitados y cuenta, como todas las estaciones similares, con escaleras mecánicas. Fue decorada con murales que reproducen la *Batalla de la Cuesta de Chacabuco*, de Pedro Subercaseaux, y la *Reconquista de Buenos*

Un hito del barrio es la tradicional estación Núñez.

Aires, de D. Charles Fouqueray. Hay obras escultóricas de Luis Perlotti y Juan Carlos Ferraro (*Avenida Cabildo y Congreso*).

Límite con la General Paz

La Escuela Municipal "Lorenzo Raggio" posee un complejo edilicio dedicado a la enseñanza. Data de 1926 y se estudian carreras no tradicionales como Industria y Diseño del Mueble u Orfebrería. La proyectó en 1922 el ingeniero Andrés Raggio y es un colegio industrial atípico (*Avenida Libertador* 8651).

Bibliografía

Puentes para Buenos Aires, Buenos Aires, Municipalidad de la Ciudad de Buenos Aires, gestión 86/88.
Diarios: *La Nación, Clarín, Página/12:* fechas varias.

30

PALERMO

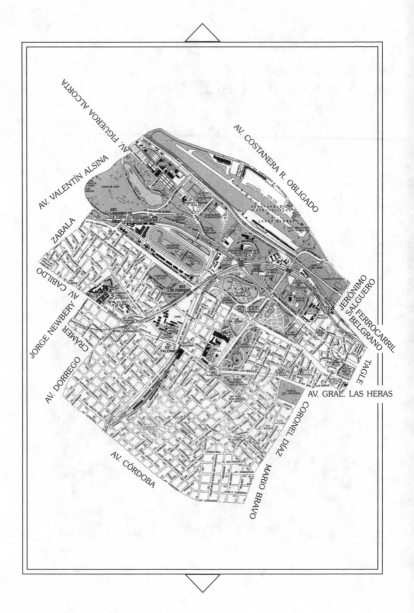

"Sería posible identificar a Palermo como una pequeña ciudad dentro de la Buenos Aires gigantesca, ya que condensa en sus extensos límites muchas de las diferenciaciones que presenta la urbe porteña en su conjunto."

ELISA RADOVANOVIC
(investigadora argentina contemporánea)

Límites

Calles y avenidas: *La Pampa, Presidente Figueroa Alcorta, Valentín Alsina, Zabala, Cabildo, Jorge Newbery, Crámer, Dorrego, Córdoba, Mario Bravo, Coronel Díaz, General Las Heras, Tagle, Jerónimo Salguero, Costanera Rafael Obligado.*

Algo de historia

El nacimiento de este barrio se encuentra vinculado a Juan Manuel de Rosas, quien hacia 1836 adquirió estas tierras, construyendo en ellas su residencia, en la esquina sudeste de las actuales avenidas *del Libertador* y *Sarmiento.*

Luego de la batalla de Caseros, que significó la derrota de Rosas, ocupó la casa el general Justo José de Urquiza, su contrafigura, y con posterioridad a aquellos agitados años, la misma fue sede de la Escuela de Artes y Oficios del Colegio Militar y de la Escuela Naval.

En 1875 se concretó la iniciativa del presidente Domingo Faustino Sarmiento y se inauguró el Parque Tres de Febrero (bosques de *Palermo*).

Con respecto al origen del nombre de este barrio, las discusiones aún continúan, siendo las dos hipótesis más difundidas y posibles las que vinculan esta denominación a Juan Domínguez Palermo, quien a principios del siglo XVII era el propietario de las tierras, o la que nos dice que deriva de un oratorio en el que se veneraba una imagen de San Benito de Palermo, italiano de origen africano del que eran muy devotos los negros de Buenos Aires y cuyo culto se rinde en otras ciudades de Hispanoamérica. Fue el primer santo de raza negra canonizado por la Iglesia. También es patrono de los negros en los Estados Unidos.

Palermo es el barrio más extenso de la ciudad de Buenos Aires. Al solo efecto de un mejor ordenamiento, lo hemos subdividido.

1) Alto *Palermo;* 2) *Villa Freud*; 3) *Plaza Italia-Pacífico*; 4) *Palermo* Chico; 5) Nuevo *Palermo;* 6) *Palermo* Viejo; 7) Bosques e Hipódromo; 8) Costanera Norte.

Alto Palermo

Nace como parte de una propuesta arquitectónico-inmobiliaria, coronada por la construcción de un importante centro de compras. Abarca parte de la *Avenida Coronel Díaz*, las calles *Salguero, Vidt, Bulnes* y la *Avenida Santa Fe*. La zona se extiende igualmente hasta la *Avenida Las Heras*, una vía de rápida circulación que es en una de sus partes antesala de *Villa Freud*.

A partir de 1991 ha tenido un resurgimiento comercial que transformó este sector de *Palermo,* que hasta 1960 era barrio de inquilinatos y viejos bares. En éstos, el escritor Adolfo Bioy Casares situó a muchos de los personajes y la escenografía de su novela *Diario de la guerra del cerdo*, escrita en 1969, que tiene como eje a la arbolada *Avenida Coronel Díaz*.

El Parque Las Heras

Sobre la *Avenida Coronel Díaz*, el parque se emplaza en lo que fue hasta los años '60 la Penitenciaría Nacional. Hay un muro que perteneció a ella, en el cual se colocó una placa de mármol.

Dos escuelas y una iglesia, más una escuela de fútbol, dan otros aires al solar que tuvo una curiosa historia de justicia y castigo, muerte y ocio. Pero quizá su aspecto más difundido es el de ser la plaza más concurrida a la hora en que los vecinos deciden tomar sol, y allí van con sus trajes de baño y merienda. El solarium es popularmente llamado por los habitués por el diminutivo de penitenciaría: "la peni".

Allí se alza la parroquia de Nuestra Señora de Loreto, proyectada por el arquitecto Oscar Burelli, en la que se destaca un importante techo en forma de abanico.

La Penitenciaría Nacional contaba en 1873 con siete pabellones que con otros sectores edificados tenían veinte mil metros cuadrados de superficie cubierta.

Los edificios estaban rodeados por una muralla de siete metros de altura con torreones para los guardias. Los autores de este complejo fueron el arquitecto Ernesto Bunge y el ingeniero Valentín Balbín. Probablemente haya sido inspirado en la —por entonces— célebre Penitenciaría de Filadelfia (Estados Unidos).

En este establecimiento ocurrieron varios fusilamientos, el primero en 1894 y el último el 12 de junio de 1956, cuando un pelotón dio muerte al general Juan José Valle y a tres suboficiales a cargo de una rebelión contra el gobierno de facto de la denominada Revolución Libertadora. Al respecto hay diversas placas (Avenida Las Heras y Salguero y Avenida Las Heras y Coronel Díaz).

Ese año surgió la idea de hacer desaparecer la Penitenciaría. En febrero de 1961 se firmó el boleto de venta por el que pasó a pertenecer al patrimonio de la ciudad de Buenos Aires. En setiembre de ese año dos importantes explosiones dieron comienzo a la demolición de la "cárcel de Las Heras".

El solar quedó más o menos abandonado hasta 1982, en que nació en ese lugar el Parque Juan Gregorio de Las Heras.

Cuenta el director de cine y escritor Eduardo Mignogna en su novela *La fuga*: "Corre 1928. Cerca de la esquina porteña de *Coronel Díaz y Las Heras* había una casa de venta de carbón y leña de españoles. El 17 de abril de ese año, en horas de la mañana, el matrimonio vio cómo el piso de la carbonería se abría en un boquete terroso y aparecía la cabeza de un hombre que vestía un traje a rayas horizontales amarillas y azules. Cuando detrás de ese hombre surgieron otros trece vestidos de igual modo y totalmente embarrados, los españolitos comprendieron que aquel agujero era el final de un túnel que atravesaba la

587

avenida *Las Heras* y llegaba desde el edificio de la Penitenciaría Nacional, también conocida como cárcel de *Las Heras* o la quinta de Tierra del Fuego".

Entre novelescas, humorísticas y trágicas, valga recordar que la última fuga ocurrió en setiembre de 1960. Su figura principal fue Jorge Eduardo Villarino, alias el "Rey del Boleto", "Piantadino" o el "Loco Villarino", preso por más de treinta robos en seis meses. Como ya había huido de la cárcel de Villa Devoto y de la antigua cárcel de Caseros, lo trasladaron a la Penitenciaría Nacional, donde rompió el eslabón de una cadena que estaba en un candado. Así abrió la puerta, salió a un pasillo, subió al techo y, agarrándose de los cables del teléfono, llegó a un poste y bajó al parque, donde se escondió entre los árboles. Al oscurecer saltó la verja con gran agilidad y salió a la calle... Fue liberado finalmente en 1976 y se fue a España. En 1983 fue detenido en Valencia acusado de matar a un policía. Lo condenaron a ventiséis años de prisión.

El padre del actor Florencio Parravicini fue director de la desaparecida cárcel, lugar donde el cómico pasó parte de su infancia. Esto se visualiza en la película *Flop*, que dirigió Eduardo Mignogna (1990) y en la cual el actor Víctor Laplace encarnó a "Parra".

En lo que es hoy *Avenida Coronel Díaz y Las Heras* se ofrecían a fin del siglo XIX terrenos en venta en el lugar denominado "Colinas de América del Sur", donde se destacaban la vista, la altura y la calidad de vida sana del lugar.

En la esquina de *Salguero y Julián Álvarez,* que pertenece a la Escuela Municipal N° 12, se encuentra un mural surgido de la Escuela Superior de Bellas Artes "Ernesto de la Cárcova". Fue diseñado por Ary Cárdenas. Data de 1992 y lleva el nombre de *América*, mide cinco metros con treinta por seis metros con cincuenta. Está dedicado a Ponciano Cárdenas, padre de Ary, oriundo de Cochabamba, Bolivia. El mural se vincula a los quinientos años del descubrimiento y la conquista de América.

Como símbolo de fin del siglo XX se consideran a las torres gemelas del edificio Alto Palermo Plaza, ubicadas frente al parque (*Juncal* 3256).

Pasaje El Lazo y alrededores

Conocido antiguamente como *La Rinconada*, está situado sobre la calle *Cabello* y su cruce con la calle *Salguero*.

En 1991 el bello edificio circular del Mercado Municipal Las Heras, que data de 1915, fue transformado en una galería comercial.

El Hospital "Juan A. Fernández" funciona en un edificio de once pisos que data de 1943. Se trata de un proyecto del arquitecto Emilio Rubillo con la colaboración de Francisco Achával Rodríguez. Fue remodelado en 1980 por los arquitectos Antonini, Schon, Zemborain, Sepra y Kocourek.

Nació en 1888 como un dispensario para tratamiento de enfermedades venéreas. Desde 1904 lleva el nombre del primer decano de la Facultad de Medicina y fundador de la academia nacional de esa ciencia. Convertido en hospital general, está considerado de excelencia académica (*Cerviño* 3356).

Como dice la escritora Anna Kazumi Stahl: "Hay una dimensión de la ciudad en el que las guías y los mapas carecen de autoridad", y hace referencia a la forma de llamar a la calle *Canning*, que hace más de diez años no lleva ese nombre y que legalmente —en mapas y guías— se llama *Scalabrini Ortiz*.

Del otro lado de Las Heras

Casi inadvertido y muy próximo al Hospital Fernández se halla el pasaje Norte, situado sobre *Silvio Ruggeri* 2758 (entre la calle *Cabello* y la *Avenida Las Heras*). Un angosto pasillo que fue un pasaje conduce a un patio rectangular en el que convergen variadas construcciones.

Compras

El centro comercial Alto Palermo fue el que logró que después de cuarenta años la calle *Arenales* entre la *Avenida Coronel Díaz* y la calle *Bulnes*, anteriormente interrumpida por el edificio de la cervecería Palermo, quedara abierta al tránsito a través de un túnel.

También tiene acceso directo desde la estación Bulnes de la línea D del subterráneo. Es obra del arquitecto Juan Carlos López.

Algunos de los aspectos mágicos del folclore argentino están presentes en esta estación. El andén sur cuenta con un mural cerámico de quince metros con cincuenta por un metro con ochenta, que fue realizado en 1938 sobre bocetos de Ángel Guido (1892-1967), autor del Monumento a la Bandera en Rosario (provincia de Santa Fe) y padre de la escritora Beatriz Guido. El mural —paraíso para los antropólogos— muestra La Salamanca (cueva imaginaria donde Súpay —el maligno— preside encuentros de brujas, suerte de escuela del daño); también a El Toro Súpay, equivalente del demonio europeo en una correspondencia indígena de la leyenda europea del Doctor Fausto y el Kakuy, conflictos entre hermano y hermana, donde uno de ellos se transforma en ave... También están enfrentadas *La mal'ánima, La flor del Liriolay, L'alma perdida* y *La Telesita*.

Bulnes es tribuna de enseñanza de las auténticas y ancestrales costumbres de una Argentina generalmente desconocida.

A pasos de la entrada del subterráneo hay una placa que dice: "Dr. Jorge Velasco Ibarra. 1893-1979. En esta casa habitaron el ilustre pensador, cinco veces presidente del Ecuador, y su mujer doña Corina Parral, delicada escritora argentina, sus vidas fueron una síntesis de inteligencias, cultura, amor, austeridad y servicio público. Buenos Aires, agosto de 1985. Homenaje del Instituto Cultural Argentino-Ecuatoriano". Velasco Ibarra, elegido presidente del Ecuador en 1934, fue depuesto por el ejército en 1935. Su vida lo trajo en 1947 por primera vez a esta ciudad que supo amar (*Bulnes* 2009).

Villa Freud

Es un microbarrio de *Palermo Viejo*. El ingenio del vecino lo bautizó Freud por la gran cantidad de consultorios de psicoanalistas y psicólogos que lo han elegido como su hábitat natural. Zona en la que, en consecuencia, se han ubicado algunas librerías y quioscos de diarios y revistas que ofrecen, en ocasiones, publicaciones sobre el tema.

La Argentina es el segundo país del mundo en cantidad de terapeutas y pacientes después de los Estados Unidos. No en vano las películas de Woody Allen son tan bien recibidas.

La Plaza Güemes, antiguamente una laguna, constituye el corazón de *Villa Freud*. Está comprendida entre las calles *Medrano, Salguero, Mansilla y Charcas*. Su nombre rinde homenaje a Martín Miguel de Güemes, héroe de la Independencia argentina. La plaza es sencilla y triangular y constituye el centro de siete bocacalles y nueve esquinas. Está resaltada por la presencia de la basílica del Espíritu Santo, conocida popularmente como "La Guadalupe". Cuenta Jorge Luis Borges que el "patrón" de esta plaza fue Nicanor Paredes, caudillo y payador. También la frecuentaba el vecino poeta Evaristo Carriego.

La basílica tiene sólidos muros, ausencia de adornos y de atrio; en el portal hay un frontis con la imagen de Cristo en la cruz del Calvario. Posee dos torres elevadas, de cincuenta y tres metros de altura, con remate cónico. Detrás se advierte la cúpula de la nave central que culmina en un gallo veleta.

El templo ha sido obra del arquitecto padre Juan Beckert, miembro de la Congregación del Verbo Divino. La construcción de la basílica se inició en 1901. Posee tres naves en forma de cruz latina. Aunque no esté confirmado, se dice que las columnas de mármol negro allí existentes provienen de la antigua Ópera de Viena. Las baldosas del piso son alemanas; los vitrales, franceses, y el resto de mármoles y maderas es argentino.

El arquitecto Santiago Galli cuenta: "Como en la Edad Media, en la que todo templo respondía a un símbolo numérico, así la basílica de Palermo tiene en cada columna un símbolo, en cada arco gótico una intención, en cada grupo una enseñanza, el número 3 de la Santísima Trinidad pega con el 7, número sacro".

Valga tener en cuenta que el siete representa a los dones del Espíritu Santo: Piedad, Fortaleza, Sabiduría, Consejo, Ciencia, Entendimiento y Temor de Dios. Es la suma de los cuatro

591

elementos, la tierra, el agua, el aire y el fuego, más los tres correspondientes a la vida: el Padre, la Madre y el Hijo.

Aunque el templo esté bajo la advocación del Espíritu Santo, sigue siendo sede de la parroquia de Nuestra Señora de Guadalupe. Una imagen fue traída desde México. Sobre la pared que le sirve de fondo se halla pintado un paisaje con el cerro árido de Tepeyac, realizado en 1957 por el pintor alemán E. Luscher. Se terminó de construir en 1907 (*Paraguay* 3901).

En uno de los laterales de la basílica del Espíritu Santo se inauguró en 1978 lo que se denomina "la plaza más chica de Buenos Aires". Su forma es la de un triángulo escaleno, cuyo lado mayor alcanza escasamente los diez metros. Sobre el muro se destaca un rectángulo realizado en azulejos de atenuados colores que ostenta una inscripción: "Plazoleta Beato Arnoldo Janssen, 19 de octubre de 1975". El mural, obra del escultor argentino Luis Alberto Barberis, representa al beato, fundador de tres congregaciones religiosas.

Arnoldo Janssen nace en Goch (Alemania) el 5 de noviembre de 1837 y muere en 1909. Hay en la Argentina seis conventos con sus colegios, de las tres órdenes.

A pocos metros se encuentra la capilla Nuestra Señora de Guadalupe, fundada en 1890. Vinculada a la colectividad polaca, también fue centro religioso de los inmigrantes conocidos como "alemanes del Volga".

En el altar mayor se venera a Nuestra Señora de Guadalupe, proclamada emperatriz de América por el papa Pío X.

En el ábside se representa al Espíritu Santo y dos letras griegas, Alfa y Omega. El principio y el fin de todas las cosas. En el lateral izquierdo se halla el altar de la Virgen de Czestochowa, la Virgen Morena de los polacos, donde hay una réplica del cuadro que se encuentra en el santuario original (*Mansilla* 3847).

En el cercano Colegio de Guadalupe hizo sus estudios el músico y poeta Enrique Santos Discépolo (*Paraguay* 3925).

Otro poeta, Evaristo Carriego, "creó una mitología ciudadana emparentada en el tango". Su poesía es sencillista. La casa donde vivió, que data de 1898, fue adquirida por la ex Municipalidad de Buenos Aires, al ser considerada de interés público.

Se exhiben muebles y documentos que pertenecían a éste. Al decir de un poeta, Carriego "amuebló su casa con árboles románticos", en referencia a la bella arboleda de la *Avenida Honduras*. Hasta 1893 esta avenida se llamó Boulevard 65 F. La película argentina *La calle junto a la luna* (1951), dirigida por Román Viñoly Barreto y protagonizada por Narciso Ibáñez Menta, narra la vida del escritor, que nació en Paraná, provincia de Entre Ríos, en 1883 y falleció en 1912 (*Honduras* 3784).

Los sincronismos de la Plaza Güemes

La plaza está rodeada por dos o tres cafés que tienen mesas en la vereda. Hasta hace unos años hubo un hermoso bar llamado Freud que en cada mesa tenía la imagen del padre del psicoanálisis. Al producirse un cambio de dueños, el café tomó un irrelevante nombre francés (La Place) que no reafirma las características del barrio (*Salguero y Mansilla*).

A metros, un nuevo bar lleva el nombre de "Sigi" (*Salguero* 1804), en obvia alusión a Sigmund Freud. Una farmacia lleva honrosamente el nombre de Villa Freud (*Medrano* 1773). Valga decir que una buena parte de la población del barrio, incluidos comerciantes, desconoce la denominación de *Villa Freud*. Hasta hace algunos años hubo otro café vinculado al psicoanálisis llamado Jung (*Medrano* 1996).

Como coincidencia, recordemos que la congregación que fundó la iglesia de Guadalupe y basílica del Espíritu Santo fue la del Verbo Divino, que se ocupa de la curación del espíritu a través de la palabra. Casi igual que en terapia.

Dos nombres para una avenida

La calle *Charcas* se denomina *Marcelo T. de Alvear* hasta la *Avenida Pueyrredón*. Luego, desde la *Avenida Coronel Díaz* y sólo en la vereda par y hasta la calle *Salguero,* se la llama *República Dominicana*. Es decir, de un lado tiene un nombre y enfrente otro.

En 1920 se inició la construcción del Colegio del Divino Corazón, donde se halla un vitral con la imagen de Santa Margarita María de Alacoque (*República Dominicana* 3586).

De la vereda de enfrente se encuentra la Catedral Católica Armenia Nuestra Señora de Narek, templo que es el resultado de un concurso de anteproyectos ganado por los arquitectos Hugo Datino, Marta Romaniega, Juana Chiatellino y Rodolfo Lorenzi. Un logro como espacio de oración, la iluminación llega desde las torres a través de vitrales en forma de cruz. El coro se ubica próximo al altar ya que, según la tradición, es el lugar reservado a los ángeles.

La imagen de Nuestra Señora de Narek fue realizada por la artista argentina Josefina Marchese, quien también pintó otras obras que se encuentran en el templo. El sagrario representa una torre armenia, característica de la arquitectura del siglo V. Data de 1971 (*Charcas* 3529).

Desde 1983 una plazoleta lleva el nombre de Monte Ararat. Hace referencia al hecho bíblico según el cual sobre ese monte se asentó el Arca de Noé después del diluvio universal. Desde allí, Dios prometió que no volvería a maldecir la Tierra por causa de los hombres. Pero el Ararat es también la montaña nacional de Armenia. Cabe destacar que el papa Juan Pablo II privilegió a la ciudad de Buenos Aires al erigirla en sede del Exarcado Apostólico Armenio para América latina.

En junio de 1992, luego de su remodelación por parte de la comunidad armenia, la plaza fue visitada por el presidente de la República Armenia, doctor Levon Ter Petrosian, quien condujo la ceremonia en que se descubrió una placa recordatoria y se plantó un árbol albaricoquero (Prumus armeniaca) oriundo de ese país (*Charcas, República Dominicana, Salguero y Vidt*).

La plazoleta vecina lleva desde 1985 el nombre de San Vladimiro, que tiene el aporte y la presencia de la Iglesia Ortodoxa Rusa del Patriarcado de Moscú. Hay una estatua del Príncipe y Santo que fue colocada con motivo de los mil años del cristianismo en Rusia (*Avenida Charcas, República Dominicana, Guise y Vidt*).

Muy cerca se halla la catedral de la Anunciación de la Santísima Virgen, que pertenece a este culto. Fue San Vladimiro (905-1015) quien abandonó el paganismo y cristianizó al pueblo ruso. Era nieto de la princesa Olga. Fue emperador de Rusia y le decían "el Grande" (*Bulnes* 1743).

La otra plazoleta —tercera— de las tres que van desde *Avenida Coronel Díaz* hasta *Salguero* recuerda al poeta Evaristo Carriego.

La plazoleta central posee tres esculturas distinguidas con los tres primeros premios entre las 238 que se presentaron al concurso del Día Internacional de la Paz en el año 1987. *Vuelo de paz*, de Enrique Romano (primer premio); *La aurora*, de Alberto Balletti (segundo), y *Pareja espacial*, de Héctor Sisto Nieto. En esta acción participó activamente la institución intermedia "Los vecinos sensibles de Palermo". También se trasladaron a las plazoletas dos palmeras centenarias que crecieron en una casa de la calle *San José* 1787. Al demolerse dicha casa la ex Municipalidad, por consejo vecinal, las trasladó al lugar. Actualmente una sola subsiste.

La capilla de San Ildefonso, que honra al santo español y doctor de la Iglesia, fue un proyecto del arquitecto R.J. Pichetto. Está vinculada a la orden del Apostolado de las Hermanas Terciarias de la Caridad (*Guise* 1939).

Salguero y Güemes

Un edificio que data de 1909, obra de los arquitectos Hans y Carlos Altgelt, sugiere un estilo inglés. Es actualmente la Escuela Normal N° 6, que lleva el nombre de "Vicente López y Planes" (*Güemes* 3859).

En la calle *Salguero* entre *Güemes* y *Avenida Santa Fe* nace el pasaje *San Mateo*, cuyo nombre recuerda a una zona del lago de Valencia, Venezuela, donde *Bolívar* llevó a cabo una importante batalla.

En *Avenida Santa Fe* y *Salguero* se halla una confitería tradicional del barrio, a la que solían llamar "la San Martín". Su nombre le fue dedicado al santo patrono de Buenos Aires, San Martín de Tours.

En la calle *Medrano* 1352 hay una casa conocida como "pasaje Costa". Se destacan su arco de entrada y su puerta de hierro forjado. En su interior se ven 32 fachadas que corresponden a otras tantas viviendas familiares: departamentos y casas.

El pasaje *Costa* es en realidad un complejo de viviendas con un largo pasillo descubierto, de ahí su nombre de pasaje. Como curiosidad se hace notar la escritura de pasaje con "g". Es obra de los constructores Vittori y Civelli. Las casas no guardan relación estilística entre sí, cada una tiene su jardín y algunos vecinos lo llaman pasaje *Roberto Arlt*, ya que se dice que el escritor estuvo casado con una nieta del primitivo propietario y, además, que vivió en él.

Plaza Italia-Pacífico

Epicentro de un importante sector, convergen allí la Plaza Italia, el Jardín Botánico, La "Rural", es decir el predio ferial de la Sociedad Rural Argentina, y el Jardín Zoológico. Allí nace la Avenida *Sarmiento*, que conduce a los bosques de Palermo, y convergen las avenidas *Las Heras* y *Santa Fe*, como también la estación Plaza Italia del subterráneo D. La zona continúa por *Avenida Santa Fe* hasta el denominado Puente Pacífico.

El Jardín Botánico

Lleva el nombre del paisajista y pionero Carlos Thays. Buenos Aires reconoce que gran parte de la obra de urbanización de que hoy disfruta se debe al ciudadano francés Carlos Thays, quien realizó en su momento una tarea monumental desde su llegada a Buenos Aires en 1890 hasta su muerte ocurrida en 1934.

Ocupa una superficie de ocho hectáreas con dos mil especies arbóreas, y otras dos mil reproducciones de las originales están en los viveros municipales para ser reemplazadas. Inicialmente hubo cinco mil especies. Inaugurado en 1898, manifiesta tres escuelas adaptadas por la estilística paisajística: simétrica, apaisada y mixta.

La administración del Jardín Botánico se integra a la Dirección de Espacios Verdes del Gobierno de la Ciudad; se trata de un edificio de dos pisos que fue sede del Departamento Nacional de Agricultura en 1894, luego Museo Histórico Nacional y desde 1897 edificio municipal. La construcción de ladrillos a la vista es de particular belleza.

Funcionó como un hogar de gatos abandonados. En octubre de 1991 Alberto Morán, subsecretario de Medio Ambiente de la ex Municipalidad, decidió "mandarlos a trabajar al Delta" a una compañía forestal que, según él decía, ya no sabía cómo frenar las ratas que atacaban a los peones.

La polémica medida fue muy resistida por los vecinos, que además veían la ansiedad de ese gobierno municipal en privatizar el Botánico. La pintora y escritora Dora de la Torre y otros muchos vecinos lucharon duramente contra ese tipo de gestión. Los funcionarios no deseados se fueron. Lentamente los gatos volvieron. El Botánico ha logrado en 1999 encontrarse con parte de su antiguo esplendor.

Dispone de una biblioteca, un museo y un herbario (*Avenida Santa Fe* 3951).

Obras de arte

Segundo movimiento de la Sinfonía Nº 6 "Pastoral" de Beethoven. Realizado en mármol. Simboliza la "escena a orillas del arroyo" de la famosa sinfonía y está constituido por una figura femenina en actitud sedente, que lleva sobre los hombros un pequeño cordero. Esta figura representa a una pastora escuchando arrobada el canto que produce el arroyo al deslizarse dentro del bosque.

Cuarto Movimiento de la Sinfonía Nº 6 "Pastoral" de

Beethoven. Corresponde al momento llamado "La Tempestad". Este grupo escultórico también está realizado en mármol. Muestra una figura femenina en actitud propia e inclinada hacia su izquierda, de formas suaves y ondulantes, cuyo cuerpo se confunde por detrás con un árbol en la misma posición.

Quinto Movimiento de la Sinfonía Nº 6 "Pastoral" de Beethoven. También realizado en mármol.

Los tres grupos fueron realizados por el escultor italiano Leone Tomassi. Se cuenta que estas obras estuvieron destinadas al monumento a Eva Perón y que originalmente Tomassi cinceló cuatro tiempos, pero que uno de los cajones fue destruido en el puerto de Buenos Aires en 1955 durante el levantamiento que depuso al gobierno constitucional de Juan Perón.

Retirada de *Avenida Santa Fe* y *Esmeralda*, donde ahora se colocó una réplica, la escultura *El aguatero* (L'acquaiolo) del italiano Vicenzo Gemito (1862-1929) se halla asimismo en un tranquilo rincón del Jardín.

Indicador meteorológico, obra del ingeniero José Marcovich, se inauguró en 1911. Está formada por una columna de mármol blanco pulido. Cuenta con una plataforma circular de granito de ocho metros de diámetro sobre la cual se asientan tres escalones. En la parte media inferior se hallan ocho nichos que contenían instrumentos meteorológicos (termómetros de máxima y mínima, barómetros y aneroides). En la parte superior había instalados ocho relojes de precisión que indicaban las horas de las principales capitales del mundo, a saber: Buenos Aires, Londres, Viena, París, Madrid, Roma, Berlín y Nueva York. Todo esto fue robado hace ya muchos años. Sobre uno de los costados de la columna había un reloj de sol, estando coronada la obra arquitectónica por una esfera de bronce de un metro que representa la bóveda celeste con su círculo zodiacal, mientras que en su interior otra esfera representaba la Tierra con sus cinco continentes. Fue regalo del gobierno del Imperio Austro-Húngaro a la Argentina.

Sagunto es un nombre mítico. En el año 218 a.C. Aníbal con las huestes cartaginesas atacó esa ciudad, aliada a los romanos, en la península ibérica.

Su resistencia le costó a Aníbal mucho tiempo, prefiriendo sus habitantes perecer en las llamas antes que rendirse. Se dice de Sagunto que es un símbolo entre todas las ciudades que luchan contra el enemigo sin rendirse. En esta ciudad la dinastía borbónica fue restablecida en España en 1874, entronizándose al rey Alfonso XII. El tema fue tomado por Agustín Querol y Subirots, un escultor español (1860-1909), y realizado en mármol de Carrara. Tiene casi tres metros de ancho y representa "simbólicamente la imagen de una madre que, luego de matar a su hijo, se atraviesa el pecho con su espadín". Recordemos que Querol es también el autor del Monumento a los Españoles (La Carta Magna y las cuatro regiones argentinas).

La Escuela Municipal de Jardinería "Cristóbal M. Hicken", única en su género, funciona dentro del Jardín Botánico. Fue creada en 1912 por iniciativa del ingeniero agrónomo Benito J. Carrasco.

Lleva el nombre de Hicken en homenaje a este maestro botánico nacido en 1875 y fallecido en 1933. Dedicó su vida a la enseñanza de las ciencias físicas y naturales, en particular a la investigación botánica.

Los invernaderos que se encuentran en el Botánico se dividen en "fríos" y "calientes". El llamado N° 1 fue adquirido en Francia en 1900; se lo considera uno de los pocos de ese estilo existentes hoy en el mundo.

En 1986, el Instituto de Investigaciones Históricas de la Facultad de Arquitectura de la Universidad de Buenos Aires concretó una excavación arqueológica destinada a encontrar un polvorín que estuvo ubicado en la zona del invernadero N° 1.

El Botánico tiene sus propios "túneles". Pertenecieron a ese antiguo polvorín y son restos de la arquería de un edificio con techo a dos aguas cubierto de tejas españolas que desapareció hacia 1900. Se lo conoce como Polvorín de Cueli o de la

Patria, está bajo el "invernadero caliente". Fue usado durante las Invasiones Inglesas. La familia Cueli era la propietaria de las tierras en esos años.

Los patos, los gansos, la colorada

Obra de los arquitectos H. Aziere y J. Senillosa, se encuentra un edificio de departamentos de gran solvencia arquitectónica. Se lo conoce con el sobrenombre de "Palacio de los Patos", por aquello de que los "patos" significan, en lenguaje cotidiano, los empobrecidos, los venidos a menos. Su fachada abarca todo el largo de la cuadra. Ocupa media manzana. Originalmente debió completarse con otra construcción que lo cerró simétricamente. Data de 1929 (*Ugarteche* 3050).

Por diálogo urbano con el Palacio de los Patos el edificio próximo, que data de 1942 y es de los arquitectos Luis Olezza y Ernesto Vantier, se llama popularmente Palacio de los Gansos, que en lenguaje popular significa tontos (*Ugarteche* 2910).

Una de las atracciones arquitectónicas de este sector del barrio es "la colorada", o mejor dicho, la vivienda colectiva La Colorada, que data de 1911 y fue realizada por el ingeniero arquitecto Regis Pigeon y el constructor J. Barabino. Fue hecha como vivienda para los gerentes de los ferrocarriles (ingleses) cuando no había traza urbana ni red cloacal. Los ladrillos —colorados— fueron traídos desde Inglaterra. El edificio fue utilizado para la filmación de diferentes películas: *El vampiro negro* (1953), dirigida por el uruguayo Román Viñoly Barreto y protagonizada por Nathan Pinzón, y *Apartment Zero* (1988), una coproducción hecha con Inglaterra, dirigida por el argentino Martin Donovan (Carlos Varela Peralta Ramos) con un elenco que encabezó el inglés Colin Firth (*Cabello* 3791).

En la misma esquina, pero en ubicación opuesta y diagonal, se halla una casa aparentemente abandonada que refleja una arquitectura de fin de siglo XIX a la que se suma un singular conjunto de cinco palmeras.

Plateresco y teatral

Originalmente el edificio fue donado para la rehabilitación de ciegos. Luego se convirtió en la Dirección General del Discapacitado y Subdirección de Rehabilitación del Ciego. Construcción de estilo neoplateresco, del arquitecto Estanislao Pirovano (*Lafinur* 2988).

En la zona se halla la Escuela Nacional de Arte Dramático de la que egresaron actores como Alfredo Alcón. En su interior cuenta con una sala teatral que lleva el nombre del escritor Leopoldo Marechal (*French* 3614).

Plaza Italia

Está comprendida por las avenidas *Santa Fe y Las Heras* y las calles *Gurruchaga y Thames*. Su proximidad a los jardines de *Palermo*, clubes deportivos e Hipódromo Argentino la hace muy concurrida. Durante varias décadas fue el sitio en que los soldados que cumplían el servicio militar en los cuarteles cercanos se citaban con sus coprovincianos; durante muchos años Plaza Italia era punto de encuentro de argentinos del interior (*Avenidas Santa Fe y Las Heras y Gurruchaga y Thames*).

La expresión "vamos para los portones" fue por años la forma de decir ir al Parque Tres de Febrero. Se refería a los portones, grandes estructuras de hierro forjado y fundido que de noche cerraban el acceso a los bosques de Palermo. Estaban adosados por dos arcos de ingreso que recordaban el Arco de Tito en Roma, aunque de menor tamaño, como en la entrada del Jardín Zoológico.

Esta zona se comunicaba con el resto de la ciudad por medio de tranvías a caballo y también eléctricos. Una placa de la Asociación Amigos del Tranvía recuerda que, desde esta Plaza Italia, salió en 1897 el primer tranvía eléctrico de Buenos Aires.

En el centro de la plaza se encuentra el monumento a

Giuseppe Garibaldi, obsequiado a la Argentina por los residentes italianos en 1904. Se trata de una estatua ecuestre.

Recordemos que José Garibaldi fue un político y general italiano nacido en Niza (Francia) en 1807 y muerto en 1882; luchó por la unidad italiana y participó en problemas internos en la Argentina, Brasil y Uruguay. Su vida fue heroica y novelesca. Permaneció durante años en América del Sur. En la provincia argentina de Santa Fe una localidad lleva su nombre. El monumento es obra de Eugenio Maccagnani (1852-1930), importante escultor italiano. Es réplica del erigido en Brescia (Italia).

Se destacan las gruesas cadenas sostenidas por columnas de bronce que recuerdan a las varillas que sustentaban hace dos mil años los funcionarios de la antigua Roma. Hay dieciséis sostenes y la cadena lleva diecisiete eslabones.

Varias placas rinden homenaje a personalidades y a hechos que unen Italia y la Argentina.

También en Plaza Italia se halla una columna extraída de excavaciones realizadas en el Foro Romano y que ostenta sus genuinos dos mil años de vida. Fue donada por el Municipio de Roma y es quizás el monumento más antiguo de la ciudad.

Las dos bocas de entrada y salida para el subte —que aquí llegó en 1940— inducen a bajar para observar algunos singulares murales. Por ejemplo, *Casamientos colectivos*: besamanos de los caciques en la Misión de San Ignacio Miní, cuyo original se halla en el Museo Provincial de Rosario, Santa Fe, y es obra de la pintora Leonnie Matthis de Villar.

A ras del piso se halla la obra *Descarga*, cuyo original pertenece al pintor argentino Benito Quinquela Martín (1890-1977).

La Sociedad Rural Argentina (la Rural) fue proyectada, básicamente, para la realización de exposiciones agrícola-ganaderas.

A partir de 1960 comienza a ser sede de algunas de las más importantes exposiciones de interés general. Su historia: comenzó en 1875, cuando Domingo Faustino Sarmiento y Carlos Pellegrini firmaron la cesión de una parte del Parque 3 de Febrero (doce hectáreas) a la Sociedad Rural Argentina. La concesión siguió hasta 1946, cuando se donó a la Fundación Eva Perón. En 1956 el predio volvió a la Rural y se prorrogó la concesión hasta 1989.

La remodelación se remonta a 1991, cuando el Estado Nacional, por decreto, vendió el predio a la Sociedad Rural en treinta millones de pesos, a condición de que construyese un centro internacional de exposiciones y congresos.

Cuando en octubre de 1997 los rumores sobre lo que se iba a hacer allí (un hotel, shopping, cines y restaurantes) llegaron hasta la Comisión Nacional de Monumentos y Lugares Históricos, se lo declaró Monumento Histórico Nacional para que no se tocaran el pabellón Frers, el palco oficial, la presidencia, la sala de ventas, los pabellones de equinos y la pista central.

Desde 1999 está convertida en un gigantesco y polémico centro de exposiciones, cuya autorización es resistida por los vecinos, que objetan que los cambios no respetan la historia y el impacto social ambiental será malo para el barrio.

Originalmente y como base de este lugar, entre julio y agosto de cada año se realizan desfiles y ventas de vacunos, equinos, lanares y porcinos, además de stands ocupados por industrias y servicios relacionados con el agro (*Avenida Santa Fe* 4216).

En lo que antes se llamaba barrio Maldonado se encuentra la casa del político socialista Alfredo L. Palacios (1880-1965). Convertida en fundación y museo, el sitio es un hito en el que se puede conocer cómo Palacios hizo leyes sobre la jornada de labor obrera de ocho horas, el descanso dominical, ley de accidentes sobre el trabajo de niños y mujeres, la protección de la maternidad y tantas otras (*Charcas* 4741).

El Jardín Zoológico

Lo fundó el presidente Domingo Faustino Sarmiento a fines de 1874 como parte del proyecto del Parque 3 de Febrero (bosques de Palermo).

Todo el ámbito del Zoológico está adornado con importantes estatuas y monumentos, entre los que se destacan obras de Lola Mora, Emilio Sarniguet y la famosa fuente *Los pescadores pescados*, obra del escultor español Aniceto Narinas y García (1866-1953).

La entrada del Zoológico es una réplica del portón de la quinta de Juan Manuel de Rosas.

La jaula de los cóndores se construyó para ubicar las aves que trajo a Buenos Aires una delegación de Chile que visitó el país con motivo del centenario de la Revolución de Mayo (1810). De forma cónica y muy elevada y ornamental, se la instaló en la Plaza de Mayo.

Posteriormente surgió la idea de situarla en el Zoológico. Se la volvió a armar y se cubrió la estructura con fuertes alambres, destinándola a jaula de cóndores y águilas; para completar la obra se encargó al ingeniero Agreo que diseñara y construyera una mole central con rocas y cuevas. Él se inspiró en la llamada "Piedra del Águila", que está en la precordillera de la provincia de Neuquén, a 1.256 kilómetros de la ciudad de Buenos Aires.

Otro edificio interesante es el llamado "La casa de los loros" o "lorera", construcción de estilo morisco con una cúpula aguzada que brilla bajo los rayos del sol con matices irisados y tiene detalles realizados con azulejos; fue donada por el gobierno español en 1899 y se construyó en 1901. En abril de 1991 el Zoológico fue privatizado, a través de una concesión a veinte años, y se realizaron mejoras que continuarán. En esta primera etapa participaron los arquitectos Jorge Lasciana y Jorge Vahedzian.

El templo de Vesta data de 1909. Es copia exacta a dos tercios del original del templo de Vesta que se encuentra en Roma.

El edificio tiene algunos significativos frisos y una inscripción latina que dice: "Dime Matri Maturae S. P. Q. B. A." (divina protección inmutable — senado popular, Municipio), Buenos Aires.

La casa del elefante está inspirada en el Gran Templo de Madura, santuario de Madrás, en India, y evoca un santuario a Shiva, dios del amor.

Recordamos que Shiva integra con Brahma, dios creador, y

con Vishnú, dios constructor, una de las tres fuerzas del hinduismo; se trata de una figura que se vincula a lo hermético y al tiempo que construye y destruye, es dios de vida y muerte. Como deidad se transforma y adopta distintos aspectos o roles.

En el templo del Zoo aparece como Kamah, dios del amor, acompañado de su esposa Minakshi, diosa del deseo, y de Kartikesha, el hijo, algo así como la energía generatriz divina.

Paradójicamente Minakshi es también la contrapartida de Shiva, el clemente femenino de la naturaleza del dios que incluía en sí mismo las dos energías sexuales y que es el símbolo de la vida biológica. Las esculturas y bajorrelieves están inspirados en las escrituras sagradas indias. Hay inscripciones que ilustran frases del Código de Asoka y edictos del emperador Asoka, que gobernó en el sur de India entre los años 274 y 237 a.C.

La casa o palacio de los elefantes fue obra del arquitecto Cestari y data de 1904. Este edificio es propuesta de Eduardo Ladislao Holmberg (1852-1937), hacedor científico y primer director del Jardín Zoológico; en esta casa de elefantes, como en otras de sus acciones, colaboró con él el escultor Lucio Correa Morales.

Según la estudiosa Olga Vitali, es "el único edificio de estas características que aún queda en pie".

Cada elemento tiene un sentido simbólico vinculado a los ritos de fecundación.

Por la concepción ideológica de Holmberg, un hombre de mundo de mentalidad abierta, esta casa de los elefantes tiene una intención didáctica propia y particular: rebelde y transgresora. Como la define Olga Vitali: "Holmberg reivindica los preceptos de la religión sivaísta que expresa la alegría de vivir y la aceptación del placer corporal inscripto en el diagrama mágico del universo, donde engendrar significa construir y organizar lo no organizado".

El Teatro del Zoológico fue uno de los lugares con tradición en el teatro de títeres. El propio Villafañe asistió en 1914 a las funciones que Dante Verzura, "El Mosquito", animaba allí con sus marionetas. Javier Villafañe fue uno de los artistas habituales. En 1942 se presentó con su teatro "La andariega" y un escenario armado para la emergencia: *El gallo pinto*. Para ello utilizó los muñecos del Teatro San Carlino del barrio de *La Boca*, los que fueron manipulados por Villafañe y sus amigos.

Así colaboraron pintores como Emilio Pettoruti, Horacio Butler, Raúl Soldi, Héctor Basaldúa, Carybé, que luego se consagró en Bahía (Brasil) y Enrique Larrañaga.

También lo hicieron poetas y escritores como Enrique Wernicke y José Luis Lanuza. Una de las que manipularon los muñecos fue Norah Borges, hermana de Jorge Luis. Lamentablemente este espacio de arte tan singular ha sido olvidado.

Avenida Las Heras

En esta avenida pasó los últimos años de su vida el escritor Macedonio Fernández, que murió en 1952. Amante de las bromas, la haraganería y el desorden, este escritor de cuentos y poemas, filósofo y humorista fue considerado el mejor exponente de la mitología porteña (*Avenida Las Heras* 4015).

A principios de 1800 se trajeron a Buenos Aires desde el Norte llamas y guanacos que se ubicaron en la zona boscosa de Palermo. Los invasores ingleses —1806 y 1807— intentaron en vano llevarlos a su país. Algunos de estos animales tuvieron cría —chavangos- y por eso la actual avenida *Las Heras* se llamó originalmente *calle del Chavango*.

Como el intendente Torcuato de Alvear desconocía el significado quechua de la palabra, le cambió el nombre por el de Juan Gualberto Gregorio de Las Heras.

Lucio Vicente López escribió una carta al entonces intendente haciéndose pasar por la viuda de un supuesto coronel Chavango, para que se le restituyera a la avenida el nombre de su marido muerto en acción. Torcuato de Alvear no encontró antecedentes del supuesto militar hasta que Lucio Vicente López confesó su humoresca transgresión en otra carta.

Mateos, plazoleta y fe

Como en una vieja postal del Buenos Aires de ayer, todavía es posible ver transitar por el barrio coches de alquiler tirados por caballos.

Este medio de transporte fue erradicado de la ciudad a mediados de la década del sesenta, cuando una ordenanza municipal prohibió la tracción a sangre en las calles del centro.

Actualmente, unos pocos coches se desplazan por la zona de los bosques de *Palermo* como pasatiempo. Los típicos "mateos", tal como se los denomina, tomaron su nombre del sainete *Mateo*, del autor teatral Armando Discépolo (estrenado en 1923).

El personaje central de la obra era un italiano inmigrante, conductor de un coche. Pero no era este personaje el que daba nombre a la obra, sino su caballo.

Desde Plaza Italia salen a recorrer los bosques de *Palermo* los tradicionales mateos, adornados de flores, campanillas y estrellas.

Dos corralones —*Avenida Córdoba y Humboldt* y otro en *Congreso y Arribeños*— alojan por las noches al romántico transporte.

La plazoleta Santa Fe se halla en el centro de la *Avenida Santa Fe,* entre Plaza Italia y Puente Pacífico. Allí funcionan los sábados, domingos y feriados una feria artesanal y otra de libros.

Frente a la feria se halla la iglesia de la Sagrada Eucaristía, que recuerda al Congreso Eucarístico Internacional de Buenos Aires en 1934. Se la considera templo monumento histórico. Colaboraron en su ornamentación los integrantes del grupo Mediator Dei, que presidió el arquitecto Federico Ruiz Guiñazú, hacedor del templo, y que integraron Silvina Ocampo, Raúl Soldi, Norah Borges y Armando Sica.

El Vía Crucis, colorido y geométrico, fue obra de Víctor Peluffo. En el altar mayor hay una réplica de la gran cruz que en el Congreso Eucarístico de 1934 cubrió el vecino Monumento de los Españoles.

Bajo esa cruz hay dos ángeles pintados por Norah Borges. Los murales los realizó Armando Sica: uno representa una escena del Génesis y el otro una escena del Evangelio de San Juan. Las obras fueron firmadas con iniciales (*Avenida Santa Fe* 4320).

Pacífico

Tal es el nombre del puente emplazado sobre *Avenida Santa Fe* en su cruce con las vías del Ferrocarril General San Martín, que identifica el área, sirviendo como punto de referencia para habitantes y transeúntes. La estación Palermo data de 1888 (*Avenida Santa Fe* 4658/4670).

El puente, realizado totalmente en acero, se inauguró hacia 1914. Hasta ese año el Ferrocarril Pacífico tenía su terminal en *Palermo* y entonces se dispuso prolongarlo hasta *Retiro* para integrar, con las terminales del Central Argentino y del Central Córdoba, la más importante cabecera ferroviaria de la Argentina. En ese momento el arroyo Maldonado era paralelo a las vías y aún hoy sigue corriendo entubado. La esquina de la *Avenida Santa Fe* y el Maldonado tenía algunas casasquintas de familias, pero a pesar de ese toque la zona era marginal por la actividad de casas de baile.

Los tres ferrocarriles, entonces de capital británico, fueron rebautizados en 1949 con nombres históricos que recuerdan importantes acciones militares y políticas. El del Ferrocarril Pacífico lleva el nombre del general San Martín por el simple hecho de repetir, con los rieles, la ruta seguida por el Ejército de los Andes.

El Puente Pacífico tiene dos complementarios. Uno sobre la calle *Paraguay* y el otro sobre la *avenida Cerviño*. En las dos cuadras que van de la calle *Paraguay* a la *avenida Santa Fe,* las vías corren por un terraplén apuntalado por arcos de ladrillo cocido. Son 35 arcos entre *Paraguay y Santa Fe,* ocupados en general por comercios que venden vino en damajuanas y otros productos característicos de Cuyo (provincias de San Luis, San Juan y Mendoza) tales como aceitunas y pasas de uva.

La zona es una de las de mayor concentración de corralones de demolición, donde se pueden encontrar los más diversos objetos y materiales para refaccionar una casa.

El arroyo Maldonado corre entubado bajo la *Avenida Juan B. Justo* y atraviesa toda la ciudad de Buenos Aires. Desemboca en el río de la Plata. Su curso, historia y leyenda son parte de la ciudad desde hace cuatro siglos.

Las obras de entubamiento comenzaron en 1928 y terminaron en 1953. La actual *Avenida Juan Bautista Justo* se llamó entonces *17 de Octubre* en coincidencia con la festividad del Partido Justicialista, en ese momento a cargo del poder. En 1955 se la bautizó con el nombre actual, que recuerda al médico y político, uno de los fundadores del Partido Socialista en la Argentina y esposo de Alicia Moreau.

Es la única avenida de la ciudad de Buenos Aires que por disposición municipal debe tener baldosones color rojo. Se vinculan al color de las banderas socialistas.

Falucho

En las avenidas *Santa Fe y Luis María Campos* se halla la estatua que representa a *Falucho*, obra del escultor Francisco Cafferatta (1861-1890), quien murió sin completar el trabajo. Lucio Correa Morales (1852-1923) lo concluyó. Se inauguró en 1897 y fue la primera escultura de un argentino en la Argentina. Honra a Antonio Ruiz, un soldado patriota apodado el negro Falucho. Era en realidad un esclavo liberto de don Antonio Ruiz, de quien tomó su nombre. Participó de numerosas batallas contra los españoles durante la guerra de la Independencia. Fue fusilado el 7 de febrero de 1824.

De Pacífico a Luis María Campos: los Patricios

El predio comprendido por las calles y avenidas *Cerviño, Bullrich, Santa Fe, Luis M. Campos y Dorrego* ocupa el sitio original del antiguo Cuartel Maldonado, que fue demolido en 1889. Entre 1927 y 1928 se habilitan los nuevos cuarteles del

Regimiento de Infantería I y II de *Palermo*, realizados por el ingeniero civil Alberto Barvie, bajo el proyecto general del arquitecto Isaac Thorndike.

En su interior funciona el museo con la historia del más antiguo de los regimientos argentinos: los Patricios.

Dentro del Regimiento I se halla el edificio de la Exposición Ferroviaria y Transportes Terrestres, Pabellón Postal, que fue de mucha importancia en la exposición de 1910 en conmemoración del centenario de la Revolución de Mayo. *Las mujeres que llevan al mundo* coronan simbólicamente el denominado Pabellón del Servicio Postal del estilo *art nouveau*. Fue obra de los arquitectos Pedro Vinent y los ingenieros Maupas y Jáuregui (*Intendente Bullrich* 481).

De Pacífico por Cabildo

La historia del viaducto Carranza llevó, como casi todas las obras públicas argentinas, muchos años de construcción. En 1990, cuando se anunció, se dijo que en dieciocho meses se iba a terminar. En realidad tardó ocho años en concretarse. Se inauguró en 1995. Nació como el proyecto "Complejo Savio". Perjudicó durante ese lapso a cientos de vecinos. En realidad es una obra que une por debajo de las vías las avenidas *Santa Fe y Cabildo*. De una rampa de acceso a otra tiene seiscientos diez metros de longitud. Bajo nivel tiene sólo ciento treinta metros. Los autos pasan a unos cinco metros de profundidad, por encima de los vagones del subte que marcha paralelo al viaducto. La idea es la mejor conexión entre el centro y los barrios de *Belgrano, Núñez y Palermo*.

Como un complemento del viaducto Carranza se construyó en 1996 el Puente Dorrego. Tiene dos carriles de tres metros con cincuenta de ancho cada uno y rampas de acceso con sus correspondientes contenedores laterales con cinco metros de espesor. La vía peatonal cuenta con acceso para discapacitados. Une la *Avenida Cabildo* con la calle *Soler (Avenida Cabildo y Avenida Dorrego)*.

En 1997 se inauguró en la zona, la plazoleta Miguel Abuelo en homenaje al rock, a la juventud y como recuperación de un terreno baldío que se ganó como espacio verde. Además Miguel Abuelo (1946-1988) —creador del conjunto musical Los Abuelos de la Nada, nombre surgido de una novela de Leopoldo Marechal— era vecino de *Palermo*. Su nombre real era Miguel Ángel Peralta (*Avenida Santa Fe* entre *Dorrego* y las vías del ferrocarril Mitre, sobre el viaducto Carranza. No lejos de la estación de subte Ministro Carranza).

En un conjunto que integran diversas instituciones militares se halla el Instituto Geográfico Militar, fundado en 1879. Es un organismo del Ejército que cuenta con moderno instrumental fotográfico y fotogramétrico, un centro de cálculo, amplio laboratorio fotográfico, imprenta y diversos talleres (*Avenida Cabildo 301*).

La iglesia de Nuestra Señora de Luján Castrense: históricamente vinculado al Ejército Argentino, en este templo se puede observar en la puerta de entrada un importante vitral que muestra las figuras de grandes próceres en cuerpo entero: José de San Martín, Manuel Belgrano, Juan Martín de Pueyrredón y Domingo French (*Avenida Cabildo* 425).

Nuevos vecinos

Hacia el año 2000 se inauguró el Centro Cultural Islámico más importante de Hispanoamérica. Consta de una mezquita con dos grandes minaretes, escuelas, centro cultural y deportivo. El terreno fue polémicamente donado y financiaron la construcción la Embajada del Reino de Arabia Saudita y el rey Fahd (*Avenida Libertador y Bullrich*).

Palermo Chico

Palermo Chico, también conocido como *Barrio Parque,* es una zona residencial cuya urbanización se inició en las últimas décadas del siglo XIX. Es uno de los sectores más exclusivos de Buenos Aires.

Blas Matamoro nos dice que "se denomina así al circuito

trapecial comprendido por las calles: *Avenida del Libertador, Rufino de Elizalde, Alejandro de Aguado, Figueroa Alcorta, Tagle, Juez Tedín y Cavia*. Está dividido por dos líneas cardinales, las calles *San Martín de Tours* y *Figueroa Alcorta*, que determinan cuatro subzonas, la más curiosa de las cuales, con planta 'tela de araña', tiene por centro un solar ovalado al que circunvala la calle *Ombú*. Condicionada la urbanización en un límite de altura de edificios, la existencia de jardines y casi sin comercio, el barrio *Palermo Chico*, con su trazado laberíntico de las calles, otorga al barrio-parque una atmósfera de hermetismo, recogimiento y exclusivismo, al que dan forma las casas en modelo petit-hotel o de pisos, con jardín. Los estilos son variados, como cuadra a la época, pero la línea general es coherente, dadas las características comunes de las unidades. Alternan el predominante neoclásico francés, el atrevido racionalismo de Le Corbusier (casa de Victoria Ocampo, construida en 1929 por Alejandro Bustillo), el neo-Tudor, el neorrenacimiento francés, el eclecticismo y el neorrenacimiento español (León Weissmann)".

El Museo Nacional de Arte Decorativo funciona en el Palacio Errázuriz, que fue la residencia de Matías Errázuriz y su esposa Josefina de Alvear. Fue diseñado por el arquitecto francés René Sergent. Cada uno de sus salones es de un estilo diferente. El escultor francés Auguste Rodin proyectó el frente de la chimenea, obra que no concretó debido a la Primera Guerra Mundial (1914-1918). El artista catalán José María Sert decoró integralmente uno de los salones de la planta alta, la habitación del hijo mayor del matrimonio, Matías Errázuriz Alvear, quien deseaba un cuarto para recibir a sus amistades. Se concretó así una sala bella y misteriosa. La leyenda popular dice que el fantasma de ese muchacho aparece por las noches. Su temprana muerte nunca fue aclarada. Un suicidio o un disparo accidental. En este palacio se alojaron los presidentes Franklin Roosevelt en 1936 y Dwight Eisenhower en 1960.

En las monumentales salas del palacio se rodaron escenas de la película argentina *El conde de Montecristo* (1953), dirigida por León Klimovsky y protagonizada por el actor español Jorge Mistral.

Está considerado un monumento único de la *belle époque*. El conjunto de arquitectura, jardines, decoración y colecciones es uno de los más importantes del mundo como ejemplo de cultura artística inspirada en el clasicismo francés del siglo XVIII.

Dentro de este palacio funciona también el Museo Nacional de Arte Oriental, donde se exhiben artesanías, artes aplicadas, vestuario y elementos de uso doméstico y ritual del Cercano y Medio Oriente, India, Este y Sudeste Asiático y África del Norte (*Avenida del Libertador* 1902).

La Embajada de Italia fue originalmente el Palacio Alvear. Data de 1920 y es de autor desconocido. Es de estilo neo-clásico (*Avenida del Libertador* 2100).

Próxima a la Embajada de Italia se halla la Academia Argentina de Letras, fundada en 1932. Cuenta con biblioteca especializada en filosofía y lingüística (*Sánchez de Bustamante* 2663).

Chile y Grand Bourg

La Plaza República de Chile se destaca por los distintos monumentos y obras de arte, muchos de ellos vinculados a la historia de la Independencia de la Argentina y Chile; también se encuentra el monumento al gran Mariscal del Perú Ramón Castilla. Obra del arquitecto Vicente Torro Simo, fue inaugurada en 1953.

Representa a uno de los heridores de San Sebastián, quien realizó muchas concesiones al cristianismo. El emperador romano Diocleciano dio la orden en el año 288 de apalearlo y torturarlo. Para hacerlo convocó a los arqueros de Mauritania. Uno de ellos se arrepiente en esta obra del escultor argentino Alberto Lagos. Se llama *El arquero de San Sebastián*.

Eje central es el monumento a Bernardo O'Higgins, base de mármol y figura en bronce. En él se observa un relieve con el abrazo simbólico de San Martín y O'Higgins. También se visualizan los escudos de Chile y la Argentina. Data de 1918. Es una creación del chileno Guillermo Maza Córdova.

Sobre *Tagle* —al lado de la representación diplomática chilena— se halla el Rincón de los Poetas, donde hay bustos de los chilenos Gabriela Mistral, Vicente Huidobro y Pablo Neruda (*Avenida del Libertador, Tagle y Mariscal Ramón Castilla*).

A continuación de la Plaza República de Chile se encuentra la Plaza Grand Bourg. Su atractivo principal es el Instituto Nacional Sanmartiniano, cuyo edificio es una réplica de la residencia que el general José de San Martín habitó durante su exilio en Grand Bourg, Francia, entre 1834 y 1848. Su estilo es francés, y fue edificado bajo la dirección del arquitecto Julio Salas. Data de 1946. Se realizó por donación personal de su creador, doctor José Pacífico Otero, que en 1933 comenzó la tarea de sistematizar y difundir la labor de San Martín (*Ramón Castilla, Aguado y Rufino de Elizalde*).

Al frente se halla la estatua *El abuelo inmortal*, realizada en conmemoración del centenario de su fallecimiento en 1950. Es obra del escultor Ángel Ibarra García, representa la figura del prócer en actitud sedente y en patriarcal coloquio con sus dos nietas.

En la zona se destaca la casa edificada para la escritora Victoria Ocampo, construida por el arquitecto Alejandro Bustillo, quien siguió para esta obra las teorías del arquitecto Le Corbusier. La misma no se adapta al estilo francés propio del sector, por lo cual su construcción originó un gran escándalo, ya que los lineamientos pertenecen a la escuela racionalista (*Rufino de Elizalde* 2831).

Muy cerca, en la plazoleta Teniente General Eduardo Racedo hay un monolito con una placa de homenaje al director de cine argentino Daniel Tinayre. Fue colocada en 1995 (*Avenida Figueroa Alcorta y Aguado*).

El edificio tiene portón de madera de cedro tallada a mano. Nos remite por el estilo de la obra al Renacimiento. Tiene ciento cinco aberturas entre ventanas y puertas interiores y exteriores. En parte de la construcción —interna— se evoca al legendario Rey Arturo. Se la vincula a una copia del Hotel Lido de Venecia, en menor escala. Es obra del italiano Mario Palanti (*Eduardo Costa* 3079).

Arte gauchesco

El Museo de Motivos Argentinos "José Hernández" funciona en una propiedad donada en 1938 por Félix Bunge a la ex Municipalidad. Atesora una de las más completas colecciones de la cultura folclórica de la Argentina. En él se exhiben platería rioplatense de los siglos XVIII al XX, artesanías regionales, imaginería, alfarería, tejidos, instrumentos musicales, armas, máscaras y pinturas. Se guardan las traducciones del libro *Martín Fierro*, de José Hernández. En la puerta del museo se halla un busto, obra de José Fioravanti, del poeta escocés Walter Owen (1884-1953), que tradujo el *Martín Fierro* al inglés.

En el interior funciona el Centro Municipal de Producción Artesanal, con exposición y venta de artesanías tradicionales argentinas y donde se dictan cursos de danzas folclóricas y de artesanías (*Avenida del Libertador* 2373).

En la Plaza Rufino de Elizalde está ubicada la Embajada de España, cuyo estilo arquitectónico es neoclásico francés y fue obra del arquitecto Carlos Nordman. Sirvió de residencia de la familia Dodero. La remodeló el arquitecto Fernando Arana (*Avenida del Libertador* 2075).

En *Avenida Alvear* (hoy *Libertador*) y *Tagle* se hallaba el cabaret Armenonville. Tomó el nombre de un homónimo situado en el bosque de Boloña en París. Se inauguró en 1912. Al año siguiente debutó allí el dúo Carlos Gardel-José Razzano. Sus habitués fueron Marcelo T. de Alvear y su esposa Regina Pacini, el actor Florencio Parravicini y también el múltiple Jorge Newbery. El local original fue demolido en 1925. Fue refundado en la *Avenida Figueroa Alcorta* (antes *Avenida Centenario*) para convertirse años después en Les Ambassadeurs, una gigantesca sala de comidas y espectáculos, obra del empresario Andrés Trillas. Posteriormente se convirtió en Canal 9.

La sede del Automóvil Club Argentino (ACA) data de 1943 y consta de doce pisos y tres subsuelos. También funciona en el lugar una biblioteca especializada en técnica automotriz, tránsito y vialidad además del Museo del Automóvil, que expone una serie de modelos antiguos y cuya finalidad es ilustrar al visitante sobre aspectos relacionados con los comienzos de la industria automotriz.

En el hall y primer piso hay relieves de Gonzalo Leguizamón Pondal que reseñan la historia del automóvil. Algunos de estos murales tienen veintidós metros de largo.

En el Salón de Turismo el pintor Alfredo Guido —papá de Beatriz— realizó frescos plasmando las naturalezas y escenarios de Paraguay, Chile, Brasil, Bolivia, Ecuador, México y los Estados Unidos, imaginando el trayecto por la Carretera Panamericana. Otros plásticos reflejaron diversos aspectos del paisaje argentino en otros ámbitos del múltiple edificio del ACA.

Santo patrono

En el barrio se halla el templo que honra al santo patrono de Buenos Aires: San Martín de Tours, es de estilo neorrománico, data de 1932 y fue proyecto de los arquitectos Acevedo, Becú y Moreno (*San Martín de Tours* 2951).

Pista de pruebas, fuente y plazas

El Palacio Alcorta, originalmente edificio Chrysler, fue el primer palacio autódromo de Sudamérica. Lo construyó en 1921 el arquitecto Mario Palanti, autor del Pasaje Barolo de la *Avenida de Mayo*. Tenía una terraza que funcionaba como pista de pruebas, donde se alcanzaban hasta cien kilómetros por hora y era usada sólo por profesionales ya que tenía curvas de inclinación de hasta cuarenta y cinco grados. La parte inferior estaba destinada a ensayos de aficionados. En 1950 el edificio pasó al Ejército, que en 1993 lo vendió. El tradicional espacio fue reconvertido en lofts (*Avenida Figueroa Alcorta* 3351).

La Plaza República de Alemania cuenta con el monumento *Riqueza agropecuaria argentina*, donado por esa colectividad. Su autor fue Gustav Adolf Bredow. Se inauguró en 1918. Está realizado en mármol de Carrara, bronce y lava de Roma. Por encima de la fuente se yerguen dos grupos escultóricos que representan *La Agricultura* y *La Ganadería* (*Avenida del Libertador, Cavia, Castex* y *Avenida Casares*).

Nacido en 1893, el Cuerpo de Policía Montada tiene aquí sus cuarteles. Cuenta con un picadero abierto y pista hípica. Fue este cuerpo casi centenario el que escoltó en 1910 a la Infanta Isabel (*Avenida Figueroa Alcorta* y *Cavia*).

Chonino es el único perro que tiene una calle con su nombre y una estatua. Está en *Avenida Figueroa Alcorta* y *Casares*. Era uno de los integrantes de la División Perros de la Policía Federal. Chonino fue el primero muerto en acción y la fecha de su muerte —2 de junio— se convirtió en el Día Nacional del Perro.

En la plaza Bélgica, *Avenida Figueroa Alcorta, Alejandro María de Aguado* y *Mariscal Ramón Castilla*, se halla la escultura *Afanes hogareños*. Data de 1965 y es obra del artista belga Rik Wouters. Muestra un ama de casa erguida y pensativa. En la vecindad se halla el ex Palacio Tornquist, hoy residencia de la Embajada de Bélgica, que fue obra del arquitecto Alejandro Bustillo (*Rufino de Elizalde* 2830).

La Plaza Perú data de 1972 y fue diseñada por el arquitecto brasilero Roberto Burle Marx. En 1995 la ex Municipalidad demolió arbitrariamente una construcción circular que tenía una altura aproximada de dos metros y medio y que se hallaba en el centro de la plaza. Además cuenta con una réplica del monumento erigido al Inca Garcilaso de la Vega (1539-1616) en los jardines de Villa Borghese en Roma y fue realizado por el mismo autor, Fernando Roca Rey (*Avenida Figueroa Alcorta* y *Salguero*).

Nuevo Palermo

Es una denominación surgida en 1984 a través de un agrupamiento de varios restaurantes. Abarca *Avenida Libertador* y las calles *Darragueira, Fray Justo Santa María de Oro, Godoy Cruz, Sinclair* y *Avenida Cerviño*. Agregamos a esto la zona próxima de *Avenida del Libertador*.

Allí funcionó el restaurante Bistró, que fue propiedad del director de orquesta francés Jo Bouillon, esposo de la vedette Josephine Baker. La pareja integró el barrio como vecinos habituales junto a sus hijos, que provenían de todas partes del mundo. Su familia realizó, al morir Josephine en 1981, misas en su memoria en la parroquia de San Tarcisio. Este templo mezcla elementos neorrománicos y modernos en su estructura y es obra del arquitecto Mario Sanocchi, que lo realizó en 1957. El altar mayor está revestido en cerámica dorada. Se venera un Cristo tamaño natural de época colonial (*Demaría* 4422).

En la zona se concentran varias e importantes residencias diplomáticas. La de los Estados Unidos es conocida como el Palacio Bosch, sus características son la sobriedad y la gracia. Esta residencia, que perteneció al doctor Ernesto Bosch, ex ministro de Relaciones Exteriores y embajador de la Argentina en Francia, es probablemente la más bella de las que el gobierno de ese país posee en todo el mundo.

Fue obra del arquitecto francés René Sergent y realizada por los arquitectos Eduardo María Lanús y Pablo Hary. El edificio reproduce ornamentaciones estilo Luis XVI y toma su base del modelo del Grand Palais, el Petit Palais, el Trianón de Versalles y del Castillo Compiègne (Francia). Recordemos que Sergent fue autor también del Palacio Errázuriz (Museo Nacional de Arte Decorativo). (*Avenida del Libertador* 3502.)

Frente a la Embajada de los Estados Unidos y atrás de la Sociedad Rural se encuentra la Plaza Seeber, bautizada como la "Plaza de las narices frías", ya que allí pasean, llevados por sus cuidadores, más de cien perros dálmatas, galgos, salchichas, Doberman y otros.

En noviembre de 1999 se inauguró allí el monumento a Juan Manuel de Rosas, obra del escultor catamarqueño Ricardo Dalla Lasta.

El monumento a Nicolás Avellaneda (1837-1885), abogado y periodista, presidente de los argentinos en el período 1874-1880, es obra del escultor argentino —autodidacta— José Fioravanti (1896-1977). Es un gran conjunto de figuras en relieve con el sentido de que lo individual da paso a lo grupal. Está situado a la altura de *Avenida del Libertador* 3670 cerca de la esquina de la calle *Juan A. Buschiazzo.*

En las calles *Oro* y *Cerviño* se halla el edificio más alto de la Argentina, la torre Le Parc. Tiene cincuenta pisos.

A metros de la intersección de las calles *Cerviño* y *Darregueyra* se halla emplazado el monumento a Franklin Delano Roosevelt, en la Plaza Martín de Álzaga. Inaugurado en 1958, pertenece a José Fioravanti.

Sobre la *Avenida del Libertador*, en la plazoleta General José Antonio Páez, se halla el monumento a George Washington, regalo de los residentes de los Estados Unidos en la Argentina en ocasión del centenario de la Revolución de Mayo (1910). Su autor, Charles Keck, lo realizó en Nueva York en 1911. El monumento se halla mirando hacia la Embajada de los Estados Unidos de Norteamérica y fue inaugurado en 1913.

En la misma plazoleta el artista plástico Leo Mol, seudónimo de Leonid Molodoz Hanyn, ucraniano de nacionalidad canadiense, es autor del monumento a Taras Shevchenko, poeta máximo de Ucrania, defensor de la libertad de su patria y de todos los pueblos oprimidos.

Inaugurado en 1934 y obra del escultor Alberto Lagos (1885-1960), el monumento al pensador y jurisconsulto Luis María Drago (1859-1921) mira al monumento a los Españoles. Cuenta con una figura de bronce del eminente hombre público.

El monumento a Domingo Faustino Sarmiento fue una obra polémica en el momento de su inauguración. Realizada por el famoso escultor francés Augusto Rodin (1840-1917), está situada en las avenidas *Sarmiento y del Libertador,* en el mismo sector donde estaba ubicado el caserón de Juan Manuel de Rosas, que fue demolido en 1899.

Esa casa era de estilo colonial y de grandes proporciones, tenía forma rectangular de setenta y ocho por setenta y seis metros y dieciséis piezas en total. Fue obra del arquitecto Felipe Senillosa. Rosas ocupaba las habitaciones que daban al río de la Plata y hubo allí una capilla cuyo patrono era San Benito. Las habitaciones de su hija Manuelita daban al oeste, por allí corría un canal que Rosas mandó prolongar hasta lo que es hoy *Avenida del Libertador* y lo denominó "Canal de Manuelita". Su hija había mandado plantar un aromo que con el tiempo adquirió atracción, ya que se dice que bajo él ella pedía a su padre indulgencia para los sentenciados por motivos políticos. A veces, su ruego era escuchado, de ahí el nombre de Aromo del Perdón. Hoy día el retoño está cercado por una verja de hierro. Está situado detrás del monumento a Sarmiento.

La vida de la casa de Rosas se prolongó ya que fue sede del primer Colegio Militar y luego de la Escuela Naval. En 1985 se realizaron trabajos de arqueología urbana, buscando rastros del caserón como también los túneles que están allí desde hace años y de los que poco se sabe.

El monumento *La Carta Magna y las cuatro regiones argentinas*, popularmente llamado Monumento a los Españoles, tardó diecisiete años en erigirse. Fue obsequio de la colectividad española en el centenario de la Revolución de Mayo. Su piedra fundamental la colocó la Infanta Isabel en 1910. La que para los argentinos es una figura conocida y querida simplemente como Infanta Isabel es en realidad la Infanta Isabel Francisca de Asís de Borbón, hermana de Alfonso XII y tía de Alfonso XIII, rey de España.

El monumento se inauguró en 1927. Es de bronce y mármol. Se halla coronado por una enorme estatua de *La República*; su basamento se levanta sobre el centro de una piscina rodeada de grupos arquitectónicos que representan *El Trabajo*, así como figuras que simbolizan *Los Andes*, *El Plata*, *La Pampa* y *El Chaco*. En el frente que da a *Avenida del Libertador* (lado centro) se halla grabada la siguiente inscripción: "Y asegurar los beneficios de la libertad, para nosotros, para nuestra posteridad y para todos los hombres del mundo que quieran habitar en el suelo argentino"; más abajo: "A la Nación Argentina en su primer centenario por España a sus hijos – 25 de Mayo de 1910"; lado *Del Libertador* hacia *Cabildo*: "Uno mismo el idioma"; lado Aeroparque: "De una misma estirpe", y lado Plaza Italia: "Grandes sus destinos". Es obra del escultor Agustín Querol y Subirats, español (1862-1909) que realizó, entre muchas otras obras, el portón de la Biblioteca Nacional de Madrid y la estatua *San Juan predicando en el desierto*. Falleció en 1909 y la obra fue terminada por el artista Cipriano Folgueras. El barco "Príncipe de Asturias", que traía a

620

Buenos Aires las estatuas para completar el monumento, naufragó en 1916. Hubo que pedir a España las réplicas. En 1990 buceadores brasileros encontraron las piezas originales, que quedaron en Brasil por estar en su territorio marítimo.

En 1985 los reyes Juan Carlos y Sofía de España inauguraron la estatua de Carlos III, creador del Virreinato del Río de la Plata. La escultura es obra de Alfredo Giraldo (*Avenida del Libertador y Sarmiento*).

Palermo Viejo

"Una manzana entera en mitá del campo/expuesta a las auroras y lluvias y sudestadas/La manzana pareja que persiste en mi barrio;/Guatemala, Serrano, Paraguay, Gurruchaga..." Jorge Luis Borges así definía a este sector del barrio de *Palermo*, limitado por la *Avenida Córdoba, Godoy Cruz, Charcas y Julián Álvarez*.

En él deben considerarse dos partes: primero, entre *Dorrego* y el Arroyo Maldonado, el territorio de la antigua quinta Bollini; segundo: pasando el Maldonado y hasta *Scalabrini Ortiz*, Villa Alvear, que tiene su centro en la llamada placita de *Serrano (y Honduras)*, con muchos bares, ambiente juvenil, rock, jazz, pizza y cerveza. Esta plaza lleva ahora el nombre del escritor Julio Cortázar. Esta zona ha sido bautizada como Palermo Hollywood y nuclea las nuevas tendencias en diseño, moda, muebles, objetos, multiespacios, restaurantes y bares.

Uno de los paisajes más interesantes de esta zona son las calles cortadas, en las que las hileras de casas iguales son símbolo de una época y de una manera de vivir. Las sucesivas reformas de estas casas van cambiando paulatinamente la fisonomía del lugar.

Un puente sube y baja casi al mismo tiempo. Sólo una bocacalle: la de *Concepción Arenal*, que a esa altura está ocupada por las vías del tren. De un lado, la calle *Soler*, del otro, *Ciudad de la Paz*.

La Iglesia Catedral San Jorge es de estilo neobizantino y de culto ortodoxo. Tiene cuatro cúpulas y decoran el frente de la catedral murales realizados con mosaicos dorados.

Uno representa a San Jorge, montado en su caballo, luchando contra el dragón. Sobre el lado izquierdo, otro reproduce una cruz y otro, colocado sobre el anterior, representa a San Pedro y San Pablo, que en sus manos sostienen el templo y están coronados por el Espíritu Santo representado por la paloma (*Avenida Scalabrini Ortiz* 1247).

La parroquia Santa Lucía es una capilla sencilla que funciona en lo que era una fábrica. Carece de altares y sólo tiene vitrales con símbolos bíblicos (*Gazcón* 1372).

Borges

El escritor Jorge Luis Borges vivió (en 1901) en el barrio, en *Serrano* entre *Guatemala* y *Paraguay*. Es allí donde Borges ubica su poema *Fundación mítica de Buenos Aires*. En esa casa nació su hermana Norah. Allí imagina Borges la refundación de Buenos Aires. La antigua calle *Serrano* lleva ahora entre las avenidas *Córdoba* y *Santa Fe*, el nombre del escritor (*Borges* 2135).

Villa Alvear

Bautizado así en homenaje al intendente Torcuato de Alvear, es un microbarrio, ahora englobado dentro de *Palermo Viejo*. Diseñado por el arquitecto Juan Antonio Buschiazzo —si bien algunas de sus construcciones han sido refaccionadas— *Villa Alvear* sigue conservando sus primitivas características. La villa ocupaba un área de ocho manzanas cuyo eje era la calle *Serrano*.

Los armenios

La zona armenia de *Palermo* toma como columna vertebral a la calle *Armenia* (ex *Acevedo*).

La Asociación Cultural Armenia ocupa dos edificios importantes en los cuales existe un teatro para trescientas personas, bibliotecas, la redacción de dos publicaciones e instalaciones deportivas. En un radio de cuatro cuadras hay más de veinte instituciones de origen armenio: colegios, iglesias, centros sociales e inmobiliarias. El barrio es centro natural de residencia de gran parte de la colectividad armenia en la Argentina (*Armenia* 1366).

La catedral de la Iglesia Apostólica Armenia Basílica San Gregorio Iluminador debe su nombre a quien curó y convirtió al rey Drtad, siendo así el primer monarca y el primer país cristiano de la historia en el año 301.

Es el templo más antiguo que se construyó para la colectividad armenia en Buenos Aires. Responde a las características de la arquitectura clásica armenia, destacándose su cúpula de doce caras (*Armenia* 1369).

Cuando en el cielo pasen lista

La vida de William C. Morris se inicia en 1864. Su etapa como educador y filántropo transcurrió en el barrio de *Palermo*. Este predicador, miembro de la Iglesia Anglicana, eligió este barrio por ser a fin de siglo uno de los más humildes de Buenos Aires.

Vivió en un conventillo que estaba donde hoy está la Escuela N° 20 "Dr. Carlos M. Viedma" (*Uriarte* 2472). Su primera escuela evangélica la creó en 1898. Al año siguiente estableció otra en *Uriarte* 2362. Fundó una Escuela de Artes y Oficios en *Avenida Santa Fe* 4364 y otra en *Güemes* 4636. Su oficina —*Güemes* 4601— es sede en la actualidad de la Biblioteca Carlos Guido Spano. La placa de su monumento lo define así: "Nació el 16/2/1864 en Soham (Cambridge, Inglaterra), y allí fue a morir el 15/9/1932". Pastor de almas impulsado por un cristianismo combatiente y lúcido, realizó durante cincuenta años en Buenos Aires una obra filantrópica y educativa. Pobre, sin medios materiales, pidió con tesón y esmero y obtuvo ayuda generosa. Así, con largos sacrificios, fundó y sostuvo escuelas, talleres, bibliotecas, museos, laboratorios y un internado modelo para niños, El Alba. Llevó a cárceles y hospitales alivio y esperanza. Su vida fue retratada en el cine argentino con la película *Cuando en el cielo pasen lista* (1945), dirigida por

Carlos Borcosque y que, por curiosa analogía con la vida de Evaristo Carriego, también fue protagonizada por el actor hispanoargentino Narciso Ibáñez Menta.

El Templo Anglicano de San Pablo es parte de la obra del reverendo William C. Morris. Es de estilo neogótico con bellos vitrales y fue inaugurado en 1899 (*Charcas* 4670).

Una plazoleta del barrio lo homenajea con su nombre (*Uriarte, Darregueyra, Guatemala y Soler*).

Puente y límite

En la *Avenida Juan B. Justo,* sobre *Córdoba* y las vías del San Martín, se eleva el Puente de la Reconquista, que data del 12 de agosto de 1969, en el 163° aniversario de la Reconquista de Buenos Aires.

Bosques e Hipódromo

Legalmente el nombre de este sector del barrio es el de Parque Tres de Febrero, fecha de la batalla de Caseros, en la que el general Justo José de Urquiza venció al brigadier Juan Manuel de Rosas, dueño de lo que hoy es ese paseo. El proyecto (1874) estuvo a cargo de los arquitectos Ernesto Oldendorf, Fernando Mauduit y Jordan Wysocky y fue finalizado en 1876 por el arquitecto Julio Dormal. Las posteriores ampliaciones entre 1892 y 1913 estuvieron en manos del paisajista Carlos Thays. Así la ciudad ganó su parque más amplio: cerca de ciento cincuenta hectáreas de bosques, jardines y paseos donde se podían encontrar ciento noventa y siete especies de aves.

Desde que nació el proyecto en 1874 los bosques perdieron más del ochenta por ciento del espacio. Actualmente un dieciocho por ciento del parque tiene concesiones anuladas y construcciones clandestinas.

Desde marzo de 2000 los accesos a los bosques de *Palermo* tienen nuevos portones. Los vallados que se colocaban los fines de semana para evitar el ingreso de vehículos fueron reemplazados por siete estructuras de cuatro pilares cada una, con rejas y farolas de estilo. El lugar, los fines de semana y los feriados, se transforma en peatonal para que la gente corra, ande en bicicleta, haga deportes o descanse. La valla no era respetada por algunos vecinos y vendedores ambulantes con vehículos. Los portones están en las avenidas *de los Ombúes, Berro, Tornquist, Intendente Bunge* y *Valentín Alsina* y recuerdan a los originales existentes a fines del siglo XIX.

La Plaza Dr. Benjamín A. Gould está en el centro del parque y ocupa el predio que fue del Buenos Aires Cricket Club, solar histórico vinculado al despertar deportivo de la ciudad, cuando el 29 de junio de 1867 se produjo el primer partido de fútbol en la Argentina: jugaron el equipo local del Buenos Aires Cricket Club y la tripulación del barco de guerra británico "Bombay". Hay que recordar que —desde 1850— se jugaron informalmente los primeros partidos de fútbol en el puerto de Buenos Aires entre los tripulantes de los cargueros ingleses y los empleados de la aduana y los estibadores.

Gould (1824-1896) fue un astrónomo norteamericano. Fundó el Astronomical Journal de Cambridge, dirigió la construcción e instalación del Observatorio Nacional de Córdoba en 1871 y fue su primer director hasta 1884.

En la misma plaza se alza imponente el Planetario Galileo Galilei, separado de la misma por un foso que en su fondo tiene agua. Se ingresa por una rampa en cuyo centro se observa un meteorito cercado y una pequeña placa de bronce en la que se lee: "Meteorito metálico extraído en el año 1965. Procedencia: Gancedo-Campo del Cielo-Provincia del Chaco. Peso: 1.530 kilos".

El lago del Planetario está integrado a la Plaza Gould, tiene forma de riñón y cuenta con dos pequeñas islas. Allí, en ese "complejo", se halla la escultura *Sorprendida* del italiano Nicolás A. Ferrari.

Luego de la muerte de aves y peces —1999— se limpió el lago. En la operación sacaron cuatrocientos contenedores llenos de residuos. Una sustancia tóxica que contienen las algas del lago es la que produce las muertes. Según los informes oficiales, además de tirar basura mucha gente usa el agua para lavar el auto o bañar a su perro. La contaminación de residuos suele ser la más peligrosa y difícil de controlar.

El Planetario fue construido en 1962 por el arquitecto Enrique Jan y el ingeniero Carlos Langer, que se inspiraron en la forma del planeta Saturno, aunque también quisieron dar la imagen de una nave espacial. El techo semiesférico de aluminio se transforma en una gran pantalla en la que se ve el cielo que se observaría en una noche despejada, en cualquier lugar del planeta.

En los jardines se halla un reloj de sol construido especialmente para la latitud geográfica de Buenos Aires, donado por el ingeniero japonés Takutaro Yabashi. El cuadrante solar vertical, diseñado y construido en Japón por el donante en acero inoxidable, está instalado en un pilar de un metro y medio de altura frente a la rampa de acceso.

Antes de presenciar la función es recomendable recorrer el museo. Allí están los murales del artista Aldo Sessa, la hidroescultura de Gyula Kosice y el Planetario Copérnicano. Se exhibe también una roca lunar obsequiada por el presidente Richard Nixon, de una antigüedad de 2.500 a 3.000 millones de años. Hay reproducciones del Proyecto Géminis y de elementos vinculados a la astronomía. En la misma zona se encuentra un monolito evocativo del sabio polaco Nicolás Copérnico (1473-1543). (*Avenida Belisario Roldán y Avenida Sarmiento.*)

El 11 de noviembre de 1875 fue plantada la magnolia situada en la *Avenida Berro* entre las avenidas *Sarmiento y Casares;* en ese año Domingo F. Sarmiento era el presidente de la comisión que inauguraría el Parque Tres de Febrero.

El presidente de la República era Nicolás Avellaneda, que deseaba que se plantase en el parque una magnolia, símbolo de la pureza; al árbol se lo conoce como la "magnolia de Avellaneda" (*Magnolia grandiflora*). Sarmiento, a pesar de preferir que se plantase un pino, accedió (el pino fue igualmente plantado, pero ya no existe).

"Te acordás hermano, la rubia Mireya que quité en lo de Hansen, al loco Cepeda". El tango *Tiempos viejos* de Manuel Romero, perpetuó el ámbito conocido como "lo de Hansen", que fue el más popular lugar nocturno de Buenos Aires entre 1895 y 1910 vinculado al tango. Estuvo situado en el Parque Tres de Febrero con entrada por la *Avenida Sarmiento*. Su propietario fue el alemán Juan Hansen.

Su emplazamiento correspondía a lo que es hoy la esquina de las avenidas *Sarmiento y Figueroa Alcorta*.

Sobre *Avenida Sarmiento*, entre las avenidas *del Libertador y Figueroa Alcorta*, se halla el monumento a Caperucita Roja. Realizado en mármol, es único por sus características. Fue comprado por la ex Municipalidad de Buenos Aires en 1937. Es obra del francés Jean Carlus.

En la Plaza Brigadier General Juan Facundo Quiroga, situada en la calle *Marcelino Freyre,* vías del Ferrocarril San Martín, *Avenida Figueroa Alcorta, Avenida Sarmiento e Infanta Isabel,* se halla el monumento al prócer colombiano Francisco de Paula Santander, del escultor alemán Martín Peltzin. Está frente al lago y los rosedales y próximo al monumento del capitán general Justo José de Urquiza. Este último se encuentra en el cruce de las avenidas *Sarmiento* con *Figueroa Alcorta*, es obra de V. Renzo Baldi y Héctor Rocha y data de 1958.

El sector que limita con las vías del ferrocarril presenta un importante desnivel. En el punto más alto se halla enclavado el grupo escultórico *Familia de ciervos.* Su autor es Georges Garder, escultor francés (1863-1939).

Creado en 1934, el Sívori es el más antiguo de todos los museos que dependen del Gobierno de la Ciudad y uno de los que más traslados sufrieron hasta que en 1996 tomó el lugar de la confitería "El Hostal del Ciervo", frente al puente del lago del Rosedal. Su acervo se integra con más de cuatro mil quinientas obras: esculturas, tapices e importantes colecciones de dibujo y grabado (*Avenida Infanta Isabel* 555).

La "Rosaleda" o Rosedal data de 1914. La idea de su impulsor Carlos Thays era convertir a Buenos Aires en el único lugar del mundo donde las rosas crecieran con libertad. Originalmente prendieron catorce mil seiscientos rosales de mil ciento ochenta y nueve especies diferentes. Tiempos en que a "nadie le hubiera pasado por la cabeza robar rosas". Tal el idealismo de su creador, el ingeniero Benito Carrasco, que logró concretar su sueño: a quien lo solicitase se le entregaban yemas de los más bellos rosales y se le enseñaba a injertarlos y cuidarlos. Los ingenieros agrónomos conversaban con los paseantes y les daban la clave para que perpetuaran en su hábitat la belleza del rosal. El Rosedal está poblado de obras de arte en mármol o en bronce (*Avenida Iraola e Infanta Isabel*).

Originalmente el Patio Andaluz debió ser "el jardín de los claveles" para ser algo similar al Rosedal. Ocupa el sitio en que durante muchos años funcionó el Pabellón de los Lagos, construcción formada por grandes vidrieras en armazón de hierro.

El Patio Andaluz ha sido donado por el Ayuntamiento de Sevilla; por lo tanto, la mayoría de los materiales provienen de esa ciudad. Constituye el motivo principal una glorieta en cuyo centro se encuentra una fuente de cerámica con su brocal de mayólica, ubicada en un patio a bajo nivel, de mosaico con alhambrillas, al cual se baja por cuatro escaleras encuadradas en ocho bancos o paredes con episodios de *Don Quijote de la Mancha*. Rodeando el patio se forma una galería por medio de una amplia pérgola sostenida por pilares de hierro forjado.

En la base de la fuente se puede leer: "A la generosa y opulenta Ciudad de Buenos Aires en testimonio y comunicación espiritual, Sevilla ofrece esta muestra de la industria de Triana, el barrio de los laboriosos alfareros y de los intrépidos navegantes" (*Avenida Iraola*, entre *Avenida Infanta Isabel* y *Avenida Presidente Pedro Montt*).

Allí se halla el monumento en homenaje a Tiradentes, busto muy exuberante que en la distancia puede confundirse con una imagen religiosa. Tiradentes fue el seudónimo de Joaquín Da Silva Xavier, que vivió entre 1746 y 1792. Es obra del escultor Juan Carlos Oliva Navarro (1888-1951), nacido en Montevideo, Uruguay y naturalizado argentino. El busto representa a Tiradentes con una cruz en la mano en actitud de oración y con los brazos cruzados. Se halla sobre un pedestal de mármol negro donde se lee: "Murió por la liberación de los brasileños. En su memoria, rinden homenaje al Brasil la Municipalidad de la Ciudad de Buenos Aires y el Instituto Argentino Brasileño de Cultura, 1° de junio de 1946".

El Jardín de los Poetas se halla en el centro de Plaza Holanda rodeado de jardines y rosales. Allí se encuentran los bustos de Amado Nervo, Enrique Larreta, William Shakespeare, Fernán Félix Amador, Paul Groussac, Alfonso Reyes, Alfonsina Storni, Olegario V. Andrade, Julián Aguirre, Dante Alighieri,

Rosalía de Castro, Eduardo Sívori, Lucio Correa Morales, Marco Avellaneda, Federico García Lorca, Antonio Machado y Jorge Luis Borges.

En Plaza Holanda está emplazada desde 1908 la escultura *La cigale* (La cigarra), del francés Félix Charpentier. Se encuadra como un modelo del llamado *art nouveau*.

En la misma plaza se admira el monumento *Ofrenda floral a Sarmiento*, que data de 1938. Es obra de Émile E. Peynot, escultor francés (1850-1932); ubicada junto al lago del Rosedal, está algo escondida entre el follaje de una glorieta.

En esta plaza se halla la obra de otro francés, Paul Jean Baptiste Gask, *Leandro y Hero*. Se trata de un grupo escultórico de mármol erigido sobre una base de mampostería. Estas figuras son conocidas por otro nombre: el beso. Interpretan el instante del encuentro o la despedida de los jóvenes amantes; ella es Hero, sacerdotisa griega de Afrodita. Él es Leandro, que para verla atraviesa cada noche a nado el Helos Ponto, a la luz de una antorcha encendida en una torre por Hero, pero que finalmente perece ahogado. Su enamorada, presa del dolor, se arroja desde lo alto de la torre, pereciendo junto a su amante.

En el lago La Rosaleda se encuentra el a veces mal llamado Puente Japonés. Se sustenta de cuatro gruesos pilares de cada lado. Tiene diecinueve escalones.

Lo que a fin del siglo XIX fueron los arcos del Ferrocarril Pacífico y luego San Martín es bautizado en estos tiempos como el Paseo de la Infanta, en homenaje a la Infanta Isabel de Borbón. Los espacios surgidos debajo del viaducto se rescataron después de cien años e incluyen veintiún arcos que abarcan desde la *Avenida del Libertador* 3883 hasta la calle *Marcelino Freyre*; aquí se nuclean cafés, restaurantes, galerías de arte, salones de usos múltiples y viveros. Los trabajos de instalación comercial fueron supervisados por la Comisión Nacional de Museos y Monumentos Históricos, por ser estos puentes testimonios de mucho valor para la ciudad y haber sido diseñados por Carlos Thays.

En la Plaza Irán, circundada de parques, hay una construcción de ladrillos y piedra de estilo neomedieval, obra de J. Chiagna, perteneciente a la ex Compañía Ítalo-Argentina de

Electricidad, hoy Edenor en ese sector de la ciudad (*Casares, Berro, Figueroa Alcorta y Sarmiento*).

Donada por el gobierno de Irán a la ciudad de Buenos Aires, se halla en esta plaza *La columna del templo persa*. Es réplica de la columna denominada "Apadana", que está vinculada al emperador Jerjes. Es de fuste acanalado y bifronte y ostenta dos bueyes en su parte superior.

En *Avenida Figueroa Alcorta y Avenida Casares* se halla el Parque Jorge Newbery (ex Circuito KDT), dedicado a la práctica de distintos deportes.

En la misma zona se halla una edificación que data de 1877 y que nació como Kiosco Casares, conocido también como El Tambito, porque durante algunas horas del día era auténticamente un tambo de vacas. Se encontraba a la vuelta de lo de Hansen y reunía en algunos momentos a clientes vinculados al nacimiento del tango.

El Velódromo fue construido en 1950 para la realización de los Juegos Panamericanos que tuvieron lugar en Buenos Aires. Entre los años 1955 y 1960 permaneció cerrado y el predio estuvo ocupado por efectivos militares.

Es una dependencia de la Dirección de Deportes del Gobierno de la Ciudad (Avenidas *Figueroa Alcorta, Belisario Roldán* y vías del Ferrocarril Mitre).

Su entorno está dado por la División Actividades Hípicas General José de San Martín, el Instituto Superior de Profesorado de Jardín de Infantes Eccleston y la Plaza Benjamín A. Gould.

El Instituto Superior de Profesorado de Educación Inicial "Sara Ch. de Eccleston" lleva el nombre de una de las maestras norteamericanas que contrató Domingo Faustino Sarmiento cuando era ministro plenipotenciario de la Argentina en los Estados Unidos.

La señora Eccleston fundó escuelas en las ciudades de Paraná y Buenos Aires y falleció en esta ciudad en 1916.

Como un anexo del mismo funciona el Jardín de Infantes Mitre, institución que originalmente Marina Margarita Ravioli dirigió con mística y entusiasmo (*Avenida Dorrego* 3751).

En 1942 fue inaugurado el monumento *Argentina y Suiza unidas sobre el mundo*. Fue donado por la colectividad suiza a la

Argentina. Es obra del escultor Franz Sales Amlehn (*Avenida Dorrego* entre las avenidas *Leopoldo Lugones y Figueroa Alcorta*).

El Jardín Japonés fue diseñado y construido por los ingenieros Isakari y Yatsuo Inomata, ambos egresados de la Universidad de Tokio, Japón.

El hecho de recorrer este jardín no es solamente un paseo recreativo o de esparcimiento, es además una invitación al autoconocimiento, a la meditación y al encuentro con el Ser Supremo.

Allí se alza el monumento *Al sudor del inmigrante japonés*, cuyos autores son Inomata e Isakari. Está constituido por un gran bloque de piedra, tallada a mano, que representa los esfuerzos de los inmigrantes a través de una pareja. Muestra lo duro que fue para los japoneses adaptarse al país, fundamentalmente por las diferencias de idioma, religión y costumbres.

El Jardín Japonés tiende a imitar el paisaje natural incluyendo elementos artificiales (piedras, maderas, puentes, esculturas, tallas).

Uno de los objetivos es realzar la importancia de los colores naturales de las cosas, no sólo el de las flores (piedras cubiertas de musgos, troncos, tallos, caídas de agua).

También se busca que la belleza del lugar sea permanente y no efímera, de allí que se elijan plantas perennes y en el jardín se prefieran azaleas, camelias y ciruelos. Ocupa parte del predio limitado por las avenidas *Berro, Sarmiento, Casares y del Libertador*.

Cerca del Jardín Japonés se halla una obra de Francisco Cafferata (1861-1890). Se trata de *La esclavitud*, que exhibe el aire vencido de un hombre negro, con cadenas en las muñecas, dolido e impotente. Data de 1905.

Las aguas corrientes

El Establecimiento Palermo, de la empresa Aguas Argentinas, está situado en el barrio desde el año 1909. Reemplazó al que estaba en el barrio de *Recoleta* y que ahora es el Museo Nacional de Bellas Artes y la Facultad de Derecho.

Para su edificación hubo que desmontar siete hectáreas de

monte compacto de álamos cincuentenarios. Para llevar los materiales se construyó un desvío ferroviario.

El Establecimiento Palermo tiene una extensión de veintinueve hectáreas y cuenta con todos los mecanismos para la elevación del agua desde el nivel del río, para su purificación fisicoquímica y biológica y para su impulsión hacia los depósitos de gravitación que gobiernan la presión en las cañerías distribuidoras que se multiplican por toda la ciudad de Buenos Aires.

Desde 1950 el Establecimiento Palermo se llama Planta Potabilizadora Libertador San Martín. El agua extraída directamente del río es captada por dos torres ubicadas a mil doscientos y mil setecientos metros, respectivamente, desde la cámara intermedia emplazada dentro del establecimiento, y la toma canal que se interna en el río trescientos sesenta metros desde la Costanera.

A través de distintos conductos que luego se intercomunican entre sí, el agua captada llega por gravitación (inclinación de los conductos que la conducen desde las tomas, por debajo de las pistas del Aeroparque Jorge Newbery y la *Avenida Lugones*) a la cámara intermedia del establecimiento, cuya profundidad es de veintidós metros con cincuenta y está construida en mampostería.

Por medio de electrobombas elevadoras, el agua pasa a las cámaras de carga, emplazadas a un nivel de diez metros de altura; en estas cámaras se produce el ingreso del coagulante, lo que permite que el agua cruda (o sea como llega del río) recorra su trayectoria a los decantadores, por gravedad, mezclándose con el mismo (coagulante) (*Avenida de los Ombúes* 209).

Hipódromo Argentino

El edificio central data de 1908, es de piedra y cemento y ha sido obra del arquitecto francés Louis Faure Dujarric. El *tattersall* (lugar de venta de caballos y de apuestas de carreras) ha sido diseñado por el arquitecto italiano Virgilio Cestari; luego de la privatización, este lugar se convirtió en salón de fiestas.

Sus antecedentes se remontan a 1864, cuando surgió la idea de fundar una sociedad que se encargara de la construcción de un parque en el que funcionara el hipódromo. De esta forma nació la Sociedad Hipódromo Argentino. Sin embargo, fue a partir de 1882, cuando el presidente Carlos Pellegrini fundó el Jockey Club, el momento en que el turf comenzó a cobrar el vertiginoso desarrollo que lo transformaría en uno de los más reconocidos del mundo.

La reunión inaugural se realizó el 7 de mayo de 1876. Tiene una superficie de sesenta hectáreas, perteneciendo a las pistas dieciocho hectáreas. La elipse de la pista principal es de dos mil cuatrocientos diez metros con un ancho de veintiocho. La pista directa es de mil cien metros y la disputan hasta un máximo de veintiún caballos. Cuenta con cinco tribunas de mampostería con una capacidad total de ciento siete mil personas. Éstas son: la oficial, que es para socios de la institución y para invitados especiales; la de paddock, que posee una sección para el público y otra destinada a los propietarios de studs, andadores y jockeys; la especial y las tribunas populares (*Avenida del Libertador* 4105).

Muy cerca del Hipódromo funciona el Museo de Hipología donde se exhiben, entre otras cosas, esqueletos de caballos famosos como Old Man y Yatasto. No faltan tampoco los enseres y herrajes, también se destacan los trabajos de taxidermia y una interesante colección iconográfica. Actualmente y a raíz de la privatización del Hipódromo, el museo se encuentra cerrado (*Avenida del Libertador* 4625).

En 1876 el ferrocarril comenzó a atravesar el Parque Tres de Febrero. Posteriormente nació el Ferrocarril Central Argentino (1915), así se creó la estación Tres de Febrero.

En la calle *Dorrego*, entre el terraplén del ferrocarril y próximo a esa estación, se encontraron no hace demasiados años restos prehistóricos de una ballena.

En 1929 se inauguró la Escuela Municipal Nº 30 Distrito Escolar Nº 9 "Granaderos de San Martín", ex Escuela y Jardín de Infantes Modelo del Jockey Club; originalmente fue destinada a los hijos de familias vinculadas al Hipódromo Argentino. Fue diseñada por los arquitectos Sánchez, Lagos y De la Torre, autores del mítico edificio Kavanagh, habiendo sido relevante en su momento por el diseño y sentido social de sus orígenes (*Avenida del Libertador* 4903).

Uno de los más atractivos lugares es el Paseo Olleros, donde se jerarquizan añosos árboles. Está situado en la calle *Olleros* entre las avenidas *del Libertador* y *Luis María Campos*. La plazoleta central del paseo tiene aquí las características de un boulevard. Fue diseñado por el estudio de los arquitectos Fernando H. Serra y Jorge O. Valera. La propuesta fue de tratarlo como un paseo público en las tres cuadras de recorrido. Predominan el color blanco, los verdes naturales, las glicinas y un hermoso frente.

Las Cañitas

Una reciente tendencia ha puesto en la década del noventa en vigencia el nombre del sector que recorre la *Avenida Luis María Campos* de este barrio. La calle era conocida como "El camino de las cañitas", cuyo nombre le provenía de los cañaverales que crecían a ambos lados de la calle (eran cañas coronadas de penachos blancos). Era tan poco frecuentado que servía para cancha de las carreras cuadreras improvisadas cada día.

Desde un punto de vista material, lo más atractivo de la iglesia de Santa Adela está en su fachada. Es de estilo neocolonial. Se destaca su puerta verde, y en la parte superior del frente se encuentra una imagen dentro de su nicho. Fue su arquitecto Carlos Massa y data de 1940 (*Avenida Luis María Campos* 195).

En *Avenida Luis M. Campos* al 400 está emplazada la Escuela Superior de Guerra, cuya creación se realizó en 1900. El edificio es de 1939. La misión principal de la Escuela es la formación de oficiales de Estado Mayor.

El Regimiento de Granaderos José de San Martín está situado desde 1908 en la calle *Gutenberg*, que finalmente se llamó *Luis María Campos*. Éste es el regimiento escolta del presidente de la República. Algunas salas se han convertido en museo.

Dentro de un templete blindado ubicado en el gran hall de los símbolos sanmartinianos, se guarda el venerado sable corvo que el Gran Capitán usara en sus campañas militares (*Avenida Luis María Campos* 554).

Sobre la misma *Avenida Luis M. Campos* se halla el Hospital Militar Central "Dr. Cosme Argerich". El núcleo central de la institución data de 1939. Tuvo, posteriormente, varias ampliaciones (*Luis M. Campos* 726).

Villa Ombúes fue propiedad de la familia Tornquist. Conserva aún hoy parte de la vegetación proyectada en 1908 por

Carlos Thays y un tramo de su reja y muro perimetral con la verja que caracteriza la esquina de *Luis M. Campos y Olleros*. Esa esquina fue cuartel y guardia de los colorados de Rosas y ahí había un matadero. El camino del bajo con barrancas era usado para cultivo de verduras, árboles frutales y flores.

En un predio que perteneció a la familia Alzaga Unzué se halla la Embajada de la República Federal Alemana. Obra de los arquitectos Dietrich Oesterlen (alemán) y Bernardo Hoppe (argentino). (*Villanueva* 1055.)

La abadía de San Benito y capilla del Santo Cristo está construida sobre la barranca de *Luis M. Campos*. Es de estilo neorrománico y es destacable el inmenso Cristo, que pende sobre el altar mayor con invisibles cables. El templo fue diseñado por el arquitecto Harold Weyland. En su construcción intervinieron los arquitectos argentinos Alejandro Bustillo, Martín Noel y el italiano padre Ernesto Vespignani. Data de 1925. En él durante años se alabó a Dios con el canto gregoriano, y se erige en parte del solar que fue "estancia" de José Hernández, autor del *Martín Fierro* (*Villanueva* 905/929).

A pocos metros se halla la sede del convento de las Hermanas Benedictinas de la Epifanía, donde se enseña canto gregoriano (*Maure* 2038).

Muy cerca, en lo que fue una desmantelada fábrica de gas carbónico que se llamó "La Oxígena", se montó un importante centro de compras. Data de 1995 y fue un avanzado proyecto de los arquitectos Elizalde, Bodas, Miani y Anger (*Avenida Luis María Campos, Maure, Arce y Gorostiaga*).

La capilla del Santísimo Sacramento es de estilo neogótico y fue construida en 1950 por el arquitecto Mario Cardini. Pertenece a la Congregación de las Esclavas del Sagrado Corazón, cuyo colegio es obra del arquitecto Luis G. Fourcade (*Avenida Luis María Campos* 898).

La antigua imprenta del Jockey Club, donde imprimían programas y bocetos para las carreras, se ha restaurado y convertido en un sofisticado centro de compras. Construida en 1908 por el arquitecto Mario Randle, está anexada a un antiguo stud: la cuadra donde la leyenda cuenta que Carlos Gardel guardó a su caballo Lunático. Fue obra de los arquitectos Gastón Mallet, C. Flores Pirán y Horacio Barcellandi (*Migueletes* 880).

Desde 1981 funciona en la zona límite con el barrio de *Belgrano* el Museo Nacional del Hombre que depende del Instituto Nacional de Antropología y Pensamiento Latinoamericano. El museo cuenta con colecciones procedentes de la Argentina e Hispanoamérica, Europa y África, consistentes en arqueología, etnografía y artesanías tradicionales (*Tres de Febrero* 1378).

Polaco e inglés

Pocos imaginan que fue un polaco uno de los que concretaron el Parque Tres de Febrero. La ciudad le rinde homenaje en la Plaza Jordan Czeslaw Wysocki.

La plaza es toda de césped y sus caminos perimetrales de granza. La iluminación corresponde a la de la *Avenida Figueroa Alcorta*. En el cartel indicador se lee: "Plaza Coronel de Ingenieros Jordan Czeslaw Wysocky".

Muy cerca se halla el monumento a William C. Morris, obra del argentino Humberto Cerantonio.

Deportes

Entre las muchas y variadas instituciones deportivas que se aglutinan en la zona se halla la llamada sección San Martín del Club Gimnasia y Esgrima. Se fundó en 1880 y fue diseñada por el arquitecto e ingeniero J.A. Waldorp (*Avenida Figueroa Alcorta* 5575).

Lago

El lago Regatas es el más grande de los bosques. Tiene diez hectáreas y una profundidad de un metro con ochenta y registraba altísimos niveles de contaminación. En 1996 se realizó una muy postergada limpieza. En su fondo había residuos de todo tipo: un carrito de bebé, animales muertos y cuatro papeleras gigantes sacadas de la limpieza pública. En 1997 el nivel de basura aumentó en un trescientos veinticinco por ciento. Actualmente se hacen limpiezas semanales de fondo y de superficie a cargo de la empresa concesionaria del servicio sanitario. Con esto han vuelto aves que hacen uso intensivo del espejo de agua (*Avenida Ernesto Tornquist, A. Bello, de los Ombúes y Olleros*).

Polo y golf

En el Campo Argentino de Polo se realizaron en octubre de 1928 los primeros partidos de este deporte. También aquí se jugó fútbol y rugby. El polo se conocía en Buenos Aires desde 1858 a través de oficiales ingleses destinados a la India. Fue adoptado en sus inicios como un deporte adecuado a la caballería castrense.

El solar lo explotó desde 1907 el barón Antonio De Marchi. Eran originalmente veinte hectáreas situadas en la margen izquierda del arroyo Maldonado, donde abundaban los alfalfares de Juan Manuel de Rosas. De Marchi fue un promotor de todos los deportes. Así en 1907 en su predio —hoy el Campo de Polo— se realizó un acontecimiento histórico. Aarón de Anchorena —piloto— y Jorge Newbery —como acompañante— se elevaron en el globo aerostático Pampero, lo que se convirtió en la primera ascensión libre por parte de aeronautas argentinos (*Avenida del Libertador* 4100).

El Campo Municipal de Golf tiene una superficie de treinta y siete hectáreas. Está circundado por un alambre tejido en toda su extensión, posee dos puertas de ingreso, una por la avenida *Valentín Alsina* y la otra por la avenida *Ernesto Tornquist.*

La cancha data de 1906, y allí funcionaba el Golf Club Argentino fundado por Tornquist. Éste era un club privado que arrendaba sus terrenos a la ex Municipalidad de la Ciudad de Buenos Aires. La casa principal del club data de 1910. Recibe el nombre de Juan Bautista Segura en homenaje a este gran jugador aficionado que llegó a ganar a los profesionales; jugó aproximadamente entre los años 1938 y 1961.

Muy cerca se encuentra la iglesia de Santa Elena, de una sola torre. Data de 1963 y es obra de Sánchez, Lagos y De la Torre (*Juan Francisco Seguí* 3815).

Costanera Norte

En 1923 la Comisión de Estética Edilicia Municipal trata un proyecto para el mejoramiento de Buenos Aires. En 1924 eleva su plan, que incluye la propuesta de ganar la vista al río con un parque emplazado entre Puerto Nuevo, entonces en construcción, y la *Avenida General Paz*. Este parque se concibe como la ampliación de *Palermo*, y en él se prevén nuevos barrios residenciales para las clases altas. El trazado de la *Avenida Costanera Norte* también apunta a revitalizar *Palermo*, generando una entrada monumental por *Avenida Sarmiento* cuyo remate sería un gran malecón de ciento cincuenta metros de longitud, con atracadero de yachts y botes, torre meteorológica, gran restaurante "Beau Rivage" y Casino Municipal.

La avenida debía costearse con la venta de los terrenos ganados al río; sin embargo, éstos nunca se vendieron y los barrios nunca se construyeron. La conocen en realidad más los pescadores que los vecinos. La *Avenida Costanera Norte*, llamada así en 1927, se rebautizó como *Avenida Costanera Rafael Obligado* en 1937.

A la Costanera Norte se puede llegar bajando por la *Avenida Sarmiento* o por *Salguero*. A diferencia de la Costanera Sur, aquí puede verse el río de cerca, tomar sol, realizar paseos en veleros y disfrutar de una vida deportiva cerca del centro de la ciudad.

El Club de Pescadores es el más antiguo de la Argentina. Fue obra del ingeniero José Quartino y del constructor J. Zarattini, se inauguró en 1937 y fue reformado en 1967. La función primordial de la entidad no es promover el desarrollo de la pesca, sino que apunta a exaltar los valores morales de la persona, procurando la existencia de un ambiente de camaradería y esparcimiento.

En 1932, en los baldíos de la costa del río de la Plata frente al actual Club de Pescadores, se instaló la primera villa miseria de cierta importancia. Sus habitantes eran en su mayoría europeos: el barrio se llamó *Villa Esperanza* y las construcciones eran pequeñas, precarias y bajas. Tanto el zinc y los adoquines como otros materiales se mezclaban entre sí formando calles angostas.

En noviembre de 1999, con motivo de una bajante del río de la Plata, se realizó un operativo poco común.

Si bien todo lo que ocurre en aguas interjurisdiccionales es responsabilidad de la Secretaría de Recursos Naturales y Desarrollo que depende de la Nación, esta vez el Gobierno de la Ciudad se encargó de las tareas de higiene.

Con bolsas de residuos y rastrillos, una cuadrilla de empleados —una de las concesionarias de la limpieza de la Ciudad de Buenos Aires— hizo una tarea cerca del muelle del Club de Pescadores, en la Costanera Norte.

Alrededor de quinientas bolsas se llenaron con doce mil quinientas botellas de plástico, recipientes descartables de comida, retazos de alfombras, calzado y todo tipo de desperdicios.

El fenómeno climático que permitió esta limpieza puso al descubierto —como comentó el diario La Nación— "la gran cantidad de bolsas, muñecos, neumáticos, botellas y demás objetos impensados; también dejó al descubierto la falta de conciencia y responsabilidad de los porteños en cuanto al cuidado del medio ambiente".

Enfrente está el Museo Nacional de Aeronáutica. En éste se hallan objetos referidos a la historia aeronáutica y espacial, nacional y mundial, desde sus orígenes hasta el presente (*Avenida Rafael Obligado* 4550).

Nostalgia

Una de las atracciones de la Costanera Norte fueron los "carritos", que consistían en pequeños carros en cuyo interior se preparaba carne asada para pescadores noctámbulos y camioneros madrugadores. La excelencia de la carne ofrecida por estos puestos se hizo popular. Con el tiempo se fueron transformando en restaurantes más sofisticados.

Los pintorescos "carritos" se apropiaron —en algunos casos— de espacios públicos de manera indebida. Otros pagaron alquileres muy bajos al Gobierno de la Ciudad, por lo que entre 1997 y 1999 se caducaron permisos y se eliminaron algunos de ellos para recuperar espacios verdes.

Jean Mermoz

El monumento a Jean Mermoz está ubicado en la *Avenida Costanera* próximo al Club de Pescadores y al Aeroparque de la Ciudad de Buenos Aires.

Así contaba la actriz francesa Cécile Sorel su vinculación con este monumento al aviador francés: "Debuté con emoción en el teatro de Buenos Aires, donde antes actuaron la Duse, la Réjane y Sarah Bernhardt.

"Antes de mi partida el presidente de la República me invita a su palco del Teatro Colón de Buenos Aires.

"Percibo en las palabras de mis amigas una gran emoción al hablarme de ese héroe que acaba de tender un puente entre Francia y América del Sur, el aviador Jean Mermoz. Y ofrezco entonces una representación del *Misanthrope*, para erigir con su producto un monumento a mi glorioso compatriota".

El monumento se inauguró el 2 de mayo de 1958. Son sus características: una figura varonil, alada, representando a *El Aviador* y realizada en bronce; está colocada sobre una base artística de mampostería, enchapada en mármol blanco; sobre ésta se encuentran tres placas conmemorativas de mármol lustrado. Es obra del argentino Alberto Lagos (1885-1960).

Castilla y Juana

A los caídos en Castilla es un monumento que recuerda a los tripulantes de un avión, muertos luego de cumplir una tarea en Ecuador. Es obra del escultor italiano Mario Baiardi.

Juana de Arco en la hoguera es obra del escultor francés Máximo Real de Sarte y evoca a Santa Juana de Arco, nacida en 1412 y fallecida en 1431. Fue inaugurado en 1949.

Aeroparque Metropolitano Jorge Newbery y alrededores

Es el epicentro y el hito arquitectónico de referencia de la Costanera Norte. Es la estación que centraliza el tráfico aéreo de cabotaje mayor y menor.

640

Nació en 1943 en terrenos ganados al río y al Parque Tres de Febrero. Pensado en sus inicios como un aeroclub, cambió en dos ocasiones su estructura y ubicación original. Hacia 1999 se producen en él ciento treinta y cuatro mil aterrizajes y despegues y moviliza seis millones seiscientos cincuenta mil pasajeros anuales.

Cerca de un importante centro de compras se halla el punto más bajo de la ciudad. Está ubicado en la calle *Salguero* bajo el viaducto del ferrocarril Mitre, a mitad de camino entre *Avenida Figueroa Alcorta* y *Costanera Norte*. El cero de nivelación, adoptado por la Dirección de Catastro como referencia de estas mediciones, se ubica a treinta metros con cuarenta y siete por debajo del nivel del último escalón del peristilo de la Catedral, en Plaza de Mayo, donde se encuentra la "cota estrella".

La calle 15 lleva desde 1995 el nombre del sacerdote Carlos Mugica. Se encuentra en la zona del ex Mercado Saldías, entre las vías de los ferrocarriles Belgrano y San Martín. Va desde *Salguero* hasta *Avenida Ramos Mejía*, en los umbrales de la estación Retiro. Une en pocos minutos este barrio con la terminal ferroviaria.

Villa Cariño

Cuando los hábitos sexuales eran otros, en las décadas del cincuenta y sesenta, las zonas arboladas próximas a Aeroparque y a los bosques de *Palermo* se denominaban "Villa Cariño". El Aeroparque original era más pequeño y estaba situado en un lugar distinto del que se encuentra actualmente, aunque en la misma zona.

Era un paseo exclusivo en esos años ya que el automóvil no era de uso masivo. La zona era frecuentada por parejas que por lo general se nutrían de bebidas y sándwiches de lomito en los ya casi desaparecidos guindados (servicio de confitería dentro de los coches) o en los viejos y genuinos carritos de la Costanera. En 1999 el humorista Juan Carlos Colombres (Landrú) contó que "uno de mis mejores inventos fue bautizar Villa Cariño a Villa Cariño".

Cantero Central Hidroavión Buenos Aires

Este pequeño cantero está limitado por la *Avenida Rafael Obligado* y el río de la Plata.

Tiene un diseño alargado, cuya superficie es de mil quinientos metros cuadrados y forma como un brazo que se introduce en el río, acompañado por una calle angosta que lo separa de la vereda de la costa. En la esquina que da a la *Avenida Obligado* se encuentran, a ambos lados, dos pequeñas extensiones de la vereda costanera, donde se hallan dos grandes maceteros (uno en cada una), de un metro con veinte hechos en yeso, sobre un pilar de cemento, grabado en relieve con imágenes de mujer. No hay plantas en ellos.

Sobre la *Avenida Rafael Obligado* existe un monolito con una placa de bronce que recuerda a este escritor autor del poema gauchesco *Santos Vega*, realizado en cemento.

A un metro aproximadamente delante del monolito se encuentra otra placa de bronce sobre una base de cemento, dedicada al Hidroavión Buenos Aires que, tripulado por Bernardo Duggan, Eduardo A. Olivero y Ernesto Campanelli, unió por primera vez Nueva York con Buenos Aires el 13 de agosto de 1926. A los lados de esta última placa hay un cantero de flores en forma de U, con plantación de *aderantus* que le dan color al lugar.

La iluminación la brindan doce columnas, con una lámpara cada una, de aproximadamente dos metros con ochenta de altura.

En la *Avenida Rafael Obligado* esquina *Avenida Sarmiento* una placa homenajea al ingeniero agrónomo Benito J. Carrasco.

Bibliografía

"Palermo en San Benito", Horacio Schiavo, *Cuadernos de Buenos Aires* XXXII, Municipalidad de la Ciudad de Buenos Aires, Buenos Aires, 1970.

Buenos Aires nos cuenta N° 1, Elisa Casella de Calderón y Elsa Nadales de Ianuzzo, Buenos Aires, junio de 1982.

Buenos Aires nos cuenta N° 2, Elisa Casella de Calderón, Buenos Aires, setiembre de 1982.

Villafañe, Javier. *Antología* (obra y recopilaciones), Buenos Aires, Ed. Sudamericana, 1990.

Del Pino, Diego A. *Historias del Jardín Botánico*, Buenos Aires, Junta de Estudios Históricos de Palermo, 1990.

Del Pino, Diego A. *Palermo, un barrio porteño*, Buenos Aires, Fundación Banco Boston, 1991.

El Parque Las Heras N° 1, Junta de Estudios Históricos de Palermo, La Penitenciaría, Beatriz Melogno y Emilio Bitar.

Diarios: *La Nación, Clarín, La Razón, La Prensa, La Opinión, El Cronista Comercial, Página/12*: años varios.

Revista *Noticias*: 8-7-90 y 16-12-90.

Esta visión de la famosa casa "La Colorada", del barrio de Palermo, nos muestra escenas de la vida cotidiana.

PARQUE AVELLANEDA

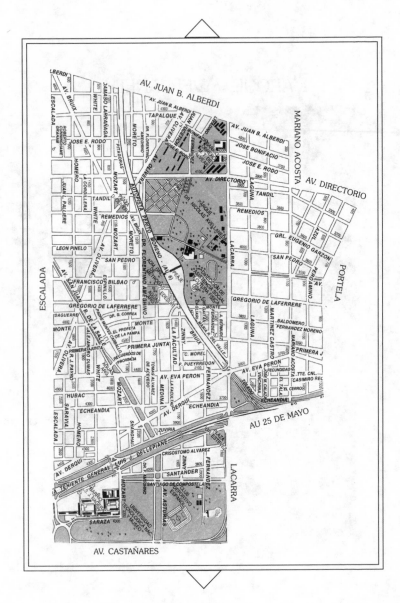

"En la década de 1880 el ingeniero Carlos Olivera proyectó y construyó su casa en la vieja chacra de los Remedios, que algunos llamaban Olivera. (...)

Es posible que se haya sentido interesado por las casas de estilo italiano que se construían en Estados Unidos a mediados del siglo XIX. (...)

No era una vivienda de verano. No se encontraba lejos, pero tampoco tan cerca, considerando los medios de movilidad de fines del siglo pasado."

ARQ. JOSÉ MARÍA PEÑA
(contemporáneo)

Límites

Calles y avenidas: *Escalada, Castañares, Lacarra, General Luis J. Dellepiane, Portela, Directorio, Mariano Acosta* y *Juan Bautista Alberdi.*

Algo de historia

Los orígenes de este barrio se remontan al siglo XVIII, a la repartición de tierras, a aquella "suerte de chacras". En el siglo XIX se diferencia ya de la Hermandad de la Santa Caridad de Nuestro Señor Jesucristo.

La hermandad poseía en 1755 la capilla de San Miguel (actualmente parroquia) y un oratorio a Nuestra Señora de los Remedios, patrona menor de la ciudad.

La devoción popular a esta Virgen se origina en Buenos Aires en 1727, cuando una terrible epidemia asoló la ciudad y la campaña; los cadáveres se amontonaban en las calles y los enterratorios de las iglesias cumplían el ritual del sepelio con sus fosas comunes. Con ese panorama se crea la Hermandad de la Santa Caridad de Nuestro Señor Jesucristo bajo protección de Nuestra Señora de los Remedios, que se encargaría de recoger y sepultar a los pobres fallecidos en la calle.

Se hizo traer de Cádiz (España) una imagen de la Virgen

que fue colocada en el altar de la capillita que construyó la Hermandad en las actuales *Tacuarí e Independencia*, donde ahora funciona la parroquia de Nuestra Señora de la Inmaculada Concepción. Luego de aquella ubicación, la Hermandad se mudó a varios sitios de la ciudad, hasta que desapareció definitivamente.

La imagen fue hallada, cuenta la tradición, en 1822 en la casona de "Los Remedios" por la señora Dolores Pérez de Olivera.

Ese mismo año la Hermandad es secularizada y sus terrenos son cedidos a la Sociedad de Beneficencia. En 1828 don Domingo Olivera, nacido en Ambato, Ecuador, y bisabuelo del doctor Enrique Olivera (primer vicejefe de Gobierno —1996/1999— y posteriormente desde 1999 jefe de Gobierno de la Ciudad de Buenos Aires), la adquiere en remate público.

La chacra de los Olivera, luego estancia "Los Remedios", fue utilizada como centro de experimentación y explotación ganadera, aun después de su incorporación al distrito metropolitano. Uno de sus hijos —Carlos— modificó el casco y levantó "Villa Ambato", residencia que ocupó con su familia.

Dentro del viejo casco de "Los Remedios" se halla un túnel que lo une con la antigua Escuela Técnica Nº 8 "Paula Albarracín de Sarmiento", que se encuentra en *Pío Collivadino* 436-490 (microbarrio de Villa Ambato), calle que posee una bella estética.

Dentro del parque hay un natatorio que hoy parece digno de una película de Fellini, de vieja belleza, inhabilitado y que muestra un pasado de bienestar. Criticado por su lujo en su inicio (1925), recuerda por el estilo a los edificios termales de Roma y a su vez tiene conexión estética con raíces indias iberoamericanas. Fue usado en la película *De amor y de sombra* (Of Love and Shadows), basada en el libro de Isabel Allende (1995), que dirigió Betty Kaplan y protagonizó Antonio Banderas. En la ficción se suponía que era un sauna utilizado por el dictador Augusto Pinochet, cuyo papel encarnó el actor Lautaro Murúa. Además actuaron Jennifer Connelly y Stefania Sandrelli.

En 1917 se inicia la plantación de especies vegetales que

habrán de proveer a parques y paseos de la Ciudad de Buenos Aires. Aún se desempeña esta tarea.

Su carácter bucólico dio la posibilidad para que se decidiera la creación de una colonia "de niños débiles".

Una curiosidad: allí funcionó también un tambo modelo al que se le adosó un sistema de frío que podía conservar mil litros de leche durante treinta y seis horas. En el transcurso de alguna reunión de trascendencia social se brindó con leche en ese lugar en sustitución del clásico champán, como una expresión práctica de la intención de apoyar la lucha antialcohólica.

La casa principal de la chacra fue construida por el ingeniero Carlos Olivera en 1870. En su interior —quizá— se encuentran partes de la casona anterior, levantada por su padre Domingo Olivera en 1838. Contiene varios estilos arquitectónicos que corresponden a las distintas etapas de su construcción. Está profundamente vinculada a la Organización Nacional y también al desarrollo de la industria agrícola y ganadera. En la naciente actividad se desarrolló un importante nucleamiento familiar que se insertó dentro de la dirigencia política y económica argentina.

Es el único casco de una estancia que se conserva en Buenos Aires y que será museo.

El *Parque Avellaneda*, denominación dada el 14 de noviembre de 1914 en homenaje al ex presidente Nicolás Avellaneda, es como se llama por extensión al barrio que fue creciendo a su alrededor.

Paisaje

El perfil de *Parque Avellaneda* es el de barrio tranquilo, con edificaciones de principios de siglo que se alternan con edificios y monoblocks.

La autopista Perito Moreno (AU6) atraviesa de lado a lado el barrio, separándolo en dos zonas con insuficiente comunicación entre ambas. Así también la autopista transformó espacios que antes eran útiles en terrenos desaprovechados.

Segundo pulmón

El Parque Dr. Nicolás Avellaneda está ubicado entre la *avenida Directorio, Lacarra, Gregorio de Laferrère y Ameghino*. Posee una superficie aproximada de cuarenta hectáreas.

Sobre la calle *Lacarra* se encontraba el Vivero Municipal, denominado ahora sector de Botánica. Junto al edificio del antiguo natatorio se ha colocado una reja artística perimetral y se han demarcado caminos internos, uno de los cuales se denomina "La Calle de los Artistas" y en el que se vienen realizando con regularidad concursos de escultura a nivel nacional. En 1998, la primera edición, se reunieron cinco mil vecinos y veinticuatro escultores que durante cinco días tallaron viejos troncos, eliminando el mármol y recuperando el paseo.

Dicho sector fue en el pasado el antiguo Patio de Juegos del parque, transformándose en la actualidad en el Jardín de la Meditación.

En la zona denominada Vivero de Coníferas se han construido nuevos invernáculos para la producción de florales y plantas de interior destinados a paseos, plazas y edificios. El mismo ha sido enrejado perimetralmente y servirá para realizar en el futuro visitas guiadas. (*Avenida Directorio y Ameghino*)

Gran parte del parque es recorrido por un trencito de trocha angosta.

Otro de sus atractivos es la estatua *La tejedora*, del escultor Luis Perlotti (1890-1969). Realizada en piedra marmórea, representa a una mujer anciana que, simbolizando a una vieja india, es la "Madre de América".

En 1998 se instaló en el parque una valiosa escultura que antes se hallaba en la Plaza del Congreso. Fue obra del francés Eugenio Boverie (1869-1910). Se trata de la estatua llamada *El perdón*, que data de 1896 y está ubicada en un jardín de estilo italiano sobre la calle *Lacarra*.

Cápsulas

En la Biblioteca Popular Carlos Vega Belgrano se encontró bajo un mosaico en 1999 una botella con una carta y diarios que se dejaron en 1939. Los actuales directivos van a dejar otra similar para el naciente siglo XXI (*Eugenio Garzón* 3780).

Iglesias

Parroquia de Nuestra Señora de Luján Porteña: esta iglesia es réplica en tamaño y estilo del primer santuario que existió en Luján (provincia de Buenos Aires).

La fachada posee curvas en la parte inferior y es totalmente blanca. Se remata en un campanario de tejas rojas que contrastan con el color de las mayólicas de la cúpula posterior.

Junto al templo se encuentra la casa parroquial, que es reproducción de la vivienda del primitivo santuario. Esta edificación es de estilo neocolonial. El interior presenta una sola nave con un altar mayor. Éste es un retablo de mármol travertino y ónix de San Luis. Allí se halla la imagen de la Virgen, circundada de otras imágenes de santos. La Virgen de Luján posee un camarín y es giratoria.

Otro elemento de interés: una ventana y reja que fueron traídas desde Luján y que pertenecían al antiguo santuario; poseen una antigüedad de 250 años aproximadamente.

Restaurada, la imagen de la Virgen de los Remedios permaneció en el vestíbulo de la residencia de los Olivera. Cuando se enajenó la "chacra", la familia confió la imagen a los padres salesianos, además de entregarles un terreno donde éstos erigirían un oratorio. En 1954 se convirtió en parroquia. Es la protectora contra las pestes y epidemias (*Francisco Bilbao* 4310).

La parroquia Madre de Dios, de estilo neorrománico, es frecuentada por la comunidad boliviana, residente en el barrio (*Escalada* 2350).

La capilla de Nuestra Señora de los Desamparados data de 1940 y es obra del destacado arquitecto Julián García Núñez. Es de estilo neorrománico (*Moreto* 767).

El Templo de los Santos Sabino y Bonifacio, también patronos menores de la ciudad de Buenos Aires, es obra del arquitecto Carlos Massa. Al frente de esta iglesia se hallan tres murales; en el primero de ellos se destacan el escudo de la ciudad de Buenos Aires y las imágenes de Sabino y Bonifacio. A sus pies, se observan hormigas y ratas, que fueron plagas de la ciudad en 1590, y santos a los que la Iglesia de entonces recomendaba rezar para el exterminio de esas plagas.

Otro mural representa a San Martín de Tours y el tercero nos muestra a San Cono, patrono del pueblo del Teggiano en Salerno, Italia. En él se advierten el Alfa y el Omega que significan el principio y el fin, un grupo de ángeles y el Espíritu Santo. La obra está firmada por De Luca (*Primera Junta* 4083).

Otro barrio en el barrio

El barrio cuenta a su vez con un microbarrio: el *Marcelo T. de Alvear*, que está situado frente al mismo *Parque Avellaneda* sobre la *avenida Directorio*.

El barrio *Alvear* se erige por decisión de la Comisión Nacional de Casas Baratas en la zona que era conocida como Villa Ambato. La primera parte fue habilitada en 1924 y la segunda en 1925. El proyecto original constaba de quinientas ochenta y nueve casas individuales y dos colectivas. Finalmente, fue construido un total de ciento veintisiete casas en dos secciones, la primera de cincuenta casas y la segunda de setenta y siete.

Posteriormente —1940— se completa la construcción de monoblocks que cambian la fisonomía del barrio, ya que se construyen donde había quintas. Fue inaugurado por el presidente Marcelo T. de Alvear.

La particularidad de la parroquia de Santa María Teresa Goretti radica en que este templo fue el centro cívico de otro microbarrio que se llamó Unión Popular Católica Argentina, que data de 1924 y que está formado por dieciocho casas donación del barón Nicolás Mihanovich.

El centro cívico se convirtió en 1950 en templo. Está construido en tierras donadas por Antonio Leloir y señora (*Escalada* 1150).

Once esquinas se suman en la intersección de *San Juan Bautista de Lasalle y Olivera* con las de *Gregorio de Laferrère y Homero*, donde están enfrentadas a un espacio central abierto.

Olivera

El nombre de Domingo Olivera es recordado sin placa ni mención alguna en la plaza que está situada en las calles *Mozart, Moreto, Tandil y Remedios*, ubicada a una cuadra de la autopista Perito Moreno.

Deportes

El Club Deportivo Español, creado en 1956 a instancias de la comunidad española, funciona con sus catorce hectáreas en este barrio (*Avenida Santiago de Compostela* 3801).

Otro espacio del barrio es el Centro de Deportes y Recreación Avellaneda. Data de 1962 y depende del Gobierno de la Ciudad de Buenos Aires (*Lacarra* 1257).

Bibliografía

Olivera, Miguel Alfredo. *El ramo de Olivo —crónica testimonio—*, Buenos Aires, Emecé, 1985.
Revista Lyra, setiembre de 1969.
Diarios: *Clarín, Página/12:* fechas varias.

32

Parque Chacabuco

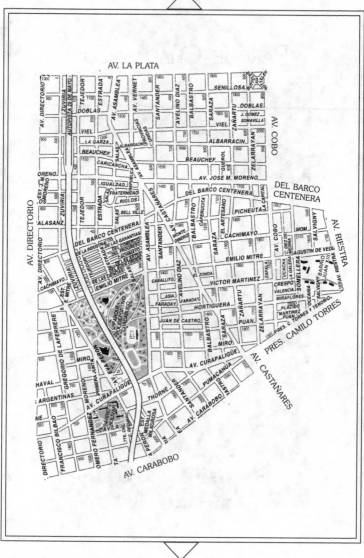

"Héctor Gatti nació en 1889. Se rebautizó como Pío Niro, que significa 'pionero' en idioma esperanto. Autodidacto y luchador solitario, dedicó su vida a refutar la 'física oficial'. Inventó la máquina del movimiento perpetuo, capaz por sí sola de funcionar. Vivió siempre solo en su casa de la calle Monte 1474, en el barrio de Parque Chacabuco a dos cuadras del Parque. La calle se llama ahora Baldomero Fernández Moreno."

Tomado de la revista *Todo es Historia*,
junio/julio 1992

Límites

Calles y avenidas: *La Plata, Norberto de la Riestra, Camilo Torres, Castañares, Carabobo y Directorio.*

Algo de historia

El actual barrio estuvo ocupado antes por la Chacarita de Belén, propiedad de la Compañía de Jesús. En marzo de 1781 se inició la construcción de los edificios que después se conocieron como Polvorín de *Flores*, los que tomaron estado público con motivo de las invasiones inglesas en 1806 y 1807. La zona se conoció también como Lomas de Zacarello.

El barrio nació en lo que fue el antiguo partido de San José de Flores. Creció en torno de la vieja Fábrica Nacional de Pólvora o, en la expresión de los vecinos, el "polvorín de *Flores*".

Se hallaba ubicado en la parte sur del actual parque y desapareció en la madrugada del 26 de enero de 1898, cuando una explosión desmesurada conmovió a la ciudad, que nunca llegó a saber fehacientemente las razones del estallido. En 1902 la ex Municipalidad gestionó la cesión de esos terrenos, originándose a partir de entonces el actual *Parque Chacabuco*. Entonces lo rodeaban quintas y baldíos, con reminiscencias campesinas. Con los escombros se rellenaron varias calles. El parque se abrió como espacio público en 1909.

Paisaje

Es uno de los barrios más altos de la ciudad y también uno de los menos contaminados.

Coreatown o Villa Korea es el apodo que los vecinos han puesto a una parte del barrio en la que se radicaron, en forma masiva desde 1971, inmigrantes de nacionalidad coreana. Muchos negocios —sobre todo alrededor de las calles *Cobo, Curapaligüe, Carabobo y Castañares*— tienen escrito su logo en dos caracteres: con letras orientales y con letras occidentales. En 1987 se contabilizaron unas quince manzanas ocupadas por inmigrantes que instalaron peluquerías, restaurantes, pescaderías y farmacias. Poco a poco van integrándose al barrio. Es más, la *Avenida Cobo* desde la calle *Presidente Torres y Tenorio* hasta *Avenida Castañares* se llama *Corea*.

El parque

Trazado conforme a la ordenanza municipal del 15 de mayo de 1903, fue habilitado poco después. Está comprendido por las calles *Emilio Mitre y Curapaligüe*, y por las avenidas *Eva Perón y Asamblea*. Incluye el Centro de Deportes y Recreación Chacabuco, que data de 1958 y fue transformado en 1981 en un complejo polideportivo cuando la autopista 25 de Mayo partió en dos el parque. Desde 1940 funcionaba el natatorio municipal instalado en un lugar al que se le decía "las montañas" y había sido parte principal del horno de ladrillos que había en el barrio.

Es uno de los parques más grandes de la ciudad. Tiene una superficie de doscientos cuarenta mil metros cuadrados.

Dentro del parque existía una escuela muy rudimentaria para chicos débiles. Pasaban allí el día, desayunaban, hacían los deberes, almorzaban y por la tarde las celadoras los vigilaban mientras descansaban en reposeras. Una de esas celadoras fue la poetisa Alfonsina Storni.

Una obra que permitió la evolución del barrio fue la construcción del subterráneo que une Plaza de Mayo con *Parque Chacabuco* (estación Emilio Mitre).

Entre las esculturas que lo adornan se encuentra *La ñusta*. Entre los incas, las princesas consagradas al sol, dios supremo, eran llamadas así. Representaban la pureza del alma. Esta escultura, realizada por Emilio Andina (1875-1935), está hecha en bronce y descansa sobre un basamento de granito rojo.

Otras obras que aquí se destacan: *Chopin*, de Pedro Ferrari, en homenaje al músico polaco; *La cosechadora*, de Constantín Meunier, y *La aurora*, de Emilio Peynot.

Frente al parque una plazoleta lleva el nombre del doctor Avelino Gutiérrez, un español nacido en 1864 en Santander. El Gobierno de la Ciudad de Buenos Aires rinde homenaje aquí a este médico, sociólogo y filántropo. Data de 1946. En esa plazoleta hay una estatua, *Campesina*, obra del escultor J.V. Badin (*Avenida Eva Perón y Emilio Mitre*).

En las proximidades del parque se halla desde 1962 el Centro de Radioaficionados Buenos Aires CBA, que da una curiosa imagen de antenas a la zona (*Avelino Díaz* 1078).

La Medalla Milagrosa

Frente al parque, hacia el oeste, se levanta la parroquia de Nuestra Señora de la Medalla Milagrosa, de estilo neorrománico e inaugurada en 1941. Originalmente estaba proyectada para que fuera la más grande de la ciudad, pero las autoridades eclesiásticas resolvieron sobre la marcha que ninguna iglesia podía ser más grande que la propia Catedral Metropolitana y redujeron sus dimensiones. En 1930 fue colocada la piedra inaugural de la construcción del santuario. Sus planos fueron diseñados por el arquitecto Carlos Massa. La fachada del edificio, que cuenta con dos torres, tiene una cúpula hexagonal de casi cuarenta y un metros de altura, rodeada de cuatro torres pequeñas y coronando su cima una estatua de la Virgen Milagrosa de cinco metros con treinta de alto.

En el altar mayor se encuentra la imagen de la misma Virgen, fabricada en París (Francia). Esta parroquia posee la mayor cantidad de vitrales de la ciudad: ciento diez. Los realizó

Antonio Estruch. Cuenta con un importante carrillón (*Curapaligüe* 1185).

No lejos de la Medalla Milagrosa un busto recuerda a Carlos Gardel, obra de Luis Alberto Ziccarelli (*Curapaligüe y Avenida Eva Perón*).

El pacará

En el entonces "Camino de Campaña" —hoy *Avenida Eva Perón*— y *Emilio Mitre* existió una quinta perteneciente a la familia Letamendi, de la cual formaba parte el canónigo Saturnino Segurola. En las actuales calles *Puán y Baldomero Fernández Moreno* se conserva el pacará bajo cuya sombra el padre Segurola aplicaba a cuanto vecino o viajero pasara por el lugar la vacuna antivariólica.

El pacará —*Enterolobium contortisliquum*— es un árbol de gran porte originario de la Mesopotamia y de la selva tucumano-salteña. Vulgarmente recibe el nombre de oreja de negro y timbó. Fue declarado árbol histórico en 1946.

El tesoro

La Plazoleta Enrique Santos Discépolo es uno de los casos más atípicos dentro del trazado urbano. Se halla en el centro de la manzana que forma la intersección de las avenidas *La Plata* y *Cobo*, hacia el norte. De cada una de las cuatro esquinas de la manzana parten hacia su centro otras tantas callejuelas angostas que desembocan en una pequeña calle que funciona como perímetro de la plazoleta rectangular, de dieciocho por treinta y cuatro metros. Está discretamente arbolada y cuenta con un busto de Enrique Santos Discépolo, obra del escultor Domingo Páez Torres. Todas las callejas de esta manzana llevan el nombre de *Azucena Butteler*, dama porteña que en el año del Centenario —1910— hizo edificar de su peculio en ese mismo lugar, que era de su propiedad, un grupo de casas para obreros, muchas de ellas subsistentes. La numeración comienza desde la callecita que se inicia en *Avenida La Plata y Zelarrayán,* pero va asignando número sólo a las casas que partiendo de esa esquina quedan a mano derecha. Al llegar a enfrentar a la plazoleta la cuenta sigue siempre en la misma dirección, hasta que se llega a la esquina de *Zelarrayán y Senillosa,* donde comienzan a numerarse desde la vereda opuesta con el mismo procedimiento, con lo que se arriba a la paradójica comprobación de que *Butteler* comienza y termina en el mismo lugar.

No tan baratas

El barrio cuenta con varios microbarrios. Uno de ellos es el Emilio Mitre, a veces nombrado Caferatta.

Muchos lo conocen como el barrio de las casitas baratas o barrio municipal. Data de 1923, construido durante el gobierno del presidente Hipólito Yrigoyen. Muchas han sido modernizadas (*Emilio Mitre, Zuviría, Asamblea y Centenera*).

No había iglesias en la zona, por eso en 1931 se abre la de Santa Isabel de Hungría, obra de los ingenieros Gualterio y Nettelrodt (*Estrada* 833).

El otro microbarrio es el Simón Bolívar. Un busto le rinde homenaje. Integrado por monoblocks y construido en 1951 por el Banco Hipotecario Nacional.

Cuenta con seis monoblocks identificados con letras de la A a la F. Están construidos a ambos lados de la manzana, dejando en el centro una amplia plaza con árboles, juegos para niños y bancos (*Avenida Eva Perón, Dávila, Monroe, Baldomero Fernández Moreno y Curapaligüe*).

En la *Avenida Eva Perón* entre *Thorne y Dávila,* en el microbarrio Simón Bolívar, se halla la Plaza Hugo del Carril que recuerda al cantante, actor y director de cine. Esta plaza nació por iniciativa de la Asociación de Fomento y Cultura Malvinas Argentinas. Data de 1993.

Parte de las rejas que pertenecieron al Jardín Botánico en el barrio de *Palermo* están en el Instituto Vocacional de Arte del GCBA.

Estas rejas, que se retiraron en 1931 dejando las colecciones del Jardín Botánico sin protección, reaparecen aquí pintadas de verde y sin modificaciones. Son testigos de cien años de historia de esta ciudad (*Curapaligüe* 1025).

Ciudad eterna

Una casa coronada con una pieza escultórica que representa a Rómulo y Remo —los mitólogicos fundadores de Roma—, testimonio de un hogar italiano de Buenos Aires de principios de siglo, es motivo de un profundo orgullo en los vecinos y comerciantes de la cuadra (*Avenida Asamblea* 299 esquina *Viel*).

El lobo estepario

Pocos pueden imaginar que la peña de la calle *Avelino Díaz* tuvo el nombre y la historia que el poeta y periodista Antonio Requeni rescata así: "Cuando nosotros conocimos esta peña, autodenominada 'El lobo estepario', el grupo efectuaba reuniones periódicas —los sábados por la noche— consistentes en conferencias y veladas musicales". También organizó certámenes literarios.

Así se reunían periódicamente escritores, músicos y cantantes. El grupo reconoce el tutelaje del protagonista de la novela homónima de Hermann Hesse, quien ha de transitar por la angustia metafísica de doscientas sesenta y seis carillas antes de asumir el fenómeno existencial como una estructura gestáltica e insoslayable. Tarde comprende que un trozo de vida contiene los fermentos de toda la vida.

Cuenta Requeni que "el propio Hermann Hesse acepta apadrinar esta peña y se manifiesta muy complacido por su creación, acotando en una nota que dirigió a sus miembros desde su reducto de Montagnola, Suiza: 'Consideren ustedes que siempre tienen más valor diez lobos esteparios ardientes que una cofradía de quinientos carentes de entusiasmo...'".

Integraron la peña —entre muchos otros— el maestro Pedro Ignacio Calderón y Waldo de los Ríos.

Bibliografía

Guía Cultural de la Ciudad de Buenos Aires, Secretaría de Cultura, Municipalidad de la Ciudad de Buenos Aires, abril de 1978.

Historias de Buenos Aires, El Parque Chacabuco y sus "casitas baratas", año 1, N° 2, mayo de 1987, Instituto Histórico de la Ciudad de Buenos Aires, Municipalidad de la Ciudad de Buenos Aires.

Requeni, Antonio. *Cronicón de las peñas de Buenos Aires,* Buenos Aires, Fundación Banco de Boston, 1985.

Diarios: *Clarín* y *La Razón*: fechas varias.

Carnicerías y verdulerías del barrio coreano de Buenos Aires.

Parque Chacabuco es parque y es barrio.

33

PARQUE PATRICIOS

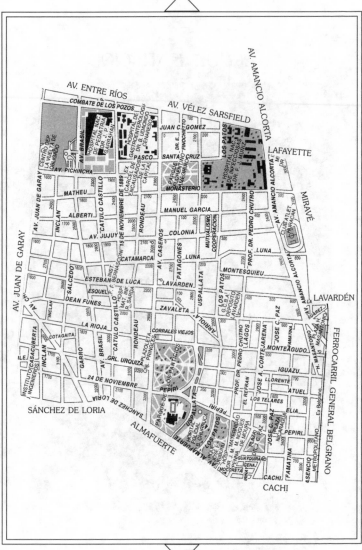

"Yo nací en el barrio de Parque Patricios, en la calle Luna; y los primeros recuerdos aparecen junto a una multitud que caminaba con gran fervor hacia la cancha de Huracán. Días en que las mamás aprontaban el almuerzo porque los maridos y los hijos tenían que llegar pronto al partido."

OLGA ZUBARRY
(actriz argentina)
Diario *La Nación*, 23 de octubre de 1999

Límites

Calles y avenidas: *Juan de Garay, Entre Ríos, Vélez Sarsfield, Amancio Alcorta, Lafayette, Miravé,* las vías del Ferrocarril General Belgrano, *Cachi, Almafuerte y Loria.*

Algo de historia

Desde antes de 1867 existían mataderos en este sector de Buenos Aires. Ese año comenzaron a funcionar en la esquina de *Caseros y Monteagudo* los viejos Mataderos del Sur de la Convalecencia, los cuales le dieron al barrio su antigua denominación de Corrales.

Corrales Viejos, "barrio de las ranas" o de "las latas", estos dos últimos nombres compartidos con el barrio de *Nueva Pompeya.* La del "barrio de las ranas" se origina en que a la altura de la calle *Luna* había una laguna y toda la zona estaba llena de ranas e insectos y algún que otro reptil, que muchas veces se cazaban para comer, para negociar, y también por diversión.

A la zona se la llamó además La Quema. El ranero, el quemero y el ciruja eran, casi, la misma cosa. En 1902 se resolvió llamar *Patricios* al parque que se iba a construir en los terrenos del viejo matadero. Fue así como el paseo dio nombre al barrio.

Iglesias

La parroquia de San Antonio de Padua se encuentra en la calle *Lavardén* y *Caseros*. Es de estilo neorrománico. Posee importantes vitrales. La Pila Bautismal (cincelada a mano) es una de las piezas más valiosas y representa el bautismo de Jesús. Data de 1925 (*Lavardén* 64).

La iglesia de San Miguel fue construida por el esfuerzo de sus fieles entre 1881 y 1897. Desde entonces recibió dos apodos. Para algunos es la parroquia de los Italianos; para otros, la de los Basureros porque la construcción está ubicada cerca de donde antiguamente funcionaba la quema de basura y porque, además, la calle donde se sitúa se llamaba *Del Basural* (*24 de Noviembre* 1651).

Huracán

En casi todos los barrios de Buenos Aires surge el amor barrial entrelazado con un club de fútbol. En *Parque Patricios* el club es Huracán, fundado en 1908. No nació aquí sino en el barrio de *Nueva Pompeya* y se lo denominó "Verde esperanza".

Los fundadores, recordando la proeza deportiva realizada por Jorge Newbery con el aerostato "Huracán" (el globito) al unir en trece horas Argentina y Brasil, le pidieron permiso para usar como distintivo el globo "Huracán" (Avenida *Caseros* 3159).

La plazoleta delimitada por la calle *Zavaleta*, la *Avenida Amancio Alcorta* y las vías del Ferrocarril Belgrano, cerca de la cancha de Huracán, lleva el nombre del jugador Herminio Masantonio en razón de que "ganó un lugar de privilegio en el sentir ciudadano, ya que por sus virtudes deportivas y sus cualidades humanas puestas de manifiesto a través de sus actuaciones futbolísticas dentro y fuera del país, su figura llegó a convertirse en uno de los símbolos más populares y queridos de esta ciudad".

Existe en el barrio otro club formado por vecinos que se prohíben a sí mismos hablar de política y de fútbol y se reúnen para hablar de historia y pertenencia en un espacio en el que abundan elementos históricos. Se llama "Cofradía de los Corrales Viejos" (*Zavaleta* 140).

Ringo

El nombre del boxeador Oscar "Ringo" Bonavena (1942-1976) fue impuesto en 1995 a la calle *Elía* desde *Amancio Alcorta* hasta *Osvaldo Cruz*. Su biógrafo, Ezequiel Fernández Moores, condice de él: "Boxeador, cantante, modelo, showman, personaje y comparsa del jet-set, Bonavena fue ante todo un producto inventado por sí mismo y un emergente de aquella borrascosa década del sesenta, cuando todo parecía posible, en nuestro país y en el mundo, y la omnipresencia de la televisión nos convencía de los hechos sociales y políticos más insólitos con absoluta naturalidad. Irritó y fascinó por igual a las masas con sus triunfos deportivos, sus declaraciones extraboxísticas y su voz aflautada cantando el Pío Pío".

Una tribuna del estadio de Huracán lleva su nombre.

Cárcel

Es uno de los institutos más importantes del país, sin duda uno de los más modernos que dependen del Servicio Penitenciario Nacional. Se inauguró en 1979 como cárcel de procesados. Es un edificio torre con planta en forma de H, lo que conforma dos cuerpos de planta rectangular unidos por su centro. Se prolonga administrativamente con la vieja cárcel de la *Avenida Caseros*, pariente de la de Devoto y de la demolida de la *Avenida Las Heras*. Según está previsto será destruida con una implosión. Los detenidos ya fueron trasladados a la nueva cárcel de Ezeiza, en la provincia de Buenos Aires (*Pichincha* 2100).

Pasajes

El pasaje *América* nace en la *Avenida Caseros* entre las calles *Catamarca* y *Esteban de Luca*. Luego de recorrer cincuenta metros efectúa un giro de noventa grados, se denomina *La Estrella* y desemboca en la calle *Catamarca* entre *Rondeau* y *Caseros*.

Fueron propiedad de las compañías de seguros "América"

y "La Estrella". A su ingreso un cartel expresa: "Atención - Pasaje privado - Se prohíbe el paso a peatones - vendedores - promotores - propagandistas". Las callecitas o corredores fueron cerrados con portales de madera maciza en 1960.

Posteriormente fueron reemplazados por dos portones de hierro (Avenida *Caseros* 2745).

La Colonia

Es un microbarrio de ocho manzanas dentro del barrio. Su denominación legal es Ex Barrio Municipal Parque de los Patricios. Además de las ocho manzanas, "La Colonia" tiene dos plazoletas con el mismo nombre: Francisco López Torres.

Las casas son ciento dieciséis en total, distintas en aspecto y comodidad, casi todas recicladas. En 1945 se vendieron a sus ocupantes.

El sobrenombre del barrio se debe a que hubo fuera del sector un club llamado La Colonia, y eso proviene de que casi todos eran inmigrantes italianos y españoles (*Diógenes Taborda, Andrés Ferreyra, Cachi y José A. Cortejarena*).

Salud

El Hospital de Infecciosas "Dr. Francisco Javier Muñiz" recuerda en su nombre al primer sabio argentino con aportes originales, fundador de la literatura médica, iniciador de los estudios de paleontología, primer profesor de obstetricia y pediatría. Data de 1910.

Concurren cerca de quinientos pacientes mensuales para hacerse el test HIV. El doble —mil— van en busca de información (*Uspallata* 2272).

El Hospital Materno-Infantil "Ramón Sardá" data de 1935. En su interior y como dato vinculado a la vida y democracia hay dos murales del maestro Jorge Estomba, *El espacio y La Tierra*, que fueron dañados y ocultados durante el gobierno militar (1976-1983). Su reposición se realizó en 1984 en homenaje a su creador.

Es la maternidad municipal con la mayor cantidad de nacimientos anuales, con un promedio de ciento cuarenta por semana (*Esteban de Luca* 2151).

Inaugurado en junio de 1944, el Churruca es el hospital de la Policía Federal. Se denomina Instituto Policial Bartolomé Churruca, se construyó conforme a la voluntad de la señora Mercedes Churruca de Maglione, fallecida en 1933, quien al testar dejó parte de su fortuna para la edificación de un hospital destinado a una repartición pública.

La legataria Mercedes Churruca era hija de don Bartolomé Churruca y nieta del sabio y eminente español Cosme Damián Churruca y Elorza (1761-1805), quien murió en la batalla de Trafalgar luchando frente a seis naves de la escuadra inglesa, que estaba al mando del almirante Nelson (*Uspallata* 3400).

El Hospital Nacional de Pediatría "Juan Garrahan" es un edificio de avanzada dentro de la arquitectura médica de Buenos Aires (*Combate de los Pozos* 1881).

Parques y paseos

El Parque de los Patricios que dio nombre al barrio fue diseñado y parquizado por el urbanista francés Carlos Thays (1849-1934) y data de 1902. En 1998 se hallaron restos del antiguo matadero del siglo XIX.

Un escultor argentino, Nicolás Lamana, que se radicó en Florencia, Italia, es el autor de la fuente de mármol *El sátiro*, cabeza minuciosamente tallada, de cuya boca surge agua.

También se halla la obra "El trabajo", un obrero sentado que cincela una piedra. Es de mármol de Carrara, obra del escultor argentino Emilio Andina (1875-1935). (*Almafuerte, Monteagudo, Uspallata y Avenida Caseros.*)

El monumento a Bernardo Monteagudo, obra del alemán Gustavo Eberlein, se halla en la Plazoleta Pringles, situada al lado del Parque de los Patricios. Data de 1917 (*Avenida Caseros y Monteagudo*).

El Parque Florentino Ameghino está ubicado frente a la ex cárcel de la *Avenida Caseros* y delante del Hospital Muñiz. Se presume que allí falleció Remedios Escalada de San Martín el 3 de agosto de 1823. El parque recuerda el nombre de Florentino Ameghino, el naturalista argentino (1853-1911).

En la parte central se halla el Monumento a las Víctimas de la Fiebre Amarilla, que recuerda a los caídos en 1871, obra del escultor uruguayo Juan Manuel Ferrari. Este parque fue en el momento de esa epidemia un cementerio que recibía a sus víctimas (*Avenida Caseros, Santa Cruz, Uspallata y Monasterio*).

En el Parque José E. Uriburu se halla el monumento a Teodolina Alvear de Lezica (1853-1928), grupo escultórico de mármol, obra del argentino Carlos de la Cárcova que data de 1946 y rinde homenaje a quien durante treinta y tres años dedicó su vida a la institución conocida como Patronato de la Infancia, que tuvo sus escuelas prácticas en la zona. El monumento se halla en un muro que perteneció a uno de estos establecimientos (*Los Patos, Pedro Chutro y Avenida Almafuerte*).

El cine y el tango

El barrio atesora todavía un cine en el que cantaron Carlos Gardel y Hugo del Carril. Se trata del Rivas (*La Rioja* 2054).

Cátulo Castillo (1906-1975), letrista y músico autor de tangos inolvidables como *María* o *El patio de la morocha*, es recordado en el barrio donde se crió y comenzó a estudiar piano y violín. Una calle desde *Pichincha* hasta *Sánchez de Loria* lleva su nombre.

En el Parque Uriburu se colocó en 1995 una placa de homenaje al músico José Dames, que vivió en *Pepirí* 362 y que fue autor del tango *Fuimos* (*Los Patos, Profesor Pedro Chutro y Avenida Almafuerte*).

En la calle *La Rioja* 2009 existe una placa de homenaje al músico y guitarrista Guillermo Barbieri, compañero de Carlos Gardel, papá de Alfredo y abuelo de Carmen.

Igualmente en la calle *Grito de Asencio y Pepirí* hay una placa a "La Piba de la calle Pepirí" citada en el tango *Mano cruel*, de Armando Tagini y Carmelo Mutarelli.

En 1985 el poeta Ricardo Ostuni, en su rol de funcionario de la ex Municipalidad de Buenos Aires, inauguró la plazoleta Julián

Centeya, periodista y poeta con formación erudita que transformó lo intelectual en popular y expresó como nadie el sentir de Buenos Aires (*Zabaleta, Arriola* y *Uspallata*).

La casa de Ezequiel Soria (1873-1936), nacido en la provincia de Catamarca, es preservada en el barrio. Soria fue escritor, periodista y actor. Se lo considera como el iniciador del teatro argentino o nacional con identidad refinada en sus formas, contenido social y popular. Su obra clave fue *Justicia criolla*, con música de Antonio Reinoso, la primera en incluir oficialmente al tango en un escenario (*Avenida Caseros* 2688).

El barrio es mencionado en el tango *Milonguita*, de Samuel Linnig y Enrique Delfino, a través de la *Avenida Chiclana*, que en el N° 3148 indicaba la casa de María Esther Dalto, una jovencita que falleció a los quince años de edad.

Murales

Por las características del barrio existen aquí muchos murales, entre ellos el más grande de la ciudad: setecientos cuarenta metros cuadrados, obra del Grupo Muralista que integran Ricardo Villar, José Gavilán Nola, Antonio Giampietro y Alberto Ricardo Jaime (*Uspallata* 2802).

Museos

El Museo Naval de Marina "Tomás Espora" está instalado en la que fue su vivienda. Aquí vivió entre 1831 y 1835. Al ser donado a la Armada el edificio se recicló y volvió a tener el aspecto original. En 1962 vivían en la casa cuatro familias y en los fondos había un taller mecánico. La recuperación patrimonial fue importantísima. Está declarado monumento histórico nacional.

Tomás Espora (1800-1835), coronel de Marina, actuó en los bloqueos a El Callao y en la toma de la "Esmeralda", en el combate contra Brasil, comandando la nave insignia "25 de Mayo" y la goleta "Maldonado". Fue comandante general de Marina en 1828 (*Caseros* 2526).

El Museo Fármaco-Botánico "José F. Molfino" es pequeño, pero mantiene su interés por las plantas fármaco-toxicológicas. Depende de la División Fármaco-Botánica del Instituto Nacional de Farmacología y Bromatología (*Avenida Caseros* 2161).

Palacio educativo

El edificio del Instituto Bernasconi está construido en los terrenos de la antigua finca del perito Francisco Pascasio Moreno. En los jardines actuales se encuentra el aguaribay plantado en 1872 por el famoso pionero y explorador. Fue declarado árbol histórico en 1943.

La arquitectura de este complejo cultural proviene de los deseos de un empresario vinculado a la industria del calzado que propuso el estilo neorrenacentista para levantar un palacio-escuela único en su tipo. Fue construido entre 1918 y 1924 y lo diseñó el arquitecto Juan Waldorp.

Dentro del establecimiento funciona el Museo Geofísico "Dr. Juan B. Terán", creado en 1931 por la educadora argentina Rosario Vera Peñaloza. Reúne material de valor histórico, artístico, numismático, artesanal y científico. En el mismo edificio se aloja el Primer Museo de Historia Argentina en la Escuela Primaria, obra del profesor Luis Sixto Clara. Se inauguró en 1939 y su propósito es iniciar al niño en el proceso histórico argentino.

También funciona el Museo de Ciencias Naturales "Dr. Ángel Gallardo". Es importante destacar el nombre de la educadora Rosario Vera Peñaloza, que desde 1929 (fecha de su inauguración) hasta 1950 se dedicó a la creación y organización de los museos. Durante diecisiete años trabajó ad honórem (*Pedro Echagüe* 2750).

Dentro del Instituto Bernasconi, el Movimiento Argentino Protección al Animal (MAPA), que en sus orígenes estuvo animado por el poeta y músico Cátulo Castillo, inauguró en 1997 una escultura de la artista plástica Susana Casanovas dedicada al *Perro mestizo*. Al castigado perro porque nació humilde y sin prosapia y recibe todos los golpes de la adversidad, como los humanos.

Arquitectura

Se contraponen estilos arquitectónicos en el barrio. Uno se da entre las calles *La Rioja, Salcedo, Deán Funes e Inclán*.

El otro —opuesto— es la casa construida en 1919 que lleva el nombre Valentín Alsina (*Avenida Caseros* 3182).

Un edificio con dos hornacinas en las que dos mujeres observan caminantes no deja de ser infrecuente (*Avenida Chiclana* 3044).

Historia gótica

Entre las leyendas de la ciudad aparece el nombre de un personaje de la historia policial argentina: el Petiso Orejudo, vinculado a este barrio.

El asesinato de un niño de tres años —Gustavo Giordano— que vivía en la calle *Progreso* 2185, en la actualidad *Pedro Echagüe*, marcó el triste inicio del macabro Cayetano Santos Godino. Un delincuente precoz que torturaba animales y provocaba incendios. Mató a cuatro chicos e intentó la muerte de otros tantos. Era discapacitado mental y murió en la cárcel del fin del mundo en Ushuaia, Tierra del Fuego, en 1944.

Bibliografía

El barrio de Parque de los Patricios, Ricardo M. Llanes, Cuadernos de Buenos Aires XLII, Municipalidad de la Ciudad de Buenos Aires, Buenos Aires, 1974.

Moreno, María. *El Petiso Orejudo,* Memoria del crimen (4), Buenos Aires, Ed. Planeta, 1974.

Historias de Buenos Aires. "Un barrio en Parque Patricios", Instituto Histórico de la Ciudad de Buenos Aires, Municipalidad de la Ciudad de Buenos Aires, año 1, Nº 3, junio de 1987.

Revista *Lyra,* Buenos Aires, setiembre de 1968.

Diarios: *Clarín, La Nación, La Razón, La Prensa, Página/12:* años varios.

El atrio de la iglesia de San Antonio, uno de los lugares más representativos de Parque Patricios.

34

La Paternal

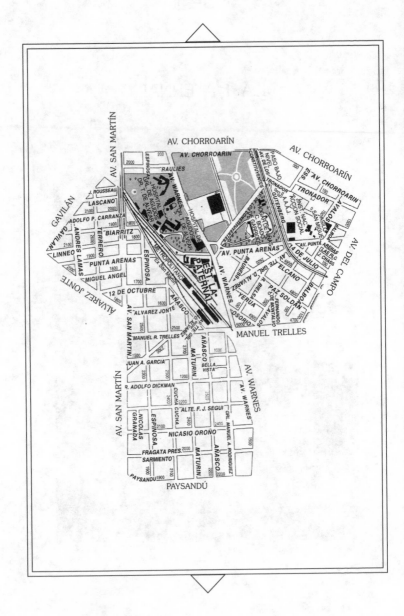

"...El barrio albergó a muchas personas que, con los años y cada una de sus actividades, se convirtieron en personajes. Osvaldo Fresedo, Luis Sandrini, 'Pepitito' Marrone son algunos ejemplos, entre otros.
"'Yo nací en el pasaje Bélgica el 2 de mayo de 1925. En aquella época era de tierra, como muchas calles del barrio. Y recuerdo que las hermanas Legrand venían al cine Tarico', evoca ahora Alberto Leone, uno de los vecinos más populares y más queridos de ese barrio."

ENRIQUE SDRECH
Diario *Clarín*, 4-12-99

Límites

Calles y avenidas: *Chorroarín, Paysandú, Del Campo, Garmendia, Warnes, San Martín, Álvarez Jonte y Gavilán.*

Algo de historia

En 1904, a solicitud de una sociedad de seguros generales de origen italiano llamada La Paternal, se cambió la primitiva denominación de estación Chacarita del Ferrocarril Pacífico, situada frente al cementerio y que corresponde a la esquina de *Avenida Warnes* 2100, por la de estación La Paternal. La idea fue promover el barrio en el que habían construido viviendas para empleados y obreros.

Hubo una pulpería en la que paraban las carretas camino a Luján. Salían de lo que es ahora la Plaza Lorea en el barrio de *Monserrat* y después de un día de viaje llegaban a la zona donde hoy se encuentra el Consejo Nacional del Menor y la Familia (Hogar de Niñas "Crescencia Bogado de Garrigos"), entre la calle *Gutenberg, Avenida de los Constituyentes,* las vías del ferrocarril Urquiza y la calle *Punta Arenas.* Pudo haber habido allí un oratorio donde los viajeros agradecían el tramo de viaje y un hospedaje precario con comodidad para descanso o cambio de caballos.

Según la crónica periodística de los años '40, dos niñas me-

679

llizas de apellido Martínez, que vivían en la calle *Trelles* 2349, habían sintonizado al periodista Chas de Cruz que, desde su programa "Diario del cine" en LR3 Radio Belgrano, pedía fotos de niñas para participar en un concurso. Las jovencitas se sacaron las fotografías en la vecina *Avenida San Martín*. Las mellizas resultaron pre seleccionadas junto a Silvana Roth, Elisa Galvé y Elma Remet, que se convirtieron en actrices del entonces exitoso cine argentino. En 1941 fueron convocadas por el director Luis César Amadori, y de ahí en más el cine no se alejó por muchos años de sus vidas. Las mellizas se llaman Mirtha y Silvia Legrand. En los entonces cines del barrio definió su vocación su hermano José Martínez Suárez, que con los años se convirtió en director de cine.

Paisaje

Pasa por el medio del barrio la *Avenida Warnes*, conocida hace un siglo como "el camino a Moreno".

La *Avenida San Martín* también atraviesa el barrio llena de negocios de todo tipo. Constituye una de las vías más rápidas que cruza la ciudad de este a oeste, desde la estación Once, a través de *Avenida Díaz Vélez y Teniente General Perón*, hasta la *Avenida General Paz*, continuando como ruta 8 en el partido de San Martín, que lleva a la localidad de Pilar.

Su intersección con las vías del Ferrocarril General San Martín constituye un nudo importante de tránsito rápido y pesado, de allí la necesidad de saltar el obstáculo de las vías y generar un desvío que abastezca la cuantificación y diversidad de tránsito a través del Puente Julio Cortázar, ex Martín Noel.

El puente

El puente de la *Avenida San Martín* data de 1926 y se llama oficialmente Julio Cortázar. Comienza junto a una bodega sobre la avenida y la calle *Carranza*, y finaliza junto a otra, en *Punta Arenas*.

Consta de dos partes: un puente vehicular de seis carriles de circulación (tres por cada mano) y dos veredas laterales con un ancho total de veintinueve metros. Cruza las vías del ferrocarril con un ángulo muy agudo —aproximadamente veintiséis grados—, por lo que resulta una luz libre para salvar las cuatro vías, algo superior a los cincuenta metros en el eje de la avenida. Los estribos y las columnas de apoyo son de hormigón armado, y las vigas y la losa de calzada, de hormigón pretensado.

La segunda parte es el "paso vehicular" en túnel, ejecutado en hormigón armado bajo la rampa.

Uno de los extremos del puente cuenta con treinta y dos escaleras y el otro con treinta y seis. Tiene una extensión de setecientos metros.

En uno de sus extremos —en su cruce con la calle *Punta Arenas*— hay un juego de rayuela, homenaje que la Ciudad de Buenos Aires rinde al escritor Julio Cortázar, autor, entre otras, de la novela *Rayuela*.

La Paternal tiene su "isla". Por lo menos así llaman al sector del barrio enmarcado entre las vías del tren, el paredón del cementerio de Chacarita, la calle *Chorroarín, Avenida del Campo, Avenida Warnes y Garmendia*.

El barrio fue zona de grandes plantas embotelladoras de vino. Hoy quedan pocas.

Progresistas

La Asociación Cultural y Deportiva Scholem Aleijem se fundó en 1923 por iniciativa de un grupo de inmigrantes judíos progresistas. Llamada inicialmente Biblioteca Popular Israelita, su nombre evoca ahora al famoso escritor judío que escribía en idish. Nació en 1859 en Ucrania y murió en los Estados Unidos en 1916. La comedia musical y el film *El violinista sobre el tejado* están inspirados en distintos cuentos de Aleijem. Dedicado a los libros, conferencias, debates y también deportes (*Maturín* 2455).

El Warnes

Con quinientos kilogramos de gelinita amónica el 16 de marzo de 1991 fue demolido el hábitat tristemente conocido como albergue Warnes. Ideado originalmente en 1950 por la Fundación Eva Perón como Hospital de Niños, el proyecto era convertirlo en el hospital de niños más grande de Sudamérica. El Warnes fue alternativamente un gigantesco basural y vivienda precaria para carenciados. Pleitos, juicios, desalojos, limpiezas y operativos policiales fueron la casi cotidiana historia de esta mole de cemento sin puertas ni ventanas. Al producirse el golpe de Estado de 1955, denominado Revolución Libertadora, la obra del proyectado hospital se abandonó. Los terrenos habían sido expropiados y desde el inicio hubo reclamos judiciales. El solar baldío de cerca de ciento noventa mil metros cuadrados volvió a las manos de sus propietarios luego de la demolición, los hermanos Stella y Jorge Etchevarne, ya que su dueño Miguel Honorio Etchevarne había sufrido la expropiación de sus diecinueve hectáreas de tierras en los años '50, cuando Perón era gobierno. Los que habitaban precariamente el Warnes fueron instalados en un barrio nuevo en Villa Soldati, el barrio *Ramón Carrillo*. El Warnes estaba ubicado frente al Hospital Alvear y al Hogar General José de San Martín. Para la voladura, la ex Municipalidad contrató al técnico francés Adrien Colonna junto con dos ayudantes de la misma nacionalidad. El derrumbe del Warnes costó 1.600.000 dólares.

Se removieron ciento cuarenta mil metros cúbicos de escombros y se los encapsularon con una membrana geotextil, a una profundidad máxima de catorce metros, para prevenir contaminaciones, tanto de suelos adyacentes como de la primera capa de aguas subterráneas. Se hubieran necesitado para remover este volumen de materiales de demolición, unos cien camiones a tiempo completo durante cuatro meses aproximadamente. El inconveniente que se subsana con el uso de esta membrana geotextil es evitar la alteración que hubiera producido el tránsito de vehículos pesados por amplios sectores de la ciudad, además de ser una opción más racional en el uso de los recursos.

Años después —1997— se destrabaron los problemas legales existentes. Un nuevo barrio surgió en las tierras del demolido albergue Warnes. Con la participación de los vecinos a través de una audiencia pública, los funcionarios municipales analizaron el proyecto, que fue aprobado y transformó el barrio entre 1998 y 2000. Un hipermercado, una plaza, una escuela pública y un túnel vehicular sobre la traza de la *Avenida Chorroarín* bajo las vías del ex Ferrocarril Urquiza que facilita el tránsito con los barrios de *Flores* y *Belgrano* se convirtieron en el resorte del cambio. El túnel se construyó en un tiempo récord —seis meses— con técnicas modernas similares a las usadas para construir el Eurotúnel, que bajo tierra y mar vincula el continente europeo con Gran Bretaña. En un futuro está prevista la construcción de once edificios en torre de no más de trece pisos cada uno.

La Orquesta Filarmónica de Buenos Aires encargó al compositor Mario Perusso la sinfonía *Warnes*, que narra musicalmente la historia del edificio y su derrumbe, el derrumbe del "país Warnes", "en la idea de que simbólicamente comenzaban a caer las estructuras del desencuentro, la inestabilidad y las revanchas". Fue estrenada en el teatro Colón ese mismo año.

Salud

El Hospital "Dr. Torcuato de Alvear", fundado en 1910, fue construido por el arquitecto Enrique Cottini. Desde 1988 brinda una serie de prestaciones vinculadas a la salud mental: hospital de día, terapias ambulatorias, violencia familiar para adolescentes y adultos y también emergencias psiquiátricas (*Avenida Warnes* 2630).

Hogar

El Hogar General José de San Martín está formado por parte de las antiguas dependencias del Hospital Alvear, que se han convertido en el más grande hogar de ancianos con que cuenta el Gobierno de la Ciudad.

La Avenida Warnes

De las calles de Buenos Aires conocidas por concentrar determinados rubros comerciales, la *Avenida Warnes* se destaca en el rubro "repuestos de automotores".

A lo largo de doce cuadras, entre el 600 y 1800 de su numeración, conviven más de setecientos negocios donde se comercializa más del cincuenta por ciento de los repuestos de autos del país. Pero detrás de este negocio se movía otro: el de "despiece" de autos robados, haciendo de la *Avenida Warnes* el mayor desarmadero ilegal del país.

Según fuentes policiales, en 1991 fueron robados más de cinco mil vehículos en la ciudad. Parte de lo robado iba a *Warnes*. El negocio ilícito provocó quejas por parte de los repuesteros que estaban en regla, ya que los ilegales ofrecían las partes a menor precio.

En 1997 las empresas automotrices declararon la guerra de los repuestos. Así fue que instalaron concesiones oficiales de venta, tratando de generar —tras cuarenta años— un cambio de estrategia. El mercado factura un equivalente a 1.800 millones de dólares anuales.

Tango y otras cosas

En *Avenida del Campo* 1200 y la barrera del ferrocarril nació y vivió una de las grandes figuras del tango: Osvaldo Fresedo, cuyo apelativo era "el pibe de *La Paternal*".

La estación Pedro Arata está dividida: una parte es de *La Paternal* y la otra del vecino barrio de *Agronomía*.

Próxima a la estación *La Paternal*, se halla la plazoleta Nuestra Señora de la Patria, donde se venera a la Virgen de Luján (*Trelles* y *General Rodríguez*).

Bichos colorados

La pertenencia deportiva del barrio está dada a la Asociación Atlética Argentinos Juniors, nacida en 1904 de la confrontación de los clubes Sol de la Victoria y Mártires de Chicago con Catedral Porteño. La cancha no se encuentra en este barrio sino en *Villa General Mitre, Boyacá* 2152. En cambio funciona aquí el Centro Deportivo Las Malvinas, que fue adquirido por el club en 1967. Ocupa el terreno que tiempo atrás correspondía a depósitos de la Fuerza Aérea. En un principio, los terrenos habían sido destinados a un cementerio judío que nunca funcionó. En 1921 la Asociación Jevrá Kedushá Ashquenazí (Piadosa Compañía Asquenazí) inició las gestiones para construir un cementerio. Las obras comenzaron en 1923 y finalizaron en 1925. Tras muchos vaivenes el permiso fue denegado, la asociación indemnizada y el recinto inhabilitado. Desde ese año una ordenanza municipal prohíbe el establecimiento de cementerios particulares en la ciudad. Hasta la fecha el campo conserva la entrada similar a la del cementerio israelita de La Tablada. En la actualidad sus socios, que son popularmente llamados "bichos colorados", acuden a jugar al fútbol u otros deportes.

Las actuaciones de los conjuntos de rock Pescado Rabioso, Sui Generis y tantos otros, quedaron registradas en el documental "Hasta que se ponga el sol" (1973). Fueron tomadas en un terreno baldío del club Argentinos Juniors, donde ahora se encuentra el Polideportivo.

En realidad se trató del tercer Festival B.A. Rock que llevó al cine el director Aníbal Uset con el nombre antes mencionado. Se trató de un recital que simboliza una época y una generación que fue combativa y también vivió una cierta marginación.

Allí cantaron Sui Generis, Vox Dei, León Gieco, Litto Nebbia, Pappo —que sigue vinculado al barrio—, Arco Iris, Pescado Rabioso, Orion's Beethoven, Color Humano, Claudio Gabis, Gabriela (*Punta Arenas* 1271).

Republicanos

La plazoleta Julián Basteiro recuerda al político y sociólogo español vicepresidente del Partido Socialista en 1912 y luego, en 1925, presidente del mismo. Fue diputado y concejal de la

685

ciudad de Madrid. Condenado a cadena perpetua al culminar la Guerra Civil, murió en la prisión (*Avdas. Warnes, de los Constituyentes y Punta Arenas*).

Santa Inés

No lejos de la parroquia de Santa Inés se halla la plazoleta Reverendo Padre Gaspar Cañada, que fue párroco de esa iglesia y capellán del Hospital Alvear, además de procurador y vicario general de la orden de los Camilos en Roma, autor de *Vida popular de San Camilo de Lelis*. Vivió entre 1892 y 1965 (*Avenidas del Campo, Garmendia y Elcano*).

Malos y persistentes

En la plazoleta situada en *Osorio, Ávalos y Garmendia*, como ocurre en tantos lugares de la ciudad de Buenos Aires, existió un monumento a la madre. Fue obra de Domingo Páez Torres y se inauguró en 1976. Tantos accidentes hubo, tantas torpezas y atropellos, que el monumento desapareció. Triste historia.

Libros, música y teatro

La Asociación Cultural "Florencio Sánchez" respalda a la Biblioteca y nació en 1915. Dentro de las bibliotecas populares está considerada en primera categoría especial ya que cuenta con más de sesenta mil volúmenes. En los años '30 se creó aquí una universidad popular en donde se enseñaban distintas materias, existía una orquesta sinfónica y un coro polifónico. En 1942 se fundó un grupo de teatro vocacional y un conjunto de títeres (Pasaje *Nicolás Granada* 1660).

En el barrio funciona la Escuela de Música "Juan Pedro Esnaola", que es pública y brinda formación integral a sus alumnos. Lleva el nombre del precursor de la cultura musical argentina. Hijo de padres vascos, nació en Buenos Aires en 1808 y murió en la misma en 1878. Cada aula lleva el nombre de diferentes músicos, tanto universales como argentinos *(Balboa 210)*.

El Paternal Teatro, sala y escuela teatral del actor Héctor Bidonde, se destaca porque además ha construido allí su vivienda particular. El solar fue carnicería e imprenta y mantiene en su ingreso las vías para el transporte de una zorra (*Dr. Nicolás Repetto* 1556).

Bibliografía

Diarios: *Clarín, La Nación:* años varios.

La tradicional institución Scholem Aleijem, en La Paternal.

Antigua publicidad de la compañía de seguros La Paternal.

35

Puerto Madero

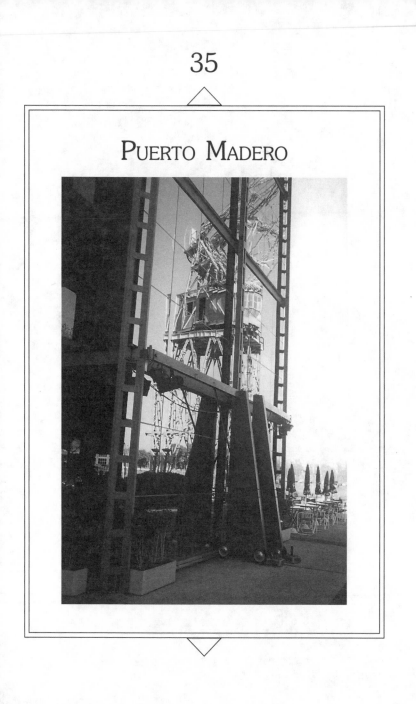

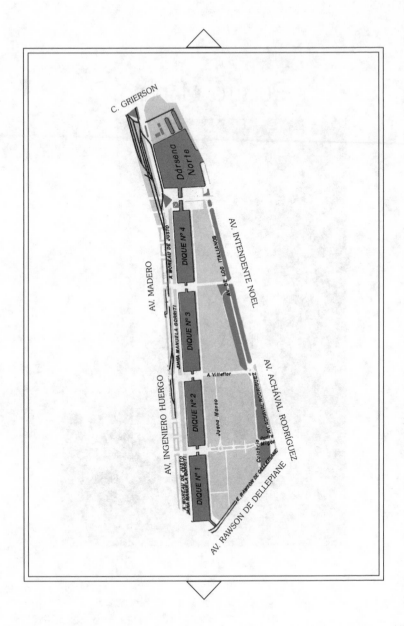

"El pueblo de Buenos Aires empieza, con las visitas a la Costanera, a tener la emoción del río, dejamos de ser de tierra adentro para volvernos gente con dilatada comprensión de la distancia, como si fuera esa inabarcable latitud de agua una ruta que nos pusiera en contacto con el universo. ¿Como si fuera, digo? Es, efectivamente, la ruta que se proyecta sobre el mundo y a través de la cual vino el mundo hacia nosotros."

ALBERTO GERCHUNOFF
(1885-1950, periodista y escritor
nacido en Rusia, ciudadano argentino)

Límites

Calles y avenidas: *Cecilia Grierson* (continuación de *Córdoba*), *Eduardo Madero*, *Ingeniero Huergo* y *Elvira Rawson de Dellepiane* (prolongación de la calle *Brasil*).

Algo de historia

La ciudad y el puerto de Buenos Aires han sido desde sus orígenes una sola entidad.

Por Buenos Aires se produjeron las primeras importaciones y exportaciones. Entró el gran contingente de inmigrantes que contribuyó a la fundación, a la afirmación de la economía y al progreso. Éste fue el río Jordán o río de Solís, y su puerto fundado como de Santa María de los Buenos Aires, reservándose la ciudad el nombre de la Santísima Trinidad.

Ciudad que nació dos veces: con Pedro de Mendoza (1536) y con Juan de Garay (1580) y que tomó —finalmente— para sí el nombre del puerto: Buenos Aires. Un puerto que en la realidad no existía.

En 1998 se habilitó oficialmente como nuevo barrio: el número 47. Quizás el más opulento fruto de la reurbanización más grande de la historia de la ciudad de Buenos Aires.

En su nacimiento como barrio, *Puerto Madero* se desprendió de la jurisdicción portuaria y sigue limitando en su frente con el barrio de *San Nicolás*. Su autoridad no es la Policía Federal sino la Prefectura Naval.

El río y el puerto son parte de la historia de nuestros orígenes. Fue la primera imagen que vieron miles de miles de inmigrantes. Fue la imagen de una Argentina agrícola-ganadera y opulenta que cambió. Los primeros trabajadores portuarios eran, por lo general, originarios del sur de Italia. Las profesiones portuarias desaparecieron en su mayoría: agente, comisionista, despachante, apuntador, práctico, guinchero, tripulante, estibador y, por qué no, raschines, limpiadores y pintores de barcos y, por supuesto, capitán o patrón.

El barrio tiene una extensión de ciento setenta hectáreas. Cambió su cara en 1994 y es el primero que nace después de la ordenanza sancionada en 1972, que enumeró los límites de cada barrio. Abundan aquí restaurantes, oficinas y cines, una universidad privada y una iglesia, como también algunas viviendas. Ahora se le suman las tradiciones de la Costanera Sur.

Entre 1861 y 1882 Eduardo Madero y Luis A. Huergo presentaron varios proyectos para hacer el puerto que la ciudad no

El nuevo barrio de Puerto Madero cuenta con una importante historia vinculada a la llegada de miles de inmigrantes.

Parte del pasado cerealero de la Argentina se vivió con los míticos embarques de trigo a Europa.

tenía. Cada uno trabajó por su lado. Ganó la pulseada Eduardo Madero.

Esta historia de pasiones y política es una novela con ribetes trágicos, si se quiere. Es la lucha de dos ideologías, de dos grandes hombres a quienes hoy se recuerda en placas que corresponden a distintas avenidas.

Luis Augusto Huergo fue el primer ingeniero graduado de la UBA que tuvo la Argentina. Esta primera graduación de doce alumnos fue llamada "de los doce apóstoles".

En tanto Eduardo Madero, ganador del proyecto del puerto que llevaría su nombre, lo planificó con sus socios ingenieros hidráulicos ingleses: Harrison Hayter y John Hawkshaw hijo. Madero no llegó a ver concluido su proyecto ya que murió cinco años antes de su inauguración en 1889 en Génova, Italia.

El puerto fue concebido para comerciar cajones y granos. La tecnología lo fue desplazando poco a poco; los containers y la carga de granos en puertos de aguas profundas decretaron su salida de servicio. En 1989, luego de sancionarse la Ley de Reforma del Estado, se creó la Corporación Antiguo Puerto Madero con objeto de urbanizar las 170 hectáreas del viejo puerto. Es una sociedad formada por el Estado Nacional y el

693

Gobierno de la Ciudad de Buenos Aires. Una vez que la Corporación escrituró las tierras, se iniciaron los estudios del plan de reciclaje, con el asesoramiento de técnicos del Ayuntamiento de Barcelona (España). Dicho proyecto causó polémicas en cuanto a su concepción, por lo que se declaró a la zona de valor histórico y patrimonial y se llamó a un concurso nacional de ideas para reciclarla.

Paisaje

Puerto Madero está construido al este de la ciudad y ocupa terrenos ganados al río. Sus construcciones son un excelente ejemplo de arquitectura utilitaria de tradición inglesa. Casi ciento cuarenta mil metros cuadrados de depósitos, cuatro diques, silos y grúas edificados por la empresa Wayss y Freytag. Fue una de las mayores construcciones de su tipo en el mundo

En Puerto Madero se destacan los viejos galpones convertidos en oficinas.

y un símbolo de la época en que la Argentina era bautizada como "canasta de pan del mundo".

En 1925 Puerto Nuevo reemplazó a *Puerto Madero*. Desde entonces hubo proyectos para integrar este sector al resto de la ciudad.

Puerto Madero, el balneario y la costanera están construidos sobre una isla artificial, la isla Demarchi. Sus dos hectáreas están ubicadas frente a la desembocadura del Riachuelo; allí recaló alguna vez Manuelita Rosas para visitar la guarnición que funcionaba en la isla. También hubo un crematorio especial donde se incineraron algunas de las víctimas de la fiebre amarilla, en 1871. Desde allí en 1888 se iniciaron las obras de *Puerto Madero*.

La isla Demarchi era un islote de dos hectáreas. En realidad se trataba de un desprendimiento espontáneo y acentuado por canalización artificial del extremo del espolón de un extenso terreno que Antonio Demarchi poseía sobre la margen derecha del Riachuelo. En 1801 era llamada isla de los Sauces y su único poblador era un personaje llamado Tío Cruz, que utilizaba los pajonales para hacer los techos de los ranchos. Su ubicación exacta coincide con talleres que pertenecieron a la desaparecida Secretaría de Obras Públicas de la Nación en Barracas al Sur, hoy Avellaneda, en la provincia de Buenos Aires.

En marzo de 2000 la *Avenida Costanera* fue reacondicionada a nuevo agregando cinco nuevas hectáreas de espacios verdes al barrio. Comprende mil quinientos metros con el nombre de *Carlos Noel* y se extiende desde la *Avenida Cecilia Grierson* —prolongación de la *Avenida Córdoba*— hasta *Azucena Villaflor*, extensión de la *Avenida Belgrano*.

La imagen de *Puerto Madero* aparece en el mural cerámico ubicado en la línea D —estación 9 de Julio—, diseñado por Alfredo Guido, autor del Monumento a la Bandera en la ciudad de Rosario.

Valiosos barcos

Aquí permanece fondeada la corbeta "Uruguay", declarada buque museo. Es la nave más antigua que aún está a flote. Llegó al país en 1874 y fue la primera Escuela Profesional de Marinos, el primer velero de la Escuela Naval. De esta embarcación salió la primera promoción de cadetes.

Reafirmó la soberanía nacional en el Atlántico Sur y en la Antártida. En 1903 rescató a la tripulación del "Antarctic" comandada por el científico sueco Nils Otto Gustaf Nordenskjöld, que había perdido la embarcación al ser destruida por los hielos antárticos. Muchos años después de aquel episodio, la corbeta "Uruguay" fondeó en la Vuelta de Rocha en *La Boca*. Ahora se afincó en el nuevo barrio.

También aquí se encuentra amarrado desde 1994 el Buque Museo Fragata "Presidente Sarmiento", que durante treinta y siete años fue buque escuela de los cadetes navales. En este museo se exhiben fotografías e itinerarios de sus treinta y siete viajes alrededor del mundo, uniformes, medallas, trofeos, armas, útiles y herramientas. Posee seis salas de exposición y es desde 1962 monumento histórico nacional. Fue botado en 1897 en Inglaterra y realizó su primer viaje de instrucción en 1899.

Próximo museo

El primer museo de la Argentina diseñado para exponer la historia de la navegación funcionará en este barrio. Es un emprendimiento de la Corporación Antiguo Puerto Madero, que cedió el terreno, y otras empresas vinculadas al mismo. Todos bajo el común denominador de la Fundación del Mar y la Navegación, proyecto del arquitecto Mario Roberto Álvarez y Asociados y de Mariano Bilik.

Destruir la memoria

Crítica y polémica despertó la demolición de uno de los primeros silos —de valor histórico—, que databa de 1903. Era considerado el primero y más grande molino de la Argentina; testimonio del momento en que se llamaba a este país "granero del mundo". Fueron elogiados por el arquitecto suizo Carlos Eduardo Jeanneret (Le Corbusier), considerado el padre de la arquitectura moderna. Ahora se proyecta construir, en los restantes silos, viviendas y oficinas.

Iglesia

El barrio cuenta con la parroquia Nuestra Señora de la Esperanza, diseñada por proyecto de los arquitectos Casano, Zubillaga y Poli. Data de 1994 y fue cedida en 1997 en custodia por el Arzobispado de Buenos Aires a la Prefectura Nacional Naval (Dique 2, lado este).

El balneario

Primero fue el balneario Sur, que se inauguró el 11 de diciembre de 1918, cuando era presidente Hipólito Yrigoyen. Las obras iniciadas en 1917 tuvieron un ritmo muy dinámico. En los últimos meses los obreros trabajaron día y noche. La superficie del terreno fue rellenada con doce mil metros cúbicos de tierra. Tuvo en sus inicios doscientas cincuenta casillas para los bañistas divididas cuidadosamente: a un lado las mujeres, al otro los hombres. Aquí se albergaba un inmenso palomar con más de diez mil ejemplares, que son las parientas de las que hoy pueblan Plaza de Mayo. Eran las de Benito Costoya.

La Costanera

La *Avenida Costanera* —que lleva el nombre del abogado cordobés Tristán Achaval Rodríguez y que antes se llamó *Avenida 9 de Julio*— tiene una extensión que casi abarca dos kilómetros. Se extiende, orillando el río, desde la calle *Viamonte* hacia el sur, hasta la terminación de la *Avenida España.*

El intendente Carlos Martín Noel concibió y llevó a la práctica una hermosa obra urbanística que logró reconquistar para el pueblo de Buenos Aires la vista del río, grandioso espectáculo que había quedado oculto por diques, galpones, elevadores y depósitos al construirse el puerto.

Las obras comenzaron en el año 1922. Las empresas que realizaron los trabajos de defensa y formación del paseo hicieron una amplia vereda de diez metros y una calzada de quince metros para automóviles. A nivel inferior de la vereda hay otra de ocho metros situada a dos metros con cincuenta sobre el nivel de la playa, con escalinatas de acceso para el paseo, a ras del río, en los días de bajante.

La piedra fundamental de la obra la puso el presidente de la República, doctor Marcelo T. de Alvear. La inauguración del primer tramo se llevó a cabo en 1924 y asistió a ella el príncipe Humberto de Saboya.

Para la realización de esta obra se contó con el asesoramiento de una comisión estética —edilicia— municipal y con el concurso de numerosos urbanistas.

M. Forestier proyectó la realización de un importante trabajo de jardinería estilo versallesco, complementado con el ornamento de faroles y maceteros importados de Francia. Poco queda de su esplendor vinculado a restaurantes y confiterías que solían tener pequeños teatros de varieté para mayor solaz y entretenimiento del público.

La plazoleta Haroldo Conti recuerda al escritor, nacido en 1925 y desaparecido en 1976. Allí se encuentra la escultura *La ola*, del argentino Nicolás Isidro Bardas (1891-1952), realizada en mármol de Carrara. Se la puede describir como una gran ola, simbolizando las fuerzas naturales. Recostada sobre ella se ve una figura femenina, cuya larga cabellera juega con las olas. Data de 1937 (*Avenida Belgrano y Avenida Tristán Achával Rodríguez*).

La obra literaria de Haroldo Conti refleja con ternura y crudeza el mundo de la Costanera Sur en su novela *Alrededor de la jaula*. Ésta fue llevada al cine con particular comprensión y sensibilidad por el director Sergio Renán en 1974. Fue protagonizada por Ubaldo Martínez y Olga Zubarry; se llamó *Crecer de golpe*. La historia evoca lo que quizá fue el último reducto del varieté o music hall; cuenta la historia de Milo, un niño que pasa a ser adolescente en el ambiente del viejo balneario.

En esa época que abarca de 1930 a 1945 las familias se bañaban en el río y luego merendaban a precios populares en confiterías con escenarios al aire libre o incluidos en la construcción, pero al aire libre, rodeados de árboles adornados con lamparitas eléctricas. Para entenderla hay que evocar los

El Balneario Municipal de la Costanera Sur, 1923.

años cuarenta y cincuenta, cuando la única distracción que había —para los más jóvenes— era escuchar la radio, ir al cine y a veces ir a la Costanera.

"Cómicos de balneario" era la expresión, a veces peyorativa, de la gente de teatro ante el debut en salas de la calle *Corrientes* de algunos de los más grandes humoristas argentinos, que se iniciaron como tales en los humildes y románticos escenarios del balneario de la Costanera Sur. Allí brillaron figuras como el Tano Genaro, Risita, Abraham, Popoff y nada menos que el gran José Marrone.

Algunos aspectos de la zona fueron expuestos por la escritora Gloria Pompillo en su novela *Costanera Sur* (1995).

Cerca de ahí, en el cruce de la *Avenida Belgrano*, se halla una construcción singular que en la actualidad está bajo la jurisdicción del Departamento Ribera de la Dirección de Espacios Verdes del Gobierno de la Ciudad. El edificio es una construcción del arquitecto húngaro Andrés Kalnay. Es de imaginar el privilegio de esta vivienda cuando era usada como residencia particular.

Calles

De un total de casi dos mil novecientas calles de la ciudad, sólo veintitrés tienen nombre de mujer. En 1995 se agregaron doce que están en el barrio. De esta manera la calle *Macacha Güemes* es la continuación de *Perón*, *Cecilia Grierson* de la *Avenida Córdoba*, *Azucena Villaflor* —fundadora de Madres de Plaza de Mayo— de la *Avenida Belgrano*, *Rosario Vera Peñaloza* de *Estados Unidos*, *Elvira Rawson de Dellepiane* de *Brasil*, *Mariquita Sánchez de Thompson* de *Viamonte*, *Regina Pacini de Alvear* de *Tucumán*, *Victoria Ocampo* de *Lavalle* y *Trinidad Guevara* de la *Avenida Corrientes*. El paseo peatonal que bordea los diques se llama *Juana Manuela Gorriti*. *Alicia Moreau de Justo,* antiguamente *Dávila*, es la de mayor orientación y movimiento. Es paralela a *Eduardo Madero* y a *Ingeniero Huergo*. La ex calle *Perito*

700

Moreno se llama ahora *Juana Manso*. Los parques se llaman Mujeres Argentinas, Micaela Batista, Virginia Bolten, Raquel Forner y Fenia Cherkoff.

Otra plaza lleva desde 1997 el nombre de Héctor Oesterheld en homenaje al creador de la historieta *El Eternauta* desaparecido en 1977. Está situada entre la *Avenida de los Italianos e Intendente Giralt* y las calles *Azucena Villaflor y Macacha Güemes*.

La pérgola

Es de estilo griego; costea una parte del río de la Plata y se asciende a ella por medio de escalinatas.

Supieron florecer en ella glicinas —planta de origen chino—, cuyo nombre científico es *Wistaria sinensis*.

En este lugar se filmaron importantes escenas de la película argentina *Tres veces Ana*, dirigida por David José Kohn (1961). Las secuencias que tienen a la pérgola como escenario fueron tratadas por Ricardo Aronovich, argentino que reside en Francia, considerado hoy uno de los mejores directores de fotografía del cine francés.

En la pérgola de la Costanera Sur se halla el monumento en cemento al navegante solitario Vito Dumas, proyectado y construido en talleres municipales e inaugurado en enero de 1972 por el intendente Saturnino Montero Ruiz. Consiste en una placa de dos metros con cincuenta de altura por un metro de ancho con dos triángulos calados que insinúan el volumen de una embarcación.

En una de las caras muestra una leyenda alusiva con la figura de la nave y en la otra aparece la constelación la Cruz del Sur.

Cuando estaba en Francia Dumas decidió unir ese país con la Argentina y con un barco de ocho metros de eslora realizó la hazaña, llegando a Buenos Aires el 12 de abril de 1932. El solitario marino arribó después de ciento veintidós días de navegación, afrontando toda clase de calamidades, sed, frío y temporales que pusieron en peligro de naufragar a la embarcación.

En 1942 vuelve al mar, zarpa de la Costanera Sur, esta

701

vez con su barco "Lehg II", y realiza la gran hazaña de dar la vuelta al mundo sin ninguna compañía. A pesar de todos los inconvenientes que tuvo en la ruta, logra llegar a Buenos Aires el 7 de setiembre de 1943, después de recorrer veintiún mil millas en doscientos setenta y cuatro días.

Cerca de la pérgola se halla el monumento a Luis Viale realizado por el escultor italiano Eduardo Tabacchi a fines del siglo XIX. Fue erigido como homenaje a la abnegación y el sacrificio de Luis Viale, cuya figura, sobre una base de mármol de Carrara, se presenta en una actitud decidida y avanza portando en su mano derecha un salvavidas.

La noche del 24 de diciembre de 1871 el vapor "América" se dirigía a Montevideo cuando, a la altura del paraje San Gregorio, estallaron las calderas del buque. El pasaje, aterrorizado, lo abandonó. El joven doctor Augusto Marcó del Pont y su esposa, Carmen Pinedo, se arrojaron al agua sin salvavidas. A punto de perecer ambos, Luis Viale, viendo que la señora estaba embarazada, le arrojó un salvavidas, perdiendo en este acto de abnegación su propia vida.

No lejos de la pérgola se halla el monumento *Guardacostas*, obra del artista argentino Andrés Oscar Mirwald. Se ha levantado como símbolo del quehacer cotidiano de la Prefectura Naval Argentina. Data de 1997. Representa a la República Argentina desde donde surge la proa de un guardacostas. En los laterales hay dos murales que representan las funciones de la institución (*Avenida de los Italianos* y *Azucena Villaflor* —ex *Avenida Costanera Sur*—).

El arquitecto Kalnay es también el autor de la Munich de la Costanera, ahora Museo de Telecomunicaciones. Además es testimonio de un pasado feliz, con el descubrimiento del río por una elite porteña.

Construido en sólo cuatro meses y ocho días, el edificio recuerda la arquitectura de los viejos hoteles de la Costa Azul, sigue siendo un admirable compendio de escaleras curvas, balaustradas, pérgolas, glorietas, terrazas, galerías, frisos, vitrales, cerámicas, maderas, relieves y torrecillas. Data de 1927.

Por allí desfilaron políticos, artistas y visitantes ilustres, en

702

sus salones resonó durante años la música y en sus fiestas brilló la juventud dorada. Después de varias décadas de esplendor comenzó a vivir su decadencia, coincidentemente con el florecimiento, en sus proximidades, de lugares de esparcimiento masivo donde se lucieron los primeros números de varieté que conoció Buenos Aires y las nubes de humo de las parrillas que hicieron olvidar el romanticismo.

El edificio fue restaurado por el arquitecto Rodolfo de Liechtenstein y en sus salones se exhiben colecciones de teléfonos y temas afines. El edificio pertenece al Gobierno de la Ciudad y los bienes expuestos al Estado Nacional (*Avenida de los Italianos* 851).

El Mástil de los Italianos o Antena Monumental se halla en la *Avenida de los Italianos*. Es obra del escultor italiano Gaetano Moretti. Se inauguró en 1927 y fue erigido por la colectividad de ese país en la Argentina como recuerdo de la visita del príncipe Humberto de Saboya, heredero de la corona de Italia, en 1924. El monumento se inspira en los mástiles de la Plaza de San Marcos en Venecia (Italia).

Humberto llegó a ser rey, durante un mes de 1946. Su viuda, la ex reina María José —nacida princesa de Bélgica—, solía visitar a su hija Beatriz de Saboya, radicada en la Argentina.

En el centro de la rotonda de la Costanera Sur se encuentra la *Fuente de las Nereidas*, esculpida por la artista tucumana Lola Mora, la primera mujer escultora que tuvo la Argentina. Para realizar esta obra se inspiró en la mitología y centró el homenaje a la mujer argentina en Venus, hija de Urano, llamada Afrodita según Hesíodo. Es la diosa del amor, la belleza, la gracia y los mares. Las Nereidas que sostienen a Venus son, de acuerdo con la mitología, hijas de Nereo y Doris, y representan la variedad de fenómenos y aspectos del mar. Son consideradas divinidades bienhechoras y protectoras. Los navegantes las invocaban para tener una feliz travesía. Esta obra fue realizada en Italia y traída en barco hasta Buenos Aires. La pieza tiene varias rajaduras, producto de los muchos traslados que sufrió, debido a que fue censurada por los desnudos que presenta. Desde su primitivo emplazamiento en la Plaza Roma o Mazzini, en *Avenida Leandro N. Alem y Perón*, llegó a la Costanera Sur.

Dolores Mora de Hernández, "Lola Mora" (1866-1936), se destacó en el mundo artístico por ser dueña de una personalidad adelantada a la época en que le tocó vivir.

En febrero de 2000 se inauguró frente a la *Fuente de las Nereidas* el Anfiteatro Griego, con capacidad para tres mil personas.

El Museo de Calcos depende de la Escuela Superior de Bellas Artes "Ernesto de la Cárcova", de nivel terciario, y es uno de los lugares más interesantes que tiene la ciudad.

El edificio, construido a fines del siglo XIX, fue un lazareto de animales. La Comisión de Bellas Artes (antes de 1930) propició la formación del Museo de Calcos y Escultura Comparada con reproducciones que, con el asesoramiento de los plásticos Ernesto de la Cárcova y Rodolfo Alcorta, se habían logrado reunir en Europa.

Son propiedad del museo, también, más de doscientos calcos pertenecientes a esculturas egipcias, asirias y babilónicas. Las piezas se encuentran emplazadas en dos salones cuyas dimensiones impiden realizar una distribución adecuada y existe poca distancia entre las mismas, lo que impide una visión particularizada.

Los calcos son una copia especial de algo que tiene volumen, sea un vaso, una cabeza o un cenicero; para lograr reproducciones fidedignas se van cubriendo partes del objeto con una goma especial, luego se utiliza ésta como matriz, obteniéndose las mismas formas del original. Unidas las partes, el calco está concluido.

Alternan en ese ámbito los calcos del *Moisés* y el *David* de Miguel Ángel, la *Victoria de Samotracia*, la *Venus de Milo*. Muchas de estas obras fueron traídas para los festejos del Centenario, en 1910. Otras se compraron en algunos de los museos más famosos del mundo: el Louvre, el Museo Británico y varios museos italianos; el resultado total es, a pesar de las carencias, absolutamente maravilloso (*Avenida Costanera Dr. Tristán Achával Rodríguez* 1701).

Paralelos al paseo y al costado del museo, sobre el parque, se encuentran diversos árboles y el busto de Pío Collivadino, pintor argentino (1869-1945), realizado por Juan B. Leone en 1954.

El esfuerzo personal del pintor Ernesto de la Cárcova se advierte, entre otras cosas, en la fuente que construyó en los jardines, hecha con azulejos cerámicos que obtuvo en casas de demolición. La idea del gestor y artista era que la fuente y el ruido del agua reconfortan el espíritu y ayudan a la creación.

En la Costanera Sur se halla el Observatorio Naval, obra de los constructores Piazza y Piana; es el organismo que regula la hora oficial en el territorio argentino. Como institución data de 1881. También realiza la confección de almanaques náuticos y, entre otras tareas, se ocupa asimismo de la reparación de instrumentos especializados. Dentro de la zona funciona además el Servicio de Hidrografía Naval.

Un importante emprendimiento empresario significó la transformación de este nuevo barrio de Puerto Madero.

La ciudad deportiva

Parte de los éxitos y fracasos argentinos se agolpan en lo que todavía los porteños llamamos la Ciudad Deportiva de Boca. Por ley nacional se autorizó al Club Boca Juniors a rellenar hasta cuarenta hectáreas dentro del río de la Plata frente a la Costanera Sur. Los trabajos de relleno comenzaron en setiembre de 1965, y hasta marzo de 1967 la institución ejecutó las obras de tablestacado de cierre del llamado sector social deportivo, construyó los puentes de acceso Nos. 1 y 2; inició los primeros tendidos de instalación eléctrica e iluminación provisional y realizó las primeras parquizaciones.

A partir de marzo de 1967, un equipo bajo la dirección de los arquitectos Carlos Costa y Atilio Vega tomó a su cargo el estudio de la planificación y los proyectos definitivos del complejo deportivo.

Las obras de la Ciudad Deportiva de Boca Juniors establecían tres grandes sectores: el social deportivo, el de espectáculos y el profesional. El primero, para uso de los socios, y los dos últimos librados al público en general; el área para los deportes y las recreaciones que se practican en verano se ubicaba totalmente en la isla dos, y aquellos que se practican todo el año ocuparían las islas cuatro y cinco y la cabecera noroeste de la isla dos.

En 1990 el entonces vicepresidente de Boca Juniors, Carlos Heller, anunció que un grupo empresarial francés se asociaría al Club en este emprendimiento soñado por el dirigente Alberto J. Armando. Recordemos que el 21 de setiembre de 1989 el Congreso Nacional sancionó la ley que habilitó al Club Boca Juniors para vender las cincuenta y cuatro hectáreas ganadas al río de la Plata. Hasta esa ley Boca no podía venderlas ya que en 1963 el gobierno había autorizado al club a rellenar el río siempre y cuando destinara las nuevas tierras a un uso deportivo y social.

La ley de 1963 preveía que si Boca no cumplía con esa promesa las tierras ganadas al río pasarían a la ex Municipalidad sin ningún tipo de indemnización.

La ordenanza municipal que determinó cuántos metros cuadrados más se podrían construir en la Ciudad Deportiva fue promulgada el 7 de diciembre de 1991.

La Ciudad Deportiva se vendió en veintiún millones de dólares. Su destino estaba al parecer enmarcado en el proyecto de urbanización Santa María del Plata, cuyo concurso internacional de ideas fue ganado, entre otros, por los arquitectos Jorge Hampton, Emilio Rivoira, Alfredo Garay, Marcelo González y Néstor Magariños. En 1997 el premiado proyecto fue postergado. La Ciudad Deportiva fue vendida a otro grupo inversor que desde entonces planea construir allí edificios y viviendas.

España

En lo que parece el fin y no lo es, se halla el monumento a España, del escultor argentino Arturo Dresco (1873-1961). Se integra sobre una imponente base de granito rojo dragón, rodeado con frondosas tipas. En la parte central del monumento se lee, grabada en el mármol, esta frase: "A España Fecunda Civilizadora Eterna". En la parte superior, coronando los grupos escultóricos, dos figuras representan, respectivamente, a una joven de pie —la Argentina— y la figura sedente de una mujer madura —España—.

Se encuentran aquí representadas veinticuatro figuras de navegantes, historiadores, cronistas y personalidades que desde sus roles aportaron elementos para la formación de esta parte de América.

El monumento fue donado por el gobierno nacional y encargado al artista por la Comisión del Centenario, en 1910. Se inauguró veintiséis años después. Fue una retribución del que la Argentina recibió de España y que está situado en los bosques de *Palermo* y se conoce como el Monumento a los Españoles, que en realidad se llama La Carta Magna y Las Cuatro Regiones Argentinas.

De acuerdo con lo establecido durante la visita que hizo en los años '90 la reina Sofía de España, se convino en que este monumento sería trasladado a la *Avenida 9 de Julio* —calle *Lima*— y *Avenida de Mayo*, donde ahora está situado el Quijote, monumento que no gozó de simpatías populares desde que fue inaugurado en 1980.

Paraíso secreto

La Reserva Ecológica, equivalente a trescientas manzanas, se formó de casualidad. Comenzó su historia de tierras ganadas al río en 1972, con el proyecto Ensanche Área Central, que tenía por objeto construir una ciudad satélite. Para ello se usó un sistema similar a los polders holandeses. Dentro de uno de ellos se descargó limo, arcilla, arena y materia orgánica. Debido a que este material provenía de distintas zonas del río de la Plata, sus componentes se presentaban en diferentes proporciones. A esto se sumó que el sedimento formó varios niveles de altura, constituyéndose ambientes de características particulares.

Hay más de doscientas cuarenta especies de aves registradas. Debe tenerse en cuenta que el total de aves registradas en toda la Argentina es de mil. La zona presenta ambientes naturales bien diferenciados: bañados, pastizales de cortadera, bosques de aliso, bosques de sauce criollo y matorrales de chilca. Hoy este parque natural ofrece la alternativa de conectarse con una vida más pura.

En 1986, siendo intendente de la ciudad de Buenos Aires el doctor Julio César Saguier, se declaró Parque Natural y Zona de Reserva Ecológica a estos terrenos ganados al río de la Plata. La zona cuenta con un Consejo de Gestión que integran la Universidad de Buenos Aires, la Fundación Vida Silvestre, la Asociación Aves Argentinas y Amigos de la Tierra. A partir de 1989, con la promulgación de la ordenanza municipal N° 43.609, se crea el Distrito Área de Reserva Ecológica por medio del cual se incluye a la zona en el código de planeamiento urbano. Con la entrada en vigencia del Plan de Manejo de la Reserva Ecológica Costanera Sur, este espacio de trescientas sesenta hectáreas adquiere estatus similar al de un parque nacional.

En trece años la Reserva Ecológica sufrió cerca de trescientos incendios, así como también atentados a los animales que viven en su ecosistema. Hubo además una avalancha de proyectos tendientes a convertirla en campo deportivo náutico, en un helipuerto, en un complejo hotelero, en autopista y también en shopping.

En los últimos años se detuvo a ochenta y dos personas por los incendios, pero por diversos motivos las causas no avanzaron. Los incendios han estado —al parecer— vinculados a intereses inmobiliarios.

El río de la Plata tiene hoy cien mil veces más bacterias que hace treinta años. En 1998 cerca de trescientos jóvenes se lanzaron a recolectar basura en las orillas de la Reserva. En tres horas juntaron quinientos kilos. En noventa y cuatro bolsas se colocaron latas, pañales, telgopor, chapas y madera. La actividad fue supervisada por la Fundación Vida Silvestre y fue parte del 6º Encuentro Anual "A limpiar el mundo", en el que participaron 120 países (*Avenida Tristán Achával Rodríguez* 1550).

"Plus Ultra"

En 1925 trascendió en Madrid que dos soldados españoles, el comandante de infantería Ramón Franco —hermano del que posteriormente fuera el generalísimo Francisco Franco Bahamonde— y el capitán de artillería Ruiz de Alda, preparaban un vuelo de España a la Argentina; para el viaje se utilizaría un hidroavión alemán construido en 1924. Poseía dos motores ingleses de 500 HP de potencia, cada uno con dos hélices. Se calculaba una velocidad de crucero de 160 kilómetros por hora y una carga de combustible de 4.000 litros aproximadamente. Se lo llamó "Plus Ultra". Se estimaron unas 60 horas de vuelo efectivo, pero las condiciones meteorológicas hicieron que fueran 61 horas, 44 minutos. El hidroavión no sólo estaba tripulado por los ya mencionados Franco y Alda, sino también por el teniente de navío Juan Durán y el mecánico Pablo Rada.

El "Plus Ultra" partió de Palos de Moguer el 22 de enero de 1926 y arribó a Buenos Aires, cumpliendo las seis etapas propuestas, el 10 de febrero de ese año. Acuatizó en las cercanías del puerto y de la flamante Costanera Sur. El entusiasmo fue delirante. La primera visita fue para el presidente de la República, doctor Marcelo T. de Alvear. Los vencedores recibieron el primer mensaje de salutación del rey de España, Alfonso XIII. Días después volvieron a su país.

El hidroavión fue donado al gobierno de la Argentina y se exhibió en el Museo Histórico de Luján, en la localidad homónima, a setenta kilómetros de la ciudad de Buenos Aires. En 1985 el gobierno español pidió su devolución para su reacondicionamiento con objeto de repetir la hazaña. Aún no fue restituido.

En la Costanera Sur se halla el monumento en su honor. Hecho por suscripición popular en el año 1928, unió al pueblo y al gobierno en esta obra del escultor español José Lorda. Representa a una figura masculina alada: Ícaro, tomada de la mitología griega y realizada en bronce sobre un basamento de piedra martelinada. Dicha figura encarna al héroe. Igualmente se erigió otro monumento similar en España, obra ejecutada por el argentino Agustín Riganelli.

Ahora, no tan secreto

Se accede a él por el costado de la calle *Díaz Vélez*, entre los puentes de las calles *Bulnes* y *Mario Bravo*, en el barrio de *Almagro*, pasa por debajo de la estación *Once* del tren y *Miserere* del subterráneo línea A, corre por debajo de la *Avenida Rivadavia*, cruza en diagonal la Plaza Congreso, *Avenida de Mayo* hacia el Cabildo y lateral de la Casa de Gobierno y sale a la altura de la calle *Bartolomé Mitre*, frente al dique 3 de *Puerto Madero*.

El túnel se halla a veinte metros de profundidad y todo el trayecto posee forma de herradura. El encofrado es de cemento. Su máximo diámetro es de seis metros y alcanza su mayor profundidad por debajo de la intersección de la *Avenida Rivadavia* y la calle *José Evaristo Uriburu*, allí llega a veintitrés metros con diecisiete centímetros. Al costado del túnel hay refugios o nichos utilizables en caso de emergencia.

Los primeros servicios se hacían con locomotoras a vapor y, en consecuencia, muchas veces hubo que auxiliar a maquinistas y guardas semiasfixiados. Para aliviar tal efecto se había colocado a la salida de Congreso un gran ventilador que nunca llegó a funcionar por razones técnicas. En la actualidad hay dos respiradores con escaleritas de mano a la altura de la calle *Alberti* y frente a *Rivadavia* y *Montevideo* (Plaza Congreso).

El 1º de marzo de 1949 se lo utilizó para el desplazamiento de pasajeros entre *Caballito* y un apeadero llamado Estación 1º de Mayo ubicado, aproximadamente, en la intersección de las calles *Perón* y *Eduardo Madero*. El servicio se prestó hasta enero de 1950. Se utilizaron convoys de sólo dos vagones. Se hacían cuatro viajes por hora con una capacidad máxima para cuatrocientos pasajeros.

En síntesis, se trata de un túnel de cuatro kilómetros y setecientos metros de extensión, que es una singular obra de ingeniería. El proyecto fue realizado por el ingeniero David Simpson, inglés graduado en la Universidad de Edimburgo y que llegó a Buenos Aires en 1887 trabajando para el ferrocarril trasandino; luego de viajar y trabajar en Cuba, proyectó el subterráneo a Once. En 1907 se radicó en Londres. La dirección de obra la hizo otro inglés: Guillermo Brown.

El túnel intentó reparar la falta de conexión directa entre la zona del Puerto y el Ferrocarril Sarmiento. Su salida es por debajo de la Plaza Colón. Data de 1916. En 1997 una empresa inició un servicio ferroviario rápido y diferencial que une el barrio con la localidad de Castelar, en la provincia de Buenos Aires. Para rehabilitar el servicio los transportadores, entre otras medidas, reinstalaron tres extractores que renuevan el aire cuatro veces por día.

Talento y creatividad de arquitectos y urbanistas.

711

Bibliografía

Leticia Maronese. *Mujeres y calles*, Buenos Aires, Concejo Deliberante de la Ciudad de Buenos Aires, 1997.

Reserva ecológica – Costanera Sur, Buenos Aires, Secretaría de Recursos Naturales y Ambiente Humano, Presidencia de la Nación, 1997.

Reserva ecológica – Mamíferos, Buenos Aires, Subsecretaría de Medio Ambiente, Municipalidad de Buenos Aires, 1995.

Revista Puerto Madero, Año 1 N° 1, Buenos Aires, Corporación Antiguo Puerto Madero S.A., 1997.

Time Out. Guía de Buenos Aires, Barcelona, Art Blume, 2001.

Ciao Buenos Aires (Recorrido italiano por la ciudad), Buenos Aires, Gobierno de la Ciudad de Buenos Aires, 2001.

Revista Suma +, Buenos Aires, agosto-septiembre 2000.

Autores varios. *Buenos Aires 1910: Memoria del porvenir*, Buenos Aires, GCBA Concejo del Plan Urbano Ambiental; Facultad de Arquitectura, Diseño y Urbanismo de la Universidad de Buenos Aires; Instituto Internacional de Medio Ambiente y Desarrollo, IIED, América Latina, Ed. Margarita Gutman, 1999.

36

RECOLETA

Nº 95. Buenos Aires Monumento e Avenida Alvear.

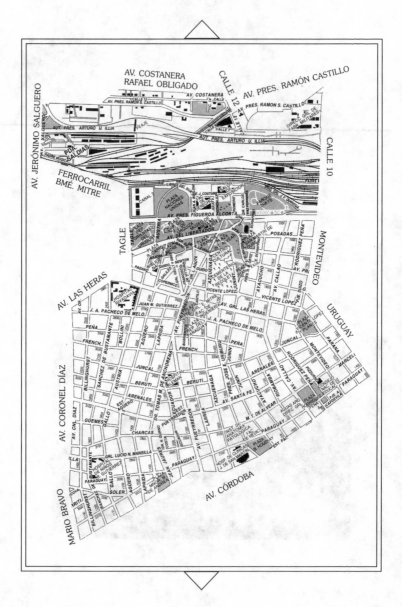

"Han pasado las épocas en que la Recoleta era llamada Tierra del Fuego, porque eran los confines de la ciudad. Se decía que el barrio tenía todo: hospital, por el Rivadavia; cárcel, la de Las Heras, que entonces era de Recoleta, y también cementerio. Allí se reunían matarifes, lavanderas y gremios varios, mezclando trabajo y ocio. En este sitio, tan próximo al río de la Plata, se realizaban las romerías de la Virgen del Pilar y en esas reuniones en que predominaban inmigrantes españoles, el tango tomó forma y creció."

GERMINAL NOGUÉS

Límites

Calles y avenidas: *Montevideo, Uruguay, Córdoba, Mario Bravo, Coronel Díaz, General Las Heras, Tagle,* vías del Ferrocarril General Bartolomé Mitre, *Jerónimo Salguero,* traza de la autopista costera hasta la prolongación virtual de *Montevideo.*

Algo de historia

Su nombre proviene del convento de los Padres Recoletos y de la iglesia de Nuestra Señora del Pilar, inaugurada el 12 de octubre de 1732. El convento fue luego el Hospital Buenos Aires y después de 1858 el Asilo de Mendigos, adoptando posteriormente el nombre de Asilo de Ancianos "General Viamonte", hoy Centro Cultural Recoleta.

Paisaje

Abarca un importante sector de la ciudad, aunque —por mal hábito— lo limitan a la zona del Cementerio y aledaños.

Cuando se habla de *Recoleta* se la relaciona con un nivel socioeconómico de clase alta. Si bien existen departamentos importantes y restaurantes sofisticados, también hay muchos departamentos pequeños ocupados por jóvenes estudiantes, que son de distintas provincias y vienen a estudiar. Eligen este barrio para alojarse por su cercanía a las diversas facultades de la Universidad de Buenos Aires.

Avenida Pueyrredón

El Hospital Alemán, considerado el más grande fuera de Alemania, data de 1878. Participaron en su construcción los arquitectos Moog, Bunge y Schreiner. Ha tenido modificaciones y conservado prestigio a través de los años (*Avenida Pueyrredón* 1640).

El lugar se llamaba "La Cueva" y estaba vinculado al artista José Alberto Iglesias, más conocido como "Tanguito", autor del tema *La balsa* y una de las primeras figuras del rock nacional en los años '70. Con aspectos de su vida se filmó la película *Tango feroz* (1993), que dirigió Marcelo Piñeyro y protagonizó Fernán Mirás (*Avenida Pueyrredón* 1723).

En una encrucijada de calles se halla el monumento a Guillermo Rawson, gestor de la colonización galesa a la provincia del Chubut y primer presidente de la Cruz Roja; su figura es escoltada por otras dos que representan La Elocuencia y La Ciencia. Es obra del argentino Héctor Ayerza (*Avenida Pueyrredón* y *Avenida Las Heras*).

Avenida Las Heras

En 1968 funcionó en el barrio el restaurante El Lagar del Virrey. Original del siglo XVIII, se vincula a la red de túneles coloniales que atraviesan Buenos Aires. Al cerrarse el restaurante, curiosamente también se cerraron los túneles y se eliminó todo vestigio del pasado (*Ayacucho* 1669).

En su frente se halla la Escuela Juan José Castelli, obra del arquitecto Uriel Zevi y del ingeniero Jacobo Sere Brennink. Fue pionera en la ciudad para ofrecer doble escolaridad a sus alumnos (*Ayacucho* 1680).

En 1995 se demolió polémicamente una feria que funcionaba en el barrio. En 1996 se inauguró allí la plaza que recuerda al escritor Manuel Mujica Lainez (1910-1984), que incluye una pirámide (*Vicente López y Junín*).

El edificio de la Embajada de la República Oriental del Uruguay es obra de los arquitectos de ese origen Mario Payssé Reyes y Perla Estable. Tiene bajorrelieves de Edwian Studer, murales de Julio Uruguay Alpuy y esculturas de José Luis Zorrilla de San Martín, entre otros. Data de 1983 (*Avenida Las Heras* 1907).

Lo llaman la "catedral inconclusa". Es un edificio de arquitectura neogótica, proyectado por el arquitecto e ingeniero uruguayo Arturo Prins (1877-1930). Debió tener una torre central de ciento veinte metros de altura y dos torres laterales de sesenta metros cada una.

Para algunos este edificio no se terminó por problemas de estructura y para otros por falta de presupuesto.

La obra proyectada por Prins fue aprobada en 1912 y tuvo un lento proceso de construcción. Se paralizó en 1914 a raíz de la situación económica surgida por el estallido de la Primera Guerra Mundial. Se reanudó en 1918 y se habilitó en 1925. Las obras continuaron hasta 1938.

Fue hecho como sede de la Facultad de Derecho y Ciencias Sociales. El criterio de Prins, su autor, era "que aquí se estudie en un clima que ayude a los alumnos a estar más cerca de Dios".

Actualmente es la sede *Las Heras* de la Facultad de Ingeniería de la UBA. En su interior funciona el Museo de Ciencia y Técnica donde, entre otras cosas, se observan la demostración práctica del Teorema de Pitágoras y la hecha por León Foucault, en relación con el movimiento de rotación de la tierra (*Avenida Las Heras* 2214).

El templo de San Agustín data de 1910. Es obra del arquitecto Luis A. Broggi y su estilo es neogótico (*Avenida Las Heras* 2560).

Cerca del Hospital Rivadavia se halla el pasaje *Bollini*: tiene dos cuadras de largo desde *Pacheco de Melo* hasta *French* y preserva un cierto encanto de la ciudad antigua.

Como un estilo arquitectónico que usa y abusa de la geometría se define al *art déco*. Una respuesta que dio la arquitectura al *art nouveau* y que surgió en la Exposición de las Artes Decorativas de París, en los años '20.

En la Argentina el arquitecto Arturo Virasoro fue considerado el padre de ese estilo. Su propia casa es un fiel exponente del mismo (*Agüero* 2024).

Plaza Vicente López

Fue uno de los puntos peligrosos de la ciudad. Se llamó "Hueco de las Cabecitas", ya que allí se mataban ovejas y carneros. Hubo una laguna y un horno de ladrillos.

Desde antes de 1896 se denomina Vicente López. La estatua del creador del Himno Nacional, obra del escultor Mateo Alonso, debió inaugurarse en 1890 y se concretó recién en 1956 (*Montevideo, Paraná, Juncal, Arenales y Vicente López*).

Arenales y Avenida Santa Fe

La vecina calle *Arenales*, desde *Cerrito* hasta la *Avenida Callao*, funciona como un importante centro de compras.

En la populosa *Avenida Santa Fe*, paralela a *Arenales*, se pueden ver muchas galerías comerciales.

Donde se halla una casa de artículos de lana, se encuentra intacto en su interior el Cine y Teatro Versailles. En realidad el negocio ha sido instalado en el teatro (*Avenida Santa Fe* 1440).

Cuenta la escritora Cora Cané una tradición de la ciudad: "A mediados de 1903, Julita Bosch, alumna de primer grado de la escuela Onésimo Leguizamón, enfermó de cierto cuidado. Sus compañeritas la visitaban, y le informaban acerca de los 'deberes' (como se decía antes) y de las novedades del grado. Pero fue Adriana Zala, joven directora del establecimiento, la que no dejó un solo día de hacerle compañía, contándole cuentos, velando su sueño y dándole sus remedios.

"Una tarde Julita Bosch, ya recuperada, regresó a clase y,

junto con ella, una hermosísima muñeca que la pequeña regalaba a la escuela. Desde entonces esa muñeca —a la que se 'bautizó' el 13 de noviembre de 1903— ocupó un lugar de honor. La cuidaron y vistieron varias generaciones. Fue celebrada en fiestas anuales que congregaban a las que ya habían pasado por sus aulas y eran madres o abuelas de los chicos que, fieles a la tradición familiar, en ese establecimiento se educaban" (*Avenida Santa Fe* 1510).

La Galería Santa Fe es una de las más notorias y tiene murales del pintor argentino Raúl Soldi; su plano se encuentra diseñado —como un adorno— en el piso de acceso a la misma galería (*Avenida Santa Fe* 1660).

Microbarrio El Carmen

Su epicentro es la Plaza Rodríguez Peña, solar vinculado desde 1745 al prócer Nicolás Rodríguez Peña y su familia.

La casona de Rodríguez Peña estaba sobre la *Avenida Callao* cerca de la calle *Paraguay*. Hubo una placa que decía "en esta casa nació Nicolás Rodríguez Peña un 30 de abril de 1775, precursor de la Independencia Argentina, en ella se preparó la revolución del 25 de mayo de 1810".

La placa debió ser retirada y depositada en el Museo Histórico Nacional. En el lugar se levanta hoy una mutual de medicina prepaga. Debe entenderse que quien fue propietario de la ex mansión no quiso tener en su fachada la placa. Ahora hay una nueva placa de bronce que indica que ahí nació en 1776 Nicolás Rodríguez Peña, lo cual es un error, ya que nació en 1775.

En la plaza se destaca el monumento a Bernardo de Irigoyen (1822-1906, jurisconsulto, ministro de Relaciones Exteriores, y gobernador de la provincia de Buenos Aires), inaugurado en 1934 y realizado por el español Mariano Benlliure y Gil (1862-1947), quien es el autor de la estatua del pintor Diego de Velázquez erigida frente al Museo del Prado, en Madrid.

El sediento es una fuente que se admira en esta plaza. Es obra de la escultora Luisa Isabel Isella de Motteau (1886-1942).

El monumento a Nicolás Rodríguez Peña, inaugurado en 1910, es del escultor alemán Gustavo Eberlein (1847-1926).

Durante 1995 se descubrió una placa en homenaje a la primera voz femenina que pidió la palabra en el Congreso de la Nación: Delia Parodi. Además fue la primera mujer que llegó a la vicepresidencia de la Cámara de Diputados y era vecina de la zona.

La Plaza Rodríguez Peña se convierte semanalmente en lugar propicio para las enseñanzas del maestro chino Yuan Yun Min, un experto en tai chi chuan, entrenamiento que aprende del movimiento circular de cielo y tierra, Yin y Yang, el secreto de su ciclo vital. Consta de cuarenta y ocho movimientos clásicos.

En esta plaza se iniciaron y popularizaron, cuando esto no era nada común, los espectáculos de teatro al aire libre durante el verano. Aquí se dio en una carpa —año1959— *Anfitrión 38*, del francés Jean Giraudoux, con Carlos Estrada y Beatriz Bonnet como protagonistas, dirigidos por Boyce Díaz Ulloque.

Siendo en la antigüedad una zona casi despoblada y con pocos ranchos, el comerciante español Juan Antonio Rodríguez —oriundo de Pontevedra, Galicia— adquirió una quinta de cuatro manzanas con frente a lo que es hoy la *Avenida Callao*.

Allí hizo una casa. Una noche oyó ruidos en el exterior. Pensó que era un ladrón e hizo fuego con su escopeta en plena madrugada. A la mañana siguiente encontró el cuerpo exánime de un querido vecino. La Justicia lo declaró inocente pero Rodríguez, muy afectado, decidió levantar en el mismo sitio una "capilla del desagravio" que se comenzó a construir en 1840.

El templo definitivo y como lo conocemos hoy es la parroquia del Carmen, que con el Colegio y la Casa del Clero forman una suerte de unidad. La iglesia era antes llamada capilla de la Bola de Oro debido a una esfera dorada que tenía el pararrayos.

En la concreción de la misma participó Petronila, hija de Juan Antonio. Bajo el altar mayor, en la cripta, se hallan sepultados los restos de su padre.

El templo es de estilo neorrenacentista. Data de 1888 y es

obra del arquitecto Juan A. Buschiazzo. Al frente se halla la Plazoleta Petronila Rodríguez (*Rodríguez Peña* 854).

En el año 1924 el escritor Héctor Pedro Blomberg contaba que cerca de la capilla del Carmen había una salamanca famosa. Es decir una cueva de brujas rodeada de varios ombúes frondosos.

La salamanca es una creencia supersticiosa extendida en la mayor parte del país. Se sostiene que es una cueva en la que se rinde culto al diablo y de la que salen verdaderos hechiceros. En la estación Bulnes de la línea D hay un mural que muestra esa superstición popular.

El Palacio Pizzurno, que en realidad se llama Palacio Sarmiento, proyectado por el arquitecto argentino Carlos A. Altgelt (1855-1937) y habilitado como escuela en 1885, fue también un legado de Petronila Rodríguez. Fue sucesivamente sede de Tribunales, del Consejo Nacional de Educación y actualmente del Ministerio de Educación. Allí funciona la Biblioteca Nacional de Maestros. En su frente se pueden observar dos figuras de argamasa que se miran simétricamente: una, con casco y coraza militar, es la "educación antigua"; la otra, con dos libros y globo terráqueo, exhibiendo el seno derecho, es la "educación moderna".

En su interior las distintas salas rinden homenaje a docentes destacados: doctora Luz Vieira Méndez, Luis Rafael Mac Kay, Rosario Vera Peñaloza y Senén González (padre). También se recuerda al escritor Leopoldo Marechal, que además fue docente.

El nombre Pizzurno que llevan el Palacio y la calle honra a tres hermanos, Carlos, Juan Tomás y Pablo Pizzurno, los que fueron destacados pedagogos argentinos. Ésta quizá sea la única calle de la ciudad que recuerde a tres hermanos en forma conjunta.

En la plaza hay un busto de Pablo, famoso por su libro de lectura *Los pininos*, obra de Luis Perlotti, y en otra parte de la plaza uno del religioso y educador francés Juan Bautista de La Salle.

Por extensión de la Plaza Rodríguez Peña valga destacar que en las esquinas de las calles *Paraná* y *Paraguay* se encontraba el bar "Del Carmen". Sus dueños eran asturianos y bautiza-

ron la esquina con el nombre de Aníbal Troilo, el músico bandoneonista, que vivía enfrente. Los hermanos Pedro, Pepe y
Faustino Fernández conocieron a Troilo en 1939 cuando Pedro
era mozo del desaparecido Café Marzotto de la *Avenida Corrientes*. La amistad creció con el reencuentro. En 1999 el lugar
se transformó en una pizzería, pero mantiene parte de la mística
del antiguo bar.

A partir de la esquina de la *Avenida Córdoba* y *Montevideo*
se halla un centro espontáneo de distintos rubros vinculados con
el naturismo, lo que demuestra los profundos cambios de los
hábitos carnívoros de los argentinos.

Avenidas Santa Fe y Callao

El tramo de la *Avenida Santa Fe* desde la calle *Montevideo*
hasta la *Avenida Coronel Díaz* pertenece a *Recoleta*; fue antaño
la Ruta del norte San Gregorio, o "calle estrecha", y en 1822
Bernardino Rivadavia le dio el nombre de *Santa Fe*. En algún
momento se decía de ella que más que una avenida es un estado de ánimo colectivo. Famosa por sus celebraciones del Día de
la Primavera, en el mes de setiembre.

La calle *Lavalle* entre *Florida* y *Carlos Pellegrini* en el barrio de *San Nicolás* es el símbolo de los cines. Por eso a la zona
de las avenidas *Santa Fe* y *Callao* se la llama "la otra *Lavalle*",
por la cantidad de salas que se agrupan y que han generado un
importante movimiento de restaurantes y cafés, como también
de librerías.

También la *Avenida Callao* abarca un tramo que pertenece
al barrio. Hoy parece sueño que en algún momento se la llamó
"Camino de Circunvalación" ya que era límite de la ciudad. Fue
la primera, después de *Avenida de Mayo*, en levantar edificios
con cúpulas y techos de pizama.

El nombre *Callao* nos recuerda a la ciudad y puerto cercanos a Lima, Perú.

Cuando el Petit Café, situado en *Avenida Santa Fe* esquina
Avenida Callao, cerró en febrero de 1973, se fue parte de una
historia de la ciudad.

En 1979 se intentó instalarlo nuevamente, pero no fue lo mismo.

El Petit Café nació como una aventura comercial de ex-mozos de la vecina Confitería del Águila, hoy también desaparecida. Su clientela habitual era gente joven y distinguida. La picardía colectiva inventó el término "petitero" para definir a los que frecuentaban el café. Ernesto Goldar los describe así: "de estilo *art déco*, dispone de dos amplios salones, con grandes espejos, columnas de mármol, hierros, bronces y tulipas. Las mesas son de mármol veteado, sobre las que se apoyan grandes ceniceros de quebracho, y las sillas de cuero, comodísimas.

"...Al petitero lo condiciona la vestimenta. Es una imitación —por lo tanto exagerada y falsa— de la moda vestimentaria masculina de las clases altas. Ésta se caracteriza por su tono adusto, sacos ni largos ni cortos, por lo general derechos, camisa clara, nudo de corbata tradicional y buen calzado. El petitero, proveniente de barrios de clase media o de la clase media de barrios populares, se denomina así porque el modelo que imita, los muchachos del barrio, acostumbran concurrir al Petit Café, de Santa Fe casi esquina Callao".

Otro atractivo del Petit Café fueron sus sándwiches triples, particularmente los de apio y queso. En 1992 desapareció el segundo y más pequeño Petit Café.

El cine y teatro Grand Splendid está situado en el mismo solar en que antes estuvo el Teatro Nacional Norte. Desde 1919 se alza la nueva sala, obra de los arquitectos españoles Rafael Peró y Manuel Torres Armengal. El cielo raso está decorado por los pintores Nazareno Orlandi y Decoroso Bonifanti. Es una de las más bellas salas de espectáculos de la ciudad y ha tenido una estrecha relación con el mundo del tango. Sin embargo en el año 2000 se transformó en una importante librería, preservándose su patrimonio debidamente (*Avenida Santa Fe* 1860).

Avenida Callao

El Colegio de Escribanos de la ciudad mantiene un tradicional edificio. La institución data de 1866. En su salón de actos se preserva el telón que pintó el artista Raúl Soldi para una versión de *Las mujeres sabias*, de Molière, que se dio en 1964 en el Teatro General San Martín de la *Avenida Corrientes* 1530 (*Avenida Callao* 1521).

Avenidas Santa Fe y Pueyrredón

La parroquia de Nuestra Señora del Carmelo es un templo muy característico del barrio. En ella se venera además a Nuestra Señora de Coromoto, patrona de Venezuela. Esto se fundamenta en que toda esta zona de *Recoleta* vivió en los años cincuenta la presencia de miles de estudiantes colombianos, venezolanos y de otros países del continente que por distintas razones vinieron a Buenos Aires a estudiar —principalmente— medicina y odontología. Vivían en hoteles familiares y pensiones del barrio. Los venezolanos trajeron a su patrona (*Marcelo T. de Alvear* 2465).

En 1995 se inauguró en el solar que ocupaba el Colegio Monteagudo una plaza en forma de L que no tiene denominación (*Avenida Santa Fe* 2257 y *Azcuénaga* 1155).

Avenida Santa Fe y Anchorena

La escuela extranjera más antigua que funcionó en la ciudad de Buenos Aires fue el Colegio Germania, fundado a iniciativa de un grupo de caballeros alemanes que en 1842 pidieron a la Asociación Evangélica de Bremen el envío de un profesor de idioma alemán. La escuela se inauguró en 1843 y este edificio en 1904.

Situado primero en *Anchorena* 1376, el Colegio Nacional Manuel Belgrano se trasladó en los años cincuenta al edificio que había sido la escuela Goethe y que el gobierno argentino había incautado en los meses finales de la Segunda Guerra Mundial. Allí tuvo protagonismo un portero de nacionalidad alemana que lo había sido en el Colegio Germania: Rodolfo Urban, popularmente llamado "Rulito". Al convertirse en empleado del

Belgrano, su generosidad y hombría de bien fueron generando a lo largo de los años ejemplo y hábito.

Miles de argentinos, algunos líderes maduros hoy, recibieron el afecto y la comprensión de ese singular personaje. Desde su sentida muerte el premio al mejor compañero de esa casa de estudios lleva el nombre de "Rulito". El alemán falleció a los setenta años en 1977. Trabajaba y vivía en el tercer piso del Colegio Nacional Manuel Belgrano (*Ecuador* 1162).

El entonces rector de la Universidad de Buenos Aires, Ricardo Rojas (1882-1957), y autor entre otros libros de *El santo de la espada* y *Ollantay*, encargó en 1927 la construcción de su casa a Ángel Guido. Ambos convergen en el proyecto ideológico "Eurindia". Esta palabra sintetiza un estilo entre el progreso y la tradición, una forma de nacionalismo democrático y laico.

El frente recuerda la Casa Histórica, como es llamada en la provincia de Tucumán la casa en que se declaró la Independencia argentina el 9 de julio de 1816, y lugar del que era oriundo Rojas.

El primer patio cuenta con un frontispicio incaico, estilo que se repite en la biblioteca donde se encuentra un friso, tallado en madera, de la famosa Puerta del Sol, de Tihuanaco, Bolivia.

El escritor donó su casa para que sea un museo y hoy es un centro cultural que cuenta con una importante biblioteca y que permite compartir el clima espiritual y material de Rojas. El conjunto ha sido declarado monumento histórico nacional (*Marcelo T. de Alvear* 2837).

En el barrio tuvo su último domicilio Blackie (Paloma Efron), periodista, cantante, directora y productora de teatro y televisión. Una placa la recuerda (*Avenida Santa Fe* 2808).

La Plaza del Árbol, nacida en 1990, rinde homenaje al árbol —no tiene ni piedra ni bronce—. En coincidencia con el cumpleaños del músico y pianista Enrique Villegas, que decía: "Para mí, Buenos Aires es Charcas y Agüero, la esquina en que nací", se hizo en la plaza un importante recital de jazz. La frase se volcó a una placa en 1999 que rinde homenaje al músico nacido en 1927 y fallecido en 1972 (*Marcelo T. de Alvear* —ex *Charcas*— y *Agüero*).

Creado en 1875 y ubicado en el barrio desde 1896 el

Hospital de Niños lleva el nombre del doctor Ricardo Gutiérrez, que fue su fundador y también poeta y escritor. Como médico actuó en la Guerra del Paraguay. Se especializó en enfermedades infantiles y su vida fue llevada al cine en la película *La cuna vacía* (1949), que dirigió Carlos Rinaldi y protagonizó Ángel Magaña.

El edificio fundacional es obra del célebre arquitecto Alejandro Christophersen.

En las esquinas de *Gallo* y *Paraguay* se observa una torre con reloj que más se asocia con una aldea del norte de Europa que con su realidad americana (*Gallo* 1330).

En el barrio nació y vivió el mítico bandoneonista Aníbal Troilo (1914-1975), en una casa que generó en 1993 festivales artísticos en los que gente de tango como Roberto Goyeneche y de rock como Fito Páez se unieron para "salvar la casa del remate". Su sobrina María Cristina Troilo no podía hacer frente a los gastos. En este lugar —del que nunca más se habló— vivió doña Felisa, su madre, y Troilo. Dos placas en la fachada dan cuenta de esta pertenencia (*Soler* 3280).

Se llamaba Oscar Agustín Alejandro Schulz Solari, era ferviente católico y también esotérico. Nació en 1887 y se fue desde Buenos Aires hasta Londres en barco, trabajando como peón. En Italia conoció al artista argentino Emilio Pettoruti y ya comenzó a pintar usando su nombre artístico Xul Solar. Firmaba con la X de enigma. Su nombre era la inversión de la palabra luz, en latín *lux*, a lo que agregó Solar en honor al Sol, que rige el sistema planetario.

Fue astrólogo, inventor, creador de un idioma, un artista plástico singular. Amigo, entre otros, de Leopoldo Marechal, que lo incluye como personaje de su novela *Adán Buenosayres*, y de Jorge Luis Borges. En místicas conversaciones con Norah —hermana de Jorge Luis—, dejaba entender que se había presentado ante ella en una forma distinta de la suya, quizás convertido en polvera. El escritor Borges dijo con respecto a su casa: "Por esa escalera he subido hoy un número secreto de veces; arriba me esperaba Xul Solar".

Allí funcionan hoy el museo y la fundación que preservan su obra (*Laprida* 1212).

Avenida Córdoba

Esta avenida es el límite entre el barrio de *Balvanera* y el de *Recoleta*.

En una zona en que se supone que existen vestigios de túneles coloniales, se halla la Escuela Normal N° 1 de Profesoras "Presidente Roque Sáenz Peña". La parte más antigua del edificio que da a la *Avenida Córdoba* ha sido declarada monumento histórico nacional. La construcción original del edificio data de 1874. El ala que da sobre la calle *Ayacucho* se añadió en 1921. El sector que da sobre la calle *Paraguay* es de 1974. Fue la primera escuela pública de señoritas. Habitualmente a este edificio concurren cuatro mil jóvenes y en su interior funcionan una Escuela Normal, un Liceo Comercial y un Profesorado nocturno (*Avenida Córdoba* 1951).

Revalorizada por la demolición del viejo Hospital de Clínicas y proyectada por el estudio de arquitectos Raña Veloso, Álvarez y Forster en 1976, la Plaza Dr. Bernardo Houssay honra a uno de los cuatro argentinos ganadores del Premio Nobel. Allí se encuentra la capilla que data de 1879, utilizada en el transcurso de su historia como cuartel de rifleros y hospital de sangre. Más tarde pasó a depender de la Facultad de Medicina de la Universidad Nacional de Buenos Aires. Su cúpula de pizarra negra es iluminada especialmente, destacándose los vitrales del artista Carlos Uría. En los años '90 se convirtió en la parroquia universitaria San Lucas, el evangelista médico, parte del Servicio Pastoral Universitario.

En medio de la plaza la capilla ostenta ahora la ubicación de *Paraguay* 2150.

El viejo Hospital de Clínicas fue escenario del suicidio del escritor uruguayo Horacio Quiroga, ocurrido en 1937.

En marzo de 2000 la Plaza Bernardo Houssay, construida durante la dictadura militar (1976-1983), fue simbólicamente destruida —un paredón—. Lo hicieron los estudiantes universitarios de la zona con la aspiración de transformar esta plaza seca en un espacio verde.

Por la calle *Paraguay* se halla el monumento a Ignacio Pirovano (1844-1895), el argentino que fue el primer cirujano de Sudamérica. Se trata de una obra de Lucio Correa Morales.

En tanto, en el corazón de la plaza existe uno de los más hermosos y afectivos homenajes que por su ubicación resulta particularmente inadvertido para quien pasa a su lado... es el "homenaje a los animales de laboratorio, seres que no tienen la oportunidad de negarse al sacrificio al requerirles de ello la ciencia. Homenaje de la Asociación para la Defensa de los Derechos del Animal (ADDA) en el Día Mundial del Animal de Laboratorio, 24 de abril de 1985".

Por la calle *Junín* se levanta un homenaje hecho en 1910 por la Facultad de Medicina a sus fundadores, Cosme Argerich —porteño—, Miguel Blay Gorman —irlandés— y Agustín Eusebio Fabre —español—; originalmente este conjunto escultórico estaba en el patio de la vieja Facultad de Medicina, hoy playa de estacionamiento pegada a la Facultad de Ciencias Económicas en la vereda opuesta, barrio de *Balvanera*. El autor de este homenaje es el escultor español Miguel Blay Fábregas.

Por la calle *Paraguay* un busto recuerda al doctor Ramón Carrillo, médico argentino —nacido en Santiago del Estero— que vivió entre 1906 y 1956. El homenaje que la ex Municipalidad de Buenos Aires le rindió en 1990 lo recuerda como el primer profesor titular —por concurso— de la cátedra de Neurología de la Facultad de Medicina de la UBA. Fue ministro de Salud Pública en las primeras gestiones del peronismo de los años '50. El busto es obra del escultor ítalo-argentino Salvador Blas Gurrieri.

También en la plaza se recuerda al doctor Pedro Benedit (1857-1924), profesor titular de la cátedra de Enfermedades Genito-Urinarias. La obra es del uruguayo Juan Carlos Oliva Navarro.

Por la *Avenida Córdoba* se halla el monumento que rinde homenaje al doctor Luis Güemes, realizado por el artista Arturo Riganelli.

Igualmente se rinde en esta plaza homenaje al médico oftalmólogo doctor Pedro Lagleyze, cuyo busto es obra de Alberto Lagos.

Desde la plaza se observa la chimenea de la Morgue Judicial, que hoy subsiste en la manzana de la Facultad de Ciencias Económicas, en el barrio de *Balvanera*. Facultad que también en su frente recuerda a médicos y sabios del ayer sin tener nada que ver la arquitectura exterior con el uso del edificio. (*Avenida Córdoba 2122*)

Este sector agrupa además a las facultades de Odontología, Farmacia y Bioquímica y Medicina.

Las estatuas de los científicos Galeno, Harvey, Röntgen, Ehrlich, Wells y Fouchard destacan la importante entrada a la Facultad de Odontología de la UBA. En el primer piso funciona el Museo Odontológico, que reúne aparatos, instrumental, manuscritos y diplomas, principalmente del siglo XIX (*Marcelo T. de Alvear 2142*).

Dentro de la Facultad de Farmacia y Bioquímica funcionan dos museos, uno es el Museo de la Farmacia "Dra. Rosa D'Alessio de Carnevale Bonino", que reúne objetos valiosos de antiguas boticas y laboratorios de química y bioquímica, frascos, potes, medicamentos y recetarios (*Junín 956, 1º*).

El otro es el Museo Fármaco-Botánico "Juan A. Domínguez" y allí se conserva una de las joyas universales de la Argentina.

El naturalista y médico francés Amado Bonpland, habiendo sido elegido por la emperatriz Josefina Bonaparte intendente de los jardines de la Malmaison, opta por su elección de seguir interesado en la flora de América del Sur. Bonpland llega a Buenos Aires en 1817 y se establece cerca de lo que es hoy la Plaza Garay en el barrio de Constitución e inicia sus plantaciones. En la isla Martín García encuentra plantas de yerba mate que habían llevado los sacerdotes jesuitas.

Se casa en segundas nupcias con una argentina con la que tuvo tres hijos. Años después su nieto Pompeyo se recibió de médico en Buenos Aires.

Cuando muere sus restos embalsamados permanecen en una habitación a la calle de la ciudad de Paso de los Libres (provincia de Corrientes). Los amigos y vecinos han dejado —a la manera de homenaje— puertas y ventanas abiertas y la pieza iluminada. Pasa un paisano borracho, lo saluda y al no responder el cuerpo muerto de Bonpland lo apuñala. El cadáver queda finalmente enterrado en el cementerio de Paso de los Libres.

Francia le otorgó la Legión de Honor y la Academia de París lo nombró uno de sus miembros.

Una vida de incomprensiones, dolor, injusticias y la acción destinal de servir a los demás. Todo su herbario se halla depositado en este poco conocido museo de *Recoleta*, que tiene tres tipos de colecciones: el herbario, las drogas de origen vegetal y las maderas (*Junín* 956, 1er. piso).

Dentro de la Facultad de Medicina de la UBA. funcionan el Museo de Patología, que data de 1887 (*J.E. Uriburu* 950 4°), y el Museo de Ciencia y Técnica Houssay, con elementos que pertenecieron al premio Nobel de Fisiología Bernardo Houssay (*Paraguay* 2155, 1°).

El monolito recordatorio del actual edificio data de 1937. Está situado en las esquinas de *Paraguay* y *Junín*.

En el frente de la Facultad de Medicina se destacan seis imponentes estatuas que rinden homenaje a médicos y sabios como Paracelso, Luis Pasteur, Claudio Bernard e Hipócrates. También aparecen plasmadas las figuras de curar y prevenir, fin y desvelo del quehacer médico.

El edificio de la Facultad de Medicina fue escenario de la oposición del estudiantado que, tras la normalización de las universidades a principios de 1945 luchó contra un decreto que en 1946 las intervenía. Los estudiantes ocuparon el entonces flamante edificio y las familias les traían comida que subían en canastos para resistir dentro de la facultad (*Paraguay* 2155).

Una plazoleta honra al médico Rabi Moshe Ben Maimónides, que también fue filósofo y teólogo (1135-1204). De familia judía, nació en Córdoba, España. Contribuyó al progreso de la astronomía y de las matemáticas. La ciudad le dedicó este espacio en el 850° aniversario de su nacimiento (*Uriburu* entre *Avenida Córdoba* y *Paraguay*).

En esta misma plazoleta se rinde homenaje a los mártires de la denominada Noche de los Cristales. La placa tiene dos fechas: una es la del trágico hecho del 9 de noviembre de 1938 y la otra, cincuenta años después, cuando en 1988 el ex Concejo Deliberante de la ciudad tuvo la iniciativa de colocar este recordatorio. Se denomina Noche de los Cristales (Kristal Nacht) a la persecución de todos los comerciantes judíos en Alemania y en especial de Berlín, donde una multitud recorrió las avenidas céntricas y destruyó las vidrieras de los negocios de la comunidad. Sufrieron daños más de diez mil casas, y se les impuso una multa colectiva de mil millones de marcos y la prohibición de ejercer el comercio.

Todo fue una represalia feroz ya que el día anterior un ciudadano polaco, Herschel Grynszpan, de diecisiete años, había disparado su revólver contra el tercer secretario de la Embajada Alemana en París, Francia, Ernest von Rath, causándole la muerte.

El Hospital de Clínicas, oficial y público dependiente de la Universidad de Buenos Aires, nos recuerda que ahí estudiaron algunos de los más famosos médicos argentinos. El Clínicas tiene setecientos sesenta y ocho médicos de planta, cuenta con seiscientas camas y trabajan en él seiscientos veinticuatro enfermeros e instrumentistas (*Avenida Córdoba* 2351).

El comercio de esta zona tiene muchos bares y cafés para estudiar solitariamente o en grupos. También abundan casas de fotocopias.

Un edificio con cúpula y sin cúpula

Unos dicen que se incendió, otros que fue destruida por un accidente y otros que nunca se terminó. Lo que sí tiene el edificio es la estructura, un modelo para terminar y una esquina (*Avenida Córdoba* 2404).

En una curva atípica del trazado urbano se halla un edificio palaciego de estilo neo-Tudor, obra de los arquitectos Faverio y Falomar. Es el Conservatorio Nacional de Música "Carlos López Bouchard". En su terraza hay una grotesca construcción indebida (*Avenida Córdoba* 2445).

La Plaza Monseñor Miguel D'Andrea recuerda a un sacerdote católico precursor en la defensa de los derechos del trabajador y de la mujer. Algunos la llaman la "plaza de los perros", en referencia a la escultura *Los galgos rusos*. La obra data de 1914 y fue realizada por el artista italiano Giacomo Merculiano (*Avenida Córdoba, Jean Jaurès, Anchorena y Paraguay*).

Cerca del corazón

Durante su tercera visita a la Argentina el filósofo español José Ortega y Gasset (1883-1955) vivió en este barrio. Su busto y una placa lo recuerdan (*Avenida Quintana* 520).

La veredita

Como en la antigua ciudad de Luxor, Egipto, aquí están el valle de la vida y el valle de la muerte. A la izquierda, una intrincada zona gastronómica, cafés y restaurantes. En la vereda opuesta, el cementerio de la Recoleta (*Avenida Quintana y Roberto M. Ortiz*).

Divito y sus chicas

Su nombre verdadero fue José Antonio Divito. "Willy" fue un personaje vinculado al barrio.

En 1944 lanzó una revista que marcó un hito: "Rico Tipo". Desde sus páginas creó una manera de vestir. Primero fueron sus chicas, mujeres de pelo largo, fuertes, de caderas y piernas espectaculares, uno de los más perdurables símbolos sexuales de los argentinos. Luego la forma de vestir de los varones: sacos bien entallados de anchas solapas y pantalones-chaleco de tiro largo. También marcó al humor gráfico de distintas historietas y formó un equipo de jóvenes que con el tiempo se destacarían en su profesión.

A Divito le gustaba trasnochar. Se levantaba al mediodía y aparecía por La Veredita, después llamada La Biela Fundida y hoy La Biela (*Avenida Quintana* 595).

Desde su revista lanzó muchos héroes de historietas: "Fúlmine", "El otro yo del doctor Merengue", "Fallutelli". Reflejó cierto estilo de Buenos Aires como pocos.

Comentó que nunca quiso inventar una moda ni una chica Divito sino que dibujaba una caricatura de una chica porteña, exagerándola, y sus lectores se copiaban del dibujo.

A los 55 años murió en un accidente automovilístico en Lajes, Santa Catalina, Brasil, soltero y enamorado de las mujeres más lindas.

El viejo convento

El paseo que conduce a la basílica del Pilar y al Centro Cultural Recoleta lleva desde 1994 el nombre de la artista peruana Chabuca Granda.

El Centro Cultural Recoleta ocupa el lugar que hasta 1978 tenía el Hogar de Ancianos "General Viamonte", que es monumento histórico nacional, ya que allí fue el antiguo convento de los Recoletos Franciscanos. El proyecto de la obra fue de Jacques Bedel, Luis F. Benedit y Clorindo Testa.

En ese lugar el director de cine Daniel Tinayre filmó la película *Bajo un mismo rostro* (1962), un relato del escritor francés Guy des Cars protagonizado por las actrices Mirtha y Silvia Legrand (*Junín* 1930).

El Pilar

La basílica de Nuestra Señora del Pilar tiene en su frente un reloj de origen inglés, ubicado en una esfera de mampostería y sobre una doble espadaña que por su forma es única en la Argentina. La iglesia es considerada como una de las obras más preciosas de la arquitectura colonial de Buenos Aires. El altar mayor, de estilo barroco, está cubierto por placas de plata que provienen del Cuzco (Perú). En su interior se guarda una de las más importantes joyas de la imaginería española que hayan llegado al país a fines del siglo XVIII, que representa a San Pedro de Alcántara; se atribuye al célebre Alonso Cano, aunque también podría pertenecer a Pedro de Mena, discípulo y continuador del anterior o de alguno de los artistas de la escuela de Pedro Roldán, uno de los mejores de la escuela sevillana, que vivió entre 1624 y 1700.

El llamado Altar de las Reliquias atesora despojos de San Urbano, San Víctor y San Juan Apóstol, entre otros. Está realizado en caoba con aplicaciones de bronce, nácar y marfil; estas reliquias que mencionamos llegaron a Buenos Aires por especial legado del rey Carlos III de España. El templo tiene seis altares, de estilo barroco germánico, trabajados en gris y oro. Las figuras de los ángeles sugieren el quehacer de artistas indígenas.

En la Plaza Ramón J. Cárcano, frente al cementerio, se encuentra el monumento a los caídos el 6 de setiembre de 1930, obra del escultor Agustín Riganelli (1890-1949). Rinde homenaje a las víctimas de esa Revolución, en que militares destituyeron al presidente constitucional Hipólito Yrigoyen.

El cementerio

No sólo es el más antiguo de la ciudad sino que es uno de los más increíbles monumentos funerarios en su conjunto por la trascendencia histórica de sus nombres, por estar representados todos los estilos arquitectónicos y por las historias de vida que aquí surgen, lo que lo convierte en uno de los más destacados en el orden mundial.

El nombre de *Recoleta* proviene del convento e iglesia de los Recoletos, ya que sus tierras formaban parte del huerto de esos monjes franciscanos. En la primera puerta de entrada se lee: 1822, fecha de la fundación, y atravesando el hall se ve otra: 1881, que corresponde a la colocación del pórtico y la remodelación ordenada por Torcuato de Alvear. Allí se agrupan once medallones, cada uno con una figura u objeto diferente. Representan diversos símbolos. Entre ellos se destacan: un huso y un par de tijeras semiabiertas, a través de las cuales pasa el hilo. Representa a las Parcas: Cloto hilaba, Láquesis devanaba y Átropos cortaba el hilo de la vida. La fachada original y el trazado de las calles fueron realizados por el francés Próspero Catelin.

Las tumbas y bóvedas están distribuidas en cuatro manzanas y suman cuatro mil setecientas.

Algunos sepulcros, tumbas y bóvedas

Cenotafio de los tres amigos (del griego *Kenostapyos*: sepulcro). Aunque parezca un mausoleo se trata de un monumento evocativo, que se encuentra coronado por una figura alada en actitud de arrojar una corona de laureles a tres hombres jóvenes y amigos entre sí que murieron en un lapso breve.

Es una columna triangular y en cada una de las caras se encuentran medallones de bronce con retratos de cada uno de ellos. El de Benigno Lugones, muerto en París el 27 de octubre de 1874, tiene plegado un ejemplar del diario *La Nación* en el cual colaboraba. El de Adolfo Mitre, muerto el 21 de octubre de 1884, tiene una lira; era abogado y escribía versos, hijo del general Bartolomé Mitre. El óvalo de Alberto Navarro Viola tiene un libro; murió el 3 de agosto de 1885, se graduó en la Universidad de Buenos Aires como doctor en jurisprudencia, fue docente y publicó, entre otras obras, el "Anuario bibliográfico de la República Argentina".

Bóveda de Rufina Cambaceres. Aquí descansan los restos de una joven a quien se creyó muerta cuando, en realidad, sufría de un ataque de catalepsia. Después de haber sido enterrada despertó y, mediante un desesperado esfuerzo, logró salir del cajón. Al día siguiente la encontraron aferrada a las verjas del cementerio, muerta, víctima de un síncope cardíaco. Falleció en 1902 a los diecinueve años de edad. Fue colocada en el cajón con ropa de fiesta en lugar de mortaja.

La tumba es de estilo *art nouveau* y la escultura central se atribuye a Rich y Aigner, de quienes no existen otros datos.

Bóveda de Dorrego Ortiz Basualdo. Es de tamaño monumental y quizás la más importante del cementerio. En ella se destaca un candelabro de siete picos que simbolizan la perfección suprema. Es copia fiel de la sepultura de la familia Montanaro, realizada por el escultor Villa en el cementerio Di Staglieno, Génova, Italia. Está inspirada en la parábola evangélica de la Virgen prudente en el momento de dar llama mística al candelabro. Frente a éste se halla el vaso de aceite sagrado y, próximos, los emblemas de La Gloria y La Paz: la palma y el olivo.

Bóveda del doctor Pedro Arata. Representa una pirámide egipcia trunca. Una placa de bronce en su parte superior muestra una figura de ese origen, que sostiene en su lado izquierdo el *ex libris* y en el derecho el rostro de Arata, muerto en 1922. Se dedicó a la química médica, orgánica y biológica. En 1887 reimplantó la enseñanza de esa especialidad en la Escuela de Medicina de la Universidad de Buenos Aires, alcanzando prestigio internacional de sabio.

Bóveda de David Spinetto. Está realizada en mármol de Carrara y fue totalmente importada de Italia. Ostenta la puerta más valiosa del cementerio, que representa, en fino trabajo filigranado, a San Jorge y el Dragón, en bronce de una sola pieza. Al pie se lee "Fundición A. Brambilla y Cía., Milán, 1912". Allí descansan los restos del fundador del mercado Spinetto y sus familiares. Estaba ubicado en las calles *Alsina, Pichincha y Pasco.*

Sepulcro de Mariquita Sánchez (María Sánchez de Mendeville). Está realizado en mármol blanco con abundante ornamentación. Una cruz latina se encuentra en la cabecera del sepulcro; en las columnas laterales hay dos cruces encerradas en círculos y antorchas con llamas hacia abajo. Completan el diseño guirnaldas de flores, hojas y cintas.

María de Todos los Santos Sánchez nació en 1786 y falleció en 1868. Pese a la oposición familiar logró casarse con el alférez Martín Jacobo Thompson, con quien tuvo cinco hijos. En su casa de la calle *Florida* 271 se cantó por primera vez el Himno Nacional.

Fue una presencia constante en la vida del país, falleciendo a la edad de 83 años. Su vida fue llevada al cine en la película *El grito sagrado* (1954), dirigida por Luis César Amadori, y protagonizada por la actriz Fanny Navarro.

Bóveda de Luis F. Leloir. Reproduce un templete griego y fue construida por el arquitecto A. Guilbert, venido especialmente desde Francia para realizarla. Tiene una capacidad de sesenta féretros. La cúpula, en su interior, está recubierta por venecitas de oro. Hay un oratorio y sobre la pared del altar también se hallan incrustaciones del mismo metal. Descansa en ella, entre otros, el doctor Federico Leloir, quien en 1970 recibió el premio Nobel de Química.

Tumba del brigadier general Tomás Guido. Fue diseñada por su hijo, el poeta Carlos Guido Spano, quien colaboró personalmente en la construcción. Tiene forma de gruta, por lo cual se destaca del resto de las bóvedas.

El cuerpo del brigadier general Guido descansa actualmente en la Catedral de Buenos Aires, pero en la bóveda —entre otros descendientes de la familia— están los restos de Carlos Guido

Spano, muerto en 1918. Uno de sus poemas más famosos es el que dedicó a su hija María del Pilar Guido Spano de Castellanos, quien era hija de Sofía Hines, descendiente de un hijo natural del rey Jorge IV de Inglaterra, establecido en el Río de la Plata durante la Segunda Invasión Inglesa (1807).

Remedios de Escalada de San Martín. Cuando el cementerio fue remodelado, su lápida fue retirada de la tumba y posteriormente rematada varias veces. Luego pasó al Museo de Luján y fue adquirida por Enrique Udaondo, quien la devolvió a la *Recoleta*. Esta lápida, encargada por el general San Martín con motivo de la muerte de su esposa, dice así: "Aquí descansa D. Remedios de Escalada, esposa y amiga del Gral. San Martín-1823". La tumba, pequeña y simple, fue declarada monumento histórico nacional. En la parte superior de la lápida podemos observar una especie de nube con un reloj de arena, simbolizando la vida que se extingue; en su ángulo inferior derecho encontramos la firma del autor, Felipe Bertrés.

Bóveda de Liliana Crociatti de Szaszak. Es de estilo neogótico y en ella descansa una joven de veinticinco años que murió en Suiza en 1970.

Un alud cayó sobre el hotel en el que se alojaba; su marido se salvó y a ella la rescataron inconsciente y murió a los pocos días. Sus padres levantaron esta bóveda donde, desde el exterior, se observa una estatua que la corporiza en su esplendor junto a la figura de un perro que la joven tuvo cuando contaba quince años, llamado Sabú. La figura del perro fue colocada a instancias de su madre "para que Liliana no esté sola". La escultura, realizada en bronce, es obra del argentino Wilfredo Viladrich, quien aconsejó el uso de ese material, más perdurable que el mármol. En una pared frontal hay un poema escrito en italiano por su papá.

En la parte subterránea está el féretro cubierto con un manto proveniente de la India color rojo granate con aplicaciones de oro. En los muros hay fotos de Liliana que la muestran practicando danzas clásicas, como también de su casamiento. En un pequeño cofre se guardan cartas personales y recortes de diarios.

Bóveda de Facundo Quiroga. Se halla enterrado de pie, a su pedido. Su cuerpo sin ataúd fue colocado entre dos pilares y tapiado en el lado sudoeste del terreno. La imagen de *La Dolo-*

rosa que remata la bóveda es de mármol de Carrara y fue realizada por el escultor Antonio Tantardini; no representa a una virgen sino a la viuda de Facundo. Se estima que es la primera obra de arte del cementerio. La imagen fue reproducida en otras bóvedas de la *Recoleta*. Es tradición que manos anónimas coloquen, al pie de la tumba, flores rojas.

Bóveda de Isabel Walewski. Aunque figura en los registros del cementerio nadie, hasta ahora, pudo localizar dónde se encuentra. Es probable que durante la remodelación se haya perdido su huella. Isabel nace en Buenos Aires los primeros días de mayo de 1847. Es bautizada el 13 de junio en la iglesia de San Francisco. El 2 de julio, la niña muere. Su cuerpecito es enterrado en *Recoleta*, pero a la que sepultan es nada menos que la nieta del emperador Napoleón Bonaparte. Su padre, el conde Alejandro Florian José Colonna, era el hijo de la condesa polaca María Walewska y de Napoleón Bonaparte. Naturalizado francés, se lo designa ministro plenipotenciario ante el gobierno de la Confederación Argentina, por lo que arriba a Buenos Aires. Isabel fue inscripta en la entonces legación de Cerdeña y se la bautizó con los nombres: Isabel Batista Elisa, hija de don Alejandro Ornano José Colonna Walewski, enviado extraordinario del rey de Francia, y de doña Marie Ana condesa de Walewska. Fueron sus padrinos don José Le Predour, jefe de las fuerzas navales de Francia en el Río de la Plata, y doña Gracia, vizcondesa de Chabannes.

Con motivo de la muerte de Isabel, José Mármol, exiliado en Montevideo por discrepar con Juan Manuel de Rosas, envió un pésame en una poesía en memoria de la niña muerta. En la carta que le remitió a la condesa Walewska le decía: "Madame, ahora una ligazón nos une a los proscriptos. Es la fraternidad de las lágrimas, Madame. Usted ya no puede olvidar jamás la 'tierra argentina', ya que un tierno suspiro ha cesado en Buenos Aires. Vuestras lágrimas y vuestros gemidos de dolor se han perdido en las brumas del Plata salvaje. Pero a vuestras lágrimas se unen las lágrimas de miles de madres argentinas. Pero usted ha podido llorar con los ojos fijos en una tumba, mientras ellas no pueden llorar a sus hijos, en tumba alguna, ni llevarles flores...".

738

Bóveda de Juan Alleno. Era constructor de obras; desarrolló su actividad en los cementerios de *Chacarita* y de *Recoleta*. Construyó esta bóveda en 1886 y murió en 1909. La heredó su hermano, David Alleno, que fue cuidador de este cementerio. Dentro de la bóveda hay un monumento, en cuyo centro está la estatua de David Alleno con un manojo de llaves, regadera y escoba. Fue encomendada por el mismo Alleno al arquitecto Canesa durante un viaje que realizó a Génova.

El ordenar personalmente la realización de su monumento funerario tiene un antecedente en el cementerio de Génova. Es la bóveda Campodónico, obra del escultor Orengo. Fue encargada por una vendedora ambulante y es sumamente original. Su epitafio, escrito en genovés, dice: "Vendiendo avellanas y brazaletes en los santuarios de Acquasanta, Garbo y San Cipriano, haciendo caso omiso del viento, el sol y la lluvia, para asegurarme un pan honorable en mi vejez, guardé un poco de plata para poder ser recordada en los tiempos venideros, yo, Catalina Campodónico (llamada la campesina), verdadera 'portoriana', me hice erigir este monumento en vida; 1881. Usted que pasa por esta tumba, rece por mí por favor".

Bóveda Obediencia a la Ley. No figuran los nombres de las personas allí sepultadas; sólo se ven varios emblemas masones. Su cúpula cuenta con la estatua de un niño orando. "Obediencia a la Ley" era una logia —organizada en 1859— que llevaba el número 13. Pertenecía a la ciudad de Buenos Aires. El 30 de diciembre de 1879 el poeta José Hernández se afilió a la misma, en la que militó hasta su deceso (su tumba también se encuentra en la *Recoleta* y fue declarada monumento histórico nacional). Los símbolos de la tumba son la representación de "lo infinito" o de lo que los masones llaman el Gran Arquitecto del Universo: Dios. Es así como el visitante observará un triángulo radiante con un ojo, la espada y el compás, este último símbolo de la realidad y de la convivencia de los seres humanos.

Familia Duarte. La bóveda de la familia Duarte está revestida en granito negro y coronada por una lámpara votiva realizada en bronce. Una importante puerta con un fino trabajo en el mismo material permite el acceso a la bóveda.

En ella se encuentran los restos de María Eva Duarte de

Perón, esposa del teniente general Juan Domingo Perón. Nació en 1919 y murió el 26 de julio de 1952.

Luis Ángel Firpo. La bóveda de moderno diseño está realizada en granito, con su puerta en bronce. Al costado de la puerta se encuentra la estatua de Luis Ángel Firpo con su atuendo de boxeador. Fue realizada por el escultor argentino Luis Perlotti (1890-1969). Firpo (1895-1960) fue un boxeador de peso pesado y protagonizó una gran carrera, destacándose el combate que realizó en 1923, cuando casi le arrebató el título mundial de los pesados al norteamericano Jack Dempsey.

Bóveda Comesaña. Se destaca por la llamada Puerta de la Pasión: una puerta historiada pues en diez cuadros se relata la vida de Jesús desde la Anunciación hasta el Descendimiento. En la parte inferior: el Alfa y el Omega, primera y última letra del alfabeto griego, cuya significación es el Principio y el Fin.

Bóveda Karadagian. Durante cuarenta años Martín Karadagian supo mantener la vigencia de un programa de televisión de catch en el que luchaban buenos contra malos. Nació en 1950 y murió con su creador en 1991. Los ex integrantes de la troupe se reúnen para evocarlo en su bóveda del cementerio.

Parque Thays

Carlos Thays (1849-1934), arquitecto y paisajista francés radicado en la Argentina. Fue entre otras cosas el creador del Jardín Botánico de la ciudad.

En lo que es hoy este parque funcionó el parque de diversiones Ital Park, hasta que uno de los juegos provocó la muerte de la adolescente Roxana Alaimo el 23 de junio de 1990. Tras el cierre se intentó hacer un hotel de tipo internacional, pero los vecinos decidieron que se convirtiera en parque. Se inauguró en 1994.

Aquí se destacan las esculturas *Venus fragmentada*, financiada por la fundación Rozemblum, obra de Marta Minujin, y el *Torso masculino*, emplazado en 1994 y con un peso de ciento veinte toneladas, que el escultor colombiano Fernando Botero donó a la ciudad. Desde 1997 se encuentra la escultura *Los vascos a la Argentina, donada por el gobierno vasco, que representa el árbol de Guernica, sagrado para ellos. Obra del escultor Néstor Basterretxea (*Avenida del Libertador y Avenida Callao*).

Setenta balcones

En el actual Parque Thays funcionaba en 1920 el antiguo Parque Japonés. Desde esa vereda el poeta Baldomero Fernández Moreno escribió su poema *Setenta balcones y ninguna flor* que el imaginario popular ubica en las esquinas de *Avenida Pueyrredón y Corrientes*.

La esquina observada por Fernández Moreno corresponde a la de *Avenida Callao* 2094, donde vivió y murió el humorista Lino Palacio, creador de personajes como Don Fulgencio, Ramona o Avivato.

Arquitectos

La Sociedad Central de Arquitectos se ha hecho cargo de la llamada Torre de Agua de Retiro, antiguo tanque que será reciclado y se transformará en el Museo de Arquitectura y Desarrollo Urbano de la ciudad (*Avenida del Libertador y Callao*).

Piazzolla y Gasalla

Lamentablemente no hay placa que recuerde que aquí vivió —en el 8° piso— el maestro Astor Piazzolla, donde ultimó los detalles del estreno de la ópera *María de Buenos Aires* (*Avenida del Libertador* 1088).

En la misma avenida funcionó en los años '60 el Teatro de la Recova, donde debutaron cuatro jóvenes actores: Nora Blay, Edda Díaz, Carlos Perciavalle y Antonio Gasalla (*Avenida del Libertador* 1066).

Antiguo teatro

El Centro Municipal de Exposiciones nació como un anfiteatro al aire libre con motivo de los festejos de la Independencia argentina en 1960. Sus diseñadores no previeron la extrema
proximidad del lugar con el ferrocarril, que impedía auditiva-
mente cualquier manifestación teatral, con lo que el espacio se
cerró y se convirtió en lo que es hoy día (*Avenida Figueroa
Alcorta y Avenida Pueyrredón*).

Palacio de hielo y alrededores

Las Salas Nacionales de Exposición funcionan en el Palais
de Glace. En sus orígenes (1912) fue una pista de patinaje sobre
hielo, de ahí su nombre.

La remodelación estuvo honorariamente a cargo del arquitecto Alejandro Bustillo. El frente fue proyecto del arquitecto
José Hortal. Entre los años 1954 y 1960 funcionaron allí los
estudios del canal 7. Desde hace más de treinta años se realizan
en esas instalaciones salones de artes plásticas, como también
diversas exposiciones. Dependen de la Secretaría de Cultura y
Comunicación de la Nación (*Posadas* 1725).

El monumento a Carlos María de Alvear data de 1926 y fue
realizado en Francia por el escultor Antoine Bourdelle. En la base
se hallan cuatro estatuas que simbolizan las virtudes atribuidas a
Alvear: La Fuerza Interior, La Libertad, La Elocuencia y La Victoria. Está considerado uno de los monumentos ecuestres más importantes del mundo.

Si tomamos la escalonada calle *Eduardo Schiaffino* llegamos a la Plaza San Martín de Tours, que fue a fin de siglo el
recreo de Belvedere.

Los árboles de esta plaza, donde finaliza la *Avenida Alvear*,
datan del tiempo en que los padres recoletos hicieran importantes plantaciones dando nacimiento a un Jardín Botánico.

Hay allí una estatua de mármol de Carrara del ingeniero y
periodista Emilio Mitre (1854-1909), obra del escultor Hernán
Cullen Ayerza (1878-1936).

Ermando Bucci, escultor ítalo-argentino (1926-1987), es el autor de una desproporcionada escultura del patrono San Martín de Tours, que data de 1981.

En la plaza se halla también una palmera (*Phoenix canariensis Chabaud*) plantada por iniciativa del presidente Nicolás Avellaneda (*Avenida Alvear y Posadas*).

En la Plaza Intendente Torcuato de Alvear existe una columna de mármol coronada por una figura que simboliza "la gloria" y rinde homenaje al intendente Alvear. Fue hecha por el alemán Juan Lamer.

También se destaca el monumento en homenaje al que fue jefe de la Policía Federal, Ramón L. Falcón, y su secretario, Juan A. Lartigau, quienes murieron en ese mismo lugar por una bomba anarquista, en 1909, al salir del cementerio tras haber rendido homenaje a uno de sus hombres. La escultura es del artista argentino Alberto Lagos (1885-1960). (*Roberto M. Ortiz* entre *Avenida Alvear y Quintana.*)

Plaza Francia y alrededores

La plaza se halla situada en la antigua barranca del río.

El motivo central es el monumento *Francia a la Argentina*. Data de 1910. Es obra del escultor Émile Edmond Peynot (1850-1932). Las esculturas principales representan a Francia y la Argentina y son dos figuras femeninas acompañadas por un ángel (La Gloria) que las conduce hacia la prosperidad. Otras cuatro simbolizan La Ciencia, La Industria, La Agricultura y Las Artes. También hay cuatro bajorrelieves en bronce que recuerdan la toma de la Bastilla y la Declaración de la Independencia (Francia), el cruce de los Andes y la Primera Junta de Gobierno (Argentina).

El trazado de la contigua Plaza Mitre nació en 1920 y se inauguró en 1927. Está también situada sobre la barranca del río.

El monumento al general Bartolomé Mitre (1821-1906), frente a la Embajada de Gran Bretaña, es obra de los escultores italianos David Calandra (1856-1915) y Eduardo Rubino (1871-1954). Según el médico y escritor Florencio Escardó, una de las figuras tiene el rostro de Benito Mussolini. No hemos podido corroborar esta información. Sí que Calandra es el autor del monumento erigido en Turín (Italia) al príncipe Amadeo de Saboya.

Las calles *Copérnico* y *Guido* se caracterizan por tener escaleras. Al igual que *Arjonilla*, que es en realidad toda una larga escalera. Está en Plaza Mitre. Recuerda la ciudad andaluza de ese nombre, en la provincia de Jaén, donde en 1808 el general José de San Martín, en una de las pocas acciones que el prócer argentino concretó en España, tuvo una heroica participación y fue ascendido por el valor demostrado al grado de capitán del regimiento de Borbón.

Se halla también el monumento al poeta y filósofo libanés Gibran Khalil Gibrán, que data de 1993 (*Avenida del Libertador* y *República del Líbano*).

La Embajada de Gran Bretaña fue mandada a construir por el doctor Carlos M. Madero y su esposa Adela Unzué. La diseñaron en 1929 los arquitectos ingleses W.B. Basset Smith y B.H. Colleur. Es de estilo renacentista.

En 1947 la compró el gobierno británico como residencia para su embajador. Fue decorada con piezas elegidas en museos y colecciones de Londres. Existe un gobelino que representa a San Pedro y San Juan curando al lisiado, réplica de uno que se encuentra en la Capilla Sixtina (Vaticano). Está basado en diseños de Rafael, los cuales se hallan en el Museo Victoria y Albert de Londres.

El Museo Roca, que fue la casa del médico argentino José "Pepe" Arce, conserva documentos y objetos referidos a la vida del general Julio A. Roca, a la generación del 80 y al período de la Conquista del Desierto. Funciona allí un centro de documentación sobre inmigración. El edificio es de estilo *déco* (*Vicente López* 2220).

En *Agüero* y *Guido* se hallan el busto y el puente en honor del doctor Antonio F. Piñero. Está compuesto por la figura en bronce del citado que descansa sobre un pilar del que brota el agua (surgente de un grifo) que cae sobre una pila cuadrada. Dos bajorrelieves alusivos, a cada costado del pilar, memoran la trayectoria de quien fue alienista, higienista, sociólogo, filántropo y político, recordado artísticamente con esta obra de Alberto Lagos descubierta en 1929.

El Museo Nacional de Bellas Artes funciona en un edificio

de líneas clásicas diseñado por el arquitecto Alejandro Bustillo y el pintor Jorge Soto. Data de 1933. Sus colecciones abarcan desde la Edad Media hasta lo contemporáneo. Se halla situado en un predio que en 1931 la ex Municipalidad cedió al museo y que eran los filtros que ocupaba anteriormente la empresa Obras Sanitarias antes de trasladarse a *Palermo*.

Posee obras originales de Goya, Degas, Rodin, Rembrandt, Tiépolo, El Greco, Gauguin, Modigliani, Fujita, Picasso y Rubens (*Avenida del Libertador* 1473).

Emplazada en las avenidas *Figueroa Alcorta y Pueyrredón* y donada en 1997 por una institución bancaria, la estatua *Juventud*, del escultor uruguayo José Belloni (1882-1965), fue robada y destruida veinte horas después de su inauguración. Partida en cuatro pedazos grandes y quinientos pequeños, fue hallada muy lejos del barrio. Pesaba cuatrocientos kilos y medía un metro setenta. Apareció en un volquete. Se supone que un coleccionista la robó y que al trascender el hecho, no la quiso y la destruyó. El Gobierno de la Ciudad, a través de especialistas, reconstruyó la obra y realizó una réplica que se instaló en el mismo lugar en 1999.

En 1983 se inauguró la escultura *Gaucho de las Malvinas*, que se encuentra en la Plaza Naciones Unidas. La donó la Fundación Murekian e iba a ser instalada en Puerto Argentino. Es obra del escultor argentino Julio César Vergottini (1905-1999) y ha sido enviada a los depósitos municipales (*Avenida Figueroa Alcorta* entre *Bibiloni* y la prolongación de la calle *Austria*). En su lugar se instaló en 2002 una flor metálica donada a la ciudad por el arquitecto tucumano Eduardo Catalano. Valuada en seis millones de dólares, la gigantesca escultura abre sus pétalos ante la luz del día y los cierra al atardecer. Pesa dieciocho toneladas y tiene veinticinco metros de altura. Está rodeada de una fuente de agua en cascada de cuarenta y cinco metros de diámetro.

Un puente atraviesa la *Avenida Figueroa Alcorta* uniendo la Plaza Brasil con la Urquiza. Data de 1978, es peatonal en forma de arco alargado, el acceso está resuelto con un sistema de rampas; la obra, realizada totalmente con una estilizada baranda de hierro, fue diseñada por los arquitectos César Janello y Silvio Grichener y el ingeniero Atilio Gallo. Hubo un puente elevado que cruzaba la *Avenida Figueroa Alcorta* a la altura de la calle *Tagle*. Había sido construido originalmente en 1960 con motivo de la exposición que se hizo ese año en alusión al sesquicentenario de la Revolución de Mayo de 1810. En 1976 fue demolido para la construcción del Altar de la Patria, proyecto no concretado. La ex Municipalidad de Buenos Aires dispuso su reconstrucción. Tiene por objeto unir la Facultad de Derecho y Ciencias Sociales con la acera opuesta.

Una de las fuentes más importantes de la ciudad se halla en la Plaza Urquiza. Impulsa el agua a una altura de dieciocho metros y produce un efecto que vierte el agua sobre sí misma con doble movimiento (*Avenida del Libertador y Austria*).

La Facultad de Derecho y Ciencias Sociales de la UBA está situada donde se localizaban los antiguos filtros de Obras Sanitarias de la Nación. Fue inaugurada en 1949 y diseñada por los arquitectos Arturo Ochoa, Ismael Chiapore y Pedro Vinent. Guarda una semejanza con los templos griegos; en el frente podemos observar una galería formada por un peristilo de catorce columnas dóricas que sostienen el frontispicio, y debajo de dichas columnas hay una amplia escalinata flanqueada por dos rampas para el acceso de automóviles.

Las escalinatas de la Facultad de Derecho sirvieron en octubre de 1950 de escenario natural para una función única en la que se presentó *Electra* de Sófocles, protagonizada por la actriz Iris Marga. La coreografía estuvo a cargo del francés Serge Lifar. En 1999 las mismas escaleras fueron utilizadas para un megadesfile de moda con modelos de fama internacional (*Avenida Figueroa Alcorta* 2263).

Próxima a la Facultad de Derecho se halla la Plaza Dante, donde está emplazada la escultura *Hércules* o *Heracles el arquero*, del artista francés Émile Antoine Bourdelle. (*Avenida Pueyrredón* entre avenidas *del Libertador y Figueroa Alcorta*)

La residencia presidencial de Palermo estaba ubicada en *Avenida Alvear* (hoy *del Libertador*) entre *Austria y Agüero*, donde ahora se encuentran el edificio de la Biblioteca Nacional y la Plaza Evita. Se trataba de la Quinta Unzué, originalmente una casa de veraneo que tres ingleses compraron al final del gobierno de Rosas. En 1855 la vendieron a Mariano Saavedra —hijo de Cornelio—, que había nacido en el fuerte de don Juan Baltasar de Austria, hoy la Casa Rosada. En 1883 compró la casa Mariano

Unzué. En 1937 el Congreso de la Nación resolvió expropiarla en los momentos en que el presidente Justo pensaba construir la Casa de Gobierno. Justo no logró hacerlo y sí convirtió en residencia presidencial la casa de los Madariaga Anchorena (actual Conferencia Episcopal Argentina), ubicada en la calle *Suipacha* 1034, en la que murió el presidente Ortiz. La prolongada enfermedad y los sufrimientos de Ortiz atribuyeron al edificio "mala suerte", por eso los gobiernos militares de 1943 a 1946 eligieron la Quinta Unzué como su residencia. También vivió allí hasta 1955 Juan Domingo Perón. En ese solar Eva Perón murió el 26 de julio de 1952. Después de 1955 se decidió convertir a la histórica quinta en parque, para lo cual se la bombardeó.

En 1958 se anunció la construcción de la nueva Biblioteca Nacional. La obra demoró treinta años. El edificio es resultado de un concurso hecho en 1961 del que salió ganador el proyecto presentado por los arquitectos Clorindo Testa, Alicia Cazzaniga y Francisco Bullrich. Se encuadró en el estilo "brutalista". La Biblioteca Nacional está situada sobre la antigua barranca del río de la Plata (*Agüero 2502*).

En el terreno de *Avenida Las Heras* y *Agüero* se inauguró en 1998 la Plaza del Lector, que surgió de un convenio entre la Biblioteca Nacional y el Gobierno de la Ciudad. Se trata de un lugar para leer al sol.

En el solar que ocupa la Biblioteca Nacional se inauguró en 1999 el monumento a Eva Perón, obra del escultor argentino Ricardo Gianeti. El mismo está instalado en la Plaza Evita, que anteriormente se llamó Rubén Darío. Tanto el monumento como la plaza que recordaba al poeta nicaragüense se trasladaron a la vereda de enfrente, donde estaba la Plaza General Urquiza.

En la explanada de la Biblioteca Nacional se emplazó en 1999 una estatua de Su Santidad Juan Pablo II, que es de bronce y mide cuatro metros de altura.

En *Austria* 2593 se inauguró en 1999 un mural alegórico a que en ese lugar vivieron Juan Domingo Perón y su esposa Eva. El sitio fue declarado "lugar histórico".

El edificio de Argentina Televisora Color, hoy Canal 7 Argentina, se hizo en diez meses y se inauguró con el Campeonato Mundial de Fútbol que tuvo como sede a la Argentina en 1978. Fue obra de los arquitectos Justo Solsona, Flora Monteola, Javier Sánchez Gómez, Josefina Santos y Rafael Viñoly (*Avenida Figueroa Alcorta y Tagle*).

Parte de lo que hoy es el canal fue un sector donde debió alzarse el Altar de la Patria: un panteón nacional para ubicar a los muertos ilustres. Su arquitectura recordaría al Partenón que existe en Atenas, Grecia. En un sitio privilegiado iban a estar los restos de Eva Perón. Las gestiones comenzaron en 1973 y una comisión iba a indicar qué muertos irían al Panteón.

La lista provisoria incluía al general San Martín, a Rosas, a Facundo Quiroga y a los premios Nobel Bernardo Houssay y Carlos Saavedra Lamas.

Una enorme cúpula sostenida por columnas remataría el altar. A través de unas rampas se llegaría al subsuelo, espacio destinado a misas y actos recordatorios de las figuras que descansarían arriba.

Los costos iniciales de la obra fueron desbordados. Al cavar el terreno se encontraron dificultades insalvables: desde la cloaca máxima de la zona norte hasta la losa de cemento construida en 1953 para el inconcluso monumento al Descamisado.

Así fue un segundo monumento frustrado, ya que el Altar de la Patria nunca se construyó.

En uno de los lados del altar iba a estar inscripta esta frase: "Hermanos en la gloria vigilamos los destinos de la Patria, que nadie utilice nuestro recuerdo para desunir a los argentinos". El principal impulsor de esta obra fue José López Rega, a la sazón ministro de Bienestar Social del gobierno nacional

Pocos pueden imaginar que los dirigentes del Club River Plate, nacido en el barrio de *La Boca*, decidieron mudarse a este barrio. La nueva cancha ocupaba la manzana de *Tagle, Avenida Alvear* —hoy *Avenida del Libertador*— *Austria* y *Avenida Centenario,* hoy *Figueroa Alcorta*, y desde el 20 de mayo de 1923 la gente los empezó a llamar por extensión "los millonarios" en referencia al nivel económico de los vecinos. El partido inaugural fue contra Peñarol de Montevideo. En 1938 el club se trasladó al barrio de *Belgrano*. Con los años la ex cancha fue parte del predio del Altar de la Patria y hoy es la Plaza República Oriental del Uruguay.

En dicha plaza se erige el monumento a José Gervasio de Artigas, héroe de la libertad de la República Oriental del Uruguay. Es obra del escultor José Luis Zorrilla de San Martín, padre de la actriz China Zorrilla. Está apoyado en una columna de granito, obra del arquitecto argentino Alejandro Bustillo con pequeñas fuentes en cada costado que llevan los nombres de los ríos Paraná, Uruguay, Paraguay y de la Plata.

En 1995 se inauguró un busto del cantante de tango Roberto Goyeneche (el Polaco), realizado por la escultora Coca Ocampo, que está situado en la Plaza República Oriental del Uruguay (*Avenida Figueroa Alcorta y Austria*).

A pocos metros se halla una réplica de la estatua del *Poseidón*, cuyo original se encuentra en el Museo Arqueológico Nacional de Atenas. Fue emplazada en marzo de 1999 (*Avenida Figueroa Alcorta y Austria*).

Avenida Alvear

Desde la calle *Montevideo* esta avenida es parte del barrio de la *Recoleta*; el otro tramo pertenece a *Retiro*. En ella se encuentran algunas importantes residencias.

En la manzana comprendida entre *Montevideo* y *Rodríguez Peña* están los dos únicos edificios de la *Avenida Alvear* que ocupan hasta hoy el terreno original con salida a la calle *Posadas*. Sus fachadas posteriores a principios del siglo pasado daban hacia la barranca y el río.

El Palacio de la Nunciatura. Construido en 1909, obra del arquitecto francés Eduardo Le Monnier, este edificio de gran calidad se complementa con los jardines que llegan hasta la calle *Posadas*. Originalmente perteneció a la familia Fernández de Anchorena, que la alquiló a Marcelo Torcuato de Alvear durante la primera parte de su presidencia. Luego, lo compró Adelia María Harilaos de Olmos, quien en 1949 lo donó para que se convirtiera en la residencia del nuncio apostólico en la Argentina, es decir, la representación diplomática del Estado vaticano. El frente del palacio luce el escudo papal y allí se alojó en sus visitas a la Argentina el papa Juan Pablo II, así como en 1934 el cardenal Eugenio Pacelli, quien más tarde sería Pío XII (*Avenida Alvear* 1637).

La residencia Duhau es obra del arquitecto francés León Dourge. En el solar estuvo primitivamente la mansión de Teodoro de Bary, que albergó en 1910 a la Infanta Isabel de Borbón. La residencia Duhau está unida por un puente al Palacio Duhau. Su construcción data de 1934. En su frente cuatro columnas de doble altura sostienen un frontis triangular que recuerda el estilo clásico del siglo XVIII (*Avenida Alvear* 1671).

Desde la década de 1990 diversas informaciones hablan de que una u otra mansión se venderían a una orden religiosa o bien se instalaría allí un hotel internacional. Existe confusión entre lo que es la residencia Duhau y el palacio anexo. En el año 2003 se inició la reconversión de estos edificios en un sofisticado hotel.

El Palacio Duhau data aproximadamente de 1890. Es una de las más antiguas residencias de esta avenida. La mandó levantar el ingeniero Hume, que intervino en la construcción de los ferrocarriles. La casa está situada en el nivel superior del terreno, abriéndose hacia la barranca por la calle lateral: *Rodríguez Peña*. Ahí se destaca un espléndido gomero plantado por el citado ingeniero. La casa fue una de las primeras en la ciudad en contar con pileta de natación. Hacia 1920 sus propietarias eran María Faustina y Candelaria Duhau y Fonillerac. Es obra del arquitecto Carlos Ryder. Los jardines los diseñó en 1913 Carlos Thays.

En 1991 el Palacio Duhau tuvo un misterioso robo de pinturas en el que los ladrones burlaron la custodia y neutralizaron la guardia perruna de turno. Se habló de la sustracción de seis u ocho telas de pintores argentinos y extranjeros. Allí estuvo durante años una de las colecciones de platería más importantes del mundo; en una de sus visitas a Buenos Aires, los reyes de España Juan Carlos y Sofía visitaron la residencia para conocerla. Lleva el nombre de Maguire. Actualmente está depositada en un banco (*Avenida Alvear* 1683).

Palacete Casares. Construido en 1889 por el arquitecto Carlos Ryder para Eduardo Casey, alquilado y luego vendido a Vicente Casares, de allí su denominación. Perteneció luego a Teodolina Lezica Alvear de Uriburu, quien efectuó la ampliación de la vivienda abriendo una escalinata hacia el jardín. En 1930 fue adquirida por Adelia María Harilaos de Olmos con todas sus decoraciones, *boiseries* y tapizados, con el solo propósito de alojar allí al cardenal Eugenio Pacelli, quien visitaría la Argentina cuatro años más tarde. El decorador Luis Gaweloose tuvo a su cargo la tarea de remodelar y ampliar la mansión, dotándola de confort y belleza. Artesanos, tapiceros y pintores dedicaron meses a la restauración, que incluía una capilla bizantina con altar de piedra y mosaicos italianos. Sin embargo en 1934, cuando el cardenal llegó al lugar, consideró que ese lujo no estaba de acuerdo con su personalidad y prefirió alojarse en la casa particular de la señora Olmos, que actualmente es la Nunciatura.

La señora Olmos, condecorada Marquesa Pontificia, protagonizó entre 1945 y 1950 diversos desencuentros políticos con Eva Perón.

El palacio es ahora sede de la Secretaría de Cultura y Comunicación de la Nación (*Avenida Alvear* 1690).

En una casa de rentas, que data de 1925 y realizó el arquitecto Alejandro Bustillo, se hallan desde 1980 las sedes de las Academias Nacionales: Derecho, Ciencias Morales y Políticas, Ciencias Exactas, Agronomía y Veterinaria, Física y Ciencias Naturales (*Avenida Alvear* 1711).

Construido en 1931 por los arquitectos Valentín Brodsky y Pirovano, el Alvear es un hotel tradicional. Recuperado de la demolición en 1983, ha superado el pasado y se ha convertido en un lugar mítico. Se han alojado allí, entre otros, Juan Ramón Jiménez, Christopher Lambert, Sofía Loren y Vittorio Gassman (*Avenida Alvear* 1891).

Cuenta Carlos Inzillo la historia de uno de los más grandes cómicos argentinos, Pepe Arias: "...arrastrando lentamente sus pies planos y callosos, enfundado en un traje estrambótico casi circense. Su manera de hablar ligeramente golpeada y estirando las vocales... medio siglo de sonrisas provocadas desde el teatro, el cine o la radio muestran que en su modo el espíritu de la ciudad —de Buenos Aires— había encontrado su espejo".

Pepe Arias (1900-1967), hijo de inmigrantes como tantos miles, eligió la estética de esta avenida para vivir. Lo hacía en un departamento dúplex del noveno piso en el que había un hermoso jardín de invierno. El actor logró el privilegio, por algunas de sus inversiones, de ser socio de la exclusiva Sociedad Rural Argentina (*Avenida Alvear* 1939).

Pepe Iglesias, el Zorro, gran atracción cinematográfica y radial, subió al escenario del Teatro Maipo en 1945 con sus asombrosas interpretaciones vocales y un cuadro proyectado para su lucimiento, encarnando él mismo a Berta Singerman, Carmen Miranda, Pepe Arias, Alberto Castillo, Narciso Ibáñez Menta.

Triunfó en España como pocos artistas lograron hacerlo permaneciendo allí veinticinco años. Él también eligió la *Avenida Alvear* para vivir. Con los años se encontrarían caminando por la misma vereda y Pepe Arias le pediría a Pepe Iglesias que lo imitara en sus casi diarios encuentros callejeros.

Pepe Iglesias —el Zorro—, como Frank Brown en su tiempo y Carlitos Balá o Pepe Biondi en el suyo, deleitó con su humor a distintas generaciones de argentinos.

Esta zona fue la elegida para vivir, por rara coincidencia, por otro Zorro: el actor norteamericano de cine, televisión, teatro y circo Guy Williams, "El Zorro" (1924-1989). (*Ayacucho* 1954, 2° piso.)

Bibliografía

Puccia, Enrique Horacio. *Avenida Santa Fe ayer y hoy,* Buenos Aires, Fundación Banco de Boston, 1989.

Biografía de la Avenida Santa Fe. Ricardo M. Planes, Cuadernos de Buenos Aires N° 50, Municipalidad de la Ciudad de Buenos Aires, 1978.

Allá por la Capilla del Carmen. Diego A. del Pino, Cuadernos de Buenos Aires N° 59, Municipalidad de la Ciudad de Buenos Aires, 1981.

Itinerario Histórico de Recoleta. Elba Villafañe Bombal, Cuadernos de Buenos Aires N° 52, Municipalidad de la Ciudad de Buenos Aires, 1978.

Luqui Laglayze, Julio A. *La Recoleta*, Buenos Aires, Fundación Banco de Boston, 1990.

Revista Buenos Aires nos cuenta N° 5, "Recoleta cofre de historias", circa 1980; N° 13, Recoleta (segunda parte), Elisa Casella de Calderón, 1987.

Un paseo por la Recoleta (Catálogo), Secretaría de Obras y Ser-

vicios Públicos, Dirección General de Cementerios, Municipalidad de Buenos Aires, Buenos Aires, circa 1990.
Diarios: *La Nación, Clarín, La Opinión, Tiempo Argentino, La Razón*: fechas varias.

Antigua imagen de lo que fue la Escuela Petronila Rodríguez y que hoy, transformada, continúa siendo el marco de la Plaza Rodríguez Peña.

RETIRO

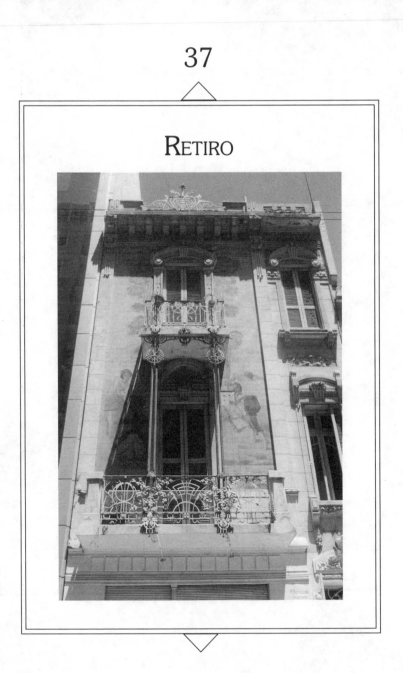

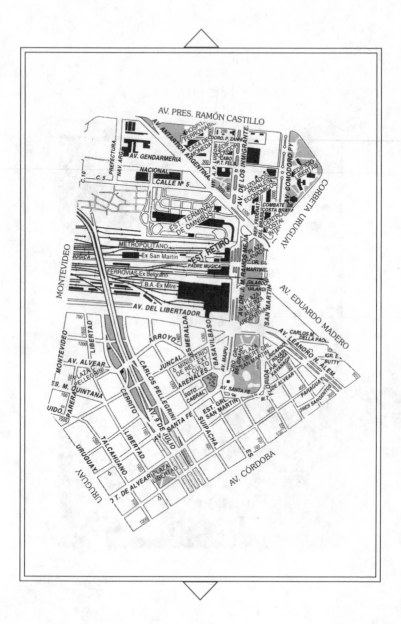

Límites

Calles y avenidas: *Montevideo, Uruguay, Córdoba, Eduardo Madero, San Martín, Corbeta Uruguay, Presidente Ramón S. Castillo*, calle sin nombre oficial y su prolongación virtual hasta *Montevideo*.

Algo de historia

Situada del lado de la Catedral al Norte, la zona estuvo desolada hasta 1702, momento en que el gobernador Agustín de Robles mandó edificar una residencia, a la que llamó "El Retiro", a semejanza de la casa de campo que poseían los reyes de España en Madrid, denominada "El Buen Retiro".

Junto a esta casa se levantó un pequeño fuerte que poseía cañones que miraban al río.

Pocos años después la casa fue vendida a la Real Compañía de Guinea, empresa negrera inglesa que comerciaba a los esclavos llegados a Buenos Aires. En ese lugar Manuel Mujica Lainez ambientó el cuento "La pulsera de cascabeles", que fue llevado al cine por el director Ricardo Wullicher con otros dos relatos del escritor. Lo dirigieron tres directores distintos. La película se llamó *De la misteriosa Buenos Aires* (1981).

La zona fue tomando movimiento a través de las actividades del fuerte y de la compañía, identificándose como "barrio del Retiro".

En 1800 se inicia la construcción de la plaza de toros, cuyo contorno se mantuvo hasta hoy, en la Plaza San Martín en el frente que da a la *Avenida Santa Fe*.

El barrio se transformó con la llegada de las familias adineradas del sur de la ciudad que escapaban de la epidemia de la fiebre amarilla (1871). Esta migración le otorga a *Retiro* la majestuosidad de sus palacios que aún lo caracterizan.

Paisaje

Nuclea a la *avenida Santa Fe*, importante centro de compras, y a la exclusiva *Avenida Alvear*. Se vincula directamente con las estaciones ferroviarias y de ómnibus como también con importantes hoteles.

Catalinas Norte

Debe su nombre a la cercanía del convento de las Catalinas, haciéndose extensivo a la calle que se abría desde ese lugar hasta la parte llana de la ribera, conocida como "Bajada de las Catalinas" (actual calle *Viamonte*).

Hacia 1872 la empresa inglesa The Catalines Warehouse and Mole Co. Ltd. levanta sus galpones portuarios en esos terrenos ganados al río. El espigón construido por la empresa se hallaba entre las actuales calles *Paraguay* y *Marcelo T. de Alvear*.

En 1890 comienzan las obras de construcción de la Dársena Norte y, años más tarde, el Puerto Nuevo, lo que fue desvirtuando el carácter portuario de Catalinas.

En la década del 30, ya inexistentes los depósitos en esos terrenos, se instala allí el parque de diversiones denominado "Parque Japonés", que, al entrar aquel país en el conflicto bélico mundial y romper relaciones con nuestro país, pasó a llamarse "Parque Retiro". En 1961 comienza el desalojo de sus instalaciones, luego que la ex Municipalidad comprara los lotes de tierra.

A partir de ese momento se decide urbanizar el área. En 1966 se inician las construcciones de las distintas torres destinadas a hoteles y oficinas.

Entre tanto edificio inteligente y construcciones modernas una plazoleta preserva desde 1983 el nombre de Mariquita Sánchez de Thompson, en cuya casa de la calle *Florida* se cantó el Himno Nacional por primera vez (*Avenida Leandro N. Alem, Avenida Córdoba y Pasaje de las Catalinas*).

Frente al sector de Catalinas Norte, *Avenida Leandro N. Alem* por medio, en la vereda opuesta, desde la calle *San Martín* hasta *Reconquista,* la ciudad muestra la cara espejada de los edificios. El frente de cuadra entre *Reconquista* y *Marcelo T. de Alvear* también luce otra sucesión de grandes frentes vidriados, pero normativizados por la altura máxima estipulada por el Código de Edificación Urbana (Avenidas *Córdoba, Eduardo Madero, Leandro N. Alem* y calle *San Martín*).

Calle Reconquista y alrededores

A espaldas del edificio Kavanagh, la calle es atípica dentro de esta parte del barrio. Desde la *Avenida Córdoba* hasta el pasaje *Ricardo Rojas,* aún respira un pasado de influencias árabes y griegas. Algunas panaderías dan su toque al sector. Otros negocios —pocos— se ocupan de brindar compañía a varones solitarios.

El pasaje *Tres Sargentos* surge en el tramado urbano a partir de un accidente natural. Antiguamente era el cauce del "Tercero del Medio" o "Zanjón de Matorras", por donde bajaban las aguas pluviales rumbo al río.

Se denomina así en homenaje a tres soldados que en 1812 capturaron durante la guerra por la Independencia a doce militares españoles. Se llamaban José María Gómez, Juan Bautista Salazar y Santiago Albarracín.

A metros se alza el hotel donde se alojó en 1960 la actriz inglesa Vivian Leigh, protagonista del filme *Lo que el viento se llevó* (1939, Gone with the wind), cuando visitó Buenos Aires (*Avenida Córdoba* 405).

Plaza San Martín y compañía

Anteriormente (1801) fue plaza de toros y luego se denominó "Campo de la Gloria" por la valiente defensa de la ciudad ante la Segunda Invasión Inglesa en 1807. En esos terrenos entrenó el general José de San Martín a su naciente Regimiento de Granaderos, por lo que el lugar se denominó "Campo de Marte".

Por eso, luego de Plaza de Mayo es la más importante por significación histórica (*Florida, Avenida Santa Fe, Esmeralda, Maipú* y *Avenida del Libertador*).

El monumento al general San Martín fue inaugurado en 1862. Su autor fue el escultor francés Louis Joseph Daumes (1801-1887). Realizado en bronce, muestra al prócer en actitud serena y decidida, montando un caballo encabritado, cuya principal originalidad reside en que todo el peso del monumento se apoya sobre las patas traseras del animal.

Medio siglo después el artista alemán Gustavo Eberlein (1847-1926) realiza el importante basamento que hoy se aprecia.

Otra pieza escultórica de importancia es *La duda*, obra del francés Luis Enrique Cordier (1827-1905). Está realizada en mármol de Carrara, y situada sobre la vereda que da a la calle *Maipú* y la *Avenida Santa Fe.*

Al pie de la barranca de la plaza, dando a la *Avenida Leandro N. Alem,* se encuentra el monumento a los caídos en la gesta de las Islas Malvinas y el Atlántico Sur. El cenotafio consta de veinticinco placas de mármol negro con los nombres de todos los caídos en Malvinas en 1982.

La Plaza San Martín, enriquecida con sus distintivos monumentos, presenta asimismo pequeños grupos escultóricos que le otorgan carácter. Entre otras, *La fuente de la doncella*, donada por los residentes catalanes. Es la obra del escultor Joseph Llimond y Brughera (1864-1934). Data de 1931 (*Avenida Santa Fe* y *Marcelo T. de Alvear*)

La Segunda Iglesia Científica Cristiana, fundada en los Estados Unidos por Mary Baker Eddy —editora del famoso diario *The Christian Science Monitor*— tiene una sugestiva ubicación en el barrio. El templo es obra de los arquitectos Héctor Calvo, Arnoldo Jacobs y Rafael Giménez, y es de estilo neoclásico. Los ladrillos rojos a la vista le dan un particular carácter (Pasaje *Sargento Cabral* 843).

Desde el año 1944 hasta 1984 el escritor argentino Jorge Luis Borges vivió en esta zona, una placa lo recuerda (*Maipú* 994, 6° piso).

El monumento a Leandro N. Alem, ubicado en la intersección de la *Avenida del Libertador* y *Maipú*, recuerda al fundador de la Unión Cívica Radical y pertenece al escultor argentino Pedro Zonza Briano (1886-1951). Data de 1925.

El edificio del Palacio San Martín, sede del Ministerio de Relaciones Exteriores y Culto, antiguo Palacio Anchorena, se destaca por sus características. Sus imponentes puertas forjadas en Francia se abrieron en 1905 sobre planos y dirección del arquitecto Alejandro Christophersen. Fue inaugurado en 1936 como ministerio por el doctor Carlos Saavedra Lamas, canciller y primer premio Nobel de Argentina.

Con el aspecto exterior de unidad, reúne tres residencias independientes una de otra. Las mismas estaban conectadas por el gran patio de honor central y por la rotonda del primer piso.

El concepto manejado por el arquitecto Christophersen ha otorgado a cada residencia elementos particulares: ninguno de los salones y comedores se repiten, en distribución, en los otros cuerpos (*Arenales* 761).

A pocos metros se inauguró, en diciembre de 1998, un moderno edificio que sirve de anexo al Ministerio de Relaciones Exteriores y Culto. Obra de los arquitectos Natán Aizanstat y Carlos Rajlin (*Esmeralda* 1212).

El Palacio Paz perteneció a dicha familia hasta 1939, año en que fue adquirido por el Círculo Militar. El proyecto fue realizado por el arquitecto francés Louis Marie Henri Sortais y adquirido por el doctor José C. Paz, fundador del diario *La Prensa*. Lo desarrolló el arquitecto Carlos Agote.

El modelo definitivo se debe al arquitecto Alberto de Gainza, quien introdujo una serie de modificaciones.

El edificio data de 1912; la obra demandó doce años, para lo cual se acopió lo mejor de cada estilo de arte de Francia. La motivación de Paz, al decidir la realización de la residencia, fue el deseo de embellecer la ciudad. Con su familia habitó allí veinte años (*Avenida Santa Fe* 750).

En el mismo edificio, por entrada independiente, funciona el Museo de Armas de la Nación, dedicado a brindar un panorama del armamento mundial a través del tiempo. Asimismo posee una colección de insignias y numismática (*Maipú* 1030).

Frente al Círculo Militar, en la *Avenida Santa Fe y Maipú*, se halla un basamento con un ancla y dos placas. Recuerda al teniente de navío Cándido Lasala (1770-1807), héroe del combate de Retiro, muerto durante el frustrado intento de toma de la plaza de toros por parte de los ingleses durante los episodios de la Reconquista de la ciudad.

En la misma plazoleta se destacan dos grupos escultóricos realizados en bronce, ambos de artistas italianos. El primero, *Grupo infantil*, es de Vicente Gemito (1862-1929), el gran artista de los rostros infantiles. El segundo grupo escultórico es otra representación infantil llamada *El chico y la gallina*, del escultor Nicolás Gulli (1866-1954).

Triángulo

El edificio perteneció en sus comienzos a la familia Haedo y fue construido aproximadamente hacia 1880. Su estilo es neogótico. Está construido en una pequeña manzana de forma triangular. Es la sede del Servicio Nacional de Parques Nacionales. Obra de los arquitectos-ingenieros Fortunato Passerón y Brizuela (*Avenida Santa Fe* 690).

Figari

Sobre la fachada de una casa particular se encuentra una placa que recuerda que allí vivió el pintor uruguayo Pedro Figari (1861-1938). Este artista reconstruyó en sus cuadros la vida de los negros en el Río de la Plata (*Marcelo T. de Alvear* 736).

Florida

La famosa calle peatonal comienza a pertenecer al barrio en la *Avenida Córdoba*. En ese inicio se levanta una de las fachadas más hermosas de la ciudad, es la del Centro Naval. El proyecto y la dirección de la obra recayeron en los arquitectos franceses Jacques Dumant y Gastón Mallet, quedando inaugurada en 1914. Lo majestuoso del edificio, asentado en zócalo de granito de Córdoba, se eleva en sus siete pisos con la decoración externa del escultor Luis Trinchero, inspirado en motivos de los salones de La Guerra y La Paz del Palacio de Versailles.

La gran puerta central, fundida en hierro y bronce de los viejos cañones de las guerras de la Independencia argentina, constituye, además de una singular pieza artesanal, uno de los elementos más representativos de la *belle époque* porteña (*Florida* 801).

Hoja en tormenta

Entre *Florida, Córdoba, Paraguay y San Martín*, y con entradas por las cuatro arterias, se encuentra lo que fue una de las tradicionales grandes tiendas de Buenos Aires: Harrods. Su sobrio edificio construido en 1914, de estilo inglés con elementos academicistas franceses, de seis pisos, espera su futuro. En tiempos prósperos para la Argentina se abrió una sucursal de la tienda inglesa que fue la primera y única fuera de Londres. Con el tiempo quedó desvinculada de su original (*Florida* 877).

Iglesia y rascacielo

La basílica del Santísimo Sacramento está considerada como una joya del arte arquitectónico de Buenos Aires.

El proyecto fue elaborado por los arquitectos franceses Coulomb y Chauvet, y la dirección realizada por el arquitecto Ernesto Vespignani, sacerdote salesiano que ya había construido importantes iglesias en territorio argentino. Data de 1915.

Es de estilo neogótico-románico. Posee cinco torres, tres en el frente y dos en el ábside. El elemento más destacado de la fachada es el grupo escultórico que representa al beato Pedro Julián Eymard, fundador de la orden de la congregación del Santísimo Sacramento Expuesto, junto a dos ángeles arrodillados; todo este grupo está realizado en mármol blanco.

La sillería del coro, los confesionarios, el púlpito y las puertas son obras de tallistas flamencos de la casa Wespelaere, de Brujas (Bélgica). En el eje de la cripta, cuatro metros y medio bajo tierra, entre las puertas de entrada en una capilla que corresponde a la base del campanario central, está la tumba de la señora Mercedes Castellanos de Anchorena, benefactora total del templo (*San Martín* 1035).

Al momento de su construcción el edificio Kavanagh, que en sus orígenes debió llamarse San Martín, fue la estructura de hormigón armado más alta de Sudamérica. La obra fue inaugurada el 3 de enero de 1936, estando a cargo del proyecto los arquitectos Gregorio Sánchez, Ernesto Lagos y Luis de la Torre.

Posee una ubicación excepcional por estar en barranca y presenta simbólicamente una proa hacia la abertura de la Plaza. La torre consta de treinta pisos que totalizan una altura de 120 metros y tiene 5 entradas independientes, 113 unidades y 13 ascensores.

Está conformado por cinco volúmenes yuxtapuestos: uno central, al que se adosan otros dos, y a éstos, otros dos menores; la simetría está dada por la parte central con sus dos costados, propios del estilo arquitectónico que representa el racionalismo. En la distribución interna se trató de hacer el mayor número de departamentos iguales, adoptando un estándar que se va repitiendo verticalmente; este escalonamiento ha permitido que el treinta por ciento de los departamentos se prolongaran exteriormente en terrazas-balcones, algunas de las cuales llegan, por sus dimensiones, a ser verdaderos jardines sobre el nivel del mar.

Recién luego de la muerte de Corina Kavanagh en 1984 el pasaje privado que separaba el edificio del vecino hotel fue bautizado con el nombre de esta pionera que a los 39 años vendió dos estancias para poder levantarlo. Corina, de origen irlandés, era excéntrica e interesada en todo lo que fuera vanguardia. Se dice que, enemistada con la Iglesia Católica, construyó el edificio para tapar la iglesia del Santísimo Sacramento compitiendo con su amiga, la señora Anchorena, que podía ver el templo desde su residencia, hoy la actual sede del Palacio San Martín. No obstante esto es más un mito que una realidad ya que Mercedes Anchorena murió en 1920 y el Kavanagh se empezó a levantar en 1934. En 1999 el edificio fue declarado monumento histórico nacional (*Florida* 1065).

En 1909 se inauguró el tradicional Hotel Plaza, obra del arquitecto alemán Alfred Zucker, autor de la catedral de San Patricio en Nueva York. A lo largo de su historia, el Plaza alojó importantes huéspedes: Indira Gandhi, Nat King Cole, Jonas Salk y Nelson Rockefeller, entre otros.

Hasta mediados del siglo XIX el sector fue asentamiento militar, más conocido por "Barrio de la Batería"; barrio recio, próximo al arrabal oscuro del Temple (*Viamonte y Suipacha*).

Según Enrique Cadícamo fue allí, en *Retiro,* donde vio primeramente la luz el tango. "En el solar que hoy ocupa el Plaza Hotel,/ Barrio de la Batería,/ hace noventa años, existía/ la famosa Carpa del sargento Maciel... Creo que de ahí nació el tango..."

La cita no es casual ya que la carpa del sargento Maciel estaba situada en *Florida* y *Marcelo T. de Alvear*, zona que, al igual que toda la ribera del río, fue área plagada de cafetines y prostíbulos, es decir el ambiente donde floreció la primera época del tango.

Todos los 17 de marzo, para celebrar a San Patricio, patrono de Irlanda, la zona del llamado *Bajo Retiro*, *Marcelo T. de Alvear* desde *Leandro N. Alem* hasta la Plaza San Martín, se convierte en peatonal. Allí se encuentran diferentes "pubs" vinculados a esa comunidad extranjera radicada desde hace más de un siglo en el país y en la ciudad.

Trenes, ómnibus y una torre

Antiguamente era la Plaza Británica. Desde 1982, año de la Guerra de las Malvinas, se llama Plaza Fuerza Aérea Argentina. Está ubicada frente a la estación ferroviaria Retiro, sus lími-

765

tes son las avenidas *Leandro N. Alem, Eduardo Madero, Ramos Mejía* y la calle *San Martín*. Está enmarcada por las plazas San Martín y Canadá.

Esta plaza surgió como homenaje a la colectividad británica en la Argentina, ya que aquélla realizó la donación de la Torre Monumental, más conocida como Torre de los Ingleses.

Cuando la Argentina se aprestaba para la celebración del centenario de la Revolución de Mayo, todos los países enviaron delegaciones a excepción de Inglaterra, que se hallaba de luto por la muerte del rey Eduardo VII, hecho que impidió que la representación británica participara de los festejos. No obstante, los residentes británicos decidieron ofrecer ese monumento al país que generosamente los había recibido.

El proyecto de la torre es del arquitecto inglés Ambrose Poynter, mientras que la encargada de la ejecución fue la empresa Koplains y Garden Ltda. Todo el material empleado para la construcción fue traído especialmente de Inglaterra y su estilo es renacentista.

La torre tiene setenta metros de altura y está bien definida en tres niveles. El inferior comprende las escalinatas y el amplio balcón balaustrado. En el medio se destacan los escudos de las dos naciones y el pequeño balcón. El superior está ocupado por el campanario de capitel corintio, que encierra en su interior cinco campanas.

Cada una de las campanas del carrillón del reloj pesa más de seis toneladas. Las piezas que ponen en funcionamiento la maquinaria del reloj pesan una tonelada cada una. El cuadrante del reloj posee un diámetro de 5,50 metros. Este reloj, tan particular y característico del barrio, fue construido por la casa Gillet & Jolmston de Londres.

La torre sostiene una cúpula de forma octogonal cubierta de láminas de cobre y cabriadas de acero, sobre cuya cima gira una veleta que representa una fragata de tres mástiles de la época isabelina. El lugar donde está emplazada la torre estaba ocupado por la primitiva Compañía de Gas.

Separada de la Plaza Fuerza Aérea Argentina por la *Avenida Eduardo Madero*, se encuentra la Plaza Canadá, cuyo mayor ornamento es el majestuoso monumento totémico.

El tótem fue tallado especialmente para ser enviado a la

Argentina. Está realizado sobre un tronco de cedro rojo de veintidós metros, de los cuales 19,76 han sido tallados y el resto está bajo tierra para su sostén. En la base, el diámetro es de casi un metro y en la parte superior se reduce a sesenta centímetros. Su peso es de casi cuatro toneladas. Su artesanal trabajo duró seis meses y fue realizado por el equipo de talladores del Museo Provincial de la Columbia Británica, en Canadá, integrado por dos artistas de la tribu indígena kwakiutl, cuya vida transcurría en Vancouver. Tiene en orden descendiente representaciones de las figuras que constituyen los principales símbolos del clan de los geeksem de la tribu de aquel origen, kwakiutl, y partiendo de lo alto esas figuras representan: el león marino, una nutria que sostiene un pez, la ballena, el castor, un ave de rapiña y finalmente la cabeza de un hombre.

Hasta mediados del siglo XIX todos los terrenos que hoy ocupa el ferrocarril en el barrio estaban cubiertos por el río de la Plata. La orilla de éste llegaba hasta la mitad de la actual Plaza Fuerza Aérea Argentina (ex Británica).

El relleno y la expansión del lugar se iniciaron en 1856, con la construcción de una usina de gas en el lugar que hoy ocupa la Torre Monumental.

De las tres estaciones ferroviarias, cabeceras de líneas, que existen en la actualidad, la más antigua es la del Ferrocarril de Buenos Aires al Pacífico, actual Ferrocarril General San Martín, que fue construida en 1886 y cuyo edificio es de hierro y madera.

La estación del Ferrocarril General Belgrano, construida hacia 1913 por los arquitectos Faure Dujarric y Robert Prentice, refleja el acercamiento de dos estilos, el francés y el inglés. Corresponde a la antigua línea del Ferrocarril Central Córdoba.

Hacia 1897 la estación Retiro del Ferrocarril Central Argentino sufrió un incendio que la destruyó por completo. A partir de ese momento nace la idea de una construcción monumental, acorde con las necesidades de la época.

El proyecto de la obra estuvo a cargo de los arquitectos ingleses Eustace Lauriston Conder, Sidney Follett y Frances Farmer; los planos fueron ejecutados por el ingeniero Reginald Reynoldi.

Si bien el estilo del conjunto es industrial, la riqueza de líneas de los aros metálicos resalta por sobre el amplio hall central.

Toda la armazón que cubre los andenes fue diseñada y construida por la empresa Frances Morton and Co., de Liverpool (Inglaterra).

La estación Retiro del Ferrocarril General Mitre fue, al momento de su realización, la mayor construcción metálica en su tipo. Fue inaugurada el 2 de agosto de 1915.

Al edificio de la Administración de Ferrocarriles inaugurado en 1950 se le agregó en 1978 un piso extra, el octavo. Lo pagó la institución católica Caritas a cambio de setenta puestos de trabajo en estaciones de tren, por diez años. Lo curioso es que ese piso tiene la forma externa de los vagones ferroviarios y nació de un proyecto de los arquitectos Morea, Mérega, Ursini y Monaldi (*Avenida José María Ramos Mejía* 1302).

Con mucha menos tradición funciona en la zona la Estación Terminal de Ómnibus de la ciudad de Buenos Aires. Concentra a todas las líneas de larga distancia que unen su trayecto con las localidades del interior argentino y países limítrofes. Data de 1983.

A pocos metros se levanta la "Villa 31", más conocida como la "Villa de Retiro", y que es la villa de emergencia más céntrica de la ciudad.

Su ubicación, sobre terrenos fiscales, está enmarcada por el puerto, la Estación Terminal de Ómnibus, las vías del ferrocarril y la *Avenida del Libertador*.

La *Avenida Antártida Argentina* recorre el sector portuario del barrio hasta su conclusión, en diagonal, en la *Avenida Ramón S. Castillo* en el sector de Puerto Nuevo. En el número 2258 se halla el Edificio Centinela de Gendarmería Nacional, donde funciona el novelesco museo de la institución.

Es una de las vías principales. A lo largo de ésta se encuentran dos monumentos de importancia. El primero, el Monumento al Inmigrante, en *Antártida Argentina* y *Ramos Mejía,* del arquitecto Alberto Lagos. El segundo, el Monumento Alas de la Patria, sito en la intersección con la *Avenida de los Inmigrantes*, y obra del escultor Wilfredo Viladrich.

Próximos a la avenida se encuentran la Escuela Nacional de Náutica, el Arsenal Naval Buenos Aires y la Casa de Moneda. Esta institución, dedicada a la acuñación de moneda y confección de circulante, posee además un museo que refleja su actividad desde sus inicios, extendiéndose a la historia numismática y filatélica.

Sobre la *Avenida Comodoro Py* 2002 se levanta el edifico que corresponde al Poder Judicial.

La *Avenida del Libertador* es la vía de acceso desde el norte de la ciudad o la de salida hacia allí. Sobre ella se encuentra el Museo Nacional Ferroviario, en el cual se exhibe gran cantidad de objetos y vehículos ferroviarios de carácter histórico (*Avenida Libertador* 405).

A pocos metros de la avenida y en lo que era la barranca del río se halla el Museo Municipal de Arte Hispano-Americano "Isaac Fernández Blanco". Funciona en la que fue la residencia del arquitecto Martín Noel. Es réplica de los palacios oriundos de Lima, Perú, del siglo XVIII de neto estilo neocolonial. Data de 1921.

En 1936, la ex Municipalidad de Buenos Aires adquiere la propiedad e inaugura el Museo de Arte Colonial con parte de la colección Noel. A partir de 1947, el museo toma su nombre definitivo, incorporándose la colección donada por Fernández Blanco. Posee una de las mayores colecciones de pintura, platería e imaginería de arte hispánico en América de los siglos XVII al XIX que puedan encontrarse en el mundo (*Suipacha* 1422).

A su lado, anexada al museo, se encuentra la casa que perteneció al matrimonio Oliverio Girondo y Norah Lange y que constituyó entre 1940 y 1950, aproximadamente, el centro de la vida artística y cultural de Buenos Aires (*Suipacha* 1444).

Según relata la escritora María Esther de Miguel, el hogar "se estableció en la casa de la calle *Suipacha* 1444 construida por albañiles italianos a fines del siglo XIX para un contrabandista de alcoholes y tabacos. Era un petit hotel más bien extraño, en una pequeña barranca que descendía hacia los trenes y el río. Dicen que tenía fantasmas y algunos antiguos ahorcados que solían quejarse. La buena y pobrísima gente de los conventillos aledaños solía escucharlos. Pero, desde 1933, fecha en que Oliverio pasa a habitarlo, y más aún a partir de 1943, cuando la pareja se establece, sólo escucharán sonidos de música, risa y poesía: otro espíritu habita ya la casa...". En ese año 1933 estaba el escritor chileno Pablo Neruda como cónsul de su país. También estaba en Buenos Aires Federico García Lorca. Los dos ilustres escritores se vinculan a Norah y Oliverio y sus amigos Raúl González Tuñón, Alfonsina Storni, Jorge Luis Borges y su madre Leonor Acevedo. Volodia Teitelboim, biógrafo de Neruda, dice que "las reuniones de las cuales participaban eran descocadas, largamente sacrílegas, que neutralizaban el tedio de la oficina y la tensión doméstica".

En el cruce de *Posadas* y *Cerrito*, bajo la autopista Arturo Illia, se concretó un espacio denominado "Paseo de las Esculturas".

Frente al Instituto Nacional de Enseñanza Superior de Lenguas Vivas se instaló una escultura sin identificación, trabajo de los vitralistas Carlos Herzberg, Jorge Donicet, María Marta Salvay y Miriam Midley, que donaron su obra al instituto para estimular a sus alumnos. El Lenguas Vivas es considerado por muchos el mejor colegio secundario público de la ciudad (*Carlos Pellegrini* 1515).

La basílica de Nuestra Señora del Socorro tiene su origen a fines del siglo XVIII. Su construcción es de estilo colonial, de sencillas líneas.

El 20 de agosto de 1846 se hizo cargo del servicio de curato de la parroquia del Socorro el presbítero Ladislao Gutiérrez, quien permaneció en sus funciones hasta el 4 de diciembre del año siguiente. El cura protagonizó uno de los episodios más polémicos durante el período rosista al enamorarse de Camila O'Gorman.

Este hecho ocurrido en 1848 fue llevado a la novela y al cine argentino en la película *Camila* (1984), realizada por la directora María Luisa Bemberg, con la actriz Susú Pecoraro en el rol protagónico. *Camila* compitió por el Oscar de la Academia de Hollywood al mejor film extranjero.

El primer cementerio de disidentes estuvo situado entre las actuales calles *Juncal, Cerrito, Carlos Pellegrini* y *Arenales*. Funcionó allí, en las proximidades de la iglesia del Socorro, de 1821 a 1824, por iniciativa de la colonia británica en Buenos Aires. A pesar de su clausura, ocurrida en el último año citado, por diversas causas quedó abierto hasta 1829.

La imagen llegó desde Génova, Italia, en 1926. Hasta 1992 perteneció a la bóveda de una familia oriunda de la provincia de Santa Fe, y actualmente se halla en el atrio de esta basílica. Es una réplica de la famosa escultura *La piedad*, de Miguel Ángel Buonarotti, hecha por el artista G. Zilocchi.

La casa data de 1922, es de estilo neo-Tudor y perteneció a Federico Helguera Molina y su familia. En el centro de las chimeneas y en los vitrales se encuentran tallados en piedra y pintados los blasones de las familias que habitaron la casa. La ex Municipalidad la expropió en una controvertida situación en 1980. Funciona allí una de las bibliotecas públicas más importantes del Gobierno de la Ciudad, que lleva el nombre del escritor Ricardo Güiraldes (*Talcahuano* 1261).

La adoración de los Reyes Magos

La historia de este tapiz comienza en Flandes, cuando aquella ciudad pertenecía a la corona española, durante el reinado de Felipe IV. El monarca había encargado a Rubens, su pintor favorito, la confección de ciento veinte cuadros para adornar los palacios de Madrid. Uno de aquellos cuadros sirvió de modelo para el tapiz que aquí mencionamos.

Es de observar la predilección de Rubens por esta temática. Por el tipo y calidad de manufactura y por la marca invisible que figura en el tapiz, es decir, la doble "B" de Bruselas Brabante, éste fue confeccionado en la Real Tapicería de la capital belga. No se conocen registros cronológicos de su realización, debido al incendio de los archivos de aquella casa real en el siglo XVII.

El tapiz, de siete metros por siete, colgó, en su momento, de los muros del palacio real de El Escorial, para deleite de Felipe IV. En 1818 el rey Fernando VII lo remitió como obsequio al virrey de las Filipinas, pero el encargo no llegó a destino ya que el barco "La Adoración", que lo transportaba, fue interceptado por el buque corsario argentino "Vigilancia" a la altura de las islas Canarias. El barco español junto a su carga fue conducido al puerto de Buenos Aires. Una vez llegado, el tapiz fue vendido como simple alfombra al doctor Pedro Pablo Vidal, luego canónigo de la Catedral, quien lo donó al templo de San Juan Bautista (*Alsina* 820).

En 1988, el tapiz de *La Adoración* fue restaurado y trasladado a una sala del Episcopado Argentino (*Suipacha* 1032).

En las proximidades de una zona conocida como "cinco esquinas" (intersección *Libertad, Juncal* y *Quintana*), entre *Arenales* y *Juncal* y sobre *Libertad*, se halla el Círculo Italiano, antigua residencia de Antonio Leloir y Clara Unzué. Construido en 1905, es obra del arquitecto Alejandro Christophersen (*Libertad* 1264).

Al frente se halla el Colegio Nacional "Domingo Faustino Sarmiento", así llamado desde 1910, año en que comenzó a ocupar el mismo solar antes destinado a tres amplias casonas que ya en aquel entonces eran vetustas (*Libertad* 1257).

Donde funcionaba el Instituto Nacional de Tecnología Industrial y ocupando la mansión de quien fue presidente de la Nación, Victorino de la Plaza, se halla actualmente una dependencia de la Secretaría de Inteligencia de Estado (*Libertad* 1235).

Arroyo y Samotracia

La característica urbana es de un barrio a la europea, donde se privilegian las calles curvas —tal el caso del "codo" de la calle *Arroyo*—, las calles con pendientes o escalinatas, como *Seaver* (demolida), o entrecortadas por plazoletas.

En el año 1924 los arquitectos Eduardo Sauze y Augusto Huguier, francés que llegó a Buenos Aires en 1910, construyeron el edificio Estrougamou; en su patio interior se destaca una reproducción de la *Victoria de Samotracia*, cuyo original fue hallado en la isla homónima griega por el cónsul de Francia en Andrionópolis y que hoy engalana la Escalera Darn del Museo del Louvre, París. El original de esta obra fue erigido en el año 305 a.C. (*Esmeralda* 1319.)

Cuatrocientos cincuenta trabajos se presentaron al concurso internacional convocado por Proyecto Hatikva, una asociación dedicada a fortalecer los lazos de la comunidad judía con el mundo. La propuesta es construir una plaza pública en el solar que hasta el 17 de marzo de 1992 era la sede de la Embajada de Israel. Ese día la mansión fue volada en un atentado terrorista que jamás fue aclarado. En 1999 se eligió el trabajo de los arquitectos Gonzalo y Patricio Navarro y Héctor Fariña. El proyecto se inauguró en el año 2000 y conserva la impronta de la embajada sobre la medianera. Se plantaron veinte olivos en maceteros con luz, uno por cada víctima. Las hileras de árboles conducen a la placa con los nombres de los fallecidos (*Arroyo* 910).

Frente al solar se halla la parroquia Madre Admirable, allí una placa recuerda al padre Juan Carlos Brumana y a todas las víctimas fallecidas en el ya citado atentado terrorista (*Arroyo* 931).

En su momento fue precursor. Se trata del Palacio Mihanovich y fue el primero de veinte pisos que tuvo la ciudad. Está inspirado en una de las Siete Maravillas del Mundo, la Tumba de Mausolo, rey de Caria entre 377 y 355 a.C. Se construyó en la ciudad de Halicarnaso, en Asia Menor. Su grandiosidad dio lugar a que todo sepulcro monumental lleve ese nombre. Se conservó hasta el siglo IV de nuestra era y se lo conoce a través de ruinas arquitectónicas y escultóricas y de la restauración en papel basada en la descripción de Plinio, naturalista romano que vivió entre el 23 y el 79 de nuestra era y uno de los sabios más laboriosos que el mundo conoció. Esta obra de arte griego hecha fuera de Grecia ha inspirado en la década de 1920 tanto en la Argentina como en los Estados Unidos edificios monumentales de tipo utilitario y no tumbas. Es obra de los arquitectos Héctor Calvo, Rafael Giménez y Arnoldo Jacobs. Data de 1929. En años recientes se ha convertido en un sofisticado hotel (*Arroyo* 845).

Plaza Cataluña

La Plaza Cataluña fue inaugurada en 1985 por el entonces alcalde de Barcelona Pasqual Maragall. También se descubrió una escultura de la argentina Ester Barujel. Poco tiempo después el artista Joseph Niebla pintó un mural.

En 1996 se inauguró una réplica de la Fuente de Canaletas (Font de Canaletes), cuyo original se halla en las famosas ramblas de Barcelona (*Avenida 9 de Julio, Cerrito, Arroyo y Posadas*).

La mansión de la familia Álzaga Unzué fue construida en 1919 por el arquitecto Roberto Prentice. Es uno de los edificios más característicos de la zona. Actualmente forma parte de un complejo hotelero (*Cerrito* 1441).

La Embajada de Francia, un edificio de estilo academicista, data de 1912 y es obra del arquitecto francés Pablo Peter. Originalmente fue residencia de Daniel Ortiz Basualdo y su esposa Mercedes Zapiola. Ellos lo ofrecieron como vivienda al Príncipe de Gales, Eduardo de Windsor, y su comitiva cuando visitó la Argentina en 1925. La *boiserie* del salón comedor es una réplica de la del palacio real de Oslo, Noruega.

Posteriormente el edificio fue adquirido por el gobierno de Francia. Durante la fiesta de inauguración, que fue el 24 de junio de 1939, cantó la célebre "Mistinguette", la folclorista argentina Martha de los Ríos, mamá del desaparecido Waldo de los Ríos. El edificio ha sido declarado monumento histórico nacional.

En la puerta se colocó en 1996 una placa recordatoria de los quince ciudadanos franceses secuestrados durante la última dictadura militar. Incluidas dos monjas, Alice Domon y Léonie Duquet, cuyo trágico caso tuvo repercusión internacional (*Cerrito* 1399).

Conocida como Palacio Atucha, su gran valor reside en que sus planos fueron diseñados por el arquitecto francés René Sergeant, que nunca estuvo en Buenos Aires. Data de 1924 (*Cerrito* 1425).

Avenida Alvear

La *Avenida Alvear* recuerda a Carlos María de Alvear, que nació en lo que es hoy la provincia de Misiones en el año 1789 y que cuando era muy niño viajó con su padre a España. Fundó —junto a otros— la Logia Lautaro. La vida lo llevó a morir en los Estados Unidos. Tuvo mucho que ver en la caída de Juan Manuel de Rosas, según cuenta Alcibíades Lappas en su libro *La masonería argentina a través de sus hombres*. Tanto Carlos como dos de sus hijos y otros descendientes fueron miembros de la masonería. Su nombre completo fue Carlos Antonio José Gabino del Santo Ángel de la Guarda Alvear.

La avenida nace en la plazoleta Carlos Pellegrini, un espacio de forma triangular que surge del encuentro de dos cuadrículas a cuarenta y cinco grados, producto de la primitiva subdivisión de chacras perpendiculares al río, realizada por el fundador de Buenos Aires, Juan de Garay.

Aquí se alza el monumento a Carlos Pellegrini, que recuerda al que fue hombre público y presidente de la República. Es obra del escultor francés Jules Felix Coutan (1848-1939) y representa al hombre público en actitud sedente, protegido por la imagen de la República. El grupo se completa con las figuras que simbolizan "La Justicia", "La Lucha por el Progreso", "La Industria" y "El Progreso".

La Embajada del Brasil fue anteriormente el Palacio Pereda, residencia particular del ganadero Celedonio Pereda.

Originalmente éste habló con el arquitecto francés Louis Martin para que el edificio tuviera el espíritu y la forma de dos mansiones francesas. Del Museo Jacquemart André de París para el palacio en sí, y de la gran escalera del castillo de Fontainebleau para la escalera del jardín. Desinteligencias entre Martin y Pereda hicieron aparecer en escena al arquitecto belga Julio Dormal. El Palacio Pereda fue terminado en 1936 con la construcción de la capilla.

Años antes, en 1928, Celedonio Pereda contrató al pintor catalán José María Sert para que realizara los frescos de los techos de su casa. En 1932 —cuatro años después— el artista Sert viajó a Buenos Aires a supervisar el montaje de las espectaculares telas. Así *Los equilibristas* se sitúa en el Gran Salón; *El aseo de don Quijote* se ubica en el comedor central; *Tela de araña* en el comedor diario; *El agujero celeste* en el salón de música; y *Diana cazadora* en el Salón Dorado.

Entre tantas obras de arte hay un tapiz tipo Aubusson bautizado *Susana en el baño y los viejos*.

El gran comedor tiene tres puertas. Su mesa alberga hasta veintiséis personas y es iluminada por una araña de cristal de Baccarat.

El arquitecto Osvaldo Salgado escribe que la familia Pereda poseía hacia 1928 122.000 hectáreas, lo que la ubica en el cuarto lugar entre la lista de terratenientes surgidos después de la Campaña del Desierto del general Roca en 1879. Como tal integra el grupo que lleva adelante el proyecto liberal por el que la Argentina se convierte simultáneamente en el granero del mundo y en la avanzada cultural de Europa en América. Construir 4.000 metros cuadrados para residencia de una familia, visto desde la óptica de nuestros días, raya en el delirio. Sin embargo, en ese momento es la medida de lo necesario.

En 1938 el entonces presidente del Brasil, doctor Getulio Vargas, se hospeda en la mansión de los Pereda.

Años después, en 1944, el gobierno de la República Federativa del Brasil compra el Palacio Pereda (*Arroyo* 1130).

El Jockey Club nace en 1882 por idea de Carlos Pellegrini con el objetivo de promover el desarrollo de la raza caballar en la Argentina. Es una asociación civil sin fines de lucro que con el paso de los años se convirtió en el signo más representativo de condición y prestigio social.

El palacio que lo alberga perteneció a Concepción Unzué de Casares y fue obra del arquitecto italiano Juan Antonio Buschiazzo. En 1973 se transformó en sede del Jockey, para lo cual trabajaron en él los arquitectos Becú y Moreno. Obras de arte y una importante biblioteca son parte del patrimonio de la entidad, cuya puerta de entrada perteneció a la ex sede del club, que estaba en la calle *Florida* 575 y que fue incendiada el 15 de abril de 1953 por desencuentros políticos.

También a la entrada del edificio se halla la famosa escultura de Diana, del artista francés Jean Falguiere, que el propio Carlos Pellegrini compró en París en 1897 y que fue mutilada en el incendio intencional de 1953. El episodio fue relatado en la novela de Beatriz Guido *El incendio y las vísperas*, publicada en 1964 (*Avenida Alvear* 1345).

Influencias del movimiento moderno de corriente alemana que tuvo vigencia en la Argentina en los años '30 se hallan en la obra de los arquitectos Pablo Peter —francés— y Alberto Morea —argentino—, oportunamente premiado por su aporte estético por el Museo de la Ciudad (*Avenida Alvear* 1402).

Se destaca un edificio de rentas de estilo racionalista, obra de los arquitectos Gregorio Sánchez —uruguayo— y los argentinos Ernesto Lagos y Luis de la Torre. Éstos integraron un estudio que entre otros edificios hizo el Kavanagh en Plaza San Martín (*Avenida Alvear* 1502).

En la calle *Montevideo* se dividen los barrios. De una vereda es *Retiro* y la otra nos indica que aquí comienza el barrio de *Recoleta*.

Avenida Santa Fe

Después de estar exhibida en una polémica muestra en diciembre de 1991, que se hizo en el entonces olvidado Puerto Madero ("América 92"), la escultura del italiano Ugo Attardi se trasladó a este barrio. Es un regalo de la comunidad del Lazio (Italia) a la ciudad. El monumento se llama *En las Américas* y muestra a Cristóbal Colón con su espada cruz como un ave de rapiña que despliega sus alas para lanzarse sobre su presa. Attardi explicó "que respetuosamente rinde homenaje a la epopeya del visionario y el escarnio por los siglos de ultraje infligidos a los pueblos del Nuevo Continente". En el basamento se cruzan tres ejes curvos coronados por tres máscaras, que representan imágenes lunares o mundos que se enfrentan mientras que Cristóbal Colón cruza el umbral-aurora de una época nueva (*Avenida Santa Fe y Carlos Pellegrini*).

La Casa del Teatro es una institución de bien público de la que fue presidenta honoraria Regina Pacini de Alvear, cantante lírica portuguesa y esposa del presidente de la República, doctor Marcelo T. de Alvear.

Se creó como hogar para actores, lo cual fue una avanzada para la época. El imponente edificio estilo *art déco*, obra del arquitecto Alejandro Virasoro, data de 1938. Termina en una gran pirámide con las máscaras de la comedia y la tragedia. En su interior funciona un museo dedicado a Carlos Gardel y otro a la señora de Alvear.

En el edificio se halla el Teatro Regina (Sala Iris Marga) (*Santa Fe* 1243).

La basílica de San Nicolás de Bari data de 1935. La original estaba situada donde hoy se alza el Obelisco y fue demolida en 1931. Es obra del arquitecto Carlos Massa. En ella se venera la imagen de la Virgen de los Desamparados, que viene del templo original, la capilla de los Desamparados, en Valencia,

España. Todos los segundos domingos de mayo se celebra su día (*Avenida Santa Fe* 1350).

Avenida Córdoba

La Sociedad Argentina de Artistas Plásticos, nacida en 1925 con el fin de lograr la libertad de expresión contra la censura y las limitaciones de la "cultura oficial", se halla en una ubicación clave. En su esquina se pintó en 1996 un mural que realizaron el plástico Carlos Terribili y sus alumnos de la Asociación Estímulo de Bellas Artes (*Avenida Córdoba* 701).

Donde funciona actualmente el Club Aeronáutico estaba el tradicional Club Alemán de Buenos Aires, que fue tardíamente incautado por el gobierno argentino en los días finales de la Segunda Guerra Mundial. Obra del arquitecto alemán Hans Schmitt. En 1966 la dictadura que presidió el general Juan Carlos Onganía compensó la injusticia de la quita de la propiedad otorgando el terreno de la *Avenida Corrientes* 327 para ese club (*Avenida Córdoba* 731).

El edificio es notable, lo hizo alrededor de 1920 el arquitecto francés Eduardo Le Monnier. Tiene tres unidades de doce pisos, ocho están sobre la línea municipal. Se destaca por la generosa ornamentación que produce una suma de pequeñas torres coronadas por cúpulas y agujas (*Avenida Córdoba* 887).

En un lote interno y entrando por un pasillo se alza una capilla de principios de siglo. Perteneció al culto ortodoxo rumano y luego a la vecina comunidad libanesa maronita. La puerta de calle está coronada con un bajorrelieve que representa a San Pedro y a San Pablo sosteniendo a la Iglesia. El lugar tuvo luego variados usos como sala teatral y hoy está cerrado (*Suipacha* 842).

La iglesia San Marón, que como institución data de 1902 y cuya ubicación actual es de 1920, fue diseñada por el arquitecto Martín Noel. Parte de la comunidad libanesa maronita (católica de rito oriental) asiste al templo (*Paraguay* 834).

El arquitecto catalán Antonio Bonet, que trabajó con Le

Corbusier, llegó en 1937 a Buenos Aires por ser amigo de sus colegas Juan Kurchan y Jorge Ferrari Hardoy, con quienes fundó el Grupo Austral y diseñó el famoso sillón BKF. Bonet con Abel López Chas y Ricardo Vera Barros construyeron en 1938 este edificio en el que aquél tuvo su estudio (*Paraguay* 894).

Plaza Libertad y alrededores

La plaza era conocida desde 1780 con el nombre de "Hueco de Doña Engracia". Ese nombre viene de una vecina negra que vivió allí cerca en un humilde rancho y que con su nombre distinguió al lugar.

Durante la revolución de 1890 una parte de las fuerzas del gobierno se reunieron en la plaza para atacar a los revolucionarios que se hallaban en el llamado Parque de Artillería, hoy el Palacio de Justicia, en Tribunales, barrio de *San Nicolás*. Al pie de la estatua de Adolfo Alsina se acumularon los muertos que tuvieron las tropas leales mientras esperaban ser sepultados. La llamada Revolución de 1890 fue un movimiento cívico-militar que causó la renuncia del presidente Miguel Juárez Celman. Tomaron protagonismo en la misma los jóvenes que se integraban a la recientemente formada Unión Cívica Radical, que con el paso de los años se convertiría en uno de los grandes movimientos políticos mayoritarios de la Argentina.

El monumento más importante de la plaza es el que recuerda al doctor Adolfo Alsina, instalado en 1882. La figura, realizada en bronce por el artista francés Aime Millet, aparece de pie con su mano derecha apoyada en un mapa de la provincia de Buenos Aires que dice Pro-Patria. Una placa lo recuerda: "Al ciudadano, doctor y coronel Adolfo Alsina, vicepresidente de la República, gobernador de la provincia de Buenos Aires, ministro de Guerra y Marina, legislador, tribuno, caudillo popular, fundador de pueblos, expedicionario al desierto". (*Marcelo T. de Alvear, Libertad, Paraguay y Cerrito*).

Inaugurada en 1905 como magnífica Casa de Italia en Buenos Aires, aquella primera edificación fue demolida en 1940 para dar paso a un edificio más moderno. Diversos inconvenientes demoraron la finalización de la obra, ocurrida en 1961. Se trata del Teatro Coliseo (*Marcelo T. de Alvear* 1125).

En marzo de 2000 se inauguró la fuente denominada *Homenaje a la democracia*, realizada por el escultor argentino de origen húngaro Gyula Kosice. El monumento está elevado un metro y medio sobre un talud circular recubierto de pasto, en cuyo centro hay una fuente de más de tres metros y medio de diámetro de la que emergen tres chorros de agua que, según su autor, simbolizan La Libertad, La Solidaridad y La Paz (*Avenida 9 de Julio* y *Marcelo T. de Alvear*).

El templo de Nuestra Señora de las Victorias data de 1883 y es de estilo neorrománico. En 1890 fue también escenario de la llamada Revolución del Parque. Los planos de la primitiva capilla fueron del arquitecto Blanco Casariego y la ampliación fue obra del arquitecto Bauerle.

La iglesia de las Victorias recuerda la acción cristiana en contra de la ocupación musulmana de España: la batalla de Lepanto.

Fue pensada como iglesia de la comunidad francesa, ya que donde ahora está el Teatro Cervantes se encontraba el Hospital Francés. En esta iglesia contrajo matrimonio, el 21 de setiembre de 1967, el escritor Jorge Luis Borges con Elsa Millán (*Paraguay* 1204).

Una casa de planta baja y dos pisos altos llama la atención, hecha en estilo Liberty, forma italiana de llamar al arte nacido en Bélgica como *art nouveau*. La diseñó el arquitecto B. Trivelloni y data de 1911. En la misma se destacan a ambos lados de los balcones murales hechos en azulejos cerámicos. En ellos se visualizan figuras campestres y románticas. Esta obra maestra, única en Buenos Aires, fue realizada por Pío Pinzauti (*Paraguay* 1330).

De su amor por Buenos Aires dos actores españoles, María Guerrero y Fernando Díaz de Mendoza, concibieron en 1918 la idea de construir un teatro. Esa sala es el Teatro Nacional Cervantes. Su fachada es réplica de la rectoría de la Universidad y Colegio de Alcalá de Henares. La balaustrada de los palcos reproduce las rejas de la Casa Consistorial de Salamanca. Los azulejos y damascos son de Valencia, las losetas de los pisos de Tarragona, etc. Todo el material traído desde España fue mandado hacer expresamente para este teatro.

El propio rey Alfonso XIII ordenó que todos los buques de carga españoles que estuvieran destinados para Buenos Aires condujeran las cargas que el teatro requería.

Un incendio destruyó parte de la sala (1961), el escenario y los camarines de forma tal que poco tiempo después se encaró la reconstrucción, que se integró en un solo block de tres subsuelos, planta baja y trece pisos altos, que convierten a esta sala en otra joya de la ciudad de Buenos Aires, dotada de lo más avanzado de la tecnología moderna en materia de espectáculos. Obra del estudio del arquitecto Mario Roberto Álvarez. En la esquina se halla el Instituto Nacional de Estudios de Teatro con su biblioteca y museo de teatro.

En la entrada a los camarines por la *Avenida Córdoba* 1155 se halla un mural de Nuestra Señora de las Nieves, copatrona de la ciudad de Buenos Aires (*Libertad* 815).

Bibliografía

Historia de los monumentos y esculturas de Buenos Aires, María del Carmen Magaz y María Beatriz Arévalo, MCBA-Instituto Histórico de la Ciudad de Buenos Aires, 1985.

Revista del Círculo Militar, enero-marzo de 1967.

Almario de Buenos Aires-Los cementerios, Luis F. Núñez, Ministerio de Cultura y Educación, Buenos Aires, 1970.

Bossio, Jorge A. *Los cafés de Buenos Aires:* Ed. Schapire, Buenos Aires, 1968.

Sebreli, Juan José. Buenos Aires, *Buenos Aires, vida cotidiana y alienación:* Ed. Siglo Veinte, 1964.

Estampas del Retiro, Publicación especial del Sheraton Hotel en su 10° aniversario, Buenos Aires, 1982.

Retiro, testigo de la diversidad, Instituto Histórico de la Ciudad de Buenos Aires, cuaderno N°3, Buenos Aires, 1998.

38

SAAVEDRA

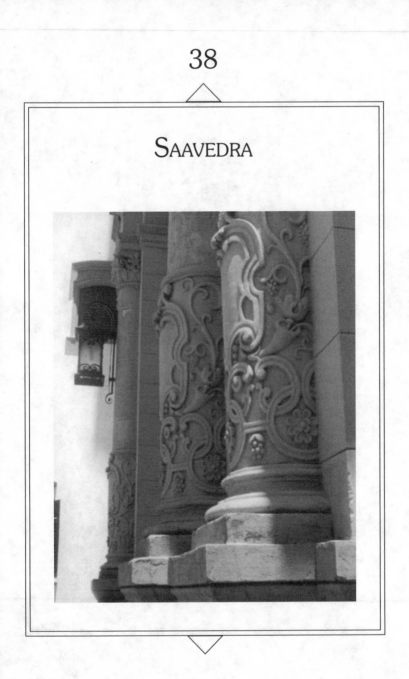

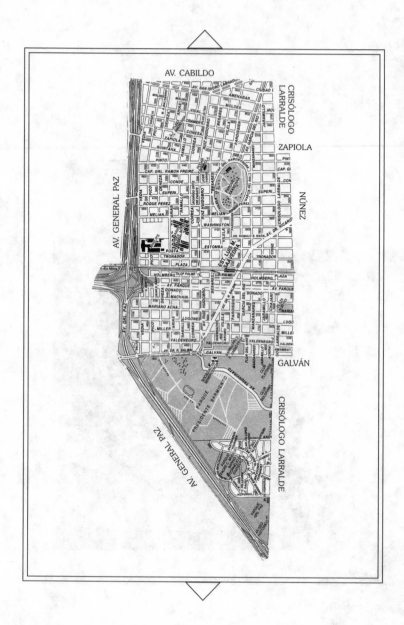

"En la ciudad de la Trinidad y puerto de Santa María de los Buenos Aires existe una región fronteriza donde la urbe y el desierto se juntan en un abrazo combativo, tal dos gigantes empeñados en singular batalla. Saavedra es el nombre que los cartógrafos asignan a esa región misteriosa, tal vez para eludir su nombre verdadero, que no debe ser proferido: 'El mundo se conserva por el secreto', afirma el Zohar."

LEOPOLDO MARECHAL
(1900-1970)

Límites

Calles y avenidas: *Crisólogo Larralde, Zapiola, Núñez, Galván,* otra vez *Larralde, General Paz* y *Cabildo.*

Algo de historia

Saavedra tuvo dos fundaciones. La primera fue el 27 de abril de 1873, a cargo de Florencio Emeterio Núñez. Marchando al compás de una banda musical, dos mil personas llegaron hasta lo que es hoy el Parque Saavedra y que en aquel entonces era un espléndido lago, con góndolas y puentes levadizos, modesto símil de Venecia, y entonaron el Himno Nacional durante la ceremonia presidida por Núñez, quien con la denominación del nuevo pueblo deseaba homenajear a Cornelio Saavedra (1759-1829), militar y político argentino, uno de los gestores de la Revolución de Mayo de 1810 y presidente de la Primera Junta de gobierno patrio.

Esta fundación fue simultánea con el vecino barrio de *Núñez.*

La segunda, exclusiva de Saavedra, se hizo el 1° de febrero de 1891, con la inauguración de la estación Luis María Saavedra del Ferrocarril Central Argentino (hoy Ferrocarril General Mitre), que impulsó el desarrollo del barrio en las inmediaciones de la Chacra de los Saavedra, inmensa estancia cuyo casco es actualmente la sede del Museo Histórico Saavedra.

Paisaje

Es uno de los barrios más grandes de la ciudad y ocupa una zona alta, con lomas entre el Parque Saavedra y la *General Paz*. El arroyo Medrano nace fuera de la ciudad y en la zona del parque formaba un hermoso lago ya desaparecido. Actualmente está entubado bajo las calles *García del Río* y *Ruiz Huidobro*.

Tres parques y un museo

El Parque Saavedra, escenario de la primera fundación, presenta en su forma ovoidal muchos árboles, juegos infantiles y una escuela primaria. También está la antigua torre que, en tiempos remotos, bajaba su puente levadizo frente a la calle *Pinto*, cuando el parque era un bonito lago que el arroyo Medrano circundaba. Dos esculturas en mármol de Carrara pueblan el parque: una fuente barroca denominada *La caza del delfín*, obra de Antonio Perekrest, perteneciente a la familia Saavedra, y un busto de Cornelio Saavedra.

El Parque General Paz, ubicado entre la avenida del mismo nombre y *Crisólogo Larralde*, se destaca por contar con la sede del Museo Histórico Saavedra.

Inaugurado en 1942, funciona en lo que fue el edificio central de la chacra que perteneció a Luis María Saavedra y a Dámasa Zelaya de Saavedra. La casa era de estilo barroco italiano y fue construida entre 1870 y 1890. Fue restaurada adaptando sus líneas arquitectónicas al estilo neocolonial de principios del siglo XIX. Posee elementos auténticos de aquella época, como rejas y tejas.

El objetivo del museo radica en la investigación, exhibición y conservación de los objetos concernientes a la historia de Buenos Aires. Asimismo, pretende evocar la vida social porteña a través de la reconstrucción de los usos y costumbres de antaño (*Crisólogo Larralde* 6309).

Clausurado desde 1998, el Gobierno de la Ciudad reabrió en 2000 el centro polideportivo Parque Sarmiento. Es visitado anualmente por miles de ciudadanos y cuenta con setenta hectáreas, que el periodista Nicolás Artusi denominó en el diario *Clarín* como el Central Park de *Saavedra* y al que acceden también los vecinos del barrio de Villa Urquiza (Avenidas *General Paz, Ricardo Balbín, Andonaegui y Crisólogo Larralde*) (*Ricardo Balbín* 4750).

Isidro y Chuquisaca

La obra arquitectónica más significativa del barrio es la parroquia San Isidro Labrador, inaugurada en 1932 y proyectada por el arquitecto Carlos Massa. Su fachada, copia de la Universidad de Chuquisaca (Bolivia), tiene una sola torre del lado izquierdo con un reloj y un campanario rematado en una cruz de hierro. La cúpula, de forma octogonal, es de estilo neobizantino. Adentro se encuentra una gran cerámica cuyo boceto hizo Raúl Soldi: representa el nacimiento de Cristo (*Avenida San Isidro* 4620).

Calamares

Aunque nunca se estableció en el barrio (su estadio estuvo en *Núñez* y ahora está en Vicente López, provincia de Buenos Aires), los colores marrón y blanco del Club Atlético Platense son patrimonio de *Saavedra*. Así lo sienten sus simpatizantes, que gritan desde la tribuna su filiación barrial: "Soy Saavedra".

Platense, o el equipo de "los calamares", es un club con dilatada historia en el fútbol argentino. Nació en 1905.

Polaco

El cantor de tangos Roberto Goyeneche (el Polaco) se incorpora al patrimonio histórico de éste, su barrio. Nacido en *Avenida del Tejar* 3050 (hoy *Ricardo Balbín*), vivió con pertenencia a Saavedra, fue hincha de *Platense,* frecuentó sus cafés y bares y brindó su afecto sencillo de artista valioso a los amigos del barrio. Declarado ciudadano ilustre, su nombre y su forma de cantar se convierten en código indispensable para conocer *Saavedra.*

Microbarrios

Existen tres: uno es el barrio Presidente Mitre, ubicado en *Correa* y *Melián,* a espaldas de una reconocida fábrica de electrodomésticos. Tiene casas de una sola planta y construcción sencilla.

Algo más sofisticadas que las anteriores son las casas bajas con techos de tejas del barrio Presidente Roque Sáenz Peña, erigido alrededor de la calle *Valdenegro* entre *Crisólogo Larralde* y *Avenida Ricardo Balbín.*

El barrio *Cornelio Saavedra,* entre los parques Sarmiento y General Paz, constituye una zona residencial con casas de una planta con jardín, y calles de trazado irregular.

Artes plásticas

En 1937 tuvo su taller en el barrio Lino Eneas Spilimbergo (1896-1964), destacado pintor y litógrafo argentino. Algunas de sus principales obras son *Figura, Dos figuras* y *La planchadora,* entre otras (*Correa* 3050).

El cajón

Una peculiaridad: "el cajón del muerto", manzana con forma de ataúd que ocupa una confitería en la *Avenida Cabildo* y *Pico.*

El cantor de tangos Edmundo Rivero relata haber escuchado la versión de que el propietario de ese lugar fue dado por muerto por los médicos. Lo velaron normalmente y cuando el cortejo fúnebre estaba llegando al cementerio, el féretro se empezó a mover. Fue abierto y el finado salió vivito y hablando tonterías, ya que había sufrido un ataque de catalepsia. El hom-

bre, que era pudiente y agradecido, mandó construir esa casa en
forma de ataúd.

Bibliografía

"Saavedra: Gente de trabajo", *Historias de Buenos Aires*, año 1,
　　N° 4, Buenos Aires, Instituto Histórico de la Ciudad de
　　Buenos Aires, MCBA, 1987.
Revista *Lyra*, primer semestre de 1970.
Revista *Clarín*: 29-4-90.
Revista *Corregidor Cultural:* junio-julio de 1990.
Diarios: *Clarín, La Nación, Página/12*: años varios.

Una bella y umbrosa fuente da la bienvenida a los visitantes en el
Museo Saavedra.

39

SAN CRISTÓBAL

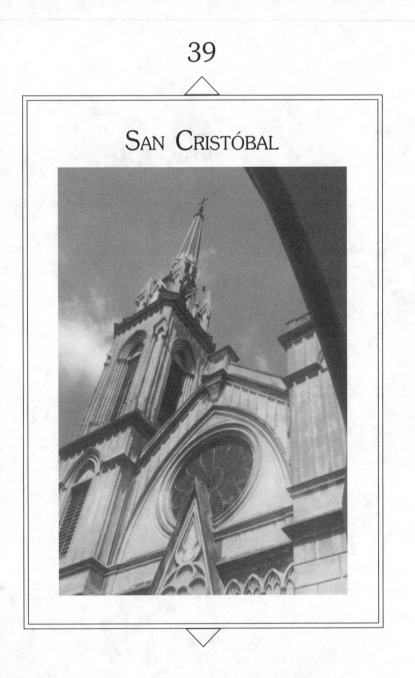

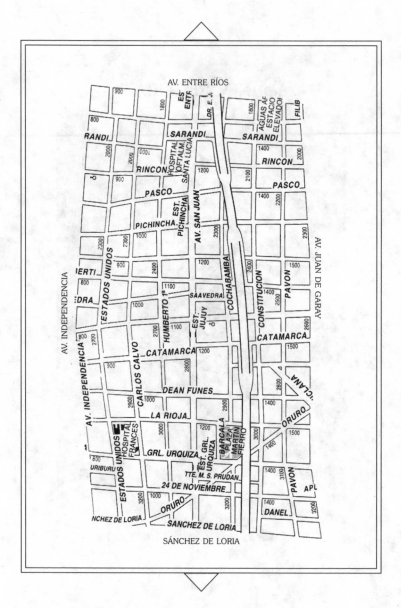

"Las casas de una planta que se desparraman por algunas calles como Rincón *o Pasco, los parroquianos que se reúnen en el café para jugar al 'padrone e sotto' como a principios de siglo, los fieles que se concentran cada domingo en la iglesia de la calle Jujuy, desde cuya acera puede verse todavía flamear el cielo, se desempeñan en conservar la fisonomía de San Cristóbal..."*

DIANA CASTELAR
(periodista y escritora argentina)
Revista diario *Clarín* 20-6-1987

Límites

Avenidas y calles: *Entre Ríos, Independencia, Juan de Garay y Sánchez de Loria.*

Algo de historia

El barrio nació en 1869 por razones eclesiásticas. Originalmente era un barrio de quintas con terrenos destinados al cultivo de hortalizas y alfalfares. Pronto aumentó la población, nacieron sus calles y comenzaron a edificarse las primeras viviendas.

Paisaje

Es el barrio más chico —en extensión— de toda la ciudad. Abarca ciento veinticinco manzanas.

La autopista 25 de Mayo, construida durante la dictadura militar (1976-1983), cambió mucho la fisonomía del barrio, que se partió en dos, e hizo desaparecer edificios de estilo.

Aquí conviven todas las grandes religiones. Se ven templos católicos, una sinagoga, una mezquita y un templo y cementerio budista.

Sea por el origen sirio del santo que da nombre al barrio o por coincidencia, en esta zona residen muchos inmigrantes de origen árabe, muchos cristianos y otros musulmanes.

En el barrio existen numerosas fábricas de delantales de uso estudiantil y gran cantidad de bazares donde se aprovisionan casi todos los restaurantes y hoteles de la ciudad.

Un palacio blanco

Un importante edificio sorprende por su estructura, es el Depósito de Aguas Corrientes "Ingeniero Antonio Paitovi". Ocupa toda una manzana. Construido entre los años 1948 y 1957, el director de la obra fue el ingeniero alemán Claús Bokcher (*Avenida Entre Ríos* 1441).

La mejor puerta

La Escuela Carlos Pellegrini, perteneciente al Gobierno de la Ciudad, se destaca por su arquitectura. Es famosa por su puerta, que se la reconoce de dos maneras: "La puerta historiada" u "Homenaje al maestro" (data de 1934), verdadera obra de arte realizada por el maestro del cincel y la estatuaria Arturo Dresco.

Consta de ocho paneles en los que se muestran otros tantos paisajes de regiones argentinas, escenas que muestran la labor del docente en todo el territorio nacional, incluidas las islas Malvinas. Están enmarcadas figuras simbólicas de La Educación, los escudos de las que eran las catorce provincias, representaciones de la flora y fauna y, en cuatro ángulos, las figuras de diversos próceres, entre las que se destaca la de Mariano Moreno (1778-1811), abogado y escritor argentino, caudillo de la Revolución de Mayo de 1810, secretario de la Primera Junta del gobierno, abogó por la organización del país y defendió la austeridad republicana.

En el mismo edificio funciona la Biblioteca del Docente (*Avenida Entre Ríos* 1349).

El portador

La iglesia de San Cristóbal data de 1884. Arquitectónicamente es de estilo neogótico. San Cristóbal fue un mártir cristiano de origen sirio que está consagrado como el patrono de los viajeros. De gran altura y robustez, su físico le permitió ayudar a mucha gente a cruzar un ancho río. Al convertirse al cristianismo toma el nombre de Cristóbal, que proviene del griego Cristophoros, es decir, "el portador de Cristo".

Las creencias surgidas durante la Edad Media atribuyeron a Cristóbal haber transportado a Jesús niño. Es interesante tener en cuenta que el mito de hombres con cabeza de perro aparece en muchas y diversas culturas. Antiguos íconos cristianos ortodoxos muestran a San Cristóbal con cabeza de perro. Posiblemente se remonta a los primeros tiempos del cristianismo, cuando aún se hablaba del culto a Anubis, dios egipcio con cabeza de perro (*Avenida Jujuy* 1241).

El gran uruguayo

La estatua de Florencio Sánchez, autor teatral uruguayo, lleva el nombre del protagonista de la obra, que por extensión se dio a todos los repartidores de diarios. Fue realizada por el escultor Agustín Rignalli (1890-1949) y posee una placa otorgada por la Unión de Recorridos de Diarios y Revistas al instituir el 7 de noviembre como el Día del Canillita. Esto se fundamenta por el hecho de que entre las obras escritas por Florencio figura la pieza *Canillita* (*Chiclana y Esteban de Luca*).

Televisión y Martín Fierro

El Canal 11 de televisión tiene su sede en el barrio y se lo llama —en muchos casos— el canal de San Cristóbal. Por sincronismo o coincidencia, el máximo premio del espectáculo argentino lleva el nombre del poema épico por excelencia, *Martín Fierro*, cuyo autor fue José Hernández (1834-1886).

En el barrio funciona la plaza que lleva este nombre y que

data de 1940. En ese predio se levantaban los talleres metalúrgicos de Pedro Vasena, que en 1919 fueron escenario de un episodio de luchas obreras que se conoce en la historia argentina como la Semana Trágica.

La plaza cuenta con un bronce del escritor José Hernández, hecho por el artista hispano-argentino Francisco Reyes.

En el medio de un piletón redondo hay una figura de una sirena con cuerno, de origen francés. También el retoño de un ombú original de la casa paterna del escritor anglo-argentino Guillermo Hudson, nacido en la provincia de Buenos Aires en 1841. Luego de servir al ejército y trabajar de peón, decide en 1874 irse a Inglaterra, donde empieza a escribir en inglés. Falleció en 1922 en ese país. Publicó, entre otras obras, *The Naturalist in Plata* (El naturalista en el Plata) e *Idle Days in Patagonia* (Días de ocio en la Patagonia) (*La Rioja* y *Cochabamba*).

Templo y cementerio

Aquí se halla el templo y cementerio budista "Honpa-Hongwanji" vinculado a la comunidad japonesa. Tiene como anexo, paralelo al templo en sí, un cementerio con urnas cenicero. En marzo se celebra el ritual del equinoccio de otoño, cuando los fieles visitan las urnas de sus ancestros. Y así a lo largo del año se observan los días sagrados budistas (*Sarandí* 951).

En el barrio se halla la Comunidad Jerusalén, con una importante serie de actividades en las que se nuclea la comunidad judía (*24 de Noviembre* 1434).

La mezquita y algo más

Lo que más se destaca de la sede de la Asociación Yabrudense Islámica, que data de 1932, es la Gran Mezquita. Los árabes son la tercera comunidad extranjera de la Argentina después de la española y la italiana. Representan el diez por ciento de la población del país. Sólo el treinta por ciento son musulmanes. Aquí en este templo todos los viernes los fieles se descalzan y miran hacia La Meca, la ciudad sagrada situada en Arabia Saudita. En el suelo hay veinticuatro alfombras que se superponen y facilitan a los concurrentes su oración. Existe un palco reservado a las mujeres. El edificio, que data de 1979, posee salones sociales, deportivos y educativos (*Alberti* 1622).

A metros funciona el Centro Islámico, instalado en una señorial mansión de principios del siglo XX (*Avenida San Juan* 3053).

Mucho tango

La Legislatura de la Ciudad decidió en 1998 que el bar Miramar, que muchos llaman la "esquina de Paco" y funciona en donde antes estaba la mítica casa de sombreros Della Corte, llevara otro nombre. Ahora se llama "esquina Gardel, Canaro y Greco", ya que de niños los artistas del tango Vicente Greco y Francisco Canaro fueron del barrio; Carlos Gardel lo visitaba cuando frecuentaba la sombrerería que ahora ocupa el bar (*Avenida San Juan* 1999).

La calle se llamaba antiguamente *Europa*. Allí estaba la casa de María, "La Vasca", cuyo apellido era Rangolla. Era una casa de baile de un estilo que se encuadraba en el llamado de "las casitas", una modalidad anterior al cabaret en lo que es diversión nocturna. Se comía, se bebía y se bailaba tango. La frecuentaban todos: estudiantes universitarios, señores de buen pasar y también gente de avería. Allí en 1897 el pianista Rosendo Mendizábal estrenó su famoso tango *El entrerriano* (*Carlos Calvo* 2721).

En las cercanías del vecino barrio de *Boedo*, pero territorio legal de *San Cristóbal*, se halla la casa del poeta y escritor Homero Manzi. Autor de las letras de algunos de los tangos más populares: *Sur, Barrio de tango, Che bandoneón* (*Avenida Garay* 3251).

A fines de 1999 se inauguró una plazoleta en honor a la actriz y cantante Tita Merello (*Pasaje Jenner* y *Combate de los Pozos*).

797

En febrero de 2000 se habilitó una nueva plaza. Está situada bajo la autopista 25 de Mayo y lleva el nombre del músico Francisco Canaro. Además cuenta con un mural de 700 metros cuadrados que reproduce quince personajes de la historieta "Patoruzú", entre ellos Isidoro Cañones y Upa.

Cuenta con un anfiteatro y una fuente y posee plantas aromatizadas que en este caso sirven de orientación a los no videntes (*Cochabamba* entre *Combate de los Pozos* y *Sarandí*).

La Santa Cruz

La parroquia de Santa Cruz nació para cubrir las necesidades espirituales de la comunidad irlandesa. La idea era tener en Buenos Aires algo similar a la catedral de San Patricio de Nueva York. Está a cargo de la Congregación Pasión de Jesucristo (pasionistas). Data de 1894. El proyecto fue del ingeniero inglés E.L. Merry y su estilo es neogótico.

El altar mayor tiene cómo motivo central un fresco realizado por el artista español Pablo Manzano, y representa a Cristo en su oración y agonía en el huerto de los olivos; se encuentra orando mientras los apóstoles Pedro, Santiago y Juan duermen, y el Ángel de la Consolación aparece para confortarlo. Fueron modelos para este fresco changadores del Mercado de Miserere (*Once*) y la figura de San Juan fue primero delineada y luego masculinizada, ya que el modelo fue la esposa del pintor Manzano. Ambos viajaron especialmente de España para llevar a cabo esta tarea.

En el interior de la torre hay tres campanas: 1) San Miguel: 1.200 kilos; 2) San José: 900 kilos; 3) San Pablo: 315 kilos. Fueron hechas en los Estados Unidos por la fábrica Mc Shane y Cía., de Baltimore (*Carlos Calvo* 3111).

Bajo tierra

El barrio cuenta con la estación del subte Pichincha. Es el nombre de un volcán ubicado en la República del Ecuador y fue marco de episodios de la Independencia americana. Se visualiza en un mural del artista español Rafael Cuenca Muñoz (*Avenida San Juan* 2300).

También Perón

Iba a visitar a su madre, doña Juana Sosa. Ella solía alojarse en el barrio. En ese entonces era el coronel Juan Domingo Perón (*Avenida Entre Ríos* 913, 3er. piso).

Bibliografía

Llanes, Ricardo M. *El barrio de San Cristóbal,* Cuadernos de Buenos Aires XXXIV, Buenos Aires, Municipalidad de la Ciudad de Buenos Aires, 1970.
Fittipaldi, Silvia. *Santa Cruz y la historia de un barrio,* Buenos Aires, Ediciones Pasionistas, 1990.
Diarios: *Clarín, La Prensa*: fechas varias.

Una de las obras de arte más valiosas de la ciudad se halla en la avenida Entre Ríos. Se trata de una puerta historiada.

40

SAN NICOLÁS

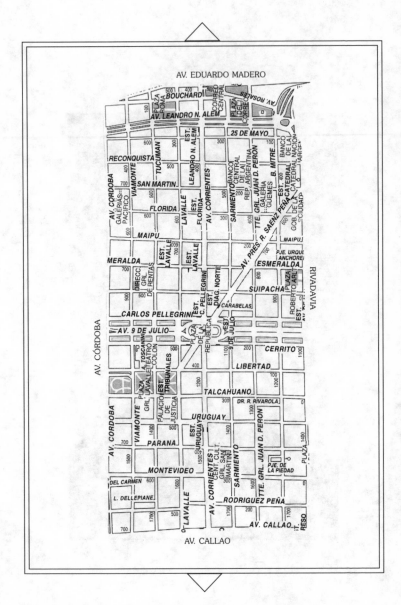

"Una buena parte de los vecinos de Buenos Aires desconocen que el barrio del centro se llama San Nicolás."

GERMINAL NOGUÉS

Límites

Calles y avenidas: *Córdoba, Callao, Rivadavia, La Rábida Norte, Eduardo Madero.*

Algo de historia

Su nombre se remonta a la capilla fundada en 1773 por Domingo de Acassuso en la esquina de las actuales *Carlos Pellegrini* y *Corrientes*, donde el 23 de agosto de 1812 se izó por primera vez en Buenos Aires la bandera argentina. La iglesia desapareció al ensancharse la calle *Corrientes,* y en su lugar se levantó el Obelisco. Hoy ese templo se erige en la *Avenida Santa Fe* 1364, barrio de *Retiro.*

Paisaje

Es el barrio donde la gente trabaja y se divierte. Más lo primero que lo segundo. No tiene vecinos como en otros tiempos ya que las viviendas particulares dieron lugar a las oficinas. Para muchos es el "centro", una suerte de barrio sin nombre. La diversión cambió puesto que las nuevas décadas aportaron otros usos y costumbres. Se perdió el hábito de ir al teatro, y los cines de este barrio no renovaron sus equipamientos. No obstante, aún hoy una centenaria tradición lo vincula al tango, al teatro, al cine y a la vida nocturna.

Avenida Alem y alrededores

La *Avenida Leandro N. Alem* recuerda a quien fue el fundador de la Unión Cívica Radical. Desde 1919 lleva este nombre. Antes —como *Paseo de Julio*— fue calle portuaria y marginal en la que alternaban inmigrantes y viajeros en general. Paralela, estaba la calle *25 de Mayo* con idéntico ambiente.

La *Avenida Leandro N. Alem* contiene una recova. Esta palabra tenía para los españoles dos sentidos: una edificación cubierta para defenderse del mal tiempo y también un pasaje público dedicado a la venta de gallinas y animales domésticos. Con este concepto nació en 1803 la recova en el ámbito de lo que es hoy Plaza de Mayo y que se mantiene como tradición en la zona de la *Avenida Alem*.

A raíz de las excavaciones que se hicieron en 1928 para construir la línea B del subterráneo, aparecieron en las esquinas de *Avenida Corrientes* y *Avenida Leandro N. Alem* restos fosilizados de un mastodonte.

Un lugar clave de la avenida es la Plaza Roma. La caracteriza el monumento al patriota italiano José Mazzini (1809-1872), obra del escultor Giulio Monteverde (1837-1917). Fue donado por los residentes de ese país.

El escritor y abogado argentino Juan Jacobo Bajarlia apoya una teoría: en los alrededores de esta plaza vivió el misterioso "Jack, el destripador", el flagelo de Londres que pudo haber huido a esta ciudad (*Avenida Alem, Lavalle, Bouchard* y *Tucumán*).

La memoria de la Argentina está depositada en el edificio del Archivo General de la Nación, dependencia del Ministerio del Interior. Documentos, fotos e imágenes son preservados allí. El edificio es obra del ingeniero y arquitecto uruguayo Arturo Prins (*Avenida Alem* 250).

La Torre Alas con sus cuarenta y dos pisos tiene más de ciento treinta metros de altura. En lo que hoy son sus garajes funcionó hasta 1977 el canal estatal 7 (*Avenida Alem* 719).

El correo

El imponente palacio inaugurado en 1928 es obra del arquitecto francés Norbert Maillard. La construcción tiene entrada principal por la calle *Sarmiento,* con perspectiva desde la plaza. Esta fachada, adornada con cuatro columnas dobles que abarcan tres pisos, remata en la mayor de las cuatro cúpulas que coronan el edificio. Aún hoy un adecuado entorno sorprende en el gran salón de ventanillas de atención al público que ingresa por *Sarmiento* a través de un Salón de Pasos Perdidos de casi cien metros de longitud.

Los detalles son de tal calidad que siguen conservando elegancia y solidez.

La concepción arquitectónica del palacio se adecua a los cambios operativos y tecnológicos que los servicios exigen.

Norbert Maillard tomó como base para el proyecto el diseño de la Central de Correos de Nueva York, también obra de él. Realizó asimismo el Palacio de Tribunales y el Colegio Nacional de Buenos Aires.

En su interior se ofreció una comida de gala cuando Diana Spencer —Lady Di— visitó Buenos Aires en noviembre de 1995 (*Sarmiento* 151).

QUE NO LE VENDAN UN BUZÓN

"Vender un buzón. Frase que en lenguaje popular se emplea para aludir tanto a una mentira grande que se quiere hacer pasar por cosa cierta, como al hecho doloso cometido con zalamerías y artimañas, con apariencias de buen negocio. También: vender un tranvía." Así se lee en el Diccionario de voces y expresiones argentinas, *de Félix Coluccio, Editorial Plus Ultra, Buenos Aires, 1979.*

Frente al palacio se halla la Plaza del Correo, donde se destacan diversas obras:

La escultura en homenaje al inventor del telégrafo, Samuel Morse, obra del belga Luis Bruninx (1884-1948) costeada por los telegrafistas argentinos y empleados del Correo Central de Buenos Aires. Data de 1915.

Sobre la *Avenida Alem* se halla *El cartero*, obra del escultor ítalo-argentino Blas Salvador Gurrieri. Data de 1983.

El altorrelieve *El chasqui* es obra de Mario Rubén Chierico y está emplazado en una pared semicircular revestida de mármol color beige, en la que se destaca el verdoso del bronce patinado. Rinde homenaje a los mensajeros o correos a caballo, estoicos y esforzados, que en 1780 recorrían todo el territorio que hoy es la Argentina.

También allí, en una plazoleta, se encuentra el monumento *Los sirios a la Argentina* en el 100° aniversario de la Revolución de Mayo. Obra del italiano Garibaldi Affani.

Atrás del Correo Central, por la calle *Bouchard*, se encuentra la Plazoleta del Tango, donde se venden libros y revistas usados. Cada quiosco tiene la particularidad de estar fileteado y llevar el nombre de un tango. Lamentablemente no siempre el contenido de los negocios tiene que ver con el tango.

El italiano Alejandro Chipasco ganó el concurso para rendir homenaje al irlandés Guillermo Brown, creador de la Armada Argentina. Su monumento se inauguró en 1919. Se destacan dos grupos alegóricos también en bronce. Mira hacia la *Avenida Alem* y da la espalda al río de la Plata (*Avenida Alem* esquina *Perón*).

Catedral al Norte

Es la zona delimitada por las avenidas *Rivadavia y Corrientes,* y las calles *25 de Mayo* y *San Martín*. Abarca ocho manzanas, concentrando numerosos bancos, compañías financieras y casas de cambio. También conocida como "la city". A partir del desafortunado "corralito" instaurado en diciembre de 2001, mucho del esplendor arquitectónico bancario quedó tapiado para evitar las iras de la clientela. De los muchos edificios existentes se destaca uno que data de 1966. Se encuadra en la definición técnica de arquitectura "brutalista". Fue concebido por los arquitectos Santiago Sánchez Elía, Federico Peralta Ramos, Alfredo Agostini, Clorindo Testa y Alberto Armas (*Reconquista* 101).

La basílica de la Merced data de 1733. En su altar mayor, barroco, puede verse la imagen del Señor de la Humildad y la Paciencia, hecha a fines del siglo XVIII, y algunos ejemplos de sillería, realizados en madera de cedro, muy adornados.

En 1905, el arquitecto italiano Juan Buschiazzo reformó el frente. El templo es monumento histórico nacional.

A mediados del siglo XX la ciudad tuvo su primer carrillón, instalado en esta basílica. Algún tiempo antes diversos templos tuvieron juegos de campanas que podían ejecutar algunas composiciones musicales limitadas exclusivamente a la escala diatónica. En cambio los mecanismos de La Merced, con diecinueve bronces y afiatada escala cromática, pasaron a interpretar composiciones mucho más comprometidas.

El tango *Carrillón de la Merced*, compuesto por Enrique Santos Discépolo en 1934, fue inspirado en Santiago de Chile y nada tiene que ver con este templo.

Se observa en la pequeña vereda de la calle *Perón*, un trozo del diseño colonial que aún perdura (*Reconquista* 207).

Junto a la iglesia funciona el convento de los Mercedarios. En su interior se llevaron a cabo hechos trascendentales de la historia argentina.

El Banco Central de la República Argentina funciona en un edificio de arquitectura italianizante. Un valioso reloj se encuentra en su frente (*San Martín* 275).

En la vereda de enfrente se encuentra el Museo Numismático "doctor José Evaristo Uriburu", que pertenece al citado banco (*San Martín* 216).

La tradicional Asociación Cristiana de Jóvenes (YMCA, sigla en inglés) es un movimiento mundial nacido en 1884. Se halla desde 1938 en este edificio, obra de los arquitectos José E. Tívoli, Mariano Mansilla Moreno y Eugenio Waserzug (*Reconquista* 439).

En un edificio estándar de oficinas una placa de difícil lectura indica que allí vivió Cornelio Saavedra (1761-1829), militar argentino, presidente de la Primera Junta de gobierno. Se destacó en la defensa de Buenos Aires contra la Primera Invasión Inglesa (1806). (*Reconquista* 458.)

La Escuela José María Estrada (ex Catedral al Norte). Fue construida en virtud de la ley de edificación escolar de 1858 e inaugurada por Domingo Faustino Sarmiento. La antigua escuela fue una de las primeras que funcionaron en América con local propio.

Demolida en 1927, se construyó en su reemplazo el actual edificio que reproduce el frente primitivo. Fue declarado solar histórico en 1969 (*Reconquista* 461).

En el Museo Policial se hallan colecciones de historia, juegos prohibidos, toxicomanía, robos y hurtos, defraudaciones y estafas, adivinación y curanderismo, identificación humana y orden público, criminología y medicina legal. Data de 1899 (*San Martín* 353, 7°).

Una placa de bronce da cuenta del Museo Mitre. Podrá verse esta leyenda: "Casa histórica. Aquí vivió y murió el general Bartolomé Mitre. Esta casa le fue donada por el pueblo al descender de la presidencia de la República".

La residencia fue construida a fines del siglo XVIII y es uno de los pocos testimonios de estilo colonial auténtico de la ciudad (*San Martín* 336).

El terreno de la Catedral Anglicana de San Juan Bautista lo donó Juan Manuel de Rosas a la comunidad inglesa. Está realizada sobre la base de planos de Richard Adams y concretada por el ingeniero Thomas Whitfield. Es uno de los primeros ejemplos de neoclasicismo en Buenos Aires. Está construida en lo que fue el antiguo cementerio de la iglesia de la Merced. Cuenta con un pasillo que vincula a los dos templos, uno católico y el otro anglicano.

Remodelada y decorada varias veces, se han mantenido sus líneas estilísticas fundamentales.

A los costados del altar, trabajadas en madera con pájaros y flores de la región del Chaco, se encuentran decoraciones hechas por el arquitecto Adams. Éstas y otras fueron realizadas en honor a los caídos en la Primera y Segunda Guerra Mundial.

En el interior del templo se destaca una copia del cuadro *La adoración de los Reyes Magos*, del italiano Giordano Luca.

Su original se hallaba en el Palacio Hampton Court de Londres y se incendió.

En el atrio de la Catedral se halla el sepulcro del ministro plenipotenciario de los Estados Unidos César Augusto Rodney, fallecido en junio de 1821 (*25 de Mayo* 282).

San Martín y Viamonte

El convento e iglesia de Santa Catalina de Siena data de 1745. El tañido de sus campanas ha dado fama a esa esquina que desde 1942 es monumento histórico nacional (*San Martín* 705).

En la misma esquina, pero en la vereda opuesta, nació en 1890 la escritora Victoria Ocampo, quien años después instaló allí la redacción de la revista literaria *Sur*. En su lugar se hallan un edificio de oficinas y una placa que la recuerda (*Viamonte* 494).

Donde está actualmente el Teatro Payró funcionó entre 1952 y 1968 el Teatro de los Independientes, que desarrolló una más que importante actividad cultural en su momento (*San Martín* 766).

La calle Florida

Nace con la segunda fundación de Buenos Aires, en 1580. Su trazado es realizado por Juan de Garay.

Desde 1822 lleva ese nombre en recuerdo del combate del Valle de La Florida sobre el río Piray (Bolivia), librado el 25 de mayo de 1814, en el que Álvarez de Arenales venció a los españoles.

Desde 1971 es peatonal las veinticuatro horas.

Durante los trabajos de restauración se hallaron los viejos adoquines que hoy se preservan en *Florida* 49.

A metros de la calle *Florida* y la *Avenida Roque Sáenz Peña* se hallan tres lugares de interés.

El primero es del arquitecto Alejandro Virasoro y pertenece a una institución financiera. Es una muestra del mejor *art déco* de la ciudad (*Bartolomé Mitre* 559).

En la misma cuadra se halla el edificio de un banco que

tiene nueve pisos. Es un proyecto del arquitecto Alejandro Christophersen. En su tope ostenta dos pequeños obeliscos (*Bartolomé Mitre* 531).

Por la vereda de enfrente una placa oscura de difícil lectura nos indica que en este solar, entre 1805 y 1811, vivió el doctor Mariano Moreno, jurisconsulto y escritor argentino. Uno de los principales líderes de la Revolución de Mayo en 1810. Nació en 1778 y falleció en 1811.

La Galería Güemes fue el precursor de los rascacielos de Buenos Aires. Erigida entre 1913 y 1915 por el arquitecto italiano Francisco T. Gianotti, es un pasaje comercial de 116 metros de largo y 14 metros de altura. Tuvo un teatro subterráneo: el Florida, y un cabaret que se llamó el Abdullah Club. Los tres —galería, teatro y cabaret— fueron mal restaurados y perdieron, lamentablemente, mucho de su valor patrimonial. En 1929 el escritor francés Antoine de Saint-Exupéry alquiló el departamento 605 del sexto piso. Allí escribió su libro *Vuelo nocturno*, donde describe la visión aérea de Buenos Aires como un espectáculo difícil de olvidar, similar al del fondo del mar (*Florida* 165).

Una placa de bronce recuerda que en este lugar fue cantado por primera vez el Himno Nacional (1811). Allí fue la residencia de Mariquita Sánchez de Thompson (1786-1868). En sus salones se realizaban tertulias y reuniones de las familias más representativas de la época (*Florida* 271).

La cuadra correspondiente al 200 guarda en la vereda impar túneles coloniales que por desconocimiento, comodidad o lucro son ignorados por sus propietarios.

Durante años funcionó en este lugar una de las grandes tiendas de Buenos Aires: "A la ciudad de México"; en 1967 el edificio fue transformado en doscientos días. Para ello, mil obreros trabajaron con ladrillos de vidrio, logrando paredes, pisos y techos que dan una sensación de continuidad. Cristal, luz y acero dan una particular nota en esta esquina de la calle Florida. El equipo de arquitectos estuvo integrado por Justo Solsona, Flora Manteola, Ignacio Petcharsky y Javier Sánchez Gómez. Allí se encuentra un banco. Su particularidad son las subastas de obras de arte a nivel internacional y la posibilidad de servicios existentes en el mundo para el reconocimiento y la evaluación de alhajas, platería, piedras duras y marfiles. Actúa según las normas del Gemological Institute of America (Estados Unidos) y la CIBJO (International Confederation for Bijouterie, Jewellery and Silverwork) adoptadas en Europa (*Florida* 302).

Este edificio fue inaugurado por el diario *La Nación* en 1930 y es obra del arquitecto Estanislao Pirovano. El frente se destaca por sus balcones de rejas poco trabajadas, con ménsulas de hierro. La fachada está adornada con flores y vegetales, también con guirnaldas en bajorrelieve y faroles de vidrio.

La edificación tenía sentido cuando el diario conservaba su redacción y talleres en la paralela calle *San Martín*; luego trasladó sus instalaciones entre 1970 y 1975. Inexplicablemente está abandonado desde hace muchos años (Florida 343).

La casa que fue propiedad de Carlos María de Alvear y su esposa Mercedes Elortondo data de 1880 y refleja el estilo neogótico surgido de un movimiento europeo llamado "Gothic Revival". Reciclado en varias oportunidades, nunca se logró algo tan ajeno a la ciudad y su historia como la actual restauración, que alberga un lugar de comida estadounidense. Sin embargo, lo más interesante y curioso de esta esquina es la oscura placa que nos alerta que esta propiedad perteneció a Ana Díaz, la única mujer que integró la expedición de Juan de Garay, quien le otorgó este predio en 1580. Ana era paraguaya y viuda y fue la primera propietaria que tuvo la ciudad de Buenos Aires, aquí instaló en ese entonces una pulpería (*Florida* 396).

La Sociedad Rural tiene como una de sus funciones el mejoramiento de las razas ganaderas. La sede fue conocida como Residencia Peña. En 1921 fue adquirida por la entidad. Muestra el estilo de viviendas que se agruparon en esta calle alrededor del 1900. Fue diseñada por el arquitecto belga Julio Dormal.

El frente muestra una clara influencia francesa. El gran portón de madera con herrajes de bronce está coronado por un arco dentro del cual pueden verse un mascarón y estilizaciones vegetales.

Posee colecciones de platería como estribos, mates, vasijas; también valiosas obras de arte, entre las que se destaca un gobelino del siglo XVIII original de Bruselas que representa a

Holofernes, general de Nabucodonosor, rey de Babilonia muerto por Judith (*Florida* 460).

El Hotel Claridge, a pocos metros de la calle *Florida*, data de los años cuarenta. Allí se alojaron el Ali Khan y su esposa Bettina, Betty Field, Viveca Lindfors y Edward Albee, entre otros (*Tucumán* 535).

Recuerda por su estructura a sus edificios contemporáneos Au Bon Marché de París y la Galería Vittorio Emanuele de Milán.

Fue obra de los arquitectos Emilio Agrelo y Raúl Levacher. Desde 1896 hasta 1940 albergó las instalaciones del Museo Nacional de Bellas Artes, por lo que la zona se pobló de estudios de artistas y galerías de arte. Luego pasó a manos del Ferrocarril Buenos Aires al Pacífico, que bautizó la galería con su nombre actual.

En 1944 los arquitectos José Aslan y Héctor Ezcurra transformaron el edificio.

En 1946 los plásticos Lino Eneas Spilimbergo, Juan Carlos Castagnino, Demetrio Urruchúa, Manuel Colmeiro y Antonio Berni realizaron murales que expresan la fuerza de la familia, la tierra, el mar y el hombre en su conquista de los frutos de la naturaleza. Los cinco artistas pintaron doce paneles que cubren cuatrocientos cincuenta metros cuadrados entre la cúpula central y las lunetas.

En 1990 una empresa privada encaró en este centro de compras un reciclaje que preserva los valores arquitectónicos del pasado. En 1998 fue declarado monumento histórico nacional (*Florida y Viamonte*).

Aunque hoy suene como una extravagancia, el deterioro que transformó a la calle *Florida* dio nacimiento a la Fundación Paseo Florida Shopping. Ésta propuso —en 1988— dotar de techo transparente a la mítica calle. Para ello se concretó un proyecto del arquitecto Clorindo Testa, Héctor Losi, Juan Renoud y Rodolfo Álvarez.

La Avenida 9 de Julio

El Obelisco está enclavado entre avenidas y diagonales, pero fundamentalmente sobre una avenida, la *9 de Julio,* cuyo nacimiento se produjo mucho antes que el del propio monumento. La ley que le dio origen (a la avenida Sur-Norte) era de 1912, y su primer tramo se inauguró en octubre de 1937. Su ancho se estima en ciento cuarenta metros.

Hoy une los barrios de *Constitución* y *Retiro.* Cada una de sus muchas plazoletas lleva el nombre de las distintas provincias argentinas, cuyas gobernaciones colocan monumentos, placas o símbolos que recuerdan su presencia en la capital de la Argentina, lo que permite un paseo por la geografía del país. El paisajista francés Carlos Thays asesoró la colocación en sus áreas verdes de jacarandaes, palos borrachos y cerezos. Se destaca la presencia de ombúes en la zona del cruce con la calle *Posadas.*

En la intersección con las calles *Tucumán* y *Viamonte,* bajo tierra, están los depósitos del Teatro Colón y las playas de estacionamiento.

Los dos pasajes subterráneos que conectan las calles *Carlos Pellegrini* y *Cerrito,* a ambos lados del Obelisco, se llaman uno *Juan de Garay* (situado al norte y paralelo a la calle *Lavalle*) y el otro *don Pedro de Mendoza* (al sur y paralelo a la calle *Sarmiento*). Perpendicularmente al primero y paralelo a la *9 de Julio* existe un tercer corredor, el pasaje *Ingeniero Fausto R. Newton*, que desemboca en la estación de combinación de los subterráneos B, C y D.

Miles de personas circulan diariamente por esta Buenos Aires sumergida bajo la *9 de Julio*, un verdadero centro comercial que inicia sus actividades a las cinco de la mañana y termina a medianoche.

La "mueblería del chalecito" está ubicada en *Cerrito* y *Sarmiento.* Se puede acceder por *Sarmiento* 1121, entrada de un edifico de nueve pisos. Se sube por una escalera y nos encontramos con un enorme chalet: planta baja, primer piso, altillo y gran terraza. Muebles Díaz fue fundada por el español Rafael Díaz Ruiz en 1889, siendo en su momento la mueblería más grande de Sudamérica.

En la terraza del chalecito se colocaron enormes antenas de la Radio Muebles Díaz. Luego fue cedida a la actual Radio Splendid, a cambio de que pasara propaganda de la casa. Todo el edificio y el chalet pertenecen a la familia Díaz. Actualmente, los pisos se alquilan como oficinas, y el chalet también está ocupado por una de ellas. Se lo puede divisar desde *Diagonal Norte y 9 de Julio.*

El Mercado del Plata, un lugar con productos alimenticios de primera calidad, fue demolido en 1948. El edificio mantiene el nombre pero alberga oficinas del Gobierno de Buenos Aires.

Alrededor del viejo mercado funcionaban gran cantidad de restaurantes y cafés. Como muchas obras públicas, la construcción del nuevo edificio demoró más de diez años. Fue obra de Horacio Crivelli y Jorge Heinzmann. El mercado y sus concesionarios no tuvieron éxito comercial con el nuevo predio, que se transformó en su totalidad en oficinas del Gobierno de la Ciudad.

En la terraza del edificio, un banco instaló un artefacto que mide el tiempo mediante las indicaciones provenientes de un cuadrante de acrílico que resiste presiones incalculables. Desde allí se leen los registros mediante el prendido armónico de diecisiete tubos de iluminación, que se alternan para informar además sobre la temperatura.

Por la calle *Perón* hay un mural hecho en 1959 en cerámica que tiene líneas circulares en los tonos verde, gris, rojo, negro y amarillo. Sus autores son Ana Burnichon, Rodolfo Mele y Roberto Obarrio.

Lo que es hoy el Mercado del Plata fue en 1773 plaza pública, un mercado al aire libre al estilo del que funcionaba en ese momento en lo que es hoy Plaza de Mayo. El lugar —triste y humilde como lo eran todos en ese período— se llamó Amarita, de la Unión y finalmente de las Artes. Sirvió como estacionamiento de carretas y tuvo un rol importante durante la Segunda Invasión Inglesa en 1807: desde allí se defendió a la vecina iglesia de San Miguel.

En 1856 la entonces nueva Municipalidad cerró la plaza, quitó el espacio público y evitó la erección de un monumento a los héroes de las dos invasiones inglesas de 1806 y 1807. Levantó en cambio el edificio del Mercado del Plata (*Carlos Pellegrini* 200).

A pocos metros se encuentra la placa que recuerda que allí se estrenó en 1905 el tango *El Choclo*, de Ángel Gregorio Villoldo, cuando en ese solar funcionaba el restaurante El Americano (*Perón* 966).

También en la zona otra placa recuerda que en una desaparecida cervecería se gestó el nacimiento de una productora cinematográfica que, preocupada por realizar un cine de temática argentina, inició su tarea con el film *La guerra gaucha* (1942), dirigido por Lucas Demare (*Perón* 998).

Atrás del edificio del Mercado del Plata corre el pasaje *Carabelas*. Hasta 1893 se lo conocía con la denominación de "Artes Segunda" o "Cortada". Se ignora quién lo bautizó con el nombre de *Carabelas*. Se transformó en calle en 1856, cuando sobre su costado oeste se levantó el Mercado, fundado por iniciativa de Esteban Adrogué, Jorge Atucha, Mariano Saavedra y Jorge Iraola. Los edificios de esta "cortada", en su planta baja especialmente, se destinaron por lo general a restaurantes.

Mucho de su encanto se perdió al cambiar el uso del edificio del Mercado del Plata, donde lo gastronómico fue reemplazado por lo administrativo.

Sus restaurantes fueron frecuentados por Enrique Caruso, Carlos Gardel, Isaac Albéniz y Rubén Darío, entre otros.

El Obelisco se inauguró el 23 de mayo de 1936. Se construyó para celebrar el cuarto centenario de la primera fundación de Buenos Aires por don Pedro de Mendoza, el 2 de febrero de 1536. Al respecto es útil ver la indicación en el propio Obelisco, lado este. Está ubicado en el solar que ocupó antiguamente la iglesia de San Nicolás de Bari.

"Espada de plata refulgente", lo llamó el poeta Baldomero Fernández Moreno en un soneto que puede leerse sobre una de sus caras. El Obelisco nació por iniciativa del entonces presidente Nicolás Avellaneda, y se construyó por decreto del presidente Julio A. Roca.

Mide 67,50 metros de alto y 49 metros cuadrados de base. Para subir a la cúspide (donde hay cuatro aberturas) existe una escalera recta de 206 escalones, incluidos 6 descansos. En la obra intervinieron 150 obreros, se usaron 680 metros cúbicos de cemento y 1.360 metros cuadrados de piedra blanca traída de la provincia de Córdoba. Su autor fue el arquitecto Alberto Prebisch.

Está ubicado en torno de los escudos de las veintitrés provincias argentinas. Cercado por una verja en 1987, luce una flamante iluminación.

En 1989 el grupo *under* La Organización Negra, sin saber quizá que revivía lo que en los años '50 habían hecho los equilibristas alemanes, volvió a realizar acrobacia aérea. Con un complicado sistema de sogas y poleas, presentó su espectáculo llamado *La tirolesa*. Los alemanes integraban el conjunto *Troupe Oriente*, compuesto por seis miembros, que tendieron desde una de las ventanas del Obelisco un puntal de acero para realizar sus pruebas.

Su ápice está formado por una pirámide rectangular cuya base es un cuadrado de 3,50 metros de lado y una altura de 4,50 metros. Sus cuatro caras tienen grabadas leyendas explicativas que refieren los eventos históricos alusivos a la fundación:

1) la orientada a *Carlos Pellegrini* conmemora el cuarto centenario de la Fundación de la Ciudad por don Pedro de Mendoza;

2) la orientada a *Corrientes* sur rinde homenaje a la Segunda Fundación por Juan de Garay;

3) la cara orientada a *Cerrito* es en honor a la transformación de la ciudad al convertirse en la Capital Federal de la República;

4) la orientada a *Corrientes* norte recuerda el lugar donde se encontraba la Torre de San Nicolás y fue izada por primera vez la bandera nacional el 23 de agosto de 1812.

Su interior es hueco, pero cada ocho metros hay una losa con un agujero en el medio. Estas losas dejan un espacio en uno de sus ángulos para la escalera marinera que posibilita el ascenso hasta su cúspide. En este punto hay una roldana que permitiría izar algún bulto por el agujero central de las losas.

Tiene puerta de entrada en su base y su interior dispone de iluminación eléctrica. Aunque resulta invisible dada su altura, está provisto de un pararrayos pequeño, cuyos cables corren por el interior.

Por debajo del Obelisco transitan tres líneas de subterráneo superpuestas, la B, C y D. Sobre ambos túneles forma la base una plataforma de hormigón armado, de 20 metros de cada lado y de 1,50 metros de alto, que apoya en dos de sus costados sobre zapatas del mismo material.

El Obelisco es el símbolo del rayo del sol y se lo relaciona con los mitos de la ascensión solar y la luz como un espíritu penetrante. Surge como un punto de intersección del Cielo y la Tierra. Según un trabajo del arquitecto Carlos Hilger: "Está en homología con el sistema cósmico neoplatónico y su métrica. El número de oro que acepta es 1,829 (igual que el Módulo del arquitecto suizo Le Corbusier). Si se lo usa como exponente del número diez nos da su altura: 67,50 metros. Su sombra en solsticio de invierno nos da un hectómetro. Su modulación equivale a la de las nueve esferas cósmicas. La inclinación del lado del piramidón apunta a la constelación de la Cruz del Sur a las 20 horas del día 20 de junio".

A pocas cuadras, en el cruce con la *Avenida Córdoba,* se hallan dos fuentes que estuvieron situadas en Plaza de Mayo en 1886. Fueron hechas en los estudios de la Sociedad Anónima de los Altos Hornos y Fundiciones de Val D'Osne, en el Alto Marne (Francia). Representan dos Náyades y dos Neptunos, en dos etapas de sus vidas: la juventud y la ancianidad. En el centro una columna sostiene un gran plato adornado en su borde con delfines. En el medio del plato está la base del segundo grupo, formado por una ronda de niños que a su vez sostiene un último plato en el que se encuentran los vertederos de la fuente.

Diagonal Norte

Diagonal Norte es el nombre popular de la *Avenida Roque Sáenz Peña.* Demoró treinta años para ser concluida.

Sobre esta avenida confluyen algunas historias y una larga y faraónica obra pública que oscila entre la melancolía, el hastío cotidiano, la rutina y lo secreto.

Se destaca por la norma arquitectónica que le da simetría. Para la apertura de la *Diagonal Norte* se disponía de la ley

8.854 de 1912, en que se declaraba de utilidad pública la apertura de una avenida "recta", de treinta metros de ancho, desde la intersección de *Rivadavia* y *San Martín* hasta *Libertad* y *Lavalle*. Las obras comenzaron en 1913 y la población asistió al espectáculo de la demolición de "grandes" edificios, con las consiguientes protestas, los inconvenientes del tráfico, la creación de baldíos, de tramos sin pavimentar —con más protestas— y de los desalojos forzosos, con las reacciones imaginables. Para evitar el mal aspecto que ofrecía entonces el centro y apaciguar las demandas públicas traducidas por la prensa, se dispuso construir jardines en los baldíos.

En 1930 la *Diagonal* llegaba hasta *Suipacha* y en 1931 se terminó en la Plaza Lavalle.

Así, gradualmente, en un esfuerzo de veintinueve largos años, se construyó la *Diagonal Norte*, que, como se había previsto, tuvo en su frente construcciones adaptadas a una altura determinada, abriendo de este modo un rumbo al Noroeste con el pivote del Obelisco, lo que la constituye como la más homogénea y armónica de toda la ciudad. Recorre además todos los estilos arquitectónicos.

Así como la *Avenida de Mayo* une la Plaza de Mayo, sede del Poder Ejecutivo, con el Poder Legislativo (Plaza del Congreso), la *Diagonal Norte* une Plaza de Mayo con Plaza Lavalle, es decir, el Poder Ejecutivo con el Poder Judicial, ya que en Plaza Lavalle se halla el Palacio de los Tribunales.

En un ritual no siempre asumido, el último día hábil de cada año se realiza una tirada de papeles viejos que le da carácter festivo a una zona netamente administrativa.

Donde funciona el Instituto Nacional de la Administración Pública (INAP), se puede admirar la concreción del proyecto del arquitecto francés Eduardo Le Monnier (1928). Originariamente el edificio fue realizado para el Banco Argentino-Uruguayo.

Una mascarilla hecha por voluntad de sus colaboradores rinde honor al autor (1873-1931) del edificio. Se la encuentra en la línea de los mascarones ornamentales sobre un arco de la ventana del tercer piso, en la arista que como proa adelanta el edificio hacia la Plaza de Mayo (*Avenida Roque Sáenz Peña* 501).

La Embajada de Grecia tiene un edificio que se corona con estatuas encabezadas por Neptuno y otras inesperadas deidades. Es obra del arquitecto e ingeniero uruguayo Arturo Prins. Data de 1926 (*Avenida Roque Sáenz Peña* 547).

En la estación del subterráneo Catedral —línea D— se halla un mural cerámico del artista Rodolfo Franco que con el nombre de *Tertulia en la alameda* da una visión de la ciudad en 1830 (*Diagonal Norte* 540).

En la vecindad se encuentra el edificio Sudamericana, obra del arquitecto Guilbert y Eugenio Gantner. De igual opulencia en mármoles que sus vecinos (*Diagonal Norte* 540).

Un edificio *art déco*, hecho por el arquitecto Alejandro Virasoro en 1928, corona una esquina (*Avenida Roque Sáenz Peña* 614).

Sobre *Diagonal Norte* y *Florida* se encuentra el monumento a Roque Sáenz Peña, realizado por el escultor argentino José Fioravanti e inaugurado —como el Obelisco— en 1936. Evoca al ex presidente constitucional (1910-1914), que murió sin completar su mandato. Fue autor de la ley que implantó en la Argentina el voto secreto y obligatorio. Una placa del gobierno de la República del Perú manifiesta el reconocimiento a su figura.

Este monumento fue realizado por Fioravanti en la ciudad de París y de su estudio se lo trasladó al museo Jeu de Paume —dedicado a la pintura impresionista— y de allí a Buenos Aires.

El banco situado en *Florida* y *Diagonal Norte* data de 1924, ostenta una arcada de entrada de estilo plateresco similar al del Hospital de Santa Cruz, Toledo, y posee elementos similares al Convento de San Marcos, en León, y a la Biblioteca de la Plaza de la Platería de Santiago, España. La portada principal tiene una altura de diecisiete metros. El edificio está coronado a los treinta y tres metros de altura por un piso de arcadas con una cornisa decorativa; luego el último piso forma un ático, mientras la esquina de *Florida* es rematada con una cúpula techada con tejas coloniales. Fue realizado por los arquitectos Paul Bell Chambers y Louis Newbery Thomas. Las dos entradas principales fueron construidas en piedra calcárea procedente de Bedford, Indiana (Estados Unidos), y su tallado se realizó en Nueva York. La puerta principal es de bronce macizo, construida en Inglaterra; pesa cuatro toneladas y le fue adicionado un mecanismo de motor para permitir bajarla o subirla con facilidad.

La arquitectura clásica se mezcla con elementos árabes en el edificio Bencich, que data de 1927. También lo realizó el francés Eduardo Le Monnier, quien residió un período de su vida en Marruecos. El edificio se destaca por sus dos cúpulas gemelas (*Diagonal Norte* 615).

El edificio del Registro Nacional de las Personas es el lugar donde se tramita el DNI (documento nacional de identidad). Originalmente fue el pasaje *La Franco Argentina* con salida por la calle *Perón* 666, obra del arquitecto italiano Francisco Giannotti. La habitual falta de espacio lo colmó de oficinas. A la manera de una huella arqueológica por esa calle se alcanza a leer impresa en el piso la denominación original de lo que fue. Sin duda pudo haber sido una bella galería comercial (*Diagonal Norte* 671).

En un edificio de tradición bancaria puede observarse un león alado, símbolo de la ciudad de Venecia, y también a los gemelos Rómulo y Remo junto a la loba romana (*Diagonal Norte* 660).

En el cruce de *Maipú* y *Diagonal Norte*, como en otras estrechas calles transversales de la zona se advierte mucho transporte público (colectivos) que convive en un mínimo espacio con colas de pasajeros, tachos de basura y excesivos elementos de señalización que producen contaminación visual. A su vez hay una enorme cantidad de negocios y oficinas que han cerrado sus puertas. En esta esquina se inspiró el escritor Roberto Arlt para escribir en el lejano 1929 secuencias de su novela *Los siete locos*, en las que Haffner —el mítico "rufián melancólico"— tiene gran protagonismo.

En la sede de lo que fue la tienda de ropa masculina Albion House funciona el Consejo Nacional del Menor y la Familia (*Maipú* 169).

En 2001 cerró el Hotel Continental, inaugurado en 1925 y obra del arquitecto Alejandro Bustillo (1889-1982), está situado en una infrecuente manzana triangular. Allí se alojaron entre otros, Louis Armstrong y Antonio Banderas. De la puerta fue sacado un mural, realizado en 1993, por la artista Alicia García, que reúne al escritor Jorge Luis Borges junto al mítico Aníbal Troilo y al cantante Roberto Goyeneche. Su destino: incierto. El hotel no existe más.

Por atrás de la *Diagonal Norte* surgen diversos lugares de interés.

Un remanso con un pequeño jardín de influencia oriental al que se accede por dos calles se convierte en un grato espacio. El atractivo central es una cascada de agua de provocador murmullo. El edificio y el parque pertenecen a una empresa privada y dicho parque es de uso público (*Maipú* 25).

La vecina Plaza Roberto Arlt se encuentra renovada. Una placa recuerda que en parte de ese solar vivió el político Lisandro de la Torre, quien se suicidó allí el 5 de enero de 1939. Debió erigirse un museo dedicado a su personalidad, que nunca se concretó.

Existe en ese lugar el olvidado Paseo de los Periodistas en homenaje a Alejandro Lorenzo Rosseglione (1928-1982). Además posee grandes esculturas hechas con material de rezago por el laureado artista Alberto Cedrón y también murales, obra de Enrique Torroga y Aguirre Zabala.

A partir de 1997 el Gobierno de la Ciudad realiza importantes hallazgos arqueológicos en un terreno que fue el primer cementerio público de ajusticiados y pobres, entre 1738 y 1741 estimativamente, luego el primer hospital de mujeres y finalmente la Asistencia Pública. En 2000 las obras fueron paralizadas.

La plaza fue proyectada por la arquitecta Marta Montero y data de 1972 (*Esmeralda* entre *Rivadavia* y *Bartolomé Mitre*). En ese solar, en 1775, funcionaron un hospital y un orfanato. El nosocomio se mudó y se transformó en lo que es hoy el Rivadavia. En el mismo lugar —*Esmeralda* 66— funcionó la Asistencia Pública, precursora del CIPEC y hoy SAME.

En la calle *Bartolomé Mitre* 677 nació el escritor Roberto Arlt. En la misma arteria, en el número 892, se halla el templo a Nuestra Señora de los Remedios y la parroquia de San Miguel Arcángel. Se origina en 1738 y sufre diversas transformaciones. En 1853 comienza a tomar presencia la torre que hoy conocemos. En 1912 el sacerdote Miguel de Andrea, luego Monseñor, encomienda al arquitecto y artista plástico César Augusto

Ferrari la decoración interior del templo, que sigue el estilo del Renacimiento italiano.

En el frente del templo se destaca una imagen de San Miguel, que lleva inscripta en latín la frase "Defiéndenos en la lucha".

Lo único que queda del primitivo templo es una puerta barroca, del siglo XVIII, ubicada en el muro que da sobre la calle *Suipacha*.

Durante las invasiones inglesas (1807) hubo un combate frente al atrio de San Miguel. Un muy joven soldado inglés, Miguel Hines, fue alcanzado por el fuego. Vecinos lo curan, y posteriormente él se radica en Buenos Aires. Años después el poeta Carlos Guido y Spano se casó con una de sus hijas. La tradición dice que Hines era el hijo natural del rey Jorge IV de Inglaterra, parentesco que él siempre ocultó.

Por distintas circunstancias y falta de mantenimiento edilicio el templo debió cerrar sus puertas en el año 2000. La opinión pública desea su pronta reapertura y la debida respetabilidad a todos los sepultados bajo la plaza Arlt y adyacencias del templo en la época de la Colonia. Además de constituir el lugar un más que importante reservorio arqueológico, el edificio es Monumento Histórico Nacional.

En *Suipacha* 78 —antes una vivienda fantasmal— Marco Denevi imaginó la casa donde vivía la protagonista de su novela *Ceremonia secreta*, que fue llevada al cine protagonizada por Elizabeth Taylor y dirigida por Joseph Losey.

Tres ventanas con rejas trabajadas, pertenecientes a una vivienda particular situada en *Suipacha* 50, nos muestran una Buenos Aires de ayer.

Si le gustan las novelas policiales, en *Suipacha* 58 están las oficinas de Interpol.

La iglesia de la Congregación Evangélica Alemana fue un proyecto del arquitecto inglés Eduardo Taylor. Data de 1847. Trátase de un ejemplo bien elaborado de neogótico. Luego de las refacciones de 1923 a cargo de los arquitectos Federico Loas y E. Heine, sólo han quedado del edificio original parte de la obra gruesa y la fachada con algunas alteraciones (*Esmeralda* 162).

Con motivo de que era su vecindario allí se encuentra el monumento a Lisandro de la Torre, líder del Partido Demócrata Progresista, cuya vida fue mostrada en el film dirigido por Juan

José Jusid *Asesinato en el Senado de la Nación* (1984), donde el actor Pepe Soriano encarnaba al político. Fue realizado por Carlos de la Cárcova (1903-1974), escultor y arquitecto argentino. Data de 1973 y está ubicado sobre *Diagonal Norte* y la calle *Esmeralda*.

Un edificio de estilo arquitectónico racionalista se destaca al ocupar toda una cuadra. Data de 1938 (*Diagonal Norte* 777).

A la vuelta, por la calle *Esmeralda*, funcionaba el Teatro San Martín con una larga historia en la cultura popular de la ciudad. Fue demolido y por años hubo un baldío. Finalmente en el histórico solar se construyeron más oficinas. A partir de esta situación nació la ley 14.800, del teatro, que dice que donde hubo una sala y se demuele tiene que construirse otra (*Esmeralda* 255).

Al lado se hallan las artísticas y pesadas puertas de este edificio que tiene mucha historia. Nace en 1895 como Escuela Normal N° 2. Luego funcionó el Profesorado de Lenguas Vivas. En la actualidad es sede de la Escuela Municipal de Danzas (*Esmeralda* 285).

El tradicional edificio Gloria albergó en el tercer piso por muchos años a la revista *Rico Tipo*, donde el inolvidable dibujante Divito reinventó con sus cinturas de "avispas" a las llamadas "Chicas Divito". Ahora en ese espacio queda la redacción de la revista *Lupín*, que en sus inicios editó también Divito (*Diagonal Norte* 825).

A fines de la década del treinta se levantó el edificio que lleva el nombre de Antonio Pini. Es diseño del ingeniero Alejandro Varangot. La planta baja y el entrepiso están realizados en granito rojo. En el acceso del N° 875 se destacan dos columnas de fuste toscano y capiteles con animales exóticos.

En el N° 893 sobresalen dos columnas con capiteles corintios con hojas de acanto.

En el N° 895 los capiteles cuentan con figuras románicas. Sobre la fachada se hallan ornamentaciones de leones y tigres alados de origen asirio y motivos diversos.

Sobre la ochava de *Diagonal Norte* y *Sarmiento* dos grandes águilas como ménsulas y también cariátides tienen cabeza humana de influencia jesuítica.

A pesar de que el edificio lleva el apellido italiano de su

original propietario, Dell Acqua, su estilo es neorrenacentista español, y se destaca un águila de dos cabezas (*Diagonal Norte* 901).

En un subsuelo funciona el Teatro del Pueblo, que fue creado por el escritor Leónidas Barletta y que ocupó el solar del hoy Teatro San Martín de la calle *Corrientes*, del que fueron expulsados por razones políticas en 1943 (*Diagonal Norte* 943).

La calle Lavalle

Entre *Florida* y *Carlos Pellegrini* (*Avenida 9 de Julio*) está situada la que fue la calle de los cines. Es calle y pasarela. En sólo 500 metros se levantaban 16 salas cinematográficas. La capacidad de esos cines sumaba un promedio de 10.000 localidades, los sábados se vendían totalmente. Eso debe sumarse a restaurantes, disquerías y confiterías. Representaba unos 15.000 peatones por hora, caminando todos juntos a la salida de los mismos.

Así como *Corrientes* fue la calle de los teatros y en menor grado de los cines, *Lavalle* fue en estas cuadras un singular fenómeno social; es peatonal desde 1977, cuando el gobierno militar había llegado a instalar ceniceros en la calle.

El cine más antiguo es el Monumental (1930), un destacado ejemplo de arquitectura *art déco* (*Lavalle* 780).

La falta de renovación de los equipos de los cines por parte de los empresarios de la zona y una degradación arquitectónica han transformado algunas de estas históricas salas en farmacias o templos pentecostales de neto corte oportunista.

Guillermo Saccomano escribe en 1991 algunos aspectos que muestran hoy a la calle *Lavalle*: "Comederos, juegos electrónicos, cines en los que imperan karatecas, veteranos de Vietnam, sueños húmedos... A las diez de la noche *Lavalle* es una peatonal de la sordidez y la marginalidad. Y al salir del cine, a medianoche, de nuevo ese paisaje, tan poco reconfortante como cualquier relato de Thompson. Un grupo de adolescentes en la puerta de un cine a oscuras. Hombres de rostro reconcentrado que miran los afiches de una sala que anuncia dieciocho pornofilmes en sus seis salas condicionadas. Hombres de mirada cómplice que buscan la mirada de otros hombres. Una chica de rouge incendiario, teñida, que se mueve apretadísima en su mini, sin conseguir cliente. La noche tiene el sonido de los pacman. En una esquina, pilas de bolsas negras de basura que esperan ser levantadas, mientras un camión recolector aturde acercándose. Llovizna".

En el desaparecido café y rotisería Ronchetti, el músico y compositor Enrique Saborido estrenó en 1905 el tango *La Morocha* (*Lavalle* 401).

Como parte de la malentendida modernización económica que sufrió el país entre 1989 y 1999, muchos cafés con personalidad propia y con un estilo que correspondía a una estética argentina eliminaron raíces y copiaron estilos asépticos y masificados ausentes de personalidad (*Lavalle* 801).

En la esquina con la calle *Suipacha* se halla el solar en el que nació el 26 de junio de 1821 Bartolomé Mitre, presidente de la Nación, militar, poeta, periodista e historiador (*Lavalle* 900).

Entre los crímenes que hacen a la historia de la ciudad no debe omitirse el de la casa donde nació Dardo Rocha, fundador de la ciudad de La Plata. La residencia fue construida en 1885. Su familia la ocupaba desde 1879. En su interior, mobiliario y elementos no sólo de valor histórico sino artístico, una vajilla de porcelana de Sèvres que había pertenecido al emperador Luis Felipe, cuatro cartones originales de la *Danza guerrera*, de Gustavo Boulanger, que decoran el hall de la Ópera de París, entre otras muchas piezas.

En el fondo de la casa había dos torres de estilo neomedieval. Una de ellas contaba con una puerta que comunicaba directamente con un palco de la familia Rocha en el vecino Teatro Olimpia.

En sus salones se reunió lo más granado del mundo político y social. Había sido declarada monumento histórico nacional por el Congreso de la Nación en 1960. En 1969, durante la dictadura del general Juan Carlos Onganía, se decretó la nulidad de aquella ley. Se malvendieron la biblioteca y los muebles. La empresa demoledora lo logró. Entregó libre de obstáculos el terreno de lo que fue un valioso, único e irrepetible edificio. Hoy es una galería comercial estándar (*Lavalle* 835).

Suipacha y Viamonte

Una plaza distinta es la de *Suipacha y Viamonte*. Se la reconoce por el monumento a Manuel Dorrego y por el edificio de la Dirección de Rentas del Gobierno de la Ciudad de Buenos Aires. La plaza lleva el nombre de *Suipacha* y ocupa el solar de la antigua Plaza del Temple, nombre que tiene que ver con la prisión del mismo nombre y en la que sufrieron cautiverio los reyes de Francia.

Hay que recordar que la palabra temple se vincula también a los caballeros templarios, que en la Edad Media defendieron el Santo Sepulcro, integraron las Cruzadas e intentaron la búsqueda del Santo Grial.

Paradójicamente esta zona, conocida antes como la del "Puente de los suspiros", fue uno de los primeros nucleamientos prostibularios que atendían las "chinas cuarteleras".

Hay que aclarar que las mujeres, además de haber participado en distintos episodios de la historia argentina, tuvieron un importante y más reciente rol en la gesta conocida como Conquista del Desierto (1875-1879), cuando el país decidió incorporar a su territorio la zona patagónica. Las cuarteleras fueron más de cuatro mil. Así como algunas fundaron ciudades y formaron hogares, otras muchas llegaron a la ciudad de Buenos Aires y el escritor René Briand las describe así: "Estadísticamente quedó registrada la existencia de treinta y cinco prostíbulos por el año 1878 en la ciudad, haciendo despiadada competencia a los ranchos de las chinas cuarteleras, aquellas gordas del tipo indiano, sempiternas fumadoras de cigarros tucumanos que desde la misma vereda de sus malolientes cuartos de Maipú y Paraguay —donde se instalaron después de la desmilitarización de 1870— instaban a los paseantes a 'pasar un ratito'. No tardaron las 'loras' (rubias importadas) en arruinar prontamente el negocio de aquellas heroicas cuarteleras, atávicas suministradoras de placer a la soldadesca de Retiro".

Por su forma y diseño es una esquina de características singulares. En 1905 el gobierno argentino encargó al escultor Rogelio Yrurtia la ejecución del importante monumento dedicado al coronel Manuel Dorrego.

Dorrego, prócer de la Independencia argentina, fue gobernador de la provincia de Buenos Aires en 1827. Derrocado por el general Juan Lavalle, murió fusilado por una orden de éste en el año 1828.

La Plaza Manuel Dorrego se encuentra en el barrio de *San Telmo*. Mientras que el monumento a Dorrego se encuentra en la Plaza Suipacha.

Observando la escultura descubrimos que la figura de la Victoria Alada que conduce el corcel montado por Dorrego se destaca en la parte más elevada del monumento, que fue inaugurado en 1926.

En 1992 —hay que recordarlo para que no se repita— se firmó un convenio para hacer allí una playa subterránea. La construcción se inició en enero. Sacaron el monumento que se llevó a un depósito municipal. Luego se comprobó que, de seguir la muy indebida excavación, se comprometía la estabilidad de los edificios linderos. Recién en 1995 se restituyó el monumento a la plaza y el proyecto en el que intervino, como es obvio, la ex Municipalidad de Buenos Aires quedó terminado. Eso sí, costó dinero a todos, inversores y vecinos. De todas maneras la autoridad que lo permitió no cumplió con sus deberes de funcionario público.

Vale destacar en la esquina del edificio el gran portón de entrada y el importante reloj. Se aprecia en su frente una veleta de hierro negro con el escudo del Gobierno de la Ciudad de Buenos Aires (*Viamonte* 900).

A metros funcionaba la mueblería de origen inglés Maple, mencionada en el tango *A media luz* (*Suipacha* 658).

La Piedad

Es vecina del Congreso de la Nación. Abarca la zona comprendida entre las calles *Rodríguez Peña* y *Libertad*, que toma como eje la calle *Bartolomé Mitre,* donde se levanta la parroquia de Nuestra Señora de la Piedad, cuya historia se inicia a mediados del siglo XVIII. Hacia 1866 se inició allí un nuevo templo, cuyos planos se confiaron al arquitecto Nicolás Canale (1807-1874). En 1883 se hace cargo de la obra el arquitecto Juan Antonio Buschiazzo (1846-1917).

Indiscutiblemente, y pese a su acentuado italianismo, el templo de La Piedad es uno de los mejores por su grandiosidad y acertadas proporciones (*Bartolomé Mitre* 1524).

Frente al templo se abre un curioso pasaje en forma de "U": el pasaje *de la Piedad*.

De la Piedad es el antiguo nombre que recibió la calle Bartolomé Mitre.

Es un pasaje no oficial, que inscribe una cuadra menor dentro de otra. Es propiedad privada y fue construido por iniciativa de Arturo Gramajo, intendente de la Ciudad en el período 1895-1900. Levantó este pasaje porque su esposa, Adela Atucha, era religiosa y fue su deseo que la obra se erigiera frente a la parroquia homónima. Inmediatamente después del trazado de la callecita interna, se construyeron casas de departamentos para alquilar. Su arquitectura está definida como del "liberalismo", sus edificios mezclan elementos italianos y franceses.

La imagen apacible del pasaje *de la Piedad* lo convierte en el más elegante y conocido entre sus pares. Su aspecto, sus casas, sus aceras, su antiguo cartel de "Entrada de carruajes", le dan un carácter distinto (*Bartolomé Mitre* 1525 y 1573).

A poca distancia se halla el solar de la que fue la primera casa que ocupó Carlos Gardel al llegar a Buenos Aires (*Uruguay* 180).

A unos metros de allí, el predio que ocupó el Teatro Argentino. La sala data de 1892 y se llamó originalmente de la Zarzuela, y estuvo dedicada a la ópera y la zarzuela. Al crecer la temática propia y tomar un carácter sociocultural distinto, el teatro se llamó Argentino. Allí triunfó el cómico Florencio Parravicini.

Entre 1950 y 1960 la actriz española Ana Lasalle realizó sus últimas temporadas antes de marchar a Cuba para convertirse en lugarteniente de Fidel Castro.

El mismo escenario sirvió a los triunfos de Ernesto Bianco, Inda Ledesma y Orestes Caviglia. En la década del setenta debutó allí una joven cantante que integraba el desconocido elenco de nuevas figuras que estrenó *Jesucristo Superstar*: Valeria Lynch. En los años ochenta se intentó reponer el espectáculo con otro elenco y un grupo paramilitar lo incendió. Con los años el empresario demolió los restos y actualmente es una anodina playa de estacionamiento (*Bartolomé Mitre* 1448).

La calle *Paraná*, entre *Rivadavia* y la *Avenida Corrientes*, cobija una gran cantidad de negocios especializados en equipos de audio.

Uruguay, entre *Rivadavia* y la *Avenida Corrientes*, compite en negocios, pero en rubros como acrílicos y telgopor.

La calle *Sarmiento*, en el tramo que va desde la *Avenida 9 de Julio* hasta la *Avenida Callao*, nuclea numerosos negocios de venta de muebles de oficina.

Aquí nació la famosa bailarina Antonia Mercé, más conocida por "La Argentina" (*Talcahuano* 306).

El pasaje *Rivarola*, situado entre las calles *Bartolomé Mitre* y *Perón*, destaca por sus construcciones similares a ambos lados de la calle. Fue diseñado por los arquitectos e ingenieros Petersen, Thiele y Cruz.

La casa que habitó Domingo Faustino Sarmiento, luego de terminado su período de presidente y hasta poco tiempo antes de su muerte, fue adquirida por el gobierno nacional en 1947 y luego declarada monumento histórico. En 1980 se cedió el solar a la provincia de San Juan. Funciona allí la Casa de la Provincia de San Juan (*Sarmiento* 1251).

El Club del Progreso se fundó en 1852. El edificio que posee actualmente lo ocupa desde 1941.

Es una asociación civil, cuyo objeto es la reunión de personas para el debate de ideas y, de acuerdo con principios de solidaridad y pluralismo, mancomunar esfuerzos para el progreso del país. Entre sus socios figuran personalidades de la política y las ciencias.

Dieciséis miembros del club ejercieron la presidencia de la Nación, como Bartolomé Mitre e Hipólito Yrigoyen (*Sarmiento* 1331).

Llama la atención por su fachada. El escritor Luis Alberto Ballester la describe así: "Esta casa, actualmente humillada por algunas apresuradas reformas que no condicen con su estilo, pero que han prometido subsanar posteriormente, se ahonda en una fachada poblada por adornos iniciáticos, por estatuas, por guardas". El colegio que funciona en este edificio es de enseñanza primaria y está a cargo de la Asociación Italiana de Mutualidad Unione e Benevolenza (*Sarmiento* 1347).

El Centro Cultural General San Martín, dependiente del Gobierno de la Ciudad de Buenos Aires, está diseñado para dar cabida a conferencias, congresos y reuniones nacionales e internacionales. En el mismo complejo funcionan: la Secretaría de Turismo de la Ciudad, el Conservatorio Manuel de Falla, Radio Ciudad, Salón Auditorio "Enrique Muiño" y la entrada de artistas del Teatro Municipal General San Martín (*Sarmiento* 1551).

El tango *Chiquilín de Bachín*, del poeta Horacio Ferrer y del músico Astor Piazzolla, nació en un restaurante que estaba situado en el Mercado Modelo del Centro, que se demolió en 1983 para dar lugar a un complejo cultural privado que data de 1989 y cuenta con distintas salas, callejas y restaurantes. El tango data de 1969 y está dedicado a Pablo González, un chico que en esos años vendía flores en el desaparecido restaurante (*Sarmiento* 1617).

Cangallo ahora se llama Perón

En la antigua calle *Cangallo* se halla el Gran Templo de la Masonería Argentina (Gran Logia Argentina de Libres y Aceptados Masones). En su interior funcionan siete templos (*Perón* 1242).

Es una joya arquitectónica. Se trata del Salón Unione e Benevolenza. El edificio es obra del arquitecto Leopoldo Rocchi. En el frente se encuentran Cristóbal Colón, Leonardo da Vinci y Dante Alighieri. Giuseppe Garibaldi (por las armas) y Giuseppe Mazzini (por las letras) fueron los padrinos de este edificio singular. Aquí, en esta "Asociación Italiana de Mutualidades de Instrucción", se conservan los libros de actas de la Asociación Unione e Benevolenza y de las veintidós asociaciones adheridas o fusionadas. Recordemos que Unione e Benevolenza es la institución madre de todas y que data de 1858.

En su interior funciona la Biblioteca "Nicolás Repetto", alumno de la escuela "Unione e Benevolenza". En ella, entre otra valiosa documentación que registra la vida y obra de los inmigrantes italianos, se halla una edición de la *Divina Comedia*, de Dante Alighieri, con dibujos del artista Amos Nattini.

En el esplendente salón teatro se encuentran a la derecha próceres argentinos: Juan Bautista Alberdi, José de San Martín y Bernardino Rivadavia. A la izquierda, próceres italianos: Giuseppe Garibaldi, Cavour y Giuseppe Mazzini (*Perón* 1352).

El viejo edificio de siete pisos de la Unión Obrera Metalúrgica fue escenario de la violencia política al haberse incendiado en la caldera del edificio a Jorge Dubchak, custodio del dirigente sindical Lorenzo Miguel, criador de iguanas y militante del nucleamiento estudiantil Concentración Nacional Universitaria. El hecho ocurrió el 24 de julio de 1975 (*Perón* 1435).

Tribunales

Con el nombre de barrio del Parque fue conocido hasta pasado el comienzo del siglo XX el sector que hoy se designa Plaza Lavalle o barrio de Tribunales.

En 1822 se instaló, en el predio del actual Palacio de Tribunales, la Fábrica de Armas y Parque de Artillería, que dio nombre y población al lugar. Frente a éste, lo que fuera el llamado "hueco de Zamudio", nombre del antiguo propietario de aquellos parajes, se convirtió en Plaza del Parque.

En 1857, en la manzana comprendida por las calles *Tucumán, Cerrito, Libertad y Viamonte*, se encontraba el galpón que servía de estación cabecera del Ferrocarril de Buenos Aires al Oeste, desde la cual partió en viaje inaugural la locomotora "La Porteña".

En 1878 a la Plaza del Parque se le cambia el nombre por el de General Lavalle, al igual que la calle aledaña.

Un episodio trágico tuvo como centro a la plaza en 1890: la Revolución del '90, movimiento cívico militar que ocasionó la renuncia del presidente Miguel Juárez Celman. En la misma tomaron protagonismo los jóvenes que integraban la recientemente formada Unión Cívica Radical, que con el tiempo se convertiría en uno de los partidos políticos más importantes de la Argentina. Un hecho político que conmovió a la ciudad entera, marcando un hito histórico y que se extendió a la vecina Plaza Libertad del barrio de *Retiro*.

En 1883, definitivamente clausurada la estación del Parque, la plaza cambió nuevamente su fisonomía. Fue rellenado el arroyo Tercero del Medio, que corría por la calle *Libertad.*

La *Avenida Roque Sáenz Peña* (*Diagonal Norte*) llega a la plaza en 1931.

Sobre la calle *Tucumán*, entre *Libertad* y *Talcahuano*, se levanta la única torre estatuaria de la ciudad que es el eje central de la plaza: el monumento al general Juan Galo de Lavalle (1797-1841). Posee una altura aproximada de veintiséis metros. Está rodeado por los escudos de las catorce primeras provincias argentinas. Es obra del escultor italiano Pietro Costa y data de 1887.

A metros de la esquina de *Libertad* y *Lavalle*, cerca del Teatro Colón, se encuentra la Fuente al Ballet Nacional, obra del escultor Carlos de la Cárcova. El conjunto se compone de una escultura de bronce que corporiza a los primeros bailarines Norma Fontenla y José Neglia, junto a otros destacados compañeros, trágicamente muertos en un accidente de aviación en 1971. La figura los muestra ejecutando un paso de danza. Se completa la obra con tres fuentes circulares iluminadas desde abajo.

Entre la *Avenida Córdoba* y la calle *Viamonte*, prácticamente paralelo a *Libertad*, de la que se encuentra separado por un cantero, se abre el *Paseo María Guerrero,* característico por los árboles de gran porte. Si bien es cierto que esta calleja desapareció luego de la última remodelación, la denominación perdura, rindiendo homenaje a la actriz española fundadora del Teatro Cervantes. Sobre el tramo de la calle *Viamonte* que corresponde a la plaza se halla el monolito inaugurado en 1993, obra del arquitecto Pablo Fernando Abbatángelo, para perpetuar la memoria de los cien años de la AFA (Asociación del Fútbol Argentino), situada a pocos metros, en la vecina *Viamonte* 1372.

En la esquina de la *Avenida Córdoba* y la calle *Libertad* se levanta el busto de José A. Podestá, pionero del teatro nacional argentino. Fue realizado por el artista Luis Perlotti (1887-1970). Detrás de esta obra, y como fondo, se aprecia un bello ejemplar de ceibo, flor nacional argentina.

Siguiendo por la vereda de la *Avenida Córdoba*, casi en la mitad de la cuadra, se encuentra la estatua de Hipólito Yrigoyen, destacado político dos veces presidente de la República. La escultura fue realizada según la maqueta diseñada por el escultor Pedro Ferrari. La imagen es de tamaño natural.

Sobre el lateral de la calle *Talcahuano* y entre añosos cedros se encuentra el monumento al actor Florencio Parravicini, obra del escultor José Fioravanti.

Desde 1937, en este sector de la plaza que da a la calle *Talcahuano*, se halla el "reloj de sol". Es un instrumento que permite señalar las horas mediante la sombra de un estilo, que incide sobre un cuadrante, en el que están marcadas las horas por unas líneas llamadas horarias. El estilo siempre tiene la dirección paralela al eje de rotación terrestre; en cambio, el cuadrante puede adoptar distintas posiciones y en cada caso son diferentes las líneas horarias.

Este reloj fue construido en los talleres del Servicio Hidrográfico de la Marina y permite saber la hora exacta todos los días del año siguiendo las indicaciones grabadas en una placa de bronce que está adosada a la pared. Al mismo tiempo se puede conocer la posición aparente del sol en los signos del zodíaco, por medio de una sombra que proyectan unas pequeñas esferas ajustadas al estilo.

A partir de la construcción del Palacio de Justicia, la voz popular ha denominado a este sector de Buenos Aires barrio de Tribunales.

Los planos originales son del arquitecto francés Norberto Maillart. En 1904 se colocó la piedra fundamental. Fue habilitado parcialmente en 1910. Debido a controversias en la ejecución, en 1912 se rescindió el contrato a Maillart como director de la obra y en 1915 a la firma Bernasconi y Cía., encargada de la realización. La Dirección General de Arquitectura asumió finalmente la responsabilidad de concluir el edificio. El proyecto inicial sufrió así numerosas enmiendas. Se debió esperar hasta 1942 para ver finalizadas las obras.

El edificio de siete pisos es de estilo académico, con ornamentación neoclásica, diseminada abrumadoramente en los lugares más inesperados. En líneas generales, existe un predominio de lo ancho sobre lo alto y posee una gran severidad, dada por lo macizo y lo majestuoso del mismo.

La fachada central presenta seis monumentales columnas de traza cuadrada que enmarcan cinco arcos cupulados con amplias escalinatas de acceso, tres de las cuales dan entrada al edificio. La arquitectura total se levanta sobre un ancho basamento de mármol. En lo alto se ven las Tablas de la Ley, flanqueadas por figuras femeninas a manera de guardianas.

La pared que cierra el fondo al espacioso hall central presenta sobre un elevado pedestal una réplica de la escultura del argentino Rogelio Yrurtia, titulada *La justicia*.

Esta obra fue concebida en 1905. Su original está en el cementerio del municipio de Vicente López, en la provincia de Buenos Aires. Se la había encargado el gobierno nacional, pero al no habérsela pagado él la regaló a una familia amiga que la instaló en un mausoleo. La que se halla en Tribunales es entonces una réplica. El edificio tiene en el subsuelo doscientas celdas para detenidos que llegan desde todas las comisarías.

Tiene doce ascensores; el de ese número lleva el nombre de José Groba, un español que recitaba poesías para los abogados. En su interior —por ley— posee su residencia privada el intendente del Palacio, que vive allí con su familia (*Talcahuano* 550).

Los murales de la estación Tribunales nos muestran unidos a Pedro de Mendoza y Juan de Garay, los dos fundadores que tuvo la ciudad de Buenos Aires, y también en el otro extremo un mural donde se unen las palabras América y España. Ambos son bocetos del artista Rodolfo Franco (1889-1954).

El Mirador Massué se eleva como una de las más hermosas torres de la ciudad. Tiene forma de templete griego, sobre una cúpula de pizarra blanquecina. La torrecita está ornamentada con cuatro caras de seres mitológicos y cuatro rostros femeninos, rodeados por motivos florales y escudos.

Representativa del *art nouveau*, fue proyectada por el arquitecto Alfredo Massué. Hacia 1989 comenzó la demolición del edificio, pero el elemento más singular de éste, su torre esquinera, ha sido salvada y asimilada a la nueva construcción (*Tucumán* 1321).

En la calle *Libertad* desde *Rivadavia* a *Lavalle* muchos negocios lucen el cartel de "Antiques", pero para el conocedor no dejan de ser los viejos compra-venta.

Se agregaron otros rubros como oro, alhajas y equipos de audio. El último bastión del "cambalache" es la cuadra de *Libertad* entre la *Avenida Corrientes y Lavalle*, imagen que sigue viva en el tango y en la literatura costumbrista de Buenos Aires.

En las mismas cuadras alternan joyerías y relojerías mayoristas.

Entre *Avenida Corrientes y Lavalle* se concentran muchas de las librerías jurídicas del barrio, a las que se agregan algunas especializadas en cine y humanidades.

También aquí en la calle *Libertad* al 500 está la cuadra que más mezcla épocas, alturas, estilos e intenciones, según nos alerta el arquitecto Mario Sabugo, que habla de Buenos Aires como si toda ella fuera una gran fábrica de arquitectura.

El Teatro Colón que hoy admiramos data de 1908. Su diseño arquitectónico responde a los lineamientos artísticos del Renacimiento francés. Tiene capacidad para 2.487 espectadores sentados.

El Salón Dorado mide noventa y seis metros de largo por ocho de ancho. Predomina el color marfil antiguo y sus decoraciones en oro han sido hechas con gusto y opulencia. Está iluminado por artísticas arañas doradas.

Todo el Teatro Colón cubre una superficie de 37.884 metros cuadrados.

Cuenta con talleres de sastrería, peluquería, utilería, zapatería y otras dependencias. La institución ocupa a 1.500 personas, entre las que se cuentan los integrantes de los cuatro cuerpos artísticos estables, a saber: orquesta, coro, cuerpo de baile y Orquesta Filarmónica de Buenos Aires.

La sección vestuario posee 90.000 trajes de diferente época y estilo, que representan 530 títulos sin repetir de ópera y ballet. La peluquería tiene 65.000 pelucas y 40.000 piezas (adornos); en tanto, la zapatería cuenta con 40.000 calzados.

El Museo del Teatro Colón conserva fotografías, grabados, cartas, autógrafos, batutas, trajes y objetos pertenecientes a las grandes personalidades de la música, la lírica y la danza que han pasado por su escenario.

Han actuado en el Teatro Colón, entre otros: Enrico Caruso, Antonio Mercé (La Argentinita), Michel Fokin, Manuel de Falla, Ana Pavlova, Vaslav Nijinsky, Serge Lifar, Federico Moreno Torroba, Claudio Arrau, Tito Schipa, Bidu Sayao, Witold Malcuzynski, María Callas, Birgit Nilsson, Pilar Lorengar, Margot Fonteyn, Maia Plissetskaya, Rudolf Nureyev, Victoria de los Ángeles, José Carreras y Plácido Domingo.

La cúpula fue pintada por el artista plástico Raúl Soldi en 1966. La bóveda tiene veintiún metros de diámetro y hay trescientos dieciocho metros cuadrados de superficie cubierta por la pintura, que muestra en ronda ceremonial a divos, actores, mimos y bailarines en la curva de un caracol giratorio. Está coronada por una gigantesca araña en forma de semiesfera con más de 450 lámparas luminarias eléctricas.

Para la formación artística y técnica de sus propios elementos se creó el Instituto Superior de Arte, que funciona en el mismo edificio y cuenta con siete carreras especializadas.

Frente al Teatro Colón, en un edificio donde hasta 1989 funcionó una dependencia judicial, se halla actualmente la primera cárcel para contraventores. En marzo de 2000 se inauguraron cuatro de la seis plantas subterráneas con que cuenta el establecimiento, con capacidad para veinticinco personas. Dos meses después comenzaron a funcionar las otras dos, que albergan a otros sesenta infractores *(Viamonte* 1155).

El templo de la Congregación Israelita Argentina es la sinagoga más importante de la ciudad.

Surgió por iniciativa de los primeros residentes judíos, a mediados del siglo XIX. La piedra fundamental fue colocada en 1897. El templo fue modificado y desde 1932 presenta la vista actual. Debe su proyección a los ingenieros Alejandro Enquin y Eugenio Gantner.

La decoración de la fachada está rematada por una inmensa estrella apoyada sobre un círculo decorado con mosaicos dorados sobre el que hay una inscripción en hebreo.

En la puerta de entrada se encuentran unas manos que representan la forma de bendición de los antiguos sacerdotes de Jerusalén, según la tradición religiosa.

En lo más alto del templo se observan las Tablas de la Ley. El interior del edificio consiste en una gran nave central sin subdivisiones, de forma rectangular, que avanza hacia el pequeño nicho de mármol rojo donde se guardan los rollos de la ley, del Pentateuco (cinco primeros libros de la Biblia), y que en los costados, a modo de adorno, presenta dos pilastras que imitan las del templo de Salomón. No existe casi la decoración, dando como resultado un edificio de apariencia liviana, totalmente blanco en su interior, atravesado sólo por columnas lisas que cumplen la función de sostén.

Una amplia reja separa al edificio de la vereda. Esta verja presenta doce medallones de cobre que a través de sus símbolos representan a los de las tribus organizadas por Moisés según aparecen en el texto bíblico (*Libertad* 785).

Junto a la sinagoga y anexo a la misma se encuentra el Museo Judío "doctor Salvador Kibrik" (*Libertad* 769). Atesora documentos de los primeros colonos judíos en la Argentina, como también de la congregación y de escritores y hombres públicos argentinos pertenecientes a la comunidad judía. Otros objetos son libros sagrados, ornamentos religiosos y diversas piezas de valor artístico.

Son tres los institutos de enseñanza que se destacan en el entorno de la Plaza Lavalle.

El Instituto Libre de Segunda Enseñanza fundado en 1892 es un colegio secundario privado, sujeto al régimen de los colegios medios dependientes de la Universidad de Buenos Aires (*Libertad* 555).

La escuela primaria Presidente Roca posee un edificio representativo del eclecticismo arquitectónico de comienzos del siglo XX. Es obra del arquitecto italiano Carlos Morra; la fachada presenta columnas corintias, y tiene estatuas en la parte superior (*Libertad* 581).

La centenaria escuela Nicolás Avellaneda fue fundada en 1886. Su primitivo edificio fue sustituido en 1937 por uno de planta baja y tres pisos altos. Un dato: en 1897 un niño de siete años era un alumno más de la escuela Avellaneda. Con el tiempo, ganaría fama y el amor del público. Su nombre: Carlos Gardel (*Talcahuano* 860).

La calle Lavalle (II)

El tramo de esta calle comprendido entre *Cerrito* y la *Avenida Callao* difiere completamente del que ocupa el sector de los cines. En esta zona la característica es la actividad forense y sus derivados. Librerías jurídicas, fotocopiadoras, estudios contables, escribanías, traductores públicos, imprentas, editoriales, es decir, un mundo que gira en torno a la presencia de los Tribunales.

También funciona SADAIC (Sociedad Argentina de Autores y Compositores). El edificio data de 1940. Allí se encuentra el Museo Vicente López y Planes, que cuenta con material referido a la música y a sus compositores e intérpretes dentro del ámbito nacional. En la entrada se observa una estatua de Carlos Gardel, obra del escultor italiano Nicolás Gulli (*Lavalle* 1547).

La esquina de SADAIC lleva el nombre del poeta y escritor Homero Expósito (*Lavalle* 1501).

La Avenida Corrientes

Nace en la *Avenida Eduardo Madero* y tradicionalmente es identificada como la zona de los cines y teatros, especialmente en el tramo abarcado desde su nacimiento hasta la *Avenida Callao* (diecisiete cuadras).

La sencilla calle *Corrientes* atraviesa el barrio de *San Nicolás* —donde nace—, el de *Balvanera*, el de *Almagro*, el de *Villa Crespo* y el de *Chacarita*.

Se la sigue llamando "calle" a pesar de que desde 1931 se convirtió en avenida.

Nace casi junto al río y muere, paradójicamente, en el cementerio de la Chacarita.

Desde 1822 se la denominó "calle de *Corrientes*" en honor a la provincia y ciudad del mismo nombre, en el litoral argentino. Antes fue la calle de *San Nicolás*, como el barrio.

La carroza fúnebre de Carlos Gardel hizo, en la mañana del 6 de febrero de 1936, el recorrido de esa misma calle que él tomó desde niño.

El Luna Park nació en la mente de José Antonio Lectoure cuando acompañó al boxeador Justo Suárez —el Torito de Mataderos— a los Estados Unidos, en 1931, aunque su historia es muy anterior.

Se construyó en tierras ganadas al río de la Plata en 1931.

Los 183 pilotes en que se sustenta fueron primero colocados a doce metros, pero luego hubo que ponerlos a veinte metros, hasta encontrar suelo firme.

El nombre Luna Park sonó por primera vez en Buenos Aires en 1912 por iniciativa del italiano Domingo Pace, pionero de los espectáculos deportivos populares.

El mítico estadio, que nació con el box, hoy amplió sus actividades a otros espectáculos.

Enfaticemos como hechos de gran popularidad que allí se realizó en 1936 el funeral de Carlos Gardel, y que en 1944 allí se conocieron Juan Domingo Perón y la que luego fue su esposa, Eva Duarte. En 1972 público y policía se trenzaron en una batalla campal durante el polémico recital de La Pesada del Rock and Roll. En 1975 se despidieron del público los integrantes del conjunto musical Sui Generis. También allí se realizó el espectacular casamiento del futbolista Diego Armando Maradona (1989). (*Avenida Corrientes y Bouchard*.)

Entre los edificios más importantes de la avenida se destaca el "Comega" (Compañía Mercantil Ganadera), con veintiún pisos y ochenta y ocho metros de altura, que fue el primer rascacielos totalmente revestido en su exterior con piedra travertina; sus interiores tienen revestimiento de acero inoxidable. Data de 1932 y es obra de los arquitectos Enrique Douillet y Alfredo Joselevich. Su estilo es racionalista. Tuvo hasta 1969 un restaurante y confitería con vista al río de la Plata que le dio un cierto carácter novelesco. Fue el primer edificio de Buenos Aires en tener ascensores rápidos: ciento ochenta metros por minuto (*Avenida Corrientes 222*).

El Hotel Jousten, durante cincuenta y tres años y hasta 1980, marcó un estilo en la ciudad. Fue construido por los arquitectos Luciano Chersanaz y Raúl Pérez Irigoyen. Tiene estilo neoplateresco. Fue reinaugurado en 2000 (*Avenida Corrientes 240/300*).

Soñando con una ciudad con la cual no estaban familiarizados y en la que aspiraban a triunfar, Carlos César Lenzi (uruguayo) y Edgardo Donato (argentino) compusieron en Montevideo, República Oriental del Uruguay, el tango *A media luz*, ubicando la acción en el imaginario número 348. El paso de los años y la fama del tango hicieron que los extranjeros que visitaban la *Avenida Corrientes* buscaran el mítico número. En 1971 la Asociación Amigos de la Avenida Corrientes aceptó la idea de sus asesores, el matrimonio integrado por los periodistas Irma Campana y Germinal Nogués, y colocó una placa en el emblemático número.

Años después —1978— Lipsia S.A. decoró el frente del edificio. En la tarea participaron el arquitecto Rodolfo J. Berbey y el artista fileteador José Espinosa (*Avenida Corrientes 348*).

A pesar de estar situada en pleno centro de la ciudad de Buenos Aires, la Plazoleta de San Nicolás pasa a menudo inadvertida en sus símbolos.

Está ubicada en la *Avenida Corrientes* y *Reconquista*, es una plaza semiseca y posee algunos importantes árboles y arbustos. En esta plazoleta está situado el escudo del barrio.

El espacio fue obra —al igual que el banco situado atrás— de los arquitectos Raña Veloso, Roberto Hernán Álvarez y Samuel Forster. Aquí se puede observar la estatua de Santiago de Liniers, conde de Buenos Aires y figura heroica de las Invasiones Inglesas. Es obra de Carlos María Toto. Su presencia se debe a la proximidad del lugar con la calle *Reconquista* y a su acción en 1806 durante el frustrado ataque británico.

El edificio Safico tiene veintiséis pisos y cien metros de altura. Fue uno de los mayores, construido en el corazón de la ciudad. Tradicionalmente alquilan allí oficinas distintos corresponsales extranjeros. Lo realizó el ingeniero Walter Moll y su estilo es racionalista. Originalmente el departamento 231 —cúspide de la pirámide— fue hecho como chalet familiar de cuatro pisos. Siendo Vicecónsul de Chile en esta ciudad, el escritor Pablo Neruda y su esposa Maruca alquilaron, como vivienda, el último piso del edificio (*Avenida Corrientes* 456).

El edificio que fuera de Transradio es proyecto del arquitecto Alejandro Christophersen, quien también diseñó el curioso reloj que marca las cuatro estaciones y los signos astrológicos junto a los correspondientes meses del año. Transradio fue una moderna e importante empresa de servicios de telefonía, télex y telegramas a más de treinta países. El ochenta por ciento de las comunicaciones internacionales por télex eran brindadas por Transradio. La empresa como tal cesó en 1969 (*Avenida Corrientes* 484).

En *Avenida Corrientes* y *San Martín*, vereda par, funcionó durante 115 años un restaurante y café conocido como "La Helvética". Fueron sus parroquianos Bartolomé Mitre, Leopoldo Lugones, Rubén Darío, José Ingenieros y también Jorge Luis Borges y Ernesto Sabato.

Por la calle *San Martín*, a pocos metros, se hallaba la antigua redacción del diario *La Nación*. Razón por la cual muchas de las reuniones del diario empezaban, terminaban o se hacían directamente en ese reconocido café. También por *San Martín*, más próxima aún al predio de "La Helvética", estaba la sede de la Alianza Libertadora Nacionalista que fue bombardeada en 1955.

En 1993 un informe de Florencia Arbiser publicado por el diario *Clarín* decía: "Corrientes tenía, hasta hace un tiempo, un sello inconfundible: teatros, librerías, cafés de intelectuales, vida nocturna. Ahora hay casi tantos videogames como librerías, los cafés no son de intelectuales y hay un shopping cultural con hamburguesería. Todo convive con marginalidad."

El escritor y cineasta Javier Torre descubría en 1991: "A cada cuadra te cruzás con mendigos, personas que reparten papelitos con publicidad de restaurantes baratos, chicos que duermen en los subtes...".

El Círculo de Armas nació en 1885. El señorial edificio es de arquitectura neoclásica, obra de Eduardo Sauze. Fue la antigua residencia de la familia Lynch. Su nombre se vincula a la afinidad de sus socios con la esgrima. Funciona como un bastión aislado de la realidad callejera (*Avenida Corrientes* 671).

El arquitecto Carlos Villar realizó en 1938 este edificio que fue de avanzada. Estuvo destinado a departamentos que en su momento fueron amueblados: treinta y seis unidades repartidas en seis pisos altos, y sobre el último se había dispuesto una cancha de "squash racquet" con salón, bar, vestuarios, terrazas para baños de sol con duchas y dependencias de servicio. El solar perteneció al mítico Empire Theatre; por esa razón hubo una placa en homenaje a Carlos Gardel, que cantó en esa sala (*Avenida Corrientes* 699).

El Bar Suárez tiene dos épocas. La primera como viejo café popular. Paradigma de la gente del viejo Buenos Aires, fue rematado en 1990.

Restaurado hoy, y con otro nombre, intenta rendir homenaje al tango (*Avenida Corrientes* 702). Esta cuadra bien puede ser ejemplo de la degradación, la permisividad y el abandono que sufre la ciudad. En ambas aceras se exceden la cantidad de kioscos de diarios. Heladeras pertenecientes a otros kioscos usurpan el espacio público. Una surrealista casilla instalada en la puerta principal del edificio de la empresa Telefónica ocupa temerariamente la vereda, en supuesto beneficio a un hospital. Hace más de quince años que permanece allí.

Marquesinas indebidas y una galería que permite el cruce rápido de carteristas y descuidistas a la calle *Lavalle* son parte del inventario.

En la década del 50, en el número 751, donde hoy funciona una pizzería, existía un bar —el Palacio del Café— donde se reunía un trascendente grupo literario, "Poesía Buenos Aires", del cual participaron, entre otros, Alejandra Pizarnik, Francisco "Paco" Urondo y el creador del grupo: Raúl Gustavo Aguirre, que vivía en el sugestivo edificio de *Corrientes* 745. Publicaron una revista que logró una impensable difusión hoy día. Colaboraron, entre otros, Elizabeth Azcona Cranwell, Miguel Brascó, Ramiro de Casasbellas y Rodolfo Alonso.

Durante años Aguirre dirigió la biblioteca de la Caja Nacional de Ahorro Postal en la plaza del Congreso.

Un templo de estilo neogótico data de 1874 y es la primera Iglesia Evangélica Metodista de Buenos Aires; el terreno fue donado por Juan Manuel de Rosas. Está considerada como madre de la obra protestante de habla castellana de la Argentina. Las primeras reuniones de la Sociedad Protectora de Animales, a las que concurrieron Domingo Faustino Sarmiento, Bartolomé Mitre y Carlos Pellegrini, se iniciaron allí.

Es importante observar su techo de madera con encastre directo, sin ningún elemento metálico, que fue realizado por dos marineros daneses ya que nadie en ese entonces era capaz de hacerlo (*Avenida Corrientes* 718).

Corrientes y Esmeralda

El Teatro Odeón, que le dio lustre y fundamento a la esquina, fue demolido en 1991.

En los años treinta el escritor Raúl Scalabrini Ortiz eligió esta esquina para situar al porteño: el hombre de Corrientes y Esmeralda. Se propuso así modelar "la nada fatua sino imprescindible creación de un hombre arquetípico de Buenos Aires, ubicándolo en una zona de la ciudad que era el polo magnético de la sexualidad porteña". Así nació "el hombre que está solo y espera".

En esa esquina, bautizada también como "la esquina del tango", funcionó durante años la Confitería Cabildo. Todo el conjunto era obra del arquitecto alemán Fernando Moog, y fue demolido a pesar de que en 1985 el entonces secretario de Cultura, Carlos Gorostiza, había gestionado para que fuera declarado monumento histórico nacional.

Los buenos deseos de distintos funcionarios no pudieron con los globales deseos de la empresa que ha convertido el solar que transitaron Anatole France, Eleonora Duse, Margarita Xirgu, Jean Jaurès, Jacinto Benavente y Giacomo Puccini, entre otros, en una playa de estacionamiento. En repetidas ocasiones se anunció la construcción de un complejo de oficinas, hotelería y también la reapertura de una sala teatral que llevará el nombre del Odeón.

El Teatro Maipo, llamado en 1917 Esmeralda, fue el sitio donde el cantor Carlos Gardel estrenó el primer tango cantado dentro de la métrica y la temática que hoy conocemos. Fue *Lita*, tema que se rebautizó como *Mi noche triste*, de Samuel Castriota y Pascual Contursi. En esta sala la actriz Lola Membrives estrenó en 1933 la obra de Federico García Lorca *Bodas de sangre*.

Está vinculado a las tradicionales revistas musicales. Aquí triunfaron Gloria Guzmán, Sofía Bozán, Carlos Castro, Dringue Farías, Mario Fortuna, Nélida Roca, Alicia Márquez y otras tantas personalidades (*Esmeralda* 443).

En 1998 el mítico Cine Real —donde se había estrenado la primera película argentina sonora *Tango* en 1933— fue convertido en un indebido garaje. Sus placas recordativas fueron arrasadas y eliminados muchos de sus pequeños grandes valores (*Esmeralda* 425).

El Cine-Teatro Ópera es obra del arquitecto Alberto Bourdon y se inauguró en 1936.

Tiene capacidad para 2.500 espectadores. El techo es célebre por ofrecer la apariencia de un cielo estrellado. Sus laterales muestran una arquitectura callejera, para dar sensación de nocturna libertad. Al inaugurarse, la sala contaba con guardería infantil y jaulas para perritos que solían llevar las señoras. Todo el personal hablaba dos idiomas como mínimo.

El despacho de la gerencia del teatro estuvo decorado por una importante obra del artista catalán José María Sert, que ocupaba completamente una de las paredes. Luego se vendió.

Actuaron, entre otros, Katharin Dunham, Marlene Dietrich, Ella Fitzgerald, Edith Piaf, Sammy Davis Jr., las compañías del Folies Bergère y el Lido, de París (*Avenida Corrientes* 860).

El Tabarís tenía una pista de baile que se elevaba y se convertía en prolongación del escenario entre las mesas. Actuaban allí grandes figuras. Era un restaurante muy refinado. En 1960 se convirtió en el cine Royal y luego en teatro. En 1999 se transformó en un oportunista templo pentecostal.

El arquitecto Alberto Prebisch, autor del Obelisco y de la Plaza de la República, diseñó la sala del Cine y Teatro Gran Rex. Data de 1932 y su estilo arquitectónico es de gran simplicidad;

la decoración está dada por las mismas curvas estructurales del edificio. Posee una capacidad para 3.300 espectadores.

Si se observa con detalle, la fachada está tratada como gran vidriera a través de la cual el paseante puede observar todo el movimiento del público en las galerías, escaleras y balcones. Se lo considera —técnicamente— de la mejor arquitectura de la ciudad (*Avenida Corrientes* 857).

La Confitería Ideal data de 1918 y fue hecha por el español Manuel Rosendo Fernández. Todo fue importado de Europa: sillones de la desaparecida Checoslovaquia, vitrales italianos, *boiseries* de roble de Eslavonia, tallados por artesanos, vitrinas de cristal biselado y otros tantos refinamientos. Durante años fue el lugar preferido de la comunidad inglesa para tomar el té.

Los salones están decorados con "la flor de lis", símbolo de los Borbones. Ambos, planta baja y primer piso, tienen el mismo estilo: puertas dobles, columnas imitación mármol, grandes arañas, mármol negro con racimos de globos de opalina sostenidos por portantes de hierro negro.

Al visitarla en 1998 la viuda de John Lennon, la japonesa Yoko Ono, la eligió por ser un lugar tradicional y antiguo y expresó, dirigiéndose a los argentinos: "Háganse justicia a sí mismos, no destruyan su historia y su cultura" (*Suipacha* 384).

Una placa recuerda al maestro Pedro Laurenz que vivió aquí durante cuarenta años. Laurenz (1903-1972) fue compositor y bandoneonista (*Avenida Corrientes* 922).

Un teatro con casi noventa años de vida que inauguró Carolina Otero (la bella Otero) tiene una historia que excede lo prudente en tiempo por nombres y éxitos.

Allí, a partir de 1950, se instaló la clásica revista porteña a la que dio vida Carlos A. Petit. También en El Nacional, Enrique Muiño y Elías Alippi estrenaron en 1934 la obra teatral costumbrista *Así es la vida*, de Arnaldo Malfatti y Nicolás de la Llanderas. Incendiado en un atentado realizado por un grupo nazi en 1982, fue restaurado e inaugurado en el año 2000 (*Avenida Corrientes* 980).

Por la avenida un monolito recuerda a Carlos Gardel en el

40° aniversario de su desaparición, 24 de junio de 1975. También figuran los acompañantes de Gardel: Guillermo D. Barbieri (el abuelo de Carmen), Alfredo Le Pera y Domingo Riverol (*Avenida Corrientes y Carlos Pellegrini*).

Desde 1911 modificó la vida de la ciudad. Se trata del Trust Joyero Relojero cuya cúpula tenía un carrillón de seis campanas de bronce que anunciaban la hora cada quince minutos. Su esquina era lugar de encuentros. En los últimos años cerró sus puertas (*Avenida Corrientes* 980).

A escasos metros del Obelisco, sobre la *Avenida Corrientes*, una placa ubicada sobre un pedestal, dice: "A los caídos en la guerra del Atlántico Sur 1982-1983". Fue colocada al año de la guerra de las islas Malvinas. (*Avenida Corrientes* 999)

Un mural del plástico argentino Juan Carlos Castagnino (1908-1972) está ubicado en una galería. Fue realizado en 1959. Muestra a un grupo de trabajadores que inicia su tarea y a niños jugando (*Avenida Corrientes* 1145).

El cine Broadway es obra del arquitecto húngaro Jorge Kalnay. Data de 1930. Su estilo es *art déco*. Fue la primera sala en tener aire acondicionado. Fue restaurado por el escenógrafo Mario Vanarelli en 1999 y en su interior se han construido dos salas que recuerdan a dos actores: Raúl Rossi y Narciso Ibáñez Menta (*Avenida Corrientes* 1155).

El Teatro Lola Membrives, llamado antiguamente Teatro Cómico, data de 1927 y es obra del arquitecto Alejandro Enquin. En 1936 tomó la administración de la sala la actriz Lola Membrives, a quien debe su nombre. Fue condición para su posterior venta que se mantuviera el nombre de la actriz (*Avenida Corrientes* 1280).

El Teatro Blanca Podestá se llamó hasta los años '80 Teatro Smart, sala que en abril de 1914 nació como cine y que en 1922 comenzó su vida como teatro. Desde 1924 estuvo a cargo de la actriz Blanca Podestá y su esposo Alberto Ballerini. Blanca era sobrina de José Podestá, el creador de *Juan Moreira*. Entre los nombres que pasaron por su escenario figuran Camila Quiroga, Elina Colomer y Analía Gadé. Una placa recuerda que en el hall de esa sala se conocieron en 1934 Carlos Gardel y Federico García Lorca (*Avenida Corrientes* 1288).

Desde 1950 la esquina de la antigua Confitería Real lleva el nombre del actor Florencio Parravicini. El mítico lugar era frecuentado por Carlos de la Púa, Aníbal Troilo, Tito Lusiardo, Juan Carlos Cobián, entre otros. También era habitué el corredor Raúl Riganti, que en 1933 participara de la gran carrera de Indianápolis (Estados Unidos). Principalmente la Real —hoy una pizzería— fue lugar frecuentado por Florencio Parravicini, ídolo del público porteño (1876-1941). Descendiente de una familia tradicional de Buenos Aires, se inició en salas de mala fama de ambiente marinero interpretando canciones picarescas. Fue campeón de tiro, aviador, corredor de autos y profesor de patinaje sobre hielo. Su vida fue el eje de la película argentina *Flop* (1990), dirigida por Eduardo Mignogna y protagonizada por Víctor Laplace. Participó de la política y se suicidó agobiado por una grave enfermedad (*Avenida Corrientes* 1300, esquina *Talcahuano*).

La Galería Apolo, donde se halla actualmente el Cine-Teatro Lorange, era el Teatro Apolo, que fue demolido, y de acuerdo con la ley 14.800 —que no siempre se cumple—, se levantó otro. El Lorange fue planeado en los años '70 por la cooperativa teatral Nuevo Teatro, que dirigían los actores y directores Alejandra Boero y Pedro Asqui, quienes posteriormente lo vendieron (*Avenida Corrientes* 1388).

Donde por años funcionó el tradicional restaurante La Emiliana y antes el Salón La Armonía hoy funciona el Colegio Público de Abogados de la Capital Federal (*Avenida Corrientes* 1443).

Monumento al olvido de muchos: es la playa de estacionamiento y edificación semiabandonada donde funcionaba el Teatro Politeama Argentino, inaugurado en 1879, demolido para construir un edificio que nunca se concretó. Allí se estrenó en 1884 la pantomima *Juan Moreira* por el circo de los hermanos Carlo, al que se incorpora el elenco que integraba la familia Podestá. Fue una adaptación de la novela de Eduardo Gutiérrez que salía por entregas unos años antes en un diario de la época.

Moreira marcó el inicio del teatro argentino. En ese momento el espectador popular dividía sus gustos entre el teatro francés, español e italiano. El *Moreira* llevaba a escena y con éxito popular un tema argentino: las peripecias de un gaucho estafado. Un drama mostrado con técnicas de circo y no de teatro europeo. Posibilitó afirmar la dramaturgia madura de la Argentina.

En el Politeama se comenzó a difundir públicamente el folclore argentino. En 1916 llegó desde la provincia de Santiago del Estero la compañía de Patrocinio Díaz y Andrés Chazarreta para iniciar la difusión en la cosmopolita Buenos Aires de la música folclórica argentina (*Avenida Corrientes* 1490).

El Teatro San Martín ocupa el solar del Teatro Nuevo que se inauguró en 1911 y que también perteneció a la ex Municipalidad de Buenos Aires.

En 1937 el Concejo Deliberante concedió el uso de la sala al Teatro del Pueblo, grupo fundado por el escritor Leónidas Barletta. La utilización sin cargo del teatro estaba autorizada siempre que éste no diera menos de tres funciones semanales a un precio no mayor de cuarenta centavos y hasta el máximo de un peso en las de carácter extraordinario. El repertorio se conformaba con un setenta por ciento de obras de autores argentinos.

La política del año 1943 persiguió al grupo por razones ideológicas y derogó la ordenanza. La sala entonces se llamó Teatro Municipal de la Ciudad de Buenos Aires y en 1950, cuando fue celebrado el Año del Libertador José de San Martín, se la bautizó con el nombre del héroe.

En 1953 se encaró el proyecto de una nueva sala, obra que hicieron los arquitectos Mario Roberto Álvarez, Macedonio Oscar Ruiz, Leonardo Kopiloff, Domingo Raffo, Michel Nicolaeff, los ingenieros Isaac Godbar y Bernardo Duckelsky y Federico Malvárez.

La nueva sala se inauguró en 1961. Alberga todos los elementos necesarios para el desarrollo simultáneo de talleres de vestuario y escenografía. Tiene tres cuerpos de edificios y cinco ámbitos escénicos:

1) Sala Martín Coronado. Recuerda a Martín Coronado, escritor teatral argentino (1850-1919). Está ornada con distintas obras de arte, entre ellas un bajorrelieve de Pablo Curatella Manes y una obra de José Fioravanti.

2) Sala Juan José de los Santos Casacuberta, que rinde

homenaje a un genial actor argentino (1798-1849) que integró rubro junto a la igualmente célebre Trinidad Guevara. Casacuberta se incorporó como soldado al ejército del general Juan Lavalle. Debió emigrar a Chile, donde murió. Cuenta con un relieve de Carlos de la Cárcova y un bajorrelieve de Pablo Curatella Manes.

3) Sala Leopoldo Lugones. Está dedicada a la exhibición de ciclos de cine de arte, lleva el nombre de Leopoldo Lugones, escritor argentino (1874-1938). Posee el trabajo del plástico Juan Ballester Peña.

4) Sala Carlos Morel. Se trata del gran hall central, utilizado para conciertos y exposiciones de pintura y escultura. Lleva el nombre de Morel, pintor argentino (1813-1894). Tiene obras de arte de Juan Batlle Planas y Sesotres Vitullo.

5) Sala Antonio Cunill Cabanellas. Es un espacio escénico no convencional. Recuerda a Cunill Cabanellas (1894-1969): actor, autor y maestro de actores. Director de la Comedia Nacional e iniciador de la Escuela Nacional de Arte Dramático. Profesor del teatro argentino, había nacido en Barcelona, España.

Aunque nunca fue confirmado, se cuenta que cuando se inauguró el Teatro San Martín se advirtió que los constructores se habían olvidado de hacer la boletería (*Avenida Corrientes* 1530).

Se integra al edificio, pero con administración distinta, el Centro Cultural General San Martín, con entrada por la paralela calle *Sarmiento*.

En el frente del Cine y Teatro Premier, inaugurado en 1944 por el actor Pepe Arias encabezando el elenco de *El mentiroso* de Carlos Goldoni, se destacan dos importantes estatuas del escultor Pedro Ferrari. La sala fue proyectada por el ingeniero Domingo Bianchi (*Avenida Corrientes* 1565).

El Cine Lorca, junto con el Loire, Lorena, Losuar, Lorange y Lorraine integraban una idea y proyecto de la década del '70 de que los llamados cines arte tuvieran nombres iniciados por las letras "Lo".

El primero de ellos fue el Lorraine, en cuyas paredes se preservan dos pinturas murales de las seis existentes originalmente, pintadas entre 1941 y 1944 por Juan Carlos Castagnino,

César López Claro, Duilio Pierri y Manuel Espinosa. Sobre las cenizas de los cines Losuar 1 y 2 se ha instalado una importante librería, en *Avenida Corrientes* 1743 (*Avenida Corrientes* 1551).

A partir de la calle *Montevideo* y su cruce con la *Avenida Corrientes* abundan cafés y restaurantes, como también una gran variedad de librerías.

Un "blues" del grupo local Memphis vincula la pizza y el vino moscato con la calle *Corrientes*, donde proliferan desde mucho antes de que fueran moda en los Estados Unidos las pizzerías.

A escasos metros de la avenida una placa recuerda que allí funcionó el cabaret Chantecler, escenario de los triunfos de la orquesta de tango del maestro Juan D'Arienzo (*Paraná* 440).

El Teatro Astral es obra del arquitecto Alberto Bourdón, el mismo que realizó el Teatro Ópera. Una placa señala que el actor Luis Sandrini representó aquí en 1972 su última obra teatral: *Mi querido profesor* del español Alfonso Paso. Homenaje del ex Concejo Deliberante, hoy Legislatura de la Ciudad (*Avenida Corrientes* 1647).

El Teatro Presidente Alvear se inauguró en 1942. Sus camarines y departamentos técnicos se distribuyen en pasillos (calles), cada uno de los cuales tiene el nombre de una actriz: "Milagros de la Vega", "Iris Marga", "Luisa Vehil", "Delia Garcés".

Lo construyó Pascual Carcavallo y lo continuaron administrando sus hijos. Sufrió por las coyunturas políticas, ya que en los años '50 fue dada de baja la concesión a la familia Carcavallo y el teatro se rebautizó con el nombre de Enrique Santos Discépolo. En 1955 volvió a manos de los hermanos Carcavallo y al nombre Presidente Alvear. En 1973 y 1976 volvió a repetirse la historia. Finalmente la disputa se ordenó, el complejo teatral antes llamado Presidente Alvear se denomina ahora Enrique Santos Discépolo. Abarca varias salas y también el Teatro Presidente Alvear que ahora lleva su nombre de siempre (*Avenida Corrientes* 1659).

Aquí funcionó el Teatro Buenos Aires que a fines de los años '60 se transformó en Cine y Teatro Alfil. En su escenario actuaron entre otros Sarita Rivera, Luis Arata y Raimundo

Pastore. Fue la última sala donde actuó Alberto Olmedo. Por eso el 24 de agosto de 1993, día de su cumpleaños, se inauguró un monumento dedicado a sus manos. Para ello el artista plástico Jorge Martínez se trasladó a Mar del Plata y modeló una réplica de la baldosa de la vereda del hotel donde se encuentran estampadas las huellas de las manos de Olmedo. El molde se vació en bronce y así se reprodujeron las manos del actor y su firma escrita por él mismo.

Contradictorio homenaje porque la sala teatral en la que trabajó Olmedo se convirtió en disquería. Algo así como olvidar la ley 14.800, del teatro. (*Avenida Corrientes* 1753)

Cuenta el escritor Pablo de Santis: "La ciudad está horadada por numerosos túneles, construidos en épocas distintas. No existen mapas de estos caminos secretos. Uno de ellos nace en Corrientes y Callao para unirse a una vasta red que conecta a conventos e iglesias de la ciudad. En la historia subterránea de Buenos Aires la leyenda y la verdad se confunden, porque en los conductos secretos no hubo nunca testigos. Fueron usados por traficantes de esclavos, por perseguidos políticos, por amantes clandestinos. Leopoldo Lugones recogió en un artículo 'El hundimiento de Buenos Aires', que publicó el diario *La Nación* el 9 de julio de 1922: 'la proliferación de túneles ha hecho del subsuelo un inmenso hormiguero y llegaría el día en que Buenos Aires termine por hundirse...'"

Bibliografía

Balbachán, Eduardo Luis. *Los ignorados pasajes de Buenos Aires*, Buenos Aires, Ed. Rodolfo Alonso, diciembre de 1983.

Pequeña historia de la calle Florida. Lanuza, José Luis, Cuadernos de Buenos Aires (V), Municipalidad de Buenos Aires, Buenos Aires, 1974.

Revista Buenos Aires nos cuenta Nº 7, julio de 1981; Nº 8, diciembre de 1984; Nº 9, febrero de 1991; Nº10, La Alameda, El primer paseo de la ciudad, Buenos Aires, noviembre de 1985.

Historia de los monumentos y esculturas de Buenos Aires.

Arévalo, María del Carmen y María B., Instituto Histórico de la Ciudad de Buenos Aires, Municipalidad de la Ciudad de Buenos Aires, Buenos Aires, 1985.

Tribunales — Vida y tiempo de un antiguo barrio porteño que llamaban del Parque. Tenenbaum, León, Cuadernos del Águila, Fundación Banco de Boston, Buenos Aires, 1989.

Encotel, una empresa de servicios al servicio de todos. Buenos Aires, Empresa Nacional de Correos y Telégrafos, División Relaciones Públicas, 1983.

Reseña histórica de Correos y Telégrafos. Buenos Aires, Empresa Nacional de Correos y Telégrafos, División Relaciones Públicas, 1983.

Revista Argentina, Buenos Aires, Presidencia de la Nación, abril de 1969.

Coluccio, Félix. *Diccionario de voces y expresiones argentinas,* Buenos Aires, Ed. Plus Ultra, 1979.

Invenciones argentinas, guía de cosas que nunca existieron, Buenos Aires, Ediciones Colihue, 1995.

Briand, René: *Crónicas del tango alegre,* Buenos Aires, Centro Editor de América Latina, 1972

Diarios: *La Nación, Clarín, La Prensa, Extra, La Razón:* años varios.

41

San Telmo

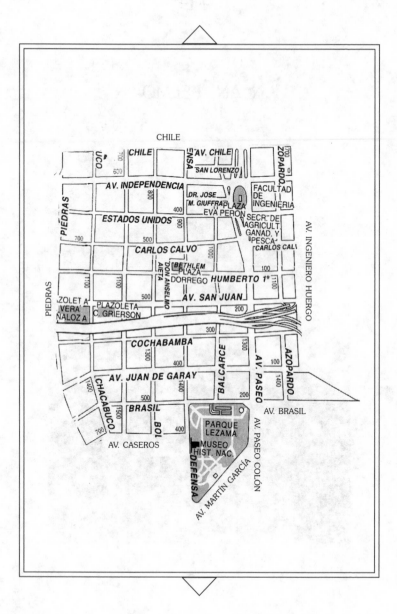

"Pues San Telmo es respetable, entre más cosas, por recibir patronato del único santo antiguo —eran los mejores santos— a quien se le conoce más por el apellido que por el nombre. En efecto, según sus documentos, que nos los tenía, se llamaba Pedro González Telmo.

"Nacido en León, andarín empedernido, llegó y se aquerenció en Galicia, donde fabricó puentes, y fue obispo de la ciudad gallega de Tuy..."

ANTONIO PÉREZ PRADO
(de la obra *Los gallegos y Buenos Aires*,
Ediciones La Bastilla, Buenos Aires, 1973)

Límites

Calles y avenidas: *Chile, Piedras, Caseros, Defensa, Martín García, Paseo Colón, Brasil, Ingeniero Huergo.*

Algo de historia

En los inicios se lo llamó *Altos de San Pedro.* Sus primeros vecinos fueron trabajadores dedicados a las tareas del puerto cercano. Su epicentro eran los aledaños de la actual Plaza Dorrego, sobre la calle *Defensa.*

La historia cambia como consecuencia de la epidemia de fiebre amarilla en 1871. Muchas casas fueron abandonadas por sus habitantes y pasaron a ser ocupadas por cosmopolitas familias inmigrantes, dando lugar a la formación —a fines del siglo XIX— de los primeros conventillos. Las familias de buena posición económica se fueron a vivir al norte: barrios de *Retiro, Recoleta y Palermo.*

Paisaje

La historia y la tradición son parte de este barrio. La cantidad de casas de antigüedades y locales para escuchar tango le dan un carácter distinto del de otros barrios.

Si bien las numerosas casas tomadas son un aspecto negativo, las libertades individuales referentes a una suerte de bohemia urbana le dan un atractivo especial. Algo así como vivir en el casco histórico de la ciudad.

Plaza Dorrego y alrededores

Esta plaza, delimitada por las calles *Defensa, Humberto Primero y Bethlem,* es la más antigua de Buenos Aires, después de Plaza de Mayo.

Es arbolada y en 1916 se instala allí el grupo escultórico *Canto al trabajo,* que perdura hasta 1936, cuando es trasladado a su actual ubicación en la *Avenida Paseo Colón e Independencia.*

En 1978 se la declara monumento histórico nacional por haberse reunido en ella el pueblo de Buenos Aires el 13 de setiembre de 1816 para jurar (reafirmando el juramento de los congresales de Tucumán) la Declaración de la Independencia.

Tiene conformación distinta de la mayoría de las plazas de Buenos Aires. La estatua de Manuel Dorrego está situada en el barrio de *San Nicolás* (*Viamonte y Suipacha*).

La plaza y sus cercanías son lugar de reunión dominical donde mimos y bailarines alternan con anticuarios y dan vida e ilusión a quienes buscan, en los objetos más insólitos, el encuentro del pasado. Alrededor de esta feria existe además un novelesco agrupamiento de locales de antigüedades. La feria funciona los domingos de 10 a 17 horas y depende del Museo de la Ciudad.

La casa taller en la que vivieron y trabajaron la pintora Raquel Forner y su esposo el escultor Alfredo Bigatti fue construida en 1937 por el arquitecto Alejo Martínez. Esta vivienda racionalista ocupa el solar de la casa de Esteban Echeverría (1801-1850), precursor del romanticismo literario. Actualmente es administrada por la Fundación Forner-Bigatti (*Bethlem* 443).

En una construcción de ladrillo a la vista y pequeñas ventanas se sostiene el culto luterano. Es parte administrativa de la Embajada de Dinamarca en Buenos Aires. El templo es obra del arquitecto Alejandro Christophersen y data de 1931. No posee campanario y tiene una sola nave. A un costado del altar se halla una placa que recuerda a los caídos en la Segunda Guerra Mundial (*Carlos Calvo* 257).

Coincide en el barrio la iglesia Sueca y ya han desaparecido las de Noruega y Finlandia. El agrupamiento de estos templos se debe a la época en que desde el puerto de Buenos Aires los barcos de los países de Europa del Norte exportaban diversos productos. Con los cambios globales este período terminó. No obstante, persiste la de Finlandia como Casa de la Cultura de ese país (*Avenida San Juan* 234).

Como parte de ese pasado marinero en el frente de la institución Stella Maris una placa recuerda la visita a ese lugar, que era el Hogar Victoria para Marinos, del Príncipe de Gales el 27 de agosto de 1925 (*Avenida Independencia* 20).

Su pasión por las armas era similar a su pasión por la poesía. Se llamaba Esteban de Luca y nació en Buenos Aires en 1786. Su familia, de buena situación económica, reunía en su casa —al igual que la de Mariquita Sánchez—, en la calle *Florida*, a lo más granado de la sociedad e intelectualidad porteñas, así como también a los extranjeros ilustres.

Cuando regresaba a Buenos Aires desde Brasil en el bergantín "La Agénoiria", éste zozobró en aguas del río de la Plata y De Luca murió al tratar inútilmente de llegar a la costa. Su casa, monumento histórico nacional, se ha convertido en restaurante en 1983 (*Carlos Calvo* 383).

El mercado de San Telmo lo ideó y proyectó el arquitecto italiano Juan Buschiazzo. Mantiene su arquitectura original. Data de 1897. Conserva puestos de aves, frutas, verduras y especias (*Carlos Calvo* 499).

Hay un histórico edificio, construido por los jesuitas en 1735, que fue la sede de la Cárcel Correccional de Mujeres; hoy es sede del Museo Penitenciario Argentino "Antonio Ballvé", quien fue el director de la Penitenciaría Nacional, con su amigo José Ingenieros. Integra este museo la iglesia de Nuestra Señora del Carmen, que fue oratorio privado de la ya citada congregación.

La finalidad del mismo es reunir objetos, piezas, documentos y fotos del pasado y el presente con las distintas normas, regímenes, hechos, personas, personal y población penal en todas sus gamas (*Humberto Primero* 378).

La calle *Defensa* es la más antigua de la ciudad y una de las más importantes del barrio.

En *Defensa* 375 podemos observar una construcción que data de 1885, formada por tres cuerpos, planta baja y dos pisos, y conocida erróneamente como el "Conventillo de la Paloma".

Alberto Vaccarezza compuso en 1929 un sainete con ese nombre, que fue su obra más conocida, pero su inspiración fue una casa en *Serrano* 148, a dos cuadras de *Corrientes*, en pleno barrio de *Villa Crespo*, a la cual se conocía como "Conventillo Nacional".

En una casa construida en 1762 y donde nació Domingo French, tribuno de Mayo (1810), funciona actualmente una galería comercial. Poco queda de su construcción original (*Defensa* 1062).

En el frente del templo, una placa dice: "Iglesia de Nuestra Señora de Belén — asiento de la Parroquia de San Pedro González Telmo; de aquí arrancó la traza de la primitiva ciudad. Los padres de la Compañía de Jesús iniciaron esta obra en 1734. A fines del siglo XVIII los padres bethlemitas se hicieron cargo del Hospital anexo, en la defensa de Buenos Aires. Fue baluarte contra el invasor inglés. Elevada a Parroquia el 31 de mayo de 1806, fue testigo de grandes hechos de la emancipación y de la organización nacional. Declarada Monumento Nacional por Decreto del 21-5-1942. 21 de noviembre de 1943".

Con el paso del tiempo la iglesia ha sufrido varias reformas; la última consistió en la modificación de su frente, dándosele el aspecto barroco que hoy observamos, obra del arquitecto Pelayo Sainz (*Humberto Primero* 340).

La Escuela Guillermo Rawson fue construida en 1887 y remodelada en 1926. Su frente fue proyectado con características neocoloniales. Este estilo apareció en Buenos Aires en la segunda década del siglo XX, cuando se trató de reivindicar los valores tradicionales, recurriendo para su inspiración a las fuentes de la cultura nacional.

La orden de los padres bethlemitas fijó su residencia en ese lugar a principios de 1800. En el frente de la escuela existen dos árboles centenarios de magnolias plantados por los sacerdotes de la orden, una verdadera excepción en una zona desprovista de vegetación.

En sus orígenes el solar perteneció a la Escuela de Medicina, base de la posterior Facultad de Medicina que hoy se halla en el barrio de *Recoleta*.

El edificio es sede de una escuela primaria pública (*Humberto Primero* 343).

La pintoresca casa del artista plástico Juan Carlos Castagnino (1908-1972) es de estilo colonial, está pintada de rosa y su primitivo dueño pidió que no fuera remodelada. Data del siglo XVIII (*Balcarce* 1016).

En una frutería, una placa de bronce recuerda: "En esta casa escribió su poema 'Tabaré' el gran poeta uruguayo don Juan Zorrilla de San Martín, 1896-1936". Fue colocada por la Municipalidad de la Ciudad de Buenos Aires el mismo año de la muerte de Zorrilla. Hace varios años que los desaprensivos propietarios aducen haber mandado a arreglar la placa. Estuvo en el mismo lugar por lo menos hasta 1976 (*Bolívar* 693).

Una de las casas que más atraen a los que recorren el barrio, construida en 1890, tiene una planta baja y tres pisos. Las columnas están rematadas por cariátides. En algunos de los techos hay pinturas pompeyanas. Fue propiedad de la familia Roca (*Bolívar* 919).

Las paralelas

En el siglo pasado, el catalán Luis Castellos estaba relacionado con el rey de España, a quien le pidió permiso para construir un edificio sobre los terrenos que él había donado. Este edificio sería el Palacio del Consulado Español. Se iba a realizar con la condición de que los catalanes se instalaran en él. Así fue como se creó el Centro Catalán, que después se llamó Casal de Cataluña.

El teatro era originalmente para uso interno y luego comenzó a alquilarse.

Lleva el nombre de la actriz Margarita Xirgu. En el hall se destaca un bellísimo vitral con las figuras de San Jorge y el Dragón (*Chacabuco* 863).

Avenida Paseo Colón y alrededores

Era la orilla del río de la Plata. Fue rellenada, a principios del siglo XX, como parte de las obras que llevaron a la construcción de *Puerto Madero*. En la zona que se cruza con la *Avenida Independencia* se concentran varios edificios y monumentos.

La Facultad de Ingeniería originalmente fue proyectada para sede de la Fundación Eva Perón. En el tope del edificio iban a ser colocadas estatuas de Juan y Eva Perón en distintos roles.

Con el advenimiento del golpe de Estado de 1955 el edificio fue utilizado por la Universidad de Buenos Aires para que allí funcionara la facultad (*Avenida Paseo Colón* 850).

El edificio neoclásico recuerda al de la Facultad de Derecho y Ciencias Sociales (en *Recoleta*). Originalmente se pensaba en nuclear a la Confederación General del Trabajo (CGT), que está situada a metros (*Azopardo* 802), la Fundación Eva Perón y el monumento *Canto al trabajo*.

Este monumento es obra del argentino Rogelio Yrurtia (1879-1959). Es de forma rectangular y representa catorce figuras desnudas que se dividen en dos grupos: El Esfuerzo Común y El Triunfo. En él se destaca el rol de la mujer como idea eje del canto al trabajo.

Está ubicado en un largo pedestal de casi veinte metros, tiene una placa dedicada por Yrurtia a su esposa Geerdita. La plazoleta en que se halla esta obra fue bautizada durante 1996 con el nombre de Eva Perón.

Situada en la plazoleta vecina estuvo la piedra fundamental de un monumento que tenía como destino honrar la memoria de Antonio González Balcarce, épico vencedor de la batalla de Suipacha (1810).

Se ha cumplido más de medio siglo desde el 7 de noviembre de 1919, día en que se colocó en dicho lugar la piedra basal.

Allí también se planeaba ubicar la Plaza de los Andes. La piedra fue traída desde el lugar donde las tropas patriotas lograron aquella victoria y donada a la Argentina por el gobierno de Bolivia. Frente a esta plazoleta funciona el edificio de la Cámara Argentina de la Construcción, que sobre ella ha erigido un homenaje a su fundador, César Polledo, con lo que el proyecto del monumento iniciado en 1919 ha desaparecido, al igual que la piedra donada por Bolivia (*Avenida Paseo Colón* 823).

Los edificios que albergan a la Secretaría de Agricultura, Ganadería y Pesca son construcciones gemelas de estilo neogótico (de autor desconocido) o al menos con algunos de estos elementos que dan un singular efecto a esta zona (*Avenida Paseo Colón* 922, 974 y 982).

En la *Avenida Garay* 100 se encuentra la redacción del diario *Crónica*.

Frente a este edificio se halla la iglesia Sueca con una torre que recuerda a Estocolmo (*Azopardo* 1428).

Donde funcionó un centro clandestino de detención entre 1976 y 1983, conocido como "El Atlético", hoy funciona la sede del Ciclo Básico Común (CBC) de la Universidad de Buenos Aires (*Avenida Paseo Colón* 1318).

El grupo de artistas "Encuentro" cubrió una columna de la vecina autopista con caras pintadas sobre madera. Se trató de un homenaje a los detenidos y desaparecidos durante ese período (*Avenida Paseo Colón* y *San Juan*).

Donde funcionaba un olvidado restaurante ruso llamado "Volga" se instaló en 1969 el cantante de tangos Edmundo Rivero (1911-1986), dando lugar a la primera tanguería del barrio. La bautizaron como "El Viejo Almacén" con referencia al tango *Sentimiento gaucho*, que incluye esas palabras en su contenido. Fue compuesto por Francisco y Rafael Canaro (música) y por Juan Andrés Caruso (letra) en 1924. En su platea se sentaron desde el rey Juan Carlos de España hasta el bailarín ruso Rudolf Nureyev. En el solar operó el primer hospital británico de la ciudad y se realizaron —en 1848— las primeras intervenciones quirúrgicas con anestesia (*Balcarce* 799).

La casa de tangos "Taconeando" dio lugar a la vinculación del barrio con la actriz Beba Bidart, su propietaria. En 1995 se inauguró una placa que denomina a la vereda donde estaba ese local con el nombre de la recordada artista (*Balcarce* 725).

Ubicada en el pasaje o cortada *San Lorenzo*, se encuentra la casa más angosta de Buenos Aires. Su frente alcanza escasamente los dos metros con cincuenta de ancho.

Actualmente está abandonada y se comunica por los fondos con la calle *Defensa*. Cuando la Argentina declaró en 1813 la libertad de vientres, muchos propietarios de esclavos daban a los libertos lotes de terreno de sus casas, para que allí construyeran sus viviendas; quizás ése pueda ser el origen de la casa mínima.

El pasaje *San Lorenzo* ofrece un viviente testimonio de la arquitectura que edificó la ciudad en sus distintas épocas.

En dicho pasaje, que lleva el nombre del combate donde los granaderos del general José de San Martín hicieron su bautismo de fuego, se encuentra (sobre la esquina nordeste de *San Lorenzo y Balcarce*) una construcción antigua. Según la leyenda o la tradición, esa casa pertenecía a un tal Saladillo, quien, de buena posición, se casó con una joven que habitaba en el otro lado del zanjón que iba por la calle *Chile* en dirección al río. La familia de la joven jamás le perdonó casarse con Saladillo y por fin lograron separarla de su lado. Éste la desheredó y donó esa propiedad a las diez familias más pobres de *San Telmo*, las que dieron origen al primer conventillo de Buenos Aires

Museos

Salvado de la picota al trazarse la autopista *25 de Mayo*, en el edificio en cuyo frontispicio se lee "S.A. Manufactura de Tabacos Piccardo y Cía. Ltda. Depósito", se encuentra instalado el Museo de Arte Moderno del Gobierno de la Ciudad de Buenos Aires. Construido en 1918, presenta una fachada de ladrillo inglés de principios de siglo, semejante a los galpones de *Puerto Madero* (*Avenida San Juan* 350).

La casa en que está instalado el Museo Nacional del Traje es bella y representativa del barrio. Data de 1832. Se exhiben trajes y accesorios de la indumentaria eclesiástica, militar y civil desde el siglo XVIII hasta nuestros días. Ha sido declarada monumento histórico nacional (*Chile* 832).

El Museo Argentino del Títere pertenece a la Fundación Mane Bernardo. Se halla en un antiguo edificio que fue de la familia de Mane y que ella donó antes de su muerte en 1991. La galería de exposición y la sala de espectáculos que lleva el nombre de Federico García Lorca se suman a la biblioteca especializada (*Piedras* 905).

La colección de Pablo Cristián Ducrós Hicken (1903-1969) —ensayista, investigador e historiador argentino especializado en cine, además de pintor— integra el patrimonio original del Museo Municipal del Cine. Su colección fundacional se considera única en la Argentina y en los países iberoamericanos en cuanto a primitivos aparatos filmadores y proyectores (*Defensa* 1220).

Parque Lezama

Según algunos, el Parque Lezama fue el lugar elegido por Pedro de Mendoza para fundar por primera vez Buenos Aires en 1536.

En el habla popular se lo llama originalmente "la quinta de los ingleses", dada la nacionalidad de sus propietarios. Primero Daniel Mackinkey y luego Charles Ridgley Horne. Aunque este último fue un comerciante norteamericano.

Con el tiempo pasó a ser propiedad del comerciante de origen salteño José Gregorio Lezama, quien en 1867 formó allí un jardín magnífico, con plantas y árboles de distintos y exóticos lugares del mundo. A su muerte en 1894, su viuda Ángela de Álzaga lo donó a la ex Municipalidad de Buenos Aires.

Dentro del parque se encuentran varias obras de arte, entre ellas el monumento a Pedro de Mendoza, constituido por la estatua del fundador realizada en bronce y complementada con una pantalla de mampostería revestida en mármol travertino sobre la cual se halla el bajorrelieve que simboliza "La raza". Sobre los laterales se hallan dos relieves con escenas conmemorativas de la fundación de la ciudad de Buenos Aires. En la parte posterior de este monumento se encuentra un relieve que representa un navío de la época. En su frente se halla una fuente cuadrangular, alimentada por dos vertederos que pertenecen a la pantalla. Fue obra de Carlos Oliva Navarro (1888-1951), argentino naturalizado, de origen uruguayo. Colaboró en su ejecución el escultor argentino Fernando Catalano (*Defensa* y *Brasil*).

El *Cruceiro* fue emplazado en nombre de la colectividad gallega y adhiriendo a los festejos del IV Centenario de la Ciudad de Buenos Aires y del primero de su federalización (1980). Es de granito gallego y alcanza una altura de 5,10 metros.

Por tradición los autores de los cruceiros no firman sus obras. Fue realizado en los talleres Castelo en La Coruña.

En su basamento hay colocada tierra proveniente de las cuatro provincias gallegas: La Coruña, Lugo, Orense y Pontevedra. El fuste o varal o columna es de forma prismática octogonal. Sobre ésta encontramos la imagen del "Santiño": Santiago Apóstol.

La cruz es la parte más importante del cruceiro. De un lado está representado Cristo crucificado con tres clavos, la cabeza inclinada hacia su hombro derecho. Del otro lado, la imagen de la Virgen María. Aunque visualmente la posición del cruceiro de Parque Lezama es muy buena, impide a los creyentes acercarse a orar, como debería ser.

Los orígenes del cruceiro se hallan en los primeros siglos del cristianismo, cuando se colocaban cruces sobre los lugares de veneración pagana: menhires, dólmenes y megalitos que correspondían al culto de los celtas a las piedras, en las encrucijadas de tres caminos y sobre las columnas que los romanos colocaban en los caminos para indicar la distancia de mil pasos. Estas cruces tuvieron un lugar clave en el iniciático "Camino de Santiago". A las bases se les agregaron gradas para oficiar misas, para apoyar los cajones de los muertos, para colocar santos. Luego se les agregó fuste y capitel, que sostienen la cruz.

Monumento a la Cordialidad Internacional, también llamado *La Confraternidad Argentino-Uruguaya*: es obra del escultor Antonio Pena y el arquitecto Julio Villamajó, ambos uruguayos.

La piedra fundamental se colocó el 16 de octubre de 1936 y el monumento se instaló definitivamente en el Parque Lezama en 1962, siendo su lugar de emplazamiento la Plaza San Martín, sitio que jamás ocupó.

Este monumento, donado por la ciudad de Montevideo, República Oriental del Uruguay, está construido de mampostería, granito y bronce. La obra representa la unidad espiritual de los pueblos argentino y uruguayo. La misma fue ofrecida en donación con motivo de la conmemoración del IV Centenario de la Fundación de la Ciudad de Buenos Aires. Se encuentra conformada por una columna central de bronce de cuatro metros de diámetro por quince metros de altura.

Sobre la columna central se extiende el relato, donde se plasman aspectos de la fundación de Buenos Aires, las características propias de ambos países desde sus orígenes indígenas e hispanos, pasando por las luchas de la Independencia hasta los tiempos modernos.

Los grabados de la columna, hechos por Pena, representan armónicamente las constelaciones del cielo austral que brillaron el día de la fundación de Buenos Aires y los signos del zodíaco con sus nombres. Se distinguen y pueden leerse: dorado, hidra, indio, águila, ganímides, ofiuco, aries, acuario, sagitario, escorpio, capricornio.

La ejecución del monumento sufrió numerosos inconvenientes de orden económico. El ambicioso proyecto hizo que se careciera de bronce para fundirlo. 23.000 kg. se adquirieron en Buenos Aires. Otra parte se consiguió de la fundición de monedas de diez céntimos reunidas por los escolares de Montevideo.

También podemos observar en el Parque Lezama la escultura de *Diana fugitiva* o *Siringa* y destacar que la gran fuente decorativa de *Avenida Paseo Colón y Brasil* pertenece a la sucesión del antiguo Parque Lezama. Está formada por parte de las fuentes traídas a fines del siglo XIX desde París, que eran de la Fundición Du Val D'Osne. Realizada en mampostería, tiene cuatro escalones de distintas medidas que en su parte superior (de donde emerge el agua) sostienen un grupo escultórico de hierro fundido, constituido por dos figuras que representan un Neptuno y una Náyade.

En lo que fue el estanque que representaba las aguas del río Ladon, donde está la estatua de *Diana cazadora*, se han aprovechado los desniveles del terreno y los escalones cumplen funciones de anfiteatro. El Ladon es un antiguo río del Peloponeso, Grecia, célebre por la belleza de sus aguas y de sus riberas.

Recordemos que los terrenos en que se hallan las pintorescas barrancas de este parque, cuando Juan de Garay hizo la traza de la ciudad, los reservó para el rey de España (*Defensa, Brasil, Avenida Martín García y Paseo Colón*).

En el entorno del parque se halla la Iglesia Catedral Ortodoxa Rusa de la Santísima Trinidad, cuya historia es la siguiente: en 1888, a pedido de los cristianos ortodoxos sirios, griegos y rumanos residentes en la Argentina, el zar Alejandro III envió a Buenos Aires al presbítero Miguel Juanov y al diácono Semchevsky para que oficiaran servicios religiosos en una casa particular.

El padre Constantino Izrastzoff, sacristán en la iglesia de La Haya, Holanda, fue elevado en 1891 al rango de diácono para luego ser designado superior de la Iglesia Rusa en la Argentina, consagrándose después como sacerdote. Se casa con la joven belga Elene Buhay, que se convirtió al cristianismo ortodoxo, y se embarcan para la Argentina, adonde llegan en 1891. Izrastzoff regresa a su tierra a buscar fondos, que recauda en la casa imperial y entre los campesinos de Mirgorod, al sur de Rusia. Con el dinero compran el terreno de la calle *Brasil* que está frente al Parque Lezama.

En diciembre de 1898, en el día de San Nicolás Taumaturgo y la fiesta onomástica del emperador Nicolás II, fue colocada la piedra basal de la iglesia y sus cúpulas. Sus planos fueron realizados a semejanza de los templos moscovitas de los siglos XVII y XVIII. Se la denomina Capilla de la Legación Imperial Rusa.

En 1901 el presidente de la Argentina, general Julio Argentino Roca, encabezó la ceremonia de la primera Iglesia Ortodoxa en Hispanoamérica.

El proyecto y diseño arquitectónico fue del ruso Mihail Timoteivich Preobrazeisky. Después de su inauguración en 1904, fueron llegando desde Rusia más de cincuenta cajones que contenían piezas de incalculable valor artístico y religioso, aporte del zar Nicolás II y de la zarina Alejandra.

La dirección de las obras perteneció a Alejandro Christophersen, arquitecto noruego nacido en Cádiz, España, hijo del cónsul. Trabajaba junto al ingeniero Pedro Coni.

Las cinco cúpulas de la iglesia están decoradas con artísticos mosaicos y pinturas. Las estrellas de las coloridas cúpulas simbolizan las estrellas del cielo, y las cadenas que unen esas cúpulas representan a aquellas que en Rusia se construyen para cumplir la función de sostenerlas, defendiéndolas contra los embates de los fuertes vientos y las crudas nevadas. Las torres representan a Jesús y los cuatro evangelistas.

Isabel Feodorovna, hermana de la zarina Alejandra y cuñada del último zar de Rusia (Nicolás II), fue princesa alemana y Gran Duquesa Imperial rusa. Protestante por nacimiento, murió mártir de la fe cristiana ortodoxa. Fundó y fue superiora del Convento del Amor y la Misericordia de Marta y María en Moscú.

Su imagen está plasmada en una de las cúpulas por obra del artista argentino Carlos González Galeano, quien por encargo del archipreste Valentín Iwaszewicz restauró la cúpula y las paredes del templo, incluyendo las imágenes en estilo bizantino de los nuevos mártires de Rusia, entre quienes se destacan el Zar y la Zarina (*Brasil* 315).

Como el Café Tortoni implica una tradición de la ciudad en la *Avenida de Mayo,* el Bar Británico lo es a la zona del Parque Lezama. Data de 1928 y fue punto de reunión de combatientes ingleses en la Primera Guerra Mundial (1914-1918). El escritor Ernesto Sabato frecuentó el lugar cuando escribió su novela *Sobre héroes y tumbas*, donde el Parque Lezama tiene un importante rol (*Brasil* 399).

El Museo Histórico Nacional nació en 1889, y el 1° de octubre de 1897 se instaló definitivamente en su actual ubicación en la finca que fue propiedad de José Gregorio Lezama (*Defensa* 1600).

La *Avenida Caseros*, que es límite natural del barrio con sus vecinos de *Barracas*, mantiene en dos manzanas próximas al Parque Lezama una particular simetría. Es obra del arquitecto suizo Christian Schindler. Fue construido como un barrio para los directivos ingleses del Ferrocarril Sud.

La arqueología

La novelesca vida del arquitecto francés Pierre Benoit, que, según sostienen algunos historiadores, pudo haber sido un hijo de María Antonieta y Luis XVI que huyó de Francia, es investigada en el solar que ocupó esa familia en este barrio. El Gobierno de la Ciudad realiza excavaciones arqueológicas que permitirían saber la verdad de esta historia (*Avenida Independencia* 525).

Bibliografía

María del Carmen Magaz, María Beatriz Arévalo, *Historia de los monumentos y esculturas de Buenos Aires*, Instituto Histórico de Buenos Aires, MCBA, Buenos Aires, 1985.

Recuerdos de la ciudad porteña, Ricardo Llanes, Buenos Aires, 1986.

Revista Buenos Aires nos cuenta N° 1, Buenos Aires, abril de 1983.

Diarios: *La Nación, La Prensa, Clarín*: fechas varias.

42

VÉLEZ SARSFIELD

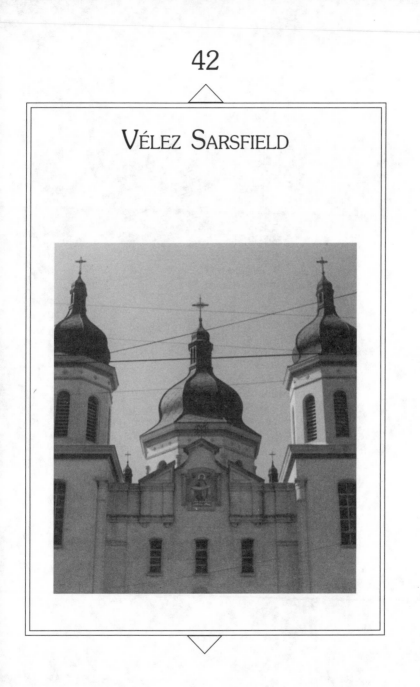

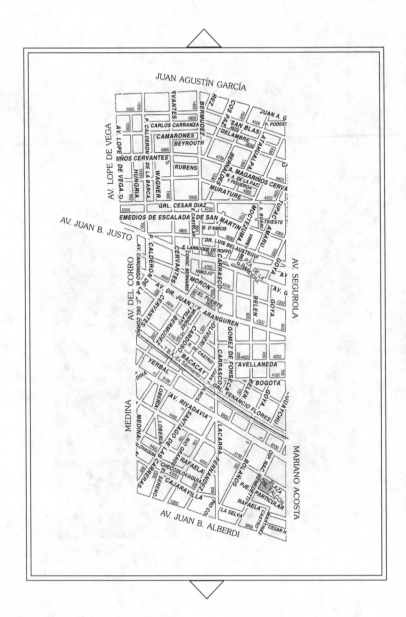

Límites

Calles y avenidas: *Segurola, Juan A. García, Lope de Vega, Juan B. Justo, Corro, Medina, Juan Bautista Alberdi y Mariano Acosta.*

Algo de historia

Su historia y desarrollo se encuentran vinculados con el vecino barrio de *Floresta*, del cual formó parte hasta 1910. Antiguamente se conocía a la zona como "los campos de Perdriel".

Paisaje

El barrio es de casas bajas y algunos vecinos disfrutan todavía de las veredas. Representa el atractivo de observar una vida auténtica y más serena.

Paso a paso

En las esquinas de *Avenida Rivadavia y Lacarra* se halla el escudo barrial que recuerda el nacimiento de un "invento argentino", el colectivo. Fue diseñado por Carlos Canturini, Daniel Rolón, Guillermo Debattista y Ana María Winter.

Frente al escudo una placa recuerda los cincuenta años de vida del colectivo, celebración ocurrida el 24 de setiembre de 1978. Este medio de transporte nació el 24 de setiembre de 1928.

Corresponde resaltar la importancia social y económica

871

que tuvo el hecho cuando un grupo de taxistas, que no lograba obtener ganancias con su trabajo, empezó a llevar pasajeros a los barrios de *Flores* y *Caballito* en forma colectiva a diez y veinte centavos. Generando trabajo y trasladando en menos tiempo y con tarifas más bajas a la gente, se oponían a la Compañía Anglo Argentina, empresa inglesa propietaria de la red de tranvías, que tenía tarifas más caras.

El Olimpo

Durante el período 1976-1983, en la ciudad y el resto del país existió una red de centros clandestinos de detención. Por ellos pasaron millares de personas. Fueron lugares donde se retuvo y torturó a detenidos, muchos de los cuales siguen hoy en condición de desaparecidos.

El relevamiento de estos sitios fue realizado por la Comisión Nacional sobre la Desaparición de Personas (CONADEP), organismo creado a tal fin, y que a partir de su informe final, titulado "Nunca más", da cuenta de cómo funcionaban.

Dentro del perímetro de la ciudad de Buenos Aires se encontraba, entre otros, el "Olimpo", que pertenece al barrio (*Ramón Falcón y Olivera*).

Sobre este nombre en particular se filmó la película *Garage Olimpo* que dirigió Marco Bechis, quien estuvo desaparecido y, si bien su obra no es biográfica y él salvó su vida gracias a tener pasaporte italiano, tomó este nombre pues era revelador de que un nombre celestial ocultara tanto terror. En el argumento se nutrió de distintos campos similares pero le pareció más universal el de este barrio. Se trató de una coproducción hecha con Italia y Francia que data de 1999 y en la que actuaron, entre otros, Dominique Sanda y Antonella Costa.

Un museo y varios templos

El Museo Manuel Belgrano es privado y rinde homenaje al creador de la bandera. Se pueden observar iconografías, numismática y manuscritos correspondientes a la época del prócer, así como objetos personales distribuidos en distintas salas (*Saráchaga* 4906).

El barrio es pequeño y tiene una singular actividad religiosa: un templo mormón cuya denominación legal es Iglesia de Jesucristo de los Santos de los Últimos Días (*Aranguren* 4499).

El santuario de San Ramón Nonato, cuya edificación fue terminada en 1939 (*Cervantes* 1150).

El Seminario Teológico Internacional Bautista, obra del arquitecto argentino-armenio Salibian, está inspirado en la Facultad Bautista de Louisville, Kentucky, Estados Unidos (*Ramón Falcón* 4080).

Sencillez y grandeza arquitectónica en la capilla del Instituto del Santísimo Sacramento (*Bacacay* 4882).

La Catedral Católica Ucraniana Santa María del Patrocinio es obra del arquitecto Víctor Grinenco realizada entre 1960 y 1968. La cúpula más alta representa a Jesús y las otras a los cuatro evangelistas. Fue visitada el 10 de abril de 1987 por el papa Juan Pablo II, que dio inicio allí a las celebraciones de los mil años de Ucrania cristianizada. El templo es de ritual católico oriental (*Ramón Falcón* 3960).

El Museo Belgrano: afecto y sentimiento.

Músico y plaza

No muchos alemanes imaginan que en el oeste de la ciudad se recuerda a lo largo de tres cuadras al músico Richard Wagner, autor de las óperas *Parsifal*, *El anillo de los Nibelungos* y *El oro del Rin*, entre otras. Todo esto a pocos metros de la *Avenida Juan B. Justo y Remedios Escalada de San Martín*.

La Plaza Coronel Ramón Falcón está situada en una zona tranquila. Fue diseñada en 1982 conforme a normas avanzadas en materia de arquitectura paisajística, conservando la vegetación existente y agregando nuevos espacios (*Ramón Falcón, Osvaldo Benedeti* y un pasaje particular).

Como obra inconclusa podría tomarse a la Plazoleta de la Bandera. Cuenta con una estatua (*Avenida Juan B. Justo y Tupac Amaru*).

Costumbres de antes

En el barrio existe un pasaje —*El Sereno*— que rinde homenaje a la persona encargada de la vigilancia nocturna de las calles de la ciudad. El servicio del Cuerpo de Serenos se prestó desde 1834 hasta 1872, cuando fue sustituido por la policía.

Educación artística

La danza y la cerámica tienen una escuela pública municipal de gran prestigio, donde funciona el Museo de Arte Cerámico "Fernando Arranz", nombre que lleva la escuela y que recuerda al valioso ceramista español (*Alejandro Magariños Cervantes* 5068).

El tramo de la calle Ramón Falcón que pertenece al barrio de Vélez Sarsfield cuenta con distintos edificios religiosos de marcados contrastes.

43

Versalles

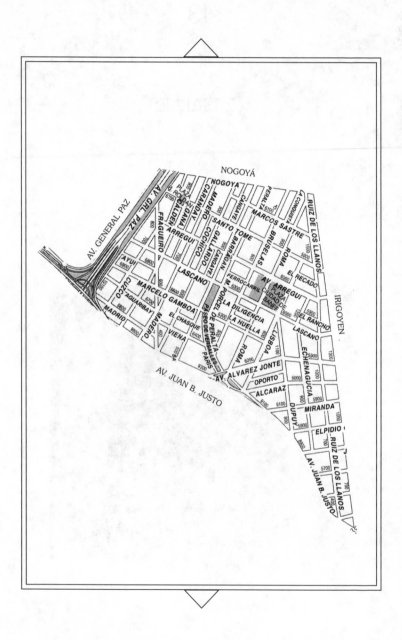

"...¡Qué ganas locas de mostrarte el barrio nuevo, al que leja-
no le buscabas el color!"

HÉCTOR NEGRO
(1934, cronista y poeta de tango, argentino)

Límites

Calles y avenidas: *Nogoyá, Irigoyen, Juan B. Justo, Gene-*
ral Paz.

Algo de historia

Los orígenes se remontan a comienzos del siglo XVIII en lo
que era la enorme "chacra de Castro" a la que pertenecieron
varios barrios del oeste de la ciudad. Con el tiempo las tierras
cambiaron sucesivamente de dueño, hasta que a mediados del
siglo XIX fueron adquiridas por la familia Visillac Rodríguez, que
estableció allí una chacra cuyo casco principal se mantuvo hasta
1900 en la zona de las calles *Arregui y Dupuy.*

En 1911 el Ferrocarril del Oeste extiende un ramal desde el
barrio de *Villa Luro* hasta estos pagos. Conjuntamente, la Compañía de Tierras del Oeste compra los terrenos linderos a la
Avenida General Paz con el fin de subdividirlos.

Aquellos terrenos loteados y la estación carecían de nombre. El médico de la Compañía, José Guerrico, acababa de llegar de París, donde había visitado el magnífico palacio construido en los tiempos de Luis XIV. Fue él quien sugirió el nombre de
la villa, que debía ser dotada de todos los atributos de un barrio
residencial.

Valga una aclaración de los planos de la zona, cuando se
inicia el loteo, el nombre que figura denominando el lugar es
Versalles, escrito así, sin "i", por lo cual éste es el nombre verdadero, salvando la omisión tipográfica.

La zona en los años siguientes presentaba un paisaje dis-
par: chalecitos de tejas, pequeñas quintas y hornos de ladrillo.

El "trencito de Versalles", como lo llamaban los vecinos, circuló hasta 1953, momento en que fue levantado el ramal para permitir lugar a las obras que se realizaban en el arroyo Maldonado, es decir la *Avenida Juan B. Justo*. La estación fue demolida a finales del siglo XX.

Paisaje

Es un barrio tranquilo, de aquellos que no están atravesados por grandes avenidas. De casas bajas y abundantes arboledas, algunas conservan el influjo de la arquitectura traída por los "ingleses del ferrocarril". Las más modernas son de tipo arquitectónico incierto y se destaca la arquitectura neocolonial. Las calles tienen nombres tan prometedores como el propio nombre del barrio: *Madrid*, *París*, *Bruselas*, *Oporto* y *Lisboa*, entre otros.

Plaza e iglesia

La Plaza Ciudad de Banff, que recuerda a la ciudad escocesa, es la principal del barrio y es el centro comercial de la zona. Entre los elementos decorativos se destaca la escultura *Plenitud de vida*, obra de Luis Gargiulo que representa dos figuras masculinas realizadas en bronce sobre base de granito (*Roma, Arregui, Lascano* y *Lisboa*).

La parroquia de Nuestra Señora de la Salud tuvo su origen en un antiguo oratorio. El altar mayor está formado por una gran mole de granito, donde la principal imagen corresponde a la patrona, cuya celebración se produce el 16 de noviembre. En el atrio está sepultado el padre Julio Menvielle, que fue su primer párroco (*Bruselas* 1018).

A medida que fue poblándose *Versalles*, nacieron las instituciones. De todas ellas el centro más popular pertenece al Ateneo Popular de Versalles, más conocido como el "Ateneo", que data de 1938. Posee amplias instalaciones aptas para el deporte (*Roma* 950).

Armas por tres

Una plazoleta lleva el nombre de Ceferino Namuncurá, indio argentino (1886-1905) que nació en Río Negro, estudió en Buenos Aires y en Italia e hizo estudios sacerdotales en el oratorio Salesiano de Turín. Se destacó por su vida de penitencia. El espacio cuenta con una estatua de bronce del artista Amado Armas, quien además fue vecino del barrio (*Manuel Porcel de Peralta y Arregui*).

A pocos metros se encuentra el escudo del barrio, también obra de Armas. La V de *Versalles* con fondo celeste significa la claridad y limpieza del cielo barrial y es también el símbolo de los colores de la bandera argentina. Todas las instituciones barriales participaron en la forma y elección de este escudo.

Una tercera obra del mismo artista se halla en la plazoleta doctor Rodolfo Erausquin (1881-1945). Es el monumento a la Madre de Versalles, que data de 1979 (*Fragueiro, Gana y Lascano*).

Singular valor

Este barrio junto al de *Villa Pueyrredón* tienen un patrimonio sin par: son los únicos de la ciudad que poseen un nivel de ruidos aceptable. El resto supera ampliamente los niveles tolerables sugeridos por la OMS (Organización Mundial de la Salud).

Había una vez...

Los vecinos salvaron en 1999 la vieja estructura de hierro de un mercado municipal que iba a ser demolido (estaba situado en *Bruselas y Arregui*) y con la ayuda del Gobierno de la Ciudad la trasladaron a un lugar histórico denominado Paseo Versalles, una plaza en forma de corredor verde, parte de la cual fue ocupada por la vieja estación ferroviaria (*Manuel Porcel de Peralta y Barragán, de Álvarez Jonte a Arregui*).

Ahora el mítico solar ferroviario y la refinada estructura del mercado viejo se unen en un espacio que es un bien común: un centro cultural.

Nombres y pertenencias

Versalles integra una trilogía de barrios con nombre de origen francés, junto a *Villa Luro* y *Liniers*. De este último está separado por la *Avenida Juan B. Justo*.

Esta vecindad hace que el nombre de José Amalfitani pertenezca a un paseo que se halla entre la calle *París* y *Manuel Porcel de Peralta*. José "Pepe" Amalfitani (1894-1969) fue un directivo, de origen italiano, que con visión y energía presidió durante treinta años el vecino club Vélez Sarsfield con sede en el barrio de *Liniers*.

Bibliografía

Revista *Lyra,* primer semestre de 1970.
Diarios: *Clarín* y *Página/12:* fechas varias.

Conjunto escultórico de la Plaza Ciudad de Banff.

44

Villa Crespo

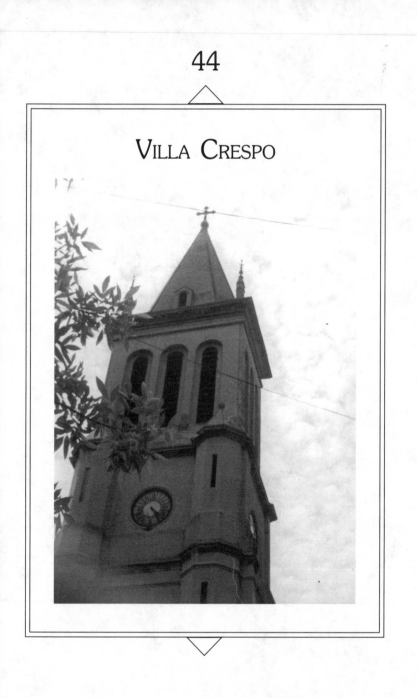

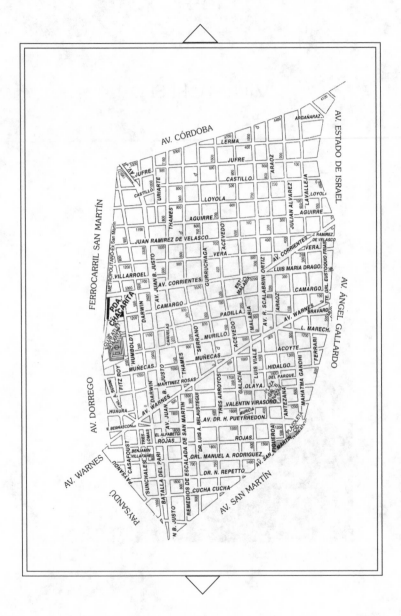

"Entre las mil ciudades que abajo (en la Tierra) perfuman el éter con el humo de sus chimeneas existe una: se llama Buenos Aires. ¿Es mejor o peor que otras? Ni mejor ni peor. Sin embargo, los hombres han construido allá un barrio inefable, que responde al nombre de Villa Crespo.*"*

LEOPOLDO MARECHAL
(1900-1970)

Límites

Calles y avenidas: *San Martín, Ángel Gallardo, Estado de Israel, Córdoba*, vías del Ferrocarril General San Martín, *Dorrego* y *Paysandú.*

Algo de historia

En 1887 la zona no era más que un paisaje de quintas y chacras que se alzaban a ambos lados del bulevar *Corrientes,* camino obligado para llegar al enterratorio de la *Chacarita.* Por entre las quintas corría el arroyo Maldonado.

La Fábrica Nacional de Calzado tuvo mucho que ver en el desarrollo del barrio. La piedra fundamental fue colocada por el entonces intendente de Buenos Aires, Antonio Crespo, durante cuya gestión se realizaron los principales loteos. Es el único intendente cuyo nombre lleva un barrio de la ciudad.

El desarrollo edilicio del barrio tuvo como principal impulsor a Salvador Benedit, gerente de la fábrica. Bajo su responsabilidad se levantaron la iglesia y parroquia de San Bernardo, el Registro Civil, el Juzgado de Paz, la Alcaldía y la Seccional de Policía.

Dos hechos fundamentales le dieron las características actuales: el entubamiento del arroyo Maldonado y la construcción del subterráneo línea B entre 1935 y 1937.

Paisaje

Las *avenidas Scalabrini Ortiz* y *Corrientes* son las más importantes del barrio. *Canning* es *Scalabrini Ortiz* y aún es llamada por su antiguo nombre.

Es un sector de fácil acceso desde cualquier punto de la ciudad.

Sincronismos urbanos hicieron que en torno del monumento al Cid Campeador convergieran once ochavas; es el límite con el barrio de *Caballito* (*Avdas. San Martín, Díaz Vélez, Gaona, Ángel Gallardo, Honorio Pueyrredón* y *Martín de Gainza*).

En cambio seis esquinas se hallan en otro punto del barrio (*Galicia, Avenida Warnes* y *Acoyte*).

Algunos templos

La Catedral Ortodoxa Griega Asunción de la Virgen se fundó hacia 1928. En su fachada la construcción es de estilo clásico, pero en su interior muestra características bizantinas. El templo luce doce arañas de distintos tamaños y numerosos vitrales (*Julián Álvarez* 1030).

La parroquia San Bernardo se remonta a 1893, cuando Salvador Benedit decidió donar a la ex Municipalidad de Buenos Aires una fracción de terreno para levantar una iglesia. Enseguida se conformó una comisión de vecinos. Muchas discusiones hubo a la hora de buscar un nombre para la nueva construcción. En el barrio existían muchos zapateros que solicitaban llamarla San Crispín, en homenaje a su patrono. Finalmente primó el agradecimiento al trabajo de Benedit y fue bautizada Bernardo, como el padre de Salvador. Se inauguró en 1896.

La edificación es ecléctica, obra del constructor catalán Federico Brunet, con predominio de algunos rasgos románicos y barrocos. Durante mucho tiempo se levantó sobre el frontispicio un Cristo de dos metros de altura. El material, poco resistente, se fue deteriorando con el tiempo y lamentablemente sus manos quedaron destruidas. Desde entonces recibió el apodo de "el Cristo de las manos rotas", el mismo que Leopoldo Marechal cita en su novela *Adán Buenosayres*. El protagonista, aferrado a la reja del atrio, reflexionaba mientras arriba ángeles y demonios combatían por su alma (*Gurruchaga* 145).

En sus principios fue un salón perteneciente a un hogar de ancianos. El templo data de 1957 y es de gran austeridad. Está bajo la advocación de Santa Clara de Asís (*Serrano* 742).

El templo de Nuestra Señora de la Consolación es, como tantos otros de esta ciudad, obra del arquitecto Carlos Massa. Data de 1941. El altar mayor mide once metros de altura y casi siete metros de ancho y está hecho con mármoles nacionales y extranjeros.

El camarín de la Virgen está acompañado de seis juegos de doce columnas de casi tres metros de altura en rojo rubí. Detrás de la imagen está la pintura de *La gloria*, obra de Elio Vitali. Seis tallas de quebracho blanco —obra de Leo Mahlknecht Hnos.— que representan a Santo Tomás de Villanueva, San Posidio, San Gelasio, San Ambrosio, San Alipio y San Pío X son el coronamiento de este altar.

Hay una réplica del Señor del Milagro oriundo de la provincia de Salta y aquí se celebra cada año dicha fiesta, punto de reunión de los salteños en la ciudad de Buenos Aires (*Avenida Scalabrini Ortiz* 1079).

Desde 1939 la sinagoga Max Nordau constituye un homenaje al filósofo y humanista que, durante un cuarto de siglo, fue colaborador del diario *La Nación*. Además, junto a Theodor Hertzl, fundó en 1897 el movimiento sionista en Basilea (Suiza). (*Murillo* 649.)

Los libros

Huyó de Rusia y llegó como inmigrante en 1908. Después de realizar distintas tareas se ubicó en el zaguán de *Triunvirato* 550 —hoy *Corrientes* 5200—. Un día compró un número de libros usados, sin sospechar que allí comenzaría su fama. Dado el éxito de las ventas, alquiló un local en *Triunvirato* 537. Al poco tiempo su librería se convirtió en editorial y lugar de encuentro de jóvenes escritores. Se llamó Manuel Gleizer y fue el primero en instalar una editorial en el barrio. Publicó obras de autores como Eduardo Mallea, Jorge Luis Borges, César Tiempo y tantos otros.

Conventillos

Al evocar los albores del barrio resulta inevitable nombrar el conventillo. Su formación fue lenta pero firme junto a las paredes de la curtiembre La Federal. Una vez establecida, la Fábrica Nacional de Calzado edificó un largo conventillo de cuartos y cocinas de madera para albergar a sus obreros. Constituyó la primera población de familias que después, al instalarse la tejeduría de Enrico Dell'Acqua, fue creciendo hasta convertirse en símbolo característico del barrio. El Conventillo Nacional, que dio lugar a innumerables sainetes, constaba de 112 habitaciones ubicadas en cuatro cuerpos. Sus habitantes, en su mayoría italianos, españoles, judíos, griegos, armenios, árabes y japoneses, solían armar grandes tertulias en los patios distribuidores que caracterizaban este tipo de viviendas.

El llamado Conventillo de la Paloma ahora es una casa de departamentos con dos entradas (*Serrano* 148 y *Thames* 151).

El escritor Alberto Vaccarezza (1888-1959) vivió de niño en el barrio, donde sus padres tenían una talabartería. Encontró en *Villa Crespo* el lugar adecuado para la creación de sus sainetes.

El más importante, quizás por conocido y más veces representado, fue justamente *El conventillo de la Paloma*. Estrenado en el Teatro Nacional en 1928, su protagonista fue Libertad Lamarque y alcanzó más de mil representaciones.

Vaccarezza enumera los elementos indispensables que debe contener un sainete: patio de conventillo, un italiano encargado, un gallego retobado, una mujer, un vivillo, dos malevos, una historia contada al oído, una pasión, choques, celos, discusión, desafíos, puñaladas, disparadas, policía y telón.

Para agregar: "No se apure, don mister, que voy a mandarle el resto: pues debajo de todo esto, tan sencillo al parecer debe el sainete tener rellenando su armazón, la humanidad, la emoción, la alegría, los donaires y el color de Buenos Aires metido en el corazón".

Toda la manzana correspondiente a la curtiembre fue demolida. En su lugar se alzó en 1996 un complejo habitacional (*Padilla, Serrano, Gurruchaga y Murillo*).

Las comunidades griega, armenia y árabe disfrutan de su comida tradicional en restaurantes situados sobre la *Avenida Scalabrini Ortiz*.

Escapando de la Primera Guerra Mundial y de los pogroms rusos, los judíos se asentaron en *Villa Crespo*, entonces rebautizado "Villa Kreplaj", en honor a la tradicional comida de la comunidad asquenazí, colectividad que se instaló a lo largo de la calle *Triunvirato* (*Corrientes*). Sus integrantes provienen de Rusia, Polonia y Ucrania.

Adán Buenosayres

Leopoldo Marechal, escritor y poeta, nació en 1900 y murió en 1970. Su obra cuenta permanentemente con el ambiente y la esencia de *Villa Crespo*, donde vivió varios años; trabajó como bibliotecario de la Biblioteca Popular Alberdi y fue maestro.

Las novelas *Adán Buenosayres*, *Megafón o la guerra* y la pieza teatral *La batalla de José Luna*, entre otras escritas por Marechal, permiten conocer mejor la historia del barrio y, al mismo tiempo, no podrán interpretarse cabalmente si se carece de información sobre el pasado de la zona.

Marechal habría estudiado en una escuela de la calle *Padilla* 753, frente a la curtiembre La Federal. Además, su primer trabajo, en una fábrica de cortinas de madera, estaba sobre *Lavalleja* y en su juventud vivió en *Monte Egmont* (hoy *Tres Arroyos* 303).

Muchos de sus amigos quedaron retratados en su novela *Adán Buenosayres*, y entre ellos se puede nombrar al poeta Jacobo Fijman (aparece con el nombre de Samuel Tesler, el filósofo villacrespense) y al pintor Xul Solar (Astrólogo Schulze).

El Club Atlanta

El 12 de octubre de 1904 nació Atlanta; el nombre provino de la ciudad de los Estados Unidos que en esos días había sido víctima de un desastre climatológico.

El club tiene al fútbol a la cabeza de sus actividades. Entre sus logros en este deporte se encuentran un tercer puesto en Primera División y varios títulos en Primera B.

Su rival, Chacarita, tuvo su cancha a pocos metros de la de Atlanta, pero problemas económicos hicieron desertar a ese club del barrio.

Los terrenos pertenecientes a Chacarita fueron comprados luego por su rival, produciendo así el disenso entre sus hinchadas. La inauguración del actual estadio se realizó en 1960 (*Humboldt* 540).

Otra villa en la villa

Los terrenos que Juan Malcolm loteó en 1888 recibieron el nombre de Villa Malcolm. Abarcaban las calles *Chubut, Triunvirato, Helguera y Rivera,* nomenclatura de ese momento.

Pertenece al microbarrio la pizzería Angelin, que por ser clásica está fuera de los lugares que se ponen de moda. Es algo genuino del barrio y de la ciudad. Famosa por su pizza de cancha (*Avenida Córdoba* 5270).

A dos cuadras está el Club Villa Malcolm cuyos colores son: rojo, negro y blanco (*Avenida Córdoba* 5064).

El Maldonado

El arroyo Maldonado acompañó la historia y el desarrollo de *Villa Crespo.* Hoy corre entubado bajo la *Avenida Juan B. Justo.* Fue causa del nacimiento del barrio, ya que no constituyó un hecho accidental el asentamiento de la Fábrica Nacional de Calzados en una de sus márgenes. La industria lo necesitaba para poder arrojar allí sus desechos. En principio, era geográficamente un zanjón que, desde el oeste, llegaba al río de la Plata. De orilla a orilla medía aproximadamente quince metros. Los desagües domiciliarios, no cloacales, también desembocaban en su cauce, motivo por el cual proliferaron gran cantidad de roedores. En aquellos tiempos se levantaban, de trecho en trecho, pasos precarios de madera que se bamboleaban al paso de la gente. En los cruces con calles o avenidas importantes (como *Corrientes* o *Córdoba*) se erigían puentes de material, capaces de soportar el peso de los vehículos. Lo mismo ocurría en los barrios de *Palermo* y otros que el arroyo atravesaba.

Así como el Maldonado cumplió un papel fundamental en el surgimiento de *Villa Crespo*, también se convirtió en el enemigo público declarado de la zona. Cada vez que caían lluvias copiosas y soplaba el viento del este su cauce se desbordaba, salía de madre e inundaba hasta cinco cuadras a ambas orillas.

Corrientes y la vía

En una casa paralela a la estación ferroviaria *Chacarita* y su cruce con la *Avenida Corrientes* vivió en los sesenta con sus hijos adoptivos la vedette Josephine Baker. La casa le fue cedida temporariamente por el entonces dueño de un canal de televisión.

Mano a mano

En el Café La Pura Celedonio Flores escribió los versos del tango *Mano a mano*. Aquí se reunían antes los carreros que tomaban el desayuno antes de hacer las compras en el mercado de Abasto. Este local es el que estaba al lado del original (*Avenida Corrientes* 5565).

Café Izmir

"Con el oído atento, Adán Buenosayres detiene sus pasos frente al café Izmir, cuyas cortinas metálicas, a medio bajar, le permiten ver un interior brumoso en el cual se borronean figuras humanas que se mantienen inmóviles o esbozan soñolientos ademanes. Una canción asiática se oye adentro, salmodiada por cierta voz que, sobre un fondo musical de laúd o de cítara, lloriquea en las aes y se desgarra en las jotas. Hasta el olfato de Adán llega el olor del anís dulce y del tabaco fuerte que arde sin duda en los narguiles de cuatro tubos.

"Otro mundo en clausura. Ellos también han trazado su círculo hermético, y navegan ahora, evadidos en una canción. Los vi ayer, con sus jetas verdosas y sus ojos pestañudos, crueles testigos de la batalla. ¿Qué paisajes o escenas evocarán ahora, encerrados en su círculo, tripulantes de su música?"

Así describe Leopoldo Marechal a este café —el del turco— donde un musulmán, un judío y un cristiano discuten sobre la identidad del Mesías, llegado o esperado. Lamentablemente, este café hoy se encuentra cerrado (*Gurruchaga* 432).

Memoria borrada

No sólo el barrio perdió la memoria de su histórica generadora de trabajo —la curtiembre— sino que demolió el pasaje *Mangiante* —era privado—, que nacía en la calle *Camargo* 569. No sólo se trataba de su rareza arquitectónica; allí había nacido en 1900 Paquita Bernardo, la primera bandoneonista de Buenos Aires. Tuvo corta vida —murió en 1925—, fue muy popular, compuso varios tangos y le dedicó un vals a su barrio. Su vida fue llevada a la televisión en 1984 y protagonizada por la actriz Virginia Lago.

Del pasaje, ni una mención. Se demolió probablemente entre 1980 y 1990.

El 6 de enero de 1998 el vecino Juan Pablo Dicovsky publicó en el diario *Clarín* esta carta: "Un módico bar de barrio ha dejado de existir. No era el último ni el más importante, y es improbable que las lamentaciones se extiendan más allá de alguna raleada barra de jubilados o de esta carta más melancólica que protestona. Pero es una pena.

"Allí donde se encuentran *Canning y Córdoba*, del lado de *Villa Crespo*, cerró sus puertas el café ABC, dejándoles paso al tiempo y a una modernosa tienda con marca adolescente.

"Su escasa maravilla era la de ser más prototípico que típico: piso en damero blanco y negro, sillas de madera y mesas de fórmica, eso que los que pasamos los 30 imaginamos cuando buscamos el significado de la palabra 'bar' con un vago aroma a café y a tango. No es una gran pérdida; es sólo que van quedando pocos y que la ola reformista se orientó por el escaso gusto a la hora del café.

"La Internet es una maravilla; el celular es cómodo y facilita la vida; la ingeniería genética —espero— salvará mi vida cuando llegue el momento. Pero un día de éstos, algún transeúnte desprevenido querrá invitarse con una ginebra al paso y un relámpago de tristeza le cruzará el alma de incomodidad entre las repetidas paredes color mostaza, las incontables dicroicas, el enésimo helecho.

"Todo seguirá igual en el camino del progreso, pero se habrá sumado una a la colección de huellas borradas, de recuerdos muertos. No está entre los grandes temas nacionales; se trata nomás de una apelación a la belleza y a la tonta sensación de pérdida de identidad que le provoca a este porteño vivir una ciudad que cada vez más se convierte en un superpoblado pueblo fantasma."

El Café ABC estuvo situado en *Avenida Córdoba* 4602; allí tocaron Osvaldo Pugliese y Paquita Bernardo.

Osvaldo Pugliese

Nació en el barrio en 1905, en la calle *Scalabrini Ortiz* 392. Un monumento —obra del artista Carlos Ferraro— lo recuerda en *Avenida Corrientes y Luis María Drago*. Hablamos de uno de los músicos que más definen al tango, y en su barrio

—*Villa Crespo*— estrenó algunos de los temas que hoy siguen siendo clásicos, como *Recuerdo*, que data de 1924, que ejecutó más de una vez en el ahora desaparecido Café ABC.

El corazón y los colores

El escudo del barrio es obra de Maximiliano Silva D'Herbil. Tiene el dibujo del gallo que representa a la ciudad que nunca duerme y que tiene en el corazón a *Villa Crespo*. El gorro frigio simboliza la libertad, en cuanto a los distintos grupos étnicos que conviven en el barrio; el amarillo oro representa al comercio; el verde al deporte y las instituciones; el azul a la cultura y la educación; y el rojo a las instituciones de servicio.

El Trianón

La letra del tango *Muñeca brava*, de Enrique Cadícamo, nos dice: "Sos del Trianón,/del Trianón de Villa Crespo". En realidad nunca existió un café con ese nombre. Sí hubo un café concert en el que hombres y mujeres se encontraban en las noches del ayer. Es más una fantasía literaria que una realidad. El tango fue compuesto en 1928.

El viejo mirador

La Escuela Técnica "Ingeniero Enrique Hermitte" se encuentra en terrenos que pertenecieron a la quinta de la familia Comastri. Dentro de las instalaciones de la misma se halla el mirador que data de 1875 y aporta una imagen bella, en un jardín tupido que nos remonta en tiempo y espacio (*Loyola* 1500).

Guernica

El Gobierno de la República encargó en 1937 al joven artista Pablo Picasso que pintara un mural para el pabellón de España en la Exposición de París. Los intentos para realizarlo no tuvieron el éxito buscado hasta que al ser bombardeada la aldea vasca de Guernica el catalán logró lo que se considera la obra de arte más emblemática del siglo XX. Picasso resume el padecimiento de los hombres a partir de la crucifixión de Cristo.

En el barrio hay un mural que reproduce el *Guernica*; fue hecho en forma anónima por alumnos de Bellas Artes en la Plaza 24 de Setiembre (*Avenida San Martín, Manuel Rodríguez y Apolinario Figueroa*).

Bibliografía

El barrio de Villa Crespo. Diego A. del Pino, Cuadernos de Buenos Aires, MCBA, Buenos Aires, 1974.

Garasa, Delfín Leocadio. *La otra Buenos Aires*, Buenos Aires, Sudamericana-Planeta, 1987.

Judíos y argentinos, Buenos Aires, Manrique Zago Editor, 1981.

Salas, Horacio (ensayo preliminar de E. Sabato). *El tango*, Buenos Aires, Ed. Planeta, 1986.

Marechal, Leopoldo. *Adán Buenosayres*, Barcelona (España), Ed. Edmasa, 1981.

Revista *Lyra:* setiembre de 1969.

Revista *Clarín:* 26-2-84.

Revista *Buenos Aires nos cuenta*, N° 8, diciembre de 1984.

Revista *Todo es Historia*, N° 275, mayo de 1990.

Diarios: *La Nación, Clarín, Página/12:* fechas varias.

La tradición dice que este edificio fue "El Conventillo de la Paloma", donde se inspiró Alberto Vaccarezza para escribir el sainete del mismo nombre.

45

VILLA DEL PARQUE

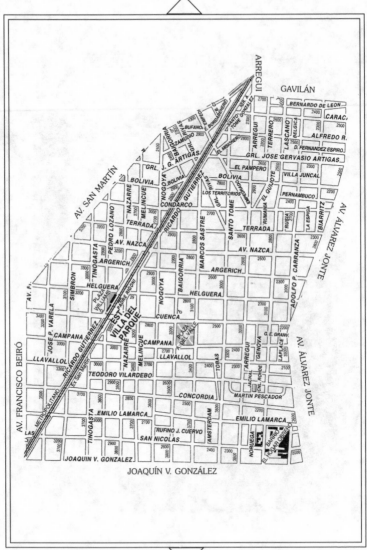

"...Cuando yo era chico, en Villa del Parque, jugábamos al fútbol en la calle. En el picado, el dominio del cordón de la vereda era clave: un mal rebote podía provocar el final de la jugada; en ese caso el cordón se convertía en un rival más. Pero también había algunos —me acuerdo de mi amigo Pollito— que poseían la destreza para jugar con el cordón a favor: le daba con efecto para que la pelota rebotara y le volviera —usaba el cordón para 'tirar paredes'—; a veces jugaba sólo bordeando el cordón para que su marcador tropezase y cayera al suelo, algo que a mí me pasaba a menudo..."

DAMIÁN TABAROVSKY,
diario *Clarín*, 4-12-1999

Límites

Calles y avenidas: *Joaquín V. González, Miranda, Álvarez Jonte, Gavilán, Arregui, San Martín, Francisco Beiró.*

Algo de historia

Los parajes donde se formó *Villa del Parque* fueron parte del partido de San José de Flores. En 1902 se concretó el remate de unas cincuenta manzanas del barrio, habiéndose llamado el lugar "Ciudad Feliz". Los remates prosiguieron y el barrio se fue parcelando hasta llegar a ser lo que es hoy.

Paisaje

Nace como un barrio residencial próximo al Parque del Oeste, creado en los terrenos de la actual Facultad de Agronomía. Las viviendas son del tipo chalet o petit-hotel de una o dos plantas, con rejas y jardín al frente. En esta zona no se encuentran las características "casas chorizo" de piezas seguidas, frecuentes en otros barrios.

El centro comercial del barrio lo constituye la calle *Cuenca* en su extensión desde *Avenida Beiró* hasta la calle *Marcos Sastre* (ocho cuadras).

Vecinos

Al barrio lo define el lema "La villa del buen vecino".

Que sea reconocido por su sentido solidario y vecinal se debe en gran parte a Romeo Raffo Bonta. Él fue el propulsor de la campaña para establecer el 11 de junio —aniversario de la segunda fundación de Buenos Aires— como día del vecino. La celebración fue instituida por la Asociación Vecinal de *Villa del Parque* en 1946 y aceptada por la ex Municipalidad de Buenos Aires en 1959.

Romeo nació en 1880 y vivió en el barrio desde 1902 hasta su muerte en 1954. Una plazoleta lleva su nombre (*Bolivia, Santo Tomé y Empedrado*).

Algunos templos

La parroquia de Santa Ana es una de las construcciones que identifica al barrio. Data de 1927 y se desconoce su autor. En su fachada encontramos una mezcla de estilos románico y clásico. El frente es triangular y está sostenido por cuatro columnas corintias. Tiene una sola torre que remata en una cruz de hierro forjado (*Pedro Lozano* 3167).

La Iglesia Evangélica Luterana Unida "Congregación el Redentor" es un edificio de estilo neogótico, circundado por altas rejas de hierro, con una puerta en el centro. Data de 1926 (*Simbrón* 3182).

La capilla de la Santísima Virgen Niña marcó la expansión de la vida religiosa del barrio desde 1912. Construyó un colegio y un ateneo junto a la capilla (*Cuenca* 2651).

Mitos y leyendas

Una de las leyendas que más difusión tuvieron fue la del tesoro de *Villa del Parque*, documentada hacia mayo de 1907 en artículos publicados por la revista *Caras y Caretas*. El origen está en la desaparición abrupta de dos albañiles que dejaron la antigua casa donde estaban trabajando. La labor inconclusa mostró un enorme pozo abierto, y el mito barrial señaló que los obreros se habían llevado un tesoro de monedas preciosas de la propiedad de Eduardo Lantis, quien se encargó de denunciar el robo de esos bienes, que declaró propios a pesar de no haberlos visto nunca (*Avenida San Martín y Nogoyá*).

Un vecino famoso del barrio es el músico Mariano Mores. Allí compuso el tango *Cuartito azul*. Integrante de un trío cuyas dos terceras partes vivían en la calle *Terrada* al 2500, Mores se mudó, a la muerte de sus padres, a una casa con dos piezas, comedor, baño, patio, terraza, y un "cuartito azul", que pintaba cada treinta días, según dijo en muchas ocasiones: "Como no tenía para comprar pintura, mezclaba ese azul para lavar la ropa con cal. Y cada treinta días se descascaraba" (*Terrada* 2410).

La familia Brancato, vinculada a la farmacia del mismo nombre que funcionaba en la calle *Florida* y que fue la marca de una legendaria gomina —la Brancato— ha pertenecido al barrio.

El "Castillo de los Bichos" se halla a pasos de la estación ferroviaria. Es un antiguo edificio, con varios balcones-terraza que fragmentan la alta torre que lo caracteriza, caserón que arrastra desde los lejanos días iniciales del siglo la aureola de una leyenda de trágico romanticismo que habría obligado a su larga clausura. La de la joven pareja que abandona feliz su fiesta de bodas y es atropellada y muerta, a pocos metros de la partida, por el tren vecino, ante los horrorizados amigos y familiares que los despedían desde ventanas y terrazas.

El edificio queda por mucho tiempo desocupado. Los ruidos y las luces que entonces aparecen se atribuyen a los fantasmas de la pareja. Se dice que el palacio fue hecho por un noble italiano. Con igual firmeza se dice que no hubo novios muertos ni noble italiano, y sí que el edificio fue hecho como prostíbulo de lujo y que nunca funcionó como tal. El edificio, de cúpula y cinco pisos, es conocido por las molduras que representan animales, por eso lo de los bichos. Fue diseñado por el arquitecto Muñoz González (*Campana* 3220/34).

Cuatro en uno

El barrio se integra a través de cuatro microbarrios.

1) Villa Sahores: sus límites originales eran *Avenida San Martín* y *Álvarez Jonte, Empedrado, Arregui* y *Nazca,* por lo tanto, actualmente queda una parte fuera del barrio de *Villa del Parque.*

2) Villa Juncal: esta denominación aparece aplicada a una estación del Ferrocarril Pacífico, intermedia entre *La Paternal* y *Villa del Parque,* que no llegó a concretarse. En el lugar hay una sensación de paz, con calles abiertas y luminosas; las casas son bajas, generalmente bien cuidadas y alineadas sobre calzadas tranquilas y limpias.

3) Barrio doctor Fernando Ciarlo: está ubicado en la intersección de las calles *Álvarez Jonte, Teodoro Vilardebó, Santo Tomé, Arregui* y *Lascano.*

4) Barrio Hogar Obrero: enmarcado en las calles *Álvarez Jonte, Arregui, Joaquín V. González* y *Emilio Lamarca.* El número de viviendas que integra el complejo fue construido por la Cooperativa Hogar Obrero para sus asociados.

Cortázar

El escritor Julio Cortázar (1914-1984) recuerda al ómnibus 168 pasando por el barrio de *Villa del Parque.* Este testimonio se encuentra en su libro *Bestiario:* "A las dos, cuando la ola de empleados termina de romper en los umbrales de tanta casa, *Villa del Parque* se pone desierta y luminosa. Por *Tinogasta* y *Zamudio* bajó Clara taconeando distintamente, saboreando un sol de noviembre roto por islas de sombra que le tiraban a su paso los árboles de *Agronomía.* En la esquina de

Avenida San Martín y Nogoyá, mientras esperaba el ómnibus 168, oyó una batalla de gorriones sobre su cabeza y la torre florentina de San Juan María Vianney le pareció más roja contra el cielo sin nubes...".

Bibliografía

Villa del Parque, bosquejo histórico de un barrio cordial, Eduardo Mario Favier-Dubois, Cuadernos del Águila — Fundación Banco de Boston, Buenos Aires, 1989.

Goloboff, Mario. *Julio Cortázar, la biografía*, Avellaneda, Seix Barral, 1998.

Cócaro, Nicolás; Noriega, Cecilia; Clementi, Pío. *El joven Cortázar*, Buenos Aires, Ediciones del Saber, 1993.

Diario *Clarín:* años varios.

En barrios como Villa del Parque hay una gran integración vecinal con templos como los de Santa Ana.

El Castillo de los Bichos es uno de los edificios que distinguen a la estación ferroviaria del barrio de Villa del Parque.

VILLA DEVOTO

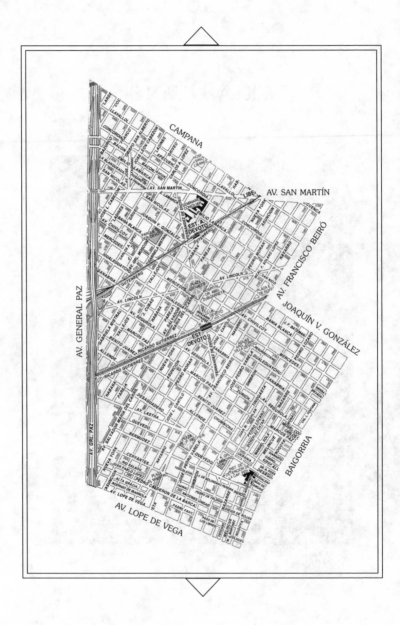

Límites

Calles y avenidas: *Campana, San Martín, Francisco Beiró, Joaquín V. González, Baigorria, Lope de Vega, General Paz.*

Algo de historia

El barrio fue urbanizado en 1888 por iniciativa del conde italiano Antonio Devoto y sobre terrenos de su propiedad que conformaban una quinta. Devoto llegó a la Argentina en 1854 y su título de conde le había sido dado por el rey de Italia por los servicios que él prestó a la Corona en la guerra ítalo-francesa.

Había nacido en Lavagna, Génova, Italia, en 1832. Sobre la base de su tesón y del crédito bancario que nació por su propia honestidad, generó una de las grandes fortunas de la Argentina. Fundó el Banco de Italia y Río de la Plata y participó en la creación de la Compañía General de Fósforos. Su fuerza económica llegó a tal punto que cada mil bolsas de trigo que salían de la Argentina veinte provenían de sus colonias agrícolas pampeanas. *Villa Devoto* le debe mucho de su sentido fundacional y de sus edificios patrimoniales, además de su mecenazgo en pro del bien común.

Paisaje

El punto más alto de la ciudad se halla sobre la cota que está situada en *Avenida Francisco Beiró y Chivilcoy* y es de 38,75 metros.

Devoto eliminó la idea de calles paralelas y verticales, evitó el damero y generó diagonales y muchos árboles. Fue el iniciador de un nuevo proyecto para la ciudad. El barrio fue enseguida elegido por inmigrantes alemanes, italianos e ingleses que encontraron semejanzas con sus países de origen.

Orquídeas y porcelanas

Aún se conserva parte de lo que fue la quinta del inglés John O. Hall, que tuvo importantes invernaderos de orquídeas. En la actualidad pertenecen a la Escuela Menor de Floricultura y Jardinería que lleva su nombre, dependiente de la UBA.

El doctor Marcelo T. de Alvear, presidente de la Nación (1922-1928), y el príncipe de Gales firmaron el álbum de entrada a sus invernáculos. Hall murió en 1936. Donó su fortuna al personal de servicio, y a la Universidad de Buenos Aires esta residencia para fundar allí una escuela de botánica.

El dueño del Jardín Botánico particular más exótico y valioso de Buenos Aires fue quien introdujo el té "Elefante" en la Argentina. Era propietario de tierras en China y desde allí trajo muchas variedades de plantas y flores. A cada flor le puso un foco de luz eléctrica de su mismo color, obteniendo efectos maravillosos. Su casa fue un museo de arte oriental con una colección de obras de arte, porcelanas chinas y estatuas diversas (*José Cubas* 3888).

Templos

San Rafael Arcángel es el patrono de los viajeros y los matrimonios. El templo data de 1937. Hay una sola nave, en cuyo altar mayor se ve un fresco que representa la manifestación del Arcángel San Rafael a Tobías y a su esposa Sara.

Los vitrales representan los quince misterios del Rosario. Otros dos representan a Santa Filomena y al Arcángel San Rafael caminando con Tobías.

Los vitrales se intercalan con frescos de los apóstoles, que fueron realizados por Pascual Piccinini entre 1943 y 1944 (*José P. Varela* 5272).

La basílica San Antonio de Padua está construida con planos del arquitecto José Marcovich. Se destaca su gran cúpula de cobre verdoso con dos campanarios laterales. A ambos lados de la puerta de entrada vemos los bustos de Antonio Devoto y su esposa, Elina Pombo de Devoto, realizados en bronce por el escultor italiano Eugenio Maccagnini.

Las pilas de agua bendita son de mármol, con la imagen de un ángel en el centro. Las paredes y los pilares están realizados en estuco dorado, en tanto que los tres altares son de mármol. La pila bautismal es una réplica de la que está en la Catedral de Bolonia, Italia. En el altar mayor se destaca la imagen de San Antonio de Padua abrazando al Niño Dios; debajo hay un conjunto de imágenes también talladas en mármol.

Bajo la mesa del altar un altorrelieve representa una réplica de *La última cena*, de Leonardo da Vinci. Todos los personajes están tallados en un solo bloque de mármol.

Cuatro figuras esculpidas bajo el crucero —en cada uno de los ángulos del mismo— simbolizan La Religión, La Fe, La Esperanza y La Caridad.

El púlpito tiene forma de copón y está hecho con dos bloques que descansan sobre un tercero de mármol. Se trata de una filigrana trabajada a cincel.

Cuatro vitrales presentan escenas de la vida de San Antonio de Padua. Fueron realizados por la firma Di Falco y Varisco.

Los trabajos de decoración del templo —que duraron ocho años— fueron hechos por los pintores Agustín Moretti, Dante Otorlani y Luis Boni.

La cripta se halla bajo la nave central y cuenta con un pequeño altar en el medio que contiene tres sarcófagos de mármol con los restos de Antonio Devoto y de sus dos esposas, Rosa Viale y Elina Pombo. Se destaca también la imagen de una mujer que representa *El dolor*, hecha por Eduardo Rubino. La cripta sólo se abre el día del santo. El edificio data de 1937.

La gran araña estilo Luis XV que se observa en la basílica perteneció al Palacio Devoto que nunca se habilitó.

La obra de la iglesia de San Antonio guarda vinculación

arquitectónica con el Panteón Real situado en Superga, colina de Italia que está en Piamonte, a seis kilómetros de Turín y a la derecha del río Po. Esta colina tiene una altura de 653 metros. En su cima se construyó una basílica en la primera mitad del siglo XVIII en conmemoración del levantamiento del sitio de Turín por los franceses (1706). Las galerías subterráneas de ese templo fueron destinadas a servir de tumba a los reyes de Cerdeña y de la Casa de Saboya.

El primer párroco del templo fue el padre Virgilio Filippo (1896-1969), que posteriormente fue el confesor de Eva Perón y a quien ella le confió un gran secreto, según relata el escritor Abel Posse (*Lincoln* 3701).

Como un testimonio de la importancia de la comunidad inglesa en el barrio todavía funciona la Iglesia Anglicana del Buen Pastor, un pequeño templo de estilo sencillo (*José Luis Cantilo* 4232).

El palacio

Antonio Devoto deseaba que el rey de Italia fuera el primer huésped del mismo. Al morir él en forma imprevista —y tiempo después su esposa—, el proyecto "real" quedó trunco.

El edificio fue diseñado por el arquitecto Juan A. Buschiazzo y ocupaba una manzana. Se finalizó en 1891. Los cimientos, los zócalos interiores y las escaleras eran de mármol de Carrara.

El palacio tenía cerca de doscientas habitaciones; entre ellas, el Salón de las Palmeras, que tuvo arañas importantísimas. Al no haber herederos, se remató. Lo compró César Tognoni, quien trató de convertirlo en sanatorio pero no encontró un inversor. Lo ofreció entonces al gobierno nacional, que tampoco se hizo cargo del lugar.

Un destino trágico hizo que el palacio fuera demolido. Arañas, columnas y motores de este refinado y colosal edificio fueron rematados y poco y nada se recaudó por ellos (*Salvador M. del Carril, Joaquín V. González, Nueva York* y *San Nicolás*).

Los jóvenes curas

El Pontificio Seminario Mayor Metropolitano de la Inmaculada Concepción fue durante muchos años el único edificio imponente del barrio. Se inauguró en junio de 1899.

Con proyecto arquitectónico de Pedro Coni, en 1915 se establecen allí las facultades de Filosofía, Teología y Derecho Canónico (*José Cubas* 3545).

En 1944, por necesidad de más espacio, se construye el Seminario Menor Metropolitano de Buenos Aires del Sagrado Corazón de Jesús. Actualmente funciona allí el Colegio Episcopal de Buenos Aires (escuela secundaria católica). Está ubicado a una cuadra de distancia del otro (*José Cubas* al 3600).

Al costado del Seminario se halla la Iglesia de la Inmaculada Concepción, obra del arquitecto francés Pedro Benoit. Data de 1899 (*José Cubas* 3599).

La cárcel

La cárcel de Villa Devoto se denomina Instituto de Detención de la Capital Federal (Unidad N° 2). Los vecinos aspiran a que se marche del barrio, ya que lo divide y desvaloriza. "Vivir en Devoto" se vincula humorísticamente a estar en la cárcel.

Sus obras se iniciaron en 1924 y se habilitaron en 1927. Sin precisar fecha se cuenta que uno de los primeros detenidos por razones políticas fue el mariscal Tito, de la ex Yugoslavia. En 1995 se licitaron nuevos edificios y el gobierno nacional prometió la demolición de esta construcción que abarca tres cuadras de largo por una de ancho. Todo sigue igual (*Bermúdez* 2651).

Estaciones y trenes

El barrio tiene la particularidad de contar con dos estaciones de tren, una del Ferrocarril San Martín (Devoto), en las calles *Ricardo Gutiérrez* y *Sanabria*, y otra del Ferrocarril Urquiza (El Libertador) en *Av. San Martín* 6280.

Cuatro manzanas

En su inicio la llamaron Santa Rosa porque era el nombre del pasaje que luego dio lugar a la Plaza General Arenales.

En la misma hay, entre otras obras de arte, un monumento a Antonio Devoto rescatado del incendio que en 1953 acabó con el Asilo de Huérfanos Humberto Primero, que él había donado (*Mercedes, Bahía Blanca, Pareja y Nueva York*).

El proyecto urbanístico de Antonio Devoto fue concretado por el arquitecto italiano Juan A. Buschiazzo. Esto se observa en la Plaza Arenales, que en realidad es su centro de irradiación. Buschiazzo reservó en primer lugar este predio de cuatro hectáreas destinadas a la plaza, para lo cual hizo partir ocho avenidas: cuatro diagonales por las esquinas y cuatro desde el centro de cada lado.

Un café que son muchos

Entre la globalizada hamburguesa y la memoria colectiva de la ciudad, Hugo y Rubén García eligieron las raíces. Preservaron la identidad del barrio, de la ciudad y de sus familias. Así nació un café que resume a muchos que fueron derrumbados o modernizados. Con algo de museo y mucha realidad el café fue declarado en 1999 "Sitio de interés cultural" por la Legislatura de la Ciudad de Buenos Aires (*Sanabria y José P. Varela*).

Edificios poco comunes

Se localizan en el barrio una serie de edificios de gran valor patrimonial que se vinculan a los que se encuentran en el centro de la ciudad.

Abarca una manzana. Una empresa empezó a construirlo en 1913. Los materiales se trasladaron en carros tirados por bueyes y caballos. Este Palacio de las Aguas Corrientes se construyó aquí por ser un lugar alto y así podía distribuir agua potable a zonas vecinas. El edificio data de 1917. Perteneció a Obras Sanitarias de la Nación (*Avenida Francisco Beiró* 4150).

Influenciado por el estilo de los palacios florentinos del siglo XV, el palacio que perteneció a la familia Ceci es hoy la Escuela de Educación Especial y Capacitación para Sordos "Profesor Bartolomé Ayrolo" (*Avenida Lincoln* 4325).

El hospital Zubizarreta funciona en lo que fue el palacio de la familia Tamini, frente a la Plaza Arenales (*Nueva York* 3952).

La escuela EMEM N°3 del Consejo Escolar 17 lleva el nombre de Antonio Devoto. Está ubicada frente a la Plaza Arenales y fue residencia del iniciador del barrio. Es un edificio que data de 1890, obra del arquitecto Juan Buschiazzo (*Mercedes 4002*).

El nombre de Antonio Devoto es perpetuado también en la Biblioteca Municipal. Su historial arranca en 1916 y finaliza en 1938, año en que fue habilitada al público (*Bahía Blanca* 4025).

A un edificio lo llaman "El Castillito" por sus formas. Es la sede de la Biblioteca Luis Sáenz Peña y la fundó la Sociedad de Fomento de *Villa Devoto* en 1896 (*Fernández de Enciso* 430).

En la zona existe una casa de estilo neocolonial que recuerda a la Casa Histórica de Tucumán, donde se declaró la Independencia argentina en 1816 (*Lavallol* 3986).

El Instituto San Vicente de Paul está cubierto por "la beatitud de los cielos porteños", según el escritor Luis Alberto Ballester. Fue proyectado por el arquitecto Juan A. Buschiazzo y se inauguró en 1902 (*Gabriela Mistral* 3757).

Bibliografía

Herz, Enrique Germán. *Villa Devoto,* Cuadernos de Buenos Aires, XLIX, Buenos Aires, Municipalidad de Buenos Aires, 1978.

Gawronski, Alberto Rodolfo. *Villa Devoto, Historia y significado de sus calles, plazas y avenidas,* Buenos Aires, Ed. Dunken, 1997.

Diarios: *Clarín, La Nación, La Prensa:* años varios.

La bella y simbólica iglesia de San Rafael Arcángel.

Bellos murales, en los que predomina el color azul, se destacan en San Rafael Arcángel.

47

Villa General Mitre

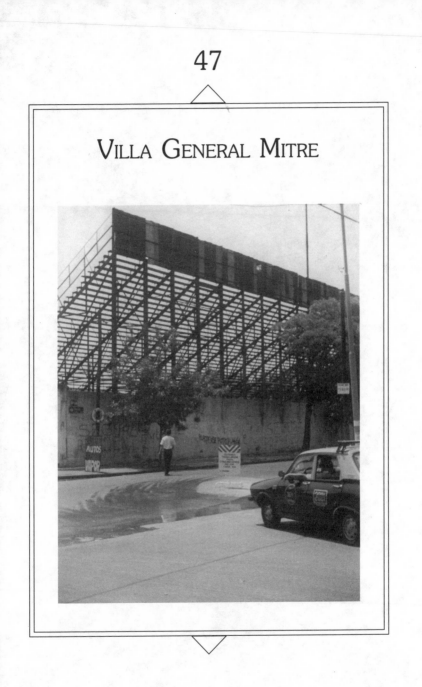

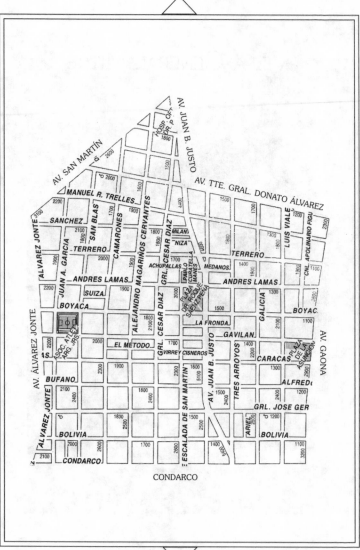

"Barrio mío, en tus calles está toda mi historia."

CARLOS DE LA PÚA
(poeta argentino, 1898-1950)

Límites

Calles y avenidas: *Álvarez Jonte, San Martín, Juan B. Justo, Gaona y Condarco.*

Algo de historia

El barrio se forma en lo que a fines del siglo XIX fue la quinta de Ventura Martínez. Su historia se encuentra vinculada con la de sus barrios vecinos, *La Paternal* y *Villa Santa Rita.* Nace en 1908.

Paisaje

Casas bajas y calles arboladas.

Gaona y Boyacá

En esta esquina se situó el mítico Café La Humedad. Era famoso por sus mesas de billar, aunque allí nunca existió orquesta de tango. La esquina era un lugar de encuentro lleno de vida. El café se mantenía abierto toda la noche. Cuando retiraron las mesas de billar, el lugar empezó a decaer. El tango de Cacho Castaña compuesto en 1972 y que lleva ese nombre lo describe en su época de esplendor.

El debut

El 20 de octubre de 1976 debutaba en Primera División un joven de quince años: Diego Armando Maradona. Esto ocurría en la legendaria cancha de la Asociación Atlética Argentinos Juniors.

El club nació a principios de siglo de la unión de dos equipos antagónicos: los Mártires de Chicago y el Sol de Victoria. Su camiseta es de color rojo, para recordar los momentos de las luchas laborales anarquistas en Buenos Aires. Su estadio de fútbol está siendo reconstruido porque la vieja estructura no cumplía con los requisitos exigidos por el Gobierno de la Ciudad. La sede del club se halla ubicada en el barrio de *La Paternal* y la cancha en este barrio (*Juan A. García, Boyacá, Gavilán y San Blas*).

Ojos

El Instituto Oftalmológico Nacional "Pedro Lagleyze", inaugurado en 1940, es uno de los centros médicos de ojos más importantes de la ciudad. Da un gran movimiento al barrio (*Avenida Juan B. Justo* 4151).

Iglesias

La parroquia Santísima Cruz data de 1934. Es de estilo neorrománico y obra del arquitecto Carlos Massa (*Artigas* 2052).

Los arquitectos Flándolli y Arrighi construyeron en 1962 el templo de Nuestra Señora de la Consolata. Cuenta con una nave decorada con vitrales, escaleras, bóvedas y arcos. También tiene un imponente coro con un órgano tubular inmenso. Pertenece a la Congregación de San Antonio María Claret (*Donato Álvarez* 2060).

Huerta ejemplar

Los docentes y los padres "fundaron" en 1998 espacios semisilvestres y entusiasmaron a sus niños. Una experiencia inédita en una escuela pública. Se trata de la Escuela Provincia de La Pampa, que tiene jardín de infantes y estudios primarios. El huerto abarca los canteros, algunos espacios en el patio y la vecina Plaza de la Asunción. Se han plantado sólo árboles nativos de América del Sur y particularmente de la Argentina. La iniciativa surgió de la docente Lilah Lima (*Caracas* 1249).

Un referente de Villa General Mitre es el Instituto Lagleyze, sobre la Avenida Juan B. Justo.

Caminar y observar. Dejarse llevar y descubrir calles como Gavilán, en el poco nombrado barrio de Villa General Mitre.

48

Villa Lugano

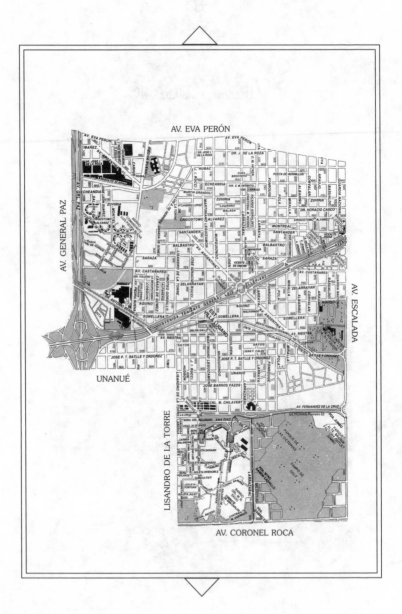

"...Enrique Davinson, el inglés del Bañado, protagonista de una novela de Carpena, admirable fresco de época, temía no sin motivo a la policía. Vivía en una loma, frente a la laguna que andando el tiempo sería terraplenada y llegaría a ser el parque Almirante Brown. Desde su casa dominaba un amplio panorama, casi hasta Floresta. No bien atisbaba en la lejanía gente sospechosa, huía a esconderse en los arenales de Villa Soldati o por las vías del ferrocarril. Si las cosas se ponían muy feas, se llegaba hasta el arroyo Matanza. Vivió en una casa con algo de castillo, sobre la que corrían leyendas de heroísmos y muertes. En la noche tranquila, Enrique y su mujer solían contar las estrellas. De día bajaba hasta la laguna de aguas límpidas, en cuyo lecho se veían peces, anguilas y hasta alguna tortuga. Entre los juncos de las orillas había flamencos, garzas, patos, biguás, que metían gran alboroto no bien alguien se acercaba. Más tranquilo era cazar iguanas detrás del aeródromo, por el lado de Larrazábal y Fernández de la Cruz. Una partida policial a caballo persiguió por esta apenas delineada calle Larrazábal al tape Beltrán, guapo célebre. Había también ciénagas. Una vez un arriero perdió dos yeguas en el camino y, cuando volvió a buscarlas, sólo vio las cabezas que se iban hundiendo. El Chino López había querido desafiar al pantano, él, vencedor de tantas cinchadas, y se lo fue tragando el barro hasta que dejaron de oírse sus gritos de desesperación..."

DELFÍN LEOCADIO GARASA

Límites

Calles y avenidas: *Eva Perón, General Paz, Coronel Roca, Unanué, Lisandro de la Torre* y *Escalada*.

Algo de historia

En 1908 José Soldati (1864-1913) fundó un nuevo barrio al que decidió llamar Villa Lugano en homenaje a su ciudad natal en Suiza. Había participado en una partida de caza en lo que luego sería este barrio. Era el campo. Un paisaje ondulado que le recordaba a su país de origen. Entusiasmado, compró la chacra que era de la sucesión Cazenave. El lugar correspondía a la zona que hoy abarcan las calles *Ana María Janer*, *Murguiondo*, *Lisandro de la Torre y Somellera*.

La zona era pintoresca por las ondulaciones que ofrecía el terreno formado por lomas, bañados y juncales. El lugar del inicio barrial estaba situado en lo que es hoy la *Avenida Escalada y Batlle Ordóñez*: allí se hallaba una vieja casa de campo de origen colonial y a la que se llamaba "de los Rufino" y luego "la casa vieja", que pasó a pertenecer a la Obra de Conservación de la Fe.

Lugano es el barrio con más habitantes nuevos, con un crecimiento del cuarenta y cinco por ciento de su población entre 1980 y 1997.

Trenes y murales

En el sector llamado "Lugano Viejo" se encuentra la emblemática estación ferroviaria con un importante mural del artista Héctor Rapisarda.

En su frente un edificio que fue el Bar de los Aviadores nos señala la presencia de murales vinculados a la historia del tango y bajorrelieves que recuerdan a Eduardo Arolas, Mercedes Simone, Ignacio Corsini, Hugo del Carril, Carlos Gardel, Enrique Santos Discépolo y otros artistas del tango.

El tendido de rieles para el tranvía por parte de la Compañía General de Buenos Aires y la inauguración de la estación consolidaron el nuevo ejido.

Villa Lugano también se sitúa sobre uno de los puntos más elevados de la meseta donde se asienta la metrópoli.

La República de los Aviadores

Así bautizó el periodista Juan José de Soiza Reilly a este barrio donde funcionó entre 1910 y 1934 el primer aeródromo que tuvo la Argentina. Su ámbito fue la zona que hoy abarcan las calles *Lisandro de la Torre, Chilavert, Larrazábal y Coronel Roca*.

Un pequeño monolito emplazado en la esquina de *Murguiondo* y *Chilavert*, en un ángulo de lo que es ahora la Plaza Precursores de la Aviación Argentina, ostenta una placa.

En ella, la Secretaría de Aeronáutica recuerda que en ese solar funcionó el primer aeródromo argentino, y tributa homenaje —en sus bodas de oro— a los primeros aviadores que recibieron sus brevets: entre otros, el pionero Jorge Newbery y el actor Florencio Parravicini.

Otro homenaje se rinde en *Guaminí* y la *Avenida Dellepiane.*

Marcando dos puntos de ingreso a la zona se destacan sendos murales con las imágenes de los cantores de tango Oscar Larroca y Julio Sosa.

Estos murales, instalados por decisión de los vecinos del barrio, integran el Paseo del Tango y fueron realizados por el Instituto de Bellas Artes Nuestra Señora de Itatí.

A pocos metros de la estación de trenes se halla la Plaza Unidad Nacional, donde se encuentra un busto del fundador José Soldati, obra del escultor ítalo-argentino Blas Gurrieri. También se ve el escudo barrial, obra de María Teresa Zaccaroni.

Arte callejero

Un mural en forma de tríptico, obra de Lydia D'Amico, Ofelia García y Sara Ojman, da testimonio de la celebración de los ochenta años del nacimiento del barrio (1980). (*Avenida Dellepiane Sur* y *Cañada de Gómez.*)

El monumento que el barrio dedica a la Bandera es obra de Luis Ernesto Barria; se trata de un grupo escultórico de bronce coronado por la figura de la victoria que representa a La Agricultura. Esta obra y otras tres similares se hallaban en el Pabellón Argentino de la Exposición Internacional de París de 1889, que celebró el centenario de la Revolución Francesa (*Avenida Riestra* 5800, esquina *Leguizamón*).

Los alumnos de la Escuela de Bellas Artes "Lola Mora" Pablo Martínez y Fabián Carbonell, con la coordinación del profesor Osvaldo Scarpó, pintaron en 1996 un mural que fue declarado de interés cultural por el Gobierno de la Ciudad. Se refiere a los vecinos que participaron en las marchas del silencio por el esclarecimiento del crimen de Fernando Giorgi, ocurrido en marzo de 1993 (*Murguiondo* y *Zuviría*).

Villas

El barrio alberga las villas de emergencia conocidas como Villa 15 y el núcleo habitacional transitorio de Ciudad Oculta. En la zona se encuentra abandonado desde hace años el proyecto del hospital de tuberculosos, que los vecinos llaman "el elefante blanco". Sorprende con sus trece pisos.

Un parque para dos

El Parque Almirante Brown comparte sus límites entre *Villa Lugano* y *Villa Soldati*.

Uno y dos

Conocido por ser el complejo habitacional más grande de Buenos Aires, el barrio *General Savio* ocupa una superficie de cincuenta hectáreas. Los ciento quince edificios albergan a una población estimativa de 55.000 habitantes distribuidos en 6.440 departamentos.

En el lugar hay una iglesia, un banco, una escuela, un registro civil y varios comercios. Recientemente reabrió sus puertas —transformada— la Escuela de Bellas Artes "Lola Mora" (*Soldado de la Frontera* 5140).

Construidas en terrenos que fueron bañados —luego rellenados con tierra y escombros— las monumentales torres hechas en los años '70 impactan por su realización arquitectónica (Avenidas *Coronel Roca, Larrazábal* y *Fernández de la Cruz* y las calles *Cafayate, Berón de Astrada* y *Lisandro de la Torre*).

El Complejo Habitacional Cardenal Doctor Santiago Luis

Copello es otra de las obras arquitectónicas con que cuenta esta zona. Delimitado por las calles *Miralla, Santander, Basualdo* y la calzada de la *Avenida Dellepiane*, fue construido por la ex Municipalidad de la Ciudad. Tiene una capacidad habitacional de 1.158 viviendas y cuatro playas de estacionamiento.

Ambos sectores están vinculados al resto de la ciudad de Buenos Aires por el premetro, que se suma a los otros medios de transporte.

Cine

Una sala inaugurada en 1945, el Cine El Progreso, se reabrió en 1999. Había estado cerrada y también usada —de manera oportunista— por iglesias pentecostales. La ciudad perdió el ochenta por ciento de las salas barriales. Existe un plan de recuperación. En este caso los vecinos del barrio se movilizaron y así se rescató el único cine con que contaba el barrio (*Avenida Riestra* 5653).

Bibliografía

Garasa, Delfín Leocadio. *La otra Buenos Aires,* Buenos Aires, Ed. Sudamericana-Planeta, 1987

Revista *Información Argentina,* Buenos Aires, Presidencia de la Nación, febrero de 1971.

Revista *Lyra,* Buenos Aires, primer semestre de 1970.

Diarios: *Clarín, La Razón:* fechas varias.

El escudo barrial muestra cómo el barrio otorgó protagonismo a la aviación, en los inicios de esta actividad.

49

Villa Luro

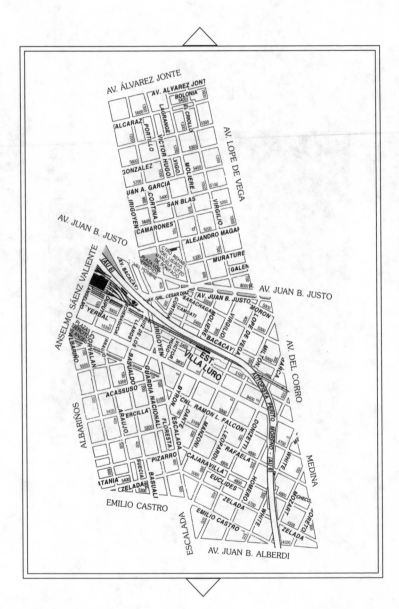

"Me gusta la avenida Lope de Vega porque tengo una sensación mágica cada vez que la recorro."

DIEGO CAPUSOTTO, actor
Diario *Clarín*, 21 de junio de 1999

Límites

Calles y avenidas: *Juan Bautista Alberdi, Escalada, Emilio Castro, Albariños, Sáenz Valiente, Juan B. Justo, Irigoyen, Álvarez Jonte, Lope de Vega*, nuevamente *Juan B. Justo, Corro* y *Lacarra*.

Algo de historia

En el oeste y próximo a los límites de la ciudad, este barrio tiene una historia breve. Su denominación proviene del nombre que le fue dado al apeadero del Ferrocarril Oeste. Hasta mucho después del acto inaugural de la primitiva parada ferroviaria, las escrituras de los loteos que se realizaban se referían a la zona de *Flores*. Pero fue uno de los propietarios más pudientes de la zona, Pedro Luro, quien, al desprenderse de algunos de sus predios, sin proponérselo le dio denominación al barrio. Integra con *Versalles* y *Liniers* la trilogía de barrios de nombre francés.

Paisaje

El barrio se pobló de gente modesta, en su mayoría de origen italiano y español. Las quintas de la zona vendían a precio muy conveniente frutas y verduras, y la cercanía del matadero hizo que vivir allí, además de grato, resultara económico.

Derechos del Hombre

Una placa recuerda: "Plaza Derechos del Hombre, memoradora de la Declaración de los Derechos del Hombre proclamados por la Asamblea Constituyente de la Revolución Francesa, en 1789" (*Avenida Juan B. Justo, Magariños Cervantes, Cortina e Irigoyen*).

Plaza e iglesia

Una de las plazas principales del barrio es la Ejército de los Andes. Próximo a la parroquia Corpus Domini, este paseo exhibe la escultura que su autor, Edmundo Tony Noel (francés y Caballero de la Legión de Honor), bautizó como *El Progreso* o *El genio protegiendo a la ciudad* (*Rivadavia, Corvalán, Ramón L. Falcón y Albariños*).

La parroquia Corpus Domini es obra del arquitecto Carlos Massa, data de 1934 y es de estilo neorrománico. Tiene en el altar mayor parte del retablo que perteneció a la antigua capilla de San Nicolás, que estaba emplazada en el solar donde actualmente está el Obelisco (*Albariños 266*).

En la plazoleta Vicente Bellini, que recuerda al músico italiano autor de la ópera *Norma*, se encuentra la estatua del escultor argentino Santiago Cherico que representa un desnudo femenino: *La cautiva* (*Avenida Rivadavia y Medina*).

Artistas y calles

Los vecinos sostienen que éste es el barrio de las calles románticas. Los nombres que fundamentan este pensamiento son, entre otros, *Byron, Molière, Lope de Vega, Milton, Calderón de la Barca, Virgilio, Dante, Víctor Hugo, Donizetti, Homero y Cervantes*.

Sobre la base de este concepto José Domingo Ivorno diseñó el escudo del barrio.

El hombre que hacía llover

Oriundo del barrio era el ingeniero Juan Baigorri Velar. Desde el altillo de su casa aplicó su invento para hacer llover en varias ocasiones. Un hallazgo inesperado lo llevó a lograr la lluvia artificial. Era técnico en petróleo y poseía aparatos capaces de medir la energía electromagnética; también era rabdomante, buscador de corrientes subterráneas de agua. Cada vez que encendía sus aparatos para hallar napas profundas notaba que el cielo se ponía plomizo.

Baigorri, que era popularmente llamado "el mago de *Villa Luro*", no aclaró sus procedimientos y escondió cuidadosamente sus máquinas. Murió en 1972 sin revelar su secreto. No quiso enriquecerse con él. Un ingeniero norteamericano le ofreció dinero y él respondió: "Soy argentino y como tal quiero que el invento beneficie a mi país. No estoy dispuesto a vender la fórmula ni por todo el oro del mundo" (*Araujo* 105).

Carlos

En el año 1938 se inauguró la parroquia de San Francisco Solano. Su estilo arquitectónico es neorrománico. Tiene una sola torre con aberturas de medio punto. En su fachada hay dos imágenes hechas con mayólica de la Virgen de Luján y San Francisco Solano. Aquí fue asesinado el 11 de mayo de 1974 el sacerdote Carlos Mugica al salir de misa. Cada aniversario de esta muerte los vecinos de la Villa 31 del barrio de *Retiro*, donde ahora está enterrado el religioso, vienen a este templo de *Villa Luro* a honrar al padre Mugica (*Zelada* 4771).

Para confundidos

La parroquia de San Gabriel Arcángel, patrono de los radiotelecomunicadores y protector de los desorientados y confundidos, tiene su sede en el barrio (*Avenida Rivadavia* 9625).

La memoria

Ubicada frente a un templo evangélico está la Plazoleta Adolfo Arana. En su sector central hay un mástil con placas que exteriorizan homenajes diversos de los vecinos de *Villa Luro:* a la confirmación de la Paz en América (1936) y al cuarto centenario de la segunda fundación de Buenos Aires en 1580, entre otros. También se ve el escudo barrial (*Avenida Rivadavia* entre *Irigoyen* y *Guardia Nacional*).

Bibliografía

Villa Luro: historias de Buenos Aires N°13. Secretaría de Cultura, Instituto Histórico de la Ciudad de Buenos Aires, MCBA, 1990.
Revista *Lyra:* primer semestre de 1970.
Revista *Todo es Historia* N° 13, mayo de 1968.

La pertenencia al barrio en "La Botica de Luro".

VILLA ORTÚZAR

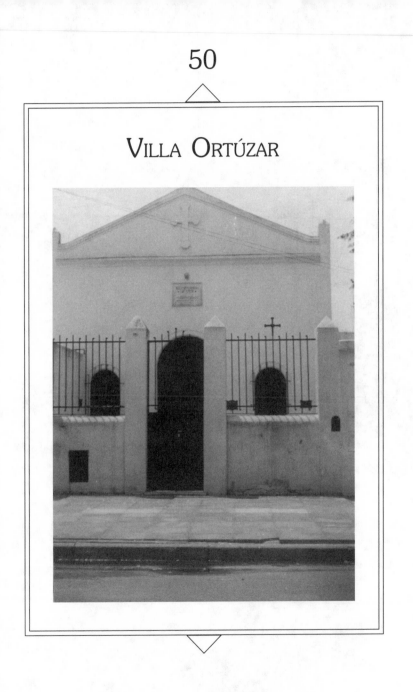

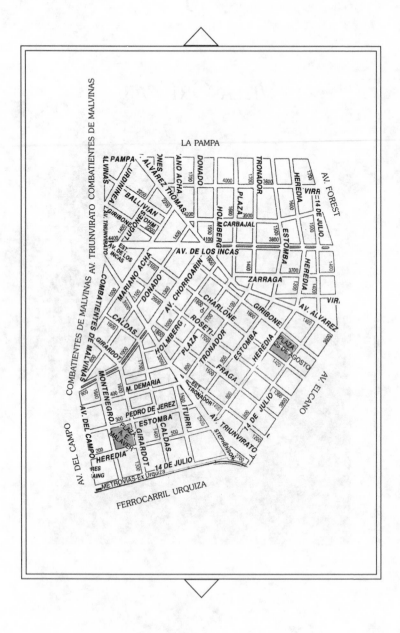

"El secreto de Ortúzar es demorarse en lo que fue el barrio hace cuarenta años... con las casas, los patios, los talleres... ¡Se quedó, por suerte!... con aquellas cosas lindas y el sol por todos lados."

HÉCTOR NEGRO
(poeta argentino contemporáneo)

Límites

Calles y avenidas: *Elcano, Del Campo, Donato Álvarez, Triunvirato, Forest* y *Pampa.*

Algo de historia

Ortúzar ocupa parte de los terrenos que en el siglo XIX fueran conocidos como la Chacarita de los Colegiales.

En 1827, con la llegada de inmigrantes alemanes, una ley apoyaba la gestión de ceder tierras para explotación; se proyectó en esos terrenos erigir una villa, que se denominó *Chorroarín.*

Aquel poblado no prosperó, pese a los intentos gubernamentales, y su población se fue retirando.

Los terrenos de la zona fueron cambiando masivamente de dueños, hasta que en 1862 Santiago de Ortúzar adquirió una importante fracción, que con el tiempo llevaría su nombre.

Hacia 1890, la actual *Villa Ortúzar* era una gama de quintas en tierras con leves ondulaciones. También existía allí una serie de hornos de ladrillo.

Las primeras décadas del siglo XX le dieron al barrio gran parte de su población, ya que en esas épocas se realizaron numerosos fraccionamientos y loteos que atrajeron a muchos interesados.

Algunos de los primeros pobladores vinieron para trabajar en las obras del vecino cementerio de la *Chacarita.*

Paisaje

El viejo barrio de los "malevos que ladran de melancolía frente a los incendiados crepúsculos", como lo definió el escritor Leopoldo Marechal, no ha cambiado mucho desde aquel entonces. Las casas bajas, los vecinos tomando mate en la vereda, los jubilados de la Plaza 25 de Agosto son solamente una cara de la moneda de este barrio dividido en dos. De *Avenida de los Incas* a *La Pampa*, la clase alta con mansiones y jardines; para el otro lado, la clase media y trabajadora que lentamente va siendo desplazada por las industrias, los depósitos y los talleres.

El barrio está tras el paredón del cementerio de la *Chacarita* y marcado por el ferrocarril Urquiza y las avenidas que lo atraviesan: *De los Incas, Álvarez Thomas* y *Chorroarín,* entre otras.

Algo de historia (II)

Santiago de Ortúzar compra las tierras el 26 de abril de 1862. Es esa fecha, o quizás un par de años antes, la que indica su llegada a la zona que más tarde lo honraría con su nombre.

Era oriundo de Villa de Ermúa, Señorío de Vizcaya, Obispado de Vitoria (España). Había nacido el 4 de febrero de 1822.

Fue Ortúzar quien realizó los primeros trazados de calles y arboló la zona con eucaliptos. También vendió lotes a los primeros pobladores que echaron raíz en el lugar. Falleció el 4 de noviembre de 1897. Sus restos fueron sepultados en la *Chacarita*.

No dejaba fortuna ni herederos directos, sólo reconocimiento y aprecio de sus vecinos.

Había asentado su casa en la manzana que conforman las calles *Heredia, Giribone, Álvarez Thomas* y *14 de Julio.* Allí existía un palomar que era conocido como punto de referencia entre las quintas; se lo llamaba "el palomar de Ortúzar".

Templos

La parroquia San Roque es el templo más importante del barrio. Inaugurada en 1908, fue diseñada por los arquitectos María y Juan Negri. Su estilo es neorrománico.

En su interior se destacan los vitrales realizados por los artesanos Estruch, en especial aquel correspondiente al rosetón de la fachada. Allí cada 29 de abril, Día del Animal, se realiza una bendición de mascotas (*Plaza* 1160).

La Iglesia Ortodoxa Siriana San Afrem Doctor data de 1918. Su fachada es de líneas sencillas con una única puerta de entrada, en cuya parte superior se lee el nombre de la iglesia en castellano y árabe.

Su interior es pequeño, con una nave y paredes lisas ornamentadas con varias imágenes (*Tronador* 1065).

Honores al Uruguay

La Plaza 25 de Agosto debe su nombre a la fecha de la declaración de la Independencia e incorporación del Uruguay a las Provincias Unidas del Río de la Plata. Por esto la plaza cuenta con un retoño del llamado "Árbol de Artigas" (Ibirá-pita).

Existe un pequeño santuario de la Virgen de Luján, por iniciativa del padre Mario de la iglesia de San Roque. También allí funciona el club de bochas Egidio Tinazzi (*Giribone, Charlone, Heredia y 14 de Julio*).

También la República Oriental del Uruguay está presente en la estación José Artigas del Ferrocarril Urquiza, que cuenta con un busto del prócer.

Breve

Una de las calles del barrio debe ser una de las de denominación más breve de toda la ciudad. Se llama *Ohm* y recuerda al físico alemán Jorge Simón Ohm, quien publicó en 1827 su teoría matemática de las corrientes eléctricas.

Isidro Parodi

Bustos Domecq fue el seudónimo utilizado por los escritores Adolfo Bioy Casares y Jorge Luis Borges para escribir, entre otras obras, *El último enigma de Isidro Parodi*, relato policial donde el crimen y el zodíaco se entremezclan en una trama cuya acción se desarrolla en la calle *Manuel Rosetti* de este barrio.

Pugliese

Frente a la Plaza 25 de Agosto vivió Osvaldo Pugliese (*14 de Julio* 1111). En esa casa nació su hija Beba. La hoy brillante artista estudió en el colegio Mariano Acha (*Rosetti 1450*).

Luego Osvaldo Pugliese se mudó a *Rosetti* 1689, más tarde a *Álvarez Thomas* 1477 y posteriormente a la *Avenida Forest* 1243, a metros de las ocho esquinas, punto donde se encuentran los barrios de *Villa Ortúzar*, *Colegiales* y *Chacarita*.

Años más tarde su hija Beba compuso la música del tango *Mis ocho esquinas*, que tiene letra de Italo Curio.

Al barrio perteneció la otrora famosa discoteca New York City, diseñada por el prestigioso escenógrafo Mario Vanarelli. Había sido el cine Álvarez (*Avenida Álvarez Thomas* 1391).

Manzana mínima y casa encantada

La forman, por rareza del trazado urbano, la calle *Holmberg* y las avenidas *Álvarez Thomas* y *De los Incas*. Eran varios los jóvenes enamorados. La casa parecía encantada por cinco hermanas, naturalmente rubias e inteligentes. Estaba situada en la calle *Tronador* 1746. Una de las hermanas era la escritora Norah Lange; la entonces famosa casa fue frecuentada por Jorge Luis Borges, Xul Solar, Horacio Quiroga, Macedonio Fernández, Raúl Scalabrini Ortiz y Leopoldo Marechal. Este último, con otros nombres, los convirtió a todos en personajes de su novela *Adán Buenosayres*.

San Fermín

Cerca de la Plaza Malaver un templo católico está bajo la advocación de este santo, mártir cristiano nacido en Pamplona, España, y muerto en el año 287. Todos los 7 de julio se celebra su fiesta, que es famosa mundialmente por realizarse en ella corridas de toros por las calles de su ciudad natal (*Estomba* 466).

Líbano

En el barrio tiene su sede la Asociación Akarense de la comunidad libanesa. Según los días se baila tango o se escucha música árabe (*Donado* 1365).

Rosetti

La importancia de la calle se basa en que aquí se encuentra el solar que donó Santiago de Ortúzar para levantar una escuela. Se trata de la General Mariano Acha (*Rosetti* 1450).

Bajo tierra

En 2003 se inauguraron dos estaciones de subte en el barrio. Una es Tronador, que está bajo la *Avenida Triunvirato* y que tiene vitrales que recrean la historia de *Villa Ortúzar*.

También se puede observar un gliptodonte encontrado durante las excavaciones.

La otra estación es Los Incas y está bajo *Avenida Triunvirato* entre *Mariano Acha* y *Combatientes de Malvinas*. Adornan sus paredes elementos de cultura precolombina, para lo cual participó la Embajada de Perú.

Bibliografía

El barrio de Villa Ortúzar, Diego A. del Pino, Cuadernos de
Buenos Aires N° 60, MCBA, Buenos Aires, 1990.
Diario *Clarín:* fechas varias.

La parroquia de San Roque, de estilo neorrománico.

Villa Pueyrredón

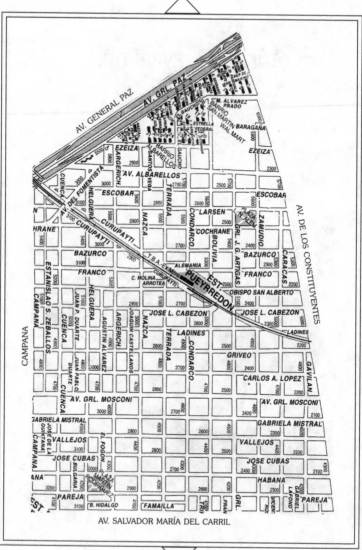

"Si se mira a la ciudad como un gran teatro lírico, Villa Puey-
rredón sería el paraíso."

Diario *Clarín*, 30 de abril de 1988

Límites

Calles y avenidas: *General Paz, Salvador María del Carril,*
Campana y *De los Constituyentes.*

Algo de historia

Estas tierras eran propiedad de Manuel Santiago Altuve,
dependientes del aún contiguo partido bonaerense de San Martín. Quedaron incorporadas a los límites de Buenos Aires cuando en febrero de 1888 se aprobó el nuevo plano de la ciudad.

En la zona se hallaba la estación Kilómetro 14 del Ferrocarril Central Argentino, la que en 1907 recibió el nombre del
brigadier general Juan Martín de Pueyrredón. También en este
caso sería el ferrocarril el encargado de bautizar el lugar, que
gradualmente resultaría identificado como la villa homónima en
la segunda década del siglo.

Paisaje

Es uno de los barrios más altos de la ciudad. Tiene forma
de trapecio y una población tranquila que por lo general habita
en casas bajas.

De todos los barrios, es uno de los que tienen un nivel de
ruidos aceptable; casi todo el resto supera los niveles tolerables
sugeridos por la Organización Mundial de la Salud, que depende de las Naciones Unidas. El puntaje es de 69 decibeles contra
el del barrio de *Flores* que, por ejemplo, es de 103 decibeles.

945

Plazas, iglesias y torres

La Plaza Teniente General Eduardo Lonardi es de trazado irregular y lleva el nombre del militar que encabezó el golpe que derrocó a Juan Perón —en setiembre de 1955— durante su segunda gestión presidencial (*Obispo San Alberto, Condarco, Cabezón, Bolivia* y las vías del ferrocarril).

El líder radical Leandro N. Alem es recordado en la plaza que lleva su nombre y fue inaugurada en 1931. Como es casi habitual en todos los barrios de la ciudad, hay aquí un monumento a la madre, de autor desconocido (*Artigas, Zamudio, Larsen y Cochrane*).

Frente a la plaza se halla la parroquia de Cristo Rey, de estilo neorrománico y obra del arquitecto Carlos Massa. Data de 1931 (*Larsen* 2384).

La capilla Nuestra Señora del Huerto data de 1916. Su fachada consta de un frontis triangular sostenido por cuatro columnas corintias y remata en una cruz. Tiene una sola nave, destacándose el altar mayor con una pintura que representa a su patrona. En el extremo superior se advierte otra pintura que representa a San Antonio María Gianelli, fundador de la orden, elevado por ángeles al cielo. Es obra del arquitecto Carlos Massa (*Avenida General Mosconi* 3054).

A metros de la *Avenida General Paz* que separa el territorio de la ciudad capital y el de la provincia, se halla desde 1931 el monasterio Santa Teresa de Jesús y de la Santa Faz. Pertenece a las Hermanas Carmelitas Descalzas (*Ezeiza* 3054).

Muy próximo se halla el microbarrio *Albarellos* y también el *General José de San Martín*, formado por edificios de diez pisos. Algunas de estas torres se comunican entre sí (*Avenida General Paz, Avenida Albarellos, Ezeiza*).

Escudo

Alicia Vidal de Rodríguez diseñó el escudo del barrio que dice: "Desde Villa Pueyrredón Buenos Aires se ve diferente". En la zona de su ubicación la cota es de 36,40 metros, nivel tomado en relación con el espejo de agua del río de la Plata (*Avenida Mosconi y Artigas*)

Artista en la calle

En el microbarrio *General San Martín*, paralela a la calle *Bolivia* entre *Ezeiza y Estrella Federal*, una calle le rinde homenaje a la actriz argentina Elsa O'Connor (1906-1947). Su carrera en teatro y cine le dio gran prestigio en el drama y la tragedia.

La manzanita

Es un capricho de la geografía urbana. Dentro del juego de la cuadra, la esquina, la cortada y la diagonal, existe esta diminuta manzana (*Avenida Robinson, Escobar y Helguera*).

Bibliografía

Pereda, Enrique. *Nuestra querida Villa Pueyrredón,* Buenos Aires, 1983.
Diarios: *La Nación, Clarín, La Razón, Tiempo Argentino*: fechas varias.

52

Villa Real

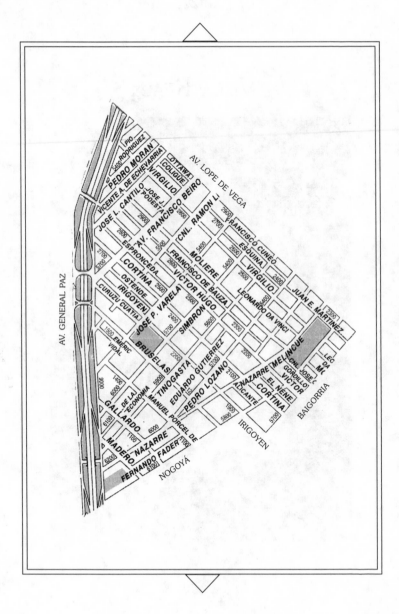

"...Nos eras familiar como una casa que fuera nuestra, sola-
mente nuestra; familiar en las calles, en los árboles que bor-
dean la acera..."

EVARISTO CARRIEGO
(poeta argentino, 1883-1912)

Límites

Calles y avenidas: *Lope de Vega, Baigorria, Nogoyá, Gene-*
ral Paz, Irigoyen.

Algo de historia

El barrio recibió su nombre por la existencia de la Quinta
de los Virreyes, denominación con la que se conocía a la residencia veraniega del virrey marqués Rafael de Sobremonte
(1804-1807) y desde la cual inició, durante las invasiones inglesas, su huida hacia lo que es hoy la provincia de Córdoba.

En 1909 se creó la estación *Villa Real* del Ferrocarril Buenos Aires al Pacífico (actual General San Martín). Pertenecía al
ramal que se extendía desde la estación Sáenz Peña hasta
Versalles. En torno a ésta, el barrio comenzó a crecer.

La zona se caracteriza por sus arboledas y sus casas bajas.
Los vecinos pertenecen a la clase media.

Desde 1956 funciona la Plaza Juan Bautista Terán (1880-
1938), que recuerda a un rector de la Universidad de Tucumán
e historiador.

Por ser el barrio de la ciudad que sólo tiene una iglesia
católica, una misión interparroquial realizada en 1994, integrada por las parroquias de Nuestra Señora del Perpetuo Socorro,
Nuestra Señora de la Salud y San Rafael Arcángel, concretó una
ermita dedicada a la Virgen de Luján. (*Nogoyá, Coronel José*
Gordillo, Melincué y Juan E. Martínez)

En el barrio tiene su sede el Museo del Automóvil —privado—, que es una institución reciente (*Irigoyen* 2265).

El solar que tuvo la estación ferroviaria —que ya no existe— cuenta con una placa evocativa (*Irigoyen y Tinogasta*).

Las palmeras que fueron características de ese lugar se transplantaron por pedido de los vecinos a la vecina Plaza Villa Real (*Bruselas, José P. Varela y Simbrón*).

Entre los clubes de comunidades extranjeras el barrio alberga desde 1974 a la Asociación Mutual Eslovena Triglav (*Manuel Porcel de Peralta 1458*).

Transparente

La Iglesia Transparente es obra del arquitecto Antonio Murillo Luque. A través del vidrio de la entrada se puede observar el interior del templo. Las paredes laterales son vitrales hechos en acrílico de todos los colores. La estructura del edificio, vista desde afuera, representa dos manos en oración. Tiene capacidad para dos mil personas. Pertenece a la Iglesia Cristiana Evangélica (*Tinogasta 5850*).

Entrañables diseño y grafía que perduran en barrios como Villa Real.

Única

La única iglesia católica del barrio es la de la Inmaculada Virgen de Fátima. Nació en forma muy sencilla en 1940. Recién en 1988 tomó su forma actual (*José Luis Cantilo 5656*).

Bibliografía

Manual Informativo de la Ciudad de Buenos Aires, Buenos Aires, Instituto Histórico de la Ciudad de Buenos Aires, 1981.

Barrios, calles y plazas de la Ciudad de Buenos Aires: origen y razón de sus nombres, Buenos Aires, Instituto Histórico de la Ciudad de Buenos Aires, 1981.

Los jubilados practican sus juegos preferidos –dominó, bochas– en esta plaza de Villa Real.

53

Villa Riachuelo

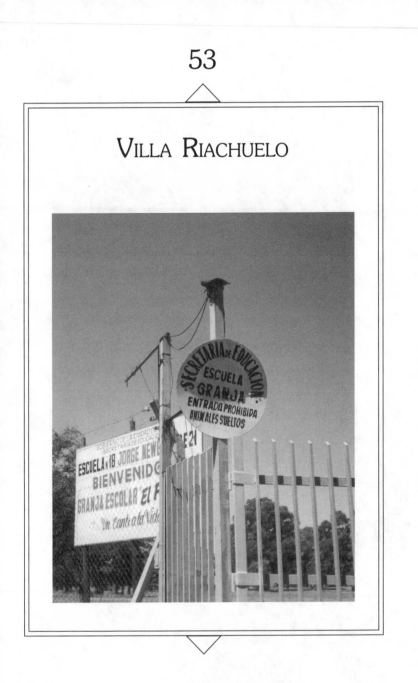

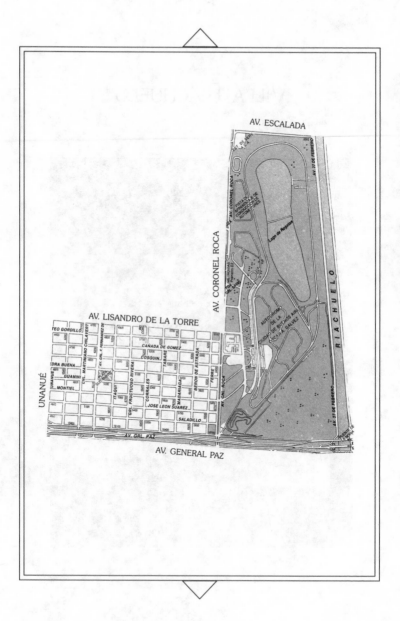

> *"Mi abuelo, que era genovés, vino a la Argentina y se afincó en unos campos cercanos a lo que es hoy el Autódromo Municipal. Allí se casó, allí trabajó, y allí nació mi padre, y con el tiempo, yo. Ambos solían decirme, cuando yo era un chico, que por esas tierras habían avanzado las columnas inglesas en 1806 y 1807, en ocasión de las invasiones. Yo nunca tomé en serio aquellas afirmaciones hasta que un día, lleno de curiosidad, comencé a visitar el Archivo General de la Nación e, inclusive, el mismísimo Ministerio de Guerra. Con asombro, descubrí coincidencias entre lo que afirmaban mi padre y mi abuelo y los viejos mapas y los antiguos documentos."*

> HÉCTOR JUAN CICHERO,
> diario *Clarín*, 1-12-1997

Límites

Calles y avenidas: *Lisandro de la Torre (ex Tellier)*, *Unanué, General Paz, 27 de Febrero, Escalada* y *Coronel Roca*.

Algo de historia

En 1888 la Sociedad de Tierras General Pobladora obtuvo un permiso por ley de la Nación para realizar el dragado del cauce del Riachuelo en los últimos 33 kilómetros de su recorrido. Aquellas obras no se realizaron, dejando, en cambio, el trazado de la planta urbana de una villa en el extremo sudoeste de la ciudad de Buenos Aires. Esta compañía abrió calles y vendió algunos terrenos donde se instalaron tambos y chacras. Estos parajes se bautizaron con el nombre de "la villa del Riachuelo".

A comienzos del siglo XX, la obra de mayor magnitud de la zona era el Puente de la Noria. Éste comunicaba la zona provincial de Lomas de Zamora con las quintas y chacras que rodeaban el enclave urbano, y era utilizado para el ingreso de las tropillas de hacienda, para bajar luego por la *Avenida Roca*, camino a los mataderos de *Liniers*.

El primer emplazamiento del paso de la Noria se hallaba

en la zona del actual Autódromo Municipal y fue construido en 1905. La rectificación del Riachuelo obligó a la construcción del actual puente, doscientos metros más al oeste de aquel primer paso, a la altura de la *Avenida General Paz*. El Puente de la Noria actual data de 1944.

La zona comienza a prosperar a partir de 1908, con la llegada del ferrocarril al paraje lindero, en los altos donde se funda *Villa Lugano*. Para esa época el tranvía era la única comunicación de los pobladores con el resto de la ciudad, ya que el camino al Puente Alsina (hoy *avenida Roca*) se hallaba continuamente afectado por las inundaciones.

Paisaje

El barrio estaba encajonado entre sus vecinos de *Villa Lugano* y *Villa Soldati*.

De sus inicios de chacras y bañados fue creciendo lentamente: primero unas pocas casas bajas, hoy algunos edificios en torre que le dan otro aspecto al lugar.

El trazado de las calles, exceptuando el Autódromo, conserva la distribución de damero, propia de la ciudad de Buenos Aires. Las calles interiores son, en general, tranquilas; debido a que es un barrio encerrado entre avenidas, el gran movimiento vehicular se concentra en éstas.

Otra particularidad: por ser un punto extremo de Buenos Aires, las vías de acceso del transporte se comunican con la provincia. La *Avenida General Paz*, Puente de la Noria mediante, continúa en el partido bonaerense de Lomas de Zamora. La *Avenida 27 de Febrero* continúa en la provincia de Buenos Aires con el Camino de la Ribera.

Sirenas en La Noria

La parte más alejada del partido de *Flores* al sudoeste, lindando con los campos de Lomas de Zamora y de la Estancia Los Tapiales, se conocía en 1887 con el nombre de paso de la

Noria. La zona es, pues, la del mítico Puente de la Noria. Antiguas leyendas hablan de sirenas que surgían de las aguas del Riachuelo para tomar a los arrieros que allí se bañaban y arrojarlos a las profundidades.

Hay que hacer notar que entre los puentes que dan carácter a la ciudad debemos incluir los que corresponden a los distintos accesos, entre ellos, el Puente de la Noria, próximo al actual borde del Autódromo Municipal y que rectificó a partir de 1944 el curso del Riachuelo. Valga memorar que desde el viejo Puente de la Noria, hoy pistas del Autódromo Municipal, partían dos caminos. Uno a Lomas de Zamora (provincia de Buenos Aires) y el otro a Cañuelas, también en la provincia, pasando por la entonces Estancia Los Remedios que es hoy el Aeropuerto Internacional de Ezeiza.

El Autódromo

Se inauguró en 1952. Está ubicado en un predio de 150 hectáreas. Posee, entre otras comodidades, pistas, boxes, oficinas, garajes, tribunas populares y oficiales, torre de control con moderno sistema de cronometraje.

El trazado de pista más importante es el que comprende la recta principal o de largada, la curva denominada "la S del ciervo", la recta del Curvón, el Curvón, y luego una recta que conduce hacia la llamada "chicana de Ascari", en homenaje al gran automovilista italiano ya desaparecido, la cual encierra la zona denominada del lago; luego el circuito prosigue en una zona de mixtos, "el tobogán" y "la horquilla" (*Avenida Coronel Roca* y *General Paz*).

Escuela y granja

El barrio cuenta con la única escuela primaria de la ciudad en la que los alumnos aprenden distintas técnicas agropecuarias. Se trata de la Escuela Jorge Newbery (N° 18 del Distrito Escolar 21), donde los alumnos bautizan a las vacas con nombres autóctonos y al único toro lo llaman Pehuén (*Autódromo, Avenida Coronel Roca, Puerta Nº 9*).

Plaza con ángeles

La escultura y "homenaje a la bandera" es obra del francés Luis Ernesto Barrias. Se trata de un grupo escultórico de bronce coronado por la figura de La Victoria que representa *La navegación*. Esta obra, junto con otras tres similares que se hallan en distintos lugares de la ciudad, integró el Pabellón Argentino de la Exposición Internacional de París de 1889 (Plaza Sudamérica, *Avenida Fernández de la Cruz* 6500).

Yacimiento

En 1932 en las cercanías del viejo Puente de la Noria se encontraron paraderos indígenas. El profesor Carlos Rusconi fue quien realizó los hallazgos de cerámica de origen guaraní y querandí, que fueron encontrados en las adyacencias de la hoy *Avenida Lisandro de la Torre*.

Bibliografía

Maroni, José Juan. *Breve historia física de Buenos Aires*, Buenos Aires, Cuadernos de Buenos Aires Nº 29, MCBA, 1969.

Manual informativo de la ciudad de Buenos Aires, Buenos Aires, Instituto Histórico de la Ciudad de Buenos Aires, MCBA, 1981.

Garasa, Delfín Leocadio. *La otra Buenos Aires*, Buenos Aires, Ed. Sudamericana-Planeta, 1987.

54

VILLA SANTA RITA

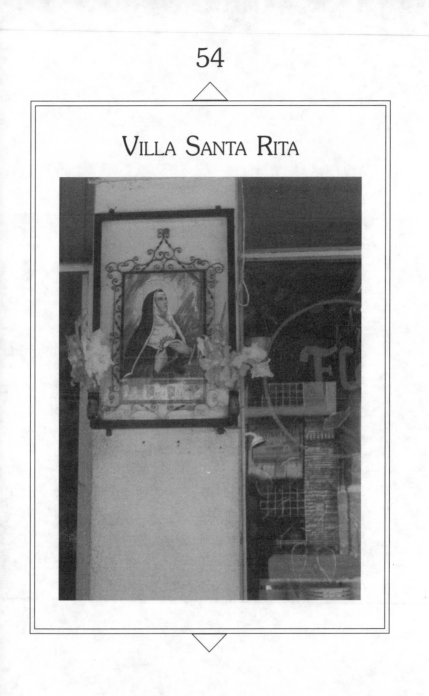

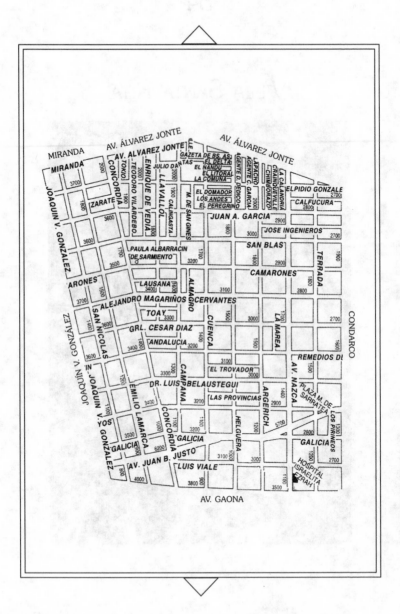

"El Abuelo era un hombre flaco y risueño. Cantaba en idish en las fiestas familiares y en la sobremesa tomaba una copa de anís.

"En el pasaje Los Andes, entre Helguera y Cuenca, sacaba a pasear a Plomo, un perro de raza incierta y muchas pulgas..."

SERGIO KISIELEWSKY,
diario *Clarín*, 10-05-1999

Límites

Calles y avenidas: *Miranda, Álvarez Jonte, Condarco, Gaona y Joaquín V. González.*

Algo de historia

Antiguamente hubo quintas, tambos, alfalfares y hornos de ladrillos. Una de las fincas de la zona, a fines del siglo XIX, exhibía en su frente una imagen de Santa Rita. En su interior estaba ubicado un oratorio particular, que fue haciéndose popular y motivo de devoción de mucha gente.

Al observar este interés, el cura párroco de la zona, padre Amílcar Merlo, dedicó grandes esfuerzos alrededor de 1930, para lograr que se levantara allí un templo.

El loteo del área permitió la afluencia de vecinos que comenzaron a construir sus viviendas.

Las tierras iniciales habían pertenecido a doña Juana Ramos de Garmendia.

Borges

El escritor Jorge Luis Borges ha realizado una descripción de la zona y de sus personajes célebres en su cuento *El hombre de la esquina rosada*, donde se puede advertir la vida áspera y brutal de los arrabales de Buenos Aires a fin de siglo.

El templo

El santuario que identifica este barrio se construyó en 1949. Está bajo la advocación de Santa Rita, la patrona de los imposibles.

Es de estilo neorrománico, obra del arquitecto Juan B. Negri. Tiene dos imágenes de la santa patrona. Una de ellas, la más antigua, es de madera y está decorada en oro, de alto valor artístico según los entendidos. Fue traída de Cataluña, España, para ser donada por una familia que allá la veneraba. Está entronizada en el camarín de la Virgen. La otra imagen, también de madera, de mayor tamaño, fue hecha por el artista Leo Mahlknecht y está ubicada en el altar mayor.

En el camarín —atrás del altar mayor— se destacan las plaquitas de mayólica como testimonio de los devotos. Es el único templo de la ciudad con este tipo de decoración.

Los vitrales recuerdan dos pasajes de la vida de la santa: la rosa que creció en invierno y su ingreso en el convento de las monjas agustinas. Santa Rita nació el 22 de mayo de 1386 y falleció el mismo día del año 1457.

Las pinturas que representan ángeles fueron realizadas por el artista italiano Elio Vitali (*Camarones* 3443).

El escudo

En la puerta de la iglesia está el escudo del barrio de *Santa Rita*, obra de Agustín Pérez Marignal y Arnoldo Miranda.

El hospital

El único centro de salud del barrio es el Hospital Israelita, fundado en 1908 por el rabino Henry Joseph y un grupo de ochenta personas.

Estuvo destinado originalmente para los inmigrantes judíos que llegaban a la Argentina.

En octubre de 1916 se colocó la piedra fundamental del primer pabellón, que se inauguró el 25 de mayo de 1921.

El edificio fue proyectado por los arquitectos Joselevich y Braginsky.

El segundo pabellón se inauguró en 1928 y contó con la presencia del entonces presidente Hipólito Yrigoyen.

Otros dos pabellones se habilitaron en 1948. Actualmente está destinado a toda la comunidad sin limitaciones (*Terrada* 1164).

Nazco en Nazca

Este pensamiento fue expresado por el hijo de Baldomero, y también poeta, César Fernández Moreno.

Dentro del barrio existe un microbarrio: el Nazca, que muchos llaman "de las casitas baratas".

Casas que, de acuerdo con la criteriosa legislación de 1913, debían tener no menos de cinco habitantes y estuvieron destinadas por orden de preferencia a empleados públicos y obreros, ciudadanos argentinos y obreros extranjeros. Las construcciones debían estar situadas a no más de cuatro cuadras de líneas de tranvía o estación ferroviaria y surgieron como obra concreta recién a partir de 1922.

Sobre la *Avenida Nazca*, próximo a Juan Agustín García, poco queda del recordado Mercado Nazca a cuyo frente se encontraba el barrio Renacimiento, hermano del Nazca, que ha sido demolido.

Hoy día "las casas baratas" han sido en su mayoría recicladas y muestran la evolución surgida del estímulo brindado ayer por el Estado.

Paisajes y caminitos

En el microbarrio Nazca existen catorce pasajes, que fueron abiertos para edificar más viviendas y llevan nombres relacionados con la flora, la fauna y los lugares geográficos argentinos.

El barrio tiene un rincón maravilloso: nace en *Cuenca* 2102 y culmina en *Lavallol* 2055, entre *Álvarez Jonte* y *Elpidio*

González. Se trata del pasaje *Julio Dantas* y con su nombre evoca a un destacado militar de la Guerra del Paraguay, luego jefe de Policía y también diputado nacional. Lo insólito es que sobre el número 3271 del pasaje *Dantas* nace otro pasaje, el *Guillermo Enrique Granville*, conocido durante muchos años como pasaje *La Puñalada*. Finaliza el *Granville* en *Álvarez Jonte* 3270. Granville fue un inglés que combatió durante la guerra contra el Brasil.

Bibliografía

Miranda, Arnaldo Ignacio Adolfo. *El barrio de Santa Rita,* Cuadernos de Buenos Aires, Municipalidad de la Ciudad de Buenos Aires, 1994.

Borges, Jorge Luis. *Obras completas (1923-1949)*, tomo 1, Buenos Aires, Emecé Editores, 1974.

La iglesia de Santa Rita se ha convertido en uno de los más importantes santuarios de la ciudad.

55

Villa Soldati

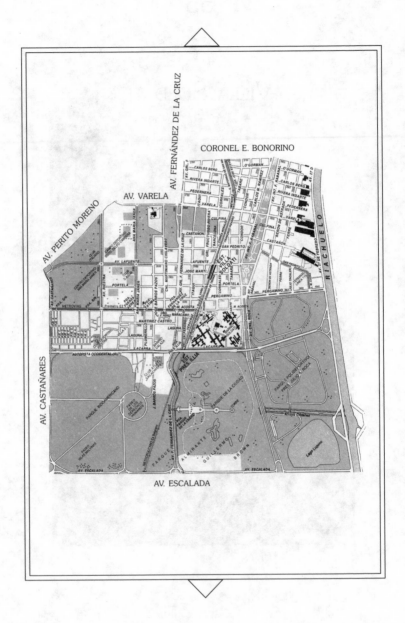

"...Buena falta hacía en aquellas regiones el cura Juan Bautista del cuento de Carpena El ángel del bañado, que instaló cerca del arroyo Cildáñez su capillita, una pieza de cinc con una cruz de madera en el techo y una campana que parecía un cencerro. El piso era de arena, los bancos toscos y a medio pintar y el Cristo demasiado primitivo. Sin embargo, el padre Juan Bautista era feliz de tener tantas almas para conquistar. Solía recorrer las calles calcinadas, y al cruzar el puente crujiente sobre el arroyo veía las ratas atraídas por los desperdicios del matadero que arrastraba el agua. Al pasar por los numerosos potreros, las lagartijas se metían entre los abrojos y chamicos. Un día escuchó un disparo junto a la laguna. A un cazador se le había reventado el rifle. Cuando se le acercó vio que se desangraba entre ayes de dolor. Entonces, como era hombre de decisiones rápidas, cargó al herido sobre un caballo que pastoreaba por allí, improvisó con el cinturón bocado y rienda, montó en ancas y se fue a la avenida a pedir auxilio..."

DELFÍN LEOCADIO GARASA

Límites

Calles y avenidas: *27 de Febrero, Coronel Esteban Bonorino, General Francisco Fernández de la Cruz, Varela, Perito Moreno, Castañares.*

Algo de historia

Cuando en 1908 José Soldati decidió fundar este lugar, era una zona ocupada por bañados, baja y húmeda, que se anegaba frecuentemente y estaba flanqueada por el Riachuelo.

El primer grupo de pobladores estuvo compuesto de italianos, españoles y armenios. Éstos levantaron sus viviendas alrededor de la estación del ferrocarril.

En la década del cuarenta la instalación de la quema de basura y de un barrio de emergencia contribuyeron al atraso del lugar. Muchas fueron las esperanzas puestas en torno al distrito para lograr su desarrollo, pero estuvo destinado a ser habitado por vecinos con recursos inferiores a los del resto de los habitantes de la ciudad. Sin embargo, continuó poblándose y mejoró mucho al rectificarse el curso del Riachuelo, por lo cual desaparecieron las crecidas.

Algunos templos

Nuestra Señora de Fátima alberga a la Blanca Señora de los Pobres, una de las designaciones de Nuestra Señora del Rosario de Fátima. El lugar donde está ahora el templo fue un basural; colaboró desinteresadamente en su obra el ingeniero Eduardo A. Quinterno. La imagen que se venera fue traída de Portugal y donada por el embajador de ese país en 1957 (*Avenida Mariano Acosta* 2979).

La Iglesia Cristo Obrero y San Blas tiene una estructura sencilla. Data de 1937. Se destacan los vitrales. Allí son venerados la Virgen de la Abundancia, réplica de la que se honra en Italia, y San Leonardo Murialdo (*Lafuente* 3242).

El santo protector de los estudiantes es San José Cupertino. Su imagen se halla en la parroquia de Nuestra Señora de las Gracias (*Cóndor* 2150).

Parques

En lo que fue la quema de basura de la ciudad y espacio soñado para proyectos coherentes e incoherentes se alza hoy el denominado Parque Indoamericano, incipiente e importante espacio verde, sobre el cual falta tiempo, trabajo y paciencia, para que luzca todo su esplendor. En 1999 se inauguró allí, el Paseo de las Malvinas, en el que se colocó un árbol en honor a cada uno de los 649 caídos en la guerra del Atlántico Sur que libraron la Argentina y Gran Bretaña en 1982. El paseo cuenta con una capilla y un mástil de veintiocho metros de altura (*Avdas. Escalada, Castañares, Francisco Fernández de la Cruz* y vías del Ferrocarril Belgrano).

El Parque Roca recuerda al presidente Julio Argentino

Roca y también es un terreno recuperado, ya que fue rellenado en toda su extensión.

Forma parte del denominado complejo Parque Almirante Brown. En el sector comprendido entre el arroyo Cildáñez y la *Avenida Escalada* se encuentra el lago regulador Lugano, que se alimenta de los desagües pluviales de la zona y del arroyo Maldonado y que con sus compuertas nos muestra una imagen poco común del barrio y de la ciudad.

Lo inesperado es descubrir cómo este arroyo atraviesa el Parque de la Ciudad.

La más alta

En el barrio se halla el único parque de diversiones establecido con permanencia que tiene Buenos Aires: el Parque de la Ciudad. Fue diseñado en los años setenta por ingenieros norteamericanos y construido en los ochenta.

Se lo concibió para ser el más grande de América del Sur, con noventa juegos, playa de estacionamiento para veinticinco mil autos y transporte interno. La torre —traída de Austria— costó alrededor de diez millones de dólares y estaba pensada para tener en su interior un restaurante. Es el punto más alto de la ciudad de Buenos Aires, equivale a ochenta pisos de cualquier construcción estándar. Por los ascensores se llega hasta su plataforma superior a razón de cuatro metros por segundo. La torre tiene un peso estimado de mil toneladas (*Avenida Cruz* 4600).

Copacabana

La Virgen de Copacabana es venerada en Bolivia. En el microbarrio San Martín de *Villa Soldati* la comunidad boliviana la honra cada mes de octubre. Las calles se ornamentan con guirnaldas de colores, los residentes bailan, hacen corridas típicas y venden sus artesanías. Los vecinos y amigos se acercan a sumarse a las celebraciones. La imagen es transportada en un vehículo llamado aguayo, cubierto por tejidos cuya trama y colorido son típicamente bolivianos. De ellos penden adornos de plata y objetos que representan pedidos o consagraciones. Estos ornamentos se llaman "cargamento". Los pasillos que dan a la avenida forman arcos que llevan muñecos de la suerte y la abundancia.

Tras la imagen de la Virgen van músicos y bailarines. Así desfilan caporales, morenos, diablos, tobas, tinkus y antawaras. Cada danza tiene preciosos significados y una larga tradición en su país de origen. El culto a la Virgen de Copacabana —una región situada en el sudeste del lago Titicaca, enclave del pueblo aymara— data de 1583. El microbarrio San Martín se origina en lo que fue Villa Piolín y para otros Villa Olivares. En algún momento se la llamó Villa 12. Popularmente lo llaman Barrio Charrúa (Vías del Ferrocarril Belgrano, *Avenida Cruz, Itaquí, Rivera y Bonorino*).

Sacachispas

Cuenta el periodista Pedro Uzquiza: "'Se oye ruido de pelota y no sé lo que será. Es el club de Sacachispas que ya viene, que ya viene de ganar', coreaba la barra de pibes que venía de ganarle un 'desafío' al equipo del barrio vecino en *Pelota de trapo*, la película dirigida por Leopoldo Torres Ríos y protagonizada por Armando Bo que marcó un hito en la historia del cine nacional. Estrenada en el cine Metropolitan el 10 de agosto de 1948, fue inspirada en las famosas 'Apiladas' que el periodista Ricardo Lorenzo, 'Borocotó', publicaba en la revista *El Gráfico* y que describía el lirismo de las calles, el baldío, el amor a las cosas simples y los sueños de pibes.

"Por inspiración del propio Borocotó, quien eligió los colores lila con vivos blancos, el 17 de octubre de 1948 nació Sacachispas Fútbol Club".

En 1952 el club se instaló en el terreno de *Lacarra y Barros Pazos*. Hoy figura en la "D" y mantiene su frescura igual que hace cincuenta años (*Barros Pazos* 3702).

972

Bibliografía

Garasa, Delfín Leocadio. *La otra Buenos Aires*, Buenos Aires, Ed. Sudamericana-Planeta, 1987.
Diarios: *Clarín, La Nación*: años varios.

El Premetro se ha incorporado a la geografía de Buenos Aires.

56

VILLA URQUIZA

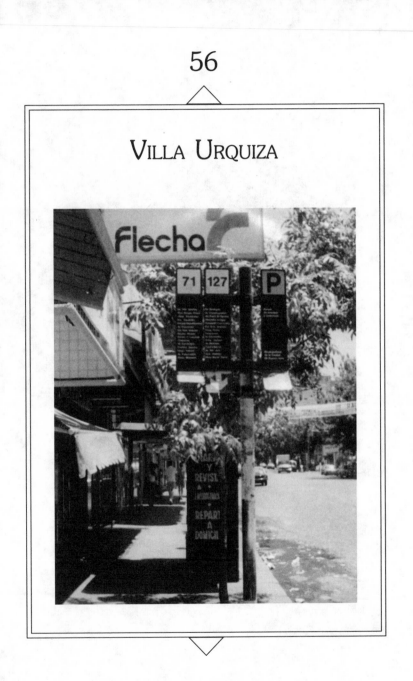

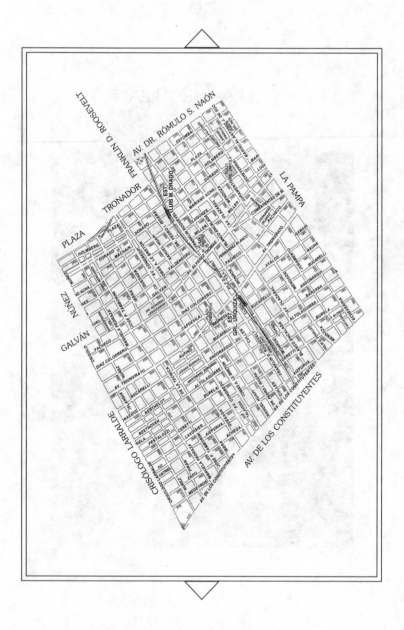

*"Mi primer contacto a cielo abierto con el barrio se produjo en
una vereda impar de Congreso al 5500...*
*"Más tarde, la fisiología y los juegos se encargaron de que la
vereda me resultara chica, y el mundo alcanzó entonces la
dimensión de una cuadra."*

LUIS ALPOSTA
(historiador y médico contemporáneo)

Límites

Calles y avenidas: *Pampa, De los Constituyentes, Crisólogo
Larralde, Galván, Núñez, Tronador, Roosevelt y Rómulo S. Naón.*

Algo de historia

Francisco Seeber (1841-1913), comerciante, militar, presidente del Ferrocarril Oeste y además intendente de la ciudad de Buenos Aires entre 1889 y 1890, fue quien fundó *Villa Urquiza.*

Tres poblaciones chicas conocidas como *Villa Catalinas, Villa Modelo* y *Villa Mazzini* se unieron para el nacimiento de este barrio.

Surgió en 1887 vinculado a la empresa "Muelle de las Catalinas", de la que era presidente Seeber y que estaba ubicada en lo que es hoy la *Avenida Leandro N. Alem y Paraguay.* Como había que rellenar esos terrenos por ser esa zona baja, se compraron predios altos en lo que es hoy *Urquiza,* que en ese momento estaba ubicada a treinta y nueve metros sobre el nivel del mar. La zona originalmente se llamaba *Lomas Altas.* Los compradores transportaron la tierra de la futura *Urquiza* hacia el centro empleando chatas de colosales ruedas arrastradas por caballos.

Los que fueron a vivir al nuevo paraje eran la mayoría provenientes de la provincia de Entre Ríos y reclamaron que el lugar se denominara como su héroe: el general Justo José de Urquiza.

Este barrio se incorpora formalmente a la ciudad a fines del siglo XIX.

Paisaje

La conformación edilicia está dada por viviendas confortables de hasta dos plantas de más de cuarenta años de antigüedad. Aumenta la altura del perfil urbano desde la *Avenida de los Constituyentes* hasta la calle *Álvarez Thomas*, donde hay una mayor categoría edilicia.

Sobre las avenidas *Triunvirato* y *Monroe* se localiza un gran centro comercial en las proximidades de la estación *Villa Urquiza*.

Urquiza tiene un microbarrio llamado *La Siberia*. Los límites fueron *Congreso* hasta *Crisólogo Larralde*, siendo sus laterales la calle *Colodrero* y *Avenida de los Constituyentes*. Todavía hay allí vecinos que en las tardes de verano sacan sus sillas a la vereda para tomar fresco. Se le decía así porque en 1880 la zona estaba llena de pajonales y bañados; a eso se sumaba el humo de los hornos de ladrillo, marginalidad y carencias.

Dice la gente que de la esquina de *Pirán* y *De los Constituyentes* salía un colectivo que circuló por muy poco tiempo, el 216, y que fue chofer de esta línea el Polaco Roberto Goyeneche, posteriormente célebre cantor. También en este lugar, Celedonio Flores escribió el tango *La mariposa*.

Un viejo cementerio

En el barrio se hallaba el que fue el segundo cementerio de *Belgrano*, y que prestó esos servicios en los inicios de *Villa Urquiza*. En 1874 se instaló un portón de hierro en el acceso, y así sirvió a los fieles difuntos hasta que a pedido de las asociaciones de fomento barriales fue clausurado en 1898. Sucede que en ese lugar se halló una napa de "buena agua", y fue instalada una cisterna donde se acumulaba el líquido del bombeo, que por cañerías llegaba a la vecindad. Años después de la clausura del camposanto quedaban en pie algunas bóvedas y sepulturas dispersas, que la ex Municipalidad fue retirando. El punto final llegó en 1946, cuando se dispuso que allí funcionara la Plaza Marcos Sastre, en homenaje al escritor uruguayo *(Valdenegro, Franklin D. Roosevelt, Miller y Monroe).*

La gran plaza

Esteban Echeverría es por tradición la principal plaza del barrio. Nació a mediados del año 1895, en tierras donadas por Francisco Seeber. Para perpetuar el nombre del paseo, una comisión de vecinos instaló una placa que expresa: "El pueblo de General Urquiza a Esteban Echeverría, el primero y más profundo sociólogo argentino, 25 de mayo de 1915". En 1937 la ex Municipalidad concursó la realización de un monumento a Urquiza, que resultó emplazado en 1942. Es obra del escultor Pablo Justo, italiano. En ocasión de la celebración del centenario de *Villa Urquiza* en 1987 se plantaron retoños de alcanfor, traídos desde la ciudad de Concepción del Uruguay por los propios descendientes del general Urquiza. Esto tiene una explicación histórica. Los retoños fueron regalados a Urquiza por el emperador Pedro II de Brasil, que colaboró con él en la batalla de Caseros *(Bauness, Rivera, Capdevilla y Nahuel Huapi).*

Casas y árboles valiosos

Una casa que data de 1921 encierra creatividad y poesía *(Monroe 4816).*

Según cuenta el escritor Vicente Battista: "...Es imposible saber cuántos años hace que están allí. A los dos Gingko Bilova, el macho y la hembra, no les inquieta ese mero dato estadístico. Tampoco parece preocuparle al hombre que se ocupa de la buena salud y el mejor aspecto de ambos árboles. 'Los dos mejores Gingko Bilova de la Argentina', asegura ese hombre. Si se los observa durante una especial semana de otoño, cuando sus copas se cubren de miles de hojas doradas, no hay duda de

979

que, efectivamente, son los mejores del país..." (*Roosevelt y Pacheco*).

Jesús y las palomas

El templo de Jesús Misericordioso, inaugurado en 1986, se ha convertido en un importante centro de peregrinación. Obra del ingeniero Vicente Galischio (*Pedro J. Rivera* 4591).

A media cuadra están las oficinas del registro civil. El arroz que reciben los recién casados atrae a muchas palomas que le dan a esta cuadra un particular encanto (*Miller* 2751).

El ferrocarril

La estación ferroviaria, que nace en 1889, forma parte entre otros temas del escudo barrial diseñado por el arquitecto Rolando Jorge Soulé Merlo (*Avenida Monroe* 5300).

Pinocho

No imaginarán nunca en España que por la revista *Pinocho* allí editada, el adolescente Félix Zugasti convocó en 1925 a una docena de chicos de entre diez y doce años, con quienes comentó haber leído en esa revista una proclama por la que se proponía fundar en cada ciudad de habla española un club con el nombre del personaje. Nació así el Pinocho Football Club con un entrañable historial que incluía una poética cláusula: cada socio, para ser admitido tenía que saber contar el cuento de Pinocho (*Manuela Pedraza* 5139).

Algunos templos

La parroquia Nuestra Señora del Carmen se origina en la capilla fundacional construida con planos del ingeniero Tomás

Villalba en 1893. Su inicio y su evolución la convierten en un hito afectivo para el barrio (*Avenida Triunvirato* 4940).

La iglesia de San Patricio surge en 1930 con el aporte de la colectividad irlandesa de Buenos Aires. La autoridad eclesiástica quería que la ciudad tuviera una iglesia bajo esa advocación, como las hay en otras importantes ciudades del mundo.

El nuevo templo se inauguró en 1958.

El 4 de julio de 1976 fueron asesinados allí los padres Pedro Dufán, Alfredo Leaden y Alfredo Kelly y los seminaristas Salvador Barbeito y Emilio Barletti. Episodio conocido como "la masacre palotina" (*Echeverría* 3910).

La iglesia Evangélica Luterana Parroquia San Pablo data de 1926. Es obra del arquitecto inglés Massey. Tiene techo a dos aguas y exterior de ladrillo a la vista (*Rómulo S. Naón* 2000).

El Centro Budista Nichiren Shoshu tiene su sede en el barrio (*Juramento* 4321), y también el flamante Auditorio de la Paz (*Donado* 2150).

Cines como teatros

En realidad eran ambas cosas. Al menos el Cine 25 de Mayo, que se inauguró en 1929 con capacidad para mil quinientos espectadores. Diseñado por Máximo Gasparutti y ornamentado por Felipe Galante. En 1993 el director de cine Pablo Torre filmó allí secuencias de la película *El amante de las películas mudas*, protagonizada por el actor Alfredo Alcón (*Avenida Triunvirato* 4440).

Parques y paseos

La Plaza Paseo de la Paz surge por inquietud de los vecinos a partir de 1986. Hay un mástil y en su base figura una mano, obra del escultor Fabián Nanni (*Monroe* 4200).

La Plazoleta Villa de las Catalinas fue conocida anteriormente como Plazoleta del Mástil. Su nombre es gestión del médico y escritor Luis Alposta, al cumplir el barrio su centenario en 1987 (*Avenida Triunvirato* y las calles *Bauness* y *Tomás A. Le Breton*).

La Plazoleta Pascual Contursi está emplazada en la calle *Monroe* 5200, frente a la estación General Urquiza. Recuerda al autor del tango *Mi noche triste*, estrenado en 1917. Contursi (1888-1932) fue el primer letrista del tango que dio un tono poético a sus obras, cambiando la historia de ese ritmo.

Bibliografía

Alposta, Luis. *Geografía íntima de Villa Urquiza*, Buenos Aires, Ed. Aldea, 1980.

Del Pino, Diego A. *El barrio de Villa Urquiza,* Buenos Aires, Cuadernos de Buenos Aires Nº XLV, Municipalidad de la Ciudad de Buenos Aires, 1974.

Diario *Clarín:* fechas varias.

La presencia del registro civil de la calle Miller, donde diariamente se celebran casamientos, atrae a las palomas que codician el arroz dejado en la vereda.

Índice

1
HISTORIA

2
CADA CUAL ATIENDE SU JUEGO

3
LLEGAR, MOVERSE

4
USOS Y COSTUMBRES

5
LA BUENOS AIRES MÍTICA

6
TANGO

7
LA CIUDAD HERMÉTICA

8
DEPORTES

Esta edición de 4.000 ejemplares
se terminó de imprimir en
Kalifón S.A.,
Humboldt 66, Ramos Mejía, Bs. As.,
en el mes de octubre de 2003.